PRACTICAL FINANCE

알기쉬운
실용금융

이하일

박영사

머 · 리 · 말

금융은 경제활동이 원활히 이루어질 수 있도록 윤활유 역할을 하여 금융이 없으면 생산·분배·유통·소비활동이 부드럽게 일어날 수 없다. 모든 경제활동의 기본은 수요와 공급이며, 이러한 과정에서 수많은 자금이 이동한다. 자본주의 시장경제는 모든 자원배분이 수요와 공급을 통한 시장의 가격기구에서 결정된다.

자본시장은 유가증권을 거래대상으로 하며 자본주의 경제체제를 상징하는 대표적인 시장에 해당한다. 기업은 주식과 채권을 발행하여 장기자금을 조달하고 투자자는 여유자금을 운용하며 정부는 유가증권을 통한 자금조달과 자금운용이 시장원리에 의해 이루어지도록 함으로써 국민경제의 효율적인 운영에 기여한다.

실용금융은 우리 경제생활 전반에 걸쳐 깊숙이 관련되고 있어 실용금융의 정의, 종류, 구조, 특성 등을 제대로 알아야 한다. 특히 저금리, 저성장, 저출산, 고령화, 조기퇴직현상으로 개인의 자산관리와 노후대비가 중요해진 상황에서 금융상품을 잘 알고 투자하려면 금융생활에 필요한 기본내용을 정확히 이해해야 한다.

본서는 실용금융 강좌의 교재로 활용하기 위해 집필하였고 금융경제의 기본개념에 대한 확실한 이해를 바탕으로 다양한 금융문제의 해결방안을 모색하여 실제 금융생활에 대한 적응력을 높일 수 있도록 금융시장, 파생상품, 생활경제 세 개의 주제로 이루어졌다. 본서의 내용은 다음과 같이 3편 15장으로 구성되었다.

제1편 금융시장에서는 금융경제, 금융시장, 주식시장, 채권시장, 외환시장에 대해 살펴보았다. 경제주체의 역할, 국민경제의 순환, 주요 금융지표, 금융시장, 금융상품, 금융회사, 금융유관기관, 예금자보호제도, 주식투자의 정의와 종류, 채권투자의 정의와 종류, 환율의 정의와 환율제도, 국제수지의 내용을 기술하였다.

제2편 파생상품에서는 파생상품의 개념, 선물거래의 정의와 기능, 선물시장의 조직과 운영, 옵션거래의 정의와 만기가치, 옵션투자전략, 옵션가격의 결정, 스왑거래의 정의, 금리스왑의 개념, 통화스왑의 개념, 파생결합증권의 내용을 소개하고 이러한 파생상품이 실제 상황에서 어떻게 적용되는지를 상세히 서술하였다.

제3편 생활경제에서는 집합투자기구, 노후설계와 연금, 위험관리와 보험, 부채관리와 신용, 노후재산의 관리에 대해 기술하였다. 펀드의 개념, 펀드투자의 실제, 연금의 종류, 보험계약, 보험의 종류와 활용, 신용등급, 신용관리의 방법, 신용카드의 활용, 상속세 및 증여세의 절세방안을 어떻게 활용할지를 살펴보았다.

본서는 상아탑에서 사회생활에 필수적인 금융지식을 습득하기 위해 실용금융을 수강하는 대학생, 탄탄하고 안정적인 노후설계를 준비하는 직장인, 노후자금 관리를 위해 금융상품 활용방법을 습득하려는 일반인, 금융기관에 종사하는 전문인력 등 다양한 독자들이 실용금융 입문서로 활용할 수 있을 것이다.

본서의 집필과정에서 여러 전공서적과 정기간행물에서 많은 도움을 받았기에 그분들께 깊은 감사를 드린다. 또한 본문의 내용상 오류는 전적으로 저자의 책임이며 독자 여러분들의 애정 어린 질책을 받아 차후에 개정판을 통해 더 좋은 책이 될 수 있도록 본문의 내용을 수정하고 보완하겠다는 약속을 드린다.

본서가 완성되기까지 바쁘신 와중에도 본문의 내용에 지적과 조언을 해주신 한밭대학교의 이호갑 교수님께 감사드린다. 그리고 어려운 여건에서 흔쾌히 출판을 맡아주신 박영사 안종만 회장님과 안상준 대표님, 좋은 책이 될 수 있도록 최선을 다해주신 황정원 선생님께 감사드리며 무궁한 발전을 기원한다.

끝으로 자식 잘되기를 염원하다 작고하신 모친과 따뜻한 격려를 보내주신 장인어른께 감사를 드리고, 장기간 성원을 보내준 양가 가족 및 남편의 성공을 간절히 원하는 아내와 아들 동선에 대한 애정을 본서로 대신한다. 독자 여러분들의 아낌없는 성원을 기대하며 실용금융 활용에 지침이 되기를 기원한다.

2019년 10월
관악산에서
이하일

C·o·n·t·e·n·t·s

5장 채무증권

6장 외환시장

7장 선물시장

8장 옵션시장

9장 스왑시장

10장 파생결합증권

11장 집합투자기구

12장 노후설계와 연금

13장 위험관리와 보험

14장 부채관리와 신용

15장 노후재산의 관리

C·h·a·p·t·e·r

01

금융경제

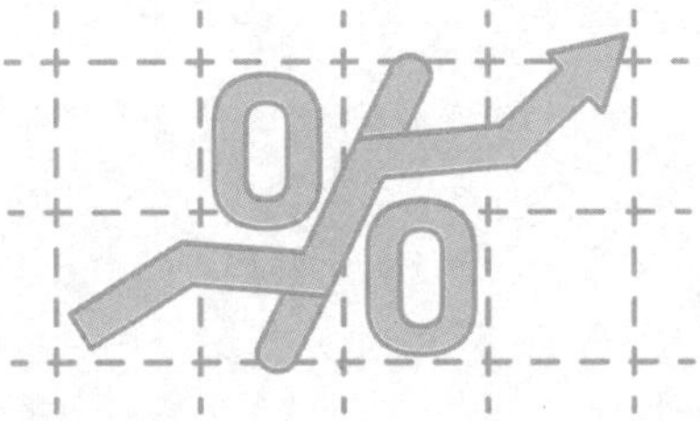

금융은 경제활동이 원활하게 일어날 수 있도록 윤활유 역할을 하여 금융이 없으면 생산 · 분배 · 유통 · 소비활동이 부드럽게 일어날 수 없다. 모든 경제활동의 기본은 수요와 공급이며, 이러한 과정에서 수많은 자금이 이동한다. 자본주의 시장경제에서는 모든 자원배분이 수요와 공급을 통한 시장의 가격기구에서 결정된다.

01 경제주체의 역할

1. 경제문제

경제학은 사람들의 무한한 물질적인 욕구를 충족시키기 위해 희소한 경제적 자원을 어떻게 활용할 것인가 하는 합리적인 방법을 연구하는 학문을 말한다. 예컨대 경제적 자원이 한정되어 있어 사람들은 제한된 자원을 어떻게 사용하는 것이 합리적인 것인지에 관련된 선택의 문제에 직면하게 된다.

경제문제는 생산 · 교환 · 분배 · 소비와 같은 경제행위를 수행하는 과정에서 발생하는 여러 가지 문제를 말하며, 경제문제가 발생하는 근본적인 이유는 자원의 희소성 때문이다. 여기서 경제적 자원은 토지, 노동, 자본 등과 같이 생산과정에 투입되어 재화나 서비스로 변환될 수 있는 것을 의미한다.

▎그림 1-1 ▎ 희소성의 법칙과 경제문제

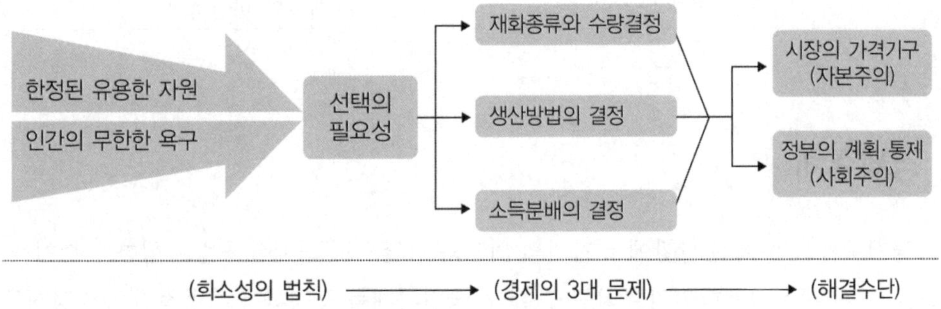

국민경제가 갖고 있는 3가지 주요과제를 사무엘슨(P.A. Samuelson)은 경제의 3대 문제로 명명하였는데, 3대 문제를 살펴보면 각각 다음과 같다. 첫째, 어떤 재화를 얼마만큼 생산할 것인가?(생산물의 종류와 수량) 둘째, 어떻게 생산할 것인가?(생산방법) 셋째, 누구를 위하여 생산할 것인가?(소득분배)

이러한 3대 경제문제를 해결하는 방식은 각 구성원의 경제활동을 조정하여 경제문제를 해결하는 사회적인 양식인 그 사회가 채택하는 경제체제에 따라 다르다. 경제학은 기본적으로 자본주의 경제체제에서의 자원배분 문제를 다루기 때문에 경제문제들이 시장의 가격기구를 통해 해결되는 것으로 가정한다.

▌표 1-1 ▌ 자본주의 경제체제와 사회주의 경제체제

구 분	자본주의	사회주의
생산수단	사유	국유(공유)
자원배분	시장의 가격기구	정부의 계획과 통제
경제동기	이윤극대화, 효용극대화	이념, 포상
추가하는 가치	효율성	공평성
경제운영주체	개별경제주체	중앙계획당국
의사결정방식	분권화	중앙집권화
장점	① 자원배분이 효율적 ② 개인의 선택자유 보장 ③ 생산성의 극대화 ④ 노동의욕 제고 ⑤ 기술혁신	① 공평한 소득분배 ② 경제안정(경기변동 방지) ③ 전략산업의 육성 ④ 사익과 공익의 일치 ⑤ 환경보전
단점	① 소득분배 불균형 ② 경제불안정(경기변동) ③ 공익과 사익의 괴리 ④ 자연파괴, 인간소외	① 자원배분이 비효율적 ② 개인의 선택자유 제약 ③ 생산성 저하 ④ 계획의 비신축성

2. 경제주체

경제주체는 주어진 상황에서 자기의 의지와 판단으로 경제활동을 수행하는 주체를 말하고, 경제단위는 경제행위의 주체를 말한다. 국민경제를 구성하는 전형적인 개별경제주체는 가계(또는 개인), 기업, 정부, 외국의 4가지로 구성되며, 각 개별경제주체들의 행동원리는 [그림 1-2]과 같이 제시할 수 있다.

▌그림 1-2▐ 경제행위의 주체

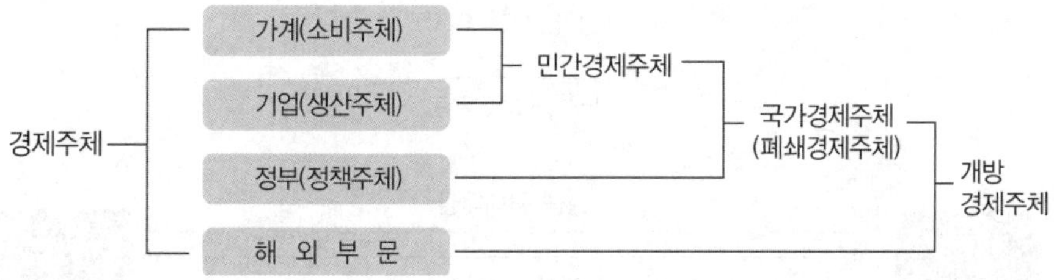

(1) 가계

가계는 생산물시장에서 기업이 생산한 유형의 재화와 무형의 용역을 구매하는 행위를 담당하는 소비의 주체로 수요자 역할을 수행하고 효용의 극대화를 추구한다. 그러나 생산요소시장에서 기업이 유형의 재화와 무형의 용역을 생산하는데 필요한 토지, 노동, 자본과 같은 생산요소를 제공하는 공급자 역할을 수행한다.

(2) 기업

기업은 생산물시장에서 가계가 소비한 유형의 재화와 무형의 용역을 판매하는 행위를 담당하는 생산의 주체로 공급자 역할을 수행하고 이익의 극대화를 추구한다. 그러나 생산요소시장에서 유형의 재화와 무형의 용역을 생산하는데 필요한 토지, 노동, 자본과 같은 생산요소를 가계에서 공급받는 수요자 역할을 수행한다.

(3) 정부

정부는 국민으로부터 세금을 징수하여 각종 공공사업을 수행하는 경제주체로서 후생의 극대화를 추구하며, 국민경제의 안정과 성장을 위해 여러 가지 경제정책을 시행한다. 정부는 공공사업을 수행하는 과정에서 상품을 생산하기도 하고, 가계로부터 생산요소인 자본과 노동을 공급받으며 상품을 소비하기도 한다.

경제주체 중에서 중요한 역할을 수행하는 가계와 기업은 가장 기본이 되는 경제주체로써 민간경제 2주체라고 하며, 여기에 정부를 합하여 국민경제 3주체 또는 폐쇄경제 3주체라고 한다. 그러나 현대사회에서 정부의 역할도 점점 커지고 있다. 그리고 국민경제주체에 해외부문까지 포함하여 개방경제주체라고 한다.

▎그림 1-3▎ 경제주체의 상호작용

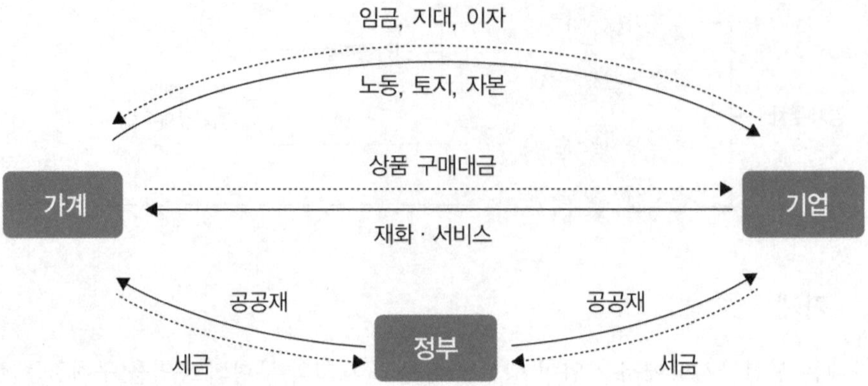

가계는 기업에 제공한 생산요소의 대가를 받아 소비지출을 하며, 기업은 가계로부터 생산요소를 구입하여 재화와 용역을 생산하고, 정부는 가계와 기업으로부터 세금을 징수하여 지출하는 재정활동을 수행한다. 외국은 다른 나라와 무역을 하는 방식으로 경제주체들은 서로 밀접한 관계를 갖고 경제활동을 수행한다.

3. 시장경제

자본주의경제체제하에서는 시장에서 자유로운 거래를 통해 경제문제를 해결한다. 여기서 시장(market)은 상품, 즉 생산물의 매매가 이루어지는 장소 또는 노동이나 자본 등의 생산요소가 거래되는 추상적 개념의 체계 또는 기구를 말한다. 이러한 시장은 생산물시장, 생산요소시장인 노동시장 및 금융시장으로 구분된다.

❙그림 1-4❙ 생산물시장과 생산요소시장

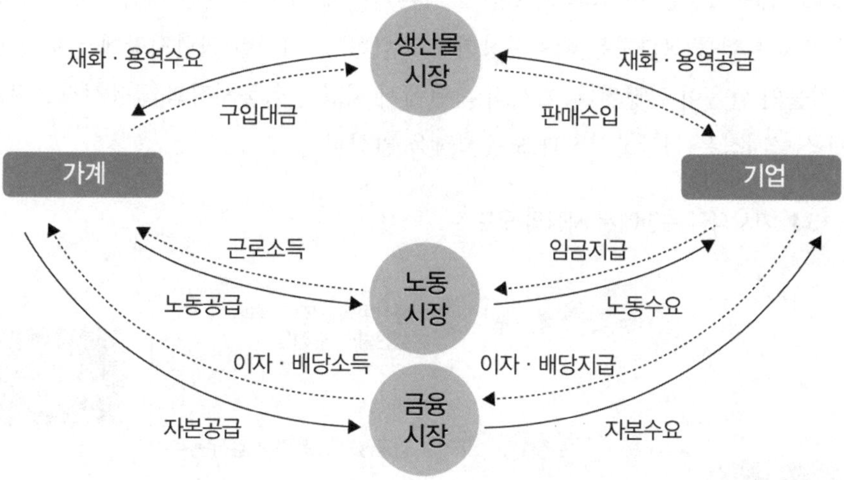

(1) 상품시장

상품시장은 유형의 재화나 무형의 용역의 매매가 이루어지는 시장을 말하며, 생산물시장이라고도 한다. 기업은 생산물시장에 재화나 용역을 공급하고 판매수입(매출액)을 얻고, 가계는 생산물시장에서 구입대금을 지급하고 재화나 용역을 구매한다. 이러한 생산물시장에서 생산물의 시장가격과 균형거래량이 결정된다.

(2) 노동시장

노동시장은 노동력이라는 상품에 대한 수요와 공급이 이루어지는 시장을 말한다. 가계는 노동시장에 노동력을 공급하고 근로소득(임금)을 수령하는 반면에 기업은 노동시장에서 노동력을 수요하고 임금을 지급한다. 이러한 노동시장에서 노동의 가격이라고 할 수 있는 임금률(시간당 임금을 의미함)과 고용량이 결정된다.

(3) 금융시장

금융시장은 경제주체간에 자금이 융통되는 시장을 말한다. 가계는 금융시장에 자금을 공급하고 이자소득과 배당소득을 얻으며, 기업은 금융시장에서 자금을 조달하고 이자와 배당을 지급한다. 이러한 금융시장에서 자금의 가격인 금리가 결정되며, 금리는 현재의 금액을 포기한 대가를 현재의 금액에 대한 비율로 나타낸다.

그리고 금융시장은 외국과의 무역 및 자본거래에 따른 국제간 자금결제를 위해 서로 다른 두 가지 통화를 교환하는 외환시장까지 포함한다. 이러한 외환시장에서 두 통화 사이의 교환비율인 환율이 결정된다. 거시적 측면에서 시장은 실물시장과 금융시장으로 구분하며, 이때 실물시장은 생산물시장과 노동시장을 말한다.

▌그림 1-5▐ 거시적인 측면에서 시장의 구분

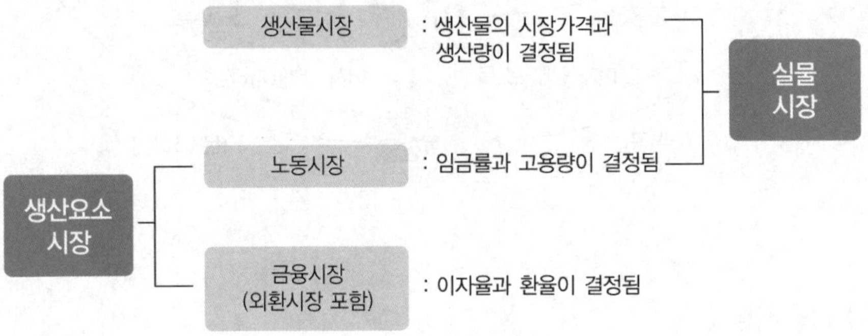

02 국민경제의 순환

1. 경제의 순환

가계와 기업만 존재하는 단순경제를 가정하면 경제의 순환구조는 [그림 1-6]과 같이 제시할 수 있다. 가계는 토지, 노동, 자본 등의 생산요소를 공급하여 얻은 소득으로 기업이 생산한 재화와 용역을 구입하고, 기업은 생산물을 판매하여 얻은 수입으로 생산요소를 구입하여 재화와 용역을 생산한다.

재화와 용역이 생산되어 판매되면 그 수입은 요소소득으로 분배되고, 가계의 소득은 다시 재화와 용역에 대한 지출로 나타나며, 이는 다시 기업의 수입으로 귀속된다. 이러한 경제의 순환은 지속적으로 이루어지며 내부적인 그리고 외부적인 요인에 따라 순환규모는 커지기도 하고 작아지기도 한다.

❙그림 1-6❙ 경제의 순환모형

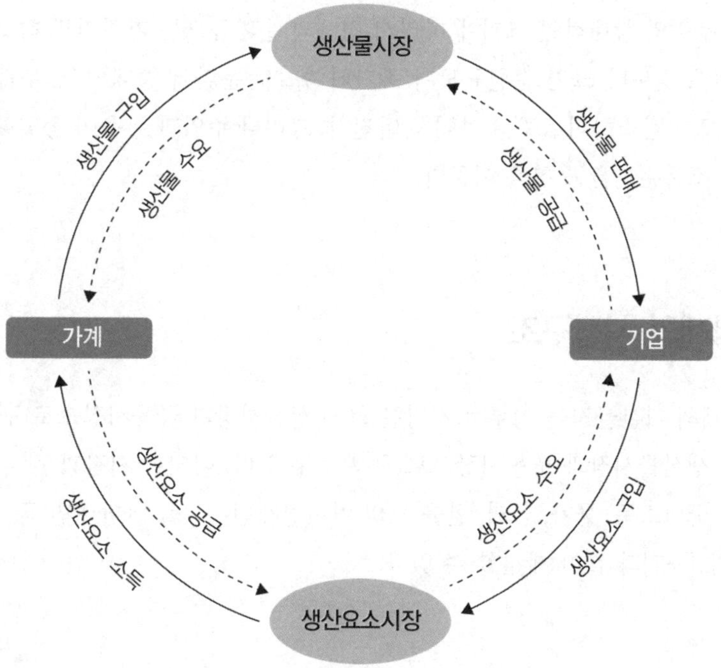

2. 주입과 누출

(1) 주입

주입은 가계의 소비지출 외에 국내에서 생산된 재화나 용역 구입에 사용되는 부분을 말한다. 가계 이외의 경제주체가 국내에서 생산된 재화나 용역을 구입하면 소득순환규모가 커지게 된다. 예컨대 투자, 정부지출, 수출 등은 주입에 속하며 일반적으로 주입의 규모에 따라서 국민소득의 크기가 결정된다.

(2) 누출

누출은 국민소득 중 가계에 의해 국내에서 생산된 재화나 용역의 구입에 사용되지 않은 부분을 말한다. 소득 중 일부가 국내에서 생산된 생산물의 구입에 사용되지 않고 유출되면 소득순환규모가 작아진다. 예컨대 저축, 조세, 수입 등은 누출에 속하며 일반적으로 소득의 처분과정에서 그 크기가 정해진다.

(3) 주입과 누출의 관계

주입과 누출의 상대적인 크기에 따라서 경제의 순환규모는 커지기도 하고 작아지기도 한다. 주입이 누출보다 크면 순환규모가 증가하여 소득순환이 증대되고, 누출이 주입보다 크면 순환규모가 감소하여 소득순환이 작아진다. 그러나 주입과 누출이 동일하면 순환규모가 일정하여 소득순환은 균형을 이룬다.

3. 국민경제의 시장구조

국민경제의 기본골격을 이루는 시장은 크게 실물시장과 금융시장으로 구분되며, 실물시장은 다시 생산물시장과 노동시장으로 구분할 수 있다. 이러한 시장과 각 시장에서 파악하고자 하는 국민소득, 물가, 금리, 환율 등의 거시경제변수들을 나타내면 국민경제의 시장구조는 [그림 1-7]과 같이 제시할 수 있다.

▌그림 1-7▐ 국가경제의 시장구조

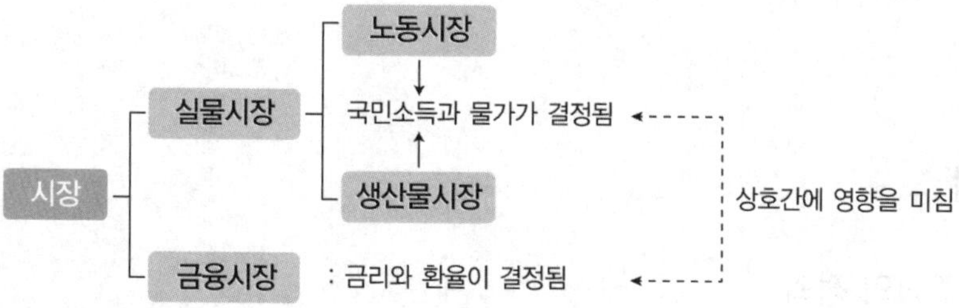

실물시장에서 국민소득과 물가가 결정되고, 금융시장에서 금리와 환율이 결정되는데, 이러한 거시경제변수들은 상호간에 영향을 미친다. 따라서 경제성장을 위해서 거시경제변수들이 어떻게 결정되고 서로 어떤 영향을 주고 받으며, 정부의 각종 정책들이 이러한 변수들에 어떤 영향을 미치는지를 분석해야 한다.

03 주요 금융지표

1. 주가

(1) 주식의 정의

주식은 주식회사의 자본을 이루는 구성단위로서 주식회사는 주주들로부터 돈을 수령하고 그 대가로 주식을 발행한다. 주식을 소유한 주주는 보유주식수에 따라서 회사의 순이익과 순자산에 대한 지분청구권을 갖는데, 당기순이익이 발생하면 이익배당청구권을 갖고 회사가 파산하면 잔여재산분배청구권이 발생한다.

(2) 주가의 결정

증권시장에서 형성된 주식가격은 일반적인 상품의 가격과 마찬가지로 수요와 공급에 의해 결정된다. 주식가격은 특정시점에서 주식에 대한 수요와 공급이 일치되도록 결정된다. 그러나 상품가격은 상품의 사용가치에 근거하여 이루어지는 반면에 주식가격은 미래이득에 대한 투자자들의 예상에 근거하여 이루어진다.

주식의 미래이득에 대한 투자자의 예상은 증권정보에 따라 달라진다. 즉 주식의 미래이득을 결정하는 여러 요인에 대한 정보에 근거하여 주식의 미래이득에 대한 위험과 수익을 예상하여 투자자들의 주관적 가치가 결정된다. 투자자들이 평가한 주식의 주관적 가치는 시장가격과 비교되어 수요와 공급으로 구체화된다.

어떤 투자자가 평가한 주관적 가치가 이미 형성된 시장가격보다 높다면 주식을 매입하려고 하여 시장에서 수요로 나타날 것이다. 반면에 주관적 가치가 이미 형성된 시장가격보다 낮다면 주식을 매도하려고 하여 시장에서 공급으로 나타날 것이다. 이렇게 나타난 수요와 공급이 시장경쟁을 통해 주식가격을 형성한다.

따라서 주식의 시장가격은 궁극적으로 증권정보의 산물이다. 만일 새로운 증권정보가 증권시장에 전달되면 이는 투자자의 예상을 변경시켜 주관적 가치의 변경을 가져올 것이고 마침내 주식가격의 변동을 가져온다. 일반적으로 증권정보는 불규칙적으로 주어지기 때문에 주식의 가격도 역시 불규칙적으로 변동하게 된다.

▍그림 1-8▍ 주가의 결정

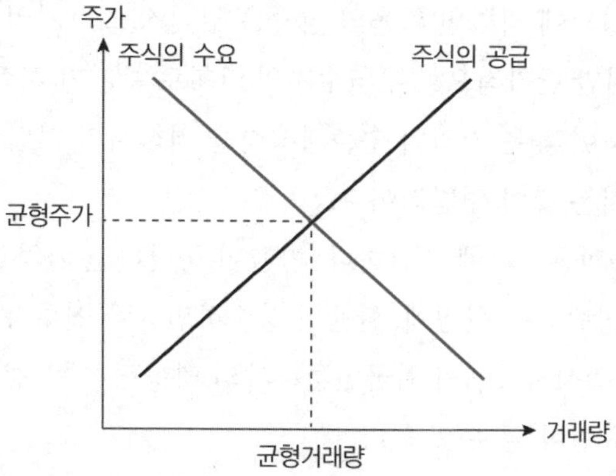

(3) 주가의 변화요인

대부분의 거시경제변수들은 주가에 단독으로 영향을 미치기보다는 변수들 상호간에 복잡한 영향을 미친다. 따라서 거시경제변수가 주가에 미치는 영향이 일정한 시차를 두고 파급되기 때문에 거시경제변수의 변화도 단기적인 효과와 장기적인 효과가 서로 상이하거나 예상할 수 없도록 나타나는 경우가 많다.

1) 금리와 주가

금리가 상승하면 위험조정할인율이 상승하여 주가는 하락하고, 금리가 하락하면 위험조정할인율이 하락하여 주가는 상승한다. 그리고 금리가 상승하면 기업의 금융비용이 증가하여 수익이 감소함으로써 주가는 하락하고, 금리가 하락하면 기업의 금융비용이 감소하여 수익이 증가함으로써 주가도 상승한다.

2) 통화량과 주가

케인즈학파는 통화량 증가가 금리를 하락시켜 투자증대를 가져오고, 이로 인한 승수효과로 국민소득이 증대될 수 있다고 주장한다. 통화주의자들은 통화량 증가가 일시적으로 금리를 하락시켜 투자를 촉진하고 생산량이 확대되어 물가상승과 통화량이 증가하여 장기적으로 금리가 상승할 수 있다고 주장한다.

3) 환율과 주가

많은 선행연구의 결과에 의하면 환율의 상승은 장기적으로 기업의 수출경쟁력을 향상시켜 주가를 상승시키지만 단기적으로 무역수지의 악화로 주가가 하락할 수도 있다. 반대로 환율의 하락은 수출비중이 높은 기업의 수출경쟁력을 저하시켜 기업의 경영성과가 축소되어 주가하락으로 이어지는 것이 일반적이다.

외국인투자자들은 환율변화에 민감하다. 환율이 하락하면 환차익을 위한 해외자금 유입을 초래하여 주가가 상승하는 반면에, 환율이 상승하면 외국인투자자들의 자금유출로 주가는 하락한다. 따라서 주식시장에서 외국인투자자의 영향력이 큰 경우에 환율상승은 보다 직접적인 주가하락의 요인이 될 수도 있다.

4) 물가와 주가

주가수익률은 경제성장률의 함수로 인플레이션과 무관하지만 경제성장률과 인플레이션간의 상관관계가 있을 경우에 인플레이션이 순경기변동적이면 주식수익률과 인플레이션(inflation)은 정(+)의 상관관계를 갖고, 스태그플레이션(stagflation)이 발생하면 주식수익률과 인플레이션은 부(−)의 상관관관계를 갖는다.

2. 금리

(1) 금리의 정의

금리는 돈의 가격이다. 상품시장에서 상품을 거래할 때 가격이 존재하듯이 자금을 거래하는 금융시장에서도 가격이 형성된다. 이와 같이 자금이 거래되는 금융시장에서 자금수요자가 자금공급자에게 자금을 사용한 대가로 지급하는 것을 이자라고 하며, 기간별 원금에 대한 이자의 비율을 이자율 또는 금리라고 한다.

이자의 크기는 기간에 따라서 달라지기 때문에 금리를 표시할 때는 보통 1년을 기준으로 기간을 명시한다. 예컨대 홍길동이 연 이자율 10%로 은행에서 1년간 100만원을 대출받는다면 돈을 빌린 홍길동(채무자)은 10만원의 이자비용을 지급해야 하고, 돈을 빌려준 은행(채권자)은 10만원의 이자수익을 수령하게 된다.

(2) 금리의 결정

상품의 가격이 상품시장에서 상품의 수요와 공급에 의해서 결정되는 원리와 마찬가지로 자금의 가격도 금융시장에서 자금의 수요와 공급에서 의해 결정된다. 자금에 대한 수요는 가계의 소비와 기업의 설비투자 등에 영향을 받는 반면에 자금에 대한 공급은 가계의 저축과 한국은행의 통화정책 등에 따라서 달라진다.

자금에 대한 수급이 변하면 금리가 변한다. 자금수요가 증가하면 금리는 오르고, 자금공급이 증가하면 금리는 내린다. 일반적으로 호경기에는 가계소비와 기업투자가 상승하여 자금에 대한 수요가 증가하여 금리가 상승하고, 불경기에는 가계소비와 기업투자가 감소하여 자금에 대한 수요가 감소하여 금리는 하락한다.

┃그림 1-9┃ 금리의 결정

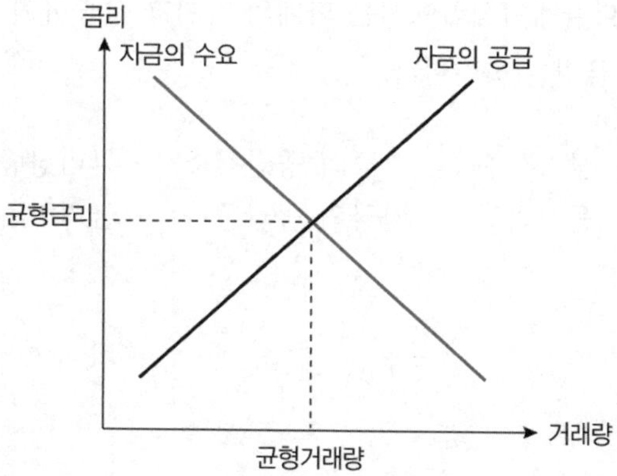

(3) 금리의 변화요인

1) 금리와 채권가격 : 부(−)의 관계

채권의 가격은 채권의 미래현금흐름(원리금)을 시장이자율로 할인한 현재가치이므로 금리가 상승하면 채권의 가격은 하락하고, 금리가 하락하면 채권의 가격은 상승한다. 따라서 정부가 국공채를 발행(매입)하면 자금의 수요가 증가(감소)하여 금리가 상승(하락)하고 국공채의 가격은 하락(상승)한다.

국공채매도 → 자금의 수요증가 → 금리상승 → 국공채가격하락
국공채매입 → 자금의 수요감소 → 금리하락 → 국공채가격상승

2) 금리와 국민소득 : 정(+)의 관계

금리는 국민소득과 정(+)의 관계에 있다. 따라서 국민소득이 증가하면 금융시장에서 자금에 대한 수요가 증가하여 금리는 상승하고, 반대로 국민소득이 감소하면 금융시장에서 자금에 대한 수요가 감소하여 금리는 하락한다.

국민소득의 증가 → 자금의 수요증가 → 금리상승
국민소득의 감소 → 자금의 수요감소 → 금리하락

3) 금리와 물가상승률 : 정(+)의 관계

금리는 물가상승률과 정(+)의 관계에 있다. 물가가 지속적으로 상승하는 인플레이션하에서는 화폐의 가치가 하락하여 자금의 공급이 감소한 것이므로 금리는 상승한다. 물가가 지속적으로 하락하는 디플레이션하에서는 화폐의 가치가 상승하여 실질적으로 자금의 공급이 증가한 것이므로 금리는 하락한다.

물가상승 → 자금의 공급감소 → 금리상승
물가하락 → 자금의 공급증가 → 금리하락

(4) 금리의 종류

1) 기준금리

기준금리는 한 나라의 금리를 대표하는 정책금리로 한국은행은 기준금리를 정하여 각종 금리의 기준이 되도록 하며, 그 수준은 국내외 경제상황의 변화에 맞추어 유동적으로 조정한다. 따라서 기준금리는 한국은행이 금융기관과 환매조건부채권 매매, 자금조정 예금 및 대출 등의 거래를 할 경우에 기준이 된다.

한국은행의 금융통화위원회는 물가동향, 국내외 경제상황, 금융시장여건 등을 종합적으로 고려하여 연 8회 기준금리를 결정하고 있다. 이렇게 결정되는 기준금리는 초단기금리인 콜금리에 즉시 영향을 미치고, 장단기 시장금리, 예금 및 대출 금리 등의 변동으로 이어져 궁극적으로 실물경제 활동에 영향을 미친다.

우리나라는 1999년부터 콜금리를, 2008년 3월부터 환매조건부채권 금리를 기준금리로 한다. 이는 한국은행이 일주일에 한 번씩 시장에서 7일 만기 환매조건부채권을 매도할 때 적용한다. 한국은행은 기준금리를 7일물 환매조건부채권 매각시 고정입찰금리, 7일물 환매조건부채권 매입시 최저입찰금리로 사용한다.

기준금리는 채권매매나 금융기관의 지급준비율 또는 재할인율 등의 통화정책을 통해 통화량, 물가, 금리에 영향을 미치므로 중요하다. 한국은행이 기준금리를 발표하면 금융기관은 이를 기준으로 각자의 금리를 책정한다. 따라서 기준금리를 올리면 시중금리는 상승하고, 기준금리를 내리면 시중금리도 떨어진다.

▌그림 1-10▐ 한국은행 기준금리 변동추이

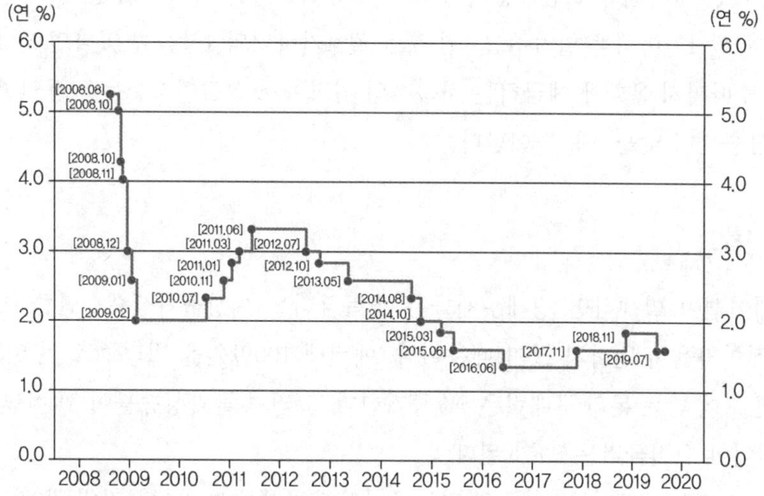

주 : 1) 2008년 2월까지는 콜금리 목표

2) 시장금리

시장금리는 기간에 따라서 1년 미만의 단기자금을 거래대상으로 하는 단기금리와 1년 이상의 장기자금을 거래대상으로 하는 장기금리로 구분한다. 금융기관 상호간에 자금을 거래할 경우 적용하는 콜금리, 환매조건부채권채권(RP), 무기명상품인 양도성예금증서(CD)의 수익률은 대표적인 단기금리이다.

장기금리는 1년 이상 채권의 수익률을 기준으로 하며, 1년 이상 국공채, 회사채, 금융채 등의 수익률은 대표적인 장기금리이다. 일반적으로 장기금리는 단기금리보다 높은데, 이는 차입자가 장기간 안정적으로 자금을 사용할 수 있는 이점이 있고 만기가 길수록 원금을 회수할 가능성이 작기 때문이다.

3) 명목금리

명목금리는 물가상승에 따른 구매력의 변화를 감안하지 않고 표시된 금리로 물가상승률을 차감하여 산정되는 실질금리에 상대되는 개념이며 경우에 따라 복리로 계산되지 않은 금리를 말한다. 물가가 상승하면 시중의 금리수준은 물가수준을 반영하여 높게 결정되지만 금리의 실제가치는 떨어질 수도 있다.

4) 실질금리

실질금리는 물가변동에 관계없이 구매력이 유지된다는 가정하에 받게 되는 금리를 말한다. 예컨대 쌀 1가마니를 빌려주고 1년 후에 쌀 1가마니와 1말을 받았다면 쌀 1말은 실질금리가 된다. 따라서 은행에 예금하는 저축자의 입장에서 실질이자소득은 동일한 금리수준에서 물가상승률이 낮을수록 늘어난다.

5) 피셔효과

인플레이션이 발생하면 경제주체들은 명목금리를 예상물가상승률만큼 올려버린다. 그래야 실질이자율이 변하지 않기 때문이다. 예컨대 100만원을 빌려주고 연 5%의 이자를 받으면, 1년 후에 받는 돈의 구매력은 5% 증가한다. 그러나 물가상승률이 3%이면, 명목금리는 8%가 되어야 실질금리는 5%가 된다.

피셔효과(Fisher effect)는 시중의 명목금리와 인플레이션 기대심리의 관계로 명목금리는 실질금리와 예상인플레이션율의 합계와 같다는 것을 말한다. 예컨대 시중의 명목금리를 10%로 가정하고 예상되는 인플레이션율을 연 7%로 예상하면 실질금리는 명목금리 10%에서 물가상승률을 차감한 3%에 해당한다.

$$\text{명목이자율} = \text{실질이자율} + \text{물가상승률} \quad (1.2)$$
$$\text{실질이자율} = \text{명목이자율} - \text{물가상승률} \quad (1.3)$$

3. 환율

(1) 환율의 정의

환율은 자국화폐와 외국화폐의 교환비율을 말한다. 우리나라는 외국화폐 1단위를 얻기 위해 지급해야 하는 자국화폐의 크기로 표시하는 자국통화표시법(지급환율)을 사용한다. 따라서 외환시장에서 달러당 환율이 1,200원이라는 것은 1달러를 매입할 경우에 지불하는 가격이 1,200원이라는 것을 의미한다.

(2) 환율의 결정

일반적으로 환율은 외환시장에서 외환에 대한 수요와 공급에 의해서 결정된다. 그러나 환율은 물가상승률, 국내외 금리차, 정치 · 사회의 안정여부 등 복합적인 요인의 영향을 받는다. 그리고 환율은 수출입되는 상품가격에 직접적인 영향을 미치기 때문에 물가, 산출량, 국제수지 등의 결정에 중요한 요인으로 작용한다.

1) 외환의 수요곡선

환율이 상승하면 원화로 표시한 외국제품의 가격상승으로 수입이 감소하여 외환수요량은 감소한다. 즉 환율이 $1=₩1,000에서 $1=₩2,000으로 상승하면 수입가격이 $10인 수입품의 원화표시가격은 10,000원에서 20,000원으로 상승한다. 환율이 상승하면 외환의 수요량이 감소하여 외환의 수요곡선은 우하향 형태로 도출된다.

2) 외환의 공급곡선

환율이 상승하면 달러화로 표시한 수출품의 가격하락으로 수출이 증가하여 외환공급량은 증가한다. 즉 환율이 $1=₩1,000에서 $1=₩2,000으로 상승하면 국내 상품시장에서 10,000원인 수출품의 달러표시가격은 $10에서 $5로 하락한다. 환율이 상승하면 외환의 공급량이 증가하여 외환의 공급곡선은 우상향 형태로 도출된다.

3) 균형환율의 결정

환율이 균형수준보다 높게 형성되면 외환에 대한 초과공급이 발생하기 때문에 환율은 하락한다. 그러나 환율이 균형수준보다 낮게 형성되면 외환에 대한 초과수요가 발생하기 때문에 환율이 상승한다. 따라서 외환에 대한 수요곡선과 공급곡선이 교차하는 접점에서 균형환율과 외환거래량이 결정된다.

▌그림 1-11 ▌ 균형환율의 결정

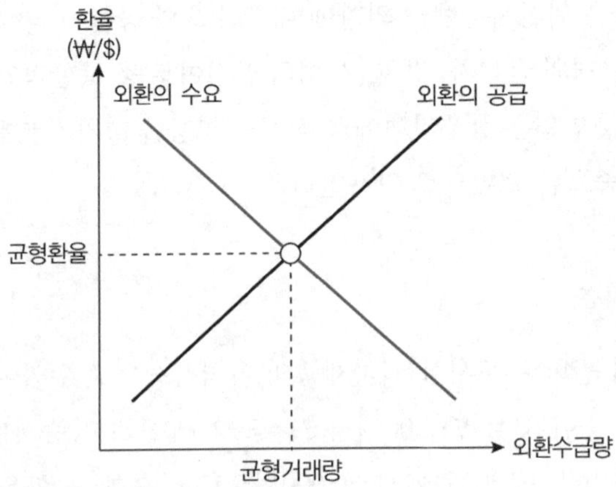

(3) 환율의 변화

1) 환율변화의 요인

외환에 대한 수요가 증가하면 환율은 상승하는 반면에 외환에 대한 공급이 증가하면 환율은 하락한다. 그리고 상품가격이 상승하면 화폐가치가 하락하는 것과 마찬가지로 환율이 상승하면 원화가치가 하락한다. 따라서 환율이 상승하면 원화가치가 하락하고 반대로 환율이 하락하면 원화가치가 상승한다.

2) 외환수요의 변화요인

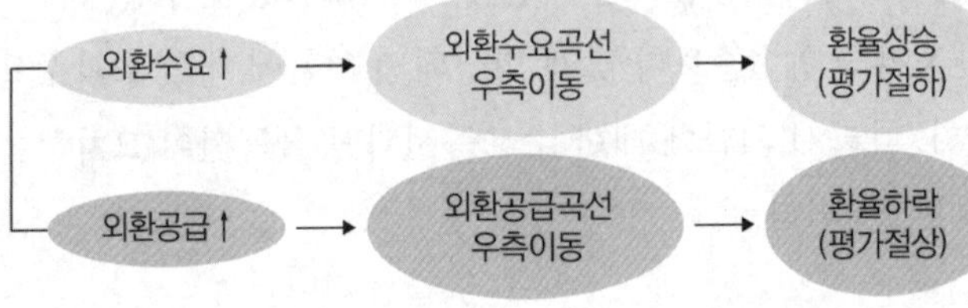

외환의 수요는 상품 및 서비스 수입, 자본유출, 내국인의 해외투자와 해외여행 등에 의해 발생하고, 외환수요의 변화요인에는 국내의 국민소득, 국내외 물가 등을 들 수 있다. 국내의 국민소득이 증가하거나 국내물가가 상승하거나 해외물가가 하락하는 경우 수입이 증가하여 외환에 대한 수요가 증가한다.

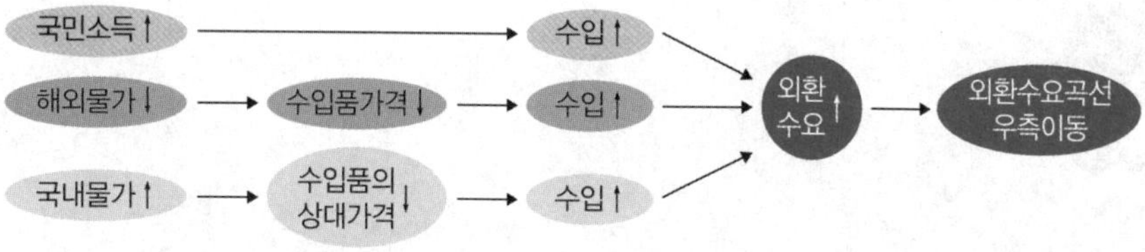

3) 외환공급의 변화요인

외환의 공급은 상품 및 서비스 수출, 자본유입, 외국인의 국내투자와 국내여행 등에 의해 발생하고, 외환공급의 변화요인에는 해외의 국민소득, 국내외 물가 등을 들 수 있다. 해외의 국민소득이 증가하거나 해외물가가 상승하거나 국내물가가 하락하는 경우 수출이 증가하여 외환에 대한 공급이 증가한다.

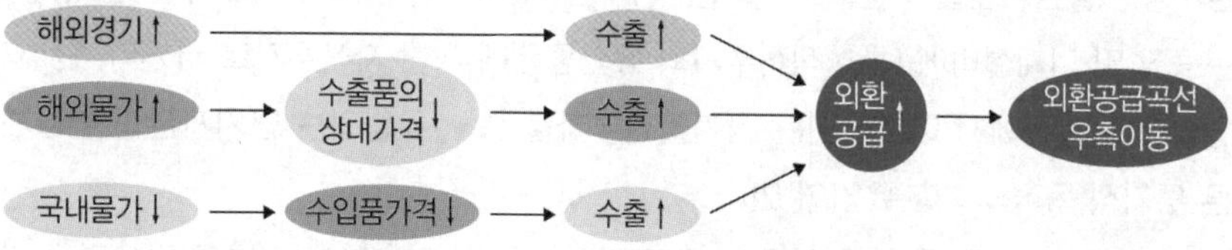

▌그림 1-12▌ 환율변화의 요인

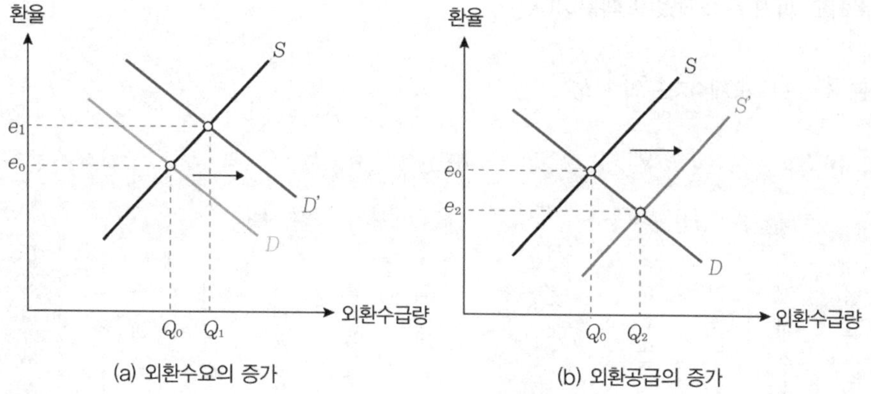

보론 국제수지

국제수지는 한 나라가 일정기간에 다른 나라와 행한 경제적 거래를 체계적으로 분류한 것을 말하고, 이를 표로 나타낸 것을 국제수지표라고 한다. 경제활동의 본거지가 어디에 있는가 하는 점이 분류의 중요한 기준이 된다. 또한 모든 재화 및 용역의 거래, 국가간의 이전거래, 자본거래 등 모든 거래를 포함한다.

국제수지표의 체계는 국제거래가 일어나는 원인과 경제에 미치는 효과에 따라 경상계정과 자본계정으로 나뉜다. 경상계정은 재화의 수출과 수입을 포함하는 무역거래, 무역외거래는 용역의 수출 및 수입과 투자수익을 포함하는 용역거래, 민간이 정부 및 국가간에 수수되는 무상증여를 나타내는 이전거래로 구성된다.

자본계정은 상환기간을 기준으로 크게 장기자본수지와 단기자본수지로 구분된다. 장기자본수지는 공장 및 기계설비에 대한 직접투자와 유가증권에 대한 자산투자로 나뉜다. 단기자본에는 산업발전의 과정에서 이루어지는 장기직접투자를 통해 유입되는 단기자본과 환율변동 등에 따른 투기적 목적의 자본유입이 있다.

한 국가의 국제수지는 균형을 이루는 것이 바람직하다. 지출이 수입보다 많으면 국가의 보유외화가 고갈되고 긴급한 재화마저 수입할 수 없어 경제가 파탄에 이를 수도 있기 때문이다. 한편 수입이 지출보다 많은 경우도 바람직하다고 볼 수 없는데, 이것은 수출재화가 제 값을 받지 못하고 싸게 수출되었기 때문이다.

▌그림 1-13▐ 국제수지표의 구성

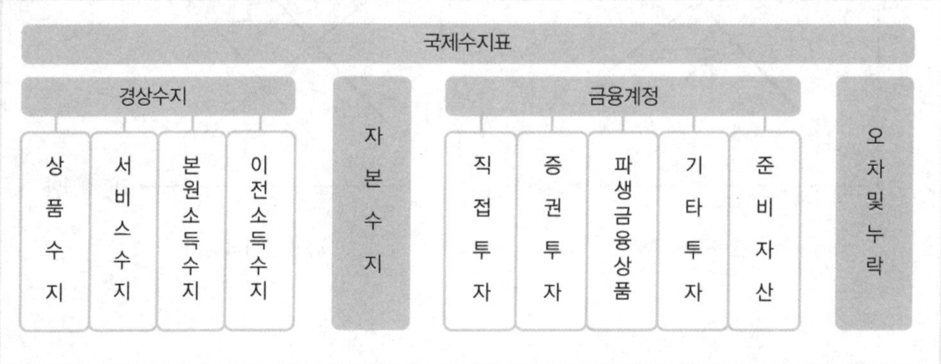

1 **다음 중 거시경제의 순환구조에 대한 설명으로 옳지 않은 것은?**

① 기업이 지불하는 요소비용은 가계의 입장에서는 소득이 된다.

② 가계가 재화나 서비스의 구입에 지불한 금액은 기업의 입장에서 판매수입이다.

③ 누출보다 주입의 상대적 크기가 크다면 거시경제의 순환규모는 작아진다.

④ 누출은 소득의 처분과정에서 그 크기가 정해진다.

해설 주입이 누출보다 크면 거시경제의 순환규모는 증가하고, 누출이 주입보다 크면 거시경제의 순환규모는 감소한다.

2 **다음 중 생산물시장과 생산요소시장에서 가계와 기업이 수행하는 역할은?**

① 생산물시장 수요자 : 가계, 생산요소시장 수요자 : 가계

② 생산물시장 수요자 : 기업, 생산요소시장 공급자 : 기업

③ 생산물시장 공급자 : 가계, 생산요소시장 수요자 : 기업

④ 생산물시장 공급자 : 기업, 생산요소시장 공급자 : 가계

해설 가계는 생산물시장에서 수요자, 생산요소시장에서 공급자의 역할을 수행한다. 반면에 기업은 생산물시장에서 공급자, 생산요소시장에서 수요자의 역할을 수행한다.

3 **다음 중 재화시장과 금융시장에서 가계와 기업이 수행하는 역할은?**

① 재화시장 수요자 : 가계, 금융시장 수요자 : 가계

② 재화시장 수요자 : 기업, 금융시장 공급자 : 기업

③ 재화시장 공급자 : 가계, 금융시장 수요자 : 기업

④ 재화시장 공급자 : 기업, 금융시장 공급자 : 가계

해설 가계는 재화시장에서 수요자, 금융시장에서 공급자의 역할을 수행한다. 반면에 기업은 재화시장에서 공급자, 금융시장에서 수요자의 역할을 수행한다.

4 **다음 중 수요와 공급에 대한 설명으로 적절하지 않은 것은?**

① 수요의 법칙은 가격과 수요량의 부(−)의 관계를 말한다.

② 공급의 법칙은 가격과 공급량의 정(+)의 관계를 말한다.

③ 수요곡선은 우하향하고, 공급곡선은 우하향한다.

④ 가격 이외의 다른 요인의 변동은 곡선상의 이동으로 표시된다.

해설 가격의 변동은 곡선상의 이동으로 표시하고, 가격 이외의 다른 요인의 변동은 곡선의 이동으로 표시된다.

5 다음 중 균형가격의 결정과 수요공급의 법칙으로 적절하지 않은 것은?

① 가격이 균형가격보다 낮으면 초과수요가 발생한다.

② 초과수요가 발생하면 가격은 하락하면서 균형을 회복한다.

③ 수요량은 가격과 반대방향, 공급량은 가격과 같은 방향으로 움직인다.

④ 수요곡선과 공급곡선이 만나는 점에서 균형가격과 균형거래량이 결정된다.

해설 초과수요가 발생하면 가격은 상승하고, 초과공급이 발생하면 가격은 하락하여 균형을 회복한다.

6 다음 중 공급은 일정하고 수요가 증가할 때 예상되는 변화로 적절한 것은?

① 균형가격과 균형거래량 모두 증가 ② 균형거래량 감소

③ 수요곡선 좌측이동 ④ 균형가격과 균형거래량 모두 감소

해설 공급은 일정한데 수요가 증가하면 수요곡선이 우측으로 이동하여 균형가격과 균형가격이 모두 증가한다.

7 다음 ( )에 들어갈 알맞은 용어는?

( )은 명목이자율에서 인플레이션율을 차감한 것으로, 예금의 경우 일정기간 동안 실질구매력의 상승률을 나타낸다.

① 실질이자율 ② 물가상승률

③ 경제성장률 ④ 실질환율

해설 실질이자율은 명목이자율에서 물가상승률을 차감한 것이다.

8 대부자금의 공급이 실질이자율의 증가함수이고, 대부자금의 수요는 실질이자율의 감소함수인 대부자금시장모형에서 정부의 조세수입이 증가한 결과로 옳지 않은 것은?

① 실질이자율이 하락한다. ② 민간저축이 감소한다.

③ 민간투자가 증가한다. ④ 조세수입의 증가분만큼 국민저축이 증가한다.

⑤ 정부저축이 증가한다.

해설 정부의 조세수입이 증가하면 정부저축이 증가하여 자금의 공급이 증가하므로 실질이자율은 하락한다. 따라서 실질이자율 하락으로 민간투자는 증가하고, 민간저축은 감소한다. 총저축은 정부저축과 민간저축의 합이므로 조세수입의 증가분보다 적은 크기만큼 증가한다.

9 다음 중 명목이자율과 실질이자율에 대한 설명으로 옳은 것은?

① 명목이자율이 2%포인트 하락하고 인플레이션율이 2%포인트 상승하면 실질이자율은 변하지 않는다.

② 화폐의 유통속도와 총생산량이 일정할 때 통화공급량이 3% 증가하면 명목이자율은 3%포인트 상승한다.

③ 명목이자율이 8%이고 인플레이션이 2%라면 실질이자율은 4%가 된다.

④ 명목이자율은 실질이자율에서 인플레이션율을 차감한 값으로 정의한다.

해설 ① 명목이자율이 2%포인트 하락하고 인플레이션율이 2%포인트 상승하면 실질이자율은 4% 하락한다.
③ 명목이자율이 8%이고 인플레이션이 2%라면 실질이자율은 6%가 된다.
④ 실질이자율은 명목이자율에서 인플레이션율을 차감한 값으로 정의한다.

10 다음 중 금리에 대한 설명으로 적절하지 않은 것은?

① 자금수요가 자금공급보다 많으면 금리는 올라간다.

② 물가가 오를 것으로 예상되면 금리는 하락한다.

③ 명목금리는 실질금리와 물가상승률의 합계이다.

④ 1년 만기 예금금리가 5%, 물가상승률이 5%라면 실질금리는 0%가 된다.

해설 물가가 오를 것으로 예상되면 더 높은 금리를 요구하여 금리는 상승한다.

11 다음 중 국내금리가 상승할 때 나타나는 현상으로 적절한 것은?

① 가계소비의 감소 ② 설비투자의 증가

③ 물가상승 ④ 외국자본의 유출

해설 ② 금리가 상승하면 자금조달시 금리부담으로 기업의 설비투자는 감소한다.
③ 금리가 상승하면 저축은 증가하고 소비는 감소하여 수요감소로 물가는 하락한다.
④ 금리가 상승하여 국내금리가 외국금리보다 높아지면 외국자본이 국내로 유입된다.

12 다음 중 환율상승(달러강세/원화약세)의 효과로 적절한 것은?

① 수출의 감소 ② 수입의 증가

③ 국내물가의 상승 ④ 외채상환부담의 감소

해설 ① 수출상품의 가격하락으로 수출은 증가한다.
② 수입상품의 가격상승으로 수입은 감소한다.
③ 수입원자재 가격상승으로 국내물가는 상승한다.
④ 원화환산 외채의 증가로 외자도입기업의 외채상환부담이 증가한다.

13 다음 중 변동환율제도에서 환율의 상승을 유발하는 요인이 아닌 것은?

① 외국제품의 수입증가
② 우리나라 거주자의 해외부동산 매입
③ 국내거주자의 해외여행비 지출 증가
④ 외국인의 국내시장 주식투자 감소
⑤ 우리나라 기업의 해외공장 매각

해설 ①, ②, ③은 외환의 수요곡선을 우측으로 이동시켜 환율상승을 가져오고, ④는 외환의 공급곡선을 좌측으로 이동시켜 환율상승을 가져온다. ⑤는 외환의 공급곡선을 우측으로 이동시켜 환율하락을 가져온다.

14 다음 중 변동환율제도에서 환율의 하락을 유발하는 요인이 아닌 것은?

① 해외기업의 국내투자 확대
② 외국제품의 수입증가
③ 해외거주자의 국내부동산 매입
④ 우리나라 제품의 수출증가
⑤ 경기과열을 억제하기 위한 긴축통화정책

해설 ①, ③, ④, ⑤는 외환의 공급곡선을 우측으로 이동시켜 환율하락을 가져온다. ②는 외환의 수요곡선을 우측으로 이동시켜 환율상승을 가져온다.

15 다음 중 원-달러 환율을 상승시키는 요인을 모두 옳게 묶은 것은?

가. 최근 외국인들이 우리나라에서 받은 배당금을 본국으로 많이 송금하고 있다.
나. 한국은행이 국내경기를 부양하고자 기준금리를 2.75%에서 2.50%로 인하하였다.
다. 최근에 국내금융기관들이 해외금융시장에서 외화표시채권을 잇달아 성공적으로 발행하고 있다.

① 가, 나
② 나, 다
③ 가, 다
④ 가, 나, 다

해설 외국인의 배당금 송금이 증가하거나 국내이자율이 낮아지면 자본유출로 외환의 수요가 증가하여 환율이 상승한다. 반면에 국내금융기관들의 해외시장에서 외화표시채권을 발행하여 자금을 조달하여 국내로 들여오면 외환의 공급이 증가하여 환율이 하락한다.

16 국내에서 원달러 환율이 상승하는 경우에 적절하지 않은 것은?

① 국내물가가 높은 경우

② 국제수지가 적자인 경우

③ 국내이자율이 상승하는 경우

④ 다른 나라보다 통화량 증가율이 높은 경우

해설 국내이자율이 상승하면 우리 화폐의 가치가 상대적으로 상승하여 환율은 하락한다. 나머지는 원화의 약세요인이다.

17 자본시장이 개방되고 변동환율제도를 채택하는 경우 다음의 상황이 발생할 때 그 결과로 나타나는 환율의 변화방향이 다른 하나는?

① 국내물가가 하락한다.

② 해외경기가 침체된다.

③ 내국인의 해외여행이 대폭 감소한다.

④ 외국에서 대규모 상업차관을 도입한다.

⑤ 대규모 무역수지 흑자가 발생한다.

해설 해외경기가 침체되면 수출이 감소하여 외환공급이 감소하고 환율이 상승한다. 나머지 보기는 모두 환율의 하락을 가져오는 요인이다.

18 다음 중 환율변동요인에 대한 설명으로 적절하지 않은 것은?

① 실질이자율이 상승하여 국내금리가 오를 경우 환율이 상승한다.

② 물가상승으로 국내금리가 오를 경우 원화가치가 하락한다.

③ 물가가 상승하면 수출이 감소하고 수입이 증가하여 환율이 상승한다.

④ 통화량이 증가하면 환율이 상승한다.

해설 국내금융자산에 대한 선호가 높아져 국내금융자산에 투자하기 위해 달러공급이 증가하면 환율이 하락한다.

19 다음 중 수요는 일정하고 공급이 증가할 때 예상되는 변화로 적절한 것은?

① 균형가격 하락
② 균형거래량 감소
③ 공급곡선의 좌측이동
④ 균형가격과 균형거래량 모두 감소

해설 수요는 일정한데 공급이 증가하면 공급곡선이 우측으로 이동하여 균형가격은 하락하고 균형거래량은 증가한다.

20 다음 중 수요공급의 법칙에 대한 설명으로 적절하지 않은 것은?

① 수요곡선과 공급곡선이 만나는 점에서 균형가격과 균형거래량이 결정된다.
② 초과수요가 발생하면 가격이 상승하고 초과공급이 발생하면 가격이 하락한다.
③ 수요곡선이 우측으로 이동하면 균형가격과 균형거래량이 모두 증가한다.
④ 공급곡선이 우측으로 이동하면 균형가격과 균형거래량이 모두 증가한다.

해설 수요곡선이 우측으로 이동하면 균형가격은 하락하고 균형거래량은 증가한다.

21 다음 중 국제수지에 대한 설명으로 적절하지 않은 것은?

① 국제수지는 자국과 외국의 대외거래를 총괄하여 나타내는 자료이다.
② 2010년 확정된 IMF의 국제수지 매뉴얼에 맞추어 국제수지 구성이 변경되었다.
③ 본원소득수지는 임금과 투자수익수지로 구성된다.
④ 자본계정은 직접투자, 증권투자, 파생금융상품, 준비자산으로 구성되어 있다.

해설 금융계정은 직접투자, 증권투자, 파생금융상품, 준비자산으로 구성되어 있다.

22 다음 중 국제수지 중 경상수지에 속하지 않은 것은?

① 상품수지
② 서비스수지
③ 본원소득수지
④ 직접투자수지

해설 금융계정은 직접투자, 증권투자, 파생금융상품, 준비자산으로 구성되어 있다.

23 한국은행이 발표하는 국제수지 중 서비스수지에 해당하지 않은 것은?

① 운수 및 여행
② 급료 및 임금
③ 통신서비스
④ 보험서비스

해설 급료 및 임금은 본원소득수지에 해당한다.

24 다음 중 국제수지의 영향에 대한 설명으로 적절하지 않은 것은?

① 경상수지가 흑자가 되면 소득과 고용이 확대된다.

② 경상수지가 흑자가 되면 외화부채는 감소가 기대된다.

③ 경상수지가 적자가 되면 소득이 감소하고 실업이 증가한다.

④ 경상수지의 흑자는 국내통화량을 감소시켜 교역상대국이 수입규제 유발 등으로 무역마찰 초래가능성이 커진다.

해설 경상수지의 흑자는 국내통화량을 증가시켜 교역상대국이 수입규제 유발 등으로 무역마찰 초래가능성이 커진다.

25 다음 중 국제수지표에 대한 설명으로 적절하지 않은 것은?

① 재미교포가 수해가 발생한 우리나라에 수해복구성금으로 1백만달러를 기부했다면 국제수지표에 이전소득수지로 나타난다.

② 외국주식에 투자하여 발생한 배당금은 자본금융계정에 증권투자에 표시된다.

③ 외국의 특허권을 취득할 때는 자본금융계정(기타투자), 특허권 사용료를 지급할 때는 경상수지(서비수수지)에 표시된다.

④ 준비자산증감은 외환보유액 변동분 중 거래적 요인에 의한 것만 포함된다.

해설 외국의 주식거래로 인한 배당소득은 경상수지(투자소득수지)에, 매매차익은 자본수지(증권투자)에 표시된다.

정답

1. ③	2. ④	3. ④	4. ④	5. ②	6. ①	7. ①	8. ④	9. ②	10. ②
11. ①	12. ③	13. ⑤	14. ②	15. ①	16. ③	17. ②	18. ①	19. ①	20. ④
21. ④	22. ④	23. ②	24. ④	25. ②					

C·h·a·p·t·e·r

02

금융시장

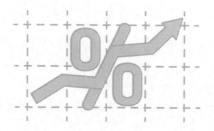

금융시장은 자금의 수요와 공급이 만나 자금의 대차거래가 이루어지는 장소로 자금 잉여의 흑자부문이 자금부족의 적자부문에 자금을 융통하는 거래가 발생한다. 금융시장에서는 금리가 자금의 수급을 균형시키는 역할을 하는데, 자금의 초과수요가 있으면 금리는 상승하고 자금의 초과공급이 있으면 금리는 하락한다.

01 금융시장의 개요

1. 금융시장의 정의

금융은 경제주체간의 자금융통을 말하고, 금융시장은 자금융통이 이루어지는 시장을 말한다. 따라서 금융시장은 자금조달 및 자금운용과 관련하여 여유자금을 가지고 있는 경제주체인 가계로부터 단기자금을 모아서 장기자금을 필요로 하는 경제주체인 기업에게 자금을 공급해 주는 역할을 수행한다.

자금의 공급자와 수요자를 연결하는 금융시장과 자본시장은 자금의 최적배분을 목표로 한다는 점에서 동일하다. 그러나 금융시장은 단기자금의 거래를 수반하고 자본시장은 장기자금의 거래를 담당한다는 점에서 다르다. 금융시장의 역할을 국민경제의 순환과정과 함께 도시하면 [그림 2-1]과 같다.

▌그림 2-1 ▌ 국민경제의 순환과 금융시장

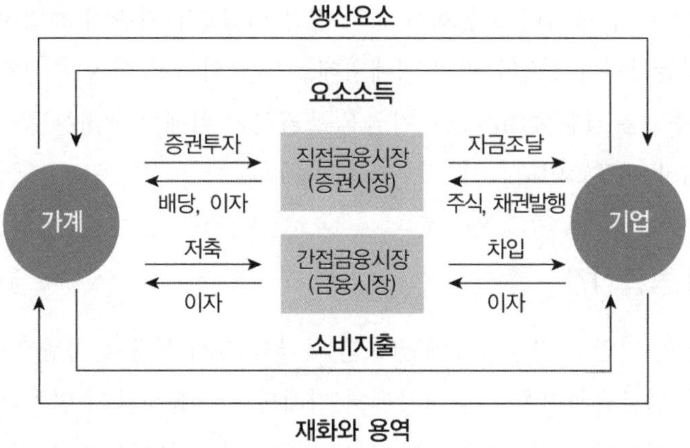

2. 금융시장의 종류

(1) 자금의 조달방법

금융시장은 흑자지출단위로부터 적자지출단위에게로 자금을 이전시켜 경제의 효율성을 높이는 역할을 수행하며 금융중개기관의 개입여부에 따라서 직접금융시장과 간접금융시장으로 구분할 수 있다. 금융중개기관은 규모의 경제에 의해 거래비용을 최소화하여 거래를 성사시키는 역할을 수행한다.

1) 직접금융시장

직접금융시장은 금융중개기관을 경유하지 않고 자금의 최종수요자와 공급자간에 직접증권의 매매형태로 자금의 수급이 이루어지는 시장을 말한다. 여기서 직접증권 또는 본원적 증권은 자금의 최종수요자가 자금을 조달하기 위해 발행하는 증권을 말하며 주식(stock)과 채권(bond)이 대표적이다.

2) 간접금융시장

간접금융시장은 은행이나 보험회사 등과 같은 금융중개기관이 개입하여 자금의 최종수요자와 최종공급자간에 간접증권의 매매형태로 자금의 수급이 이루어지는 시장을 말한다. 여기서 간접증권은 금융중개기관이 자금을 조달하기 위해 발행하는 증권을 말하며 예금증서와 보험증서가 대표적이다.

(2) 자금의 공급기간

생산의 주체인 기업이 경영활동에 필요한 자금을 자체 신용을 바탕으로 금융시장에서 직접 조달하는 직접금융시장은 금융시장에서 거래되는 금융상품의 만기나 특징에 따라서 통화시장과 자본시장으로 구분할 수 있다. 이는 은행이나 보험회사에서 대출받는 것과 같은 간접금융시장과 상반되는 개념이다.

| 그림 2-2 | 금융시장의 분류

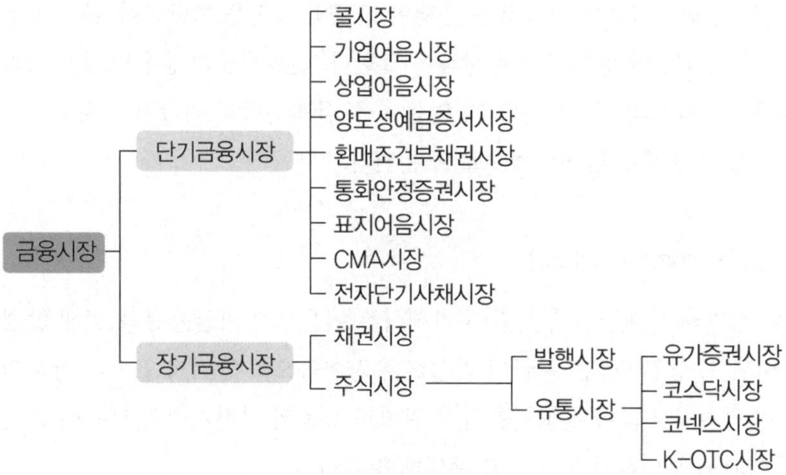

1) 통화시장

통화시장(money market)은 만기가 1년 미만인 단기금융상품들이 거래되는 금융시장을 말한다. 단기금융상품에는 콜자금, 수시입출금식예금, 단기국공채, 초단기수익증권(MMF), 양도성예금증서(CD), 환매조건부채권(RP), 기업어음(CP), 표지어음, 통화안정증권, 은행인수어음, 종합자산관리계정(CMA) 등이 있다.

① 수시입출금식예금(MMDA : money market deposit account)

입출금이 자유롭고 시장금리를 지급하는 은행의 단기상품으로 500만원 이상의 목돈을 1개월 이내로 운용할 때 유리하며 공과금 및 신용카드대금 등의 자동이체 결제통장으로 활용할 수 있고 예치기간과 가입한도에 제한이 없다. 그러나 다른 단기금융상품보다 이자율이 낮고 통장잔액에 따라 이자가 차등 적용된다.

② 초단기수익증권(MMF : money market fund)

수시로 입출금해야 하는 여유자금을 단기로 맡길 때 활용되는 투자신탁회사의 금융상품을 말한다. 투신사가 고객의 돈을 모아 단기금융상품에 투자하여 얻은 수익을 돌려주는 실적배당형 상품으로 중도에 해약를 해도 환금수수료를 물지 않기 때문에 은행의 보통예금처럼 입출금이 자유롭고 단 하루만 맡겨도 된다.

③ 금전신탁

금전신탁은 신탁업무를 취급하는 은행이 고객의 금전을 예탁받아 일정기간 운용한 후 원금과 수익을 수익자에게 지급하는 상품을 말한다. 신탁재산의 운용방법에 따라 위탁자에 의해 지정되어 수탁자의 재량의 여지가 없는 특정 금전신탁과 위탁자가 운용방법에 아무런 지시를 하지 않는 불특정 금전신탁으로 구분된다.

④ 상업어음(commercial bill)

기업이 상거래의 대금결제를 위해 발행하는 어음으로 자금융통을 위해 발행하는 융통어음과 대비된다. 상업어음은 지급이 확실한 우량어음으로 알려져 있으나 상품의 판매대금이 순조롭게 회수되지 않아 부도어음화할 위험과 상품의 실질거래의 보증이 없는 융통어음이 섞여 들어와도 분별하기가 어려워 주의해야 한다.

⑤ 표지어음(cover bill)

기업이 발행한 어음을 금융기관이 매입한 후 어음금액을 다시 나누어 재발행하여 이를 개인이나 기관투자가에게 판매하는 융통어음으로 상거래를 수반하는 진성어음과 대비된다. 금융기관은 표지어음의 발행을 통해 원어음 할인에 따른 자금부담을 줄이고 원어음 할인금리와 표지어음 발행금리간의 금리차익을 획득한다.

⑥ 양도성예금증서(CD : certificate of deposit)

은행의 정기예금에 양도성을 부여하면서 무기명 할인식으로 발행하여 양도가 자유롭고 유동성이 높은 상품을 말한다. 만기는 30일 이상으로 대개 정기예금 금리보다 약간 높다. CD 1계좌를 매입하려면 보통 1백만원을 한 달 이상 맡겨야 한다. 만기 전에 현금화가 가능하나 예금자보호대상이 아니라는 단점이 있다.

⑦ 환매조건부채권(RP : repurchase agreement)

금융기관이 보유한 국공채 등 장기채권을 단기채권으로 만들어 투자자에게 일정한 이자를 붙여 만기 이전에 다시 매수하는 것을 조건으로 매도하는 채권을 말한다. 환매채는 입출금이 자유롭고 확정이자는 가입시점에 정해진다. 그러나 중도환매시 불이익이 발생할 수 있으며 예금자보호대상이 아니라는 단점이 있다.

⑧ 종합자산관리계정(CMA : cash management account)

원래 CMA는 종합금융회사가 고객으로부터 예탁받은 금전을 어음이나 채권 등에 운용하고, 그 수익을 고객에게 지급하는 수시 입출금 금융상품을 나타내는 종합자산관리계정이었다. 2005년부터 금융투자회사가 고객의 여유자금을 MMF나 RP 등에 투자하면서 입출금이 가능한 금융서비스를 CMA로 부르기 시작했다.

현재 예금자보호가 되는 종금형 CMA와 예금자보호가 되지 않는 금융투자형 CMA가 구분없이 혼용되고 있다. 금융투자회사의 CMA는 예치자금을 MMF, RP 등에 투자하되 고객의 인출요구시 매도하고 금융투자회사의 계좌를 통해 급여이체, 결제대금 자동납부 등 각종 금융서비스를 제공하는 증권종합계좌서비스이다.

⑨ 전자단기사채

전자단기사채(Asset Backed Short－Term Bond)는 기업들이 만기 1년 미만의 단기자금을 조달하기 위해 종이가 아닌 전자방식으로 발행하는 채권으로 전단채라고도 한다. 기업어음(CP)을 대체해 기존의 기업어음 거래의 부작용을 해소하고 단기금융시장을 활성화시키기 위한 것으로 2013년 1월 15일부터 도입됐다. 최소 판매규모가 1억원이기 때문에 주로 고액 자산가들을 중심으로 수요가 많다.

2) 증권시장

자본시장은 증권이 거래되는 시장으로 증권에는 기업이 발행하는 주식과 회사채, 정부나 공공기관이 발행하는 국공채 등이 포함되며 자본시장에서 거래되는 증권은 통화시장에서 거래되는 상품에 비해서 가격변동위험이 높다. 통화시장은 유동성의 확보를 목적으로 하지만 자본시장은 장기자금의 조달을 목적으로 한다.

｜표 2-1｜ 통화시장과 증권시장의 비교

구분	통화시장	증권시장
특징	가격변동위험이 낮음	가격변동위험이 높음
목적	유동성의 확보	장기자금 조달

02 금융상품의 개요

1. 금융투자상품의 정의

금융상품은 투자성이 있는 금융투자상품과 투자성이 없는 비금융투자상품으로 구분한다. 여기서 투자성은 금융상품에 투자한 원금의 손실가능성이 있는 경우를 말한다. 금융투자상품은 장래에 이익을 얻거나 손실을 회피할 목적의 투자성이 있는 모든 금융상품으로 투자성과가 투자자에게 직접 귀속된다.

그리고 금융투자상품은 예금 등 다른 금융상품에 비해서 높은 수익을 제공할 수 있지만 투자원본의 손실 또는 투자원본을 초과하는 손실이 발생할 수도 있다. 따라서 은행의 예금과 보험회사의 보험상품을 제외한 모든 금융상품은 원칙적으로 원본손실가능성이 있는 금융투자상품에 포함된다고 할 수 있다.

자본시장법에서 정의한 금융상품은 원본손실가능성 여부에 따라 원본손실가능성이 있는 금융투자상품과 원본손실가능성이 없는 비금융투자상품으로 구분한다. 그리고 금융투자상품은 원본초과손실가능성 여부에 따라 원본초과손실가능성이 없는 증권과 원본초과손실가능성이 있는 파생상품으로 구분한다.

▍그림 2-3▍ 금융상품의 분류

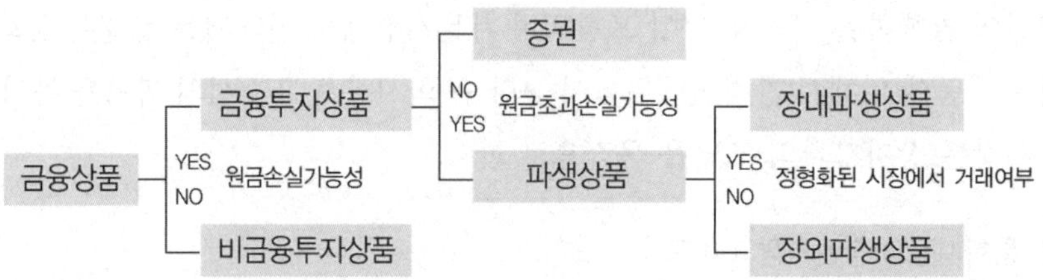

▍표 2-2▍ 금융투자상품의 분류

금융투자상품							
증권						파생상품	
지분증권	채무증권	수익증권	투자계약 증권	파생결합 증권	증권예탁 증권	장내파생 상품	장외파생 상품

2. 금융투자상품의 종류

금융투자상품에는 주식, 채권, 펀드, 신탁, ELS 등이 있다. 주식은 지분증권, 채권은 채무증권, 펀드와 신탁은 수익증권, ELS는 파생결합증권이다. 금융투자상품 중 원금까지 손실이 발생할 가능성이 있는 것에는 주식, 채권, 펀드 등이, 원금을 초과하여 손실이 발생할 가능성이 있는 것으로 파생상품 등이 있다.

(1) 지분증권

지분증권은 주권(주식), 신주인수권이 표시된 것, 법률에 의하여 직접 설립된 법인이 발행한 출자증권, 상법에 따른 합자회사 · 유한책임회사 · 유한회사 · 익명조합의 출자지분, 민법에 따른 조합의 출자지분, 기타 이와 유사한 것으로서 출자지분 또는 출자지분을 취득할 권리가 표시된 것을 말한다.

(2) 채무증권

채무증권은 국채, 지방채, 특수채, 회사채, 기업어음 등 지급청구권이 표시된 채권을 말한다. 채권은 발행자가 투자자에게 채권을 발행하여 자금을 조달하고 조달한 자금에 대해 일정기간 이자를 지급하는 유가증권을 의미하며, 일종의 차용증서이지만 유통시장을 통해 양도가 자유로워 유동성이 높다.

(3) 수익증권

수익증권은 신탁업자와 신탁계약에 의해 수익권이 표시되어 발행된 증권 또는 집합투자업자가 투자신탁의 수익권을 균등하게 분할하여 발행한 증권으로 신탁 또는 펀드를 말하며, 실무에서 수익증권이라 표현한다. 수익증권은 집합투자업자가 펀드를 설정하고 수익권을 증권의 형태로 발행한 것을 말한다.

(4) 투자계약증권

투자계약증권은 자본시장과 금융투자업에 관한 법률(자본시장법)에 따라 새로이 도입된 개념으로 투자수익을 기대하며 특정 투자자가 자신과 타인(다른 투자자를 포함)간의 공동사업에 금전 등을 투자하고 주로 타인이 수행한 공동사업의 결과에 따른 손익을 귀속받는 계약상의 권리가 표시된 증권을 말한다.

(5) 파생결합증권

파생결합증권은 투자수익이 기초자산가격에 연동되어 결정되는 파생상품과 증권이 결합하여 기초자산가격에 큰 변동이 없으면 약속수익률을 보장받고, 미리 정한 구간에 들어가면 원금손실이 발생한다. 기초자산에는 주가지수, 금리, 환율은 물론 금, 원유, 구리, 철강, 곡물, 부동산 등의 실물자산도 가능하다.

(6) 증권예탁증권

증권예탁증권은 증권을 예탁받은 자가 그 증권이 발행된 국가 이외의 국가에서 발행한 것으로 국내기업이 발행한 주식을 한국예탁결제원에 보관하고 해외예탁기관이 이를 기초로 증권예탁증권을 발행한다. 미국주식시장에서 거래되는 미달러표시 예탁증권을 ADR, 세계 금융시장에서 발행한 경우 GDR이라고 한다.

03 신탁상품의 개요

1. 신탁제도의 정의

신탁은 신탁을 설정하는 위탁자와 신탁을 인수하는 수탁자가 특별한 신임관계에 의해 위탁자가 특정의 재산권을 수탁자에게 이전하고, 수탁자는 수익자의 이익을 위해 그 재산권을 관리 · 처분하는 법률관계를 말한다. 즉 자신의 재산을 신뢰할 수 있는 제3자에게 맡기고 자신의 의지대로 관리 · 운영하는 제도를 말한다.

본래 자신의 재산은 그 소유자가 자신의 의지에 의해 관리하는 원칙이다. 그러나 법률적 지식이 부족하거나 자금 및 전문기술의 부족으로 자신의 재산을 효율적으로 관리할 수 없는 경우에 자신의 재산을 전문가에게 맡기면 신탁업자는 위탁자가 맡긴 재산을 관리, 처분, 개발을 활용하여 최대의 효과를 제고할 수 있다.

▎그림 2-4 ▎ 신탁의 이해관계인

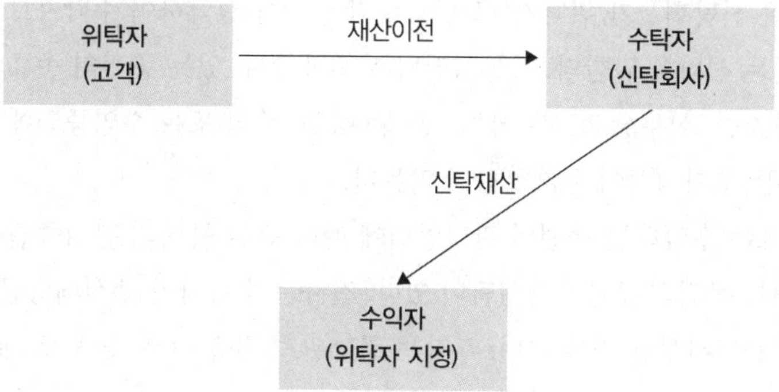

2. 신탁업무의 종류

신탁재산은 신탁행위의 대상인 재산권이다. 즉 신탁목적을 달성하기 위해 위탁자로부터 이전을 받아 수탁자가 신탁목적에 따라 관리 또는 기타 처분할 수 있는 재산권을 의미한다. 자본시장과 금융투자업에 관한 법률(자본시장법)에서 신탁회사가 수탁할 수 있는 신탁재산을 일정범위의 재산으로 한정하고 있다.

(1) 금전신탁

금전신탁은 신탁회사(수탁자)가 위탁자로부터 금전을 신탁재산으로 위탁받아 계약에 따라 금전을 대출, 채권 등에 운용하고 신탁기간이 종료하면 수익자에게 원금과 수익을 돌려주는 신탁을 말한다. 금전신탁은 경제적 기능상 은행예금과 유사하여 금융행정과 밀접한 관계가 있고 은행의 주요업무에 해당한다.

일반은행에서 취급하고 있는 금전신탁과 예금의 차이점을 살펴보면 운용방법에서 금전신탁은 신탁계약 및 법령 범위 내에서 규정된 것에 한하며, 예금은 원칙적으로 제한이 없다. 그리고 투자대상에 운용하여 창출한 이익분배에서 금전신탁의 경우에 실적배당을, 예금의 경우에 확정이율을 원칙으로 하고 있다.

금전신탁은 방법에 따라 여러 종류로 구분된다. 신탁의 종료시 신탁재산을 수익자에게 금전으로 돌려주는 금전신탁과 재산으로 돌려주는 비금전신탁이 있다. 또한 위탁자가 신탁재산의 운용방법이나 투자대상을 어느 정도 특정하느냐 특정하지 않느냐에 따라서 특정금전신탁과 불특정금전신탁으로 구분한다.

(2) 증권신탁

증권신탁은 신탁회사가 위탁자(고객)로부터 증권을 신탁하여 수탁자로 하여금 관리운용을 행하게 하는 신탁을 말한다. 자본시장법은 신탁할 수 있는 증권의 종류와 범위를 특별히 제한하지 않지만, 실무상으로는 국채 · 공채 · 사채, 주식 또는 수익증권에 한정되며 증권이면 기명식이든 무기명식이든 제한하지 않는다.

증권신탁에는 수탁하는 증권의 관리방법에 따라 관리 목적의 관리증권신탁과 관리 외에 운용수익 획득 목적의 운용증권신탁이 있다. 전자는 수탁자가 주식배당금이나 공사채의 이권추심 등의 관리사무를 맡게 하며, 후자는 위탁된 증권을 대부 · 담보로 제공하고 차입한 자금을 운용하여 수익을 수익자에게 교부한다.

(3) 동산신탁

동산신탁은 신탁회사가 위탁자(고객)로부터 수탁하는 신탁재산이 동산인 신탁을 말한다. 자본시장법은 수탁할 수 있는 동산의 종류를 특별히 제한하지 않아 양도할 수 있는 동산이면 어떤 동산이라도 무방하다. 그러나 실무상으로 신탁업무의 종류 및 방법에서 동산신탁으로 수탁할 수 있는 동산을 제한하고 있다.

(4) 부동산신탁

부동산신탁은 신탁회사가 위탁자(고객)로부터 수탁하는 신탁재산이 부동산인 신탁을 말한다. 여기서 부동산은 토지와 그 정착물, 지상권, 전세권, 토지의 임차권을 뜻한다. 따라서 토지와 건물이 대부분이다. 그러나 등기·등록할 수 있는 선박, 자동차, 항공기 등은 별도로 하고 부동산신탁에는 해당되지 않는다.

부동산신탁은 재산의 관리·이용·개발·처분을 직접 하지 않고 신탁회사에 재산을 이전시키고 신탁목적에 따라 수익자를 위해 재산을 관리·이용·개발·처분하게 한 뒤 그 결과를 되돌려 받는 법률관계를 말하며 운용방법에 따라서 부동산관리신탁, 부동산처분신탁, 부동산담보신탁, 부동산토지신탁으로 구분한다.

3. 신탁재산의 특징

(1) 신탁재산의 통일성

신탁행위가 성립하는 단계에서 신탁재산은 신탁행위에 의해 결정된다. 즉 거래당사자간 계약에 의하나 신탁행위가 성립한 후 신탁재산의 범위는 물상대위의 원칙에 의해 결정된다. 신탁재산의 관리, 처분, 멸실, 훼손 등의 사유로 수탁자가 얻은 재산은 신탁재산에 속하여 신탁재산이 변형되어도 신탁재산이다.

(2) 신탁재산의 독립성

신탁재산은 수탁자에게 귀속하지만 수익자를 위한 재산이므로 수탁자의 고유재산과 구별되고, 위탁자의 재산과도 구별되는 별개의 독립한 재산의 지위를 지닌다. 신탁재산이 법인격은 없지만 수탁자를 관리기관으로 하는 독립된 재산으로 성격을 갖게 되며 이것이 신탁회사들이 영업을 할 수 있는 근간이다.

04 금융회사의 개요

금융회사는 1900년대 초 소비자들이 자동차를 구입하는데 분할융자를 요구한 데 부응해서 설립되었다. 오늘날 금융회사들은 판매금융업과 소비자에 대한 대부업무를 직접 병행한다. 우리나라는 금융회사가 취급하는 금융서비스 성격에 따라 은행, 비은행금융회사, 보험회사, 금융투자회사, 금융지주회사 등으로 구분한다.

1. 은행

(1) 일반은행

일반은행은 예금, 대출, 지급결제 등을 고유업무로 하며 일반은행법에 의해 설립된 주식회사 형태의 기관을 말한다. 일반은행은 단기금융을 주로 하는 상업은행이면서 기업이나 가계로부터 받은 예금을 대출자금으로 운영하는 예금은행이며 시중은행, 지방은행, 인터넷 전문은행, 외국은행 국내지점으로 구성되어 있다.

❙ 그림 2-5 ❙ 일반은행의 역할

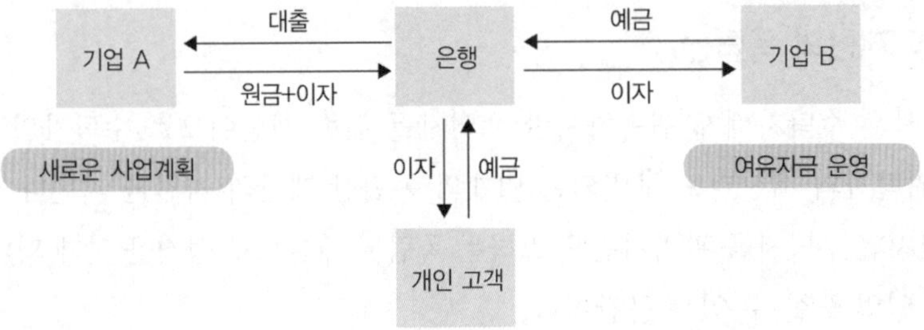

(2) 특수은행

특수은행은 은행법의 적용을 받지 않고 개별 특수은행법에 의거하여 설립·운영되며 일반은행이 재원, 채산성, 전문성 등의 제약으로 필요한 자금을 충분히 공급하지 못하는 특정부문에 자금을 원활히 공급함으로써 일반 상업금융의 취약점을 보완하여 국민경제의 균형적 발전을 도모하기 위한 목적으로 설립되었다.

1) 한국산업은행

한국산업은행은 대출, 투자, 보증 등 산업자금을 공급하며, 온렌딩(On-lending) 대출, 간접투자 등 간접금융업무, 산업금융채권발행, 외화차입, 예수금 등 산업자금조달, 회사채 인수주선 등 투자금융업무, 해외채권 발행주선과 해외투자 등 국제금융업무, 기업구조조정 등 기업가치 제고업무를 담당하는 국책은행이다.

2) 한국수출입은행

한국수출입은행은 수출입, 해외투자, 해외자원개발에 필요한 금융을 공여하여 국민경제의 발전과 대외경제협력의 촉진을 목적으로 설립된 정부투자금융기관으로 선박 · 기계 · 플랜트류 등 중공업제품의 수출촉진을 위한 중장기 연불수출자금의 지원이 중심을 이루며 융자, 보증, 정부를 대행하는 수출보험업무로 구분된다.

3) 중소기업은행

기업은행은 중소기업의 육성과 자금관리의 필요성에 따라 1960년 중소기업 자금을 중점적으로 관리 및 운용할 전담기관의 설치 요구에 따라 설립되었다. 초기에는 주로 외자취급 업무를 담당했고 이후 점차 대출 · 신탁 · 신용 등으로 영역을 확장해 나갔다. 2014년 2년간 기타공공기관에서 제외되었다가 2014년 재지정되었다.

4) 농협은행

NH농협은행은 농업계 특수은행으로 예금, 적금, 신용카드, 방카슈랑스 등의 금융업무를 수행한다. 1958년 금융조합을 바탕으로 농업은행이 발족, 1961년 농업은행과 농협이 통합, 2000년 농협중앙회, 축협중앙회, 인삼협중앙회 합병, 2012년 농협중앙회의 신용사업이 NH농협금융지주로 분리되면서 자회사로 출범하였다.

5) 수협은행

수협은행은 수산업계 특수은행으로 예금, 대출, 신용카드, 외환, 보험 등의 금융업무를 수행한다. 1962년 수협중앙회 창립, 1963년 여신업무 개시, 1964년 수신업무 개시, 1974년 회원조합 상호금융업무 개시, 1991년 신용카드업무 개시, 2016년 12월 1일 수산업협동조합 중앙회에서 수협은행으로 분리된 특수은행이다.

2. 비은행금융회사

(1) 상호저축은행

상호저축은행은 중소기업과 서민의 금융편의와 저축증대를 목적으로 하여 주식회사의 형태로 설립되는 서민금융기관이다. 주요업무로는 신용계업무, 신용부금업무, 예금과 적금의 수입업무, 자금의 대출업무, 어음의 할인업무, 내·외국환 업무, 보호예수업무, 국가·공공단체 및 금융기관의 대리업무가 있다.

(2) 신용협동기구

신용협동기구는 공동의 유대관계를 갖고 있는 사람들이 만든 기구로 조합형태를 띠며 조합원들에게 저축 편의와 대출기회를 제공한다. 제2금융권에 속하는 신용협동조합, 농협단위조합의 농협조합, 수협단위조합의 수산업협동조합, 산립조합, 새마을금고 등이 우리나라의 대표적인 신용협동기구에 해당한다.

(3) 여신전문금융회사

여신전문금융회사는 신용카드업, 시설대여업, 할부금융업, 신기술사업금융업 등 수신기능은 없이 여신업무만을 수행하는 금융회사를 말한다. 신용카드업은 신용카드의 이용과 관련된 대금의 결제 업무를 포함한 신용카드 발행 및 관리 또는 신용카드가맹점의 모집 및 관리 업무를 행하는 업종을 말한다.

시설대여업은 기업이 필요로 하는 기계설비 등을 새로 취득하거나 대여받아 거래상대방에게 일정기간 이상 사용하도록 하고, 그 기간에 걸쳐 일정한 대가를 정기적으로 분할하여 지급받으며, 그 기간 종료 후의 물건의 처분은 거래당사자간의 약정으로 정하는 방식의 금융업 일명 리스(lease)를 말한다.

할부금융업은 거래당사자가 약정을 체결하면 구매자금을 매도인에게 지급하고 매수인으로부터 원리금을 분할하여 상환받는 금융업을 말하고, 신기술사업금융업은 신기술사업자에 투자, 융자, 경영, 기술의 지도, 신기술사업투자조합의 설립, 신기술사업투자조합 자금관리·운용업무를 종합적으로 수행한다.

(4) 우체국

우체국은 과학기술정보통신부 소속기관으로 우편물을 인수하고 배달하며 그 밖에 전신, 전화, 우편환, 우편저금, 우편연금, 체신보험 등의 일을 수행한다. 우체국은 국가가 설치하여 경영하는 일반우체국과 개인이 자기 부담으로 시설을 갖추고 국가로부터 체신 업무를 위임받아 경영하는 별정우체국이 있다.

3. 금융투자회사

2009년부터 시행된 자본시장과 금융투자업에 관한 법률(자본시장법)은 이익을 얻을 목적으로 계속적·반복적인 방법으로 업무를 수행하는 금융투자업을 투자매매업, 투자중개업, 집합투자업, 신탁업, 투자자문업, 투자일임업의 6가지로 구분하고 금융투자업 전부 또는 일부를 담당하는 회사를 금융투자회사라고 칭한다.

표 2-3 금융투자업의 종류

금융투자업	개념	금융투자회사
투자매매업	자기의 계산으로 투자자와 금융투자상품을 거래하거나 증권의 발행, 인수, 청약을 영업으로 하는 것	증권회사 선물회사
투자중개업	타인의 계산으로 투자자와 금융투자상품을 거래하거나 증권의 발행, 인수, 청약을 영업으로 하는 것	증권회사 선물회사
집합투자업	2인 이상에게 투자권유를 하여 모은 금전 등을 투자자 등으로부터 일상적인 운용 지시를 받지 아니하면서 자산을 취득, 처분 그밖의 방법으로 운용하고 그 결과를 투자자에게 배분하여 귀속시키는 것	자산운용회사
신 탁 업	신탁업에 의한 신탁을 영업으로 하는 것	신탁회사, 증권회사, 자산운용회사
투자자문업	금융투자상품의 가치나 투자판단에 관해 자문하는 것을 영업으로 하는 것	투자자문회사 증권회사 자산운용회사
투자일임업	투자자로부터 금융투자상품에 대한 투자판단의 전부 또는 일부를 일임받아 투자자별로 구분하여 금융투자상품을 취득, 운용, 처분하는 것을 영업으로 하는 것	투자자문회사 증권회사 자산운용회사

4. 금융지주회사

금융지주회사는 주식보유를 통해 은행, 증권사, 보험사와 같은 금융기관을 자회사로 소유 · 경영하는 회사를 말한다. 금융지주회사의 형태는 지주회사가 금융업무를 직접 수행하느냐에 따라 순수지주회사와 사업지주회사로 구분하며 순수지주회사는 자신이 사업을 하지 않는 페이퍼 컴퍼니(paper company)로 운영된다.

5. 보험회사

보험회사는 생명보험, 손해보험 등 보험업을 취급하는 금융회사로 생명보험은 사람의 생존과 사망에 관한 사건이 발생했을 때 약정한 보험금을 지급하는데 생존해야 지급하는 생존보험과 사망해야 지급하는 사망보험 두 종류가 있다. 손해보험은 화재, 도난, 사고 등 우발적인 사건에 따른 재산상의 손실을 보상한다.

05 금융유관기관

1. 한국은행

(1) 한국은행의 정의

한국은행은 1950년 6월 창립된 우리나라의 중앙은행으로 통화신용정책의 수립과 집행을 통해 물가안정을 도모하는데 그 설립목적을 두고 있다. 이러한 목적을 달성하기 위해 화폐의 발행, 통화신용의 조절, 금융기관과의 여수신, 국고금의 수급과 정부에 대한 여신, 외국환 및 대외준비자산의 관리 등의 업무를 수행하고 있다.

(2) 한국은행의 발전

우리나라의 중앙은행은 1909년 한국은행이 설립되면서 도입되었다. 한국은행은 한일합방 후 1911년 조선은행으로 개편되어 발권, 국고업무 등 중앙은행의 기능과 일반은행업무도 일부 겸영하였다. 광복 이후에 조선은행은 발권, 국고, 대외지급준비자산의 보유, 시중은행에 대한 재할인 등 중앙은행의 고유업무를 수행하였다.

그러나 일제시대에 설립된 조선은행이 중앙은행 본연의 기능을 수행하는 데는 한계가 있었으며 1948년 정부수립으로 중립적인 중앙은행의 설립이 절실히 요청되었다. 따라서 신생 정부는 1949년에 한국은행법을 마련하고 1950년 5월 이를 공표함으로써 현대적 중앙은행으로서의 강력한 기능을 갖춘 한국은행이 탄생하였다.

(3) 한국은행의 구성

한국은행의 운영과 통화신용정책에 관한 사항을 심의·의결하는 금융통화위원회, 집행기관, 감사로 구성된다. 금융통화위원회는 한국은행총재·기획재정부장관·금융위원회위원장·대한상공회의소회장·전국은행연합회회장·한국증권업협회회장 등이 추천하여 대통령이 임명한 6인의 임명직 위원 등 총 7인으로 구성된다.

(4) 한국은행의 업무

1) 통화신용정책의 수립과 집행

통화신용정책의 수립 · 집행을 통해 물가안정과 국민경제의 건전한 발전을 도모한다. 통화신용정책은 국내에서 유통되는 총통화량을 조절하는데 공개시장조작 · 지급준비율 · 재할인율의 양적 정책수단, 경제 각 부문간의 자금의 흐름을 선택적으로 조절하여 국민경제의 전략부문에 금융지원을 하는 선별적 수단이 있다.

2) 발권업무

정부의 승인을 얻어 금융통화위원회의 규정에 따라 은행권과 주화를 발행하고 은행권과 주화는 대한민국의 법화로 모든 거래에 통용된다. 우리나라는 화폐발행준비로 금 또는 외국환의 보유를 요구하거나 발행최고한도를 제한하지 않는 관리통화제도를 채택하여 경제상황에 따라 화폐발행량을 신축적으로 조절한다.

3) 국고 · 증권업무

정부의 세입 · 세출 · 예탁금 · 보관금 등의 국고금 출납업무, 정부예금의 수입 및 지급업무, 정부에 대한 여신, 국채의 발행 · 상환, 정부보유유가증권의 보호예수, 정부수입인지 수급 및 판매관리, 국채관리기금 · 국민투자기금 · 근로자재산형성저축장려금기금 · 농어가목돈저축장려금기금의 조달 및 운용업무를 수행한다.

4) 지급결제업무

어음 · 수표제도의 개선 및 전자결제시스템 확충 등 지급결제 관련 정책을 수립하고 지급결제시스템 참가기관에 대한 지도 · 감독업무를 수행하고, 금융기관간 자금이체를 한국은행에 개설된 금융기관 당좌예금계정을 통해 신속하고 안전하게 처리하기 위해 거액결제시스템인 한은금융망(BOK－Wire)을 구축하여 직접 운영한다.

5) 대외준비자산 관리업무

정부와 협의하여 국내통화의 대외가치를 나타내는 환율이 외환시장에서 적정수준으로 유지되도록 노력하고 은행들의 외화예금 지급준비율을 조절하며 우리나라의 최종 대외

결제자금인 외환보유액을 보유 · 관리하며 외화관련 통계를 편제하고 외환정보집중기관으로서 외화거래관련 정보를 수집 · 분석하는 업무를 담당한다.

6) 국제협력업무

우리나라가 가입한 국제금융기구와 연락, 교섭, 자금거래 업무를 수행하고 국제결제은행, 동남아 중앙은행기구, 동남아 · 뉴질랜드 · 호주 중앙은행기구에 가입하여 국제금융시장 안정을 위한 외국 중앙은행과 정책협조 및 정보교환을 도모하며 중앙은행 업무 관련 국제세미나 개최, 외국 금융인사에 대한 연수를 제공한다.

7) 조사통계업무

국내외 경제 전반에 관한 조사연구업무를 수행하고 경제조사연구를 통해 국내외 경제 움직임을 분석 · 전망하고 그 대책을 제시하여 통화신용정책과 국가경제정책을 세울 때 기초자료로 활용할 수 있도록 하고 경제현황을 정확히 진단하고 이를 통해 올바른 국가경제정책 수립을 뒷받침하기 위해 각종 통계를 편제하고 있다.

8) 금융기관 위험평가업무

금융시장의 안정성이 유지되도록 전체금융시장과 개별금융기관의 위험평가업무를 수행하고 평가결과를 각종 정책에 반영하기 위해 금융기관에 대한 자료제출요구, 금융감독원과 자료를 공유해 금융기관의 건전성 등 경영실태를 분석하며 분석결과를 한국은행의 총액한도대출 운용, 지급결제, 외국환업무 등에 반영하고 있다.

2. 금융감독원

(1) 금융감독원의 정의

1999년 1월 2일 금융부문별 감독기관이었던 은행감독원, 증권감독원, 보험감독원, 신용관리기금이 통합되어 설립된 금융감독원의 목적은 금융산업을 선진화하고 금융시장의 안정성을 도모하며, 건전한 신용질서, 공정한 금융거래관행 확립과 예금자 및 투자자 등 금융수요자를 보호하여 국민경제에 기여하는 데 있다.

(2) 금융감독원의 업무

금융감독원은 금융기관을 감시·감독하는 업무를 주력으로 금융회사의 업무 및 재산상황 검사와 검사결과에 따른 제재업무, 금융분쟁의 조정 등 금융감독기구가 정치적 압력이나 행정부의 영향력에 의해 자율성을 잃지 않고 중립적이고 전문적인 금융감독 기능을 구현하기 위한 정부조직과 독립된 특수법인에 해당한다.

(3) 금융감독의 구분

시스템 감독은 경제전반의 금융혼란에 대비하여 금융시스템의 안정성을 확보한 개념이다. 건전성 감독은 금융회사의 재무제표 건전성, 자본적정성 지표를 통해 건전성을 감독하고, 영업행위 감독은 금융회사가 소비자와 거래에서 공정한 영업관행을 유지하는지 감독하는 것으로 소비자 보호 측면에 중점을 둔 개념이다.

금융회사의 검사는 금융회사의 현장에서 규제준수 여부를 점검하는 임점검사와 금융회사가 제출한 업무보고서에 근거한 상시감시를 병행하며, 자본시장의 공정성 확보를 위한 불공정거래나 보험사기 조사업무, 소비자가 직접 제기하는 민원상담, 조사 및 분쟁조정절차를 수행하여 금융소비자를 보호하는 기능도 수행한다.

3. 한국거래소

(1) 한국거래소의 의의

한국거래소는 유가증권 및 장내파생상품의 공정한 가격형성과 거래질서의 안정 및 유통의 원활화를 위해 자본시장법에 의해 설립된 특수법인이다. 2005년에 종전의 한국증권거래소, 코스닥증권시장, 한국선물거래소, 코스닥위원회가 합병하여 통합되었으며 자본시장법의 시행을 계기로 한국거래소로 통합 개편되었다.

한국거래소는 자본금을 1천억원 이상으로 하며 그 주사무소를 부산광역시에 두고 필요한 곳에 지점을 둘 수 있다. 한국거래소는 자본시장법에 특별한 규정이 있는 것을 제외하고 주식회사의 규정을 준용하며 이사장 산하에 경영지원본부, 유가증권시장본부, 코스닥시장본부, 선물시장본부, 시장감시본부로 구성되어 있다.

(2) 한국거래소의 성격

한국거래소는 상장증권과 파생상품을 운영하는 주체로서 거래소의 회원이 아니면 거래소시장에서 매매거래를 하지 못한다. 한국거래소의 회원은 결제회원, 매매전문회원, 대통령령이 정하는 회원(증권회원, 파생상품회원, 증권시장과 파생상품시장의 일부시장이나 일부종목의 매매결제에 참여하는 회원 등)으로 구분한다.

한국거래소는 법률의 구체적인 위임에 의한 업무관련규정과 정관에 의해 회원 등 시장참가자에 대한 자율규제기능을 수행한다. 자율규제에는 회원 및 임직원의 법령 및 규정의 준수여부에 대한 감리, 매매거래의 안정과 결제불이행 방지를 위한 회원의 영업활동과 재무건전성, 증권회사와 상장법인의 공시까지 포함된다.

(3) 한국거래소의 기능

한국거래소는 증권자본과 화폐자본이 거래소의 매매를 통해 전환되고, 다수의 수요자와 공급자의 주문이 집중되어 공정한 가격을 형성하며, 투기적 가수요로 가격안정화 및 차익거래의 증가로 주가차이를 해소하며, 융자나 대주를 이용한 신용거래와 헤지거래를 통해 주식가격의 위험을 최소화하는 기능을 수행한다.

(4) 한국거래소의 업무

한국거래소의 기본업무에는 유가증권시장, 코스닥시장, 코넥스시장, 파생상품시장의 개설 및 운영, 유가증권 및 파생상품의 매매, 거래에 따른 매매확인, 채무인수, 결제증권·결제품목·결제금액의 확정, 결제이행의 보증, 결제불이행에 따른 처리 및 결제지시, 유가증권 및 파생상품의 상장, 매매거래, 공시제도가 있다.

4. 예금보험공사

예금보험공사는 금융기관으로부터 보험료를 받아 예금보험기금을 조성해 두었다가 금융기관의 경영이 부실하여 영업정지나 파산 등으로 고객들의 예금을 돌려주지 못하게 되면 예금보험공사가 금융기관을 대신하여 예금의 지급을 보장하여 예금자를 보호하고 금융제도의 안정성을 유지하는 업무를 담당하기 위해 예금자보호법이 제정되면서 1996년 6월에 설립되어 1997년에 예금보험업무를 시작하였다.

예금보험공사는 동일한 종류의 위험을 가진 사람들이 평소에 기금을 적립해 만약의 사고에 대비한다는 보험원리를 이용하여 예금자를 보호하는 기관으로 5개 금융권역에 해당하는 금융기관의 예금을 원금과 이자를 합쳐 1인당 5000만원까지 보장해준다. 금융기관의 모든 상품이 보호를 받는 것은 아니고, 예금상품만 대상일 뿐 운용실적에 따라 원금손실이 발생할 수 있는 투자상품은 보호받지 못한다.

5. 금융투자협회

금융투자협회는 대한민국 최대의 금융단체로 기존의 금융시장에 존재한 한국증권업협회, 자산운용협회, 선물협회를 합병하여 금융기관 상호간의 업무질서 유지 및 공정한 거래를 확립하고 투자자를 보호하며 금융투자업의 건전한 발전을 위해 자본시장과 금융투자업에 관한 법률에 의해 설치가 의무화된 자율규제기관이다.

6. 여신금융협회

여신금융협회는 신용카드업, 시설대여업, 할부금융업, 신기술사업금융업을 영위하는 여신전문금융회사를 회원으로 하는 비영리법인으로 여신협회라고도 부른다. 회원사들은 여신전문금융업법 제62조 및 민법 제32조에 의거하여 여신금융업 등을 영위하는 여신전문금융회사들로 1998년 3월 30일 설립되었다.

여신금융협회는 회원 상호간의 업무협조, 정보공유, 연구조사, 개발 등을 통해 여신전문금융업의 건전한 발전을 도모하는 것을 목적으로 급변하는 금융환경 변화에 능동적으로 대응하고, 상품개발, 새로운 시장개척, 업무영역의 확대와 개발, 관련 정부 및 감독기관과의 협력 등과 관련된 업무를 수행한다.

7. 생명보험협회

생명보험협회는 보험가입자의 권익을 보호하고 건전한 보험문화를 확산하며 합리적인 보험정책 수립을 지원하여 생명보험산업의 성장과 발전을 위해 설립되었다. 생명보험 관련 정책지원 및 제도개선, 보험업법 등 생명보험 관련 법령의 연구 및 개정건의, 모집제도의 개선, 설계사의 등록 및 말소업무 등을 담당한다.

8. 손해보험협회

손해보험협회는 보험회사간 업무질서 유지, 보험업 발전, 손해보험사업의 발전을 도모하기 위해 설립되어 손해보험 제도개선 연구, 손해보험 통계조사, 손해보험모집에 관한 연구, 재해방지와 손해경감에 관한 연구, 손해보험에 관한 홍보와 상담, 국제회의 및 국제보험기구와 교류, 소비자 보호업무 등을 수행하고 있다.

9. 전국은행연합회

전국은행연합회는 금융기관 상호간의 업무협조, 금융문제의 조사연구, 은행업무의 개선을 통해 금융산업의 발전을 도모하고, 건전한 신용거래 질서를 확립시키며, 금융인의 자질과 복지수준을 향상시키기 위해 시중은행, 지방은행, 특수은행을 정사원, 외국은행의 국내지점을 준사원은행으로 설립된 은행들의 연합체다.

주요업무로 은행 경영개선을 위한 대정부 정책 제안, 은행 현안 사항해결을 위한 공동연구 및 업무개발, 은행 업무향상을 위한 각종 세미나와 설명회 개최, 금융경제에 관한 조사연구 및 금융인을 위한 간행물의 발간, 은행 직원의 후생복지시설의 설치 운영, 금융기관의 대외홍보를 위한 조치의 수립 등을 전개하고 있다.

10. 신용회복위원회

신용회복위원회는 과중채무자의 조속한 경제적 재기를 지원하기 위해 금융기관간 신용회복지원협약에 따라 2002년 10월 출범한 후 채무자를 위한 신용관리에 관한 상담과 교육 등 공익적 업무수행과 채무조정업무의 공정성과 객관성을 확보하기 위해 금융감독위원회의 허가를 받아 2003년 11월 설립된 비영리 사단법인이다.

신용회복위원회는 채무불이행자의 경제적 재기를 지원하고 가계의 파산을 예방하며 서민의 금융상담과 신용교육을 전담하는 신용관리전문기구의 기능을 수행한다. 또한 영세자영업자에게 무담보로 소액대출을 해주고, 낮은 신용등급으로 제도권 금융기관을 이용하지 못하는 금융소외계층에 대해 긴급금융을 지원하고 있다.

보론 2-1 담보신탁계약

최근 용인시에서 원룸 건물 6채를 소유한 임대사업자가 세입자 120여명이 맡긴 전세보증금 약 40억원을 돌려주지 않은 사건이 발생했다. 피해자 A씨는 경기도민 청원 홈페이지에 "신탁회사에 의해 건물이 이미 공매로 넘어간 상태인데, 아직 자신이 사기 당했다는 사실을 모르는 주민들이 있다"라며 집주인과 인근 부동산이 담합하여 사기를 친 것이라는 내용의 청원글을 올렸다. A씨를 비롯한 세입자 120명이 보증금을 떼일 위기에 처한 이유는 담보신탁계약이 체결된 부동산에 대해 정확히 모르는 상태에서 집주인과 임대차계약을 체결했기 때문이다.

❙ 그림 2-6 ❙ 담보신탁의 계약원리

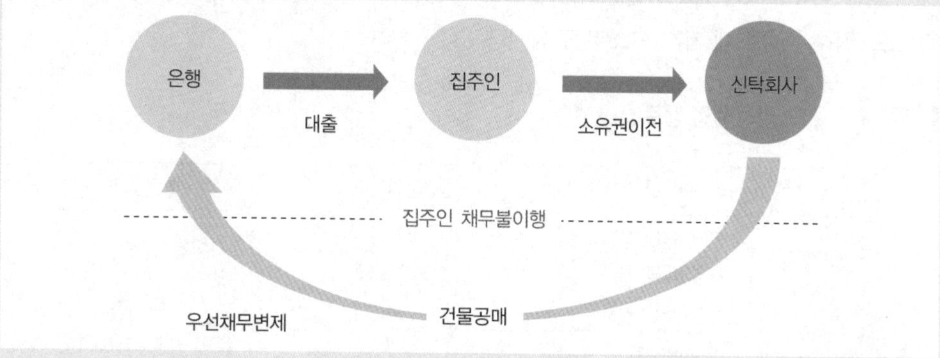

담보신탁은 집주인이 형식적인 부동산 소유권을 신탁회사에 넘긴 후 대출받는 것을 말한다. 이렇게 하면 집주인은 임의로 집을 처분할 수 없고, 대출해준 금융기관은 담보안정성이 높아져 집주인은 더 많은 금액을 대출받을 수 있다. 그런데 집주인이 신탁계약이 체결된 집을 임대 놓으려면 계약서인 신탁원부에 우선수익자로 설정된 자의 동의가 필요하다. 여기서 우선수익자는 집주인에게 대출해준 예가람저축은행 등 금융기관이다. 우선수익자의 동의없이 진행되는 임대차계약은 주택이 경 · 공매로 넘어가면 세입자의 보증금이 후순위로 밀리게 된다.

담보신탁 부동산이 일반인에게 생소하여 임대차계약을 잘못 맺고 사기를 당하는 경우가 적지 않다. 이러한 피해를 방지하려면 등기부등본과 함께 신탁원부를 발부받아 계약내용을 반드시 확인해야 한다. 주택이 신탁회사에 위탁되는 경우 등기부등본에 위탁 사실과 함께 신탁원부 번호가 공개되고, 법원 등기소나 인터넷을 통해 신탁원부를 발급받을 수 있다. 또한 신탁회사 소유로 된 건물이라면 신탁원부에 임대차계약의 권한이 누구에게 있는지를 반드시 확인해야 한다.

보론 2-2 통화정책

1. 통화정책의 정의

중앙은행이 금융정책수단을 이용하여 물가안정, 완전고용, 경제성장, 국제수지균형의 정책목표를 달성하려는 경제정책으로 단기에 재정정책과 더불어 주어진 총공급능력에서 총수요를 조절하는 총수요관리정책의 성격을 갖는다.

2. 통화정책의 경로

중앙은행이 금융정책수단을 이용하여 금융정책의 중간목표를 변화시킨 다음 이 변화를 통해서 금융정책의 최종목표를 달성하는 것으로 국민경제상의 최종목표, 통화량과 이자율의 중간목표, 정책수단의 세 가지 요소로 구성된다.

┃그림 2-7┃ 통화정책의 경로

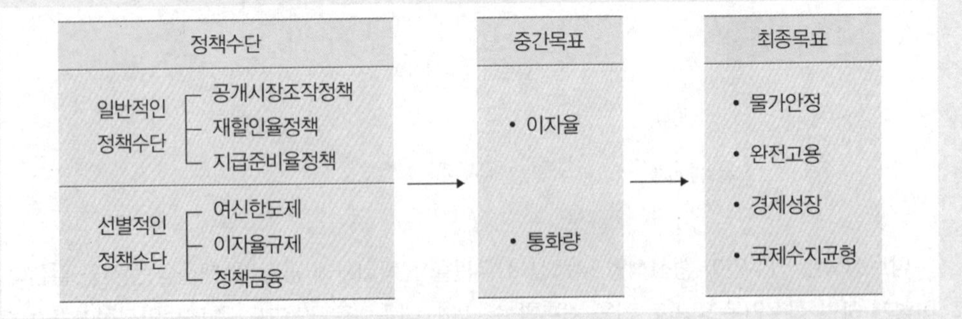

3. 일반적인 정책수단

중앙은행의 창구를 통해 공급되는 일차적인 통화공급량을 조절하는 간접규제수단을 말하며 공개시장조작정책, 재할인율정책, 지급준비율정책이 있다.

(1) 공개시장조작정책

중앙은행이 증권시장에서 국공채를 매입하거나 매도함으로써 통화량과 이자율을 조정하는 정책으로 통화량 조절수단 중 가장 빈번하게 이용되고 있다.

국공채매입 → 본원통화↑ → 통화량↑ → 이자율↓

국공채매도 → 본원통화↓ → 통화량↓ → 이자율↑

(2) 재할인율정책

예금은행이 중앙은행에서 자금을 차입할 때 적용받는 이자율(재할인율)을 조정하여 통화량과 이자율을 조정하는 정책을 말한다. 그러나 예금은행이 풍부한 유동성을 보유하고 있다면 재할인율정책은 효과가 없다.

재할인율↓ → 예금은행차입↑ → 본원통화↑ → 통화량↑ → 이자율↓
재할인율↑ → 예금은행차입↓ → 본원통화↓ → 통화량↓ → 이자율↑

(3) 지급준비율정책

중앙은행이 예금은행의 법정지급준비율을 변화시켜 통화승수의 변화를 통해 통화량과 이자율을 조정하는 정책으로 최근에는 별로 사용되지 않고 있다.

지급준비율↓ → 통화승수↑ → 통화량↑ → 이자율↓
지급준비율↑ → 통화승수↓ → 통화량↓ → 이자율↑

4. 선별적인 정책수단

금융기관이 민간에 제공하는 대출 등에 통화당국이 선택적 · 차별적으로 개입하여 정책효과가 경제의 특정부문에 선별적으로 영향을 미치는 직접규제수단이다.

(1) 대출한도제

예금은행의 대출한도를 제한하거나 자산을 규제하여 금융기관의 대출한도를 제한하는 제도로서 일반적인 정책수단의 성격도 가지고 있는 선별적 정책수단이다.

(2) 이자율규제

이자율규제는 예금은행의 예금금리와 대출금리를 직접규제하는 것을 말한다.

(3) 창구규제, 도덕적 설득

창구규제는 금융당국이 금융기관의 예금유치와 대출정책을 금융정책의 틀에 맞도록 지도 · 규제하는 것이고, 도덕적 설득은 금융당국이 공식적인 견해 표명 · 경고 등의 수단을 이용하여 금융기관이 적절한 행동을 하도록 유도 · 설득하는 것이다.

보론 2-3 예금자보호제도

예금자보호제도는 금융회사가 파산 등으로 고객의 금융자산을 지급하지 못할 경우 예금보험공사가 예금자보호법에 의해 예금의 일부 또는 전액을 대신 돌려주는 제도를 말한다. 현재 1인당 보호금액은 원금과 소정의 이자를 합하여 예금자 1인당 최고 5,000만원이다. 소정의 이자는 금융회사의 약정이자와 시중은행의 1년 만기 정기예금 평균금리를 감안, 예보가 결정하는 이자 중 적은 금액을 말한다.

예금한도 5,000만원을 초과하는 금액은 예금보호공사로부터 보험금을 수령할 수 없으나, 해당 금융기관에 대한 예금채권자의 지위로서 파산절차에 참여하여 다수의 채권자들과 채권금액에 비례하여 분배하고 그 전부 또는 일부를 돌려받을 수 있다. 그러나 예금보험공사가 지급한 보험금은 세전 기준으로 적용되기 때문에 소정의 이자에 대해서는 이자소득세와 주민세 등 관련 세금을 납부해야 한다.

예금자보호제도는 일부 금융회사의 경영이 부실화되더라도 고객의 재산을 안전하게 보호하여 뱅크런(bank run, 집단 예금인출)이나 금융시스템 전체의 위기를 방지할 목적에서 도입된 제도다. 또한 일정금액으로 한정한 것은 금액에 관계없이 전액 보호하게 될 경우에 예금자들이 금융기관의 안정성은 고려하지 않은 채 높은 이율만을 고려대상으로 삼을 수 있어 이를 방지하기 위한 목적도 있다.

▎그림 2-8 ▎예금보험의 운영구조

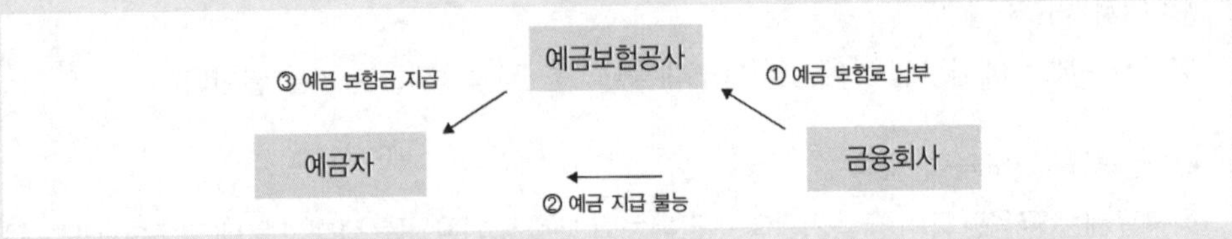

우리나라는 다른 국가와 달리 보험계약도 예금자보호제도에 의해 보호하고 있다. 따라서 예금 외에도 개인이 가입한 보험계약, 예금보호대상 금융상품으로 운용되는 확정기여형 퇴직연금(DC), 개인퇴직 계좌적립금(IRP), 은행금전신탁, CMA, 발행어음 등도 예금자보호제도에 의한 보호를 받는다.

❙ 표 2-4 ❙ 예금자보호대상 금융상품

구분	예금자보호법 적용 대상	예금자보호법 미적용 대상
은 행	예금, 적금, 원금보전형신탁, DC형연금, 개인형 퇴직연금	CD, RP, 금융투자상품, 실적배당형신탁, 은행발행채권, 주택청약종합저축
증 권 사	예탁금, 원금보전형신탁	금융투자상품(수익증권, MMF 등), 선물옵션예수금, 청약자예수금, RP, CMA, ELS, ELW, WRAP
종 금 사	발행어음, 표지어음, CMA	금융투자상품(수익증권, MMF 등), RP, CD, CP
저축은행	예금, 적금	저축은행 발행채권(후순위채권)

연습문제 TEST

1 다음 중 금융시장의 기능으로 가장 적절하지 않은 것은?

① 투자수익률의 제고
② 자원의 효율적 배분
③ 충분한 유동성 제공
④ 정보수집비용 절감

해설 투자수익률 제고는 금융시장의 본질적인 기능보다는 부수적인 결과라고 할 수 있다.

2 다음 중 직접금융과 간접금융에 대한 설명으로 옳지 않은 것은?

① 직접금융은 자금공여에 따른 위험을 자금의 최종공급자가 부담한다.
② 간접금융은 금융중개기관은 직접증권을 발행하여 자금을 조달한다.
③ 직접금융은 자금대여자가 차입자가 발행한 본원적 증권을 매입하여 자금융통이 이루어진다.
④ 간접금융은 금융중개기관이 다수의 저축자를 통해 자금을 조달하므로 자금공급이 안정적이다.
⑤ 금융중개기관은 장기차입을 원하는 차입자와 단기대출을 원하는 저축자를 모두 만족시킬 수 있다.

해설 자금의 최종수요자가 발행한 주식, 회사채 등을 직접증권 또는 본원적 증권이라 하고, 금융중개기관이 발행한 예금증서, 보험증서 등을 간접증권 또는 2차적 증권이라 한다.

3 조직화된 장소에서 거래되는가에 따라 구분한 금융시장으로 적절한 것은?

① 장내시장과 장외시장
② 금융시장과 자본시장
③ 발행시장과 유통시장
④ 취급 금융기관

해설 금융거래방식은 직접금융과 간접금융으로 구분하고, 직접금융은 발행시장과 유통시장으로 구분하며, 조직화된 장소에서 거래여부에 따라 장내시장과 장외시장으로 구분한다.

4 다음 중 금융시장에 대한 설명으로 적절하지 않은 것은?

① 발행시장은 직접발행보다 인수기관이 증권의 발행사무를 대행하는 간접발행이 일반적이다.
② 통화시장과 자본시장은 만기 1년을 기준으로 구분한다.
③ 파생상품시장은 기초자산에 따라 주식, 주가지수, 금리, 통화, 일반상품 등으로 구분할 수 있다.
④ CD의 발행기간은 최단만기만 90일 이상으로 제한되어 있다.

해설 CD는 최단만기만 30일 이상으로 제한되어 있고 최저발행금액에 대한 제한은 없다. 현재 한국수출입은행을 제외한 모든 은행이 CD를 발행할 수 있다.

5 **다음 중 통화시장에서 거래되지 않는 상품은?**

① 국민주택채권
② 기업어음(CP)
③ 환매조건부채권(RP)
④ 양도성예금증서(CD)

해설 국민주택채권은 국민주택사업에 필요한 자금을 조달하기 위해 정부가 국회의 의결을 얻고 국토교통부장관의 요청으로 기획재정부장관이 발행한다. 국민주택채권은 1, 2종으로 나누어 발행한다. 1종 국민주택채권은 국가 또는 지방자치단체로부터 면허, 허가, 인가를 받거나 등기, 등록을 신청하는 사람이 의무적으로 매입해야 하는 5년 만기 채권이다.

6 **다음 중 만기가 가장 짧은 금융상품은?**

① 양도성예금증서(CD)
② 기업어음(CP)
③ 표지어음(cover bill)
④ 환매조건부채권(RP)

해설 ① 양도성예금증서(CD)는 정기예금에 양도성을 부여한 무기명 할인식으로 발행하여 타인에게 양도가 가능하며 만기는 최소 30~270일이나 90일물이 대부분을 차지한다.
② 기업어음(CP)은 기업이 단기자금을 조달하기 위해 발행하는 융통어음으로 만기는 30일에서 1년이나 3개월 이내가 대부분을 차지한다.
③ 표지어음(cover bill)은 금융기관이 보유한 기업어음, 무역어음 등 각종 어음을 묶어 금액과 기간이 일정한 별도의 어음을 만들어서 판매한다.
④ 환매조건부채권(RP)는 금융기관이 발행기관에서 매입한 국공채 등을 근거로 발행한 채권을 일정기간 경과 후 일정가격으로 환매수할 것을 조건으로 투자금액과 기간을 자유롭게 선택할 수 있는 시장금리변동형 확정금리상품에 해당한다.

7 **다음 중 양도성예금증서(CD)에 대한 설명으로 적절하지 않은 것은?**

① 만기 전에 중도해지가 불가능하다.
② 증권회사를 통해 매각하여 현금화할 수 있다.
③ 할인식 상품으로 만기 후에도 별도의 이자가 지급된다.
④ 정기예금에 양도성을 부여한 것으로 무기명식으로 발행할 수 있다.

해설 만기 후에는 별도의 이자없이 액면만 지급된다.

8 **다음 중 양도성예금증서(CD)에 대한 설명으로 적절하지 않은 것은?**

① 은행이 발행하고 금융시장에서 자유로운 매매가 가능한 무기명 정기예금이다.

② 중도해지는 불가능하나 양도가 자유로워 현금화가 쉬운 유동성이 높은 상품이다.

③ 발행대상은 제한이 없으며 이자지급식으로 거래가 이루어질 수 있다.

④ 단기금리의 기준금리로 변동금리채권이나 선물 및 옵션시장의 기준금리로 활용된다.

해설 양도성예금증서는 이자지급식이 아니라 할인금액으로 거래가 이루어진다.

9 **다음 중 양도성예금증서에 대한 설명으로 적절하지 않은 것은?**

① 무기명 할인식으로 발행한다.

② 액면금액 기준 2천만원 이상으로 한다.

③ 만기일은 30일 이상으로 한다.

④ 만기 후에 이자를 지급하지 않는다.

해설 양도성예금증서는 액면금액 기준 1천만원 이상으로 한다.

10 **다음 중 양도성예금증서에 대한 설명으로 적절하지 않은 것은?**

① 공휴일을 만기일로 산정할 수 없다.

② 할인매출액(고객이 지급하는 금액)은 액면금액–할인액이다.

③ 할인액은 액면금액×연이율×기간(일수)÷365이다.

④ 원천징수는 신규시 할인액에 대해 공제하고 액면가를 산정한다.

해설 원천징수는 만기가 되어 지급청구시 할인액에 대해 원천징수해야 한다.

11 **다음 중 CD, 표지어음, RP에 대한 설명으로 적절하지 않은 것은?**

① CD, 표지어음, RP 모두 거래대상에 제한이 없다.

② 모든 상품이 액면금액 기준 1천만원 이상이다.

③ 표지어음은 무기명 할인식 형태로 발행된다.

④ 중도환매가 불가능한 것은 양도성예금증서와 표지어음이다.

해설 양도성예금증서는 무기명 할인식 형태로 발행된다.

12 다음 중 환매조건부채권(RP)에 대한 설명으로 적절하지 않은 것은?

① 환매수기간의 제한은 없지만 일반적으로 15일 이상 1년이다.

② 예금자보호대상이 아니다.

③ 매도금액의 제한은 없다.

④ 채권을 일정기간 후에 일정가액으로 환매도할 것을 조건으로 매수한다.

해설 채권을 일정기간 후에 일정가액으로 환매수할 것을 조건으로 매도한다.

13 다음 중 MMF의 자금운용에 대한 설명으로 적절하지 않은 것은?

① 장부가액으로 평가한다.

② 채권은 AA 이상, CP는 A2 이상의 등급에만 투자해야 한다.

③ 펀드 전체의 가중평균잔존만기를 6개월 이내로 운용해야 한다.

④ CD는 6개월, 국채는 5년, 기타 채권 및 어음은 1년 이내로 운용해야 한다.

해설 가중평균잔존만기를 75일 이내로 운용해야 한다.

14 다음 중 금융투자상품에 대한 설명으로 적절하지 않은 것은?

① 원본손실가능성이 있는 상품이다.

② 관리신탁의 수익권은 금융투자상품이다.

③ 원화표시 양도성예금증서는 비금융투자상품이다.

④ 원본대비 손실비율의 정도에 따라 증권과 파생상품으로 구분한다.

해설 자본시장법에서 관리신탁의 수익권은 금융투자상품에서 제외한다.

15 다음 중 금융투자상품에 대한 설명으로 적절하지 않은 것은?

① 투자성(원본손실가능성)이 있어야 한다.

② 이익획득 및 손실회피의 목적이 있어야 한다.

③ 현재 또는 장래에 금전을 이전하기로 약정하여 갖게 되는 권리이다.

④ 투자한 원본금액이 회수금액을 초과할 가능성이 없어야 한다.

해설 금융투자상품은 투자한 원본금액이 회수금액을 초과할 위험(투자성)이 있어야 한다.

16 다음 중 자본시장법에서 금융상품을 금융투자상품과 비금융투자상품으로 구분하는 기준으로 적합한 것은?

① 원본손실가능성 ② 원본초과손실가능성
③ 정형화된 시장에서 거래여부 ④ 취급 금융기관

해설 원본손실가능성에 따라 금융투자상품과 비금융투자상품으로 구분하고, 금융투자상품은 원본초과손실가능성에 따라 증권과 파생상품으로 구분하며, 정형화된 시장거래 여부에 따라 장내파생상품과 장외파생상품으로 구분한다.

17 다음 중 자본시장법의 금융투자상품에 해당하는 것은?

① 원화표시 양도성예금증서 ② 관리신탁 수익권
③ 주식매수선택권 ④ 수익증권

해설 원화표시 양도성예금증서, 관리신탁 수익권, 주식매수선택권은 비금융투자상품이다.

18 다음 중 비은행 예금취급기관에 해당하지 않은 금융기관은?

① 신용협동기구 ② 우체국예금
③ 상호저축은행 ④ 농업협동조합중앙회

해설 농업협동조합중앙회는 은행에 속한다.

19 다음 중 투자매매업자의 업무에 해당하지 않은 것은?

① 금융투자상품의 매도 ② 증권의 발행
③ 투자자문 ④ 증권의 인수

해설 투자매매업자는 자기의 계산으로 금융투자상품의 매수·매도, 증권의 발행 및 인수, 청약의 권유, 청약, 청약의 승낙을 영업으로 하는 금융투자업자를 말한다.

20 다음 중 투자자문업과 투자일임업에 대한 설명으로 적절하지 않은 것은?

① 투자자문업은 금융투자상품의 가치나 투자판단을 자문하는 업무이다.
② 투자일임업은 투자자로부터 금융투자상품에 관한 투자판단의 전부 또는 일부를 일임받아 투자자의 재산상태나 투자목적 등을 고려하여 운용한다.
③ 업무영위를 위해서는 금융위원회 인가를 받아야 하고, 일정 수의 투자권유자문인력 또는 운용전문인력을 확보해야 한다.

④ 금융투자업을 등록하지 않고 업무를 영위한 자는 3년 이하의 징역 또는 1억원 이하의 벌금에 처할 수 있다.

해설 투자자문업과 투자일임업은 인가가 아닌 등록만으로 가능하다.

21 다음 중 특수은행에 속하지 않은 은행은?

① 농업협동조합중앙회 신용사업부문 ② 산업은행

③ 국민은행 ④ 기업은행

해설 요구불예금은 일반은행에서 취급하고 있는 상품에 해당한다.

22 다음 중 신용협동기구에 속하지 않은 금융회사는?

① 신용협동조합 ② 새마을금고

③ 우체국예금 ④ 농협단위조합

해설 신용협동기구에는 신용협동조합, 새마을금고, 농협·수협단위조합 등이 포함된다.

23 다음 중 금융회사에 대한 설명으로 적절하지 않은 것은?

① 여신전문금융회사는 수신기능 없이 여신업무만 취급한다.

② 벤처캐피탈회사는 고수익, 고위험사업을 시작하는 기업에 투자자금을 공급한다.

③ 금융지주회사는 금융업과 관련없는 회사를 지배하는 것이 가능하다.

④ 대부업자는 소액자금을 신용도가 낮은 소비자에게 대부하거나 중개한다.

해설 금융지주회사는 주식 또는 지분을 통해 금융관련 회사를 지배하며 비금융회사는 지배할 수 없다. 일반지주회사와 공정거래법 외에 금융지주회사법의 규율도 받는다.

24 다음 중 예금자보호대상상품에 해당되는 것은?

① MMF ② CD ③ MMDA ④ RP

해설 MMDA는 예금자보호대상상품이고, 나머지는 예금자비보호대상상품이다.

25 다음 중 은행의 금융상품에 대한 설명으로 적절하지 않은 것은?

① ELD는 예금자보호대상이다.

② MMDA는 MMF와 CMA와 경쟁상품으로 실적배당상품이다.

③ 양도성예금증서(CD)는 증서 만기 이전에 중도해지가 불가능하다.

④ 주택청약종합저축은 주택의 소유여부에 관계없이 1인1계좌만 가능하다.

해설 MMDA는 예치금액에 따라 금리를 차등하는 확정금리상품이다.

26 다음 중 원금비보장상품에 해당하는 것은?

① 정기예금 ② 금리연동형보험

③ 이율보증형보험 ④ 채권형펀드

해설 정기예금, 금리연동형보험, 이율보증형보험, 원리금보장 ELS는 모두 원금보장상품이다. 그러나 채권형펀드는 실적배당상품이다.

27 다음 중 공개시장조작을 통해 중앙은행이 통제하려는 경제변수는?

① 국내자산 ② 국내부채 ③ 적자재정의 폭

④ 본원통화 ⑤ 재할인율

해설 중앙은행의 금융정책의 수단에서 양적 금융정책은 정책효과가 경제의 모든 분야에 골고루 미치고, 질적 금융정책은 정책효과가 특정 부문에 미친다. 여기서 공개시장정책은 국공채의 매입 또는 매도를 통해 본원통화를 변경시켜 통화량을 조절하려는 정책을 말한다.

28 다음 중 중앙은행이 재할인율조정을 통해 정책목표를 달성하고자 할 경우에 그 효과를 제대로 발휘하기 어려운 경우는?

① 민간이 더 많은 정부증권을 보유하고자 할 때

② 시중은행의 신용창조액이 극히 많을 경우

③ 시중은행이 대량의 시재금을 보유하고 있을 때

④ 시중은행에 대한 중앙은행의 통제력이 약할 때

해설 예금은행들이 충분할 정도의 초과지급준비금을 보유하고 있다면 재할인율에 관계없이 중앙은행에서 차입하지 않을 것이다.

29 다음 중 중앙은행이 구사할 수 있는 확대통화정책의 조합은?

① 국공채 매입, 지급준비율 인상, 재할인율 인상

② 국공채 매각, 지급준비율 인상, 재할인율 인상

③ 국공채 매입, 지급준비율 인하, 재할인율 인하

④ 국공채 매각, 지급준비율 인하, 재할인율 인하

해설 확장적인 통화정책방법에는 공개시장에서 국공채 매입, 지급준비율 인하, 재할인율 인하가 있다. 이러한 세 가지 수단이 동시에 실시될 경우 확장적인 효과가 크게 나타난다.

30 다음 중 중앙은행이 구사할 수 있는 긴축통화정책의 조합은?

① 국공채 매입, 지급준비율 인상, 재할인율 인상

② 국공채 매각, 지급준비율 인상, 재할인율 인상

③ 국공채 매입, 지급준비율 인하, 재할인율 인하

④ 국공채 매각, 지급준비율 인하, 재할인율 인하

해설 긴축적인 통화정책방법에는 공개시장에서 국공채 매각, 지급준비율 인상, 재할인율 인상이 있다. 이러한 세 가지 수단이 동시에 실시될 경우 긴축적인 효과가 크게 나타난다.

정답

1. ①	2. ②	3. ①	4. ④	5. ①	6. ①	7. ③	8. ③	9. ②	10. ④
11. ③	12. ④	13. ③	14. ②	15. ④	16. ①	17. ④	18. ④	19. ③	20. ③
21. ③	22. ③	23. ③	24. ③	25. ②	26. ④	27. ④	28. ③	29. ③	30. ②

C·h·a·p·t·e·r

03

증권시장

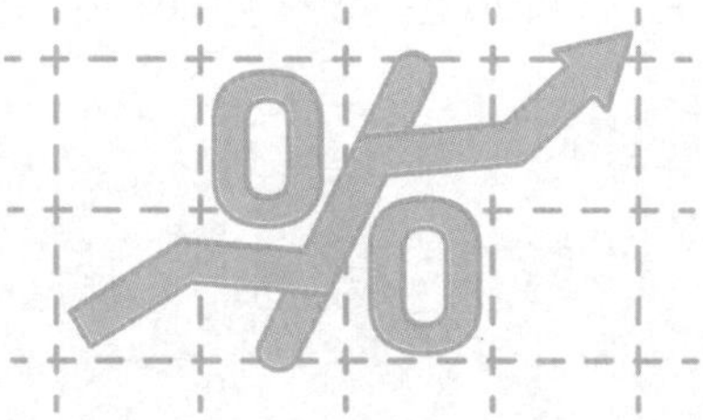

증권시장은 유가증권을 거래대상으로 하며 자본주의 경제체제를 상징하는 대표적인 시장에 해당한다. 기업은 주식과 채권을 발행하여 장기자금을 조달하고 투자자는 여유자금을 운용하며 정부는 유가증권을 통한 자금조달과 자금운용이 시장원리에 의해 이루어지도록 함으로써 국민경제의 효율적인 운영에 기여한다.

01 주식시장의 개요

증권시장은 주식회사와 공공단체 등이 발행한 증권이 처음으로 투자자들에게 매각되는 발행시장과 이미 발행된 증권이 투자자들 상호간에 매매되는 유통시장으로 이루어져 있다. 따라서 발행시장은 발행된 증권이 유통시장에서 활발하게 매매될 수 있어야 하고, 유통시장은 발행시장의 존재를 전제로 하여 성립한다.

1. 주식의 발행시장

(1) 발행시장의 정의

발행시장은 증권의 발행자가 증권을 발행하고 투자자가 이를 매수하여 자본의 수요자인 발행자에 의해 신규로 발행된 증권이 일반투자자, 기관투자자, 외국인투자자에게 매각됨으로써 자본이 투자자로부터 발행자에게 이전되는 추상적 시장으로 최초로 증권이 발행되어 1차 시장(primary market)이라고도 한다.

이러한 발행시장의 기능은 경제적인 관점에서 볼 때 기업이나 공공단체의 소요자금이 증권화되는 과정이며, 투자자들이 가지고 있는 단기자금이 기업이나 공공단체가 필요로 하는 장기자본으로 전환되는 직접금융(directing financing)의 과정이다. 발행시장은 원칙적으로 증권발행자의 자본조달시장에 해당한다.

그러나 광의로 보면 주식이 무상교부되거나 국공채가 일시적 급부금을 대신하여 발행되는 증권교부시장 그리고 전환증권의 전환권이 행사될 경우와 주식분할 또는 주식합병으로 인해 증권이 상호교환될 때 형성되는 증권교환시장도 발행시장에 포함된다. 따라서 발행시장은 증권을 모집하고 매출하는 시장이다.

(2) 증권의 발행방법

증권의 발행은 자금의 수요자인 발행자가 증권을 소화시키는 모집방법에 따라서 공모발행과 사모발행, 발행위험의 부담과 발행사무의 절차를 어떻게 정하느냐에 따라서 직접발행과 간접발행으로 구분한다. 여기서 발행위험은 발행된 증권이 투자자에게 완전히 매각되지 않고 잔여증권이 존재할 가능성을 말한다.

1) 공모발행과 사모발행

공모발행은 증권의 발행자가 일반투자자에게 발행가격과 발행시점 등을 균일한 조건으로 하여 증권을 공개적으로 모집 · 매출하는 방법을 말한다. 공모발행은 발행증권에 대한 매점을 방지하고 투자자들을 분산시킨다는 점에서 바람직한 반면에 발행위험도 크고 사무절차도 복잡하다.

공모발행에서 모집은 50인 이상의 투자자에게 최초로 발행되는 증권의 취득을 위한 청약을 권유하는 행위를 말하고, 매출은 50인 이상의 투자자에게 이미 발행된 증권의 매도나 매수의 청약을 권유하는 행위를 말한다. 그러나 전문투자자나 특정연고자는 50인 산정에서 제외한다.

사모발행은 발행자가 특정 개인이나 은행, 보험회사, 증권회사 등 기관투자가에게 증권을 발행하며 비공개모집발행 또는 직접모집발행이라고도 한다. 사모발행은 발행자의 경비를 절감시키고 단기간에 모집할 수 있는 장점이 있으나 공모발행에 비해 증권발행의 소화능력에 한계가 있다.

2) 직접발행과 간접발행

직접발행은 증권의 발행주체가 발행위험과 발행업무를 직접 담당하면서 일반투자자에게 증권을 발행하는 것으로 직접모집 또는 자기모집이라고 한다. 은행, 증권회사와 같은 금융기관은 모집능력이 충분하거나 발행규모가 상대적으로 적어 발행위험과 발행업무가 간단한 경우에 이용이 가능하다.

직접발행은 증권발행의 비전문기관인 발행자가 직접 대규모의 복잡한 증권발행의 사무를 담당하기가 매우 어렵고 발행위험도 높아 현실성이 희박한 증권발행의 방법이다. 그리고 응모총액이 발행총액에 미달될 때 이사회의 결의에 의해 잔량을 처리하며 인수능력이 없으면 발행 자체가 성립하지 않는다.

간접발행은 증권의 발행자가 모집 · 매출을 직접 담당하는 것이 아니라 증권발행의 전문기관인 은행, 증권회사 등의 발행기관을 중개자로 개입시켜 증권발행의 구체적인 업무를 담당하도록 하는 간접적인 증권발행의 방법을 말한다. 그리고 발행기관의 인수비용이나 매출비용은 증권의 발행자가 부담한다.

간접발행은 증권발행시 금융사정에 정통한 증권관계기관을 중개자로 활용하여 증권발행업무를 원활하게 처리하고 중개자의 신용을 이용하여 증권을 확실하게 발행할 수 있다는 장점이 있다. 간접발행은 발행위험의 소재 및 발행위험의 부담정도에 따라 위탁모집, 잔액인수, 총액인수의 방법으로 분류된다.

① 위탁모집

위탁모집은 증권발행의 업무를 발행기관에 위탁시키고 발행위험은 발행자가 부담하는 방법으로 모집주선이라고도 한다. 즉 증권발행에 대한 전문지식을 갖고 있는 발행기관이 발행사무를 시장상황에 맞추어 신속히 처리하고, 매출하지 못한 증권이 있으면 발행자에게 반환시켜 발행위험을 발행자가 부담한다.

② 잔액인수

잔액인수는 발행기관이 발행자로부터 위탁받은 증권의 발행사무를 담당하고 모집기간에 소화시키지 못한 증권의 잔량이 있으면 그 잔량을 발행기관이 인수하는 방법으로 청부모집이라고도 한다. 발행자의 입장에서 잔액인수는 잔액인수계약이 성립하는 시점부터 사실상 모집이 달성된 것이나 다름이 없다.

③ 총액인수

총액인수는 발행기관이 증권발행의 모든 위험을 부담하고 발행증권의 전부를 자기의 명의로 인수하여 증권의 발행사무를 담당하는 방법으로 매입인수라고도 한다. 한편 총액인수는 인수에 필요한 많은 자금을 인수기관이 부담해야 하고 발행위험도 높기 때문에 인수기관은 인수단을 조직하는 것이 일반적이다.

(3) 발행시장의 구조

증권의 직접발행과 간접발행이 이루어지는 발행시장은 발행자, 발행기관, 투자자로 구성된다. [그림 3-1]에 제시된 것처럼 증권의 발행이 중개기관을 거치지 않고 발행자와 투자자간에 직접 이루어지는 경우도 있지만, 대부분은 발행자와 투자자 간에 전문기관인 발행기관이 개입되는 간접발행으로 이루어진다.

▎그림 3-1▎ 발행시장의 구조

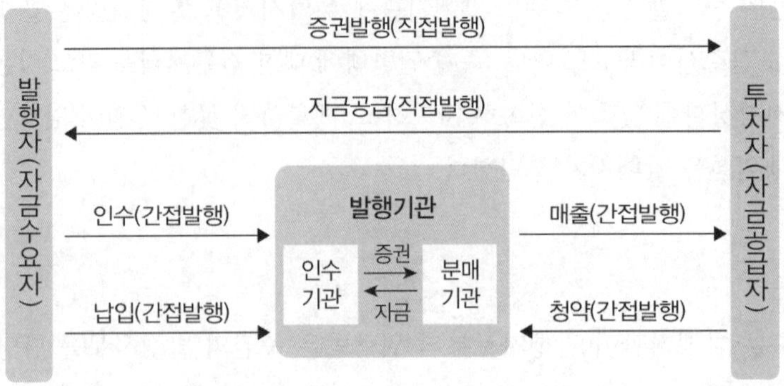

증권의 발행주체는 경영활동에 필요한 부족자금을 조달하기 위해 주식과 채권을 공급하는 주체에 해당된다. 따라서 주식이나 회사채를 발행하는 주식회사, 국채를 발행하는 국가, 지방채를 발행하는 지방자치단체, 특수채를 발행하는 특수법인 그리고 금융채를 발행하는 특수은행 등은 모두 증권의 발행주체가 된다.

발행기관은 발행자와 투자자의 중간에서 발행자를 위해 인수단을 구성하고 발행업무와 발행위험을 대행하는 기관을 말한다. 인수단은 발행증권을 발행자로부터 인수하는 기능을 담당하는 기관으로 은행, 증권회사 등이 이에 속한다. 인수단은 발행증권을 대량으로 인수하여 이를 청약기관에 도매하는 기능을 수행한다.

청약기관은 인수단으로부터 취득한 증권을 일반투자자에게 직접 판매하는 기관을 말한다. 그러나 인수단과는 달리 매출하지 못한 잔여증권이 있을 경우에도 이를 인수할 의무가 없어 인수위험을 부담하지 않고 불특정투자자를 모집하여 청약업무만을 대행하는 기관으로 투자매매업자 · 투자중개업자가 그 기능을 담당한다.

일반투자자는 개인의 자격으로 자산을 증식하거나 또는 기업을 지배할 목적으로 주식이나 채권에 투자하는 자연인을 말한다. 기관투자가는 은행, 증권회사, 보험회사, 연금기금 등과 같이 법인을 구성하는 투자기관으로 증권투자에 대한 전문적인 지식을 갖추고 투자규모도 방대하여 증권시장에 미치는 영향은 지대하다.

2. 주식의 유통시장

(1) 유통시장의 정의

유통시장은 발행시장을 통해 발행된 증권이 투자자들 상호간에 매매되는 구체적 시장으로 2차 시장(secondary market)이라고 한다. 유통시장에서 거래가 활발하면 발행시장에서 수요가 촉진되고, 발행시장에서 많은 증권이 발행되면 유통시장에서 투자자의 투자기회가 확대되어 유통시장과 발행시장은 상호보완관계에 있다.

(2) 유통시장의 기능

유통시장은 발행된 유가증권의 시장성과 유통성을 높여 일반투자자의 투자를 촉진시켜 발행시장에서 장기자본조달을 원활하게 해 주고, 유통시장에 의한 유가증권의 시장성과 유통성은 적정가격으로 유가증권을 처분하여 현금화할 수 있기 때문에 유가증권에 대한 담보력을 높여주고 유가증권을 담보로 한 차입이 용이하다.

유통시장은 금융투자회사의 중개에 의해 성립되는 시장으로 다수의 매도자와 다수의 매수자에 의해 거래가 이루어지는 자유경쟁시장이므로 여기에서 형성되는 주식이나 채권의 가격은 공정한 시장가격이라 할 수 있다. 또한 유통시장에서 형성된 가격은 발행시장에서 유가증권의 가격을 결정하는 기능을 한다.

유통시장이 이러한 기능을 수행하기 위해서는 우선 거래대상이 되는 증권의 발행물량이 많아야 한다. 또한 발행된 증권이 다수의 투자자에게 분산소유되어야 하며, 증권의 매매와 유통에 아무런 제약이 없어야 하는 등의 요건을 구비해야 한다. 흔히 유통시장이라고 하면 한국거래소만을 의미하는 경우가 많다.

그러나 유통시장은 한국거래소와 장외시장으로 구분된다. 한국거래소는 지정된 일정한 건물을 점하고 있으며, 증권의 계속적이고 조직적인 매매거래를 수행하는 시장이다. 한국거래소에서 매매되는 증권은 반드시 상장증권이어야 하며, 경쟁매매를 원칙으로 일정한 매매거래제도에 따라 증권거래가 이루어진다.

유통시장과 관계되는 기관에는 증권의 매매거래가 집중되는 시장으로 구체적 거래장소인 한국거래소, 증권매매를 직접 담당하는 거래원(증권회사), 증권의 대체결제를 담당하는 대체결제회사, 증권의 유통금융을 담당하는 증권금융회사, 증권의 거래원(증권회사)들의 모임으로 자율규제조직인 증권업협회가 있다.

(3) 유통시장의 구조

유통시장은 이미 발행된 유가증권이 투자자들 상호간에 거래되는 시장으로 장내시장과 장외시장으로 구분된다. 한국거래소가 개설하는 장내시장은 유가증권시장, 코스닥시장, 코넥스시장 그리고 파생상품시장으로 분리하여 운영되며, 장외시장에는 금융투자협회가 운영하는 K-OTC시장이 있다.

1) 장내시장

장내시장은 일정장소에서 일정시간에 계속적으로 상장증권 및 장내파생상품의 주문이 집중되어 일정한 매매제도에 따라 조직적으로 매매거래가 이루어져 공정한 가격형성, 거래질서의 안정, 유통의 원활화를 위해 한국거래소가 개설하는 시장을 말한다. 장내시장에는 유가증권시장, 코스닥시장, 코넥스시장이 있다.

① 유가증권시장

유가증권시장은 유가증권의 공정한 가격형성과 투자자 보호를 위해 수익성, 안정성, 성장성을 갖춘 기업이 많이 상장되어 투자자들이 믿고 투자할 수 있으며 상장법인은 투자자의 투자판단에 필요한 기업정보를 신속히 공시하도록 하며 공시된 정보는 전자공시시스템을 통해 투자자들이 실시간으로 접근할 수 있다.

유가증권시장에 상장하고자 하는 기업은 자기자본이 100억원 이상, 상장주식수가 100만주 이상, 최근사업년도 300억원 이상 매출액 등의 상장요건을 충족해야 한다. 한국거래소는 상장유가증권의 상장요건 충족여부 및 기업내용의 적시공시 실시여부를 관찰하여 관리종목으로 지정한 후 상장을 폐지할 수 있다.

② 코스닥시장

코스닥시장은 유망 중소기업, 성장성이 높은 벤처기업의 자본조달기회를 제공하기 위해 설립된 한국거래소가 운영하는 증권시장으로 미국의 나스닥시장을 벤치마킹한 시장이다. 처음에는 증권업협회가 개설하여 운영해 왔으나 2005년부터 한국거래소가 통합하여 운영하고 있는 체계적이고 조직적인 시장이다.

코스닥시장은 소규모이나 성장잠재력이 높은 벤처기업이나 유망 중소기업의 자금조달이 가능하고, 유가증권시장과 별도로 운영되는 독립된 시장이다. 또한 우량기업의 발굴에 금융투자업자의 역할과 책임이 중시되고, 높은 가격변동성으로 고위험 · 고수익 현상으로 투자자의 자기책임원칙이 중요한 시장이다.

③ 코넥스시장

코넥스(KONEX : Korea New Exchange)시장은 자본시장을 통한 초기 중소기업 지원을 강화하여 창조경제 생태계 기반을 조성하기 위해 2013년 7월 1일에 개설한 중소기업전용 주식시장으로 성장가능성은 있지만 기존의 유가증권시장이나 코스닥시장에 상장하기에는 규모가 작은 창업 초반기 중소기업의 주식을 거래한다.

현재 중소기업의 자금조달 현황을 살펴보면 대부분 은행대출에 편중되어 있고, 주식발행을 통한 자금조달은 매우 낮은 수준이다. 또한 코스닥시장은 투자자 보호를 위한 상장요건 강화로 성숙단계의 시장으로 변모하여 초기 중소기업은 진입이 어렵게 되면서 초기 중소기업 특성을 반영한 코넥스시장을 개설하게 되었다.

2) 장외시장

K－OTC시장은 유가증권시장과 코스닥시장에 상장되지 않은 비상장주식의 매매를 위해 기존의 장외시장인 프리보드가 2014년 8월 K－OTC로 확대 · 개편되면서 금융투자협회가 K－OTC에서 거래할 수 있는 기업을 지정하는 임의지정제도가 도입되어 자본시장법에 따라 개설 · 운영하는 장외주식시장을 뜻한다.

K－OTC시장은 비상장 벤처기업, 이노비즈(Inno－Biz) 등 혁신형 중소기업의 직접금융 기회를 제공하고, 비상장주식 또는 상장이 폐지된 주식에 유동성을 부여한다. 벤처기업의 육성 및 투자회사에 초기투자자금 회수기회를 제공하며, 코스닥시장 상장 이전에 투자할 수 있는 다양한 투자수단을 제공한다.

표 3-1 유통시장의 구조

구분		내용
장내시장	유가증권시장	지분증권, 채무증권, 수익증권, 파생결합증권, 증권예탁증권 등의 매매를 위해 개설하는 시장
	코스닥시장	유가증권시장에 상장되지 않은 주권 및 채권의 매매를 위해 개설하는 시장
	코넥스시장	유가증권시장과 코스닥시장에 상장되지 않은 벤처기업과 중소기업의 자금조달을 위해 개설하는 시장
장외시장		장내시장에 상장되지 않은 주권의 매매거래를 위해 금융투자협회가 운영하는 시장

(4) 매매거래제도

1) 매매거래의 위탁

한국거래소에서 증권거래는 대량의 거래가 신속하게 이루어질 수 있도록 거래원(증권회사)만이 직접 참여하여 일정한 원칙에 따라 수행하도록 되어 있다. 거래소의 매매거래에 참가할 수 있는 자는 금융투자업의 허가를 받은 금융투자(증권)회사인 거래소 회원사에 한정되어 있어 일반투자자는 직접 참가할 수 없다.

① 매매계좌의 개설

투자자가 증권시장에서 증권거래를 하려면 증권회사에 매매거래계좌를 개설하고, 동 계좌를 개설한 증권회사를 통해 주문을 내야 한다. 주문을 직접 낼 수 있는 자는 한국거래소의 회원사에 한정된다. 비회원사는 회원사를 통해 주문을 내야 하고 외국인투자자는 금융감독원 외국인 한도 관리시스템을 경유해야 한다.

② 매매거래의 수탁

매매거래의 위탁방법은 문서, 전화, 전자통신으로 가능하다. 그러나 금지되는 공매도, 공매도 호가의 가격제한에 해당하는 매도주문, 불공정거래에 해당하는 주문은 투자자 보호 또는 증권시장 거래질서 안정을 위해 회원이 수탁을 거부할 수 있다. 회원이 매매거래를 위탁받은 경우에 고객주문정보를 이용할 수 없다.

③ 위탁증거금 징수

위탁증거금은 결제이행을 위한 담보를 확보하여 원활한 결제를 통한 거래의 안정을 도모하는 제도로서 매수는 현금, 매도는 현금이나 당해증권을 증거금으로 징수한다. 위탁증거금은 현금에 갈음하여 대용증권으로 납부가 가능하고, 회원은 대용증권의 가치를 감안하여 사정비율 내에서 비율을 변경할 수 있다.

④ 위탁수수료 징수

고객이 증권회사에 위탁하여 증권을 매매했을 때 지불하는 위탁수수료의 징수율과 징수방법은 증권회사가 자율로 결정하고, 이를 변경하는 경우 매매일 5일 이내에 한국거래소에 보고하고 투자자에게 공표해야 한다. 위탁증거금은 대용증권으로 납부가 가능하고, 대용증권 및 가격은 한국거래소가 결정한다.

⑤ 매매체결의 통보

증권회사가 거래소에 제출한 주문은 거래소가 정한 업무규정에 관한 원칙에 따라 체결되며, 거래소는 체결결과를 회원에게 통보하고 회원은 고객에게 통지해야 한다. 투자자는 체결분에 대해 체결일 기준 3일 후까지 위탁증권회사에 매수대금 또는 매도증권을 납부하고 거래소를 통해 결제하면 매매거래가 완료된다.

⑥ 신의성실의 의무

한국거래소의 회원인 금융투자회사는 투자자의 주문을 수탁하는데 있어서 선량한 관리자의 주의의무 등 투자자를 보호하기 위해 최선을 다해야 한다. 특히 주가나 거래량의 급격한 변화 등 이상매매의 징후 또는 현상이 발생하면 투자자를 보호하기 위해 투자위험의 고지 등의 필요한 조치를 즉각 취해야 한다.

⑦ 고객주문정보 이용금지

금융투자회사는 투자자로부터 매매거래의 위탁을 받은 경우 매매거래를 실행하기 전에 고객의 주문정보를 이용하여 직접 또는 간접적으로 이해관계자의 계산으로 거래해서는 안 된다. 이는 투자매매업과 투자중개업을 수행하는 금융투자회사가 고객에 대한 선량한 관리자의 의무를 충실히 수행해야 하기 때문이다.

2) 매매거래의 방법

① 매매거래의 시간

주식시장은 월요일부터 금요일까지 오전 9시에 개장하여 오후 3시 30분에 폐장한다. 투자자들은 오전 8시부터 주문을 낼 수 있고 단일가매매방식으로 오전 9시에 시가(始價)가 결정된다. 그 이후 접속매매방식으로 오후 3시 20분까지 거래되다 단일가매매방식으로 전환되어 오후 3시 30분에 종가(終價)가 결정된다.

❙ 표 3-2 ❙ 증권시장의 매매거래시간 및 호가접수시간

구분		매매거래시간	호가접수시간
정규시장		09:00~15:30	08:00~15:30
시간외시장	장개시 전	07:30~08:30	07:30~09:00
	장종료 후	15:40~18:00	15:30~18:00

② 매매거래의 단위

다양한 종류의 증권을 대량으로 거래하려면 거래방식, 계약체결방법, 거래단위 등에 대해 일정한 규칙이 있어야 한다. 매매거래의 단위는 호가가격단위와 매매수량단위로 구분된다. 호가는 증권시장에서 매매하고자 하는 증권의 종목별로 가격과 수량을 거래상대방에게 제시하여 거래를 체결하기 의사표시를 말한다.

호가가격단위는 가격표시의 최소단위를 말하며 한국거래소는 원활한 주식거래를 위해 주가수준에 따라 호가가격단위를 정하고 있다. 유가증권시장에서는 증권의 가격대를 7단계로 구분하여 각 단계별 호가가격단위를 지정하고 있다. 코스닥시장은 유가증권시장과 다른 호가수량단위와 호가가격단위를 채택하고 있다.

▌표 3-3▐ 유가증권시장의 호가가격단위

구분	단위	최소 스프레드 비율
1,000원 이하	1원	0.1% 이상
1,000원 ~ 5,000원	5원	0.1~0.5%
5,000원 ~ 10,000원	10원	0.2~0.1%
10,000원 ~ 50,000원	50원	0.5~0.1%
50,000원 ~ 100,000원	100원	0.2~0.1%
100,000원 ~ 500,000원	500원	0.5~0.1%
500,000원 이상	1,000원	0.2% 이하

매매수량단위는 증권을 효율적으로 거래하기 위한 최소한의 매매단위를 말한다. 우리나라는 10만원 미만의 주식은 10주, 10만원 이상의 주식은 1주, 채권은 액면가액 10만원 단위로 한다. 단주(odd lot)는 매매수량단위에 미달하는 주식으로 증권회사가 직접 거래의 상대방이 되어 당일 종가로 매매를 성립시킨다.

▌표 3-4▐ 유가증권시장의 매매수량단위

구분	매매수량단위	비고
주식	1주	2014. 6. 2 도입
상장지수증권	1주	2002. 9.30 도입
신주인수권증권	1증권	2009. 8. 3 개정
신주인수권증서	1증서	2009. 8. 3 개정
주식워런트증권	10증권	2005. 8.26 도입
수익증권	1좌	2014. 6. 2 도입

③ 거래주문의 유형

투자자가 금융투자회사에 증권의 매매거래를 위탁할 경우에 내는 주문에는 매수, 매도, 정정, 취소 4가지 종류가 있다. 주식시장에서 매수주문과 매도주문시 가격을 지정하는 방법에는 크게 지정가주문과 시장가주문이 있다. 또한 조건부지정가주문, 최유리지정가주문, 최우선지정가주문, 목표가주문 등도 있다.

㉠ 지정가주문

지정가주문은 가장 기본적인 매매주문의 형태로 매매체결 여부보다 가격을 우선 생각하고 내는 주문이다. 따라서 투자자가 매매를 원하는 종목의 수량 및 가격을 지정하여 주문하는 방법으로 투자자가 지정한 가격보다 불리한 가격으로 체결되지 않는 장점이 있지만 매매체결이 되지 않을 수도 있다는 단점이 있다.

㉡ 시장가주문

시장가주문은 매매를 원하는 종목과 수량을 지정하고 가격은 지정하지 않아 현 시점에서 가장 유리한 가격조건이나 시장에서 형성되는 가격으로 매매거래를 하는 방법으로 매매거래가 신속히 이루어지는 장점이 있는 반면에 원하지 않은 가격에 매매가 체결될 수 있고 가격이 급등락할 우려가 있다는 단점이 있다.

㉢ 조건부지정가주문

조건부지정가주문은 정규매매시간(09:00~15:20)에 지정가주문으로 시장에 참여하다 지정가에 매매체결이 되지 않으면 장 마감전 10분간 단일가매매시간에 시장가로 전환되는 주문을 말하며, 장중에는 지정가주문의 가격보장기능을 유지하다 장종료 전까지 체결이 안되면 시장가주문으로 전환되어 환금성이 제고된다.

㉣ 최유리지정가주문

최유리지정가주문은 상대방향의 최유리가격으로 지정되는 주문으로 매도는 가장 높은 매수호가의 가격, 매수는 가장 낮은 매도호가의 가격으로 주문한다. 최우선지정가는 동일방향의 최우선가격으로 지정되는 주문으로 매도의 경우 가장 낮은 매도호가의 가격, 매수의 경우 가장 높은 매수호가의 가격으로 주문한다.

ⓜ 최우선지정가주문

최우선지정가주문은 주문의 접수시점에 자기주문방향의 최우선호가가격으로 가격을 지정한다. 최유리지정가주문과 마찬가지로 수량과 종목은 지정하되 가격은 매도호가의 경우 가장 낮은 매도호가의 가격, 매수호가의 경우 가장 높은 매수호가의 가격으로 지정한 것으로 보아 매매거래를 하고자 하는 주문을 말한다.

ⓑ 목표가주문

목표가주문은 투자자가 목표로 하는 가격에 최대한 근접하여 체결될수록 회원이 재량으로 당해 주문을 장중에 여러 차례 분할하여 호가하는 형태의 주문을 말한다. 따라서 주문의 접수시점에서는 가격이 결정되지 않고 장 종료 이후 결정될 가격으로 거래를 원하는 경우에 기관투자가나 물량이 많은 경우에 사용한다.

3) 매매계약의 체결

① 체결방법의 유형

매매계약의 체결방법에는 다수의 매도자와 매수자간에 매매거래가 이루어지는 경쟁매매, 단일의 매도자와 매수자간에 매매거래가 이루어지는 상대매매, 단일의 매도자 또는 매수자와 복수의 매수자 또는 매도자간에 매매거래가 이루어지는 경매 또는 입찰매매가 있다. 우리나라는 경쟁매매를 채택하고 있다.

② 경쟁매매의 구분

집단경쟁매매는 일정한 시각과 일정한 장소에 매도측과 회원의 시장대리인이 모여 직원의 리드에 따라 각 시장대리인에 공개적으로 손짓 및 발성에 의해 가격과 수량의 경합을 거쳐 매매계약을 체결하는 방법으로 격탁매매라고도 부른다. 개별경쟁매매에는 단일가격 또는 복수가격에 의한 경쟁매매가 있다.

③ 경쟁매매의 원칙

한국거래소는 공정한 주식거래와 합리적인 주식의 가격결정을 위해 몇 가지 주식매매 체결의 원칙을 세워두고 있다. 우리나라 증권시장에서 적용되는 매매거래의 체결원칙은 가격우선의 원칙, 시간우선의 원칙, 수량우선의 원칙, 위탁우선의 원칙을 순차적으로 적용하여 매도자와 매수자간에 거래를 체결시킨다.

㉠ 가격우선의 원칙

매수호가는 가격이 높은 호가가 우선하고, 매도호가는 가격이 가장 낮은 호가가 우선한다. 즉 고가의 매수호가는 저가의 매수호가에 우선하고, 저가의 매도호가는 고가의 매도호가에 우선하여 체결된다. 시장가호가는 지정가호가에 가격에서 우선한다. 단, 시장가매도호가와 하한가매도호가는 동일호가로 본다.

㉡ 시간우선의 원칙

복수가격에 의한 접속매매에서 동일한 가격호가에 대해서는 시간적으로 먼저 접수된 호가가 우선한다는 원칙으로 가격우선의 원칙에 의해 주문 체결의 우선순위를 판단하기 어려울 경우에 후차적으로 적용된다. 그러나 시간의 선후를 구별할 없는 동시호가 주문의 경우에는 시간우선의 원칙이 적용되지 않는다.

㉢ 수량우선의 원칙

한국거래소에서 매매를 성립시킬 때 동일한 가격과 동일한 시간에 접수된 주문에 시간의 선후가 분명하지 않은 경우에는 주식 수량이 많은 주문이 수량이 적은 주문에 우선한다는 원칙을 말하며 동시호가의 주문에만 적용된다. 여기서 동시호가는 동시에 접수된 호가 및 시간의 선후가 분명하지 않은 호가를 말한다.

㉣ 위탁우선의 원칙

증권회사의 자기매매가 투자자의 위탁매매에 우선할 경우에 나타날 수 있는 부작용을 감안하여 동시호가 매매에서 일반투자자의 위탁매매 주문이 증권회사의 자기매매 주문에 우선하여 체결된다. 즉 동일한 가격의 동시호가 매매체결에서 투자자의 주문이 전량 처리된 후에야 증권회사의 자기매매 주문이 처리된다.

4) 매매체결의 방법

주식시장에서 일반적인 매매체결은 경쟁매매방법을 이용한다. 투자자가 증권회사에 제출한 매매주문에 한국거래소에서 매매계약을 체결하는 방식은 1975년부터 경쟁매매방식으로 단일화되었다. 경쟁매매방식에 의한 체결방법은 단일가격에 의한 개별경쟁매매방식과 복수가격에 의한 개별경쟁매매방식으로 구분한다.

① 단일가격에 의한 개별경쟁매매

동시호가방식은 매일의 개장 또는 폐장시점의 주가를 결정할 때 사용하며 일정시간에 들어온 주문을 모아 하나의 가격으로 거래를 성립시킨다. 단일가매매에 의해 결정된 가격은 특정시점의 수요와 공급을 잘 반영하고 있다는 장점을 갖고 있으나 주가에 반영된 정보가 어느 정도 시간이 경과된 정보일 가능성이 많다.

② 복수가격에 의한 개별경쟁매매

접속매매방식은 시가 및 종가를 결정할 때를 제외하고 모든 시간대에 사용하는 가격결정방식으로 주문이 들어오는 순간마다 가격과 수량이 맞으면 거래를 성립시킨다. 따라서 소수의 매입 및 매도주문에 의해 가격이 결정되는 단점을 갖고 있으나 특정시점의 정보가 즉각적으로 주가에 반영된다는 장점을 갖고 있다.

5) 매매거래의 예외

① 시간외 매매

시간외 매매는 정규 매매거래시간 이전 또는 이후의 시간에 매매거래를 성립시키는 제도를 말한다. 시간외매매는 매매체결방법에 따라서 시간외 종가매매, 시간외 단일가매매로 구분된다. 시간외 매매는 정규시장에서 매매거래기회를 갖지 못한 투자자에게 추가적인 매매거래기회를 부여하기 위해 만들어졌다.

❙ 표 3-5 ❙ 시간외 종가매매와 시간외 단일가매매

구분	시간외 종가매매	시간외 단일가매매
거래대상물	주권, DR, ETF(정규시장 매매거래 미형성 종목 제외)	주권, DR, ETF(정규시장 매매거래 미형성 종목 제외)
거래시간	장개시 전: 07:30－09:00 장종료 후: 15:40－16:00	장종료 후: 16:00－18:00
가격범위	당일(장개시 전의 경우 전일) 종가	당일 종가±5% 범위 이내
매매체결원칙	시간우선원칙	가격우선, 시간우선 등
가격결정방법	종가	16:00부터 10분 단위로 호가를 제출받아 단일가로 매매체결
정정 및 취소	매매체결 전까지 취소 가능	매매체결 전까지 정정·취소가능
매매수량단위	1주	1주

② 대량매매제도

고객의 주문수량이 대량으로 정상거래가 어려우면 그 호가를 원활하게 집행하기 위해 거래소가 지정한 방법으로 종목과 수량이 동일한 쌍방호가에 회원이 사전에 결정한 가격으로 매매를 체결한다. 거래소는 대량매매와 바스켓 매매의 체결과정이 자동적으로 이루어지도록 대량거래 전용네트워크를 가동하고 있다.

③ 바스켓 매매

바스켓 매매는 정규시장의 거래시간에 일정요건을 충족하는 개별종목 또는 주식집단의 매매쌍방호가에 대해 거래를 체결시켜 주는 제도로서 2005년부터 시행하고 있다. 수량요건, 매매수량단위, 체결방법 등은 시간 외 대량바스켓매매와 동일하나 호가가격은 정규시장에서 형성된 최고가격과 최저가격 이내이다.

6) 매매거래의 결제

결제제도는 증권시장에서 체결된 매매거래의 채권과 채무를 종결하는 절차로 결제를 이행하면 매매거래가 최종적으로 종결된다. 매매거래는 수도결제의 시간적 간격에 따라 당일결제거래, 익일결제거래, 보통거래로 구분한다. 결제이행을 보증하기 위한 제도적 장치에는 위약손해배상기금, 신원보증금 등이 있다.

① 당일결제거래

당일결제거래는 증권의 매매거래에서 매매계약이 체결된 날(T) 오후 4시에 유가증권과 거래대금이 결제되는 거래를 말한다. 우리나라는 주식 중에서 관리대상종목과 국공채, 회사채 등의 채권거래에 적용하고 있는데, 증권매매를 위탁할 경우에 매수대금 전액을 위탁증거금으로 납부해야 한다.

② 익일결제거래

익일결제거래는 증권의 매매거래에서 매매계약이 체결된 날(T)로부터 2일째 되는 날(T+1)에 결제가 이루어진다. 자본시장과 금융투자업에 관한 법률에 의해 국채에 대한 투자매매업 인가를 받은 국채딜러가 참여하는 국채전문유통시장의 대금결제나 증권결제는 모두 익일결제거래가 적용되고 있다.

③ 보통거래

보통거래는 증권거래에서 매매계약이 체결된 날(T)로부터 3일째 되는 날(T+2)에 결제가 이루어지는 것으로 주식 및 주식관련채권(전환사채, 신주인수권부사채, 교환사채)의 거래에 적용된다. 공휴일은 날짜 계산에서 제외되며 토요일에는 결제가 되지 않는다. 따라서 금요일에 체결된 거래는 다음 주 화요일에 결제된다.

7) 주식의 거래비용

투자자들은 증권을 매매하거나 증권투자에서 소득을 얻었을 때 거래비용과 세금을 부담해야 한다. 거래비용은 증권거래의 위탁수수료뿐만 아니라 증권거래와 관련되는 부수적인 경비까지 포함된다. 그러나 협의로는 증권회사에 대한 거래의 위탁수수료로서 매입 및 매도시 지급하는 비용만을 말한다.

증권거래 위탁수수료는 각 증권회사들이 자율적으로 결정하고 있다. 일반적으로 투자자가 증권회사에 직접 주문할 경우보다 인터넷거래를 이용할 때 훨씬 낮은 수수료를 부담한다. 증권거래세는 주식의 매도시점에 내는 세금으로 거래손익 여부에 불문하고 매도약정금액의 0.3%를 예탁결제원이 징수한다.

① 증권거래세

증권거래세는 주권 또는 지분의 양도에 대해 부과되는 조세를 말하며 국세이며 간접세이다. 증권시장의 상장여부에 따라 부과되는 세금이 조금 차이가 있다. 증권거래세는 주식을 매도할 때만 부과되고 매도금액이 기준이 된다. 그러나 상장지수펀드(ETF)를 거래할 때는 증권거래세가 면제된다.

KOSPI : 거래세(0.15%)+농어촌특별세(0.15%)
KOSDAQ, KONEX : 거래세(0.3%)

② 위탁수수료

위탁수수료는 주식매수와 매도시 부과되며 증권회사마다 차이가 있다. 요즘은 수수료 무료 이벤트를 하는 증권회사가 많아 체리피킹(cherry picking)을 해도 좋다. 다만, 증권회사에서 부과하는 수수료만 무료이고 유관기관 수수료는 그대로 부과한다. 따라서 총수수료가 완전 0원이라는 의미는 아니다.

수수료=증권사 수수료+유관기관 수수료

표 3-6 증권회사의 수수료 면제기간 및 유관기관 수수료

증권사	신규 고객(비대면) 주식 거래 수수료 면제 기간	유관기관 수수료
삼성증권	3년	0.0037869%
KTB투자증권	10년	0.00460%
한국투자증권	5년	0.0046077%
KB증권	3년	0.0046077%
대신증권	5년	0.0046077%
키움증권	6개월	0.004864%
유진투자증권	5년	0.004939%
IBK투자증권	12개월	0.00518%
NH투자증권	1년	0.006%
케이프투자증권	10년	0.00663%
미래에셋대우	2025년말까지	0.0066347%

8) 매매거래의 관리

① 가격제한폭제도

증권시장의 가격결정은 매 시점에 주식을 매입하고자 하는 가격과 수량이 매도하고자 하는 가격과 수량이 일치하도록 이루어진다. 따라서 매 시점마다 서로 다른 가격으로 거래가 성립될 수 있으므로 서로 다른 가격이 결정된다. 따라서 하루 중 개시시점에 결정된 시가와 폐장시점에 결정된 종가가 서로 다를 수 있다.

한국거래소는 매일 종가의 변동폭을 제한하는데, 이를 가격제한폭이라고 한다.[1] 거래소에서 주식에 대한 가격제한폭은 전일 종가의 30% 이내이다. 일반적으로 어떤 주식의 종가가 상한가나 하한가로 결정되면 그 주식의 가격은 초과수요나 초과공급을 완전히 흡수하지 못해 익일에도 상승 또는 하락할 가능성이 높다.

가격제한폭제도는 증권시장에서 주가의 급등락을 완화하고 투자자에게 주의를 환기시켜 주가의 안정적 형성을 도모하기 위해 도입되었다. 그러나 정리매매종목, 신주인수권증서, 신주인수권증권, ELW는 가격제한폭을 적용하지 않고, 장기휴장 후 최초 거래재개나 시

1) 한국거래소는 가격제한폭을 점차 확대하여 왔다. 1995년 4월 이전에 기준가격을 17단계로 구분하여 평균 4.6% (2.2~6.7%)의 가격폭이 적용되었다. 1995년 4월 1일부터 정률제 6%, 1996년 11월 25일부터 8%, 1998년 3월 2일부터 12%, 1998년 12월 7일부터 15%의 가격제한폭을 적용하였다.

장상황으로 적용이 곤란한 경우에는 별도로 결정한다.

가격제한폭제도는 증권정보가 주식시장에 전달되면 주가에 즉시 그리고 충분히 반영되지 않기 때문에 자본시장을 비효율적으로 만든다는 문제점을 가지고 있다. 또한 증권시장에서 가격제한은 자유경쟁시장 원리에 위반되기 때문에 주요 선진국에서는 가격제한폭제도가 없거나 그 폭을 넓게 유지하는 것이 일반적이다.

② 관리종목제도

한국거래소 관리종목지정제도는 상장법인이 갖추어야 할 최소한도의 유동성을 갖추지 못했거나 영업실적 악화로 인한 기업부실, 자본잠식, 사업보고서 미제출, 주식분산요건 미충족, 기업지배구조 불량 등으로 향후 상장폐지 위험이 높아 상장폐지기준에 해당할 우려가 있는 주식을 관리종목으로 지정하는 제도를 말한다.

관리종목의 지정사유는 유가증권 상장폐지기준에 해당하는 사유가 발생하는 경우에 투자자에게는 투자에 유의하도록 주의를 환기시키고 당해 법인에게 일정기간 해당사유를 해소하도록 하여 조속한 정상화를 유도하기 위함이다. 관리대상종목으로 지정되면 주식의 신용거래가 금지되고 대용유가증권으로 사용할 수 없다.

9) 매매거래의 중단

① 개별주식의 매매거래중단

한국거래소는 특정 종목과 관련한 풍문이나 보도 등으로 투자자에게 기업정보를 충분히 주지시키기 위한 시간적 여유를 부여할 필요성이 있거나 매매거래의 폭주로 시장에서 정상적인 매매체결이 불가능할 경우에 시장에서 안정적인 매매거래를 도모하기 위해 개별주식에 대한 매매거래를 일시적으로 정지할 수 있다.

매매거래를 정지하여 정지사유에 대한 조회결과를 공시한 경우에는 거래소가 공표한 공시시점부터 30분이 경과하면 매매거래를 재개한다. 다만, 공시시점이 당일 장 개시전인 경우에는 장 개시시점부터 30분이 경과하면 매매거래를 재개하고, 장 종료 60분 전 이후에는 그다음 매매거래일부터 매매거래를 재개한다.

정지사유에도 불구하고 당해 풍문 등이 공시후에도 해소되지 않거나 공시내용이 상장폐지기준과 관리종목 지정기준에 해당하는 경우에는 매매거래의 재개를 연기할 수 있으며, 거래소가 시장관리상 필요하다고 인정하면 조회결과를 공시하지 않는 경우에도 거래소가 정하는 날까지 매매거래의 재개를 연기할 수 있다.

| 표 3-7 | 개별주식 매매거래 중단과 해제요건

<table>
<tr><th colspan="3">매매거래 정지 사유</th><th>매매거래 정지 해제 사유 및 기간</th></tr>
<tr><td>호가폭주</td><td colspan="2">• 매매체결이 10분 이상 지연되고, 그 시점부터 10분이 경과한 시점에서도 5분 이상 매매체결이 지연되는 경우
• 매매체결이 20분 이상 지연되는 경우</td><td>호가상황 및 매매거래 상황을 감안하여 매매거래의 재개시기 결정</td></tr>
<tr><td rowspan="2">투자유의 채권종목</td><td>채권 상장법인</td><td>• 회생절차개시 신청
• 상장채무증권의 기한의 이익 상실
• 사채권자 집회 소집
• 사채권자 집회 결의</td><td rowspan="2">다음 매매거래일</td></tr>
<tr><td>회사채 종목의 증가</td><td>• 액면가의 80% 이하로 하락
• 직전 거래일 종가 대비 15% 이상 등락</td></tr>
<tr><td>시장관리상 필요</td><td colspan="2">• 시장감시위원회의 투자경고종목 및 투자위험종목에 대한 매매거래 정지 요청
• 상장기업의 중요 내용(합병 등) 공시
• 불성실 공시법인 지정</td><td>시장상황 및 매매거래 상황을 감안하여 재개</td></tr>
</table>

② 주식시장의 매매거래중단

서킷브레이커(circuit breakers)는 코스피지수가 일정수준 이상 하락하면 투자자들에게 냉정한 투자판단의 시간을 제공하기 위해 주식시장의 매매거래를 일시적으로 중단시키는 제도를 말한다. 주가급락시 시장분위기에 편승한 매매주문의 쏠림현상으로 투자자를 보호하고 주식시장의 안정화를 위한 장치로 도입되었다.

주식시장 매매거래 중단제도는 주가급락시 투자자들의 심리적인 안정성을 회복하기 위한 제도이므로 주가가 급등하는 경우에는 발동되지 않는다. 또한 빈번한 주식시장의 매매거래중단은 시장의 불확실성을 가중시켜 투자자들의 혼란을 가중시킬 우려가 있어 주식시장 매매거래 중단제도는 3단계로 구분하여 발동된다.

1단계는 코스피지수가 전일보다 8% 이상 하락하여 1분간 지속되면 발동된다. 2단계는 코스피지수가 전일보다 15% 이상 하락하여 1분간 지속되고, 1단계보다 1% 이상 추가 하락하면 발동된다. 그리고 3단계는 코스피지수가 전일보다 20% 이상 하락하여 1분간 지속되고, 2단계보다 1% 이상 추가 하락하면 발동된다.

1단계와 2단계의 매매거래중단이 발동되면 주식시장의 모든 종목의 호가접수와 매매거래를 20분간 중단시킨다. 매매거래중단 후 20분이 경과하면 10분간 호가를 접수한 후 단일가매매로 거래를 재개하고 그 이후에는 접속매매방식으로 매매를 체결한다. 3단계 매매거래중단이 발동되면 당일의 장종료 조치가 이루어진다.

❙ 표 3-8 ❙ 주식시장 매매거래 중단과 해제요건

구분	발동 요건	조치 내용
1단계	KOSPI/KOSDAQ 지수 전일 대비 8% 이상 하락하여 1분간 지속	20분간 매매중단 후 10분간 단일가매매로 거래 재개
2단계	KOSPI/KOSDAQ 지수 전일 대비 15% 이상 하락하여 1분간 지속되고, 1단계 CB 발동 시점 대비 1% 이상 추가 하락	20분간 매매중단 후 10분간 단일가매매로 거래 재개
3단계	KOSPI/KOSDAQ 지수 전일 대비 20% 이상 하락하여 1분간 지속되고, 2단계 CB 발동 시점 대비 1% 이상 추가 하락	당일 장종료 조치

③ 프로그램 매매호가 효력정지

사이드카(side car)는 선물시장에서 기준종목(KOSPI200선물 종목 중 직전매매일의 거래량이 가장 많은 종목)의 선물가격이 전일 종가 대비 5% 이상 상승 또는 하락하여 1분간 지속되면 상승의 경우에는 프로그램 매수호가의 효력을, 하락의 경우에는 프로그램 매도호가의 효력을 5분간 정지시키는 제도를 말한다.

그러나 5분이 지나면 자동으로 해제되어 접수순서에 따라 매매체결이 재개된다. 주식시장 매매종료 40분 전(14시 50분) 이후와 프로그램매매호가의 효력정지 시간에 주식시장의 매매거래중단제도에 의해 주식시장의 매매거래가 중단된 후 매매거래가 재개되면 발동할 수 없고 1일 1회에 한해서 발동할 수 있다.

❙ 표 3-9 ❙ 프로그램 매매호가 효력정지

구분	내용
발동요건	• 유가증권시장: KOSPI 200지수 선물가격이 기준가 대비 5% 이상 변동하여 1분간 지속되는 경우 • 코스닥시장: 스타지수 구성종목 중에서 거래량이 가장 많은 종목의 가격이 기준가격 대비 6% 이상 변동하고, 스타지수가 기준가 대비 3% 이상 변동하여 1분간 지속되는 경우 • 매수·매도 구분 없이 1일 1회 발동함
발동효과	• 상승의 경우에 프로그램 매수호가, 하락의 경우에 프로그램 매도호가 효력을 5분간 정지함
해제요건	• 프로그램 매매호가 효력정지 시점으로부터 5분이 경과한 경우 • 장종료 40분 전인 경우 • 효력정지 시간 중에 주식시장의 매매거래가 중지된 경우

10) 시장경보제도

한국거래소는 시장감시위원회를 통해 주식시장의 이상거래를 감시하고 회원에 대한 감리와 연계감시활동을 실시한다. 여기서 이상거래는 주식가격이나 주식거래량이 비정상적으로 변동하는 과정을 말하고, 심리는 이상거래의 혐의가 있는 주식거래가 불공정거래행위에 해당하는지 조사하는 것을 말한다.

감리는 이상거래 혐의종목의 거래상황을 파악하거나 규정의 준수여부를 확인하기 위해 회원인 증권회사의 업무, 재산상황, 장부 등을 조사하는 것을 말한다. 거래소는 불공정거래를 예방하고 투자자를 보호하기 위해 상장주권, ETF 등에 대해 투자유의종목, 투자경고종목, 투자위험종목을 지정하여 공표한다.

① 투자유의종목

투기적이거나 불공정거래의 개연성이 있는 소수지점 거래집중종목, 소수계좌 거래집중종목, 상한가잔량 상위종목 등을 투자주의종목으로 공표하여 투자자들의 뇌동매매를 방지하고 잠재적 불공정거래 행위자에 대한 경각심을 고취시키는 제도를 말한다. 주권, 주권예탁증권, ETF를 투자주의종목으로 지정할 수 있다.

② 투자경고종목

최근 5일간 주가상승률이 75%인 경우가 연 2일간 계속되고, 2일째 되는 날을 기준으로 최근 5일간 주가상승률이 업종 지수상승률의 6배 이상이면 불공정거래를 예방하고 투자자를 보호하기 위해 투자경고종목으로 지정한다. 지정일로부터 10일 후 지정예고요건에 해당하지 않으면 투자경고종목에서 해제된다.

③ 투자위험종목

투자경고종목으로 지정된 후 30일 이내 투자경고종목 지정요건에 해당하고 투자경고종목이 지정된 날부터 기산하여 10일 이내 다시 투자경고종목에 해당하며 지정 후 주가가 3일 연속 상승하면 1일간 매매거래가 정지되고 투자위험종목 지정일부터 10일 이내 지정예고요건에 해당하지 않으면 투자위험종목에서 해제된다.

| 표 3-10 | 시장경보 유형별 지정요건

시장경보 유형	지정요건
투자유의종목	• 소수 지점 거래집중종목 • 소수 계좌 거래집중종목 • 투자자 주의 환기종목(종가 급변종목, 상한가 잔량 상위종목, 단일계좌 거래량 상위종목, 15일간 예방조치요구 과다종목, 특정계좌군 매매관여 과다종목, 투자경고 종목지정 예고종목)
투자경고종목	• 단기급등 • 중장기 상승 • 투자주의종목 반복지정 • 단기급등과 계좌관여율 과다종목 • 중장기 상승 및 계좌관여율 과다종목
투자위험종목	• 투자경고종목으로 지정되거나 해제된 후에도 일정기간 이내에 주가가 급등하는 경우 시장감시위원회에서 지정하여 공표

11) 기업공시제도

기업공시제도(corporate disclosure system)는 증권의 발행인 또는 상장법인이 회사의 과거, 현재의 경영 및 재무에 관한 사항, 향후 사업계획 등 기업의 중요한 내용을 신속하고 정확하게 알려주어 투자자들이 합리적으로 투자판단을 할 수 있게 하고, 자본시장에서 공정한 거래질서가 형성되도록 하는 제도를 말한다.

자본시장의 바람직한 요건의 하나는 다수의 시장참가자들에 의해 주식가격이 경쟁적으로 결정되고, 시장의 모든 정보가 즉시 충분히 주가에 반영되는 효율성이다. 이러한 효율적 자본시장은 기업공시제도가 그 기능을 충분히 발휘할 때만 가능하여 기업공시는 투자자에 대한 상장법인의 기본적인 의무라고 할 수 있다.

자본시장법에서는 증권발행과 유통과정에서 투자자가 합리적인 투자판단을 할 수 있도록 기업경영, 재산에 관한 주요사항에 대한 공시를 의무화하고 있다. 그리고 중요한 기업내용에 대해 신속성, 공평성, 정확성, 접근성 등이 보장되도록 하고 있다. 공시규정은 유자증권시장과 코스닥시장에 대해 별도로 정할 수 있다.

표 3-11 기업공시의 분류와 내용

분류	세부분류		내용
발행시장 공시	증권신고서제도		증권을 발행하고자 하는 경우에 발행자가 증권 및 발행회사의 내용 등에 관한 정보를 제공하는 제도
	투자설명서제도		투자설명서는 증권에 대한 청약을 권유할 때 기업 내용 및 발행방법 등에 관한 정보를 제공하는 투자권유 문서
	발행실적보고서		발행실적보고서는 증권신고서의 기재사항의 진실성을 확인하기 위한 사항 등을 기재하여 제출하는 서류
	안정조작 시장조성신고제도		증권의 인수인 등이 유통시장에서 행하는 시세조정행위 등의 절차와 방법을 공시
유통시장 공시	정기공시제도		상장회사가 회사 내용, 영업성과, 재무상태 등을 투자자에게 정기적으로 공시
	주요사항보고서 제도		정기보고서 등에 포함된 정보의 최신성을 확보하기 위하여 기업의 주요 경영변동 사항을 공시하는 제도
	자율공시	수시공시	투자판단에 필요한 중요한 정보에 대해서 정기보고서 제출시기 이전이라도 지체 없이 거래소에 신고하도록 하는 제도. 수시공시는 주요 경영사항의 신고·공시, 자율공시, 조회공시 등으로 구분됨.
		공정공시	상장회사가 애널리스트 등에게 미공개 중요정보를 제공하는 경우 일반투자자에게 공시
기업 지배권 변동 공시	합병 관련 공시		기업실체에 변동을 초래하는 합병 등에 관한 사항이 발생한 경우 세부내용을 신고, 공시
	공개매수신고		공개매수방법으로 주식의 일정량(5% 이상)을 매입하고자 하는 경우에 신고, 공시
	자기주식의 취득과 처분신고제도		자기주식의 취득, 처분, 신탁계약의 체결, 해지에 대하여 관련 내용을 신고, 공시
	의결권 대리행사 신고		의결권의 위임을 권유하는 경우에 권유의 방법, 권유서류의 기재내용 신고

02 채권시장의 개요

1. 채권의 발행시장

(1) 발행시장의 정의

채권의 발행시장은 정부나 기업 등 발행자가 채권을 발행하여 투자자에게 이를 제공하고 자금을 공급받은 제1차 시장(primary market)으로 투자자의 여유자금을 정부나 기업 등이 필요로 하는 재정정책의 재원 및 산업자금으로 전환하며 발행주체를 기준으로 국공채, 특수채, 회사채시장으로 크게 나눌 수 있다.

채권은 직접 발행되는 경우도 있지만 유가증권의 인수업무를 고유업무로 영위하는 금융투자회사를 통해 공모로 발행된다. 채권의 발행은 발행요건이 관련 법률에 의해 엄격히 제한되어 국채는 국회의 사전의결을 얻어야 하고, 회사채는 금융위원회가 증권신고서를 수리하여 효력이 발생한 다음에 발행할 수 있다.

(2) 발행시장의 구조

채권의 발행시장은 채권발행자, 발행중개기관, 채권투자자로 구성된다. 발행시장의 구조는 [그림 3-2]와 같이 제시할 수 있다.

| 그림 3-2 | 발행시장의 구조

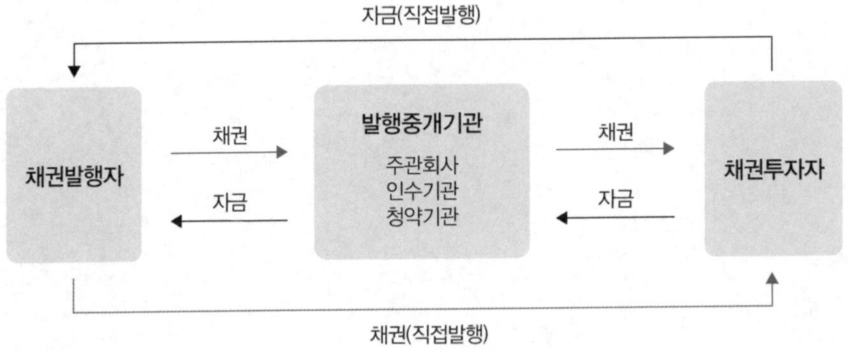

1) 채권발행자

채권을 발행하여 자금을 조달하는 주체로서 정부, 지방자치단체, 특별법에 의해 설립된 법인, 금융기관, 주식회사가 있다. 채권의 발행주체는 투자자가 채권투자전략을 수립하는데 미치는 영향 때문에 중요한 의미를 갖는다. 이는 채권의 발행조건과 투자위험이 발행주체에 따라 달라질 수 있기 때문이다.

2) 발행기관

채권의 발행기관은 발행자와 투자자 사이에서 채권발행에 따른 제반 업무를 수행하고 이에 따른 위험부담 및 판매기능을 담당하는 전문기관을 말한다. 여기에는 수행하는 역할에 따라서 주관회사, 인수기관, 청약기관으로 구분된다.

① 주관회사

주관회사는 인수기관을 대표하여 채권발행의 타당성, 소화가능, 발행시기, 발행조건 등을 결정하며 채권발행에 대한 모든 업무를 총괄하는 기관이다. 채권발행의 규모가 크면 간사단을 구성하여 공동으로 주관업무를 수행하는데, 주관회사를 대표하는 회사를 대표주관회사, 기타 주관회사를 공동주관회사라고 한다.

② 인수기관

인수기관은 대표주관회사가 지정한 기관으로 주관회사와 협의하여 발행된 채권을 직접 매입하여 인수하는 기관을 말한다. 인수기관은 인수한 채권을 직접 보유할 수도 있고 일반투자자나 청약기관에 매도하는 판매자의 역할을 수행한다. 현재 주관회사의 자격을 지닌 금융기관에는 금융투자회사와 산업은행이 있다.

③ 청약기관

청약기관은 신규로 발행된 채권을 매입하고자 하는 불특정 다수의 투자자에 대한 청약업무만을 대행해주는 기관으로 인수기관과 달리 이들에게 할당된 채권을 매각함으로써 판매액에 대한 일정한 수수료를 수령한다. 일반적으로 청약업무는 인수업무를 허가받은 금융투자회사의 본점과 지점을 통해 이루어지고 있다.

3) 채권투자자

채권투자자는 채권발행시장에서 모집 · 매출되는 채권의 청약에 응하여 채권발행자가 발행하는 채권을 취득하는 자를 말하며, 전문적인 지식과 대규모의 자금을 운용하며 법인형태를 취하는 기관투자자와 개인자격으로 자산운용을 목적으로 채권에 투자하는 개인투자자가 있다. 우리나라는 기관투자가의 비중이 높다.

(3) 채권의 발행방법

채권의 발행방법은 앞에서 소개한 주식의 발행방법을 준용한다. 채권의 발행방법은 채권을 발행하는 투자자의 대상범위에 따라 공모발행과 사모발행으로 구분된다. 채권의 공모발행은 발행기관의 채권발행업무 대행 및 미발행채권에 대한 위험부담 귀속여부에 따라 직접발행과 간접발행으로 나누어진다.

1) 공모발행

공모발행은 불특정다수 50인 이상의 투자자를 대상으로 채권을 발행하는 방법을 말한다. 직접발행은 채권발행에 따른 위험을 발행자 또는 발행기업이 부담하는 반면에, 간접발행은 인수기관이 발행자로부터 발행채권의 전부 또는 일부를 인수하여 발행위험을 부담하고 사무를 직접 담당하는 경우를 말한다.

❙ 그림 3-3 ❙ 공모에 의한 채권의 발행방식

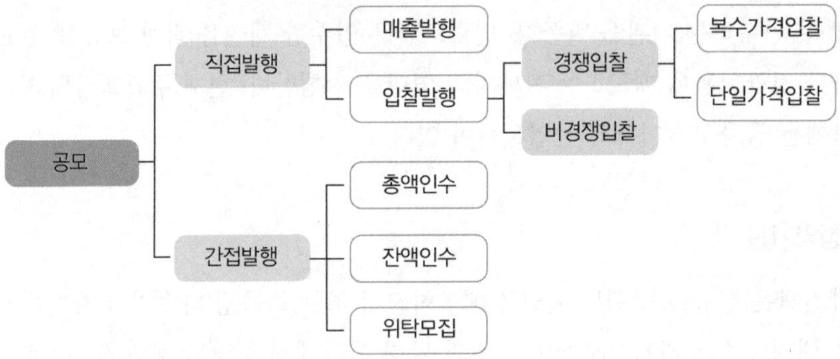

① 직접발행

채권의 직접발행(직접모집)은 발행주체가 채권발행에 따른 제반위험을 부담하는 방법을 말하며, 채권의 발행조건을 발행 전에 미리 결정하고 발행하는지의 여부에 따라 매출발행과 입찰발행으로 구분된다.

㉠ 매출발행

매출발행은 채권발행액을 미리 확정하지 않고 일정기간 동안 투자자에게 채권을 판매하여 매도한 금액을 발행총액으로 하는 방법을 말한다. 우리나라 상법에서는“주식회사는 사채전액의 납입이 완료된 후가 아니면 사채를 발행하지 못한다”라고 규정하여 매출발행에 의한 사채모집을 허용하지 않고 있다.

㉡ 입찰발행

경쟁입찰은 채권발행조건을 미리 정하지 않고 가격이나 수익률을 다수의 응찰자에게 입찰시켜 그 결과를 기준으로 발행조건을 정한다. 발행금리의 결정방식에 따라 복수금리결정방식, 단일금리결정방식, 차등가격낙찰방식으로 구분된다. 비경쟁입찰은 발행자가 발행조건을 결정한 후 응찰자가 입찰하는 방식이다.

② 간접발행

채권의 간접발행은 발행중개기관을 통해 불특정다수의 투자자들에게 채권을 발행하는 방법을 말한다. 간접발행은 발행총액 미달에 대한 부담의 정도에 따라서 위탁모집, 잔액인수, 총액인수로 구분된다.

㉠ 위탁모집

위탁모집은 채권의 발행에 관한 제반업무를 인수기관에 위임하여 발행하는 방법으로 인수기관은 발행회사의 대리인 자격으로 또는 인수기관 자신의 명의로 채권을 발행하는 방법을 말한다. 이때 채권의 모집 또는 매출이 채권발행총액에 미달함으로써 발생하는 위험은 채권의 발행회사가 부담하게 된다.

㉡ 잔액인수

잔액인수는 채권을 발행하려는 기업은 채권발행업무 일체를 주관사와 인수기관에 위탁하고 주관사 회사는 발행회사의 명의로 채권을 모집 또는 매출하는 방법을 말한다. 이때 채권의 모집 또는 매출이 채권발행총액에 미달할 경우에는 인수기관이 그 잔액을 책임지고 인수한다는 계약에 의한 발행방법이다.

㉢ 총액인수

총액인수는 채권발행업무의 일체를 인수기관이 처리하며 채권발행총액을 인수기관이 인수하여 인수기관의 책임하에 채권을 모집 또는 매출하는 방법을 말한다. 총액인수는 모집 또는 매출시 가격차에 의한 손익이 인수기관에 귀속되어 위험부담이 크다. 현재 무보증사채의 발행은 대부분 총액인수를 이용한다.

2) 사모발행

사모발행은 채권의 발행기관이 직접 특정투자자와 사적인 교섭을 통하여 채권을 매각하는 방법을 말한다. 사모발행은 공모로 발행해도 인수기관을 찾을 수 없거나 단기운영자금 조달을 위해 소규모로 발행할 경우에 이용되며, 감독기관에 증권신고서 등을 제출하지 않아 신속하게 발행할 수 있다는 장점이 있다.

그러나 사모발행에 따른 발행금리는 금융투자협회에서 고시하는 최종호가수익률에 해당 회사의 신용등급에 따라 매수회사와 협의한 일정한 스프레드를 감안하여 결정되어 높은 금리로 발행된다. 우리나라에서 사모사채는 자금대출의 성격을 갖기 때문에 은행이나 보험회사를 상대로 발행하는 경우가 일반적이다.

2. 채권의 유통시장

(1) 장내시장

1) 국채전문유통시장

국채전문유통시장은 1998년 재정경제부가 국채제도개선 및 채권시장 활성화방안에서 국채시장의 활성화를 위한 지표채권 육성 및 채권시장 하부구조 개선에 대해 언급하면서 본격적인 논의를 시작하여 1999년 3월 국채딜러간 경쟁매매를 위한 완전 전산화된 시스템 형식으로 개설되어 시장효율성도 향상되고 있다.

국채전문유통시장은 투명한 시장운영을 위해 시장상황이 정확히 반영되는 지표금리를 육성하여 합리적인 투자판단지표를 제공하고 다른 채권의 적정가격형성에 기여하며, 실제 거래정보를 기반으로 국채수익률이 실시간으로 제공되어 은행·기업 등 자금조달 및 채권투자시 지표금리로 국채금리의 활용도가 증대된다.

국채전문유통시장에 참여하는 국채딜러는 시장을 통하여 적시에 국채포지션을 조정함으로써 대고객거래에 대한 대응력을 높일 수 있고 딜링을 통해 합리적인 포트폴리오를 구축하고 효율적인 위험관리가 가능해진다. 따라서 국고채 인수부담이 경감되고 적극적인 입찰수요를 모집하여 원활한 시장소화가 가능해진다.

국채전문유통시장의 주요 시장참가자에는 거래소의 채무증권전문회원 인가를 취득한 은행과 금융투자회사(국채딜러)가 있다. 딜러회사는 별도의 전산투자 없이 한국거래소가 개발한 매매프로그램을 거래담당자의 PC에 설치하고 인터넷을 통하여 한국거래소의 국채매매시스템(KTS)에 직접 접속하여 거래를 수행한다.

▌표 3-12▐ 국채전문유통시장의 거래제도

구분	내용
거래종목	09:00~15:30(신고매매 : 07:30~16:00)
거래단위	국고채, 통화안정증권, 예금보험기금채권
호가방식	액면 10억원의 정수배
체결방식	가격호가
거래시간	복수가격에 의한 개별경쟁매매
참 가 자	국채딜러(은행, 금융투자회사 중 일부), 위탁참가자(일반기관 등)
결 제 일	T+1일

2) 환매조건부채권매매시장

Repo거래(Repurchase Agreement Transaction)는 자본시장에서 현재시점(매매일)에 거래대상이 되는 유가증권을 매도(매수)함과 동시에 사전에 약정한 특정시점(환매일)에 동 증권을 환매수(환매도)하기로 하는 두 개의 매매계약이 동시에 이루어지는 유가증권의 매도·매수계약, 즉 환매조건부채권매매 거래를 말한다.

RP는 딜러가 자금을 조달하기 위해 채권을 되살 것을 조건으로 매도하는 것을 말하고, reverse RP는 딜러가 자금을 공여하기 위해 일정기간 후 채권을 되팔 것을 조건으로 매입하는 것을 말한다. 채권, 주식, CP, CD, MBS 등과 같은 다양한 증권이 레포거래의 대상이 될 수 있으나 통상적으로 채권이 주류를 이룬다.

| 그림 3-4 | 환매채(Repo)거래의 구조

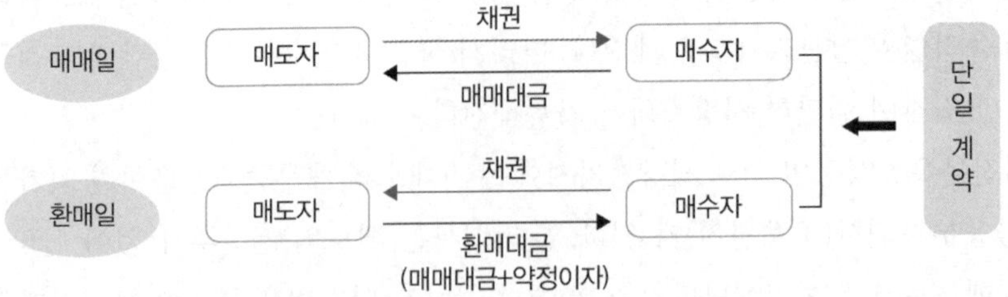

3) 소액채권시장

소액채권시장은 제1종 국민주택채권, 서울도시철도채권, 지역개발채권, 지방도시철도채권 등과 같이 정부 및 지방자치단체가 공공정책 추진재원을 조달하기 위해 발행하는 첨가소화채권이 장외시장에서 중간상을 통해서 헐값에 매각되는 폐단을 해소하고 채권매입자의 환금성을 보장하기 위해 1995년 개설되었다.

국민들은 부동산 등기, 자동차 등록 등 각종 인허가에 필수적으로 첨가소화채권을 매입해야 하므로 이들 채권의 거래는 국민경제와 밀접한 관련이 있다. 소액채권시장에는 소액채권의무매입자, 소액채권매출대행기관, 소액채권매도대행회원, 소액채권조성회원 등 다른 시장에는 존재하지 않는 시장참여자가 있다.

소액채권의 매매거래는 거래소의 공신력을 활용하여 채권의무매입자의 편의를 제고하고 경제적 부담을 절감하기 위해 장내시장을 통해야 한다. 호가접수시간은 8시부터 15시 30분까지이고, 정규 매매거래시간은 9시부터 15시 30분까지이다. 15시 10분부터 30분까지 20분간은 전일에 결정된 시장가격으로 거래된다.

4) 일반채권시장

일반채권시장은 국채전문유통시장, Repo시장, 소액채권시장과 구별하기 위해 국채, 지방채, 특수채, 회사채 등 거래소에 상장된 채권이 거래되는 시장으로 회사채와 주권관련 사채권(전환사채, 신주인수권부사채, 교환사채 등)의 거래가 많다. 전환사채의 매매는 공정한 가격형성을 위해 거래소시장을 통해야 한다.

일반채권시장의 참여에는 제한이 없으며, 거래소 회원이 아닌 투자자(개인, 법인, 기관투자가, 외국인 등)는 회원인 금융투자회사를 통해 간접적으로 시장에 참여할 수 있다. 금융투자회사에 위탁자계좌가 있는 경우에는 이를 통해 매매가 가능하며, 위탁자계좌가 없는 경우에는 신규로 개설하여 주문하면 된다.

주문을 받은 금융투자회사는 매매체결을 위해 이를 한국거래소시장에 전달한다. 거래소는 각 금융투자회사로부터 주문받은 내용을 매매원칙에 따라 매매체결을 하며 체결된 결과는 금융투자회사를 통해 일반투자자에게 통보한다. 호가접수시간은 8시부터 15시 30분까지, 정규매매시간은 9시부터 15시 30분까지이다.

(2) 장외시장

장외시장은 금융투자회사의 창구를 중심으로 협의매매방식의 거래가 이루어지며, 딜러시장, 브로커시장, 직접탐색시장 등을 총칭한다. 장내시장은 투자자 보호와 투명성 강화를 실현하는 제도화된 시장이고, 장외시장은 자생적으로 생성된 시장을 사후적으로 제도화하여 관리하는 시장으로 거래관행의 영향력이 크다.

딜러(dealer)는 자신이 직접 고객의 거래상대방이 되어 위험을 부담하면서 자기계정으로 채권거래를 하는 금융기관을 말한다. 딜러를 통해 거래가 이루어지는 딜러시장에서는 딜러가 제시한 호가에 따라서 즉각 채권을 매매할 수 있는 장점이 있으며, 딜러의 이익은 매도호가와 매수호가간의 스프레드로 실현된다.

브로커시장은 투자자들이 거래상대방을 찾기 위하여 대리인(broker)에게 매매를 위임하여 간접적으로 참가하는 시장형태를 말한다. 브로커는 딜러와 달리 자기계정의 포지션을 갖지 않고 채권거래의 중개만을 담당하는데, 자기의 고객을 위해 거래상대방을 찾아가서 거래가격을 협상하고 그 대가로 수수료를 받는다.

장외시장은 1976년 장외거래를 금지했던 증권거래법이 개정되어 국채의 장외거래가 허용되면서 시작되었고, 1980년대 경제발전과 함께 채권의 발행종목 및 시장참여자가 증가하면서 유통시장의 한 축으로 성정했다. 1984년 정부가 모든 채권의 장외거래를 허용하고 장외시장을 제도화하면서 발전기반이 구축되었다.

채권은 발행주체가 동일해도 발행조건에 따라 다른 종목이 되어 종목수는 많으나 종목당 작은 금액은 장외시장에서 거래되고 개인투자자보다는 자산운용사, 은행, 연기금, 보험회사 등 기관투자자간의 대량매매 방식으로 거래되며 거래상대방을 찾기 어려워 금융투자회사를 통한 협의매매 방식으로 거래에 참여한다.

장외시장에서는 금융투자회사 상호간, 금융투자회사와 고객간, 고객 상호간에 상장/비상장 구분없이 모든 채권을 거래대상으로 한다. 장외시장은 장내시장에서 표준화하여 거래하기 곤란한 채권에 유동성을 부여하여 다양한 채권의 유통 원활화에 기여하며 매매시간은 8시 30분부터 16시 30분까지 거래가 이루어진다.

❙표 3-13❙ 장내 채권시장과 장외 채권시장의 비교

구분	장내 채권시장	장외 채권시장
주요참가자	딜러, 개인투자자, 기관투자자	딜러, 브로커
매매방식	경쟁매매, 협의매매, 신고매매	상대매매
매매수단	전산시스템	전화, 메신저
호가방법	가격호가(수익률병기)	수익률호가(가격병기)
매매단위	(국채)액면 10억원, (일반)액면 1,000원	주로 100억원
매매시간	09:00~15:30	08:30~16:30
체결이후 정정	불가	상호협의하에 가능
결제시점	(국채) T+1, (일반) T+0	T+1~30
결제방법	(국채) 종목별 차감결제, (일반) 통합차감결제	총액결제

보론 3-1 기업공개

기업공개는 주식회사의 전반적인 경영내용을 공개하여 최초로 일반투자자들을 대상으로 주주를 모집하는 주식공개를 말한다. 즉 주식회사가 신규로 발행하는 주식을 다수의 투자자들에게 모집하거나, 이미 발행되어 대주주가 소유하고 있는 주식을 일반투자자에게 매출하여 주식을 분산시키는 것을 말한다.

기업공개는 개인이나 소액주주로 구성된 기업이 한국거래소에 신규상장을 하기 위해 주식의 분산요건을 갖추기 위한 공모행위를 말한다. 그러나 상장은 기업이 발행한 증권에 대해 거래소에서 매매거래가 될 수 있도록 승인하는 행위를 말한다. 따라서 기업공개와 상장은 [표 3-14]와 같이 차이가 존재한다.

표 3-14 기업공개와 주권상장의 비교

구분	기업공개제도	주권상장제도
시장	발행시장(1차적 시장)	유통시장(2차적 시장)
목적	발행기업의 자금조달	증권의 원활한 유통과 공정한 가격형성
성격	소유주식분산의 형태	증권의 거래적격성 선별
규제	발행당사자에 대한 공시주의	상장적격성에 대한 규제주의
특성	발행기업과 청약자의 이해조화로 증권 발행수량의 소화를 중시	투자자 보호와 증권의 유통성 확보를 위해 시장성을 중시

보론 3-2 주권상장

1. 주권상장의 정의

상장(listing)은 한국거래소가 정한 일정요건을 충족한 기업이 발행한 주권이 증권시장에서 자유롭게 거래될 수 있도록 자격을 부여한 것으로 당해 주권의 가치를 보증받는 것은 아니다. 따라서 주권을 상장하려는 기업은 수익성, 규모, 재무건전성, 유통가능성 측면에서 일정요건을 충족해야 상장할 수 있다.

상장은 주권 발행법인의 자유로운 의사에 따른 신청에 의해 이루어지고, 상장신청법인은 발행한 주권 전부를 상장해야 한다. 다만, 유통성이 없어 상장의 실익이 없는 주권은 상장하지 않을 수 있다. 그러나 증권을 상장하는 회사는 상장 후에 일정한 요건에 미달하거나 계약을 위반하면 상장을 폐지하게 된다.

2. 주권상장의 종류

(1) 상장형태에 따른 분류

① 신규상장 : 상장되어 있지 아니한 기업이 발행한 주권을 한국거래소의 증권시장에 최초로 상장하는 것으로 공모상장이 일반적이다.

② 신주상장 : 상장기업이 증자, 합병, 전환사채, 신주인수권부사채를 소유한 자의 권리행사로 새로 발행한 주권을 상장하는 것을 말한다.

③ 변경상장 : 이미 상장된 주권의 기재내용(상호, 종류, 액면금액 등)을 변경한 경우 새로운 주권으로 교체하여 발행한 주권을 상장하는 것을 말한다.

④ 재상장 : 상장기업이 분할 또는 분할합병에 의해 설립된 기업, 상장기업간의 합병에 의해 설립된 기업, 상장이 폐지된 후 5년이 경과되지 않은 기업이 발행한 주권을 상장하는 것을 말한다.

(2) 공모방법에 따른 분류

① 공모상장 : 상장요건 중 분산요건을 충족하기 위해 일정비율 이상의 주식수를 모집 또는 매출을 통해 공모한 후 상장하는 형태를 말한다.

② 직상장 : 코스닥 상장기업이 주식분산요건을 충족하여 공모를 하지 않고 주권을 코스닥시장에서 유가증권시장으로 이전하는 형태를 말한다.

3. 주권상장의 효과

(1) 자금조달기회 확대

주권상장법인은 증권시장을 통해 경영활동에 필요한 거액의 자금을 일시에 대량적으로 조달할 수 있다. 특히 기업의 재무상태가 양호하면 시가발행을 통한 유상증자와 전환사채, 신주인수권부사채 등의 주식관련 사채발행을 통해 장기적 · 안정적이고 유리한 조건의 대규모 자본 조달이 가능하다.

(2) 기업홍보효과 제고

주권상장법인은 국내외 투자자를 비롯한 많은 사람들의 관심의 대상이며, 기업의 재무상태나 경영성과가 매스컴을 통해 전달되어 기업의 인지도를 제고하는 홍보효과를 얻을 수 있다. 또한 상품의 지명도와 회사를 연계하여 홍보효과를 증대시키고 해외진출과 합작투자를 모색할 때 큰 도움이 될 수 있다.

(3) 경영합리화의 도모

주권상장법인은 기업의 중요한 재무상태와 경영성과를 공시해야 하므로 경쟁회사의 재무상태와 경영실적과 비교하지 않을 수 없을 뿐만 아니라, 객관적인 주식가치를 통해서 객관적으로 평가받기 때문에 자연히 경영합리화를 도모하여 재무구조의 개선, 매출의 증대, 조직의 합리화를 위해 노력하게 된다.

(4) 소유와 경영의 분리

주권상장법인은 한국거래소가 정한 주식분산요건을 충족시켜야 하는 등 주식소유와 관련하여 제도적 감시를 많이 받을 뿐만 아니라, 주권상장을 계기로 주식거래가 활성화되어 투하자본의 회수가 가능하기 때문에 지분분산이 원활히 이루어져 소유와 경영의 분리가 가속화하는 효과를 기대할 수 있다.

(5) 구조조정추진 용이

기업분할로 신설되는 법인은 일반기업에 비해 완화된 상장요건을 적용받고 상장법인의 지위를 유지할 수 있다. 그리고 주권상장법인이 기존상장법인을 자회사로 하는 지주회사를 설립하는 경우에 신설된 지주회사는 별도로 마련된 지주회사의 상장요건을 적용받아 신속하게 상장을 추진할 수 있다.

1 **다음 중 증권시장에 대한 설명으로 옳지 않은 것은?**

① 발행시장은 단기금융상품과 주식, 채권 등 유가증권이 신규로 발행되는 제1차 시장을 말한다.

② 발행시장에서 증권의 발행방식은 직접발행과 간접발행으로 구분된다.

③ 직접발행에서 발행자가 부담하는 위험정도에 따라 모집주선, 잔액인수, 총액인수로 구분된다.

④ 유통시장은 이미 발행된 장단기 금융상품이 투자자 상호간에 매매되어 거래되는 제2차 시장을 말한다.

해설 직접발행은 증권의 발행자가 인수기관을 경유하지 않고 투자자로부터 증권을 모집매출하는 방법을 말한다. 간접발행은 증권의 발행자가 인수기관을 통해 증권을 발행하는 방식으로 발행자가 부담하는 위험정도에 따라 모집주선, 잔액인수, 총액인수로 구분된다.

2 **다음 중 자본시장법상 증권의 발행형태에 대한 설명으로 적절한 것은?**

① 매출은 대통령령으로 정하는 방법에 따라서 산출한 50인 이상의 투자자에게 새로 발행되는 증권의 취득의 청약을 권유하는 것이다.

② 직접발행은 발행위험의 부담정도에 따라 모집주선, 잔액인수, 총액인수로 구분된다.

③ 모집주선은 증권발행의 위험부담을 발행기관이 부담한다.

④ 간접발행에서 발행기관의 위험부담이 가장 큰 경우는 총액인수방식이다.

해설 ① 매출은 대통령령으로 정하는 방법에 따라서 산출한 50인 이상의 투자자에게 이미 발행된 증권의 매도 또는 매수 청약을 권유하는 것이다.
② 간접발행은 발행위험의 부담정도에 따라 모집주선, 잔액인수, 총액인수로 구분된다.
③ 모집주선은 증권발행의 위험부담을 발행회사가 부담한다.

3 **다음 중 간접발행에서 발행주체의 위험부담이 높은 순서대로 나열한 것은?**

① 모집주선 – 총액인수 – 잔액인수

② 모집주선 – 잔액인수 – 총액인수

③ 총액인수 – 잔액인수 – 모집주선

④ 잔액인수 – 총액인수 – 모집주선

해설 증권의 발행주체에게 위험부담이 높은 순서는 모집주선, 잔액인수, 총액인수이다.

4 **다음 중 간접발행에서 발행주체의 위험부담이 낮은 순서대로 나열한 것은?**

① 모집주선 – 총액인수 – 잔액인수

② 모집주선 – 잔액인수 – 총액인수

③ 총액인수 – 잔액인수 – 모집주선

④ 잔액인수 – 총액인수 – 모집주선

해설 증권의 발행주체에게 위험부담이 낮은 순서는 총액인수, 잔액인수, 모집주선이다.

5 **아래의 주어진 글에서 설명하는 유상증자 방식에 해당하는 것은?**

청약시 구주주와 우리사주조합에 우선 배정하여 청약을 받은 후에 청약미달분이 발생하면 이사회 결의로 일반투자자를 대상으로 공모하는 방법

① 주주배정방식 ② 제3자 배정방식

③ 주주우선공모방식 ④ 일반공모방식

해설 주주우선공모방식은 기존 주주에게 우선청약권을 부여하고 실권주가 발생하면 일반투자자를 대상으로 공모하는 유상증자방식이다.

6 **다음 중 주식의 발행방식으로 적절한 것은?**

① 주식발행에 따른 위험부담과 사무절차를 담당하는 방법에 따라 공모발행과 사모발행으로 구분된다.

② 자본시장법상 모집은 50명 이상에게 이미 발행된 유가증권 매도 또는 매수 청약을 권유하는 행위이다.

③ 일반적으로 사모발행은 직접발행, 공모발행은 간접발행이 대부분이다.

④ 총액인수는 발행금액 전액을 발행회사가 매입하는 방식이다.

해설 ① 주식발행에 따른 위험부담과 사무절차를 담당하는 방법에 따라 직접발행과 간접발행으로 구분된다.

② 모집은 50명 이상에게 새로 발행된 유가증권의 취득 청약을 권유하는 행위이고, 매출은 50명 이상에게 이미 발행된 유가증권 매도 또는 매수 청약을 권유하는 행위이다.

④ 총액인수는 발행금액 전액을 시장중개기관이 매입(인수)하는 방식이다.

7 **다음 중 주식발행의 형태에 대한 설명으로 적절하지 않은 것은?**

① 기업공개(IPO)는 주식회사가 신규 발행주식을 다수의 투자자로부터 모집 또는 매출을 통해 주식을 분산하는 것을 말한다.

② 유상증자는 주식회사가 자금이 필요한 경우 신주를 발행하여 자본금을 증가시키는 것을 말한다.

③ 무상증자는 자본준비금 등을 자본금에 전입하고 전입된 만큼 발행한 신주를 구주에게 지분비율에 비례하여 무상으로 교부하는 것을 말한다.

④ 주식배당은 이익의 일부를 현금 대신에 주식으로 배당을 통해 이익을 자본화하는 것을 말하며, 신주발행가격은 시가로 정해진다.

해설 주식배당을 통한 주식발행시 신주발행가격은 액면가로 정해진다.

8 **다음 중 주식 유통시장의 특징으로 적절하지 않은 것은?**

① 투자자 상호간의 거래이므로 기업의 자금조달과 직접적인 관련은 없다.

② 결제일은 매매일에서 3영업일 되는 날(T+2) 한국예탁결제원을 통해 이루어진다.

③ 매매체결은 가격우선, 시간우선, 위탁매매우선, 수량우선의 원칙이 적용된다.

④ 주문이행 담보성격의 위탁증거금은 유가증권시장과 코스닥시장에서 100%를 적용한다.

해설 유가증권시장과 코스닥시장은 증권회사가 자율적으로 결정하고, K-OTC시장에서는 100%를 받도록 의무화되어 있다.

9 **다음 중 주식 발행시장과 유통시장에 대한 설명으로 적절하지 않은 것은?**

① 유상증자방식에서 일반공모방식은 주주에게 신주인수권을 주지 않고 일반투자자를 대상으로 청약받는 방식이다.

② 주식배당은 현금 대신 주식으로 배당을 실시하여 이익을 자본으로 전입하는 것을 말한다.

③ 코넥스시장에서 증권거래세율은 양도가액의 0.5%가 적용되고, 소액주주에게는 양도차익에 대해 과세하지 않는다.

④ 유가증권시장과 코넥스시장의 거래시간은 동일하다.

해설 코넥스시장에서 증권거래세율은 양도가액의 0.3%가 적용되고, 소액주주에게는 양도차익에 대해 과세하지 않는다.

10 다음 중 한국거래소의 증권시장에 대한 설명으로 적절하지 않은 것은?

① 증권시장으로 유가증권시장, 코스닥시장, 코넥스시장이 있다.

② 개인투자자가 코넥스시장의 주권을 매수하려면 1억원 이상의 기본예탁금을 예탁해야 한다.

③ 코넥스시장의 증권거래세율은 0.3%이다.

④ K-OTC에서는 시세차익에 대해 양도소득세를 부과하고 있다.

해설 투자자가 코넥스시장의 주권을 매수하려면 3억원 이상 기본예탁금을 예탁해야 한다.

11 다음 중 유통시장의 매매제도로 적절하지 않은 것은?

① 유가증권시장, 코스닥시장, K-OTC시장의 매매수량단위는 1주이다.

② 유가증권시장, 코스닥시장, K-OTC시장은 모두 개별 경쟁매매방식이다.

③ 유가증권시장, 코스닥시장, K-OTC시장의 가격제한폭은 기준가격 대비 상하 30%이다.

④ K-OTC시장은 유가증권시장 및 코스닥시장과 달리 양도차익에 대해 양도소득세가 부과되며, 매매주문시 100%의 위탁증거금이 필요하다.

해설 K-OTC시장은 장외시장으로 개별 상대매매방식에 의해 거래가 체결된다.

12 한국거래소 유가증권시장 매매거래제도에 대한 설명으로 옳지 않은 것은?

① 원칙적으로 주권결제는 매매일로부터 3영업일 되는 날 한국예탁결제원을 통해 이루어진다.

② 시간외매매 최소수량단위는 10주이다.

③ 개별경쟁매매방식에 의해 이루어진다.

④ 원칙적으로 가격제한폭은 전일 종가의 상하 30%로 설정되어 있다.

해설 시간외매매 최소수량단위는 1주이다. 정규시장에서도 가격에 관계없이 1주 단위로 거래된다.

13 다음 중 코스닥시장에 대한 설명으로 적절한 것은?

① 한국금융투자협회가 운영하는 시장이다.

② 신규 상장하는 경우 유가증권시장보다 강화된 상장요건을 적용받고 있다.

③ 최소매매단위는 1주이다.

④ 가격제한폭은 전일 종가 대비 상하 15%이다.

해설 ① 한국거래소가 운영하는 시장이다.
② 신규 상장하는 경우 유가증권시장보다 완화된 상장요건을 적용받고 있다.
④ 가격제한폭은 전일 종가 대비 상하 30%이다.

14 다음 중 코넥스시장의 특징으로 적절하지 않은 것은?

① 증권거래세율은 장내시장 거래세율 0.3%이 적용된다.
② 기본예탁금이 없어 일반투자자는 누구나 거래가 가능하다.
③ 소액주주는 양도소득세가 면제되나, 대주주는 양도소득세를 과세한다.
④ 기술력 있는 중소기업의 성장을 지원하기 위해 공모, 사모, 직상장 등 진입방법을 다양화하고 진입요건도 최소화하였다.

해설 코넥스시장은 중소기업 중심의 시장으로 어느 정도 위험감수능력을 갖춘 투자자로 시장참여자를 제한할 필요가 있어 3억원 이상의 기본예탁금을 예탁하도록 하고 있다.

15 한국금융투자협회가 개설하여 운영하는 시장으로 비상장주식의 유동성 부여, 벤처기업의 육성, 투자자에게 다양한 투자수단 제공하는 시장은?

① 유가증권시장
② 코스닥시장
③ 코넥스시장
④ K-OTC시장

해설 코넥스시장은 중소기업만 상장가능하며 코스닥시장의 상장요건을 갖추기 어려운 신생기업의 주식이 거래된다.

16 다음 중 K-OTC에 대한 설명으로 적절하지 않은 것은?

① 한국금융투자협회가 운영하는 장외시장이다.
② 경쟁매매방식으로 매매한다.
③ 매매거래시간은 오전 9시부터 오후 3시까지이다.
④ 매매주문시 100%의 위탁증거금이 필요하다.

해설 K-OTC에서는 경쟁매매방식으로 매매한다.

17 다음 중 채권시장에 대한 설명으로 옳은 것을 모두 고르면?

(가) 중앙은행이 공개시장에서 채권을 매입하면 유동성효과에 의해 이자율이 하락한다.
(나) 실질GDP가 증가하면 채권수요가 증가하고 채권공급이 감소하여 이자율이 하락한다.
(다) 기대 인플레이션율이 하락하면, 채권수요는 증가하고 채권공급은 감소하여 이자율은 하락한다.
(라) 주식시장의 변동성이 증가하면 채권수요가 증가하여 이자율은 하락한다.

① (가), (나) ② (다), (라)
③ (가), (나), (다) ④ (가), (다), (라)

해설 사람들은 자산을 일부는 채권, 일부는 화폐로 보유하고자 하므로 실질GDP가 증가하면 화폐수요와 채권수요가 모두 증가한다. 화폐수요의 증가는 금리상승을 가져오는 방향으로 작용하나 채권수요의 증가는 금리하락을 가져오는 요인으로 작용한다. 따라서 두 가지 요인의 상대적인 크기에 따라서 금리는 상승할 수도 있고 하락할 수도 있다.

18 다음 중 채권의 발행시장에 대한 특징으로 적절하지 않은 것은?

① 일반인의 국고채 입찰은 국고채전문딜러를 통하는 경우에만 가능하다.
② 국고채의 경우 발행시마다 만기일과 표면금리를 달리 정하여 발행한다.
③ 회사채를 공모로 발행하려면 증권신고서를 금융위원회에 재출해야 한다.
④ 회사채 중 AAA~BBB 등급은 원리금 상환능력이 양호한 투자등급으로 분류된다.

해설 현재 3년 이상 국고채의 경우 6개월 범위내 추가발행시 만기일과 표면금리를 직전 발행된 국고채와 똑같이 적용하여 발행한다. 이를 국고채통합발행제도라고 한다.

19 다음 중 채권의 유통시장에 대한 특징으로 적절하지 않은 것은?

① 채권거래는 대부분 장내에서 이루어진다.
② 장내 및 장외거래 모두 가격제한폭이 없다.
③ 장내시장은 상장채권만, 장외시장은 모든 채권이 거래된다.
④ 장내시장에는 일반채권시장과 국채전문유통시장이 존재한다.

해설 채권거래는 대부분 금융투자회사를 중개기관으로 장외시장에서 이루어진다.

20 **다음 중 채권의 유통시장에 대한 설명으로 적절하지 않은 것은?**

① 장내시장에서는 상장채권이 거래되고, 장외시장에서는 비상장채권만 거래된다.
② 대부분의 채권거래는 장외거래 중심이다.
③ 국채전문유통시장은 국고채 전문딜러 등 시장조성활동을 담당하는 금융기관들만 참가하는 장내시장이다.
④ 장외거래는 상대매매방식으로 거래되고 있다.

해설 장내시장에서는 상장채권이 거래되고, 장외시장에서는 상장채권과 비상장채권이 거래된다.

정답

1. ③	2. ④	3. ②	4. ③	5. ③	6. ③	7. ④	8. ④	9. ③	10. ②
11. ②	12. ②	13. ③	14. ②	15. ④	16. ②	17. ④	18. ②	19. ①	20. ①

Chapter

04

지분증권

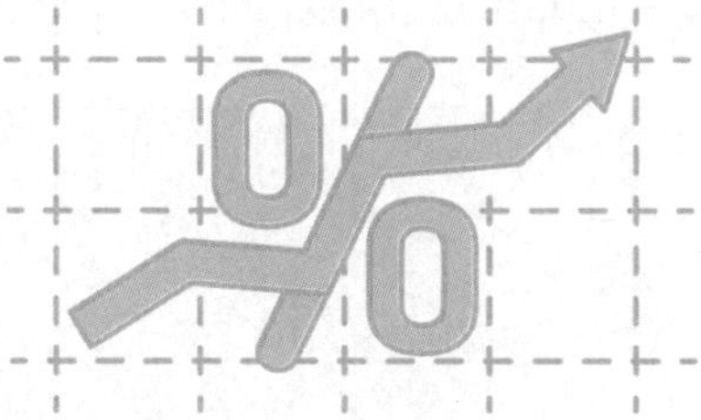

증권은 자본시장에서 자유롭게 양도하거나 거래될 수 있는 금융자산을 의미한다. 그러나 예금은 미래의 원리금에 대한 청구권을 나타내어 금융자산의 일종이나 금융시장에서 다른 사람에게 양도할 수 없으므로 증권이라고 할 수 없다. 증권은 균등한 지분을 갖는 다수의 지분으로 나누어져 자본시장에서 거래된다.

01 주식의 개요

1. 주식의 정의

주식은 주식회사의 사원인 주주가 회사에 대해 가지고 있는 지분을 말하며 자본의 구성분자로서의 금액의 의미와 주주의 회사에 대한 권리의무의 단위로서의 주주의 법적 지위(주주권)의 의미가 존재한다. 일반적으로 주주권을 표창하는 유가증권도 주식이라 하지만, 상법에서는 주식을 주권이라고 부른다.

(1) 자본의 구성분자

주식회사의 자본은 발행주식의 액면총액을 말하며 주식으로 나누어야 하고 주식의 금액은 균일해야 한다. 따라서 주식은 자본을 균일하게 나눈 단위로서의 금액을 표시한다. 주식과 자본의 관련은 밀접하여 주식은 사원의 출자를 측정하는 단위로서 작용하는 것이므로 자본의 구성분자로서의 금액을 의미한다.

주식 액면가액의 법정 최저한은 100원 이상으로 균일해야 하고 주식인수인이 공동으로 주식을 인수한 경우에는 연대하여 납입할 책임이 있다. 주식공유자는 회사에 대해 주주의 권리를 행사할 1인을 정해야 하며, 주주의 권리를 행사할 자가 없는 때에는 공유자에 대한 통지나 최고는 1인에 대해 하면 된다.

주식의 최저단위는 1주이므로 이를 다시 세분화할 수 없다. 1주 미만의 주식을 단주라고 하며 단주가 발생하면 회사가 단주를 모아 처분해야 한다. 주식과 주주의 권리를 분리하여 주주권만을 양도할 수 없다. 다만 주주의 권리 중 구체화된 신주인수권이나 이익배당청구권은 주식과 분리하여 양도할 수 있다.

(2) 주주의 권리의무

주식은 회사에 대한 사원의 지위 또는 자격을 말한다. 이를 주주권이라고 하는데 주주권은 주식과 분리하여 양도 · 입질 · 담보 · 압류 등의 목적으로 할 수 없다. 따라서 주식을 양도하면 주주권도 함께 양도하게 된다. 주식은 권리뿐만 아니라 출자의무도 포함되는데 이는 주식의 인수가액을 한도로 하는 유한책임이다.

주주권은 주주 자신의 이익만을 위한 권리인 자익권(自益權)과 회사 및 다른 주주의 이익을 확보하기 위해 행사하는 공익권(共益權)이 있다. 자익권은 주주의 투자이익과 출자자본의 회수를 위한 권리로 구분할 수 있고, 공익권은 경영참여를 위한 권리인 의결권과 경영감독을 위한 권리로 구분할 수 있다.

2. 주식의 종류

(1) 상법상 분류

1) 보통주

보통주(common stock)는 주식회사가 출자의 증거로 주주에게 발행한 주식을 말하며 보통주를 소유한 주주는 그 기업의 실질적 주인으로서 상법과 해당기업의 정관이 규정한 권리와 의무의 주체가 된다. 보통주의 주주는 기업의 소유주로 경영참가권과 이익분배권을 가지고 있는 반면 그 기업의 위험을 부담해야 한다.

그러나 기업경영에 직접 참가할 임원을 선출하는 의결권을 가짐으로써 기업경영에 간접적으로 참여한다. 오늘날 대기업에는 주주의 수가 매우 많으며 지리적으로 분산되어 있어 주주의 권리는 명목에 불과한 경우가 많다. 실제로 소액주주들은 이러한 권리의 행사보다는 배당과 자본이득에 관심을 가지고 있는 실정이다.

보통주는 주권에 액면가액이 표시되어 있느냐에 따라 액면주식과 무액면주식으로 구분된다. 또한 주권에 주식소유자의 이름이 명시되어 있느냐에 따라 기명주식과 무기명주식으로 구분된다. 우리나라에서는 액면가액 100원 이상의 액면주식을 발행하도록 하고 있고 기명주식의 발행을 원칙으로 하고 있다. 무기명주식은 정관에 규정한 경우에 한해 발행할 수 있으나 주권을 회사에 공탁하도록 하고 있다.

보통주는 회사채나 차입금에 대한 이자와 같이 고정적인 재무비용을 발생시키지 않고 상환부담이 없는 영구자본으로 기업의 안정적인 장기자금을 조달하는 수단이다. 보통주에 대한 배당은 당기순이익이 발생하면 지급할 수 있지만 반드시 지급해야 한다는 의무규정은 없다. 보통주를 발행하여 조달한 자본은 자기자본에 속하여 기업의 재무구조를 개선시키고 기업의 대외신용도와 차입능력을 증가시킨다.

그러나 이자비용은 세법상 손금으로 인정되어 법인세 절감효과를 얻을 수 있는 반면에 보통주의 배당금은 법인세 절감효과가 없다. 따라서 보통주의 자본비용은 부채의 자본비용보다 높게 나타난다. 보통주는 다수의 투자자를 대상으로 주주를 모집하기 때문에 그 발행비용은 부채의 발행비용보다 높게 나타난다.

2) 우선주

우선주(preferred stock)는 배당이나 잔여재산분배시 그 청구권리가 보통주에 우선하는 주식을 말하며 보통주를 소유한 주주는 그 기업의 실질적 주인으로 상법과 해당기업의 정관이 규정한 권리와 의무의 주체가 된다. 우선주에 의해 조달된 자본은 법률적으로 자기자본을 형성하나 실질적으로 타인자본과 성격이 유사하다.

우선주를 발행할 때 예정배당률을 사전에 결정하는데 경영성과가 좋더라도 약속된 배당률 이상은 지급하지 않기 때문이다. 그러나 우선주는 자기자본을 형성하고 약속된 배당률을 지급하지 않더라도 법적인 책임을 부담하지 않지만 이익배당과 잔여재산분배에 대한 청구권이 사채보다 후순위라는 점에서 사채와 차이가 있다.

우선주는 약정된 배당을 지급하지 못하면 미지급한 배당금을 차기에 누적시켜 지급하는 누적적 우선주와 당기에 미지급한 배당금을 차기에 누적시켜 지급하지 않는 비누적적 우선주로 구분된다. 우선주는 보통주의 배당금이 지급된 이후에 잔여배당가능이익이 있을 경우 보통주와 함께 잔여이익의 배당에 참가할 수 있는 참가적 우선주와 배당가능이익이 있더라도 참가할 수 없는 비참가적 우선주로 구분된다.

우선주는 회사채에 대한 이자와 달리 배당을 지급하지 않아도 되므로 고정적인 재무비용을 발생시키지 않는다. 또한 우선주는 의결권이 주어지지 않는 무의결권주로 주주들이 경영지배권의 침해를 받지 않는다. 보통주와 마찬가지로 우선주를 발행하여 조달한 자본은 자기자본에 속하며 기업의 재무구조를 개선시킨다.

회사채에 대한 지급이자는 세법상 손금으로 인정되어 법인세 절감효과가 있는 반면에 우선주의 배당은 법인세 절감효과가 없으며, 잔여재산 및 이익분배의 청구권에서 사채보다 순위가 늦어 기업은 보상차원에서 사채이자에 비해 우선주배당을 높게 하기 때문에 우선주의 자본비용은 사채의 자본비용보다 높게 나타난다.

3) 상환주

주식을 발행하여 조달된 자본은 회사의 자기자본을 구성하고 회사가 존재할 때까지 영구적으로 운명을 하는 것이 보통이다. 그런데 상환주는 주식의 발행시점부터 회사의 이익으로 소각할 것이 예정된 주식으로 종류주식에 한해 발행할 수 있으며 상환가액, 상환기간, 상환방법 등은 정관에 기재해야 한다.

상환주는 이익이 없으면 상환이 불가능한 점이 사채와 다르다. 회사는 상환주를 발행하여 이를 상환하면 장래의 배당압력을 경감할 수 있으며 투자자는 일정기간 우선적 배당을 받고 일정기간 후에 액면금액 또는 액면금액 이상으로 상환을 받을 수 있기 때문에 비교적 안전한 투자대상이라고 할 수 있다.

4) 전환주

전환주는 회사가 수종의 주식을 발행하는 경우에 다른 종류의 주식으로 전환할 수 있는 권리인 전환권이 부여된 주식을 말한다. 그러나 전환주는 일정한 기한이 도래하면 다른 종류의 주식으로 전환되는 기한부우선주나 조건의 성취로 다른 종류의 주식으로 전환되는 조건부우선주와는 그 내용이 다르다.

회사가 전환주를 발행하면 자금조달이 원활하고 출자자는 자신의 선택권에 의해 전환조건에 따라 다른 종류의 주식으로 전환을 청구할 수 있다. 그러나 전환청구기간 내에 전환청구서에 주권을 첨부하여 회사에 제출해야 하며 회사는 전환으로 인해 발행할 주식에 대한 수권주식수를 보유하고 있어야 한다.

(2) 특성상 분류

증권시장에서 거래되는 주식들을 투자의 대상으로 보면 여러 가지 형태로 분류할 수 있는데, 배당소득과 자본이득 가능성에 따른 분류나 재무안정성 및 경제환경의 변화에 따른 적응도에 따라 다양하게 분류할 수 있다. 다음과 같은 주식의 분류는 증권시장에서 어느 정도 인정이 되고 있는 방법에 해당한다.

1) 성장주(growth stock)

성장주는 기업의 영업실적이나 수익의 증가율이 시장 평균보다 높을 것이라고 기대되는 주식을 말한다. 이러한 기업들은 수익의 대부분을 사내유보하여 높은 성장률을 유지하고 기업의 가치를 증대시키는데 주력한다. 따라서 배당소득보다 자본이득에 중점을 두어야 하는 시기에 적합한 투자대상이라 볼 수 있다.

일반적으로 성장주는 주가수익비율(PER)보다 주당순이익(EPS)과 주당매출액(SPS)의 증가에 주목해야 한다. 성장기업들은 전형적으로 주가수익비율이 높은데, 이는 주식투자자들이 기업의 향후 성장가능성에 대해 높은 가치를 부여하기 때문이다. 성장주의 대표적인 섹터에는 기술주, 헬스케어, 임의소비재가 있다.

2) 가치주(value stock)

가치주는 향후 성장률이 낮을 것으로 기대되거나 해당기업의 악재로 인해 주가가 지나치게 하락하여 주식의 내재가치보다 현재의 주가수준이 상당히 낮게 형성되어 있는 주식을 말한다. 가치주에는 기업의 수익가치가 주식가격에 충분히 반영되지 않은 저PER주와 주식의 장부가치에 비해 저평가된 저PBR주가 있다.

가치주의 투자위험은 크게 두 가지로 구분할 수 있다. 첫 번째 위험은 회사의 가치를 잘못 산정하여 주식을 비싸게 사거나 너무 싸게 매각하는 위험이다. 두 번째 위험은 주식이 기업의 내재가치 이하에서 거래되는 가치함정(value trap)에 갇힐 위험이다. 가치주가 많은 섹터는 산업재, 금융, 유틸리티 섹터이다.

| 표 4-1 | 성장주와 가치주의 비교

구분	성장주	가치주
PER	높음	낮음
PBR	높음	낮음
이익증가율	높음	낮음
배당률	낮음	높음
매출증가율	높음	낮음
투자포커스	잠재적 가치	본질적 가치
가격산정	미래가치	현재가치
수익원천	자본이득	배당금액
가격수준	고평가	저평가

3) 경기순환주

경기순환주는 경기변동에 따라 영업실적이나 수익의 변화가 심해 경기가 호황이면 높은 성장률을 나타내나 경기가 불황이면 실적이 급속히 악화되는 기업의 주식이 해당된다. 경기에 따라 수요의 변화가 심한 건설, 철강, 화학, 유통, 자동차, 조선, 반도체산업에 해당되는 주식이 경기민감주에 해당한다.

4) 경기방어주

경기방어주는 경기변화에 덜 민감한 주식으로 경기침체기에도 안정적인 주가흐름을 나타낸다. 반면에 경기가 호전되면 다른 주식에 비해 상대적으로 낮은 상승률을 나타낼 가능성이 높다. 일반적으로 불황에도 꾸준한 수요가 있는 음식료, 제약업, 가스나 전력업종에 해당되는 주식이 경기방어주에 해당한다.

5) 대형주, 중형주, 소형주

대형주, 중형주, 소형주를 구분하는 뚜렷한 기준은 없지만 2003년부터 우리나라의 한국거래소에서는 상장법인의 시가총액에 따라 다음과 같이 구분하고 있다. 시가총액을 기준으로 대형주는 시가총액 1~100위까지, 중형주는 시가총액 101~300위까지, 소형주는 시가총액 301위 이하 나머지 종목으로 구성된다.

과거에는 자본금을 기준으로 분류했으나 시장상황 및 주가지수와의 괴리가 발생하고 대부분의 선진국들이 시가총액으로 분류하여 2003년부터 시가총액방식으로 주가지수를 발표하고 있다. 대형주는 유통주식수가 많고 주식분포가 고르며 기관투자가들이 많이 갖고 있어 주가변동폭이 중소형주에 비해 비교적 작다.

| 표 4-2 | 대형주와 소형주의 비교

구분	대형주	소형주
기대수익률	낮음	높음
수익변동성	낮음	높음
비정상적 고수익 가능성	낮음	높음
유동성	높음	낮음

6) 우량주

우량주(blue chip)는 주식시장에서 경영성과가 좋고 재무구조가 건실하여 업계에서 유력한 지위를 갖는 주식으로 경기변동에 강하고 고수익, 고배당을 유지하여 신용도와 지명도가 높다. 블루칩의 기원은 트럼프의 포커에서 쓰이는 세 종류(흰색, 빨간색, 청색)의 칩 가운데 비싼 것이 청색 칩이라는 데서 유래되었다.

7) 주식예탁증서(DR : depositary receipts)

해외증권시장에서 자본조달수단에는 주권을 국내에서 발행한 후 이를 표창하는 주식예탁증서를 해외에서 발행하여 상장시키는 방법과 해외에서 발행한 주권을 해외증권시장에 직접 상장시키는 방법이 있다. 우리나라는 삼성물산이 1990년 룩셈부르크 증권거래소에 미국달러표시 주식예탁증서를 최초로 상장시켰다.

주식예탁증서는 국내주식을 외국에서 거래하면 주식의 수송·법률·제도 등 여러 가지 문제로 원활한 유통이 어렵다는 문제를 해결하고자 외국의 예탁기관이 해외현지에서 증권을 발행 유통하게 하여 원주와 상호 전환이 가능하도록 한 예탁증서를 말한다. 예탁증서를 발행하려면 보관기관과 예탁기관이 있어야 한다.

주식발행자는 예탁은행과 예탁계약을 맺고 주주의 권리를 증서보유자에게 부여하는데 예탁증서에는 예탁은행과 증서보유자의 권리와 의무가 명시되어 증서보유자가 예탁증서 권면과 원주식을 교환한다. 주식발행자는 주주명부에 예탁은행을 단일주주로 기재하고 예탁은행은 증서보유자에게 배당지급 등의 의무를 진다.

02 주식시장의 지표

1. 시장지표의 정의

증권시장에는 아주 많은 증권이 거래되고 있으며 매매거래의 결과 체결되는 가격은 증권마다 천차만별이고 그 등락폭이나 등락률도 각양각색이다. 따라서 주가수준이 전체로서 기간 중에 얼마만큼 등락했는가를 분명하게 알기 위해서는 증권시장전체의 움직임을 나타낼 수 있는 시장지표가 필요하게 된다.

증권시장의 전반적인 동향을 나타내는 증권시장의 기본적인 지표는 종류가 매우 다양하다. 일반적으로 시장지표는 증권회사를 비롯한 증권관계기관에서 발표하고 있는 주요통계지표를 의미한다. 그러나 넓게는 증권회사와 투자정보 제공자가 투자자에게 제공하는 각종 투자지표를 모두 포함하여 말한다.

시장지표는 투자자들에게 합리적인 투자판단의 중요한 자료로 이용될 수 있고, 증권관계기관에게 효율적인 시장관리와 정책결정을 위한 지표로 활용된다. 시장지표는 증권시장이 지리적 · 제도적으로 구분되어 있는 경우에 각 부분시장마다 특성이 다르기 때문에 이들 각각에 대해 시장지표가 작성된다.

요컨대 제도상으로는 별도로 증권시장이 구분되어 있는 것은 아니지만 어떤 관점에서 보면 동일한 종류라고 생각되는 주식을 모아서 의제적으로 부분시장을 설정하여 이들에 대해 주가지표를 작성할 수 있다. 여기에는 종합지수, 업종별 지수, 자본금 규모로 분류한 대형주 · 중형주 · 소형주 지수 등이 있다.

그리고 계산식의 특성에 의한 분류로서 복수의 주가를 평균함에 있어서 산술평균에 의해 계산하느냐 기하평균에 의하느냐, 또는 단순평균으로 계산하느냐 가중평균으로 계산하느냐 하는 분류가 있다. 이들 중에서 어느 것을 선택하여 계산하느냐에 따라서 지표의 의미와 변동특성이 크게 달라질 수 있다.

증권시장에는 주식시장의 지표로 주가평균, 주가지수, 배당실적, 배당수익률, 주가수익비율, 시가총액, 시가총액회전율, 거래실적 등이 있고 채권시장의 지표에는 채권수익률, 채권지수, 채권거래실적 등이 있다. 여기서는 주식시장의 지표 중 가장 대표적으로 사용되고 있는 주가평균과 주가지수에 대해 살펴본다.

2. 주가평균의 개념

주가평균은 주식시장통계에서 가장 기본적인 평균개념으로 상장종목의 주가합계를 평균한 것을 말한다. 주가는 여러 가지 복합적 요인에 따라 시시각각으로 변화하고 경기변동 및 경제여건도 민감하게 반영하고 있기 때문에 주가평균은 주가수준의 파악은 물론 시장 및 경기동향에 대한 분석의 지표로 중요하다.

(1) 단순주가평균

단순주가평균은 채용종목의 주가합계를 채용종목수로 단순히 나누어 산출한 평균주가로 계산방법이 간단하고 주가의 일반적인 수준을 단기에 비교하는데 편리하다. 그러나 증자에 따른 권리락이 있거나 채용종목의 변경이 있으면 전일의 주가평균과 당일의 주가평균간에 단층이 발생하여 장기적 추세를 나타낼 수 없다.

우리나라는 한국거래소가 1962년부터 수정주가지수 채용종목에 대해 단순주가평균을 산출하기 시작한 이래 종합주가지수에 대해서도 주가지수와 함께 발표하였다. 1983년 주가지수 산출방법이 시가총액식으로 전환된 이후에도 다양한 주가지수별 채용종목에 대한 단순주가평균이 가중주식평균과 함께 산출되고 있다.

단순주가평균은 채용된 주식종목에 대한 가격을 합계하여 단순히 산술평균한 것으로 식(4.1)과 같이 계산하는데, 채용하고 있는 주식들이 모두 동일한 중요도를 갖고 있는 것으로 가정한다. 따라서 주식시장 전체의 가격수준을 표시할 때 중요도가 상대적으로 크거나 작은 주식의 영향을 적절히 반영하지 못하고 있다.

$$\text{단순주가평균} = \frac{\text{채용종목의종가합계}}{\text{채용종목수}} \times 100 \qquad (4.1)$$

(2) 수정주가평균

수정주가평균은 매일의 주가를 단순주가평균과 마찬가지로 산술평균을 하되 채용종목 중 어느 종목이 권리락, 무상증자, 유상증자, 주식분할 등이 있거나 채용종목의 추가, 삭제, 교체가 있으면 항상제수를 수정하여 조정해 줌으로써 주가평균에 단층을 제거하여 주가평균의 연속성을 유지하는 주가평균을 말한다.

예컨대 권리락의 수정방법은 권리락 전일의 주가를 기준으로 이론상 권리락가격을 계산하고 그것을 기준으로 하여 수정주가를 산출하는 방법(다우식)과 권리락당일의 주가를 기준으로 하는 방법(환원법)이 있다. 일반적으로 다우식 방법이 많이 채용되고 있으며 우리나라도 전에는 다우식 수정방법을 사용하였다.

(3) 가중주가평균

단순주가평균과 수정주가평균은 채용종목의 주가만을 산술평균하나 가중주가평균은 각 종목의 거래량이나 상장주식수를 가중치로 하여 산출한 평균주가를 말한다. 매매거래량을 가중치로 하는 주가평균은 기간의 총거래대금을 총거래량으로, 상장주식수를 가중치로 하는 주가평균은 시가총액을 상장주식수로 나누어 산출한다.

전자는 주가평균이라기보다 1주당 평균매매가격으로 시장의 인기나 경기동향을 보는데 적합하고, 후자는 증권시장의 평균적 주가수준을 파악하는데 적합하다. 우리나라는 한국거래소가 1983년 주가지수 산출방식을 시가총액방식으로 전환하여 각 지수별로 채용종목의 상장주식수를 가중치로 한 가중주가평균을 산출하고 있다.

요컨대 가중주가평균은 주식의 상대적 중요도를 고려하여 주식시장 전체의 가격수준을 표시하는 방법을 말하며 거래금액, 매매거래량, 상장주식수, 시가총액 등이 가중치로 사용될 수 있다. 따라서 시가총액을 가중치로 사용하는 경우에 가중주가평균은 식(4.2)와 같이 상장주식 시가총액을 상장주식수로 나누어 산출한다.

$$\text{가중주가평균} = \frac{\text{상장주식 시가총액}}{\text{상장주식수}} \times 100 \qquad (4.2)$$

3. 주가지수의 정의

주가지수(stock price index)는 한국거래소(KRX)의 유통시장에서 형성되고 있는 주가변동을 종합적으로 표시한 것을 말한다. 주가지수는 기준시점의 주가수준을 100으로 설정하고 비교시점의 주가수준과 비교하여 산출하는데 경제동향 및 주식시장의 전반적인 동향을 파악할 수 있는 중요한 지표로 활용되고 있다.

주가지수는 주식시장에서 주가예측에 대한 기본적인 정보를 제공하고 주식투자의 평가기준이 될 수 있으며 개별주식이나 포트폴리오의 위험을 측정하는 기준이 된다. 또한 주가지수는 거시경제적 측면에서 특정시점의 경제상황을 나타내는 대표적인 지수일 뿐만 아니라 미래의 경기를 예측하는 선행지표의 역할을 한다.

주가지수는 평균적인 주가변동을 나타내므로 개별주식이나 포트폴리오의 수익성과 위험을 측정하는 기준치가 될 수 있고, 투자기간 동안 개별종목의 가격변동률과 주가지수변동률을 비교하여 투자성과를 측정할 수 있다. 주가지수는 주식시장 전체의 주가변동을 나타내므로 시장전체 수익률의 대용치로 사용될 수 있다.

4. 주가지수의 구분

주가지수는 구성종목, 구성종목간의 가중방법, 평균산정의 방법 등에 따라 달라진다. 여기서는 구성종목간의 가중방법에 따라 지수를 구성하는 모든 종목의 가격을 합산한 다음 제수로 나누어 산출하는 주가평균방식, 비교시점의 시가총액을 기준시점의 시가총액으로 나누어 산출하는 시가총액방식으로 구분하여 살펴본다.

(1) 주가평균방식

주가평균방식은 주가지수를 구성하는 일부종목의 종가합계를 항상제수로 나누어 구하는 수정주가평균을 지수화한 것으로 기준시점의 수정주가평균에 대한 비율로 표시된다. 주가변동 이외에 주식배당, 주식분할, 유상증자, 무상증자, 상장폐지 등이 발생하면 주가의 연속성을 유지하기 위해 항상제수를 수정해야 한다.

$$\text{주가지수} = \frac{\text{비교시점의 수정주가평균}}{\text{기준시점의 수정주가평균}} \times 100 \tag{4.3}$$

예컨대 다우존스 산업평균지수(DJIA), MMI, 일본의 Nikkei 225지수 등은 주가평균방식으로 주가지수를 산출한다. 주가평균방식은 계산방법이 단순하고 이해하기 쉬운 반면에 소형주의 가격변동이 대형주의 가격변동과 동일한 크기로 지수에 영향을 미치므로 시장전체의 가격변동을 제대로 반영하지 못한다는 단점이 있다.

(2) 시가총액방식

시가총액방식은 주가평균방식의 단점을 보완하고 시장전체의 정확한 주가수준을 반영하기 위해 일정시점의 주가지수를 구성하는 전체종목의 시가총액을 100으로 비교시점의 시가총액을 지수화한 것으로 개별기업의 주식가치가 시장전체의 시가총액에서 차지하는 비율에 따라 주식비중을 구성하는 시장포트폴리오와 유사하다.

$$\text{주가지수} = \frac{\text{비교시점의 시가총액}}{\text{기준시점의 시가총액}} \times 100 \tag{4.4}$$

예컨대 미국의 S&P 500지수, NYSE 종합지수, 영국의 FTSE 100, 일본의 TOPIX, 한국의 KOSPI 200지수와 코스닥 지수 등은 시가총액방식으로 주가지수를 산출한다. 시가총액방식은 기업가치의 변동이 주가지수에 미치는 영향이 발행주식수에 따라 달라지지 않는다는 점에서 수익률평균지수와 유사하다.

시가총액방식은 개별주식의 주가에 상장주식수를 가중한 주가지수로 비교시점 시가총액을 기준시점 시가총액과 비교한 변동률로 표시된다. 따라서 주식시장 전체의 주가수준을 반영하여 소수 고가주의 영향을 작게 받는 장점이 있지만 시가총액이 큰 종목의 영향을 지나치게 많이 받게 된다는 단점도 있다.

예제 4-1 주가지수의 산정

현재 한국거래소 주식시장에는 A주식과 B주식만이 존재한다고 가정하자. 기준시점과 비교시점에서 A주식과 B주식에 관련된 정보는 다음과 같다.

구분	기준시점		비교시점	
	A	B	A	B
주식가격	20,000원	15,000원	25,000원	18,000원
발행주식수	20만주	40만주	30만주	50만주

1. 주가평균방식 주가지수를 구하시오.
2. 시가총액방식 주가지수를 구하시오.

풀이

1. 기준시점과 비교시점의 주가평균을 구하면 다음과 같다.

$$\text{기준시점 주가평균} = \frac{20,000+15,000}{2} = 17,500\text{원}$$

$$\text{비교시점 주가평균} = \frac{25,000+18,000}{2} = 21,500\text{원}$$

$$\text{가격가중방식 주가지수} = \frac{21,500}{17,500} \times 100 = 122.86$$

2. 기준시점과 비교시점의 시가총액을 구하면 다음과 같다.

기준시점 시가총액 = 20,000원×20만주+15,000원×40만주 = 1,000,000만원

비교시점 시가총액 = 25,000원×30만주+18,000원×50만주 = 1,650,000만원

$$\text{시가총액방식 주가지수} = \frac{1,650,000}{1,000,000} \times 100 = 165$$

5. 국내의 주가지수

우리나라는 1964년부터 1982년 말까지 다우존스식 산출방법에 의해 주가지수를 산출하였다. 그러나 주가변동이 심한 소수종목이 지수에 미치는 영향이 크고 채용종목이 인기업종에 편중되는 다우존스식 방법의 문제점이 제기되면서 1983년부터 주가지수의 산출방법이 시가총액방식으로 전환되었다.

(1) KOSPI지수

코스피(KOSPI : Korea Composite Stock Price Index)지수는 주가에 주식수를 가중한 시가총액식 주가지수로 한국거래소의 유가증권시장에 상장된 모든 주식을 대상으로 산출되나 우선주를 포함하지 않는다. 1983년 1월 4일에 채용된 코스피 기준시점은 1980년 1월 4일로 기준지수는 100포인트이고 산식은 다음과 같다.

$$\text{주가지수} = \frac{\text{비교시점의 시가총액}}{\text{기준시점의 시가총액}} \times 100 \tag{4.5}$$

코스피지수는 한국거래소의 유가증권시장에 상장된 모든 종목을 대상으로 주가에 발행주식수를 가중한 시가총액방식으로 산출하기 때문에 우리나라 주식시장을 대표하는 주가지수이다. 그러나 유상증자, 신규상장, 상장폐지 등이 발생하면 주가지수의 연속성을 유지하기 위해 기준시점의 시가총액을 수정한다.

시가총액식 가중방법에 의한 코스피지수는 시장가치가 큰 대형주의 가격변동이 상대적으로 많은 영향을 미치는 반면에 유통물량이 적은 소형주는 주가지수에 많은 영향을 미치지 못한다. 따라서 실제로 소형주의 많은 종목이 하락하더라도 시가총액이 큰 대형주 몇 종목만 상승하면 코스피지수는 상승한다.

(2) KOSPI 200지수

KOSPI 200지수는 주가지수선물 및 주가지수옵션의 기초자산이 되는 지수로 한국거래소에 상장된 전체주식 중에서 시장대표성, 업종대표성, 유동성이 높은 200개 주식을 대상으로 시가총액방식으로 산정한다. KOSPI 200의 기준시점은 1990년 1월 3일이며 기준지수는 100포인트이고 산식은 다음과 같다.

$$KOSPI\ 200 = \frac{\text{비교시점의 시가총액}}{\text{기준시점의 시가총액}} \times 100 \tag{4.6}$$

(3) KOSPI 100지수

KOSPI 100지수는 KOSPI 200 구성종목 중 시가총액이 큰 100개 종목을 대상으로 한다. 유가증권시장에서 시가총액이 큰 우량종목으로 구성되어 경기침체시 부도발생 등에 따른 종목교체가 발생하지 않는다. KOSPI 100의 기준시점은 2000년 1월 4일이며 기준지수는 1000포인트이고 산식은 다음과 같다.

$$KOSPI\ 100 = \frac{\text{비교시점의 시가총액}}{\text{기준시점의 시가총액}} \times 100 \tag{4.7}$$

(4) KOSDAQ지수

코스닥지수는 코스닥시장에 상장된 모든 주식을 대상으로 산출된 시가총액방식 주가지수로 기준시점은 1996년 7월 1일이며 기준지수는 1,000포인트이다. 코스닥시장은 코스닥종합지수 이외에 보조지수로서 자본금 규모로 구분한 자본금 규모별 지수와 IT업종과 일반업종으로 구분한 업종별 지수를 발표한다.

| 표 4-3 | 국내의 주요 주가지수

지수명	산출방식	채용종목	기준시점	기준지수
KOSPI	시가총액	유가증권시장 모든 종목	1980. 1. 4	100
KOSPI 200	시가총액	유가증권시장 200 종목	1990. 1. 3	100
KOSPI 100	시가총액	KOSPI 200 구성종목 중 100 종목	2000. 1. 4	1000
KOSDAQ	시가총액	코스닥시장 모든 종목	1996. 7. 1	1000
KRX 100	시가총액	유가증권시장과 코스닥시장의 100 종목	2001. 1. 2	1000
매경지수	다우존스	유가증권시장 100 종목	1980. 1. 4	100
한경지수	다우존스	유가증권시장 80 종목	1994. 1. 3	100

03 주식가치의 평가

가치평가는 특정 자산의 가치를 결정하는 과정으로 자산의 가치를 평가하는 능력은 투자의 성공여부를 결정하는 가장 중요한 요인이다. 주식가치를 평가하는 방법에는 기업의 사업특성에서 발생하는 내재가치를 평가하는 절대가치모형과 특정 자산의 가치를 다른 자산의 가치와 비교하는 상대가치모형이 있다.

▌그림 4-1▐ 주식가치의 평가모형

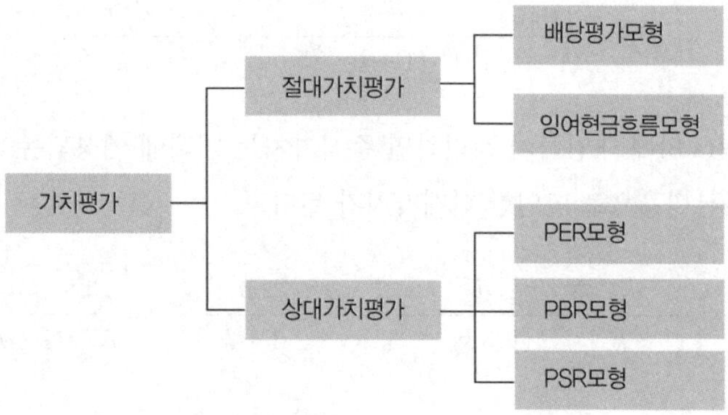

1. 절대가치평가모형

(1) 배당평가모형의 정의

주식가치는 주식을 보유할 경우에 얻게 될 미래 현금흐름을 적절한 할인율로 할인한 현재가치이다. 주식을 보유할 경우에 얻게 될 미래 현금흐름에는 주식을 보유하는 기간에 받는 배당금과 주식을 매도할 경우에 받는 처분가격이 있다. 따라서 주식을 n년 동안 보유할 경우에 얻게 될 현금흐름은 다음과 같다.

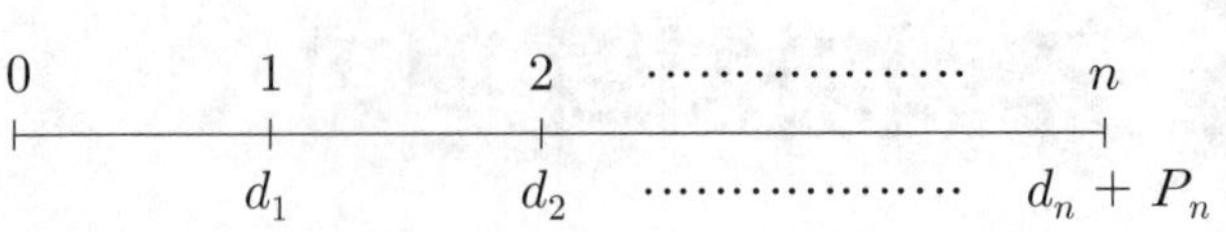

$$P_0 = \frac{d_1}{(1+k_e)^1} + \frac{d_2}{(1+k_e)^2} + \cdots + \frac{d_n}{(1+k_e)^n} + \frac{p_n}{(1+k_e)^n} \qquad (4.8)$$
$$= \sum_{t=1}^{n} \frac{d_t}{(1+k_e)^t} + \frac{p_n}{(1+k_e)^n}$$

식(4.8)에서 n년도 말의 주식가격 P_n은 다음과 같이 n+1년도 말 이후에 받게 될 배당금을 n년도 말 시점의 가치로 평가한 값에 해당한다.

$$P_n = \frac{d_{n+1}}{(1+k_e)^1} + \frac{d_{n+2}}{(1+k_e)^2} + \cdots + \frac{d_\infty}{(1+k_e)^n} \qquad (4.9)$$

식(4.9)를 식(4.8)에 대입하여 정리하면 주식가치는 미래에 예상되는 배당금을 적절한 할인율인 자기자본비용으로 할인한 현재가치가 된다.

$$P_0 = \frac{d_1}{(1+k_e)^1} + \frac{d_2}{(1+k_e)^2} + \cdots + \frac{d_\infty}{(1+k_e)^\infty} = \sum_{t=1}^{\infty} \frac{d_t}{(1+k_e)^t} \qquad (4.10)$$

(2) 배당평가모형의 종류

배당평가모형은 미래에 예상되는 배당금의 현재가치로 주식가치를 평가하여 미래에 예상되는 배당금에 의해 주식가치가 결정된다. 그러나 미래의 시점별 배당금을 정확히 예측한다는 것은 현실적으로 어렵기 때문에 다음과 같이 미래의 배당금이 일정한 형태로 발생한다고 가정하여 주식가치를 평가한다.

1) 제로성장모형

제로성장모형(zero growth model)은 미래의 배당금이 매년 일정하여 성장이 없다고 가정하는 모형을 말한다. 매년 d만큼의 배당금을 영구히 지급하는 주식가치는 영구연금의 현재가치 평가식을 이용하여 다음과 같이 구할 수 있다.

$$P_0 = \frac{d}{(1+k_e)^1} + \frac{d}{(1+k_e)^2} + \cdots + \frac{d}{(1+k_e)^\infty} = \frac{d}{k_e} \qquad (4.11)$$

2) 일정성장모형

일정성장모형(constant growth model)은 미래의 배당금이 매년 일정한 비율로 영구히 성장한다고 가정하는 모형으로 고든(M.Gordon)이 제시하였다. 1년도 말에 d_1의 배당금을 지급하고 배당금이 매년 g% 비율로 성장하는 주식가치는 일정성장 영구연금의 현재가치 평가식을 이용하여 다음과 같이 구할 수 있다.

$$P_0 = \frac{d_1}{(1+k_e)^1} + \frac{d_1(1+g)}{(1+k_e)^2} + \cdots + \frac{d_1(1+g)^{\infty-1}}{(1+k_e)^{\infty}} = \frac{d_1}{k_e - g} \qquad (4.12)$$

배당성장률(g)은 유보율(b)과 유보이익에 대한 재투자수익률(r)이 일정할 경우에 유보율에 재투자수익률 또는 자기자본이익률(ROE)을 곱한 값이다.

$$g = b \times r \qquad (4.13)$$

한편 현재의 배당금이 d_0일 경우 $d_1=d_0(1+g)$이며, 1년 후에 예상되는 주당순이익이 EPS_1일 경우 $d_1=EPS_1(1-b)$이므로 다음과 같이 나타낼 수도 있다.

$$P_0 = \frac{d_1}{k_e - g} = \frac{d_0(1+g)}{k_e - g} = \frac{EPS_1(1-b)}{k_e - g} \qquad (4.14)$$

예제 4-2 배당평가모형

한밭기업의 미래에 예상되는 배당과 관련된 자료가 아래와 같을 때 한밭기업의 주식가치를 계산하시오. 단, 주주들의 요구수익률은 10%이며 각 물음은 독립적이다.

1. 연간 주당배당금이 1,200원으로 일정할 것으로 예상되는 경우
2. 당기말 주당배당금이 1,200원이고 배당성장률이 매년 4% 성장하는 경우
3. 전기말 주당배당금이 1,200원이고 배당성장률이 매년 4% 성장하는 경우
4. 당기말 주당순이익과 주당배당금이 각각 3,000원과 1,500원으로 예상되고 이러한 배당성향은 앞으로 지속되며 유보이익의 재투자수익률이 12%로 일정할 경우

풀이

1. $P_0 = \frac{d}{k_e} = \frac{1,200}{0.1} = 12,000$원

2. $P_0 = \frac{d_1}{k_e - g} = \frac{1,200}{0.1-0.04} = 20,000$원

3. $P_0 = \frac{d_1}{k_e - g} = \frac{d_0(1+g)}{k_e - g} = \frac{1,200 \times 1.04}{0.1-0.04} = 20,800$원

4. $P_0 = \frac{d_1}{k_e - g} = \frac{1,500}{0.1-0.06} = 37,500$원

2. 상대가치평가모형

배당평가모형을 적용하려면 미래의 배당금이나 재투자기회에 대한 장기적 예측치가 필요하다는 어려움이 있다. 상대가치평가모형은 현재의 주가를 주요 재무제표변수로 나눈 값인 주가배수를 이용하여 주식가치를 평가하는데 여기에는 주가수익비율(PER), 주가순자산비율(PBR), 주가매출액비율(PSR)이 있다.

(1) 주가수익비율

1) PER의 의의

주가수익비율(PER : price earning ratio)은 현재의 주식가격을 차기에 예상되는 기대주당순이익으로 나눈 값으로 주식가격이 주당순이익의 몇 배인가를 나타낸다. 그러나 기대주당순이익(EPS_1)은 예측이 어렵기 때문에 실무에서는 현재의 주당순이익(EPS_0)을 이용하여 PER을 구하는 경우가 일반적이다.

$$PER = \frac{\text{현재의 주가}}{\text{주당순이익}} = \frac{P_0}{EPS_1} \tag{4.15}$$

PER은 주식시장에서 투자자들이 기업의 1단위당 순이익에 대해 얼마의 대가를 지불하고 있는가를 나타낸다. 투자자들이 순이익 1단위당 지불하고자 하는 가격은 기업이 벌어들일 순이익의 성장성이나 위험 등에 따라 달라진다. 따라서 PER은 기업이 벌어들일 이익의 질을 평가한 지표라고 할 수 있다.

2) PER의 결정요인

식(4.15)의 주식가격(P_0)에 일정성장모형에 의한 주식가치를 대입하여 정리하면 다음과 같다.

$$PER = \frac{P_0}{EPS_1} = \frac{\dfrac{d_1}{k_e - g}}{EPS_1} = \frac{\dfrac{EPS_1(1-b)}{k_e - g}}{EPS_1} = \frac{1-b}{k_e - g} \tag{4.16}$$

식(4.16)에서 안정적으로 성장하는 기업의 PER은 성장성(g), 위험(k_e), 배당성향(1－b)에 의해 결정되며 성장성(g)이 높을수록 PER이 높아지고 위험(k_e)이 클수록 PER이 낮아진다는 것을 알 수 있다.

3) PER를 이용한 주식가치의 평가

PER을 이용하여 주식가치를 평가하기 위해서는 우선 해당 기업의 적정한 PER가 얼마인지를 추정해야 한다. 적정한 PER에는 해당 기업의 과거 평균 PER, 해당 기업이 속해 있는 산업의 평균 PER 등을 이용할 수 있다. 적정한 PER수준이 결정되면 주식가치는 식(4.17)을 이용하여 다음과 같이 구할 수 있다.

$$P_0 = \text{적정한 PER} \times \text{기대주당순이익}(EPS_1) \tag{4.17}$$

예제 4-3 PER를 이용한 주식가치의 평가

한남기업의 당기말 주당순이익은 2,000원으로 예상된다. 한남기업에 투자한 주주들의 요구수익률은 14%라고 가정하여 다음 물음에 답하시오.

1. 한남기업이 속해 있는 산업의 평균 PER가 8인 경우에 한남기업의 주식가격은 얼마가 되어야 하는가?
2. 한남기업의 배당성향이 0.6이고 이익과 배당의 성장률을 8%로 가정하는 경우 한남기업의 적정한 PER와 주식가치를 계산하시오.

풀이

1. P_0 = 적정한 PER×EPS_1 = 8×2,000 = 16,000원
2. $PER = \frac{1-b}{k_e - g} = \frac{0.6}{0.14-0.08} = 10$

   P_0 = 적정한 PER×EPS_1 = 10×2,000 = 20,000원

(2) 주가순자산비율

1) PBR의 의의

주가순자산비율(PBR : price book value ratio)은 현재의 주식가격을 기대주당순자산으로 나눈 값으로 주가가 주당순자산의 몇 배인가를 나타낸다. 만약 회계적 가치가 경제적 실상을 제대로 반영하면 PBR은 1이지만 역사적 원가기준의 회계처리방법이 시장가치를 제대로 반영하지 못하여 PBR이 1보다 크게 나타날 수 있다.

$$PBR = \frac{\text{현재의 주가}}{\text{주당순자산}} = \frac{P_0}{BV_0} \tag{4.18}$$

2) PBR을 이용한 주식가치의 평가

PBR을 이용하여 주식가치를 평가하기 위해서는 우선 해당 기업의 적정한 PBR이 얼마인지를 추정해야 한다. 적정한 PBR에는 해당 기업의 과거 평균 PBR, 해당 기업이 속해 있는 산업의 평균 PBR 등을 이용할 수 있다. 적정한 PBR수준이 결정되면 주식가치는 식(4.18)를 이용하여 다음과 같이 구할 수 있다.

$$P_0 = \text{적정한 PBR} \times \text{주당순자산} \tag{4.19}$$

3) PBR의 의미

PER이 수익가치와 대비한 상대적 주가수준을 나타내고 주가와 수익의 유량(flow)관계를 나타내며, PBR은 자산가치와 대비한 상대적 주가수준을 나타내고 주가와 순자산의 저량(stock)관계를 나타내는 지표이다. PBR이 높은 기업은 투자자들이 해당 기업의 성장전망에 대해 긍정적으로 평가한 결과로 해석할 수 있다.

(3) 주가매출액비율

1) PSR의 의의

주가매출액비율(PSR : price sales ratio)은 현재의 주식가격을 기대주당매출액으로 나눈 값으로 주가가 주당매출액의 몇 배인가를 나타낸다. PSR이 낮으면 과소평가되어 있다고 보고, 높으면 과대평가되어 있다고 판단한다. 수익성 평가가 어려운 신생기업이나 성장성이 높은 IT기업을 평가할 때 활용한다.

$$PSR = \frac{\text{현재의 주가}}{\text{주당매출액}} = \frac{P_0}{S_1} \tag{4.20}$$

2) PSR을 이용한 주식가치의 평가

PSR을 이용하여 주식가치를 평가하기 위해서는 우선 해당 기업의 적정한 PSR이 얼마인지를 추정해야 한다. 적정한 PSR에는 해당 기업의 과거 평균 PSR, 해당 기업이 속해 있는 산업의 평균 PSR 등을 이용할 수 있다. 적정한 PSR수준이 결정되면 주식가치는 식(4.20)을 이용하여 다음과 같이 구할 수 있다.

$$P_0 = \text{적정한 PSR} \times \text{주당매출액} \tag{4.21}$$

3) PSR의 특성

사업초기단계에 있는 기업은 PER과 PBR이 음수가 되거나 매우 큰 값을 가져 의미가 없는 경우도 있는데 PSR은 이러한 기업에도 적용할 수 있다. 순이익과 순자산은 회계처리방법에 의해 달라질 수 있으나 매출액은 조작이 어렵다. PSR은 PER에 비해 변동성이 심하지 않기 때문에 가치평가에서 신뢰성이 높다.

04 주식의 투자분석

1. 기본적 분석

증권투자는 투자자가 현재의 확실한 소비를 포기하고 미래에 투자수익을 제공할 것으로 예상되는 주식 또는 채권과 같은 증권에 투자하는 것을 말한다. 그런데 증권의 가격은 예측하기 어려운 여러 가지 거시경제변수에 의해 영향을 받기 때문에 증권투자에서 예상할 수 있는 투자수익도 불확실하다고 할 수 있다.

따라서 투자자들은 증권투자에 따른 수익성과 위험을 분석하여 투자가치를 평가할 필요를 느끼게 되고 이러한 필요를 충족시킬 수 있는 분석활동이 증권분석이다. 증권분석은 증권의 수익성과 위험에 영향을 미치는 요인이 변화됨에 따라 계속 수행되어야 하고 광범위한 정보수집과 분석체계가 갖추어져야 한다.

실무에서 이용하는 증권분석의 방법에는 기본적 분석, 기술적 분석, 포트폴리오분석이 있다. 이들 방법은 증권시장의 효율성 정도에 분석자가 어떤 견해를 가지고 있으며, 하나의 유가증권에 투자하는 관점에서 분석하는가 아니면 다수의 유가증권을 결합하여 투자하는 관점에서 분석하는가에 따라 구분한 것이다.

기본적 분석은 경제변수, 산업요인, 기업요인의 기본적 요인을 토대로 증권마다 내재가치가 존재하며 장기적으로 증권가격은 내재가치에 접근한다는 가정하에 특정 증권의 내재가치를 산출한 다음 내재가치와 시장가격을 비교해서 과소평가 또는 과대평가되어 있는 증권을 식별하여 매매종목을 결정하는 방법을 말한다.

증권의 내재가치는 공식적으로 이용가능한 정보를 통해 평가할 수 있어 준강형 효율적 시장가설이 성립하면 기본적 분석은 의미가 없다. 따라서 기본적 분석은 재무정보의 분석을 통한 투자종목의 선택을 중요시하는 방법이며, 증권의 시장가격과 내재가치가 동일하지 않다고 가정한다는 점에서 기술적 분석과 다르다.

따라서 거시적 관점에서 경기 · 금리 · 통화 등의 경제요인을 분석하여 주가흐름을 판단하고, 산업분석에서는 산업동향을 파악함으로써 투자유망업종을 선정한다. 그리고 기업분석에서는 경제 및 산업분석을 토대로 개별기업의 미래 수익성을 예측하고 기업의 내재적 가치를 추정함으로써 투자유망종목을 선택하게 된다.

기본적 분석은 크게 질적 분석과 양적 분석으로 구분할 수 있다. 질적 분석은 경기 · 정치상황 · 산업동향 · 경제정책 · 노사문제 · 경영능력 등 계량화가 불가능한 사항을 분석하는 방법을 말한다. 반면에 양적 분석은 주식투자와 관련된 각종 경제지표 · 산업지표 · 재무제표 등 계량화가 가능한 사항을 분석하는 방법을 말한다.

기본적 분석은 시장에서 잘못 평가된 주식을 찾기 위해 개별종목에 대한 내재가치를 분석한다. 그러나 재무제표에 근거한 주식가격 평가는 불충분하고, 회계처리방법의 다양성 때문에 기업간의 비교평가가 어렵고, 주가는 재무요인뿐만 아니라 계량화할 수 없는 심리적 요인들에 의해서도 결정된다는 한계점이 있다.

┃그림 4-2┃ 기본적 분석의 접근방법

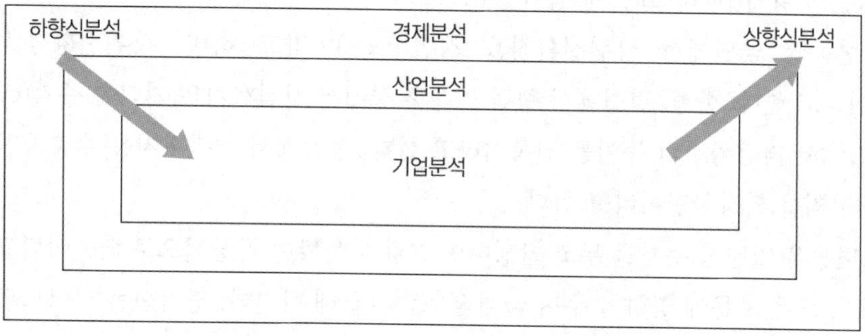

(1) 경제분석

1) 경기변동의 개념

경기변동은 국내총생산(GDP) 또는 국민소득이 주기적으로 상승과 하락을 반복하는 경기순환을 말하며 경기변동이 없다면 경제는 성장추세선을 따라 확대될 것이다. 경기변동은 각국에서 매우 광범위하게 발생하고 있으며 경기하강은 경제에 많은 어려움을 유발하기 때문에 경제학자들의 주된 관심사가 되어왔다.

경제전반의 경기순환에 따라 대부분 기업들의 영업실적이 변동하고 주가도 변화하게 되어 주식시장도 순환을 하게 되는데, 보통 주가의 변동이 경기변동을 6개월 정도 선행하는 것으로 나타나고 있다. 이때 모든 산업의 경영성과가 경제 전체의 경기변동과 일치하지 않고 산업의 특성에 따라 시차를 두고 나타난다.

2) 경기변동의 국면

한 나라의 거시경제는 시간의 흐름에 따라 주기적으로 호황과 불황을 경험하면서 발전과 성장을 거듭해 나간다. 이러한 과정은 국가가 직면한 경제의 기본여건에 따라 다양한 모습을 띤다. 경기변동은 장기적인 성장경로를 나타내는 추세선의 위와 아래로 총체적인 경제활동수준이 반복적으로 움직이는 현상을 말한다.

일반적으로 경기변동은 회복기→호황기→후퇴기→불황기의 4국면으로 구분되며 정점에 이르면 후퇴기(recession)에 접어들었다가 성장추세선 이하로 떨어지는 불황기(depression)에 빠진다. 그리고 시간이 지남에 따라 회복기(recovery)를 거쳐 성장추세선 위로 상승하는 호황기(prosperity)에 접어든다.

경기변동의 국면에서 상위전환점을 정점(peak)이라고 하며, 하위전환점을 저점(trough)이라고 한다. 한편, 정점에서 정점 또는 저점에서 저점까지의 거리를 주기(cycle)라 하고, 정점에서 저점까지의 높이를 진폭이라고 한다. 정점에서 저점까지를 수축국면, 저점에서 정점까지를 확장국면이라고 한다.

경기변동은 일정한 주기를 두고 발생하며 호황과 불황이 파상적으로 되풀이되고 그 변동은 경제의 모든 부문에 영향을 주며 국제적으로 파급해 나간다. 경기변동이 어느 정도 크게 일어나는지는 주기와 진폭에 의해 측정된다. 우리나라의 경기순환주기는 약 50개월이며 확장기는 31개월, 수축기는 18개월 정도로 알려지고 있다.

┃그림 4-3┃ 경기변동의 국면

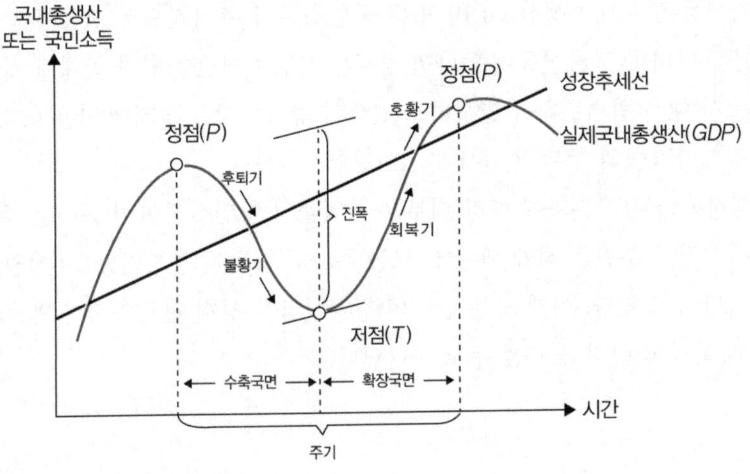

3) 경기변동의 지표

경기지수는 경기변동을 파악하기 위해 경기순환에 민감하게 반영하는 자료에 의해 작성된 지수를 말한다. 경기지수는 주로 현재의 경기동향이나 향후의 경기를 예측하기 위해 작성된다. 경기지수의 종류에는 경기종합지수(CI), 기업가실사지수(BSI), 소비자체감지수(CSI)와 같은 지표들이 있다.

① 경기종합지수

경기종합지수(CI : composite index)는 국민경제 전체의 경기동향을 파악하고 예측하기 위해 주요 경제지표의 움직임을 가공 · 종합하여 지수형태로 나타낸 것으로 경제활동의 변화방향, 전환점, 진폭을 동시에 나타내는 종합적인 경기지수를 말하며 가장 널리 활용되는 경기변동의 대표적인 지표이다.

경기종합지수는 각종 경제변수 중에서 경기와 밀접한 관련이 있는 변수를 선행지수 · 동행지수 · 후행지수로 구분하여 이들을 종합적으로 판단하여 작성된다. 경기종합지수는 우리나라에서 발표되는 경기지수 중에서 가장 대표적인 지수로 1993년 3월부터 통계청에서 매월 작성하여 발표하고 있다.

| 표 4-4 | 경기종합지수 구성지표

경기선행지수	경기동행지수	경기후행지수
① 구인구직비율	① 비농림어업취업자수	① 상용근로자수
② 재고순환지표	② 광공업생산지수	② 소비재수입액
③ 소비자기대지수	③ 서비스업생산지수	③ 생산자제품재고지수
④ 건설수주액	④ 소매판매액지수	④ 도시가계소비지출
⑤ 기계류내수출하지수	⑤ 내수출하지수	⑤ 회사채유통수익률
⑥ 국제원자재가격지수	⑥ 건설기성액	
⑦ 수출입물가비율	⑦ 수입액	
⑧ 코스피지수		
⑨ 장단기금리차		

② 기업경기실사지수

기업경기실사지수(BSI : business survey index)는 경기동향에 대한 기업가들의 판단 · 예측 · 계획에 관한 의견을 설문조사하여 주요 업종의 경기동향과 전망 그리고 기업경영의 문제점을 파악하여 기업의 경영계획 및 경기대응책 수립에 필요한 기초자료로 이용하기 위한 지수를 말하며 약칭으로 BSI라고 한다.

다른 경기관련 자료와 달리 기업가의 주관적이고 심리적인 요소까지 조사가 가능하여 경제정책을 입안하는데 중요한 자료로 활용된다. 지수계산은 설문지를 통해 집계된 전체응답자 중 전기에 비해 호전되었다고 답한 업체수의 비율에서 악화되었다고 답한 업체수의 비율을 차감한 다음 100을 더해 계산한다.

$$BSI = \frac{\text{상승업체수} - \text{하락업체수}}{\text{전체응답업체수}} = \times 100 + 100 \qquad (4.22)$$

일반적으로 BSI는 100을 기준으로 지수가 100 이상이면 경기가 확장국면, 100 이하이면 수축국면으로 판단하게 된다. 미국 · 일본 등 50여 개국에서 실시하고 있으며 한국은 한국은행을 비롯하여 한국산업은행, 대한상공회의소, 전국경제인연합회 등에서 분기별 또는 월별로 이를 조사하여 발표하고 있다.

③ 소비자체감지수

소비자체감지수(CSI : consumer sentiment index)는 현재와 미래의 생활형편, 경기, 소비지출 등에 대한 소비자의 주관적인 인식과 판단을 종합적으로 반영하여 지수화한 것을 말한다. 소비자체감지수는 한국은행, 통계청 등에서 작성 · 발표하고 있는데 각 기관에서 사용하는 명칭은 약간씩 차이가 있다.

경기종합지수의 선행지수에 포함된 소비자기대지수(CSI)는 통계청에서 작성하며 소비자동향지수(한국은행), 소비자기대지수(통계청), 소비자태도지수(삼성경제연구소) 등으로 불린다. CSI는 0과 200사이의 값으로 표시하며 CSI가 100 이상이면 경기가 확장국면으로, 100 이하이면 수축국면으로 판단한다.

(2) 산업분석

1) 산업분석의 정의

모든 기업의 수익성과 위험은 기업 자체의 특성이나 능력 이외에도 특정기업이 속한 산업의 구조적 특성과 동향에 큰 영향을 받게 된다. 그런데 산업 중에는 성장산업이 있는가 하면 사양산업이 있으며, 기업간의 경쟁이 별로 없는 산업이 있는가 하면 경쟁정도가 매우 치열하여 망하는 기업이 속출하는 산업도 있다.

기업의 수익성과 위험 및 경쟁력은 그 기업이 속해 있는 산업의 구조적 특성에 의해 결정되는 부분이 매우 커서 특정기업에 자금을 빌려주거나 특정기업이 발행한 사채의 인수를 고려하는 금융기관은 물론이고 유망한 종목을 선택하고자 하는 주식투자자의 경우에도 특정기업이 속한 산업을 분석하는 일은 매우 중요하다.

산업분석은 특정산업에 중요한 영향을 미치는 요인들을 광범위하게 연구하여 분석하며 산업간 분석과 산업내 분석을 포함한다. 산업간 분석은 여러 산업에서 경쟁력이 높고 유망한 업종에 대한 평가기준을 마련해주며, 산업내 분석은 구조적 분석을 통해 특정산업내에서 유망한 경쟁업체에 대한 비교기준을 제시해준다.

산업분석은 특정산업의 특성과 향후 전망에 대한 분석으로 개별산업 또는 관련산업에 중요한 영향을 미치는 요인들을 광범위하게 분석하되 경제사회의 여건변화에 따른 산업의 변화와 이것이 개별기업에 미치는 영향을 파악한다. 산업분석은 다음과 같은 이유 때문에 증권평가에서 필수적인 분석과정이라고 할 수 있다.

첫째, 개별기업의 경영성과는 당해산업의 경영성과와 밀접한 관련을 가지고 있으며, 개별주식의 시장가격은 일반적으로 당해산업의 주가평균에 근사하기 때문이다. 실제로 킹(B.F.King)은 자신이 추출한 표본에서 평균수준에 속하는 주식의 시가변동은 그 원인의 10%가 산업요인에 의해 발생한 것이라고 주장하였다.

둘째, 모든 산업의 성과가 반드시 경기변동과 일치하지 않기 때문이다. 예컨대 사치품이나 내구재산업의 경영성과는 경기변동과 비교적 동일한 추세로 움직이는 반면에 생필품산업의 경영성과는 오히려 경기변동과 반대로 작용하는 경향이 있다. 따라서 개별산업의 성과분석은 기업의 증권분석에 많은 도움을 준다.

셋째, 개별기업의 경영성과에 대한 장기전망을 하는 경우에 산업의 추세분석이 유용하기 때문이다. 산업은 제각기 산업라이프사이클을 가지고 있어 당해산업이 산업라이프사이클에서 현재 어느 단계에 속해 있는가를 분석하거나 그 산업의 제품에 대한 수요를 분석하면 경영성과에 대한 장기전망에 도움을 받을 수 있다.

2) 산업구조의 평가

산업구조분석은 어떤 산업에서 경쟁상태에 영향을 미치는 주요 영향요인들을 확인하고 그 산업과 관련하여 사업의 강점과 약점을 결정하는 기법을 말한다. 요컨대 산업의 구조적 요인에는 어떤 것들이 있으며, 이들 간 세력구조가 산업의 경쟁상태와 잠재적 수익률에 어떻게 영향을 미치는지를 분석하는 기법이다.

포터(M.Porter)는 어떤 산업의 경쟁강도는 경쟁적 구조에 의해 결정된다고 본다. 기업의 경영활동은 진공상태에서 이루어지는 것이 아니라 외부환경의 경쟁적 세력들 속에서 전개되므로, 경쟁적 환경에 대한 분석은 자신의 강점과 약점을 파악할 수 있고 사업이 속한 산업환경으로부터 기회와 위협을 확인할 수 있게 한다.

산업구조분석의 대상이 되는 산업환경의 요소는 [그림 4-4]와 같이 산업내 기존 경쟁업체들의 경쟁, 잠재적 진입자, 대체재의 압력, 구매자의 교섭력, 공급자의 교섭력 등 다섯 가지 요소로 구성된다. 다섯 가지 요인 중 대체재, 잠재적 진입자, 기존사업자는 수평적인 경쟁요인이고 나머지는 수직적인 경쟁요소에 해당한다.

▌그림 4-4▐ 산업구조분석모형

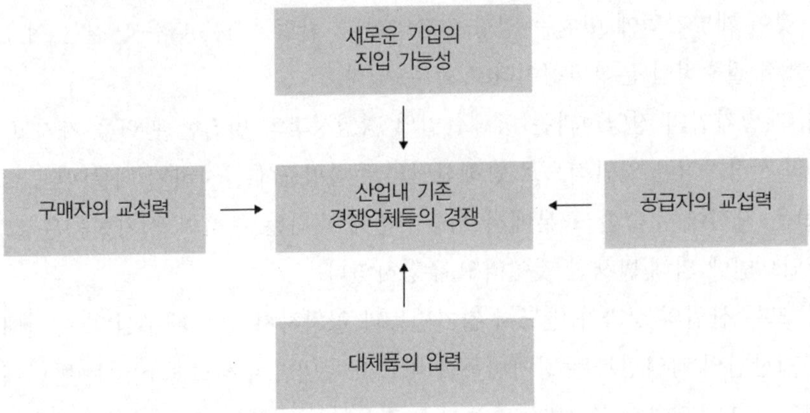

(3) 기업분석

기업분석에는 재무상태표, 손익계산서, 현금흐름표 등의 객관화된 재무제표를 이용하여 특정기업의 유동성, 수익성, 성장성 등을 파악하는 재무제표분석과 업계에서의 경쟁적 지위, 성장잠재력, 연구개발력, 제품의 구성 및 시장위치, 경영진의 구성, 경영전략, 경영자원, 노사관계 등을 분석하는 질적 분석이 있다.

1) 유동성비율

유동성은 단기간에 적정가격으로 현금화될 수 있는 가능성을 말하며, 유동성비율은 기업이 단기에 상환해야 하는 부채에 대한 변제능력을 의미한다. 만일 기업이 단기채무를 지불할 재력을 갖고 있지 않는다면 장기채무를 지불하는데 어려움을 가질 것이다. 유동성비율의 대표적인 지표에는 유동비율과 당좌비율이 있다.

① 유동비율

유동비율은 유동자산을 유동부채로 나누어 산출하며 단기채무의 변제에 충당할 수 있는 유동자산이 얼마나 되는지를 나타내는 비율을 말한다. 유동비율은 은행에서 대출할 때 채무자의 지급능력을 판단하는 대표적인 지표로 이용되어 왔기 때문에 은행가비율(banker's ratio)이라고도 한다.

일반적으로 채권자들은 특정 기업의 유동비율이 200% 이상이 되어야만 채권이 안전하게 회수될 수 있다고 간주하는 경향이 있다. 유동비율이 200%를 초과해도 당좌자산이 적고 재고자산이 많으면 단기채무 지급능력은 양호하다고 할 수 없기 때문에 당좌비율을 동시에 고려해야 한다.

$$유동비율 = 유동자산/유동부채 \tag{4.23}$$

② 당좌비율

당좌비율은 유동자산에서 재고자산을 차감한 당좌자산을 유동부채로 나누어 산출하며 유동부채를 커버하기 위해서 기업이 재고자산을 제외한 유동자산을 어느 정도 가지고 있는지를 파악하는데 유용하며 유동비율보다 기업의 단기채무 지급능력을 보다 직접적으로 평가하기 때문에 산성시험비율(acid test ratio)이라고도 한다.

당좌비율은 유동비율의 보조비율로서 기업의 단기채무 지급능력을 평가하는 지표에 해당한다. 따라서 재고자산을 포함한 유동자산으로 기업의 단기채무 지급능력을 측정하는 것보다 현금화가 쉬운 당좌자산만으로 단기채무 지급능력을 평가하는 것이 보다 합리적이라고 할 수 있다.

$$당좌비율 = 당좌자산/유동부채 \tag{4.24}$$

2) 레버리지비율

레버리지(leverage)는 지렛대라는 의미로 자기자본에 타인자본을 이용하여 자기지분에 대한 수익을 증대시키는 것을 말한다. 부채를 지렛대로 투자수익률을 극대화하는 레버리지는 경기가 호황일 때 효과적인 투자방법이 될 수 있다. 레버리지비율은 손익확대효과를 가져다주는 기업의 타인자본 의존도를 측정하는 지표이다.

① 부채비율

부채비율은 기업이 보유한 자산 중 부채가 차지하는 비율로서 기업의 재무구조 특히 타인자본의존도를 나타내는 대표적인 경영지표이다. 타인자본(총부채)을 자기자본으로 나누어 산출하지만 총부채를 총자본으로 나누어 산출할 수도 있으며 일반적으로 100% 이하를 표준비율로 보는데 여신자측의 안정성만을 고려하고 있다.

기업의 소유주는 타인자본을 조달해서 얻을 수 있는 수익률이 이자율을 상회하면 자기자본이익률을 확대시킬 수 있어 높은 부채비율을 선호할 수 있다. 그러나 부채비율이 너무 높으면 소유주 출자원금이 상대적으로 적어 투기적 경영활동이 실패하더라도 소유주가 부담하는 손실은 적어 소유주의 무책임을 조장할 위험이 있다.

$$\text{부채비율} = \text{타인자본}/\text{자기자본} \quad (4.25)$$

② 자기자본비율

자기자본비율 또는 자기자본구성률은 자기자본을 총자본으로 나누어 산출하며 부채비율과 함께 기업의 안정성을 측정하는 중요한 지표로 활용되고 있다. 특히 우리나라 은행에서는 일정수준의 자기자본비율을 자기자본 지도비율로 정하고 주거래은행 대상기업에 대한 대출심사시 이를 중요한 기준으로 삼고 있다.

$$\text{자기자본비율} = \text{자기자본}/\text{총자본} \quad (4.26)$$

③ 이자보상비율

이자보상비율은 영업이익이 이자비용의 몇 배에 해당하는지를 나타내는 비율로서 기업이 부채사용에 따른 이자비용의 지급능력을 파악하는데 이용된다. 이자보상비율은 레버리지비율보다 기업의 채무불이행과 직접적인 관계를 맺고 있으며 기업의 투자수익률과 자본비용의 관계를 이해하는데 기초가 되어 중요하다.

$$\text{이자보상비율} = \text{영업이익}/\text{이자비용} \quad (4.27)$$

3) 수익성비율

기업의 수익성은 기업의 존속은 물론 성장과 발전의 원동력이 되고 있다. 그리고 수익성비율은 일정기간 동안 기업의 총괄적인 경영성과와 이익창출능력을 나타내며 분자에는 이익항목, 분모에는 매출액 또는 투자액이 들어가는데 재무구조와 자산의 효율적인 이용정도에 의해 영향을 받게 된다.

① 매출액영업이익률

매출액영업이익률은 영업이익을 매출액으로 나눈 비율을 말하며 매출액에 대한 영업이익의 관계를 나타내고 영업이익은 매출총이익에서 영업비용을 차감하여 계산한다. 따라서 영업외활동(재무활동)의 영향을 받지 않으며 기업고유의 영업활동의 효율성만을 측정하는 지표에 해당한다.

$$\text{매출액영업이익률} = \text{영업이익}/\text{매출액} \tag{4.28}$$

② 총자본영업이익률(ROA : return on asset)

총자본영업이익률은 기업이 투자한 총자본에 대한 영업활동에서 창출한 영업이익의 비율로 투자수익률, 즉 사후적인 내부수익률로 볼 수 있다. 총자본이익률이 자본비용을 상회하느냐 여부는 기업의 부가 창출되느냐를 결정짓는 기준으로 투자수익성 및 순현재가치를 추정하는데 이용된다.

$$\text{총자산이익률} = \text{영업이익}/\text{총자산} \tag{4.29}$$

③ 자기자본순이익률(ROE : return on equity)

자기자본순이익률은 손익계산서 최종적인 경영성과인 당기순이익을 자기자본으로 나눈 비율로서 주주가 기업에 투자한 자기자본에 대해 벌어들이는 대표적인 수익성지표로 경영효율성을 표시해 준다. 주주의 입장에서는 투자수익률을 나타내고, 기업의 입장에서는 사후적인 자기자본비용의 대용치에 해당한다.

자기자본순이익률이 회사채수익률보다 높으면 양호한 것으로 평가되며 적어도 정기예금 금리는 넘어야 적절하다고 볼 수 있다. 주주의 입장에서 자기자본순이익률이 시중금리보다 높아야 기업투자의 의미가 있다. 자기자본순이익률이 시중금리를 밑돌 경우 투자자금을 은행에 예금하는 것이 더 낫기 때문이다.

$$\text{자기자본순이익률} = \text{순이익}/\text{자기자본} \tag{4.30}$$

4) 성장성비율

투자자들은 기업의 안정성, 수익성, 활동성비율에 관심을 가질 뿐만 아니라 기업의 성장성에도 많은 관심을 갖는다. 성장성비율은 기업의 경영규모와 경영성과가 전년도에 비해서 얼마나 증가했는지를 나타내는 지표를 말하며 기업의 대외경쟁력이나 미래의 수익창출능력을 간접적으로 나타내는 지표에 해당한다.

① 매출액증가율

매출액은 기업이 1년 동안 영업활동에 의해 판매한 제품이나 상품의 총액을 의미한다. 전년도 매출액에 비해 당해연도 매출액이 얼마나 증가했는지를 나타내는 매출액증가율은 기업이 일정기간 얼마나 성장하고 있는가를 검토하는 성장성의 분석에 사용된다. 즉 기업의 외형적인 신장세를 판단하는 지표에 해당한다.

$$\text{매출액증가율} = \frac{\text{당기매출액} - \text{전기매출액}}{\text{전기매출액}} = \times 100 \qquad (4.31)$$

② 자기자본증가율

자기자본증가율은 자기자본이 전년도에 비해서 얼마나 증가했으며 장부가치 기준으로 주주의 부가 얼마나 늘었는지를 파악하는 성장지표이며 특히 주주에게 관심의 대상이 되고 있다. 여기서 자기자본은 출자자로부터 조달된 기초자본과 경영활동의 결과로 얻어진 부가자본으로 대별된다.

$$\text{자기자본증가율} = \frac{\text{당기말자기자본} - \text{전기말자기자본}}{\text{전기말자기자본}} = \times 100 \qquad (4.32)$$

③ 당기순이익증가율

당기순이익증가율은 기업 경영활동의 최종성과인 당기순이익이 전년도에 비해서 얼마나 증가했는지를 보여주는 비율로 기업이 일정기간 얼마나 성장하고 있는가를 검토하는 성장성의 분석에 사용된다. 매출액증가율이 외형적인 성장세를 보여준다면 순이익증가율은 실질적인 성장세를 보여주는 지표라 할 수 있다.

$$\text{순이익증가율} = \frac{\text{당기순이익} - \text{전기순이익}}{\text{전기순이익}} = \times 100 \qquad (4.33)$$

④ 주당순이익증가율

주당순이익증가율은 주당순이익이 전년도에 비해 얼마나 증가했는지를 나타내는 지표를 말하며 순이익증가율의 보조지표로 이용되고 있다. 주당순이익증가율은 주주가 투자한 자본에 대한 순이익의 증가세를 보여주는 실질적인 지표로 주주 부의 투자단위당 성장세를 파악하는데 유용하다.

$$\text{주당순이익증가율} = \frac{\text{당기주당순이익} - \text{전기주당순이익}}{\text{전기주당순이익}} = \times 100 \quad (4.34)$$

2. 기술적 분석

(1) 기술적 분석의 정의

주가는 모든 사람들의 투자의사결정에 의해 이루어지고 있으며, 일정한 간격을 두고 끊임없이 변해가고 있다. 따라서 어느 투자자는 앞으로 주가가 상승할 것으로 예상하여 주식을 매입하는 반면에 다른 투자자는 주가가 하락할 것으로 예상하여 주식을 매도하게 되는데, 그 매매의 결과로 주가가 형성된다.

주가가 형성되는 과정을 예측하기 위해 수요와 공급에 영향을 미치는 요인들로 나타나는 주가 그 자체를 그래프를 통해 분석할 필요가 있다. 기술적 분석은 도표(chart)를 이용하여 과거의 주가와 거래량의 추세 및 패턴을 분석해서 증권의 수급을 예측하고 매매종목과 매매시점을 선택하는 방법을 말한다.

기술적 분석은 주가의 매매시점을 파악할 수 있도록 과거의 시세흐름과 패턴을 파악해서 정형화하고 이를 분석하여 향후 주가를 예측하는데 목적이 있다. 그러나 증권의 시장가격은 과거의 역사적 정보를 즉시 그리고 충분히 반영하고 있다는 약형 효율적 시장가설이 성립하면 기술적 분석은 의미가 없게 된다.

(2) 기술적 분석의 가정

과거의 주가변화와 거래량의 변화양상을 이용하여 미래의 주가변화를 예측하고자 하는 기술적 분석방법은 다음과 같은 가정하에서 이루어지고 있다.

첫째, 주식시장에서 거래되는 주식의 시장가격은 그 주식에 대한 수요와 공급에 의해서만 결정된다. 수요와 공급은 경제적 요인, 비경제적 요인, 이성적 요인, 비이성적 요인 등 복합적인 요인에 의해 결정되는데, 이러한 요인들은 증권시장의 자체 내에서 자동적으로 개별주가나 종합주가지수에 반영된다.

둘째, 증권시장에 어떤 정보가 전달되었을 때 이 정보의 효과는 서서히 주가에 반영되기 때문에 이러한 정보가 반영된 주가는 장기간에 걸쳐 특정한 추세를 형성하면서 변화한다. 그리고 주식시장의 사소한 변동을 고려하지 않는다면 주가는 지속되는 추세에 따라 상당기간 동안 움직이는 경향이 있다.

셋째, 주가는 특정 주식에 대한 수요와 공급의 변화 때문에 변동하고 이론적으로 수요와 공급의 변화에 대한 원인을 설명하기 어렵다. 그러나 증권시장에서 주가가 움직이는 양상을 살펴보면 수요와 공급의 변동은 시장의 움직임을 나타내는 도표에 의해 추적될 수 있고 주가모형은 반복하는 경향이 있다.

기술적 분석은 주식시장에 새로운 정보가 전달되면 주가는 추세를 형성하면서 조정되며, 이 추세는 새로운 정보가 완전히 파급되어 새로운 균형상태가 형성될 때까지 계속된다는 가정에서 나온다. 따라서 기술적 분석은 과거의 주가와 거래량의 변화양상을 분석하면 개별주식의 주가변화를 알 수 있다.

(3) 기술적 분석의 장점

첫째, 주식가격에는 계량화하기가 어려운 투자심리적인 요인까지 영향을 미치기 때문에 기본적 분석만으로는 주가를 평가하는데 한계가 있는데, 기술적 분석은 이러한 기본적 분석의 한계점을 보완할 수 있다.

둘째, 기본적 분석으로는 매매시점을 포착하기가 어려우나 기술적 분석은 어떤 정보가 있을 때, 처음부터 주가의 장기적인 변화추세까지는 모르더라도 그것이 변화할 것이라는 것과 변화의 방향은 알 수 있다.

(4) 기술적 분석의 단점

첫째, 기술적 분석의 전제조건은 과거의 주가변화 및 거래량의 추세나 패턴이 반복하는 경향을 가지고 있다는 것이지만, 이것이 미래에도 반복해서 나타난다는 것은 지극히 비현실적인 가정이라고 할 수 있다.

둘째, 동일한 과거의 주가양상을 놓고 어느 시점이 주가변화의 시발점인가 하는 해석이 각각 다를 수 있다. 그리고 투자가치를 무시하고 시장의 변동에만 집착하여 주식시장이 변화하는 원인을 분석할 수가 없다.

(5) 기술적 분석의 기법

기술적인 분석방법에 속하는 주가분석 또는 주가예측기법은 매우 많다. 대부분의 기법은 과거의 주가변화 및 거래량의 자료를 도표에 기록하고 도표로부터 가격변화 및 거래량변화의 추세나 반복적 패턴을 찾아낸 후 이를 이용하여 미래의 주가변화를 예측하거나 매매시점을 결정하는 과정으로 이루어진다.

1) 다우이론의 6국면

다우이론은 기술적 분석에서 가장 널리 알려져 있는 분석기법으로 주식시장이 제멋대로 움직이지 않고 규칙적인 파동을 그리면서 움직인다는 이론을 말하며 미국 월스트리트 저널(Wall Street Journal)을 창간한 찰스 다우가 고안한 이론이다. 다우이론은 증권시장의 추세를 단기추세, 중기추세, 장기추세로 구분한다.

증권시장의 순환과정을 규명한 다우이론은 강세시장과 약세시장을 구분하는데 유용하다. 다우는 증권시장을 6개 국면으로 구분하고, 이를 강세시장 3국면과 약세시장 3국면으로 나눈다. 강세시장은 매입국면, 마크업국면, 과열국면의 3개 국면으로, 약세시장은 분산국면, 공포국면, 침체국면의 3개 국면으로 진행된다.

| 그림 4-5 | 다우의 순환 6국면

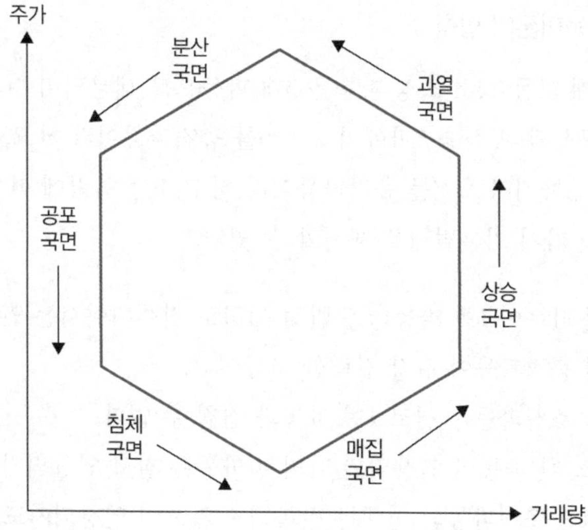

2) 엘리어트 파동이론

① 엘리어트 파동이론의 개념

엘리어트 파동이론은 주가가 그리는 파동은 일정한 패턴이 있고, 패턴에는 고유한 비율과 시간이 포함되어 있다는 가정하에 출발한다. 즉 주가흐름은 상승 5파와 하락 3파로 끊임없이 순환한다는 것으로 주가의 장기 대세파동을 파악하는 것이 목적이며, 피보나치수열을 이용하여 각 파동의 상승폭과 하락폭을 예측한다.

▌그림 4-6▐ 엘리어트 파동이론

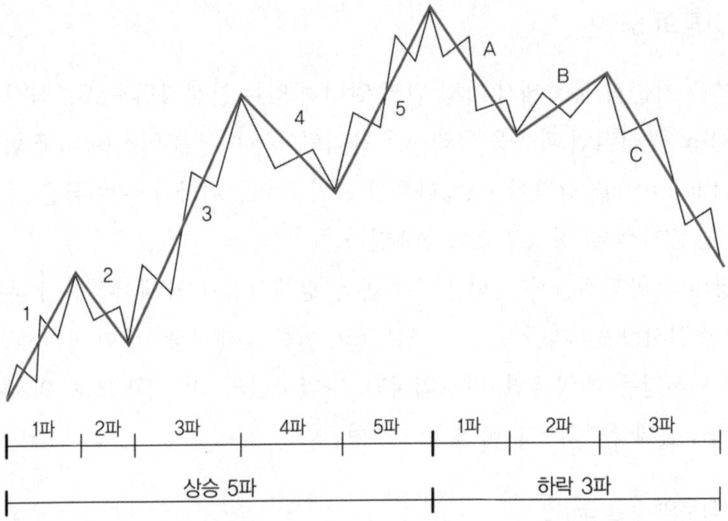

② 엘리어트 파동이론의 법칙

충격 파동은 5개 파동으로, 조정 파동은 3개 파동으로 세분되며 다시 8개 파동은 21개의 작은 파동으로 구성된다. 상승 5파에서 1, 3, 5를 충격파동이라 하고, 2, 4는 상승에 따른 조정파동이다. 하락 3파에서 A, C를 충격파동이라 하고, B는 하락에 따른 조정파동이라 하며 다음과 같은 다섯 가지 기본법칙을 제시할 수 있다.

ⓐ 법칙 1 : 2번 파동이 1번 파동의 출발점 이하로 진행되어서는 안 된다.
ⓑ 법칙 2 : 3번 충격파동이 가장 강력한 파동이다.
ⓒ 법칙 3 : 4번 조정파동은 결코 1번 파동과 겹칠 수 없다.
ⓓ 법칙 4 : 어느 한 파동이 연장되면 나머지 파동은 결코 연장되지 않는다.
ⓔ 법칙 5 : 2, 4번 조정파동의 형태는 반복되지 않으며 연장되지도 않는다.

(3) 역시계곡선

역시계곡선은 주가와 거래량의 상관관계가 높다는 원리를 이용하여 거래량은 X축에, 주가는 Y축에 나타내어 주가와 거래량의 n일 이동평균에 의한 매일매일의 교차점을 선으로 연결한 지표를 말한다. 이를 차트상에서 보면 시계의 반대방향으로 회전하는 경우가 많다고 해서 역시계곡선이라고 한다.

Ⅰ그림 4-7Ⅰ 역시계곡선

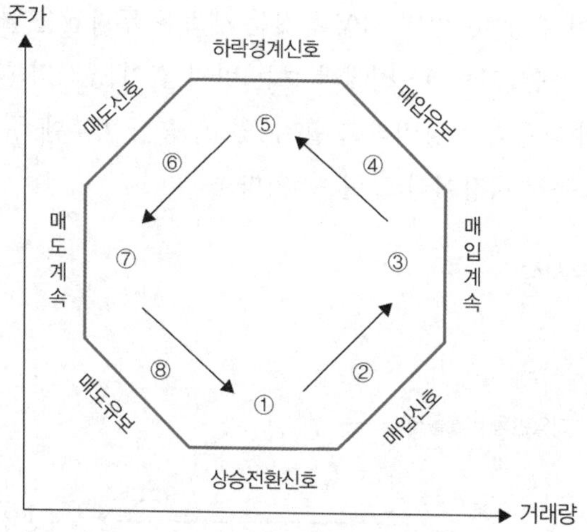

① 주가는 바닥인데 거래량이 증가하면 하락에서 상승으로 전환이 예상된다.
② 거래량이 더욱 증가하고 주가도 상승하기 시작하면 매입신호이다.
③ 거래량은 더 이상 증가하지 않지만 주가가 계속 상승하면 매입을 지속한다.
④ 거래량은 감소하는데 주가만 계속 상승하고 있으면 매입을 보류한다.
⑤ 거래량이 더 감소하고 주가도 더 상승하지 못하면 하락으로 전환이 예상된다.
⑥ 거래량이 더욱 감소하고 주가도 하락하기 시작하면 매도신호이다.
⑦ 거래량이 더 감소하지 않지만 주가가 계속 하락하면 매도를 지속한다.
⑧ 주가는 계속 하락하고 있는데 거래량이 증가하면 매도를 보류한다.

3. 효율적 시장가설

(1) 효율적 시장가설의 의의

효율적 시장가설(EMH : efficient market hypothesis)은 자본시장에서 결정된 주가는 주가에 영향을 미칠 수 있는 정보를 즉시 그리고 충분히 반영한다는 가설이다. 즉시 반영한다는 것은 정보가 시장에 알려짐과 동시에 반영하고, 충분히 반영한다는 것은 그 정보가 지니고 있는 가치만큼 정확히 반영한다는 의미이다.

예컨대 한밭기업이 주당 100원의 NPV를 갖는 새로운 투자안을 발견했다고 하자. 이러한 사실을 시장에 공시하면 [그림 4-8]에서 보는 바와 같이 공시와 함께 한밭기업의 주가가 100원만큼 상승해야 효율적 시장이라고 할 수 있고, 공시 이후에 주가가 상승하거나 100보다 크게 상승하면 효율적 시장이라고 할 수 없다.

| 그림 4-8 | 효율적 자본시장

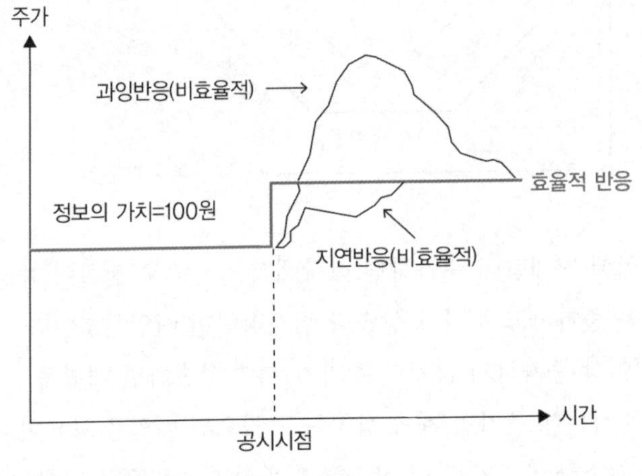

따라서 효율적 시장가설이 성립하면 주가에 반영된 정보는 정보의 가치가 없어 특정 정보를 이용하여 투자해도 비정상적 초과수익을 실현할 수 없다. 그러나 자본시장이 비효율적이어서 지연된 반응을 보이거나 과잉반응을 보일 경우에는 특정 정보를 이용해서 투자할 경우 비정상적인 초과수익을 얻을 수 있게 된다.

(2) 효율적 시장가설의 유형

주가에 영향을 미칠 수 있는 모든 이용가능한 정보가 신속하고 충분히 반영되고 있는

가는 실증분석의 문제로 효율적 자본시장의 성립여부는 하나의 가설이 되는데, 이를 효율적 시장가설이라고 한다. 파마(E. Fama)는 주가에 반영되는 정보범위에 따라서 효율적 시장가설을 다음과 같은 세 가지의 유형으로 구분하였다.

1) 약형 효율적 시장가설(weak form EMH)

약형 EMH는 주식가격은 과거의 주식가격이나 거래량과 같은 역사적 정보를 즉시 그리고 충분히 반영하고 있다는 가설을 말한다. 따라서 약형 효율적 시장가설이 성립하는 시장에서는 과거의 역사적 정보가 이미 주가에 반영되어 있기 때문에 기술적 분석에 의해 투자하더라도 초과수익을 얻을 수 없게 된다.

2) 준강형 효율적 시장가설(semi-strong form EMH)

준강형 EMH는 주식가격은 역사적 정보를 포함하여 기업의 회계정보, 증권회사의 투자자료, 정부의 경제정책 등 공식적으로 이용가능한 정보를 즉시 그리고 충분히 반영하고 있다는 가설을 말한다. 따라서 준강형 효율적 시장가설이 성립하면 기본적 분석에 의해 투자하더라도 초과수익을 얻을 수 없게 된다.

3) 강형 효율적 시장가설(strong form EMH)

강형 EMH는 주식가격은 이용가능한 모든 정보를 즉시 그리고 충분히 반영하고 있다는 가설을 말한다. 이용가능한 모든 정보에는 공식적으로 이용가능한 정보와 공식적으로 이용불가능한 내부정보까지 포함한다. 강형 효율적 시장가설이 성립하면 내부정보를 이용하여 투자하더라도 초과수익을 얻을 수 없다.

자본시장의 효율성의 정도를 확인하기 위해 효율적 시장가설을 세 가지 유형으로 구분하였다. 강형 효율적 시장가설이 성립하는 시장은 준강형 효율적 시장가설만 성립하는 시장보다 효율적인 시장이고, 준강형 효율적 시장가설이 성립하는 시장은 약형 효율적 시장가설만 성립하는 시장보다 효율적 시장이다.

따라서 강형 효율적 시장가설이 성립하는 시장은 약형 및 준강형 효율적 시장가설이 당연히 성립하는 시장이고, 준강형 효율적 시장가설이 성립하는 시장은 약형 효율적 시장가설이 당연히 성립하는 시장이다. 이러한 정보의 종류와 효율적 시장가설의 관계를 도시하면 [그림 4-9]과 같이 제시할 수 있다.

| 그림 4-9 | 정보의 종류와 효율적 시장가설

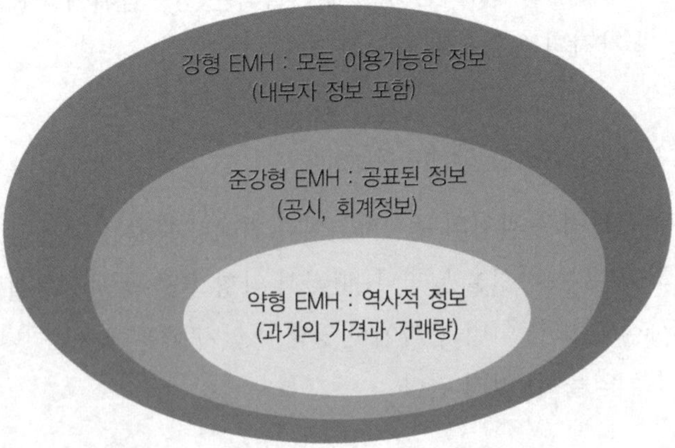

보론 4-1 주식시세표

주식시세표는 한국거래소 상장기업과 코스닥 등록기업의 모든 거래현황이 담겨 있기 때문에 종목별 시가와 종가, 최고가격과 최저가격, 거래량, 전일 종가대비 등락이 얼마인지를 한눈에 파악할 수 있다. 따라서 주식시장의 거래현황을 보여주는 현황판이자 내일의 투자를 위한 작전지도라고 할 수 있다.

주식시세표에서 종목명은 주식을 발행한 기업의 명칭을 말하며, 각 종목에는 고유한 6자리의 코드번호가 부여된다. 신주와 우선주 및 전환사채가 발행되는 경우에는 종목명 뒤에 각각 신, 우, 전환을 추가하여 종목을 구분한다. 보통주의 끝자리 코드번호는 0으로 끝나고, 우선주의 코드번호는 5로 끝난다.

삼성전자의 코드번호 옆에 알파벳은 주식의 액면가를 구분하는 기호이다. A는 액면가 100원, B는 액면가 200원, C는 액면가 500원, D는 액면가 1,000원, 무표시는 액면가 5,000원을 뜻한다. 우리나라 주식의 액면가는 상법상 1주당 100원 이상으로 되어 있으며 액면주 전부가 균일해야 한다고 규정하고 있다.

당일 거래에서 최초로 성립된 주가를 시가(始價), 마지막으로 성립된 가격을 종가(終價), 당일 체결된 가격 중에서 가장 높은 가격을 고가(高價), 가장 낮은 가격을 저가(低價)라고 한다. 주가의 등락은 전일의 종가를 기준으로 표시되는데, 상승(△), 하락(▽), 상한가(↑) 그리고 하한가(↓)로 표시한다.

거래량은 주식매매량을 나타내며 주식시장이 강한 상태에 있는지 약한 상태에 있는지를 보여주는 중요한 지표이다. 시장이 장기 침체상황에 있을 때 거래량이 증가하면 시장은 상승경향으로 움직임을 보인다고 판단할 수 있고, 거래량 증가는 주가상승보다 먼저 나타나므로 증시를 전망하는 중요한 지표이다.

표 4-5 주식시세표(2019년 10월 1일)

종목명(코드번호)	종가	등락	시가	고가	저가	거래량
삼성전자(005930 A)	48,850	▽200	48,900	49,100	48,650	6,206,035
현대차우(005385)	76,000	▽400	76,400	76,400	75,300	20,689
SK텔레콤(017670 C)	239,000	▽2,500	240,000	240,500	239,000	128,522
POSCO(005490)	226,500	▽500	226,500	229,500	224,500	118,807

보론 4-2 11번의 경기순환

우리나라에서는 1972년 이후에 10번의 경기순환이 있었다. 1998년까지는 경기가 좋아지면 평균 34개월간 확장이 이어졌고 반대로 경기가 나빠지면 19개월간 수축되었다. 그러나 외환위기 이후에 확장기간이 26개월, 수축기간이 18개월로 줄었다. 성장률도 달라졌다. 외환위기 이전에는 경기가 확장되고 수축됨에 따라 성장률이 4%씩 오르내린 반면 외환위기 이후에는 그 차이가 1% 내외로 줄었다.

통계청은 2017년 9월이 지난 경기의 정점이었다고 발표하여 11번째 경기순환이 완성되었다. 경기확장은 2013년 3월부터 2017년 9월까지 57개월간 이어져 통계작성 이후 가장 길었지만 높이는 반대로 가장 낮게 나타났다. 선진국에서 나타나는 장기성장, 낮은 성장률의 패턴이 우리나라에 마침내 나타나게 되었다. 2017년 9월이 경기의 정점이니까 우리 경제는 2년째 위축국면에 들어있는 것이 된다.

지금은 보는 관점에 따라 나쁘게 보면 경기둔화가 언제 끝날지 모른다고 얘기할 수 있고, 좋게 보면 저점이 멀지 않았다는 해석도 가능하다. 이미 수축기간이 과거 평균을 훨씬 넘었기 때문이다. 아직은 경기회복을 보여주는 지표보다 경기둔화를 보여주는 지표가 더 많다. 상황이 조금 나아졌어도 여전히 저점을 예단하기 힘든 상태라는 의미가 되지만 경기 저점 통과가능성에 관심을 가져야 한다.

산업활동동향지표에 대해 삼성증권의 보고서는 2019년 3월에 저점을 찍은 것으로 판단했다. 신한금융투자는 경기의 추세적 반등보다는 저점을 통과하는 구간으로 판단하면서 연말로 갈수록 정부정책의 효과가 나오면 4분기에 반등할 것으로 내다봤다. 디비금융투자는 유의미한 회복으로 보기에는 시기상조라고 평가했다. 실제로 건설경기와 수출부문을 살펴보면 본격적인 회복을 기대하기는 어렵다.

국내총생산 집계에서 건설업 생산은 2019년 1분기에 전년 동기대비 7%, 2분기에 3.8% 감소하였다. 건설수주 전년 동월대비 증감률은 7월에 −21.2%, 8월에 −22.2%였다. 산업통상자원부가 잠정집계한 9월 일평균 수출액은 21.8억달러로 최고치로 나타났지만, 이는 작년에 비해 16% 감소하였다. 세계교역을 위축시키고 있는 미·중간 무역갈등도 아직 타결의 기미를 보이지 않고 있다.

1 **다음 중 금융상품을 선택할 때 고려사항이 아닌 것은?**

① 수익성, 안전성, 유동성을 고려한다. ② 본인의 수입과 재산상태를 고려한다.
③ 앞으로 필요한 자금규모를 고려한다. ④ 소수의 종목에 집중적으로 투자한다.

해설 증권을 선택할 때 유동성과 수익성을 고려하여 주식과 채권에 나누어 분산투자한다.

2 **다음 중 주식에 대한 설명으로 옳은 것은?**

① 주식은 자본의 구성분자로서 상법은 균등한 액면가로 표시된 액면주식만을 인정한다.
② 주식은 원칙적으로 단위미만으로 세분할 수 없으나 주식을 분할하는 경우는 예외이다.
③ 주식은 병합하여 수개의 주식을 합해 종전의 주식수를 줄일 수 없다.
④ 상법상 기명주식이 원칙이고 무기명주식은 주주총회 결의가 있으면 발행된다.

해설 ② 주식의 최소단위는 1주이므로 그 단위 미만으로 세분화할 수 없다.
③ 주식병합은 수개의 주식을 그보다 작은 수의 주식으로 합하는 것을 말한다.
④ 무기명주식은 정관에 규정이 있는 경우에만 발행할 수 있다.

3 **다음 중 주식에 대한 설명으로 적절하지 않은 것은?**

① 주식은 주식회사의 자본을 구성하는 출자단위이다.
② 주식회사는 무액면주식을 발행할 수 없다.
③ 수종의 주식을 발행한 경우 정관에 각종 주식의 내용과 수를 정해야 한다.
④ 전환주식의 전환은 그 청구를 한 때가 속하는 영업연도 말에 효력이 발생한다.

해설 전환주식의 전환은 전환을 청구한 때에 효력이 발생한다.

4 **다음 중 주식에 대한 설명으로 적절하지 않은 것은?**

① 주식은 사원의 지위를 의미한다.
② 주식의 공유는 가능하지만 분할소유는 인정하지 않는다.
③ 무기명주식과 무액면주식은 정관의 규정에 의해 발행할 수 없다.
④ 기명주식을 소유한 주주가 권리를 행사함에는 주권을 제시할 필요가 없다.
⑤ 액면주식의 권면액은 100원 이상 균일해야 한다.

해설 정관에 규정이 있으면 무액면주식을 발행할 수 있으나, 상법은 무액면주식의 발행은 인정하지 않는다.

5 **다음 중 주식에 대한 설명으로 적절하지 않은 것은?**

① 일반적으로 가치주는 고PER주, 고PBR주, 고PSR주를 말한다.

② 경기순환주는 건설, 자동차, 철강, 조선업 등에 해당되는 주식을 말한다.

③ 일반적으로 유통주식수가 많고 주식분포가 고르며 기관투자가들이 많이 가지고 있어 주가의 변동폭이 상대적으로 적은 주식을 대형주라고 한다.

④ 블루칩은 수익과 재무내용이 좋고 유력한 지위를 갖고 있어 일반적으로 고수익과 고배당의 경향이 높은 주식을 말한다.

해설 가치주는 저평가상태로 방치된 종목에 투자하여 초과수익률을 얻는 투자전략을 말한다. 저평가되었다고 판단하는 기준에는 PER, PBR, PSR, 배당수익률 등이 있다.

6 **다음 중 주식 및 주식회사에 대한 설명으로 적절한 것은?**

① 주식회사는 필수적으로 주주총회, 이사회, 감사의 세 기관을 가져야 한다.

② 주식회사는 자본 없이 성립할 수 있다.

③ 주주는 회사에 출자의무를 부담하며, 채권자에 대해 일정부분의 책임을 진다.

④ 주주권은 의결권, 소수주주권 등의 공익권과 이익배당청구권, 신주인수권, 잔여재산분배청구권 등의 자익권으로 구분할 수 있다.

해설 ① 주식회사의 기관에는 필수기관으로 최고 의사결정기관인 주주총회, 업무집행기관인 이사회와 대표이사, 감독기관인 감사가 있으며, 임시기관으로 검사인, 상담역, 고문 등이 있다.
② 주식회사는 자본 없이 성립할 수 없다.
③ 주주는 주식인수가액에 한정되는 유한책임을 부담한다.

7 **다음 중 상환주식과 의결권 없는 주식에 대한 설명으로 옳지 않은 것은?**

① 상환주식과 의결권 없는 주식은 이익배당우선주에 한해 발행할 수 있다.

② 상환주식을 상환하는 경우에는 자본감소의 절차가 필요없다.

③ 상환주식이 상환되면 회사가 발행한 주식수가 감소한다.

④ 상환주식을 발행하면 상법에 의해 매년 일정액을 상환자금으로 적립해야 한다.

해설 상환주식을 발행하는 경우에 적립의무규정은 없고, 이익으로 상환하면 된다.

8 **다음 중 의결권 없는 주식에 대한 설명으로 옳지 않은 것은?**

① 의결권 없는 주식은 보통주로는 발행할 수 없다.

② 의결권 없는 주식의 총수는 총발행주식수의 1/4을 초과하지 못한다.

③ 상장회사는 총발행주식수의 1/2까지 의결권 없는 주식을 발행할 수 있다.

④ 의결권 없는 주식의 주주는 창립총회에서 의결권행사를 하지 못한다.

해설 의결권 없는 주식은 종류주주총회나 창립총회에서는 의결권을 행사할 수 있다.

9 **다음 중 가치주 투자에 대한 설명으로 적절한 것은?**

① 기업의 성장성에 주목하여 성장성이 높은 기업에 투자한다.

② 기업의 내재가치에 주목하여 과소평가된 기업에 투자한다.

③ 상대적으로 가격변동성이 높은 기업에 투자한다.

④ 정보의 신속성을 중시한다.

해설 가치주투자는 기업의 내재가치에 주목하여 과소평가된 기업에 투자한다.

10 **다음 중 주식의 특성상 분류에 대한 설명으로 옳게 짝지은 것은?**

가. 일반적으로 상당기간 동안 안정적인 이익창출과 배당지급을 실행한 기업을 말하며 수익과 재무내용이 좋고 업계에서 유력한 지위를 갖고 있는 주식

나. 기업의 영업실적과 수익의 증가율이 시장의 평균보다 높을 것으로 기대되는 주식

① 가 : 블루칩, 나 : 성장주　　② 가 : 대형주, 나 : 가치주

③ 가 : 가치주, 나 : 경기순환주　　④ 가 : 가치주, 나 : 경기방어주

해설 대형주는 시가총액 상위 100위 이내인 은행, 건설, 화학, 조선, 철강 등을 말한다. 경기순환주는 호황시 주가가 급등하고 불황시 주가가 급락하는 건설, 화학, 자동차, 조선업종을 말하고, 경기방어주는 약세장에서 잘 하락하지 않는 음식료, 제약업종 등을 말한다.

11 **다음 중 증권의 내재가치를 중시하는 기본적 분석의 접근방법에서 상향식 분석에 해당하는 것은?**

① 기업분석 → 산업분석 → 경제분석　　② 산업분석 → 경제분석 → 기업분석

③ 산업분석 → 기업분석 → 경제분석　　④ 경제분석 → 산업분석 → 기업분석

해설 (1) 하향식 분석 : 경제분석 → 산업분석 → 기업분석
(2) 상향식 분석 : 기업분석 → 산업분석 → 경제분석

12 다음 중 증권의 내재가치를 중시하는 기본적 분석의 접근방법에서 하향식 분석에 해당하는 것은?

① 기업분석 → 산업분석 → 경제분석 ② 산업분석 → 경제분석 → 기업분석
③ 산업분석 → 기업분석 → 경제분석 ④ 경제분석 → 산업분석 → 기업분석

해설 (1) 하향식 분석 : 경제분석 → 산업분석 → 기업분석
(2) 상향식 분석 : 기업분석 → 산업분석 → 경제분석

13 다음 중 기본적 분석에 대한 접근방법으로 성격이 다른 하나는?

① 일반경제를 검토하는 것에서 시작하여 특정산업으로 최종적으로는 기업자체를 검토한다.
② 현재의 경제환경에 가장 유망한 업종을 선택하고 유망산업 내 저평가된 주식을 찾는다.
③ 시장전체의 움직임에는 관심이 없고 실적이 좋은 기업에 투자하면 장기적으로 시세차익을 얻을 수 있다.
④ 호경기에는 부실한 기업의 주식에 투자해도 불경기에 양호한 주식에 투자하는 것보다 투자성과가 좋을 수 있다.

해설 기본적 분석에서 투자결정분석방법에는 하향식 접근방법과 상향식 접근방법이 있다. ①, ②, ④는 하향식 분석방법이고, ③은 상향식 분석방법이다.

14 다음 중 경기변동의 일반적인 특징에 관련된 설명으로 옳지 않은 것은?

① 경기변동은 일정한 주기를 갖고 경제상황이 상승과 하강을 반복하는 현상이다.
② 경제성장과 더불어 경기변동이 이루어지기 때문에 대체로 수축국면이 확장국면보다 길다.
③ 내구재의 생산 및 소비가 비내구재보다 경기의 영향을 크게 받는다.
④ 경기변동을 연구하는 학자들의 관심사는 경기의 전환점을 예측하는 것이다.
⑤ 어떤 변수가 실질GDP와 같은 방향으로 변하는 것을 경기순응적이라고 한다.

해설 경기변동은 경제가 성장하는 추세선을 기준으로 경기가 상승과 하강을 반복하는 것을 말하며 대체로 확장국면이 수축국면보다 길게 나타난다.

15 다음 중 경기침체에 선행하여 나타나리라고 예상되는 현상은 무엇인가?

① 예상GDP성장률이 상향조정된다.

② 기업들이 생산시설을 확충할 필요를 느낀다.

③ 재고자산이 증가한다.

④ 노동자를 구하기가 어렵다.

⑤ 수출전망이 좋아진다.

해설 재고자산이 증가하면 경기가 침체될 것이라는 징조를 나타낸다.

16 다음은 우리나라가 경기종합지수를 산출할 때 사용되는 경제지표들이다. 선행종합지수에 속하지 않는 것은?

① 건설수주액 ② 제조업가동률지수 ③ 종합주가지수

④ 구인구직비율 ⑤ 금융기관유동성(L_f)

해설 제조업가동률은 경기동행지수에 해당한다.

17 우리나라에서 경기선행변수로 사용되는 경제지표가 아닌 것은?

① 소비자기대지수 ② 자본재수입액 ③ 건축허가면적

④ 수출신용장내도액 ⑤ 실업률

해설 실업률은 경기후행지수에 해당한다.

18 다음 중 경기가 변동하는 과정에서 생산물시장, 금융시장, 주식시장은 어떤 순서로 변동하는가?

① 생산물시장 - 금융시장 - 주식시장

② 생산물시장 - 주식시장 - 금융시장

③ 금융시장 - 주식시장 - 생산물시장

④ 주식시장 - 생산물시장 - 금융시장

⑤ 주식시장 - 금융시장 - 생산물시장

해설 주식시장의 종합주가지수는 경기선행지수, 생산물시장의 산업생산지수는 경기동행지수, 금융시장의 회사채수익률은 경기후행지수에 포함된다. 따라서 경기가 변동하는 과정에서 주식시장–생산물시장–금융시장의 순으로 변화가 발생한다.

19 갑을기업의 전년도 자기자본순이익률(ROE)은 6%로 업계 평균 10%에 비해 상대적으로 저조하다. 내부 검토결과 매출액순이익률은 1%, 총자산회전율은 2.0으로 업계 평균과 비슷한 것으로 나타나서 이 부분에서의 개선보다는 자본구조의 변경을 통해 현재 자기자본순이익률을 업계 평균 수준으로 끌어올리려고 한다. 이 목표를 달성하기 위한 갑을기업의 적정 부채비율은 얼마인가?

① 200% ② 300% ③ 400% ④ 500% ⑤ 600%

해설

$$ROE = \frac{순이익}{자기자본} = \frac{순이익}{매출액} \times \frac{매출액}{S+B} \times \frac{S+B}{자기자본}$$

$$재투자수익률 = 매출액순이익률 \times 총자산회전율 \times (1+\frac{B}{S})$$

$$0.1 = 0.01 \times 2 \times (1+\frac{B}{S}) \rightarrow \frac{B}{S} = 4(=400\%)$$

20 다음 중 기술적 분석에 대한 설명으로 옳지 않은 것은?

① 주식시장에서 거래되는 주식가격은 그 주식에 대한 수요와 공급에 의해서 결정된다.
② 주식시장에 어떤 정보가 전달되면 이 정보효과는 주가에 반영되어 추세를 형성한다.
③ 주식시장에서 과거의 주가변화와 거래량 추세와 패턴은 반복되는 경향이 있다.
④ 매매시점보다는 매입 또는 매도해야 할 주식을 선택하는데 적절한 방법이다.

해설 기본적 분석은 특정주식의 내재가치를 산출하여 이를 시장에서 거래되는 실제주가와 비교하여 과소평가되어 있으면 매입하고, 과대평가되어 있으면 매도하는 방법을 말한다.

21 다음 중 기술적 분석의 가정에 대한 설명으로 옳지 않은 것은?

① 주식시장에서 거래되는 주식가격은 그 주식에 대한 수요와 공급에 의해서만 결정된다.
② 수요와 공급에 영향을 미치는 시장참여자들의 합리적인 요소들은 장기적으로 주가에 영향을 준다고 하지만 비합리적인 행동은 단기적 효과만 있다고 본다.
③ 주식시장의 사소한 변동을 고려하지 않는다면 주가는 지속되는 추세에 따라 상당기간 동안 움직이는 경향이 있다.
④ 주가는 특정 주식에 대한 수요와 공급의 변화 때문에 변동하고 이론적으로 수요와 공급의 변화에 대한 원인을 설명하기 어렵다.

해설 기술적 분석론자들은 주식시장에서 거래되는 주식가격은 그 주식에 대한 수요와 공급에 의해서 결정되며 시장참여자들의 합리적 요소와 비합리적 요소들을 구분하지 않는다.

22 다음 중 기술적 분석에 대한 설명으로 옳지 않은 것은?

① 기술적 분석은 주식시장에서 가치가 아니라 가격으로 거래되는 것이라고 믿기 때문에 모든 정보는 가격에 포함되어 있다고 판단한다.

② 기술적 분석은 주식의 매매시점을 파악할 수 있도록 과거 시세흐름과 패턴을 파악해서 정형화하고 이를 분석하여 향후의 주가예측을 하는데 있다.

③ 기술적 분석의 전제조건은 과거의 주가추세나 패턴이 반복하는 경향을 가지고 있다는 것이다.

④ 기술적 분석은 수요와 공급을 변화시키는 원인을 분석한다.

해설 기술적 분석의 가정은 주가는 수요와 공급에 의해서만 결정되고 추세의 변화는 수요와 공급의 변동에 의해 일어나며 도표에 나타나는 모형은 반복하는 경향이 있다.

23 다음 중 다우이론에서 제시한 강세국면과 약세국면에 대한 설명으로 옳지 않은 것은?

① 강세시장의 제1국면(매집국면)을 축적단계라고 한다.

② 전반적인 경제여건과 기업의 경영성과가 호전되어 주가가 상승하고 거래량이 증가하는 국면은 강세시장의 제2국면인 마크업 국면이다.

③ 약세시장의 제3국면(침체국면)은 일반투자자들의 투매가 나타나서 주가가 계속 하락하지만 시간이 경과할수록 주가의 낙폭이 작아진다.

④ 기술적 분석을 이용한 투자자들이 가장 높은 수익을 내는 시기는 강세시장 제3국면이다.

⑤ 약세시장의 제2국면(공황국면)은 경제 전반에 관한 각종 통계자료가 악화되어 주식을 매도하려는 투자자들의 마음이 조급해지면서 매수세력이 크게 위축된다.

해설 기술적 분석을 이용한 투자자들이 가장 높은 수익을 올릴 수 있는 시기는 강세시장 제2국면으로 기술적 추세추종단계라고 한다.

24 다음 중 다우이론에 대한 설명으로 옳지 않은 것은?

① 장기추세는 축적단계, 기술적 추세추종단계, 분배단계 등 3단계를 거친다.

② 어떤 종류의 평균적인 주가변동은 다른 종류의 주가변동과 무관하다.

③ 평균적인 주가개념은 전체의 주가흐름을 정확히 반영한다.

④ 약세시장 제3국면(침체국면)은 투매가 나타나면서 주가는 계속 하락하지만 시간이 흐를수록 주가의 낙폭은 작아진다.

⑤ 다우이론은 장기추세의 진행과정을 강세장은 매집, 상승, 과열국면으로 구분하고 약세장은 분산, 공포, 침체국면으로 구분한다.

해설 어떤 종류의 평균적인 주가변동은 다른 종류의 주가변동을 유발한다.

25 다음 중 엘리어트 파동분석에서 가장 강력하고 긴 파동이 나타날 가능성이 높은 파동으로 돌파 갭이나 급진 갭이 주로 나타나는 파동은?

① 1번 파동 ② 2번 파동 ③ 3번 파동
④ 4번 파동 ⑤ 5번 파동

해설 3번 파동은 5개의 파동 중에서 가장 강력하고 가격변동도 활발하게 일어나는 파동으로 5개의 파동 중 가장 길게 나타난다.

26 다음 중 엘리어트 파동이론에 대한 설명으로 옳지 않은 것은?

① 2번 파동의 저점은 1번 파동의 저점보다 반드시 높아야 한다.
② 3번 파동이 제일 짧은 파동이 될 수 없다.
③ 4번 파동의 저점은 1번 파동의 고점과 겹칠 수가 없다.
④ 주가는 상승 5파와 하락 3파의 8개 파동으로 구성된다.
⑤ 3번 파동이 연장될 경우 5번 파동은 1번 파동과 다르다.

해설 3번 파동이 연장될 경우 5번 파동은 1번 파동과 같거나 1번의 61.8%를 형성한다.

27 다음 중 엘리어트 파동이론에 대한 설명으로 옳은 것은?

① 엘리어트 파동이론의 기본파동은 5개 파동이다.
② 하락파동 중 b파동은 상승하므로 조정파동이아니라 충격파동이다.
③ 엘리어트 파동이론에는 어떠한 경우도 예외가 있을 수 없는 절대불가침의 법칙이 있다.
④ 파동변화의 법칙은 3번 파동이 연장될 경우 5번 파동은 1번 파동과 서로 다르게 변화한다는 법칙이다.
⑤ 엘리어트 파동이론의 가장 큰 장점은 너무나 융통성이 많다는 점이다.

해설 엘리어트 파동이론에는 절대적으로 예외란 있을 수 없다는 법칙이 세 가지가 있다.

28 다음 중 효율적 시장가설에 대한 설명으로 모두 연결된 것은?

가. 주가는 반복하는 경향을 나타낸다고 가정한다.
나. 기대수익에는 증권가격의 변화에 대한 위험이 반영되어 있다.
다. 기술적 분석론자는 비합리적 요소가 작용하여 정보의 가격반응이 늦다고 본다.
라. 새로운 정보가 시장에 전달되면 투자자는 그 정보를 감안하여 신속히 증권의 가격을 조정한다.

① 가, 나, 다, 라　　② 가, 나, 다
③ 가, 다, 라　　④ 나, 다, 라

해설　주가는 무작위(random)로 움직인다고 가정한다.

29 다음 중 아래의 설명과 관련이 있는 효율적 시장가설로 옳은 것은?

주가는 공개적인 정보뿐만 아니라 사적인 모든 정보까지 완전하게 반영하여 투자자는 평균 이상의 초과수익을 얻을 수 없다.

① 약형 효율적 시장가설　　② 준강형 효율적 시장가설
③ 강형 효율적 시장가설　　④ 완전 효율적 시장가설

해설　강형 효율적 시장가설은 주가는 공적인 정보는 물론 사적인 모든 정보까지 완전하게 반영하여 어떤 투자자도 평균 이상의 초과수익을 달성할 수 없다. 이러한 강형 효율적 시장은 모든 정보가 투자자들에게 비용없이 동시에 이용가능한 완전시장을 가정하고 있다.

30 다음 중 증권분석 및 효율적 시장가설에 대한 설명으로 옳지 않은 것은?

① 기술적 분석은 주가의 움직임에 어떤 패턴이 있고 그 패턴은 반복되는 경향이 있다.
② 기본적 분석은 주가 이외의 다른 요인과 주가와의 관계를 통해 주가를 예측한다.
③ 주가는 과거의 역사적 정보를 즉시 그리고 충분히 반영하고 있다는 약형 효율적 시장가설이 성립하면 기본적 분석은 의미가 없다.
④ 강형 효율적 시장가설에서는 일반적으로 알려지지 않은 내부정보조차 주가에 이미 반영되어 있다고 주장한다.

해설　주가는 과거의 역사적 정보를 즉시 그리고 충분히 반영하고 있다는 약형 효율적 시장가설이 성립하면 기술적 분석은 의미가 없다.

정답

1. ④	2. ①	3. ④	4. ③	5. ①	6. ④	7. ⑤	8. ④	9. ②	10. ①
11. ①	12. ④	13. ③	14. ②	15. ③	16. ②	17. ⑤	18. ④	19. ③	20. ④
21. ②	22. ④	23. ④	24. ②	25. ③	26. ⑤	27. ③	28. ④	29. ③	30. ③

C·h·a·p·t·e·r

05

채무증권

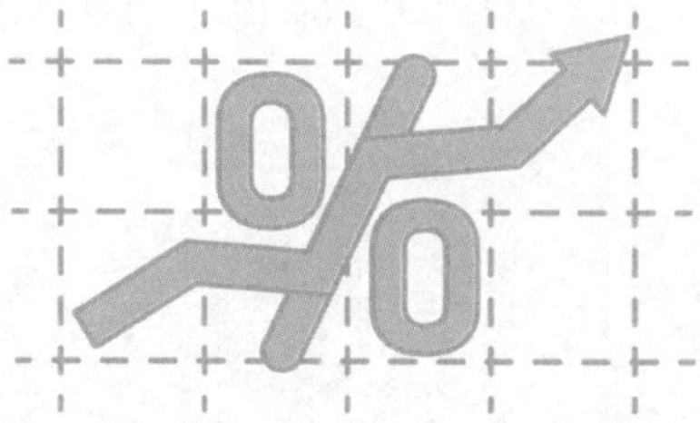

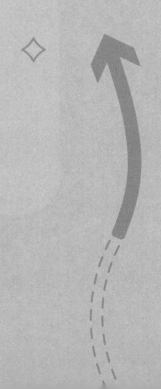

채권은 미래의 현금흐름(원리금)이 정해져 있는 확정소득부 증권이기 때문에 채권의 가치를 결정하는 가장 중요한 요소는 시장이자율 또는 채권수익률이다. 채권의 가치는 채권투자로부터 얻게 될 액면이자와 원금을 적절한 할인율인 시장이자율 또는 채권수익률로 할인한 현재가치로 시장이자율에 따라 달라진다.

01 화폐의 시간가치

가계의 투자결정은 현재시점에서 이루어지고 투자결정에 따른 현금흐름은 미래시점에 발생한다. 따라서 동일한 금액이라도 발생시점에 따라 가치가 달라지기 때문에 현금흐름은 동일한 시점의 가치로 환산할 수 있어야 한다. 이러한 과정이 화폐의 시간가치이며 금융경제 전반에 적용되는 기본개념이다.

1. 유동성선호의 개요

(1) 유동성선호의 정의

일반적으로 사람들은 동일한 금액이라면 미래의 현금흐름보다는 현재의 현금흐름을 선호하는 경향이 있는데, 이러한 성향을 유동성선호(liquidity preference)라고 한다. 이와 같은 유동성선호로 인하여 화폐의 가치가 시간에 따라서 달라지게 되는데, 이를 화폐의 시간가치(time value of money)라고 한다.

(2) 유동성선호의 이유

다른 조건이 동일하다면 사람들은 미래의 현금흐름보다는 현재의 현금흐름을 더 좋아하는 유동성선호가 화폐의 시간가치를 발생시킨다. 유동선선호가 존재하는 구체적 원인은 다음과 같이 소비에 대한 시차선호, 실물투자기회의 존재, 물가상승의 가능성, 미래의 불확실성 네 가지로 설명할 수 있다.

1) 시차선호(time preference)

일반적으로 사람들은 미래의 소비보다는 현재의 소비를 선호하는 시차선호의 성향이 있다. 왜냐하면 인간의 수명은 유한하여 동일한 금액을 소비할 경우에 미래의 소비보다는 현재의 소비를 선호하기 때문이다.

2) 투자기회(investment opportunity)

현재의 현금은 새로운 투자기회가 주어질 경우에 생산활동을 통해 높은 수익을 얻을 수 있다. 따라서 현재의 현금을 소비하지 않고 다른 재화를 생산하는 실물자산에 투자하면 미래에 더 많은 현금을 창출할 수 있다.

3) 물가상승(inflation)

인플레이션은 통화량의 증가로 화폐가치가 하락하여 모든 상품의 물가가 지속적으로 상승하는 경제현상을 말한다. 따라서 인플레이션이 발생하면 물가가 상승하여 미래의 현금은 실질구매력이 감소할 가능성이 존재한다.

4) 불확실성(uncertainty)

미래의 현금은 불확실성으로 인해 항상 실현되지 않을 가능성을 나타내는 위험이 존재하게 된다. 따라서 현재의 현금은 위험이 없어 확실한 반면에 미래의 현금은 위험이 있어 불확실하다고 할 수 있다.

2. 시장이자율의 개요

(1) 시장이자율의 정의

유동성선호로 인해 사람들이 선호하는 현재의 현금을 포기하도록 유도하기 위해서는 미래에 더 많은 현금을 보장해 주어야 한다. 시장이자율은 사람들의 유동성선호를 반영하여 더 많은 현금을 보장해 주는 대가를 말하며, 현금흐름의 발생시점이 서로 다른 화폐의 시간가치를 반영하는 척도로 사용된다.

시장이자율의 크기는 유동성선호를 유발하는 네 가지 요인의 정도에 의해 결정된다. 실질이자율(real interest rate)은 소비에 대한 시차선호와 실물투자기회의 생산성을 반영하여 결정된 이자율을 말하고, 여기에 기대인플레이션율의 영향을 반영한 이자율을 명목이자율(nominal interest rate)이라고 한다.

▌그림 5-1▐ 시장이자율의 결정

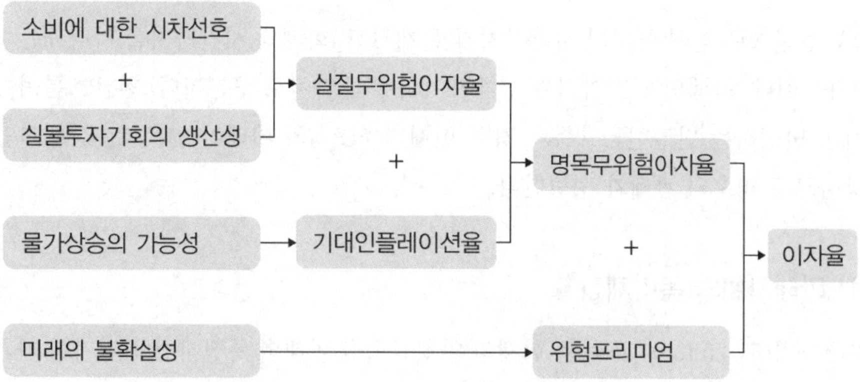

(2) 시장이자율의 구성

시장이자율은 시차선호, 투자기회, 물가상승, 불확실성을 반영해서 결정되고 무위험이자율(R_f : risk free rate)과 위험프리미엄(RP : risk premium)으로 구성된다. 여기서 무위험이자율은 시차선호, 투자기회, 물가상승에 대한 대가를 나타내고, 위험프리미엄은 미래의 불확실성에 대한 대가를 나타낸다.

$$\text{시장이자율} = \text{무위험이자율}(R_f) + \text{위험프리미엄}(RP) \quad (5.1)$$
$$\text{요구수익률} = \text{무위험이자율}(R_f) + \text{위험프리미엄}(RP)$$
$$\text{채권수익률} = \text{무위험이자율}(R_f) + \text{위험프리미엄}(RP)$$

위험자산인 지분증권(주식)에 투자할 경우에 주주들이 요구하는 수익률은 무위험이자율과 체계적 위험을 부담하는데 대가인 위험프리미엄으로 구성된다. 그리고 무위험자산인 채무증권(채권)에 투자할 경우에 채권수익률도 무위험이자율과 체계적 위험을 부담하는데 대한 대가인 위험프리미엄으로 구성된다.

3. 단일현금의 미래가치와 현재가치

유동성선호로 인해 화폐의 시간가치가 존재하고, 화폐의 시간가치를 나타내는 척도가 시장이자율이다. 화폐의 시간가치는 현재가치와 미래가치로 구분된다. 현금흐름이 일정시점에 한번 발생하는 단일현금흐름의 경우 현재가치(PV)와 미래가치(FV)는 상대적인 개념에 해당하므로 역수의 관계가 성립한다.

(1) 미래가치와 복리계산

미래가치(FV : future value)는 현재의 일정금액을 미래의 특정시점에 평가한 가치로 현재의 금액과 동일한 가치를 갖는 미래의 금액을 말한다. 현재의 일정금액(PV)을 연 r%의 시장이자율로 연간 1회 복리계산할 경우에 매년 적용되는 이자율이 일정하다면 미래가치(FV)는 다음과 같이 구할 수 있다.

❙그림 5-2❙ 복리계산과정

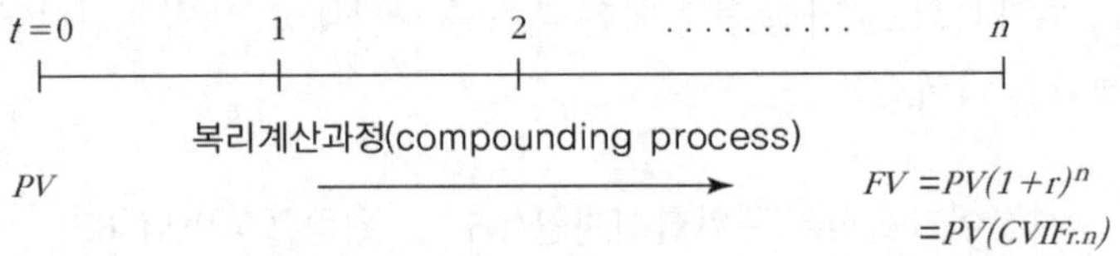

1) 1기간 후의 미래가치(FV_1)

$$FV_1 = PV(1+r)^1 \quad (5.2)$$

2) 2기간 후의 미래가치(FV_2)

$$FV_2 = PV(1+r)^2 = FV_1(1+r)^1 \quad (5.3)$$

3) 3기간 후의 미래가치(FV_3)

$$FV_3 = PV(1+r)^3 = FV_1(1+r)^2 = FV_2(1+r)^1 \quad (5.4)$$

4) n기간 후의 미래가치(FV_n)

$$FV_n = PV(1+r)^n \quad (5.5)$$

식(5.5)에서 $(1+r)^n$은 현재 1원에 대한 n기간 후의 미래가치를 나타내는데, 이를 복리이자요소(CVIF : compound value interest factor)라고 한다. 본서의 부록에 제시된 [표 1]의 복리이자요소를 이용하면 미래가치를 쉽게 구할 수 있다. 이와 같이 미래가치를 구하는 과정을 복리계산(compounding)[1] 과정이라고 한다.

예제 5-1 연간 복리계산 1회의 미래가치

홍길동이 현금 100,000원을 연간 이자율이 10%인 정기예금에 가입할 경우 10년 후에 받을 수 있는 금액을 단리와 복리로 계산하면 얼마인가?

풀이

1. 단리(simple interest)

$$FV_{10} = PV(1+r\times n) = 100{,}000(1+0.1\times 10) = 200{,}000\text{원}$$

2. 복리(compound interest)

$$FV_{10} = PV(1+r)^{10} = 100{,}000(1+0.1)^{10} = 259{,}370\text{원}$$

$$= 100{,}000\times 2.5937(CVIF) = 259{,}370\text{원}$$

(2) 현재가치와 할인계산

현재가치(PV : present value)는 미래의 일정금액을 현재시점에 평가한 가치로 미래가치와 현재가치는 상대적인 개념에 해당하여 미래의 일정금액(FV)을 연 r%의 시장이자율로 연간 1회 할인계산할 경우에 매년 적용되는 시장이자율이 일정하다고 가정하면 현재가치(PV)는 다음과 같이 계산할 수 있다.

---

1) 이자의 계산방법에는 단리와 복리가 있다. 단리는 원금에 대한 이자만 계산하고 이자에 대한 이자는 고려하지 않는다. 복리는 원금뿐만 아니라 이자에 대해서도 이자를 계산한다. 재무관리에서는 복리로 이자를 계산한다.

▌그림 5-3▐ 할인계산과정

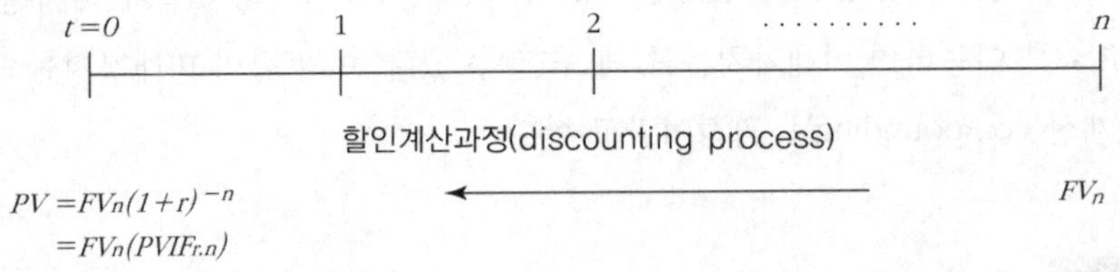

1) 1기간 후 현금흐름의 현재가치(PV)

$$PV = \frac{FV_1}{(1+r)^1} = FV_1 \times \frac{1}{(1+r)^1} = FV_1 \times (1+r)^{-1} \tag{5.6}$$

2) 2기간 후 현금흐름의 현재가치(PV)

$$PV = \frac{FV_2}{(1+r)^2} = FV_2 \times \frac{1}{(1+r)^2} = FV_2 \times (1+r)^{-2} \tag{5.7}$$

3) 3기간 후 현금흐름의 현재가치(PV)

$$PV = \frac{FV_3}{(1+r)^3} = FV_3 \times \frac{1}{(1+r)^3} = FV_3 \times (1+r)^{-3} \tag{5.8}$$

4) n기간 후 현금흐름의 현재가치(PV)

$$PV = \frac{FV_n}{(1+r)^n} = FV_n \times \frac{1}{(1+r)^n} = FV_n \times (1+r)^{-n} \tag{5.9}$$

식(2.14)에서 $1/(1+r)^n$은 n기간말 1원의 현재가치를 나타내며, 이를 현가이자요소(PVIF : present value interest factor)라고 한다. 본서의 부록에 제시된 [표 3]의 현가이자요소를 이용하면 현재가치를 쉽게 계산할 수 있다. 이와 같이 현재가치를 구하는 과정을 할인계산(discounting) 과정이라고 한다.

예제 5-2 연간 할인계산 1회의 현재가치

이태백은 3년 후 10,000만원이 소요될 것으로 추정되는 조그마한 개인사업을 고려하고 있다. 이태백이 연 10%로 복리계산되는 정기예금에 얼마나 저축을 해야 3년 후에 사업자금을 마련할 수 있겠는가?

풀이

$$PV = \frac{FV_3}{(1+r)^3} = \frac{10,000}{(1+0.1)^3} = 7,513\text{만원}$$

4. 복수현금의 미래가치와 현재가치

(1) 연금의 미래가치

연금의 미래가치는 여러 시점에 걸쳐서 매기 동일하게 발생하는 현금흐름을 미래시점의 가치로 환산한 금액을 말한다. 연금의 미래가치는 초항이 C이고 공비가 (1+r)이며 항의 수가 n인 유한등비수열의 합을 이용하여 구할 수 있다.

| 그림 5-4 | 연금의 현금흐름

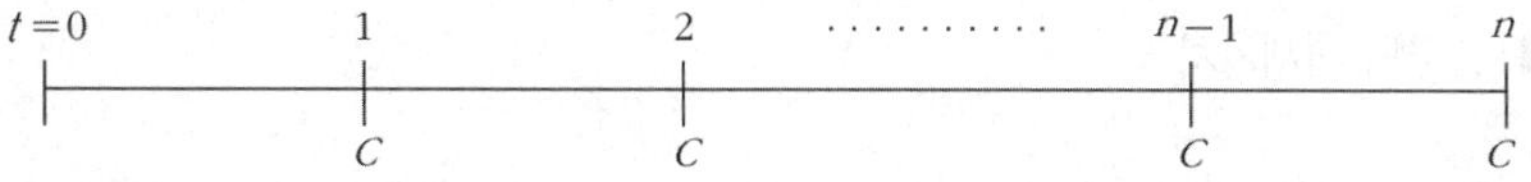

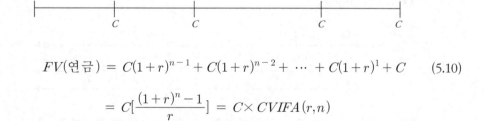

$$FV(\text{연금}) = C(1+r)^{n-1} + C(1+r)^{n-2} + \cdots + C(1+r)^1 + C \qquad (5.10)$$

$$= C[\frac{(1+r)^n - 1}{r}] = C \times CVIFA(r,n)$$

식(5.10)에서 $\{(1+r)^n-1\}/n$은 매기말 1원씩 발생하는 연금의 미래가치를 나타내는데, 이를 연금의 복리이자요소(CVIFA)라고 한다. 본서의 부록에 제시된 [표 2]를 이용하면 연금의 미래가치를 쉽게 구할 수 있다.

예제 5-3 연금의 미래가치

연간 이자율이 10%로 일정할 경우 향후 3년 동안 매기말에 500,000원씩 발생하는 현금흐름의 미래가치를 계산하시오.

풀이

$$FV_3(\text{연금}) = C[\frac{(1+r)^n-1}{r}] = 500{,}000[\frac{(1.1)^3-1}{0.1}] = 1{,}655{,}000\text{원}$$

$$= C \times CVIFA(t,n) = 500{,}000 \times 3.3100 = 1{,}655{,}000\text{원}$$

(2) 연금의 현재가치

연금의 현재가치는 미래의 여러 시점에 매기 동일하게 발생하는 현금흐름을 현재시점의 가치로 환산한 금액을 말한다. 연금의 현재가치는 초항이 C/(1+r)이고 공비가 1/(1+r)이며 항의 수가 n인 유한등비수열의 합을 이용하여 구할 수 있다.

$$PV(\text{연금}) = \frac{C}{(1+r)^1} + \frac{C}{(1+r)^2} + \cdots + \frac{C}{(1+r)^{n-1}} + \frac{C}{(1+r)^n} \qquad (5.11)$$

연금 ⓐ의 현재가치는 영구연금 ⓒ의 현재가치에서 영구연금 ⓑ의 현재가치를 차감하여 구할 수도 있다.

| 그림 5-5 | 연금의 현재가치

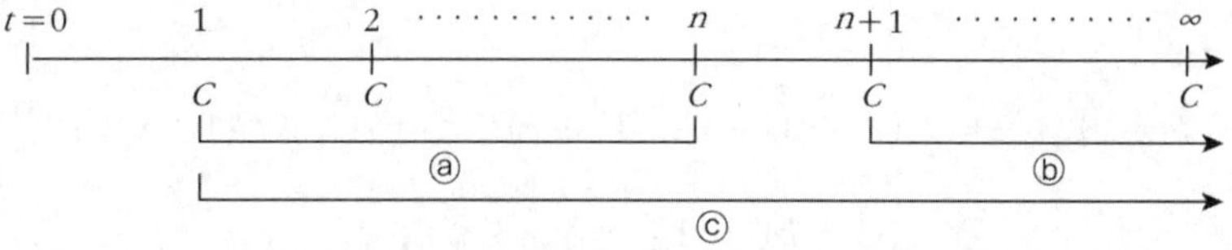

PV(연금) = 영구연금 ⓒ의 현재가치 − 영구연금 ⓑ의 현재가치

$$= \frac{C}{r} - \frac{\frac{C}{r}}{(1+r)^n} = \frac{C}{r}[1-\frac{1}{(1+r)^n}] = C[\frac{(1+r)^n-1}{r(1+r)^n}] \qquad (5.12)$$

$$= C \times PVIFA(t,n)$$

식(5.12)에서 $[\frac{(1+r)^n-1}{r(1+r)^n}]$은 매기말 1원씩 발생하는 연금의 현재가치를 나타내는데,

이를 연금의 현가이자요소(PVIFA)라고 한다. 본서의 부록에 제시된 [표 4]를 이용하면 연금의 현재가치를 쉽게 구할 수 있다.

예제 5-4 연금의 현재가치

연간 이자율이 10%로 일정할 경우 향후 3년 동안 매기말에 100,000원씩 발생하는 현금흐름의 현재가치를 계산하시오.

풀이

$$PV(\text{연금}) = C[\frac{(1+r)^n - 1}{r(1+r)^n}] = 100,000[\frac{(1.1)^3 - 1}{0.1(1.1)^3}] = 248,685\text{원}$$

$$= C \times PVIFA(t, n) = 100,000 \times 2.48685 = 248,685\text{원}$$

5. 영구연금의 현재가치

영구연금(perpetuity)은 매기말 동일한 현금흐름이 영구적으로 발생하는 연금의 형태를 말한다. 영구연금의 현재가치는 초항이 C/1+r이고 공비가 1/1+r인 무한등비수열의 합을 이용하여 구할 수 있다.

그림 5-6 영구연금의 현금흐름

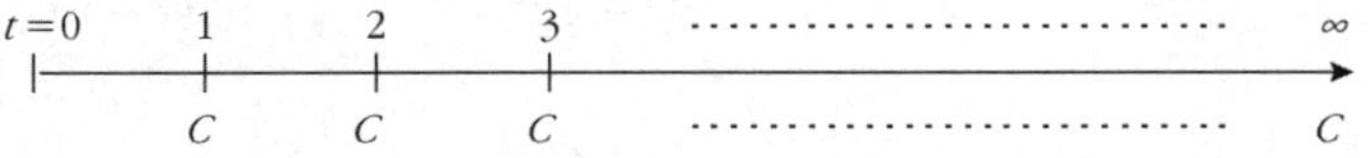

$$PV(\text{영구연금}) = \frac{C}{(1+r)^1} + \frac{C}{(1+r)^2} + \cdots + \frac{C}{(1+r)^\infty} = \frac{\frac{C}{1+r}}{1 - \frac{1}{1+r}} = \frac{C}{r} \quad (5.13)$$

예제 5-5 영구연금의 현재가치

기간별 이자율이 10%로 일정할 경우 매기말에 100,000원씩 영구적으로 발생하는 영구연금의 현재가치를 계산하시오.

풀이

$$PV(\text{영구연금}) = \frac{C}{r} = \frac{100,000}{0.1} = 1,000,000\text{원}$$

6. 일정성장 영구연금의 현재가치

일정비율로 성장하는 영구연금은 1년 후에 C_1의 현금흐름이 발생하고 그 이후에 매년 g% 비율로 증가하면서 영구적으로 발생하는 현금흐름을 말한다. 일정비율로 성장하는 영구연금의 현재가치는 초항이 $C_1/(1+r)^1$이고 공비가 $(1+g)/(1+r)$인 무한등비수열의 합을 이용하여 구할 수 있다.

| 그림 5-7 | 일정성장 영구연금의 현금흐름

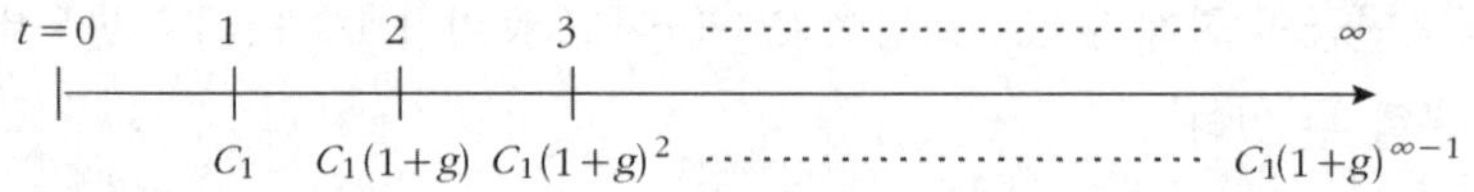

$$PV(\text{일정성장모형}) = \frac{C_1}{(1+r)^1} + \frac{C_1(1+g)}{(1+r)^2} + \cdots + \frac{C_1(1+g)^{\infty-1}}{(1+r)^{\infty}} \quad (5.14)$$

$$= \frac{\frac{C_1}{1+r}}{1-\frac{1+g}{1+r}} = \frac{C_1}{r-g}$$

예제 5-6 일정성장 영구연금의 현재가치

기간별 시장이자율이 10%로 일정하고 1년 후 현금흐름이 100,000원이며 그 이후에는 매년 5% 영구적으로 증가하는 일정성장 영구연금의 현재가치를 계산하시오.

풀이

$$PV(\text{일정성장모형}) = \frac{C_1}{r-g} = \frac{100,000}{0.1-0.05} = 2,000,000\text{원}$$

02 채권의 가치평가

1. 채권의 정의

채권은 국가, 지방자치단체, 특수법인, 금융기관, 주식회사 등 발행자가 투자자로부터 일시에 대량의 자금을 일시에 조달하고, 반대급부로 만기까지 약정이자를 지급하고 만기에는 원금을 상환하기로 약속한 채무증서를 말하며, 미래의 현금흐름이 확정되어 있다는 의미에서 고정수익증권이라고도 한다.

채권은 발행자의 입장에서 보면 경영활동에 필요한 자금조달의 수단이 되지만, 채권을 매입하는 투자자의 입장에서 보면 이자를 목적으로 하는 투자대상이 된다. 채권발행을 일상적인 금전의 대차관계에 비유하면 발행자는 채무자가 되고, 채권을 보유하는 투자자는 채권자, 채권은 차용증서에 해당한다.

그러나 채권의 발행은 일상적인 금전대차와는 달리 다수의 투자자들이 동일한 조건으로 채권에 투자하며 자금의 수요자인 발행자는 일시에 거액의 장기자금을 조달할 수 있다. 그리고 채권은 유가증권이기 때문에 채권을 매도하게 되면 채권자로서의 입장을 다른 사람에게 이전할 수 있다는 특징이 있다.

2. 채권의 발행조건

채권은 발행조건에 따라서 채권의 가치가 달라지기 때문에 발행조건을 결정하는 것이 무엇보다 중요하다. 채권을 발행할 경우에 발행자와 인수자는 채권을 발행하는 시점의 시장이자율수준을 감안하여 결정해야 한다. 따라서 채권의 중요한 발행조건에는 액면가액, 표면이자율, 상환까지의 기간이 있다.

(1) 액면가액

액면가액(face value)은 채권의 만기일에 지급하기로 채권의 권면 위에 표시되어 있는 원금을 말하며 지급이자를 계산하거나 채권의 조건을 결정하는 기본이 된다. 따라서 액면가액의 합계가 그 종목의 발행금액이 되며, 역으로 말하면 각 종목의 발행금액을 적은 단위로 분할한 것이 1매의 채권이 된다.

(2) 발행이율

발행이율은 채권발행자가 만기까지 지급하기로 약속한 이자율로 액면가액에 대해 1년에 지급하는 이자의 비율을 말한다. 채권 1매마다 권면에 1회 이자지급을 위한 이표(coupon)가 부착되어 있어, 이 이표와 교환하여 이자를 수령하므로 발행이율을 표면이자율(coupon rate) 또는 액면이자율이라고도 한다.

(3) 만기일

만기일은 채권발행자가 이자와 원금을 마지막으로 지급하기로 한 날을 말한다. 일반적으로 채권의 상환가액은 액면가액이며 채권발행일로부터 원금상환일까지 기간을 원금상환기간이라고 하고, 이미 발행되어 유통시장에서 거래되고 있는 채권매입일로부터 원금상환일까지 기간을 잔존기간이라고 한다.

3. 채권의 본질

(1) 확정이자부증권

채권은 발행자가 채권을 발행할 때 지급해야 할 약정이자와 만기에 상환금액이 사전에 확정되어 있어 투자원금에 대한 수익은 발행시점에 결정된다. 따라서 채권수익률은 채권을 발행할 때 결정되어 발행자의 원리금 지급능력이 중요하며, 채권의 유동성은 발행자의 원리금 지급능력의 안정도와 비례한다.

(2) 기한부증권

채권은 영구증권인 주식과는 달리 이자지급과 원금의 상환기간이 사전에 정해져 있어 일정시점이 경과하면 이자를 지급하고 만기가 도래하면 원금을 상환해야 하는 기한부 증권이다. 원금은 상환하지 않고 이자만 영구적으로 지급하는 영구채는 발행자의 상환의무가 없어 국제회계기준에서 자본으로 인정한다.

(3) 이자지급증권

채권은 발행자의 경영성과에 관계없이 만기까지 약정이자와 만기에는 원금을 상환해야 한다. 채권발행자가 채권보유자에게 지급하는 이자비용은 발행자가 부담하는 금융비용이지만, 채권자가 수령하는 이자수익은 안정적인 수입원이 된다. 채권은 이자지급방법에 따라 이표채, 무이표채, 복리채로 분류한다.

(4) 장기증권

채권은 발행자가 여유자금을 가진 투자자를 대상으로 경영활동에 필요한 장기의 안정적 자금을 조달하기 위해 발행하는 유가증권에 해당하므로 기업어음(CP), 양도성예금증서(CD)에 비해 장기의 상환기간을 가지고 있다. 따라서 채권투자자의 환금성을 보장하기 위해 채권의 유통시장이 반드시 존재해야 한다.

(5) 상환증권

채권은 영구증권인 위험자산 주식과 달리 채권발행자가 만기까지 약정이자를 지급하고 만기가 도래하면 반드시 원금을 상환해야 하는 증권에 해당한다. 따라서 채권의 발행자인 국가, 지방자치단체, 공공기관, 특수법인, 금융기관, 주식회사는 합리적인 재무관리 및 공채관리가 필수적이라고 할 수 있다.

4. 채권의 특성

어떤 투자대상을 선택하는 경우에 중요한 요소는 얼마나 이익을 올릴 수 있는가(수익성), 원금과 이자를 확실하게 받을 수 있는가(안전성), 돈이 필요할 때 제값을 받고 바로 팔 수 있는가(환금성)라는 점을 충분히 검토해야 한다. 이러한 세 가지 요소를 고려할 경우에 채권은 우수한 특성을 가지고 있다.

(1) 수익성

채권투자자는 이자소득과 자본이득의 두 가지 소득원천을 갖고 있어 계획적인 자금운용의 수단으로 뛰어난 특성을 갖고 있다. 이자소득은 원금에 대한 약정이자를 말하고, 자본이득(capital gain)은 금리하락에 따른 채권가격의 상승으로 인한 소득이다. 그러나 금리가 상승하면 자본손실이 발생할 수도 있다.

(2) 안정성

채권은 정부, 지방자치단체, 공공기관, 특수법인, 금융기관, 상법상의 주식회사만 발행할 수 있고 발행자격이 있어도 국회의 동의를 받아야 하기 때문에 채무불이행위험이 상대적으로 낮다. 그러나 회사채 신용등급이 BB 이하인 기업도 채권을 발행할 수 있는데, 이러한 채권을 정크본드(junk bond)라고 부른다.

(3) 유동성

채권은 상환일이 되면 원금이 회수되지만 만일 도중에 현금이 필요한 경우에는 유통시장을 통해 채권을 매도하면 언제든지 현금을 회수할 수 있다. 채권의 환금은 채권의 매도를 의미하여 발행자에게 아무런 불이익을 미치지 않고 채권의 이자도 변경되지 않아 투자자는 안심하고 투자할 수 있다.

5. 채권의 종류

(1) 발행주체에 따른 분류

1) 국채

국채는 국가가 공공목적을 달성하기 위해 중앙정부가 발행하고 원리금의 지급을 보증하는 채권을 말한다. 국채의 효시는 1949년에 발행된 건국채권으로 정부수립 후 계속된 재정적자를 보전하기 위해 발행되었다. 1993년 이전에는 금융기관에 할당하여 배정했으나 1994년부터는 경쟁입찰방식으로 전환되었다.

국채에는 국고채권, 재정증권, 양곡증권, 국민주택채권, 공공용지보상채권 등이 있으며 현재는 국고채권이 국채의 대부분을 차지하고 있다. 정부가 국채시장의 선진화를 위해 국고채 전문딜러제도와 국고채 통합발행제도의 도입, 국채전문유통시장과 국채선물시장의 개설 등으로 국채시장은 많이 활성화되었다.

2) 지방채

지방채는 지방자치단체가 지방재정법의 규정에 의해 특수사업에 필요한 자금을 조달하기 위해 발행하는 채권을 말한다. 지방채에는 도로공채, 상수도공채, 지역개발채권, 서울특별시의 도시철도채권, 부산광역시의 부산교통채권 등이 있다. 지방채는 액면가로 발행되며 지방채 발행은 중앙정부에 의해 엄격히 규제된다.

3) 특수채

특수채는 상법 이외의 한국토지개발공사, 한국도로공사, 한국전력공사, 한국전기통신공사, 한국가스공사 등 특별법에 의해 공공사업을 추진하는 특별법인이 발행하는 채권을 말하며 정부가 보증한다. 특수채에는 토지개발채권, 고속도로건설채권, 한국전력공사채권, 한국전기통신공사채권, 한국가스공사채권 등이 있다.

4) 금융채

금융채는 특별법에 의해 설립된 한국은행, 한국산업은행, 한국수출입은행, 기업은행과 같은 특수금융기관에서 일반인에게 발행하는 채권을 말한다. 금융채에는 통화안정증권, 산업금융채권, 중소기업금융채권, 주택금융채권 등이 있으며 회사채보다 믿을 만하고 국공채보다 수익률이 높으며 만기가 다양하다.

통화안정증권은 한국은행이 통화량을 조절하기 위해 금융기관과 일반인을 대상으로 발행하는 단기증권을 말한다. 산업금융채권은 산업은행이 1954년부터 기간산업에 대한 자금지원을 목적으로 발행하는 채권을 말한다. 중소기업금융채권은 기업은행이 발행하는 채권으로 원리금의 상환을 정부가 보증한다.

5) 회사채

회사채는 주식회사가 일반투자자로부터 비교적 장기간에 필요한 대량의 자금을 일시에 조달하고 그 반대급부로 만기까지 약정이자를 지급하고 만기에 원금상환을 약속하고 발행하는 채무증서를 말하며 사채(社債)라고도 한다. 현재 발행되는 회사채는 무기명사채, 3년 미만의 만기, 이자는 3개월마다 지급된다.

상법상 주식회사가 채권을 발행하여 조달한 자금은 재무상태표의 대변에 비유동부채로 계상된다. 주식회사가 회사채를 발행하는 경우에 주주의 소유권과 경영권에 영향을 미치지 않으면서 장기자금을 안정적으로 조달할 수 있으며, 채권의 지급이자는 세법상 손금으로 인정되어 법인세 절감효과를 얻을 수 있다.

그러나 채권의 과도한 발행은 지급불능위험을 증가시켜 기업을 재무적 곤경에 빠뜨릴 수 있고, 기업이 채권을 발행할 경우 사채권자와 사채약정을 체결해야 하는데, 이는 기업의 경영활동을 제약하는 요인이 된다. 사채약정의 내용에는 사채권자를 보호하기 위해 배당지급의 제한, 감채기금의 규정 등이 포함된다.

▌표 5-1▐ 발행주체에 따른 분류

구분	종류
국 채	국고채권, 외국환평형기금채권, 국민주택채권, 공공용지보상채권 등
지방채	지하철공채, 지역개발공채, 도로공채, 상수도공채, 도시철도채권 등
특수채	토지개발채권, 한국전력채권, 한국가스공사채권, 고속도로건설채권 등
금융채	통화안정증권, 산업금융채권, 주택금융채권, 중소기업채권 등
회사채	보증사채, 담보부사채, 전환사채(CB), 신주인수권부사채(BW) 등

(2) 이자지급에 따른 분류

채권은 이자지급방법에 따라 이표채, 무이표채, 복리채로 구분한다. 이표채는 약정된 이자를 만기까지 지급하고 만기에 원금을 상환하는 채권이고, 무이표채는 만기까지 이자를 지급하지 않는 대신에 할인하여 발행된다. 복리채는 이자가 복리로 재투자되어 만기에 원금과 이자를 동시에 지급하는 채권을 말한다.

(3) 이자변동에 따른 분류

채권은 지급이자 변동여부에 따라서 고정금리채와 변동금리채로 구분한다. 고정금리채는 채권발행일에 약정한 표면이자율이 만기까지 계속해서 유지되어 고정된 이자를 지급하고 만기에 원금을 상환하는 채권을 말하고, 변동금리채는 표면이자율이 기준금리에 연동되어 일정기간마다 재조정되는 채권을 말한다.

(4) 지급보증에 따른 분류

채권은 원리금에 대한 제3자의 지급보증여부에 따라서 보증채와 무보증채로 구분한다. 보증채는 보증주체에 따라서 정부보증채와 일반보증채로 구분된다. 일반보증채는 신용보증기금, 보증보험회사, 은행 등이 지급을 보증하는 채권을 말하는 반면에 무보증채는 발행자의 신용도에 의해서 발행되는 채권을 말한다.

(5) 담보제공에 따른 분류

채권은 발행자의 담보제공여부에 따라 담보부채와 무담보부채로 구분한다. 담보부채는 원리금 지급불능시 발행자의 재산에 대한 법적 청구권을 지니는 채권이고, 무담보부채는 발행자의 신용을 바탕으로 발행하는 채권이다. 후순위채는 발행자의 자산에 대한 청구권을 가지나 다른 무담보사채보다 우선권이 없다.

(6) 상환기간에 따른 분류

채권의 만기는 발행자가 채무증권의 조건을 준수하겠다고 약정한 기간을 말하며 항상 확정되어 있는 것은 아니다. 이는 채권약정서에 채권만기의 변경을 허용하는 조항이 포함될 수 있기 때문이다. 이러한 조항은 내포된 옵션이거나 감채기금일 수 있다. 채권은 만기에 따라서 단기채, 중기채, 장기채로 분류할 수 있다.

❙ 표 5-2 ❙ 채권만기에 따른 분류

구분	국내의 경우	미국의 경우
단기채	1년 미만 (통화안정증권, 금융채, 양곡증권)	1년 이하 (T-bill)
중기채	1년~10년 (국민주택채권 1종, 지역개발공채, 회사채)	1년~10년 (T-notes)
장기채	10년 이상 (국민주택채권 2종, 도시철도공채, 국고채)	10년 이상 (T-bonds)

(7) 권리부여에 따른 분류

메자닌(Mezzanine)은 건물 1층과 2층 사이에 있는 라운지 공간을 뜻하는 이탈리아어로 채권과 주식의 중간단계에 있는 전환사채와 신주인수권부사채에 투자하는 것을 말한다. 강세장에는 주식으로 전환해 자본이득을 취하고, 하락장에는 채권이므로 원금보장에 사채 행사가격 조정(리픽싱)에 따른 이득을 챙길 수 있다.

1) 전환사채

전환사채(CB : convertible bond)는 채권투자자의 의사에 따라 전환기간에 일정한 조건으로 발행회사 주식으로 전환할 수 있는 권리인 전환권이 부여된 채권을 말한다. 따라서 전환사채는 다른 조건은 동일하고 전환권만 없는 일반사채에 주식으로 전환할 수 있는 전환권이 첨가된 혼성증권으로 볼 수 있다.

전환권이 행사되기 이전에는 이자가 지급되는 채권으로 존재하고 전환권이 행사되면 주식으로 전환된다. 따라서 채권투자자는 전환권을 행사하지 않으면 확정이자 및 만기에 원금을 상환받아 안전하고 전환권을 행사하면 보통주로 전환하여 매도하면 시세차익을 남길 수 있어서 높은 수익률을 달성할 수 있다.

2) 신주인수권부사채

신주인수권부사채(BW : bond with warrant)는 채권투자자에게 미래의 일정기간에 약정된 가격으로 약정된 신주를 인수할 수 있는 권리인 신주인수권이 부여된 채권을 말한다. 따라서 신주인수권부사채는 다른 조건은 동일하고 전환권만 없는 일반사채에 신주인수권이 결합된 혼성증권으로 볼 수 있다.

신주인수권부사채는 신주인수권이라는 프리미엄이 있어 일반사채보다 낮은 이자율로 발행되고 사채권자가 신주인수권을 행사하면 사채는 그대로 존속하면서 추가자금이 유입되어 총자산이 증가한다. 또한 신주인수권이 행사되더라도 사채는 소멸하지 않고 잔존하기 때문에 확정이자와 원금을 확보할 수 있다.

3) 교환사채

교환사채(EB : exchangeable bond)는 채권투자자에게 일정기간이 경과하면 일정한 가격으로 채권을 발행한 기업이 보유하고 있는 주식으로 교환을 청구할 수 있는 권리인 교환권이 부여된 채권을 말한다. 따라서 다른 조건은 동일하고 전환권만 없는 일반사채에 교환권이 결합된 혼성증권으로 볼 수 있다.

교환사채와 전환사채는 사채의 안정성과 주식의 투기성을 함께 가지고 있으며 교환권이나 전환권을 행사하면 사채는 소멸한다. 그러나 전환사채는 채권소유자의 전환권 청구로 기채회사가 신주를 발행하는 반면에 교환사채는 발행회사가 소유하고 있는 상장유가증권과 교환한다는 점에서 권리의 내용이 다르다.

4) 수의상환사채

수의상환사채(callable bond)는 채권발행자가 정해진 기간 이내에 약정된 가격(수의상환가격)으로 사채를 상환할 수 있는 권리인 수의상환권(call provision)이 첨가된 사채를 말한다. 수의상환사채의 발행자는 금리가 하락하여 채권가격이 상승하면 수의상환권을 행사하여 수의상환가격에 채권을 매입한다.

수의상환권은 채권발행자에게 유리한 반면에 채권투자자에게 불리하게 작용하여 수의상환사채의 가치는 일반사채의 가치보다 콜옵션의 가치만큼 낮은 수준에서 형성된다. 따라서 수의상환사채의 가치는 일반사채의 가치에서 콜옵션가격결정모형으로 산출한 수의상환권의 가치를 차감하여 계산할 수 있다.

5) 상환청구사채

상환청구사채(puttable bond)는 수의상환사채와 반대로 채권투자자가 정해진 기간 이내에 약정된 가격(상환청구가격)으로 보유하고 있는 상환청구사채의 상환을 요구할 수 있는 권리인 상환청구권이 첨가된 사채를 말한다. 따라서 상환청구사채는 일반사채와 상환청구권이 결합된 혼성증권으로 볼 수 있다.

상환청구사채를 보유한 투자자는 금리가 상승하여 채권가격이 하락하면 상환청구권을 행사하여 회수한 자금을 높은 이자율로 재투자할 수 있고, 발행자의 신용도가 급락하면 원리금을 조기에 회수할 수 있다. 상환청구권은 일반사채를 기초자산으로 하고 상환청구가격을 행사가격으로 하는 풋옵션으로 볼 수 있다.

6. 주식과 채권의 비교

주식회사가 장기자금을 조달하기 위해 발행하는 증권에는 채권(채무증권)과 주식(지분증권)이 있다. 주주는 주주총회의 의사결정에 참여할 수 있는 반면에 채권투자자는 주주총회에 참여할 수 없다. 주식과 채권은 간접금융이 아닌 직접적인 자금조달수단이라는 점에서 서로 같지만 근본적인 성격은 전혀 다르다.

첫째, 자본조달방법에서 주식은 자기자본의 조달인 반면에 채권은 타인자본의 조달이다. 따라서 주식에 의한 자본조달은 재무상태표의 자본항목에 표시되지만 채권에 의한 자본조달은 부채항목에 표시된다. 증권소유자의 입장에서 주식은 주주로서의 권리를 나타내는 반면에 채권은 채권자로서의 권리를 나타낸다.

둘째, 증권소유로부터 발생하는 권리의 측면에서 주주는 회사의 경영성과에 따라 배당금을 받지만, 채권의 소유자는 회사의 경영성과에 관계없이 확정된 원금과 이자를 수령한다. 주식은 발행회사와 존속을 같이 하는 영구증권이지만 채권은 원리금의 상환기간을 시장상황에 따라 조정할 수 있는 기한부증권이다.

| 표 5-3 | 주식과 채권의 비교

구분	주식(stock)	채권(bond)
자금조달방법	자기자본	타인자본
증권소유자의 위치	주주로서의 지위	채권자로서의 지위
소유로부터의 권리	결산시 경영성과에 따른 배당을 받을 권리	확정이자수령권리, 만기도래시 원금을 상환받을 권리
존속기간	영구증권	기한부증권

7. 채권의 가치평가

채권의 가치는 채권투자자가 채권을 보유한 경우에 얻게 될 미래의 현금흐름(이자와 원금)을 적절한 할인율(시장이자율 또는 채권수익률)로 할인한 현재가치를 말한다. 채권은 발행조건이 매우 다양하여 간단하게 분류하기는 쉽지 않지만 표면이자율과 만기의 유무에 따라 이표채, 무이표채, 영구채로 구분된다.

(1) 이표채(coupon bond)

이표채는 가장 일반적인 형태로 만기와 표면이자율이 정해져 있어 만기일까지 매 기간말에 확정된 약정이자(=액면가액×표면이자율)를 지급하고 만기일에는 원금(액면가액)을 상환해 주는 채권을 말한다. 따라서 매기에 적용될 시장이자율이 일정하다고 가정할 경우에 이표채의 가치는 다음과 같이 평가할 수 있다.

$$P_0 = \frac{I}{(1+r)^1} + \frac{I}{(1+r)^2} + \cdots + \frac{I+F}{(1+r)^n} = \sum_{t=1}^{n} \frac{I}{(1+r)^t} + \frac{F}{(1+r)^n} \quad (5.15)$$

이표채는 식(5.15)에서처럼 확정된 약정이자를 지급하기 때문에 확정이자채권이라고 하며 표면이자율과 시장이자율의 관계에 따라서 다음과 같이 할인채, 액면채, 할증채로 구분된다.

❙ 표 5-4 ❙ 이표채의 종류

종류	표면이자율과 시장이자율의 관계	액면가액과 시장가격의 관계
할증발행	표면이자율 > 시장이자율	액면가액 < 시장가격
액면발행	표면이자율 = 시장이자율	액면가액 = 시장가격
할인발행	표면이자율 < 시장이자율	액면가액 > 시장가격

예제 5-7 이표채의 평가

한밭기업은 액면가액이 10,000원이고 표면이자율이 10%로 이자후급이며 3년 만기 채권을 발행하고자 한다. 시장이자율이 8%, 10%, 12%일 경우에 채권의 발행가격을 계산하시오.

풀이

1. 시장이자율이 8%인 경우

$$P_0 = \frac{1,000}{(1+0.08)^1} + \frac{1,000}{(1+0.08)^2} + \frac{11,000}{(1+0.08)^3} \rightarrow \therefore P = 10,515$$

2. 시장이자율이 10%인 경우

$$P_0 = \frac{1,000}{(1+0.10)^1} + \frac{1,000}{(1+0.10)^2} + \frac{11,000}{(1+0.10)^3} \rightarrow \therefore P = 10,000$$

3. 시장이자율이 12%인 경우

$$P_0 = \frac{1,000}{(1+0.12)^1} + \frac{1,000}{(1+0.12)^2} + \frac{11,000}{(1+0.12)^3} \rightarrow \therefore P = 9,520$$

(2) 무이표채(zero coupon bond)

무이표채는 표면이자율이 0%인 채권으로 채권의 만기일까지 이자지급은 없고 만기일에 원금(액면가액)만 상환하는 채권을 말하며 항상 할인발행되기 때문에 순수할인채(pure discount bond)라고도 한다. 따라서 만기가 n이고 액면가액이 F인 무이표채의 가치는 다음과 같이 평가할 수 있다.

$$P_0 = \frac{F}{(1+r)^n} \tag{5.16}$$

(3) 영구채(perpetual bond)

영구채(consol)는 만기가 무한대인 채권으로 원금상환은 없고 매기 말에 약정이자만 영구적으로 지급하는 채권을 말한다. 따라서 매기 말에 I만큼의 약정이자가 영원히 계속해서 발생하는 영구채의 가치는 다음과 같이 평가할 수 있다.

$$P_0 = \frac{I}{(1+r)^1} + \frac{I}{(1+r)^2} + \cdots + \frac{I}{(1+r)^\infty} = \frac{I}{r} \tag{5.17}$$

8. 채권가격의 특성

일반적으로 채권가격은 시장이자율, 만기, 표면이자율에 의해 결정된다. 이러한 요인을 기초로 Malkiel(1962)은 채권수익률과 채권가격간에는 다음과 같은 관계가 성립한다는 채권가격정리(bond price theorem)를 제시하였다. 채권가격은 시장이자율과 반비례 관계에 있어 원점에 대해 볼록한 곡선으로 나타난다.

(1) 채권가격과 시장이자율

채권가격은 시장이자율과 반비례 관계에 있어서 시장이자율이 하락하면 채권가격은 상승하고 시장이자율이 상승하면 채권가격은 하락한다. 따라서 시장이자율이 하락할 것으로 예상되면 채권투자(매입)를 늘리고 이자율이 상승할 것으로 예상되면 공매의 방법을 사용하는 것이 유리하다.

이자율의 변동폭이 동일할 경우에 이자율의 하락으로 인한 채권가격의 상승폭은 이자율의 상승으로 인한 채권가격의 하락폭보다 크게 나타난다. 따라서 이자율이 하락하면 채권가격이 상승하여 채권투자성과가 크게 나타나므로 더욱 많은 채권을 매입하는 것이 유리하다고 할 수 있다.

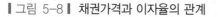

| 그림 5-8 | 채권가격과 이자율의 관계

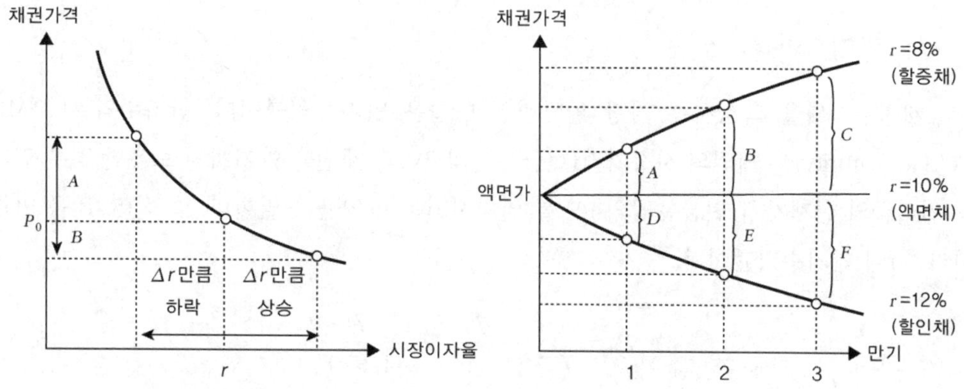

(a) 시장이자율과 채권가격 (b) 만기와 채권가격

(2) 채권가격과 만기

다른 조건이 동일하면 채권의 만기가 길수록 일정한 이자율변동에 따른 채권가격의 변동폭이 크게 나타난다. 따라서 이자율이 하락할 것으로 예상되면 장기채에 대한 투자를 증가시켜 시세차익을 극대화시키고, 이자율이 상승할 것으로 예상되면 보유하고 있는 채권을 다른 채권으로 교체하는 매매전략이 유리하다.

이자율의 변동에 따른 채권가격의 변동폭은 만기가 길수록 증가하나 만기 한 단위 증가에 따른 채권가격의 변동폭은 감소한다. 따라서 시세차익을 높이려면 만기가 긴 장기채를 많이 보유하지 않는 것이 유리하다고 할 수 있다. 또한 잔존만기가 감소할수록 만기 한 단위 감소에 따른 채권가격의 상승폭은 커진다.

(3) 채권가격과 표면이자율

다른 조건이 동일하면 일정한 이자율변동에 대해서 표면이자율이 낮을수록 채권가격의 변동폭이 크게 나타난다. 따라서 채권에 투자하여 높은 매매차익을 얻기 위해서는 표면이자율이 낮은 채권이 유리하다. 요컨대 일정한 이자율변동에 대해 표면이자율이 0%인 순수할인채의 가격변동폭이 가장 크게 나타난다.

9. 채권수익률의 개념

(1) 만기수익률

채권수익률을 측정하는 가장 일반적인 방법은 만기수익률이다. 만기수익률(YTM : yield to maturity)은 채권의 시장가격(현금유출의 PV)과 채권을 만기까지 보유할 경우 얻게 될 원리금의 현재가치(현금유입의 PV)를 일치시키는 할인율을 말한다. 즉 식(5.18)을 만족시키는 r이 만기수익률이다.

$$P_0 = \sum_{t=1}^{n} \frac{I}{(1+r)^t} + \frac{F}{(1+r)^n} \qquad (5.18)$$

만기수익률은 투자자가 채권을 현재의 시장가격으로 매입해서 만기까지 보유하고 약속된 원리금을 약정대로 지급받으며 매기 지급받는 이자를 만기까지 만기수익률로 재투자한다고 가정할 경우에 얻을 수 있는 연평균투자수익률을 말하며 채권투자에 따른 내부수익률(IRR)과 동일한 개념이다.

(2) 현물이자율과 선도이자율

1) 현물이자율

현물이자율(spot rate)은 현재시점부터 미래의 일정기간 동안의 연평균이자율을 말한다. 채권시장에서 형성되어 있는 채권가격이 균형가격이라고 가정하면 현재시점부터 n년 동안의 연평균이자율(n년 만기 현물이자율)은 만기가 n년인 순수할인채의 만기수익률로 측정할 수 있다.

2) 선도이자율

선도이자율(forward rate)은 현재시점의 현물이자율에 내재되어 있는 미래의 특정시점부터 일정기간 동안의 이자율을 말한다. 따라서 만기가 서로 다른 현물이자율간의 균형관계를 이용하면 현재시점의 현물이자율에 내재된 미래의 특정시점부터 1년 동안의 선도이자율을 산출할 수 있다.

3) 현물이자율과 선도이자율의 관계

n년 만기 현물이자율을 $_0r_n$이라 하고, n−1년 후부터 n년 후까지 1년 동안의 선도이자율을 $_{n-1}f_n$이라고 할 경우에 채권시장이 균형상태에 있다면 현물이자율과 선도이자율간에는 다음의 관계가 성립한다.

$$(1+{}_0r_n)^n = (1+{}_0r_1)(1+{}_1f_2)(1+{}_2f_3)\cdots(1+{}_{n-1}f_n) \qquad (5.19)$$

식(5.19)에 의하면 현물이자율에 내재된 기간별 선도이자율은 만기가 서로 다른 현물이자율간의 관계에서 다음과 같이 구할 수 있다.

$$\begin{aligned}(1+{}_0r_n)^n &= (1+{}_0r_1)(1+{}_1f_2)\cdots(1+{}_{n-2}f_{n-1})(1+{}_{n-1}f_n)\\ &= (1+{}_0r_{n-1})^{n-1}(1+{}_{n-1}f_n)\\ \therefore\ {}_{n-1}f_n &= \frac{(1+{}_0r_n)^n}{(1+{}_0r_{n-1})^{n-1}}-1 \qquad (5.20)\end{aligned}$$

▌그림 5-9▐ 현물이자율과 선도이자율

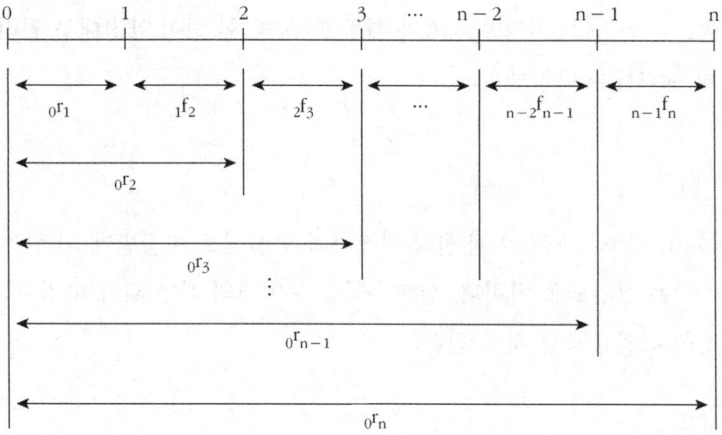

예제 5-8 선도이자율의 계산

액면가액이 10,000원인 1년 만기 순수할인채의 가격이 9,090.91원이고, 2년 만기 순수할인채의 가격이 7,971.94원이라고 가정하여 1년 후부터 1년간의 선도이자율을 계산하시오.

풀이

$$9{,}090.91 = \frac{10{,}000}{(1+{}_0r_1)^1} \rightarrow {}_0r_1 = \frac{10{,}000}{9{,}090.91} - 1 = 0.10$$

$$7{,}971.94 = \frac{10{,}000}{(1+{}_0r_2)^2} \rightarrow {}_0r_2 = \sqrt{\frac{10{,}000}{7{,}971.94}} - 1 = 0.12$$

$$\therefore \ {}_1f_2 = \frac{(1+{}_0r_2)^2}{(1+{}_0r_1)^1} - 1 = \frac{(1.12)^2}{(1.10)^1} - 1 = 0.1404$$

(3) 수익률의 종류

1) 약속수익률

약속수익률(promised yield)은 채권의 시장가격과 약속된 원리금의 현재가치를 일치시켜 주는 할인율을 말한다. 채권의 발행자가 채무불이행위험 없이 약정대로 원리금을 지급할 경우에 얻게 될 수익률을 나타낸다.

2) 실현수익률

실현수익률(realized yield)은 채권의 시장가격과 실제로 지급받게 될 원리금의 현재가치를 일치시켜 주는 할인율을 말한다. 실현수익률은 미래의 각 상황에 따라서 달라질 수 있기 때문에 일정한 확률분포를 갖게 된다.

3) 기대수익률

기대수익률(expected yield)은 실현수익률의 확률분포에 근거하여 계산된 기대수익률을 말한다. 즉 채무불이행위험(default risk)을 고려할 경우에 실현될 것으로 예상되는 수익률을 말한다.

(4) 채권수익률의 스프레드

수익률 스프레드(yield spread)는 위험이 있는 채권의 약속수익률과 위험이 없는 채권의 수익률(무위험이자율)간의 차이로 약속수익률과 기대수익률간의 차이에 해당하는 채무불이행위험에 대한 프리미엄과 기대수익률과 무위험이자율간의 차이에 해당하는 채무불이행위험을 제외한 기타위험에 대한 프리미엄으로 구분한다.

$$\text{채권수익률의 스프레드} = \frac{\text{약속수익률}-\text{기대수익률}}{\text{채무불이행위험에 대한 프리미엄}} + \frac{\text{기대수익률}-\text{무위험이자율}}{\text{기타위험에 대한 프리미엄}} \quad (5.21)$$

예제 5-9 채권수익률의 스프레드

서강기업은 액면가액 10,000원, 표면이자율 연 10% 이자후급, 만기 2년의 채권을 발행하였는데 현재 시장가격이 9,662원이라고 가정하여 물음에 답하시오.

상황	확률
1년 이내 파산	0.01
2년 이내 파산	0.02
2년 이후 원리금의 90% 지급	0.07
약속이행	0.90

1. 서강기업이 약정대로 원리금을 지급할 경우의 약속수익률을 계산하시오.
2. 지급불능위험이 다음과 같이 예상될 경우에 실현수익률의 기대치를 계산하시오.
3. 서강기업의 지급불능위험으로 인한 수익률스프레드를 계산하시오.

풀이

1. 서강기업이 약정대로 원리금을 지급할 경우에 약속수익률은 12%가 되어 실현수익률과 일치하게 된다.

$$9,662=\frac{1,000}{(1+r)^1}+\frac{11,000}{(1+r)^2} \rightarrow \therefore\ r=0.12(12\%)$$

2. 서강기업의 만기 이전에 지급불능위험을 고려할 경우 상황별 실현수익률은 다음과 같이 계산한다.

① 1년 이내 파산하는 경우 실현수익률

$$9,662=\frac{0}{(1+r)^1}+\frac{0}{(1+r)^2} \rightarrow \therefore\ r=-100\%$$

② 2년 이내 파산하는 경우 실현수익률

$$9,662 = \frac{1,000}{(1+r)^1} + \frac{0}{(1+r)^2} \quad \rightarrow \therefore \ r = -90\%$$

③ 원금의 90%만 상환시 실현수익률

$$9,662 = \frac{1,000}{(1+r)^1} + \frac{10,000}{(1+r)^2} \quad \rightarrow \therefore \ r = 7\%$$

따라서 실현될 수익률의 기대치는 다음과 같이 8.49%가 된다.

$$E(r) = (-100\%)(0.01) + (-90\%)(0.02) + (7\%)(0.07) + (12\%)(0.9) = 8.49\%$$

3. 서강기업의 지급불능위험으로 인한 수익률 스프레드는 약속수익률 12%에서 실현수익률의 기대치 8.49%를 차감한 3.51%라고 할 수 있다.

10. 채권수익률의 기간구조

채권수익률의 기간구조는 일정시점에서 다른 조건은 모두 동일하고 만기만 서로 다른 순수할인채의 만기와 만기수익률(현물이자율)이 어떤 관계를 가지며 특정한 관계를 갖는 이유가 무엇인가를 설명하는 이론으로 만기구조라고도 한다. 수익률곡선(yield curve)은 채권수익률의 기간구조를 그림으로 나타낸 것을 말한다.

(1) 불편기대이론

1) 의의

불편기대이론은 선도이자율이 미래의 기간별 기대현물이자율과 일치하도록 현재시점에서 현물이자율이 결정된다는 가설로서 순수기대이론이라고도 한다. 즉 선도이자율이 미래의 기간별 기대현물이자율과 일치하므로 다음의 관계가 성립하고 n년 만기 현물이자율은 n년 동안의 기간별 기대현물이자율에 대한 기하평균이 된다.

$$(1+{}_0r_n)^n = (1+{}_0r_1)\{1+E({}_1r_2)\}\{1+E({}_2r_3)\} \cdots \{1+E({}_{n-1}r_n)\} \qquad (5.22)$$

불편기대이론이 성립하는 경우에는 장기채와 단기채간에 완전한 대체관계가 성립하기 때문에 투자기간만 동일하면 투자자들이 만기가 서로 다른 채권에 투자하더라도 투자성과가 동일하게 된다. 따라서 불편기대이론이 성립하면 n년간 채권에 투자할 경우의 연평균 수익률은 n년 만기 현물이자율이 된다는 의미이다.

2) 수익률곡선

수익률곡선은 미래의 기간별 이자율에 대한 투자자들의 예상에 따라 형태가 달라진다. 투자자들이 미래의 이자율이 상승할 것으로 예상하면 우상향의 수익률곡선을 갖게 되고, 이자율이 하락할 것으로 예상하면 우하향의 수익률곡선을 갖게 되며, 이자율이 일정할 것으로 예상하면 수평의 수익률곡선으로 나타난다.

3) 가정 및 문제점

투자자들은 미래의 단기이자율을 현재시점에서 정확히 예측할 수 있고, 장기채와 단기채는 완전한 대체관계에 있다. 투자자들은 위험중립형이며 만기가 길수록 미래의 불확실성의 증대로 채무불이행위험은 증가하고 유동성이 감소하여 채권가격변동위험이 커지는데 이에 대한 보상을 요구하지 않는다고 가정한다.

▌그림 5-10▐ 불편기대이론의 수익률곡선

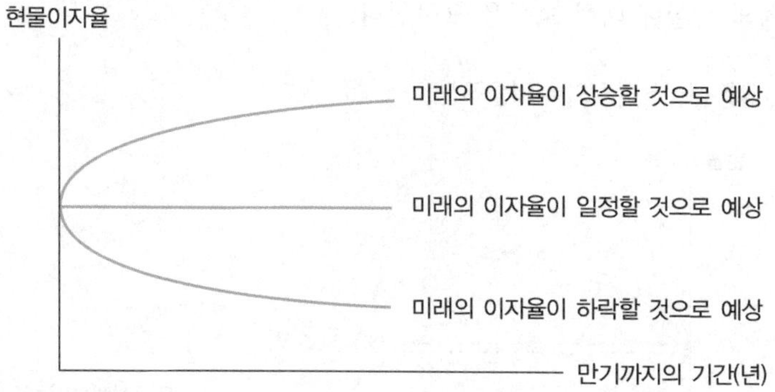

(2) 유동성선호이론

1) 의의

유동성선호이론은 선도이자율이 미래의 기간별 기대현물이자율과 유동성프리미엄의 합이 되도록 현재시점에서 기간별 현물이자율이 결정된다는 가설을 말한다. 즉 선도이자율이 기대현물이자율과 유동성프리미엄의 합이므로 n년 만기 현물이자율은 n년 동안의 기대현물이자율과 유동성프리미엄의 합에 대한 기하평균이 된다.

$$(1+{}_0r_n)^n = (1+{}_0r_1)\{1+E({}_1r_2)+{}_1L_2\}\cdots\{1+E({}_{n-1}r_n)+{}_{n-1}L_n\} \quad (5.23)$$

유동성선호이론은 장기채일수록 유동성 상실에 대한 프리미엄을 요구하여 선도이자율이 기대현물이자율보다 높게 형성되도록 현재시점에서 현물이자율이 결정된다고 본다. 따라서 투자기간이 동일하더라도 투자채권의 만기에 따라 투자성과가 달라지기 때문에 장기채와 단기채간에 대체관계가 성립하지 않는다.

2) 수익률곡선

유동성선호이론에 의하면 선도이자율이 미래의 기대현물이자율과 유동성프리미엄에 의해 결정된다. 따라서 유동성프리미엄이론의 수익률곡선은 불편기대이론에 의한 경우보다 유동성프리미엄을 반영한 만큼 높게 나타난다.

3) 가정 및 문제점

투자자들은 미래의 단기이자율을 현재시점에서 정확히 예측할 수 있다. 그리고 투자자들은 위험회피형이며 만기가 긴 장기채일수록 미래의 불확실성에 따른 채무불이행위험의 증가와 유동성의 상실에 대한 보상을 요구한다.

| 그림 5-11 | 유동성선호이론의 수익률곡선

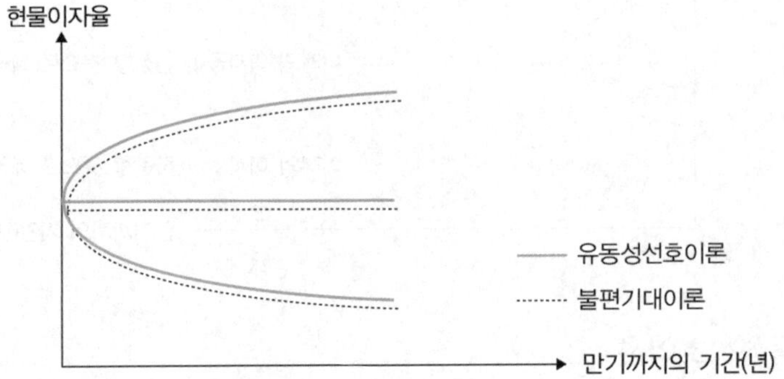

(3) 시장분할이론

1) 의의

시장분할이론은 투자자들이 선호하는 채권의 만기에 대한 선호구조에 따라 채권시장이 단기채, 중기채, 장기채시장으로 분할되고 채권수익률은 분할된 시장에서의 수요와 공급에 의해 독립적으로 결정된다는 가설을 말한다. 시장분할이론의 이론적 근거는 투자자들의 위험헤징형태에서 찾아볼 수 있다.

2) 수익률곡선

채권시장이 단기채, 중기채, 장기채시장으로 분할되어 독립적으로 형성되므로 수익률곡선은 연속적인 형태를 보이지 않고 불연속적인 형태를 나타낸다.

3) 가정 및 문제점

투자자들은 완전한 위험회피형이며 채권시장은 투자자들이 선호하는 단기채, 중기채, 장기채시장으로 분할되어 있고 채권시장간에 차익거래가 불가능하여 만기가 다른 채권간에는 대체관계가 성립하지 않는다. 또한 채권시장의 효율성을 무시하고 있으므로 현실적으로 거의 설득력을 잃고 있다.

▌그림 5-12▐ 시장분할이론의 수익률곡선

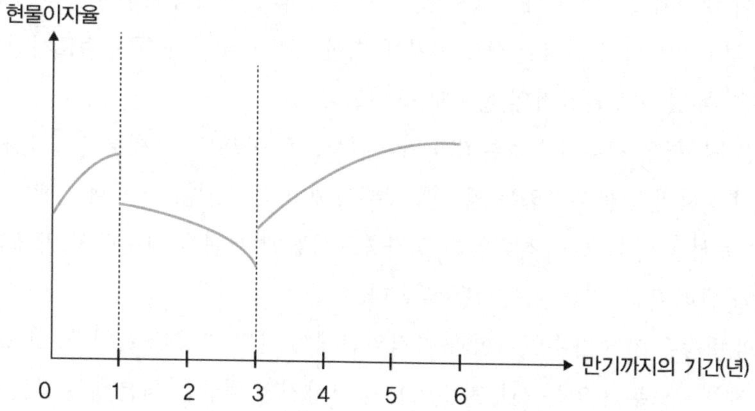

(4) 선호영역이론

선호영역이론은 투자자들이 선호하는 만기영역이 존재하며 다른 만기의 시장에서 충분한 대가가 주어지면 자신의 선호영역이 아닌 만기의 채권에도 투자할 수 있다는 이론을 말한다. 예컨대 은행은 주로 단기채에 투자하지만 장기채에 투자하여 확실한 수익을 얻을 수 있다면 장기채에도 투자할 수 있다는 이론이다.

11. 채권수익률의 위험구조

채권은 지급이자와 원금상환이 계약에 의해 정해진 확정소득증권이지만 발행자의 경영위험과 재무위험으로 원리금을 지급할 수 없는 경우도 있고 수의상환가능성과 같이 불확실성을 내포할 수 있다. 채권수익률의 위험구조는 채권의 발행주체나 발행조건이 달라짐에 따라 나타나는 채권수익률의 체계적 차이를 말한다.

(1) 체계적 위험

1) 이자율변동위험(interest rate risk)

이자율변동위험은 채권에 투자하는 기간 동안 시장이자율이 변동하여 투자종료시점의 투자수익이 채권매입시점에 예상했던 것과 일치하지 않을 가능성을 말한다. 채권투자에 따른 수익은 투자기간에 수령하는 액면이자에 대한 재투자수익과 투자종료시점에 채권을 처분하여 받을 수 있는 채권가격의 합으로 구성된다.

이자율변동위험은 재투자수익위험과 가격위험으로 구분된다. 재투자수익위험은 이자율이 변동하면 투자기간에 수령하는 이자를 재투자해서 얻게 될 수익이 예상했던 것과 달라질 수 있는 가능성을 말하고, 가격위험은 투자종료시점에 채권을 처분해서 받게 될 가격이 기대했던 것과 달라질 수 있는 가능성을 말한다.

이자율의 변동은 재투자수익위험과 가격위험에 상반된 영향을 미친다. 이자율이 상승하면 이자의 재투자로부터 얻는 재투자수익은 증가하지만 채권을 처분해서 받는 가격은 예상보다 하락한다. 이자율이 하락하면 이자의 재투자로부터 얻는 재투자수익은 감소하지만 채권을 처분해서 받는 가격은 예상보다 상승한다.

❙그림 5-13❙ 채권투자시 가격위험과 재투자수익위험

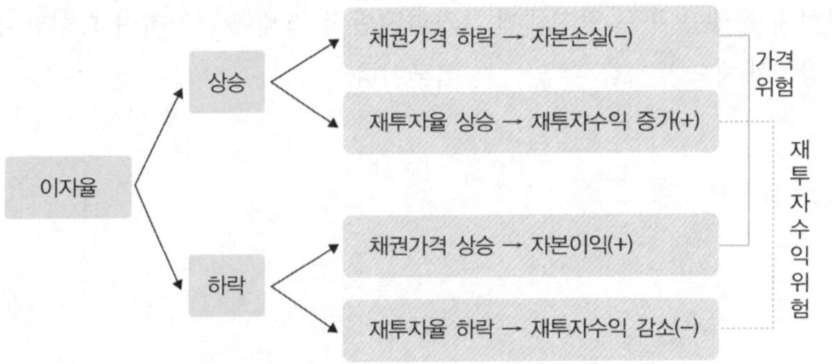

2) 인플레이션위험(inflation risk)

인플레이션위험은 물가상승으로 인하여 채권의 실질수익률이 하락하는 위험을 말한다. 채권수익률은 실질이자율과 기대인플레이션율의 합으로 결정된다. 미래에 예상되는 인플레이션율이 높을수록 실질수익률이 하락할 가능성이 증가하기 때문에 채권의 명목수익률은 상승하게 되고 채권가격은 하락하게 된다.

(2) 비체계적 위험

1) 채무불이행위험(default risk)

채무불이행위험은 채권의 발행자가 원리금을 약속대로 지급하지 못할 가능성으로 지급불능위험이라고도 한다. 채무불이행위험이 높을수록 약속수익률이 실현되지 않을 가능성이 높기 때문에 투자자들은 불확실성에 따른 위험프리미엄을 요구하게 되어 채권의 명목수익률은 상승하게 되고 채권가격은 하락하게 된다.

채무불이행위험은 신용평가기관의 채권평정으로 측정된다. 채권평정은 채권등급을 평가하는 전문기관이 채권발행자의 신용도와 채무불이행의 가능성을 평가하여 그 정도에 따라 채권의 등급을 결정하는 것으로 질적 평정(quality rating)이라고도 한다. 따라서 신용등급이 낮은 채권일수록 채무불이행위험이 크다.

2) 수의상환위험(callable risk)

수의상환위험은 채권의 발행자가 만기전에 약정된 가격으로 채권을 매입할 수 있는 수의상환권을 가질 때 발생한다. 수의상환권이 있는 채권은 수의상환권이 없는 채권보다 약속수익률을 달성하지 못할 가능성이 커서 투자자들은 불확실성에 따른 위험프리미엄을 요구하여 채권의 명목수익률은 상승하고 채권가격은 하락한다.

3) 유동성위험(liquidity risk)

유동성위험은 시장성이 부족하여 채권을 적절한 가격으로 단시일에 매각할 수 없는 위험으로 환금성위험이라고도 한다. 채권을 시장에서 적정한 가격으로 매각할 수 없으면 투자자들은 유동성 부족에 대한 위험프리미엄을 요구하게 되어 채권의 명목수익률은 상승하게 되고 채권가격은 하락하게 된다.

12. 채권의 듀레이션

시장이자율의 변화에 따른 채권가격의 변화를 정확히 측정하려면 듀레이션과 볼록성이 동시에 고려되어야 한다. 그러나 이자율의 변동이 작을 경우에는 듀레이션에 의해 측정되는 접선상의 채권가격과 실제 채권가격이 거의 동일하게 나타나서 듀레이션이 채권가격의 변동을 측정하는 유용한 수단이 될 수 있다.

(1) 듀레이션의 의의

듀레이션(D : duration)은 McCaulay가 이자율의 변화에 따른 채권가격의 민감도를 측정하고자 고안했으며 채권투자에서 발생하는 현금흐름을 회수하는데 걸리는 평균기간을 말한다. 각 기간별 현금흐름의 현재가치가 전체 현금흐름의 현재가치에서 차지하는 비율을 가중치로 하여 현금흐름이 발생하는 기간을 곱해 산출한다.

$$D = \sum_{t=1}^{n} t \times \frac{\frac{C_t}{(1+r)^t}}{\sum_{t=1}^{n} \frac{C_t}{(1+r)^t}} = \sum_{t=1}^{n} t \times \frac{\frac{C_t}{(1+r)^t}}{P_0} \tag{5.24}$$

예제 5-10 듀레이션의 계산

연세기업은 액면가액이 10,000원이고 표면이자율이 연 12% 이자후급이며 만기 3년의 채권을 발행하였다. 시장이자율을 10%로 가정하여 연세기업이 발행한 채권의 시장가격과 듀레이션을 계산하시오.

풀이

1. 채권의 시장가격

$$P_0 = \frac{1,200}{(1+0.10)^1} + \frac{1,200}{(1+0.10)^2} + \frac{11,200}{(1+0.10)^3} = 10,497$$

2. 채권의 듀레이션

기간	C	PVIF(10%)	C의 현재가치	가중치	가중치×기간
1	1,200	0.9091	1,090.92	0.1039	0.1039
2	1,200	0.8265	991.80	0.0945	0.1890
3	11,200	0.7513	8,414.56	0.8016	2.4049
합계			P=10,497.28		D=2.6977

한편 듀레이션의 계산과정을 식으로 표시하면 다음과 같다.

$$D = [1\times\frac{1,200}{(1.1)^1}+2\times\frac{1,200}{(1.1)^2}+3\times\frac{11,200}{(1.1)^3}]\frac{1}{10,497.28} = 2.6977\text{년}$$

일반적으로 채권의 기간을 나타내는 보편적인 척도로 만기를 사용한다. 그러나 만기는 최종현금흐름이 발생하는 시점까지의 기간을 나타낼 뿐 만기 이전에 발생하는 현금흐름에 대해서는 아무런 정보도 제공하지 못한다. 반면에 듀레이션은 만기 이전에 발생하는 현금흐름도 모두 고려하는 평균상환기간을 말한다.

듀레이션은 현금흐름의 형태에 따라 다른 특성을 갖는다. 채권의 종류별로 살펴보면 이표채의 듀레이션은 만기보다 짧다. 이표채에 투자하면 전체현금의 일부가 이자를 통해 만기 이전에 회수되기 때문이다. 무이표채의 듀레이션은 만기와 일치한다. 무이표채에 투자하면 현금흐름이 만기에만 발생하기 때문이다.

그러나 만기가 무한대인 영구채의 듀레이션은 시장이자율이 변동하지 않는다면 시간의 경과에 관계없이 일정한 값을 갖는다. 영구채의 만기는 무한대이지만 듀레이션은 유한하며, 그 크기는 시장이자율에 의해 결정되기 때문이다. 따라서 영구채의 듀레이션은 다음과 같은 공식을 이용하여 구할 수 있다.

$$D = \frac{1+r}{r} \tag{5.25}$$

그리고 채권포트폴리오에 포함되는 개별채권들의 만기수익률이 모두 동일하다고 가정하면 채권포트폴리오의 듀레이션은 개별채권들의 듀레이션(D_i)을 개별채권에 대한 투자비율(W_i)로 가중평균하여 구할 수 있다.

$$D_p = \sum_{i=1}^{n} D_i \times W_i \tag{5.26}$$

(2) 듀레이션의 특징

듀레이션은 채권의 만기, 표면이자율, 시장이자율, 이자지급회수의 네 가지 요인에 의해 영향을 받는다. 다른 조건이 동일한 경우에 채권의 만기가 길수록, 표면이자율과 만기수익률이 낮을수록, 이자지급회수가 감소할수록 듀레이션은 길어진다. 그러나 만기와 듀레이션의 관계는 채권의 발행형태에 따라 달라진다.

1) 듀레이션과 만기

다른 조건이 동일한 경우에 채권의 만기가 길수록 듀레이션은 길어진다. 이것은 만기가 길수록 원리금의 회수기간이 길어지기 때문이다. 그러나 만기와 듀레이션의 관계는 다소 복잡하여 채권의 발행형태에 따라 달라진다. 채권의 발행형태에 따른 만기와 듀레이션의 관계는 [그림 5−14]에 제시되어 있다.

▌그림 5-14▐ 만기와 듀레이션의 관계

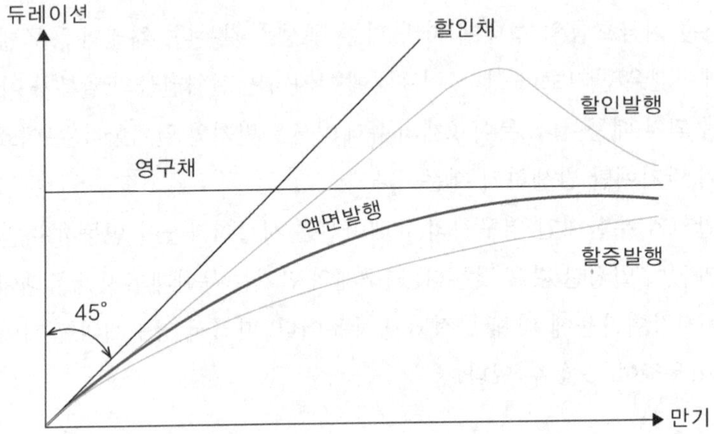

순수할인채는 만기일에만 현금흐름이 발생하기 때문에 듀레이션은 항상 만기와 동일하여 45° 대각선상에 표시된다. 한편 영구채는 만기의 변동에 관계없이 듀레이션이 (1+r)/r로 일정하다. 그리고 이표채는 만기가 길수록 듀레이션이 증가하지만 그 증가율은 체감하는 양상을 보이고 있어 약간 차이가 있다.

2) 듀레이션과 표면이자율

다른 조건이 동일한 경우에 표면이자율이 높을수록 듀레이션은 짧아진다. 표면이자율이 높을수록 각 기간별 현금흐름이 동일액씩 증가하지만 그 현재가치는 현재에 가까운 시점의 현금흐름일수록 크게 나타나기 때문이다. 따라서 가까운 시점의 가중치는 커지고 먼 시점의 가중치는 작아지므로 듀레이션은 짧아진다.

3) 듀레이션과 만기수익률

다른 조건이 동일한 경우에 만기수익률이 높을수록 듀레이션은 짧아진다. 만기수익률이 높을수록 미래현금흐름의 현재가치가 감소하는데, 현재로부터 먼 시점의 현금흐름일수록 더 큰 폭으로 감소하기 때문이다. 따라서 가까운 시점의 가중치는 커지고 먼 시점의 가중치는 작아지므로 듀레이션은 짧아진다.

(3) 듀레이션과 채권가격변화

듀레이션은 채권현금흐름의 현재가치로부터 채권투자금액을 회수하는데 걸리는 평균회수기간의 의미뿐만 아니라 시장이자율의 변화에 대한 채권가격의 변화정도인 민감도의 의미도 가지고 있다. 따라서 듀레이션을 이용하면 시장이자율이 변화할 경우에 채권가격이 어떻게 변화할 것인지를 쉽게 파악할 수 있다.

1) 듀레이션과 채권가격의 이자율탄력성

시장이자율이 변화하면 채권가격이 변화하게 되는데, 일정한 이자율 변화에 대해 채권가격이 어느 정도 변화할 것인가는 채권가격의 이자율탄력성을 이용하여 측정할 수 있다. 시장이자율의 변화에 따른 채권가격의 변화정도를 측정하는 채권가격의 이자율탄력성(ε)은 다음과 같이 듀레이션을 이용하여 구할 수 있다.

$$\varepsilon = \frac{dP_0/P_0}{dr/r} = -\left(\frac{r}{1+r}\right)D \tag{5.27}$$

식(5.12)에서 채권가격의 이자율탄력성은 음수(−)로 나타나는데, 이는 채권가격의 변화가 시장이자율의 변화와 반비례관계에 있음을 의미한다. 또한 듀레이션이 길수록 채권가격의 이자율탄력성이 크게 나타나는데, 이는 듀레이션이 긴 채권이 일정한 시장이자율의 변화에 따른 채권가격의 변화율이 큰 채권임을 의미한다.

2) 듀레이션과 채권가격변화위험

다른 조건이 동일하다면 만기가 길수록, 표면이자율과 만기수익률이 낮을수록 채권가격의 변동위험이 크게 나타난다. 따라서 이자율하락이 예상되면 만기가 길고 표면이자율이 낮은 채권을 매입하여 자본이득을 극대화하고, 이자율상승이 예상되면 만기가 짧고 표면이자율이 높은 채권을 매입하면 자본손실을 극소화할 수 있다.

3) 듀레이션을 이용한 채권가격변화

채권가격의 이자율탄력성으로부터 이자율이 r에서 dr만큼 변화할 때 듀레이션에 의해 예측되는 채권가격변화율은 다음과 같다.

$$\frac{dP_0}{P_0} = -\frac{dr}{1+r} \times D \tag{5.28}$$

식(5.13)의 양변에 P_0을 곱하여 정리하면 채권가격변화액은 다음과 같다.

$$dP_0 = -\frac{D}{1+r} \times dr \times P_0 \tag{5.29}$$

시장이자율이 r에서 dr만큼 변화하여 r′가 되었을 때 채권가격은 다음과 같다.

$$P_0(r') = P_0 - \frac{D}{1+r} \times dr \times P_0 \tag{5.30}$$

이와 같이 예측된 채권가격은 채권가격선의 접선에 의해 예측된 값으로 이자율의 변화가 작을 경우에만 의미가 있고 듀레이션을 이용한 채권가격은 실제의 채권가격과 차이가 발생한다. 따라서 듀레이션은 물론 볼록성까지 추가로 고려하면 시장이자율의 변화에 따른 채권가격의 변화액을 정확히 추정할 수 있게 된다.

| 그림 5-15 | 듀레이션과 채권가격변화

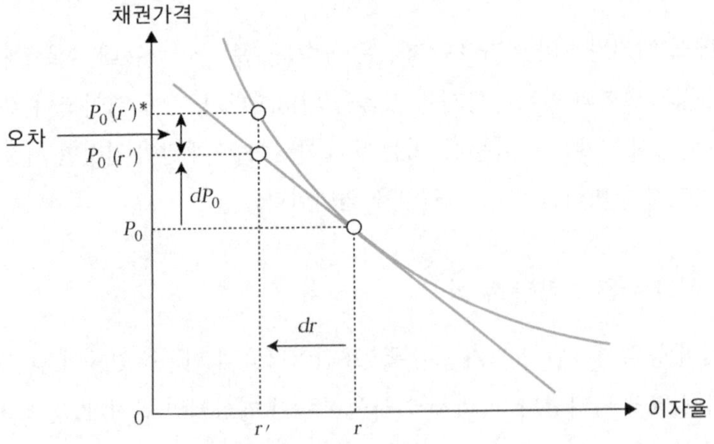

예제 5-11 듀레이션을 이용한 채권가격의 변화

경희기업은 액면가액이 10,000원이고 표면이자율 연 10% 이자후급이며 만기 3년의 채권을 발행하고자 한다. 시장이자율을 8%로 가정하여 다음 물음에 답하시오.

1. 경희기업이 발행하는 채권의 시장가격을 계산하시오.
2. 경희기업이 발행하는 채권의 듀레이션을 계산하시오.
3. 시장이자율이 8%에서 10%로 상승할 경우 채권의 가격은 얼마나 변화하는가?
4. 3에서 경희기업 채권의 새로운 가격을 계산하시오.
5. 시장이자율이 10%일 때 실제 채권가격을 계산하고 4의 결과와 비교하시오.

풀이

1. 경희기업이 발행하는 채권의 시장가격은 다음과 같이 구할 수 있다.

$$P_0 = \frac{1,000}{(1+0.08)^1} + \frac{1,000}{(1+0.08)^2} + \frac{11,000}{(1+0.08)^3} = 10,515.42\text{원}$$

2. 경희기업이 발행하는 채권의 듀레이션은 다음과 같이 구할 수 있다.

$$D = [1\times\frac{1,000}{(1.08)^1} + 2\times\frac{1,000}{(1.08)^2} + 3\times\frac{11,000}{(1.08)^3}]\frac{1}{10,515.42} = 2.74\text{년}$$

3. $dP_0 = -\frac{D}{1+r}\times dr \times P_0 = -\frac{2.74}{1.08}\times(0.02)\times(10,515.42) = -533.56\text{원}$

4. 3으로부터 경희기업 채권의 새로운 가격은 다음과 같이 구할 수 있다.

$$P_0 = 10,515.42 - 533.56 = 9,981.86\text{원}$$

5. 시장이자율이 10%일 때 실제 채권가격은 다음과 같이 구할 수 있다.

$$P_0 = \frac{1,000}{(1+0.1)^1} + \frac{1,000}{(1+0.10)^2} + \frac{11,000}{(1+0.10)^3} = 10,000$$

4의 결과와 비교하면 듀레이션으로 측정된 채권가격이 실제 채권가격보다 적다. 이는 채권가격과 채권수익률의 관계가 선형이 아닌 원점에 볼록한 형태를 가지고 있기 때문이다.

(4) 듀레이션의 한계점

이자율의 변화가 작을 경우에는 듀레이션에 의해 측정되는 접선상의 채권가격과 실제 채권가격이 거의 동일하여 듀레이션이 채권가격의 변화를 측정하는 유용한 수단이 될 수 있다. 그러나 이자율의 변화가 클 경우에는 듀레이션에 의해 예측된 채권가격과 실제 채권가격간의 오차가 발생하여 볼록성을 추가로 고려해야 한다.

또한 맥콜리의 듀레이션은 모든 기간의 현금흐름에 동일한 이자율을 적용하고, 모든 기간의 이자율이 동일한 폭만큼 변화하므로 모든 기간의 현물이자율이 동일한 수평의 수익률곡선을 가정하고 있다. 따라서 시장이자율이 기간마다 다르거나 시장이자율의 변화가 기간마다 다르다면 맥콜리의 듀레이션을 이용할 수 없다.

보론 5-1 채권평정

채권수익률의 위험구조에서 가장 중요한 것은 채권의 발행자가 원리금을 약정대로 지급하지 못할 수 있는 채무불이행위험이다. 그런데 채무불이행위험은 투자자 스스로 판단할 수도 있지만, 대부분은 전문적인 채권평가기관에서 여러 자료들을 분석하여 일반에게 공개하는 채권평정에 의존하는 것이 일반적이다.

채권평정(bond rating)은 신용평가기관이 채권발행자의 신용도와 채무불이행의 가능성을 평가하여 그 정도에 따라 채권의 등급을 결정하는 것을 말하며 질적 평정이라고도 한다. 우리나라는 한국신용평가회사와 한국신용정보 등이 채권평정을 하고 있으나 미국의 경우는 채권평정이 실무적으로 보편화되어 있다.

미국의 무디스와 S&P의 채권평정이 널리 사용된다. 채권의 신용위험의 정도에 따라 무디스사는 Aaa에서 C까지 9개의 등급, S&P사는 AAA에서 E까지 11개의 등급을 부여한다. 이들은 투자자보호조항, 담보물, 이자보상비율, 자본화비율, 유동비율 그리고 기타 재무자료 등을 분석하여 일반투자자에게 공개하고 있다.

채권의 질적평정은 채권을 평가할 때 할인율에 영향을 미치며 채권가격은 할인율에 의해 결정되기 때문에 채권평정은 채권의 가격결정에 직접적인 영향을 미친다. 채권평정이 높은 고급채권일수록 채권수익률이 낮고 스프레드도 낮은 반면에 채권평정이 낮은 저급채권일수록 높은 채권수익률과 높은 스프레드를 갖는다.

그러나 채권평정과 할인율과의 관계는 항상 일정한 것은 아니며 정부의 재정금융정책, 자금의 수요공급 그리고 경기변동 등에 따라 변할 수 있다. 흔히 경기회복기에는 스프레드가 적고 경기후퇴기에는 스프레드가 커진다. 그 이유는 경기변동에 따라 투자자들의 위험에 대한 태도가 달라지기 때문이다.

따라서 낙관적인 분위기가 지배적인 경기회복기에는 일정한 위험에 대해서 보다 적은 위험프리미엄을 요구하고, 경기후퇴기에는 보다 큰 위험프리미엄을 요구하는 것이 일반적이기 때문이다. 채무불이행위험과 잔존기간과의 관계는 등급이 낮은 채권과 등급이 높은 채권의 경우로 나누어 볼 수 있다.

채권의 잔존기간에 동일한 위험률을 가진 채권이 있다고 가정하면 그 위험률은 만기에 가까워질수록 감소한다. 실제로 항상 동일한 위험률 또는 재무상황을 유지하고 있는 발행자는 없겠으나, 등급이 높은 채권의 발행자라면 투자자는 잔존기간이 짧아짐에 따라 위험은 감소한다고 생각해도 좋을 것이다.

우리나라 신용평가기관들은 S&P사와 유사한 신용등급을 사용하고 있고 회사채 신용등급은 원리금의 상환능력에 따라 AAA~D까지 10개의 등급으로 분류된다. AAA~BBB까지는 투자적격등급, BB~D까지는 투기적 등급에 해당한다. 그리고 AA부터 B등급까지는 +와 −를 추가하여 등급을 세분화하고 있다.

▎표 5-5▎ 회사채 신용등급의 기호와 의미

AAA	원리금의 지급능력이 최상급임
AA	원리금의 지급능력은 매우 우수하나 AAA의 채권보다는 다소 열위임
A	원리금의 지급능력은 우수하나 상위등급에 비해 경제여건 및 환경악화에 따라 장래 원리금의 지급능력이 저하될 가능성을 내포하고 있음
BBB	원리금의 지급능력은 양호하나 장래 안전에 대해서는 단언할 수 없는 투기적인 요소를 내포하고 있음
BB	원리금의 지급능력이 당장은 문제가 없으나 장래 안전에 대해서는 단언할 수 없는 투기적인 요소를 내포하고 있음
B	원리금의 지급능력이 결핍되어 투기적이며 불황시에 이자지급이 확실하지 않음
CCC	원리금의 지급능력에 관해 현재에도 불안요소가 있으며 채무불이행위험이 커서 매우 투기적임
CC	상위등급에 비해 불안요소가 더욱 큼
C	채무불이행의 위험성이 높고 원리금의 상환능력이 없음
D	원리금의 상환불능 상태임

보론 5-2 면역전략

채권투자와 관련된 시장이자율의 변화위험은 가격변동위험과 재투자수익위험으로 구분되는데, 시장이자율이 변화하면 이들은 서로 반대방향으로 움직인다. 즉 시장이자율이 상승하면 채권가격은 하락하나 재투자수익은 증가하고, 시장이자율이 하락하면 채권가격은 상승하나 재투자수익은 감소한다.

따라서 두 효과를 적절히 상쇄시키면 체계적 위험인 금리위험을 제거할 수 있어 이자율이 급변하는 투자환경 속에서도 투자자산을 방어할 수 있다는 매혹적인 결론에 이르게 된다. 이처럼 이자율변화의 상쇄효과에 착안하여 이자율변동이라는 시장위험을 회피하려는 채권투자전략이 면역전략이다.

요컨대 면역전략은 채권포트폴리오의 듀레이션과 채권투자기간을 일치시키게 되면 목표로 하는 채권투자종료시점에 채권포트폴리오의 실현수익률이 투자기간 동안에 시장이자율의 변화에 관계없이 약속수익률을 상회하게 될 것을 보장하는 전략을 의미하며 듀레이션의 개념을 기초로 하고 있다.

즉 투자기간을 듀레이션과 일치시키면 이자율변화위험을 회피할 수 있는 면역상태가 가능하여 미래현금흐름의 편차를 적게 하면서 약속수익률을 달성할 수 있다. 예컨대 채권투자자가 2.7년 후에 자금이 필요한데 이자율변화위험을 제거하고 싶으면 듀레이션이 2.7년인 채권에 투자하면 된다.

따라서 채권면역전략은 시장이자율이 변화하면 채권가격위험과 재투자수익위험이 서로 반대방향으로 움직인다는 상쇄효과에 착안하여 이자율변화위험을 제거하려는 채권투자전략으로 이용이 확산되고 있다. 그러나 면역전략의 일반적인 적용에 다음과 같은 현실적인 문제점들이 없는 것은 아니다.

채권에 대한 투자규모가 상당액 이상이어야 하므로 일반투자자는 이용하기 어렵고 여러 채권에 대한 듀레이션을 계산하려면 컴퓨터시스템의 이용이 전제되어야 하며 완벽하게 이자율변동위험을 제거시키려면 이자율이 변화할 때마다 모든 채권의 듀레이션이 조금씩 변하므로 채권포트폴리오를 재면역시켜야 한다.

또한 투자자들이 실제로 원하는 목표투자기간과 동일한 듀레이션을 갖는 채권을 찾는다는 것은 쉬운 일이 아니다. 그러나 듀레이션은 가법성을 갖기 때문에 여러 가지 채권을 결합시켜 원하는 듀레이션의 채권포트폴리오를 구성할 수 있다. 채권면역전략은 목표시기면역전략과 순자산가치면역전략으로 구분된다.

목표시기면역전략은 투자자의 목표투자기간과 동일한 듀레이션을 갖는 채권에 투자하면 이자율변화에 따른 채권가격의 변화와 액면이자의 재투자수익의 변화가 서로 상쇄되어 이자율

변화위험을 완전히 제거시키는 면역전략을 말하며 미래현금흐름의 편차를 적게 하면서 약속수익률을 얻을 수 있게 된다.

그러나 투자자가 원하는 목표투자기간과 동일한 듀레이션을 갖는 채권을 찾는다는 것은 쉬운 일이 아니며 시간이 경과하고 시장이자율이 변화할 때마다 채권의 듀레이션이 조금씩 변하므로 채권포트폴리오를 재면역시켜야 하고 채권포트폴리오를 재구성함에 따라 거래비용이 증가한다는 문제점이 있다.

예제 5-12 목표시기면역전략

국제기업은 액면가액 10,000원이고 표면이자율 연 12% 이자후급이며 시장이자율은 8%, 만기 3년의 채권을 발행하였다. 시장이자율이 10%로 상승할 경우 채권의 시장가격은 10,497원이고 듀레이션은 2.6977년이다. 다음 물음에 답하시오.

1. 시장이자율이 8%로 불변인 경우 2.7년 후 투자자의 부를 계산하시오.
2. 시장이자율이 10%로 상승할 경우 2.7년 후 투자자의 부를 계산하시오.

풀이

1. 시장이자율이 8%로 유지될 경우 2.7년 후에 투자자의 부는 13,578원이 된다.

① 이자소득의 재투자수입은 이자수입이 있을 때마다 남은 기간 재투자수익률 8%에 재투자한다.

$1,200(1.08)^{1.7}+1,200(1.08)^{0.7}=1,368+1,264=2,634$원

② 2.7년 시점에서 채권의 매각대금은 시장이자율 8%로 할인하여 구한다.

$11,200/(1.08)^{3-2.7}=10,944$원

∴ 2.7년 후의 부 = ①+② = 2,634+10,944 = 13,578원

2. 시장이자율이 10%로 상승할 경우 2.7년 후에 투자자의 부는 13,578원이 된다.

① 이자소득의 재투자수입은 이자수입이 있을 때마다 남은 기간 재투자수익률 10%에 재투자한다.

$1,200(1.10)^{1.7}+1,200(1.10)^{0.7}=1,411+1,283=2,694$원

② 2.7년 시점에서 채권의 매각대금은 시장이자율 10%로 할인하여 구한다.

$11,200/(1.10)^{3-2.7}=10,884$원

∴ 2.7년 후의 부 = ①+② = 2,694+10,884 = 13,578원

시장이자율이 8%에서 10%로 상승하면 자본손실이 60원 발생하지만, 이자수입의 재투자수익은 60원 증가하는 소득효과가 발생하여 서로 상쇄됨으로써 시장이자율이 8%로 유지되었을 경우 부와 동일하게 되어 이자율변동위험을 제거시키는 채권면역이 가능하게 된다.

연습문제 TEST

1 **다음 중 유동성선호와 이자율에 대한 가장 옳지 않은 것은?**

① 화폐의 가치가 시간에 따라 달라지는 것은 사람들의 유동성선호 때문이다.

② 유동성선호로 인해 사람들은 같은 금액이면 미래현금보다 현재현금을 선호한다.

③ 이자율은 무위험이자율과 위험프리미엄의 합으로 구성되며, 무위험이자율은 실물투자기회의 수익성과 물가상승의 가능성에 따라 달라진다.

④ 시장에 존재하는 실물투자기회의 수익성이 높을수록 이자율도 높아진다.

⑤ 기대인플레이션이 높을수록 미래현금이 현재현금보다 높은 가치를 갖는다.

해설 기대인플레이션이 높을수록 미래현금의 구매력이 감소하여 가치가 낮아진다.

2 **다음 중 화폐의 시간가치에 대한 설명으로 옳지 않은 것은?**

① 현재금액이 동일한 경우 미래가치는 이자율이 높고 기간이 길수록 증가한다.

② 미래금액이 동일한 경우 현재가치는 이자율이 높고 기간이 길수록 감소한다.

③ 다른 조건이 동일한 경우 이자계산회수가 증가할수록 현재가치가 감소한다.

④ 다른 조건이 동일한 경우 복리계산시의 미래가치는 단리계산시의 미래가치보다 작다.

⑤ 표시이자율이 동일하면 이자계산회수가 증가할수록 유효이자율도 증가한다.

해설 다른 조건이 동일하면 복리계산시 미래가치는 단리계산시 미래가치보다 크다.

3 **다음 중 화폐의 시간가치에 대한 설명으로 옳지 않은 것은?**

① 만기가 증가하면 현재가치는 감소한다.

② 이산복리계산 방식보다 연속복리계산 방식이 미래가치가 더 크다.

③ 단위기간 동안 이자지급회수가 늘어나면 단위기간 동안의 실질이자율은 낮아진다.

④ 이산복리계산 방식이 연속복리계산 방식보다 현재가치가 더 크다.

⑤ 단리계산방법보다 복리계산방법의 미래가치가 더 크다.

해설 단위기간 동안 이자지급회수가 늘어나면 표면이자율보다 실질이자율은 더 커진다.

4 **다음 중 화폐의 시간가치에 대한 설명으로 옳지 않은 것은?**

① 사람들은 현재의 100만원과 1년 후의 100만원 중에서 현재의 100만원을 선호한다.

② 사람들은 현재의 100만원을 1년 후의 현금과 교환할 경우 1년 후의 현금으로 100만원보다 큰 금액을 요구한다.

③ 이자율은 무위험이자율과 위험프리미엄의 합으로 구성되며, 무위험이자율은 시차선호,

투자기회, 물가상승, 불확실성에 따라 달라진다.

④ 시장에 존재하는 실물투자기회의 수익성이 높을수록 이자율도 상승한다.

⑤ 기대인플레이션율이 높을수록 미래 현금의 가치는 높아진다.

해설 기대인플레이션율이 높을수록 미래현금의 구매력이 감소하여 미래현금의 가치가 낮아진다.

5 다음 중 현금흐름의 현재가치를 계산하는데 사용되는 할인율로 일정 단위기간 내의 재투자효과를 고려한 단위기간 이자율을 무엇이라 하는가?

① 실효이자율(effective interest rate) ② 실질이자율(real interest rate)

③ 명목이자율(nominal interest rate) ④ 표면이자율(stated interest rate)

⑤ 한계이자율(marginal interest rate)

해설 실효이자율은 단위기간 내의 재투자효과를 고려하여 복리 계산한 이자율로 유효이자율이라고도 한다. 표면이자율은 재투자효과를 반영하지 않은 이자율을 말한다.

6 현재 시장이자율이 10%이고 기대인플레이션이 3%라고 한다. 실질이자율로 계산하면 현재 10,000원의 1년 후 시장에서의 가치는 얼마인가?

① 11,000원 ② 10,300원 ③ 10,680원 ④ 10,980원

해설 명목이자율인 시장이자율이 10%라면 피셔공식에 의해 실질이자율은 6.8%이다.
(1+N)=(1+R)(1+I) → (1+10%)=(1+R)(1+3%) ∴ R=0.068(6.8%)
따라서 현재 10,000원의 미래가치는 10,680원이다.

7 현재시점에서 1억원을 연간 이자율이 10%인 금융상품에 투자할 경우에 얼마가 지나면 2억원을 수령할 수 있는가?

① 5.62년 ② 6.45년 ③ 7.27년 ④ 8.74년

해설 72의 법칙: 현재금액이 두 배가 되는데 걸리는 기간은 72를 이자율로 나누어 근사치를 구할 수 있다. 이자율이 10%라면 현재 1억원이 2억원이 되는데 걸리는 기간은 약 7.2년(=72/10)이 된다.

8 대한은행은 5년 말부터 1,000만원을 2년에 한 번씩 지급하는 영구연금을 개발하였다. 시장이자율이 10%인 경우에 이러한 신상품의 현재가치는 얼마인가?

① 3,252만원 ② 3,376만원 ③ 3,452만원 ④ 3,578만원

해설 1년간 이자율이 10%이므로 2년간 이자율은 21%(=1.1^2-1)이다.

$$PV = \frac{1,000}{0.21} \times \frac{1}{(1.1)^3} = 3,578\text{만원}$$

9 오늘 100원을 차입하면 1개월 후 102원을 상환하는 대출의 실효이자율은?

① 10% ② 12% ③ 12.5% ④ 26.8%

해설 1개월 이자가 2%이므로 연이자율은 24%에 해당한다.

$$r_e = (1+\frac{r}{m})^m - 1 = (1+\frac{0.24}{12})^{12} - 1 = 0.268(26.8\%)$$

10 현재 3억원을 투자하면 영구히 1억원의 현금유입이 발생하는 투자안의 NPV가 1.5억원이라면 현재 이자율은 얼마인가?

① 15.7% ② 22.2% ③ 25.45% ④ 27.2%

해설 $1.5 = \frac{1}{r} - 3 \rightarrow r = 0.222(22.2\%)$

11 다음 중 채권의 성격으로 적절한 것은?

① 자기자본조달의 성격을 갖는다.

② 주주로서 경영참가권을 갖는다.

③ 경영성과에 따라 배당을 받는다.

④ 원리금 상환청구를 할 수 있다.

해설 ①, ②, ③은 주식의 성격에 해당한다.

12 다음 중 채권과 주식에 대한 설명으로 적절하지 않은 것은?

① 채권은 타인자본조달이며, 주식은 자기자본조달이다.

② 채권은 채권자의 권리, 주식은 주주의 권리를 갖는다.

③ 채권은 원리금 상환청구권이 있고, 주식은 이익배당청구권이 있다.

④ 채권은 간접적인 자금조달이고, 주식은 직접적인 자금조달이다.

해설 주식과 채권은 모두 직접적인 자금조달수단에 해당한다.

연습문제 TEST

13 다음 중 주식과 채권에 대한 설명으로 적절하지 않은 것은?

① 주주는 경영참가권 등을 가지고 채권자는 원리금 상환청구권과 이익배당청구권을 갖는다.

② 주주는 경영성과에 따라 배당금을 받지만, 채권자는 경영성과에 관계없이 확정된 이자를 지급받는다.

③ 회사가 해산하는 경우 채권자는 주주에 우선하여 변제받을 권리가 있다.

④ 채권발행은 타인자본으로 계상하고, 주식발행은 자기자본으로 계상한다.

해설 주주는 경영참가권, 이익배당청구권 등을 갖고 채권자는 원리금상환청구권을 갖는다.

14 다음 중 회사의 실질재산이 증가하는 경우는?

① 무상증자를 실시하는 경우

② 전환사채를 주식으로 전환한 경우

③ 주식 1주를 10주로 액면분할하는 경우

④ 신부인수권부사채권자가 신주를 인수한 경우

해설 신주인수권부사채는 주식대금의 납입으로 회사에 현금이 유입된다. 나머지는 현금의 유입없이 주식만 증가한다.

15 채권의 이자지급방법에 따른 분류로 적절하지 않은 것은?

① 할인채 ② 특수채 ③ 복리채 ④ 이표채

해설 채권은 발행주체에 따라 국채, 지방채, 특수채, 회사채로 구분된다.

16 다음 중 채권을 발행주체별로 분류할 때 발행주체가 다른 것은?

① 국고채권 ② 통화안정증권

③ 국민주택채권 ④ 외국환평형기금채권

해설 통화안정증권은 한국은행이 발행하는 금융채에 해당하고 나머지는 국채에 속한다.

17 다음 중 채권에 대한 설명으로 적절하지 않은 것은?

① 전환사채는 전환권을 행사하면 사채는 소멸한다.

② 교환사채는 교환권을 행사하면 사채는 소멸한다.

③ 신주인수권부사채는 신주인수권을 행사하면 사채는 소멸한다.

④ 이익참가부사채는 최소한의 확정이자는 보장한다.

해설 신주인수권부사채는 신주인수권을 행사하더라도 사채는 소멸하지 않고 존속한다.

18 다음 중 주식관련 권리행사 이후에도 채권이 존속하는 것은?

① 전환사채(CB) ② 신주인수권부사채(BW)
③ 교환사채(EB) ④ 이익참가부사채(PB)

해설 신주인수권부사채는 신주인수권을 행사하더라도 사채는 소멸하지 않고 존속한다.

19 다음 중 채권을 발행한 기업으로 현금이 유입되는 것은?

① 전환사채(CB) ② 신주인수권부사채(BW)
③ 교환사채(EB) ④ 이익참가부사채(PB)

해설 신주인수권부사채는 신주인수권을 행사하면 주식대금을 납입해야 한다.

20 다음 중 채권에 대한 설명으로 옳지 않은 것은?

① 만기수익률을 계산하려면 반드시 채권의 현재가격을 알아야 한다.
② 채권의 시장가격은 만기일에 근접할수록 액면가액에 접근한다.
③ 무이표채는 이표채와 달리 재투자수익위험은 없고 가격위험만 있다.
④ 시장이자율이 일정하면 할증채는 만기일에 근접할수록 채권가격은 상승한다.
⑤ 시장이자율이 불변이면 액면채의 가격은 시간의 흐름에 관계없이 일정하다.

해설 시장이자율이 현재수준으로 유지된다면 할증채는 만기일에 접근할수록 채권가격은 하락한다.

21 다음 중 채권가격과 시장이자율의 관계에 대한 설명으로 옳지 않은 것은?

① 채권가격과 시장이자율은 반비례한다.
② 금리하락에 따른 채권가격상승폭은 금리상승에 따른 채권가격하락폭보다 크다.
③ 장기채일수록 이자율 변동에 따른 채권가격 변동폭이 크다.
④ 이자율 변동에 따른 채권가격 변동폭은 만기가 길수록 증가하나, 만기 1단위 증가에 따른 채권가격의 변동폭은 체감한다.
⑤ 표면이자율이 낮을수록 이자율 변동에 따른 채권가격 변동폭이 작다.

해설 표면이자율이 낮을수록 시장이자율 변동에 따른 채권가격 변동폭이 크다.

22 다음 중 말킬(B. G. Malkeil)의 채권가격정리에 대한 설명으로 적절한 것은?

① 채권수익률이 상승하면 채권가격도 상승한다.

② 동일한 수익률이 발생하면 채권가격변동률은 수익률하락, 상승시 동일하다.

③ 채권 잔존기간이 길수록 동일한 수익률 변동에 대한 가격변동률은 커진다.

④ 표면이율이 높을수록 동일한 수익률 변동에 대한 가격변동률은 커진다.

해설 ① 채권수익률이 상승하면 채권가격은 하락한다.
② 동일한 수익률이 발생하면 채권가격변동률은 수익률하락, 상승시가 다르다.
④ 표면이율이 높을수록 동일한 수익률 변동에 대한 가격변동률은 작아진다.

23 시장이자율이 하락할 것으로 예상한 투자자가 앞으로 1년 동안 수익률을 극대화하기 위해 취할 수 있는 채권투자전략 중 가장 유리한 것은?

① 상대적으로 표면이자율이 낮은 만기 1년 이상의 장기채를 매도한다.

② 상대적으로 표면이자율이 높은 만기 1년 미만의 단기채를 매입한다.

③ 상대적으로 표면이자율이 낮은 만기 1년 미만의 단기채를 매입한다.

④ 상대적으로 표면이자율이 높은 만기 1년 이상의 장기채를 매입한다.

⑤ 상대적으로 표면이자율이 낮은 만기 1년 이상의 장기채를 매입한다.

해설 시장이자율이 하락하면 채권가격은 상승하므로 시장이자율의 변화에 대한 채권가격의 변화가 큰 채권을 매입하는 것이 유리하다. 따라서 만기가 길고 표면이자율이 낮은 채권을 매입해야 자본이득을 극대화할 수 있다.

24 향후 채권수익률의 하락이 예상될 경우에 채권매입에 가장 유리한 전략은?

① 표면이율 : 4%, 잔존만기 : 3년 ② 표면이율 : 4%, 잔존만기 : 5년

③ 표면이율 : 6%, 잔존만기 : 3년 ④ 표면이율 : 6%, 잔존만기 : 5년

해설 채권수익률이 하락하면 채권가격이 상승하므로 채권가격의 변동이 큰 채권을 매입하는 것이 유리하다. 채권가격의 변동폭은 잔존만기가 길수록, 표면금리가 낮을수록 크다.

25 액면가액 10,000원, 표면이자율 연 16%(이자는 매 분기말 지급), 3년 만기로 발행한 회사채가 있다. 만기일까지 잔존기간이 5개월 남은 현시점에서 이 회사채의 만기수익률이 연 12%일 때 채권의 이론가격은?(가장 근사치를 고를 것)

① 9,890원 ② 10,000원 ③ 10,110원 ④ 10,290원

해설 $P_0 = \frac{400}{(1.12)^{2/12}} + \frac{10,400}{(1.12)^{5/12}} = 10,292$

또는 $P_0 = \frac{400}{1+0.12\times 2/12} + \frac{10,400}{1+0.12\times 5/12} = 10,290$

26 액면가액 10,000원, 표면이자율 10%, 만기 2년인 이표채의 만기수익률이 12%이고, 액면가액 10,000원, 만기 1년인 무이표채의 만기수익률이 5%이다. 2년 만기 현물이자율은 얼마인가?

① 11.75% ② 12.00% ③ 12.38% ④ 12.71% ⑤ 13.19%

해설 $\frac{1,000}{(1.12)^1} + \frac{11,000}{(1.12)^2} = 9,662$원,

$\frac{1,000}{(1.05)^1} + \frac{11,000}{(1+{}_0R_2)^2} = 9,662$원 $\rightarrow {}_0R_2 = 12.38\%$

27 연간 표면이자율이 8%인 이표채의 현재 시장이자율은 10%이며 만기까지 3개월 남아 있다. 앞으로도 현재의 시장금리가 계속해서 유지될 것으로 예상된다면 1년 후에 채권가격은 어떻게 변화할 것으로 예상되는가?

① 현재보다 높아진다. ② 현재보다 낮아진다.

③ 현재와 동일하다. ④ 액면가액과 일치한다.

해설 표면이자율이 시장이자율보다 낮아 할인채이므로 만기에 접근할수록 액면가액에 수렴한다. 따라서 1년 후의 채권가격은 현재보다 높아질 것이다.

28 시장금리가 3% 하락하여 채권가격이 500원 상승했다면, 시장금리가 3% 상승하는 경우에 채권가격은 어떻게 변화할 것으로 것인가?

① 500원보다 높은 비율로 하락한다.

② 500원보다 낮은 비율로 하락한다.

③ 500원보다 높은 비율로 상승한다.

④ 500원보다 낮은 비율로 상승한다.

해설 이자율하락에 따른 채권가격의 상승폭은 동일한 크기의 이자율상승에 따른 채권가격의 하락폭보다 크다.

29 **다음 중 만기수익률에 대한 설명으로 적절하지 않은 것은?**

① 액면이자는 물론 자본손익, 재투자수익까지 고려한다.

② 액면이자를 만기수익률로 재투자할 수 있다고 가정한다.

③ 채권의 만기가 길수록 만기수익률 실현이 어려워진다.

④ 채권의 액면이자율이 낮을수록 만기수익률 달성이 어렵다.

해설 액면이자율이 높을수록 만기수익률을 실현하려면 더욱 이자에 의존하게 되어 재투자위험이 증가한다.

30 **다음 중 채권수익률의 기간구조에 대한 설명으로 적절하지 않은 것은?**

① 기간구조는 다른 조건은 동일하고 만기만 서로 다른 채권들의 현물이자율과 만기의 관계를 나타낸다.

② 선도이자율은 현재시점의 현물이자율에 의해 암시된 미래의 기간당 이자율이다.

③ 불편기대이론에 의하면 어떠한 만기의 채권을 매입하더라도 보유기간 동안의 연평균수익률은 동일하다.

④ 유동성선호이론은 선도이자율이 미래의 기대현물이자율과 일치하도록 현재시점에서 현물이자율이 결정된다는 이론이다.

⑤ 유동성선호이론에 의하면 투자자들이 미래의 이자율이 일정할 것으로 예상하더라도 우상향의 수익률곡선을 갖는다.

해설 불편기대가설은 선도이자율이 미래의 기대현물이자율과 일치하도록 현재시점에서 현물이자율이 결정된다는 이론이다. 유동성선호이론은 선도이자율이 미래의 기대현물이자율과 유동성프리미엄의 합과 일치하도록 현재시점에서 현물이자율이 결정된다는 이론이다.

31 **다음 중 불편기대이론과 유동성선호이론에 대한 설명한 것으로 틀린 것은?**

① 불편기대이론에서는 선도이자율이 기대현물이자율과 일치한다고 보는 반면에 유동성선호이론에서는 기대현물이자율보다 크다고 본다.

② 유동성선호이론에서의 수익률곡선은 불편기대이론에서보다 높다.

③ 불편기대이론에서는 위험중립형 투자자를 가정하는 반면에 유동성선호이론에서는 위험회피형 투자자를 가정한다.

④ 불편기대이론에서는 단기채와 장기채간에 완전한 대체관계를 가정하는 반면에 유동성선호이론에서는 장기채에 대해 프리미엄을 요구한다.

⑤ 유동성선호이론에 의하면 다른 조건이 일정할 경우 투자자들은 장기채권을 선호한다.

해설 유동성선호이론에서는 단기채의 유동성이 높기 때문에 다른 조건이 일정하면 투자자들은 단기채를 선호한다.

32 다음 중 채권의 만기가 길수록 이자율이 커지는 현상을 설명하는 이론은?

① 인플레이션 프리미엄이론 ② 불편기대가설 ③ 시장분할가설
④ 유동성선호가설 ⑤ 효율적 시장가설

해설 투자자들은 유동성을 선호하여 장기채보다는 단기채를 선호한다. 따라서 유동성선호가설에서는 장기채의 경우 유동성 부족에 따른 위험프리미엄을 추가로 요구하기 때문에 가격변동위험이 더 커진다고 설명한다.

33 다음 중 채권투자시 분산투자로 제거할 수 없는 위험은?

① 이자율변동위험 ② 채무불이행위험 ③ 수의상환위험
④ 유동성위험 ⑤ 신용등급 하락위험

해설 채무불이행위험, 수의상환위험, 유동성위험, 신용등급 하락위험은 개별기업의 비체계적 위험이므로 분산투자를 통해 제거할 수 있다. 그러나 이자율변동위험과 인플레이션위험은 전체 채권시장에 영향을 미치는 체계적 위험이므로 분산투자를 통해 제거할 수 없다.

34 채권투자위험 중 딜러의 매입가격과 매도가격간 스프레드가 클수록 증가하는 위험은?

① 조기상환위험 ② 신용위험 ③ 재투자율위험 ④ 유동성위험

해설 유동성위험은 채권을 쉽게 팔 수 있는지와 관계가 있는데 장외거래의 특성상 딜러의 매입가격과 매도가격간 스프레드의 크기로 판단한다.

35 다음 중 채권수익률의 위험구조에 대한 설명으로 옳지 않은 것은?

① 채무불이행 위험이 높을수록 채권자들이 요구하는 수익률은 높아진다.
② 기대인플레이션이 높을수록 채권가격은 낮아진다.
③ 수의상환채권의 수익률은 수의상환권이 없는 일반채권의 수익률보다 낮다.
④ 유동성위험이 높을수록 채권가격은 낮아진다.
⑤ 채무불이행위험은 채권발행자가 약정대로 원리금을 상환하지 못할 가능성이다.

해설 수의상환권이 있는 채권은 없는 채권에 비해 약속된 수익률이 실현되지 않을 가능성이 높아 투자자들은 불확실성에 따른 위험프리미엄을 요구하여 명목수익률은 상승하고 채권가격은 하락한다.

36 다음 중 투자자들의 요구수익률이 어떤 요인에 의해 달라졌을 경우에 어느 채권가격의 변화가 가장 크다고 생각하는가?

① 쿠폰이자율이 높은 경우 ② 쿠폰이자율이 낮은 경우
③ 만기수익률이 높은 경우 ④ 액면가액이 높은 경우
⑤ 만기가 짧은 경우

해설 채권의 만기가 길수록, 표면이자율이 낮을수록, 만기수익률이 낮을수록 듀레이션이 길다. 따라서 시장이자율의 변동에 따른 채권가격의 변동이 커지려면 듀레이션이 긴 채권에 투자해야 하므로 만기가 길고 표면이자율이 낮은 채권에 투자해야 한다.

37 이표이자를 1년마다 한 번씩 지급하는 채권의 만기수익률은 연 10%이며 듀레이션을 구한 결과 4.5년으로 나타났다. 이 채권의 만기수익률이 0.1% 상승할 경우 채권가격의 변화율은 근사치로 얼마이겠는가? 단, 채권가격의 비례적인 변화율과 만기수익률 변화 간의 관계식을 이용해야 한다.

① −0.4286% ② −0.4091% ③ −0.2953% ④ −0.2143% ⑤ −0.2045%

해설 $\frac{dP_0}{P_0} = -\frac{D}{1+r} \times dr = -\frac{4.5}{1.1} \times (0.1\%) = -0.4091$

38 현재 시장이자율이 6%이고 듀레이션이 3년인 채권에 1,000만원을 투자하였다. 만일 시장이자율의 변화에 의해 566원의 채권가격상승이 있었다면 시장이자율은 얼마로 변화한 것인가?

① 3% ② 4% ③ 6% ④ 8% ⑤ 9%

해설 $D' = \frac{D}{1+r} = \frac{3}{1.06} = 2.83$

$P_0 = -dr \times D'$에서 $\frac{566}{10,000} = -dr \times 2.83$에서 $dr = -0.02$

39 다음 중 듀레이션에 대한 설명으로 적절하지 않은 것은?

① 채권을 소유함으로써 실현될 총수입의 현재가치에 대한 각 시점에 실현될 수입의 현재가치 비율을 그 수입 실현시기까지의 기간에 따라 가중평균한 값을 말한다.
② 각 시점의 미래현금흐름에 기간을 가중평균한 값을 현재가치화한 금액의 합계와 채권의 발행가액과의 비율을 말한다.
③ 시장이자율의 변동에 대한 채권가격의 탄력성을 나타낸다.
④ 장기채권의 듀레이션은 단기채권의 듀레이션보다 작다.

해설 만기가 길수록, 표면이자율이 낮을수록, 만기수익률이 낮을수록, 이자지급회수가 적을수록 듀레이션이 길다. 따라서 듀레이션과 만기와는 비례관계에 있다.

40 다음 중 듀레이션에 대한 설명으로 적절하지 않은 것은?

① 금리변화에 대한 채권가격의 민감도이다.
② 듀레이션은 채권의 만기와 동일한 개념이다.
③ 채권의 표면이자율이 높을수록 듀레이션은 작아진다.
④ 채권투자시 현가 1원을 상환하는데 걸리는 평균기간이다.

해설 듀레이션은 각 시점별 현금흐름을 총현금흐름으로 나눈 값을 가중치로 사용하여 현금흐름 발생시점에 곱하여 산출한 현가로 환산된 가중평균만기이다. 따라서 채권의 만기와 동일한 개념은 아니다.

41 다음 중 듀레이션에 대한 특징으로 적절하지 않은 것은?

① 순수할인채의 듀레이션은 만기와 같으며, 이표채의 듀레이션은 만기보다 크다.
② 다른 조건이 동일하다면 표면이자율이 낮을수록 듀레이션은 커진다.
③ 다른 조건이 동일하다면 만기가 길어질수록 듀레이션은 커진다.
④ 다른 조건이 동일하다면 만기수익률이 높을수록 듀레이션은 작아진다.
⑤ 듀레이션은 가법성을 갖는다.

해설 순수할인채의 듀레이션은 만기와 동일하여 정비례한다. 영구채의 듀레이션은 D=(1+r)/r이므로 만기와 무관하고, 이표채의 듀레이션은 만기에 비례한다.

42 다음 중 채권투자전략에 대한 설명으로 적절하지 않은 것은?

① 이자율 하락이 예상되면 장기채의 비중을 높인다.
② 이자율 상승이 예상되면 표면금리가 높은 채권이 유리하다.
③ 세금효과를 고려하면 표면금리가 낮은 채권의 세후수익률이 높다.
④ 이자율 상승이 예상되면 잔존기간이 많이 남은 채권을 늘린다.

해설 이자율 상승이 예상되면 잔존기간이 작은 단기채로 전환해야 한다.

43 금리변동에 따른 가격위험과 재투자위험의 상반효과를 이용하여 금리변동위험을 회피하는 채권투자전략은?

① 면역전략
② 만기보유전략
③ 현금흐름일치전략
④ 사다리형 만기운용전략

해설 듀레이션을 이용한 채권면역전략은 채권의 듀레이션을 목표투자기간과 일치시키면 금리변동위험을 회피할 수 있다.

정답

1. ⑤ 2. ④ 3. ③ 4. ⑤ 5. ① 6. ③ 7. ③ 8. ④ 9. ④ 10. ②
11. ④ 12. ④ 13. ① 14. ④ 15. ② 16. ② 17. ③ 18. ② 19. ② 20. ④
21. ⑤ 22. ③ 23. ⑤ 24. ② 25. ④ 26. ③ 27. ① 28. ② 29. ④ 30. ④
31. ⑤ 32. ④ 33. ① 34. ④ 35. ③ 36. ② 37. ② 38. ② 39. ④ 40. ②
41. ① 42. ④ 43. ①

C·h·a·p·t·e·r

06

외환시장

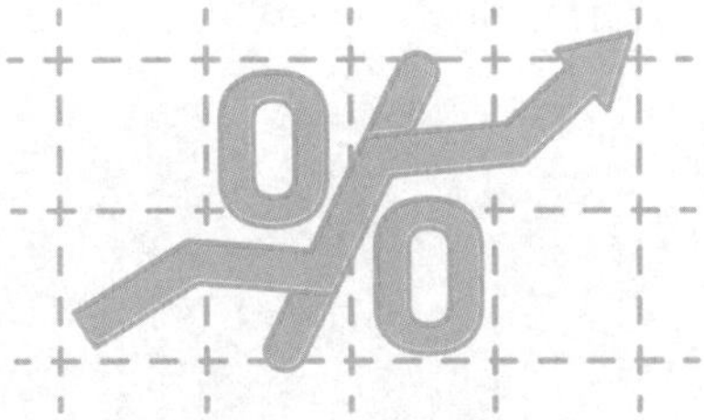

외환시장은 한 나라의 통화와 다른 나라의 통화가 서로 교환되는 시장을 말한다. 최근에 국제적인 자본의 이동이 활발해짐에 따라 국제금융의 이해에 대한 중요성이 증가하고 있다. 서로 다른 통화가 사용되는 나라간에 외환거래가 이루어지려면 두 통화간의 교환비율인 환율과 국가간 거래를 기록하고 측정하는 수단이 필요하다.

01 외환시장의 개요

1. 외환의 정의

오늘날 세계경제의 개방화가 급속히 진전되면서 국제경제거래도 크게 증가하고 있다. 그런데 국가마다 결제수단으로 사용하는 법정통화가 다르기 때문에 일반적으로 외환이 결제수단으로 사용된다. 따라서 자국통화와 외국통화가 서로 교환되는 외환시장이 잘 발달되어 있어야 국가간 경제거래도 원활하게 이루어진다.

외환(foreign exchange)은 국제간 대차의 결제수단으로 사용할 수 있는 외국통화표시 청구권을 말하며 달러, 유로 등 외국통화뿐만 아니라 외국통화로 표시된 주식, 채권 등 금융자산을 포괄한다. 즉 외환은 외화로 표시되어 있는 채권과 채무를 결제하는 수단으로 하나의 통화를 다른 통화로 교환하는 행위를 의미한다.

국제거래에 참여하는 사람이나 기업들은 대금의 결제과정에서 자국통화를 외환으로 바꾸거나 해외에서 수취한 외환을 자국통화로 바꾸어야 하므로 자국통화와 외환이 서로 교환되는 시장을 필요로 한다. 이러한 거래를 통해 상대방으로부터 받은 통화는 매입하였다고 하고, 상대방에게 지급하는 통화는 매도하였다고 한다.

따라서 외환거래는 대금의 결제를 위해 항상 자국통화와 외국통화의 두 나라 통화가 필요하게 된다. 한 통화는 매입하는 통화이고, 다른 통화는 매도하는 통화가 된다. 이때 외환거래의 당사자 중 어느 쪽 입장에서 그리고 두 나라 통화 중에서 어느 나라 통화를 기준으로 보느냐에 따라서 매입과 매도가 달라지게 된다.

2. 외환거래의 방법

외환은 자금을 보내주는 송금환과 자금을 청구하여 지급받는 추심환으로 구분된다. 송금환은 제3자에게 자기(채무자)를 대신하여 채권자에게 지급하도록 위탁하는 방법을 말하고, 추심환은 자기가 가지고 있는 채권을 제3자에게 양도하거나 위탁하고 자기를 대신하여 채무자로부터 채권을 지급받도록 위탁하는 방법을 말한다.

▎그림 6-1 ▎ 외환거래의 분류

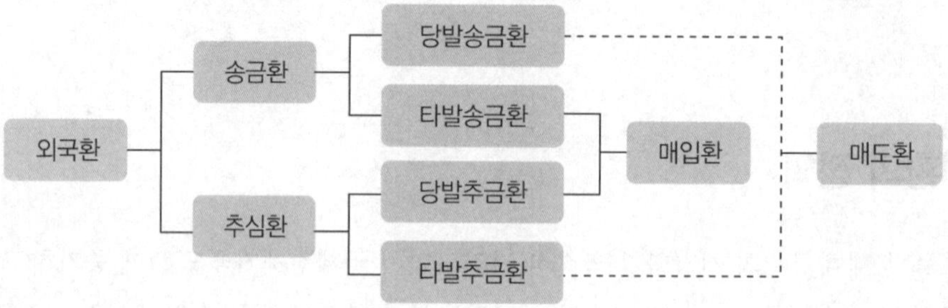

국제대차의 결제는 모든 나라에서 은행이 그 기능을 담당하게 된다. 그래서 어느 한 나라의 은행에서 다른 나라의 은행으로 자금이 이동하면 쌍방은행은 자국화폐를 대가로 외환의 매매가 이루어졌다고 할 수 있다. 이때 외환매매의 시발점이 되는 은행을 당발은행, 종착점이 되는 은행을 상대은행 또는 선방은행이라고 한다.

외환매매의 시발점인 당발은행에서 취급되는 외환을 당발환(outward exchange)이라 하고, 외환매매의 종착점인 선방은행에서 취급하는 외환을 타발환(inward exchange)이라고 한다. 외환은 매도환과 매입환으로 구분한다. 당발송금환과 타발추심환은 매도환에 해당하고, 타발송금환과 당발추심환은 매입환으로 분류된다

3. 외환시장의 정의

외환시장은 원래 내국환이 아닌 외환거래가 이루어지는 특정한 장소나 공간을 말한다. 구체적으로는 다수의 외환수요자와 공급자들 사이에서 이종통화간의 매매거래를 연결해주는 시장을 의미한다. 이러한 외환시장은 구체적인 시장뿐만 아니라 통신매체를 통해 공간적으로 거래를 연결해주는 모든 시장기구를 포괄한다.

대부분의 외환거래는 거래소를 거치지 않고 거래당사자들이 직접 거래하는 장외시장의 형태로 이루어진다. 그리고 경제발전으로 경제규모가 확대되고 거래내용과 거래방법이 다양해지면서 최근에는 장소적 개념뿐만 아니라 외환거래가 정기적 또는 지속적으로 이루어지는 총괄적인 거래메커니즘과 거래양태를 말한다.

외환시장은 국제금융시장의 일부로 인식되고 있지만 단순히 외환의 대차거래가 이루어지는 국제금융시장과는 엄밀한 의미에서 구별된다. 즉 국제금융시장은 자금의 융통이 이루어지는 신용시장의 성격을 가지고 있는 반면에 외환시장은 기본적으로 서로 다른 이종통

화가 거래되는 매매시장으로서 성격을 가지고 있다.

외환시장에서 서로 다른 통화간의 매매는 국제무역을 통한 재화와 용역 그리고 금융자산의 매매거래에 수반하여 발생하기 때문에 외환거래는 기본적으로 지급메커니즘의 한 과정으로 이해할 수 있다. 따라서 각국의 금융시장에서 이루어지는 서로 다른 통화로 표시된 금융거래는 외환시장의 거래와 연계되어 이루어진다.

오늘날 외환시장은 금융자유화의 추세, 외환거래의 규제완화, 거래범위의 광역화가 이루어지고 세계 주요 외환시장의 거래를 하루 종일 24시간 연계시키면서 외환시장의 모든 정보를 환율에 신속하게 그리고 지속적으로 반영하는 하나의 범세계적 시장으로서의 기능을 수행하면서 국제금융거래의 효율화를 촉진하고 있다.

4. 외환시장의 특징

무역자유화에 따라 경상거래가 확대되고 자본시장의 개방에 힘입어 국제적 자본이동이 활발해지면서 외환거래도 급격히 증가했다. 또한 컴퓨터와 정보통신기술이 발달하면서 외환거래의 범위가 확대되고 외환거래의 방식도 크게 바뀌었다. 외환시장의 성격은 다음과 같이 다섯 가지의 특징으로 설명할 수 있다.

첫째, 외환시장은 하루 24시간 거래가 이루어지는 시장이다. 외환규제의 완화, 시장정보의 확산, 거래범위의 광역화가 이루어지면서 외환시장은 범세계적 시장의 기능을 수행하고 있다. 특히 1980년대에 들어 각국의 자본 및 외환거래에 대한 규제가 크게 완화되면서 하나의 세계시장으로서의 성격을 갖게 되었다.

둘째, 외환거래의 대부분은 장외거래로 이루어진다. 장외거래는 거래소에서 이루어지는 장내거래와는 달리 전화나 컴퓨터 단말기로 외환거래의 당사자간에 거래가 직접 이루어지는 형태를 말한다. 오늘날 외환거래는 전화, 컴퓨터 등 다양한 통신수단을 이용하여 은행간거래와 대고객간 외환거래가 수행되고 있다.

셋째, 외환시장에서 외환거래자들의 손익은 중앙은행의 외환시장개입이 없다고 가정하면 기본적으로 제로섬게임(zero sum game)의 성격을 갖는다. 요컨대 외환시장에 참여하는 한 거래자가 외환거래에서 이익을 실현했다면 다른 거래자는 반드시 외환거래에서 이에 상응하는 손실이 발생할 수밖에 없기 때문이다.

넷째, 외환시장은 소매거래보다는 도매거래 위주로 이루어진다. 외환거래는 은행과 고객간에 소액단위로 이루어지는 대고객거래와 은행간 포지션조정에 의해 거래가 이루어지는 은행간거래로 구분되며 거래의 대부분은 은행간거래이다. 주요 외환시장에서 은행간거래의 규모는 전체 외환시장의 대부분을 차지한다.

다섯째, 외환시장의 중개인은 국제외환시장을 커버할 수 있는 통신시설을 갖추고 수백개 은행들에게 국제적인 거래를 동시에 중개한다. 이러한 중개임무의 국제화로 중개인들은 효율적인 금융서비스를 제공할 수 있다. 브로커는 은행들을 위해 여러 가지 서비스를 제공하고 수수료를 매도자와 매입자 쌍방으로부터 받는다.

5. 외환시장의 구조

외환시장은 외환거래의 성격에 따라 대고객시장과 은행간시장, 외환거래가 이루어지는 장소에 따라 장내시장과 장외시장, 외환거래의 형태에 따라 현물환시장과 선물환시장, 외환상품에 따라 전통적 외환시장과 파생적 외환시장, 외환거래자들이 외환시장에 참여하는 범위에 따라 국내외환시장과 국제외환시장으로 구분된다.

대고객시장은 외환서비스의 실수요자인 개인과 기업 그리고 정부가 수출입, 해외투자, 해외송금 등을 위해 은행과 외환을 매매할 때 형성되는 시장으로 거래규모가 작아 소매시장으로서 성격을 가지고 있다. 특히 기업은 상품교역과 금융자산의 자본거래를 수행할 때 외화의 수취 또는 지불이 필요하여 외환시장을 이용한다.

은행간시장은 은행들이 외환포지션을 조정하는 과정에서 외환의 매매가 이루어지는 시장으로 거래규모가 커서 도매시장으로서 성격을 가지고 있다. 은행은 고객과 외환을 거래하는 과정에서 환율변동이 발생하면 환위험을 부담하며 환위험을 회피하고자 한다면 다른 은행에 외환을 매도하거나 매입하여 외환포지션을 조정한다.

┃그림 6-2┃ 외환시장의 구조

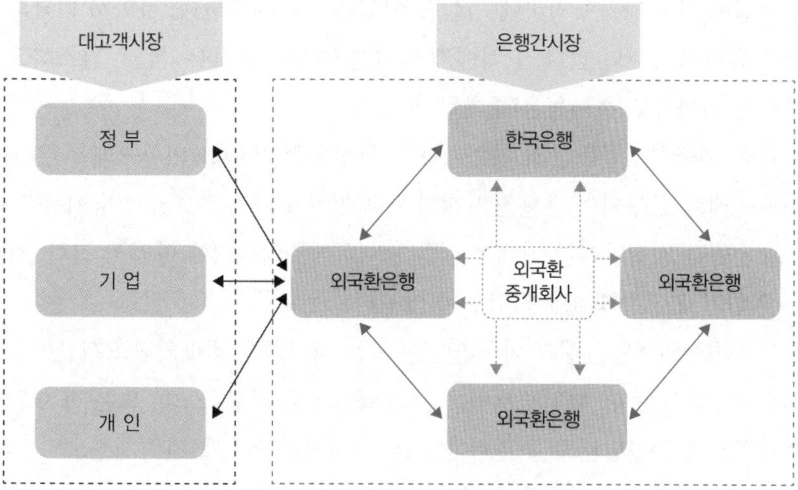

6. 외환시장의 참가자

외환시장의 참가자에는 재화와 용역의 대외거래에 수반하여 서로 다른 통화간의 매매가 필요한 수출입업자, 국제금융시장에서 외화자산의 포지션 및 금리·환위험을 관리하는 재무관리자, 외국환은행, 외환매매를 중개하는 외환중개인(브로커), 정부거래를 대행하고 외환시장의 개입업무를 수행하는 중앙은행 등이 있다.

고객은 대외거래의 발생에 따라 외환을 매매하고 외환에 대한 직접적인 수요자와 공급자의 역할을 하는데 수출입업체, 해외투자자, 여행자 등이 이에 해당한다. 외국에서 차관을 들여올 때에는 정부도 고객이 된다. 이와 같이 실수요자들인 고객과 외국환은행간에 외환거래가 이루어지는 시장을 대고객시장이라고 한다.

오늘날 외환시장의 참가자로서 증권회사, 보험회사, 자산운용사와 같은 비은행금융기관들도 주목을 받고 있다. 이들 금융기관의 거래는 일반거래의 결제에 수반된 상업은행의 외환거래에 비해 거래규모가 클 뿐만 아니라 포트폴리오의 전략상 상대적으로 투기적인 성향을 띠고 있다는 점이 특징이라고 할 수 있다.

그리고 다국적기업과 같은 비금융기관도 환율의 변동에 따른 환위험이 커지면서 자산가치의 보전 또는 환차익의 실현을 위해 통화선물, 통화옵션, 통화스왑과 같은 다양한 파생금융상품을 활용하면서 외화자산의 적극적인 포지션관리에 나서고 있기 때문에 이들도 숙달된 외환시장의 참가자로서 주목을 받고 있다.

외환시장에서 중요한 역할을 담당하는 참가자는 외국환은행이다. 외국환은행은 일반 고객들의 요청에 의해 자기책임하에 외환을 매입하거나 매도한다. 따라서 외국환은행은 외환을 항상 보유하고 있어야 한다. 고객에게 외환을 매각하면 보유외환은 감소하고 고객으로부터 외환을 매입하면 보유외환은 증가한다.

이와 같이 외국환은행들간의 외환거래로 형성되는 은행간 외환거래는 은행간 직접거래와 중개인거래로 구분되며 은행간거래와 중개인거래는 상호보완적인 기능을 수행한다. 일반적으로 은행간 직접거래는 거래은행들간의 호혜주의원칙에 따라서 전화, 컴퓨터 단말기를 통한 외환거래가 은행간에 직접 이루어진다.

외환중개인은 외국환은행과 외국환은행 또는 외국환은행과 일반고객간에 외환거래를 중개하고 수수료를 받는다. 외환중개인은 자기 포지션을 보유하느냐 또는 하지 않느냐에 따라서 외환브로커와 외환딜러로 구분된다. 외환브로커는 외환을 자기계정으로 직접 보유하지는 않고 매매자들간 외환거래를 중개해 준다.

따라서 외환브로커는 환율변동에 따른 환위험을 부담하지 않는다. 반면에 외환딜러는 외환을 자기계정으로 직접 보유하고 일반고객의 요구에 따라 외환을 매입하거나 매도한다. 따라서 환율변동은 딜러가 보유하고 있는 외환의 가치를 변동시키기 때문에 외환딜러는 환율의 변동에 따른 환위험을 부담하게 된다.

외환당국인 중앙은행도 외환시장에 참여한다. 중앙은행은 자국통화의 가치를 조절하거나 환율을 일정하게 유지하고 환율의 변동을 일정한 범위로 한정시키기 위해 외환시장에 개입한다. 국제적 자본이동이 활발해진 오늘날, 외환시장의 안정화 측면에서 중앙은행의 외환시장개입정책에 대한 필요성이 증대되었다.

02 환율의 기본개념

1. 환율의 정의

환율은 외환의 가격으로 외국통화 한 단위를 얻기 위해 지불해야 하는 자국통화의 양을 말하며 자국통화와 외국통화의 교환비율을 나타낸다. 따라서 환율은 외국통화의 국내통화표시가격을 의미하기 때문에 자국통화의 입장에서는 자국통화의 대외가치를 나타내고, 외국통화의 입장에서는 외국통화의 국내가치를 나타낸다.

일반적으로 가격이 생산물시장에서 재화의 수요와 공급에 의해서 결정되는 것과 같이 환율도 외환시장에서 외환에 대한 수요와 공급에 의해 결정된다. 국제환경의 변화에 따라 환율의 결정에 영향을 미치는 요인도 바뀌어 왔다. 종전에는 상품거래의 비중이 커서 물가, 국민소득 등 실물경제변수가 환율에 큰 영향을 미쳤다.

그러나 최근에는 자본거래가 활발해지면서 금리, 주가 등 자산가격 결정변수가 큰 영향을 미치고 있다. 그리고 환율은 수출입되는 재화가격에 직접적으로 영향을 미치기 때문에 물가, 산출량, 국제수지 등의 결정에 중요한 요인으로 작용하며 물가, 금리, 소득, 통화량, 경제성장 등 여러 가지 요인에 의해 영향을 받는다.

2. 환율의 표시

일반적으로 가격은 재화 1단위와 교환되는 화폐의 단위수로 표시되지만, 환율은 두 나라의 통화 중 어느 한 통화의 1단위와 교환되는 다른 통화의 단위수로 표시되어 하나의 가격에 두 가지 표시방법이 존재한다. 환율은 어느 나라의 통화를 기준으로 하느냐에 따라서 자국통화표시환율과 외국통화표시환율로 구분된다.

(1) 자국통화표시환율

자국통화표시환율(European terms)은 외국통화를 기준으로 외국통화 한 단위의 가치를 자국통화의 가치로 표시하는 방법으로 지급환율 또는 직접표시법이라고도 한다. 대부분의 국가는 자국통화표시환율을 사용한다. 예컨대 미국 달러화와 한국 원화의 환율을 $1 = ₩1,000로 표시하는 방법은 직접표시법에 해당한다.

(2) 외국통화표시환율

외국통화표시환율(American terms)은 자국통화를 기준으로 자국통화 한 단위의 가치를 외국통화의 가치로 표시하는 방법으로 수취환율 또는 간접표시법이라고도 한다. 영국 등 일부 국가는 외국통화표시환율을 사용한다. 예컨대 미국 달러화와 한국 원화의 환율을 ₩1 = $0.001로 표시하는 방법은 간접표시법에 해당한다.

3. 환율의 변동

환율의 변동은 특정 통화의 다른 통화에 대한 상대적 가치의 변화를 나타낸다. 직접표시방법에 의해 외국통화 한 단위의 가치를 자국통화로 표시했을 때 환율이 상승하면 외국통화의 가치가 자국통화의 가치에 비해 상대적으로 상승하고, 자국통화의 가치는 외국통화의 가치에 비해 상대적으로 하락했다는 의미이다.

반대로 환율이 하락할 경우에 외국통화의 가치는 상대적으로 하락하고 자국통화의 가치는 상대적으로 상승했다는 의미가 된다. 예컨대 외환시장에서 환율이 ₩1,200/$에서 ₩1,300/$로 변화하면 달러화에 대한 원화의 환율은 상승했으나 원화의 대외가치는 달러화의 관계에서 평가절하(devaluation)되었다.

환율이 ₩1,200/$에서 ₩1,100/$로 변화하면 달러화에 대한 원화의 환율은 하락했으나 원화의 대외가치는 달러화의 관계에서 평가절상(revaluation)되었다. 이때 가치가 상승한 통화는 평가절상 또는 가치상승(appreciation)되었다고 하고, 가치가 하락한 통화는 평가절하 또는 가치하락(depreciation)되었다고 한다.[1)]

1) 평가절상과 평가절하라는 용어는 고정환율제도에 적합하며 현재 변동환율제도에는 적절하지 못하다.

┃표 6-1┃ 환율변동의 효과

환율하락(평가절상)	환율상승(평가절하)
$1 = ₩1,100 ← $1 = ₩1,200	→ $1 = ₩1,300
수출감소, 수입증가 국내경기 침체가능성 외채부담의 감소 국제수지의 악화	수출증가, 수입감소 물가상승 발생가능성 외채부담의 증가 국제수지의 개선

4. 환율의 구분

외환시장은 외환의 매입자와 매도자 그리고 이러한 매매를 중개하는 외환딜러와 브로커로 구성되며 주요 참가자에는 고객, 외국환은행, 외환브로커, 중앙은행 등이 있다. 외환시장은 외환거래의 종류에 따라 현물환시장, 선물환시장, 통화선물시장, 통화옵션시장, 통화스왑시장, 외환스왑시장 등으로 구분된다.

(1) 외환거래의 성격

1) 현물환율

현물환거래는 모든 외환거래의 기본이 되는 거래로서 외환거래의 체결일로부터 외환의 인수도와 대금결제가 2영업일 이내에 이루어지는 거래를 말한다. 현물환율(spot rate)은 현물환시장에서 이루어지는 현물환거래에 적용되는 환율을 의미하며 일반적으로 외국환은행과 고객 사이에 이루어진다.

2) 선물환율

선물환거래는 외환거래의 체결일로부터 외환의 인수도와 대금결제가 3영업일 이후에 이루어지는 거래를 말한다. 선물환율(forward rate)은 선물환거래에 적용되는 환율로 선도환율이라고도 한다. 선물환율이 현물환율보다 높으면 선물할증(premium), 낮으면 선물할인(discount)이라고 한다.

3) 스왑레이트

스왑거래는 외국통화를 매도(매입)하고 미래의 일정시점에서 그 외국통화를 다시 매입(매도)할 것을 약정한 현물환거래와 선물환거래가 결합된 거래형태를 말한다. 스왑레이트(swap rate)는 어느 통화의 현물환거래에 적용되는 현물환율(spot rate)과 선물환거래에 적용되는 선물환율(forward rate)의 차이를 말한다.

표 6-2 스왑포인트 고시

스왑률 고시상태	선물환율 결정
매입률(bid rate) < 매도율(ask rate)	현물환율＋스왑률
매입률(bid rate) > 매도율(ask rate)	현물환율－스왑률

(2) 통화가치의 평가

1) 명목환율

명목환율(nominal exchange rate)은 외환시장에서 매일 고시되는 각국 화폐의 명목가치를 기준으로 하는 자국화폐와 외국화폐의 교환비율로서 은행간거래에 적용되는 환율을 말한다. 일반적으로 환율이라고 하면 명목환율을 의미하며 우리나라의 경우에는 통상 은행이 고시하는 환율이 명목환율이 된다.

2) 실질환율

실질환율(real exchange rate)은 명목환율에 양국 물가수준을 반영한 물가지수로 나누어 상대국의 물가변동을 감안한 자국상품의 가격경쟁력을 나타낸다. 따라서 실질환율이 상승하면 자국재화가격이 상대적으로 저렴하여 가격경쟁력이 높아졌고, 실질환율이 일정하면 가격경쟁력에 변화가 없음을 의미한다.

3) 실효환율

명목환율과 실질환율은 자국통화와 어떤 하나의 특정 외국통화 사이의 가격을 나타낸다. 실효환율(effective exchange rate)은 변동환율체제에서 두 나라 이상의 외국과 교역을 할 경우에 자국통화와 복수의 교역상대국 통화간의 환율을 상대국의 비중에 따른 가중치를 감안하여 가중평균한 환율을 말한다.

(3) 환율의 고시방법

1) 매입환율(bid rate)

매입환율(buying rate)은 가격제시자인 은행이나 외환딜러가 외환을 고객으로부터 매입할 때 적용하는 환율을 말한다. 따라서 가격추종자인 고객의 입장에서는 가격제시자의 매입환율에 외환을 매도해야 한다.

2) 매도환율(ask rate)

매도환율(offered rate)은 가격제시자인 은행이나 외환딜러가 외환을 상대방에게 매도할 때 적용하는 환율을 말한다. 따라서 가격추종자인 고객의 입장에서는 가격제시자의 매도환율에 외환을 매입해야 한다.

(4) 환율의 변동여부

1) 고정환율

고정환율(pegged exchange rate)은 각국 통화가치의 기준을 금에 고정시켜 일정범위 내에서만 통화가치가 변화할 수 있도록 하는 환율결정방식을 말한다. 환율을 안정시켜 국제간의 무역 및 자본거래와 관련된 불확실성을 제거해 주지만 각국의 물가수준의 변화를 반영하지 못해 국제무역수지의 불균형을 초래할 수 있다.

2) 변동환율

변동환율(floating exchange rate)은 외환시장에서 각국의 통화에 대한 수급에 의해 통화가치가 자유롭게 변할 수 있도록 하는 환율결정방식을 말한다. 완전한 변동환율제를 채택하는 나라는 거의 없으며, 대부분 중앙은행이 환율결정에 개입하여 환율이 일정범위 내에서 결정되도록 하는 관리변동환율제도를 시행한다.

(5) 외환의 상대방

1) 은행간환율

은행간환율(inter-bank exchange rate)은 은행간의 외환매매에 적용되는 화폐의 교환비율을 말하며 거래규모가 크기 때문에 도매환율의 성격을 갖는다. 미달러의 경우에는 전신

환매매율의 중간율이 적용되나, 기타 통화의 경우에는 중간율에 일정한 마진을 가감하여 매매되며, 전신환매매율보다는 유리하게 책정된다.

2) 대고객환율

대고객환율(customer exchange rates)은 외국환은행이 일반 고객을 상대로 외환업무를 수행할 때 적용하는 환율을 말하며 거래규모가 작아 소매환율의 성격을 갖는다. 대고객환율은 은행이 고객으로부터 어떤 형태의 외환을 거래하느냐에 따라 현찰매매율, 전신환매매율, 여행자수표매매율, 일람출급환율로 구분된다.

(6) 환율의 계산방법

1) 기준환율

기준환율(basic rate)은 외국환은행이 고객과 외환을 매매할 때 기준이 되는 시장평균환율을 말한다. 우리나라는 미국과 대외거래가 많이 이루어져 미국 달러화에 대한 환율이 기준환율이다. 금융결제원의 자금중개실을 경유하여 외국환은행간에 거래되는 원화의 대미 달러화 현물환율과 거래액을 가중평균하여 산출한다.

2) 교차환율

교차환율(cross rate)은 기준환율의 대상이 되는 통화와 자국통화의 환율로 표시되지 않는 제3국 통화간의 환율로 자국통화를 중심으로 평가된 외국통화들에 대한 환율을 이용하여 외국통화들간의 환율을 결정하는데 사용된다. 원화의 입장에서 미국 달러화와 영국 파운드화간의 환율은 교차환율에 해당한다.

3) 재정환율

재정환율(arbitrage rate)은 세계 각국 통화에 대한 환율을 결정할 경우 미국 달러화와 자국통화의 교환비율인 기준환율을 미리 결정한 후 기준환율에 교차환율을 이용하여 간접적으로 산정하는 제3국 통화간의 환율을 말한다. 예컨대 엔화에 대한 원화의 재정환율은 원/달러환율에 엔/달러 교차환율의 역수를 곱해서 구한다.

| 그림 6-3 | 환율의 관계

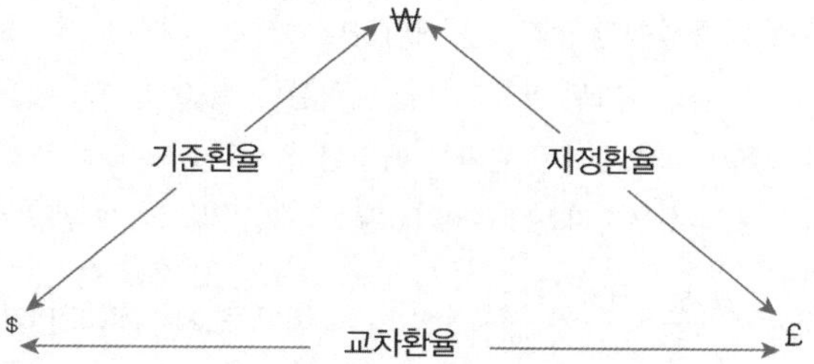

예제 6-1 재정환율과 차익거래

국내외환시장에서 미국 달러화에 대한 원화의 환율이 ₩1,150/\$, 국제금융시장에서 미국 달러화에 대한 영국 파운드화의 환율이 \$1.6/£이라고 가정하여 다음의 물음에 답하시오.

1. 영국 파운드화에 대한 원화의 재정환율을 구하시오.
2. 영국 파운드화에 대한 원화의 환율이 ₩2,000/£에 거래될 경우에 차익거래가 존재하는지를 확인하시오.
3. 1,150만원을 보유한 투자자를 가정하여 차익거래과정을 설명하고 차익거래이익을 구하시오.
4. 영국 파운드화에 대한 원화의 환율이 ₩1,600/£에 거래될 경우에 차익거래가 존재하는지를 확인하시오.
5. 1,000만원을 보유한 투자자를 가정하여 차익거래과정을 설명하고 차익거래이익을 구하시오.

풀이

1. 영국 파운드화에 대한 원화의 재정환율은 다음과 같이 구할 수 있다.

$₩1,150/\$ \times \$1.6/£ = ₩1,840/£$

2. 차익거래기회가 발생하지 않으려면 세 나라 통화간에 다음의 관계가 성립해야 한다.

$$\frac{₩}{\$} \times \frac{\$}{£} \times \frac{£}{₩} = 1$$

현재 외환시장에서 $\frac{1,150}{1} \times \frac{1.6}{1} \times \frac{1}{2,000} = 0.92 < 1$이므로 차익거래가 가능하다.

국내에서는 원화가 과대평가(달러화는 과소평가), 미국에서는 달러화가 과대평가(파운드화는 과소평가), 영국에서는 파운드화가 과대평가(원화는 과소평가)되어 있다.

3. 현재 1,150만원을 보유한 투자자는 다음과 같은 차익거래가 가능하다.

① 원화를 매도하여 과소평가된 달러화를 매입한다. 11,500,000÷1,150=$10,000

② 달러화를 매도하여 과소평가된 파운드화를 매입한다. 10,000÷1.6=£6,250

③ 파운드화를 매도하여 과소평가된 원화를 매입한다. 6,250×2,000=₩12,500,000

이러한 차익거래를 통해서 투자자는 1,000,000원의 차익거래이익을 얻을 수 있다.

4. 현재 외환시장에서 $\frac{1,150}{1}\times\frac{1.6}{1}\times\frac{1}{1,600}=1.15>1$이므로 차익거래가 가능하다.

국내에서는 원화가 과소평가(달러화는 과대평가), 미국에서는 달러화가 과소평가(파운드화는 과대평가), 영국에서는 파운드화가 과소평가(원화는 과대평가)되어 있다.

5. 현재 1,000만원을 보유한 투자자는 다음과 같은 차익거래가 가능하다.

① 원화를 매도하여 과소평가된 파운드화를 매입한다. 10,000,000÷1,600=£6,250

② 파운드화를 매도하여 과소평가된 달러화를 매입한다. 6,250×1.6=$10,000

③ 달러화를 매도하여 과소평가된 원화를 매입한다. 10,000×1,150=₩11,500,000

이러한 차익거래를 통해서 투자자는 1,500,000원의 차익거래이익을 얻을 수 있다.

03 환율제도의 유형

환율은 외환의 가격이므로 외환의 수요와 공급에 의해 결정된다. 외환에 대한 수요는 상품이나 서비스를 수입하거나 거주자의 해외투자로 결제대금을 지급하는 과정에서 발생한다. 반면에 외환에 대한 공급은 상품이나 서비스를 수출하거나 비거주자의 국내투자로 결제대금을 수취하는 과정에서 발생한다.

1. 고정환율제도

(1) 고정환율제도의 정의

고정환율제도는 정부가 특정통화에 대한 환율을 일정수준으로 고정시키고 이를 유지하기 위해 외환시장에 개입하는 제도를 말한다. 외환수요의 증가로 외환수요곡선이 우측으로 이동하면 초과수요가 발생한다. 따라서 통화당국은 보유한 외환을 매각하여 초과수요를 해소함으로써 환율을 그대로 유지시킬 수 있다.

(2) 고정환율제도의 장점

첫째, 환율이 안정적으로 유지됨에 따라 환위험이 없기 때문에 경제활동의 안정성이 보장되어 대외거래를 촉진시킬 수 있다.

둘째, 환율변동의 불확실성을 축소시켜 안정적인 경제성장에 기여하고 환투기를 노린 국제간 단기자본이동이 제거될 수 있다.

(3) 고정환율제도의 단점

첫째, 환율변동에 의한 국제수지의 조정이 불가능함에 따라 대외 부문의 충격이 물가불안 등 국내경제를 불안정하게 할 수 있다.

둘째, 고정환율제도하에서는 국제수지의 불균형이 자동적으로 조정되지 않기 때문에 충분한 외화준비금이 필요하다.

2. 변동환율제도

(1) 변동환율제도의 정의

변동환율제도는 통화당국의 개입없이 민간부문의 외환시장에서 외환의 수요와 공급에 의해 환율이 자유롭게 결정되는 제도를 말한다. 외환의 수요곡선과 공급곡선이 교차하는 점에서 균형환율과 거래량이 결정된다. 외환수요가 증가하여 수요곡선이 우측으로 이동하면 초과수요가 발생하여 환율이 상승한다.

(2) 변동환율제도의 장점

첫째, 환율이 외환시장의 수요와 공급에 의해 결정되어 해외의 경기상황이 국내로 파급이 적고, 국내 경제상황만을 고려해서 통화정책을 사용할 수 있다.

둘째, 국제수지 불균형이 환율변동에 의해 자동적으로 조정되고, 국제수지를 고려하지 않고 재정정책과 금융정책의 실시가 가능하다.

(3) 변동환율제도의 단점

첫째, 환율변동에 따른 환위험 때문에 국제무역과 자본거래가 저해될 수 있고 투기가 개입되면 변동성이 더욱 악화되어 국제수지의 조정이 불안정할 수 있다.

둘째, 인플레이션에 대한 저항이 약하고 환율변동시 수출입 가격탄력성이 낮으면 국제수지의 자동적 조정기능이 작동하지 못하고 J-curve가 발생할 수 있다.

표 6-3 고정환율제도와 변동환율제도의 비교

구분	고정환율제도	변동환율제도
국제수지불균형	국제수지불균형이 조정되지 않음	환율변동을 통해 자동적으로 조정
환위험	환투기의 발생가능성 낮음	환투기의 발생가능성 높음
국제무역과 투자	환율이 안정적이므로 국제무역과 투자가 활발	환위험이 크기 때문에 국제무역과 투자가 저해
해외교란요인의 파급여부	해외교란요인이 국내에 쉽게 전파	해외교란요인이 국내에 영향 없음
금융정책의 자율성여부	국제수지 변화에 따라 통화량이 변화 → 금융정책의 자율성 상실	국제수지 불균형이 환율변동에 따라 조정 → 금융정책의 자율성 유지
정책효과	재정정책이 효과적	금융정책이 효과적

투기적인 단기자본이동	환율이 고정되어 단기자본이동 작음	환투기로 인한 단기자본이동 많음
환율	정부의 정책변수 → 외생변수	국제수지에 따라 환율이 조정 → 내생변수

3. 관리변동환율제도

관리변동환율제도는 환율이 외환시장의 수급상황에 따라서 변동되도록 하되 중앙은행이 적정하다고 판단하는 수준에서 환율을 안정시키기 위해 수시로 외환시장에 개입하여 환율수준을 관리하는 환율제도를 말하며 고정환율제도와 자유변동환율제도의 장점을 살린 중간형태라고 할 수 있다.

4. 우리나라의 환율제도

우리나라의 환율제도는 경제발전과 국제경제환경의 변화에 맞추어 해방 이후에 크게 다섯 차례에 걸쳐 바뀌었다. 1964년까지 시행된 고정환율제도와 단일변동환율 기간에는 한국은행에서 고시하는 집중기준율을 중심으로 외환을 집중적으로 관리하면서 환율이 사실상 고정된 형태로 운용되었다.

그러나 1980년대 들어 환율의 일시적 대폭 조정에 따른 부작용을 줄이면서 국제 수지의 조정기능을 제고하기 위해 복수통화바스켓제도를 도입하였다. 1990년대에는 환율의 시장기능을 제고하여 외국과 통상마찰을 줄이기 위해 시장평균환율제도로 이행하였고 이후 일일변동제한폭을 확대해왔다.

1997년 11월 IMF 외환위기 이후 외환보유고 부족으로 정부의 외환시장 개입력이 약화되어 환율의 일일변동제한폭을 상하 10%로 확대했다가 동년 12월 완전히 철폐하여 자유변동환율제도로 이행하였다. 해방 이후 우리나라의 환율제도의 변천추이를 요약하면 [표 6-4]와 같이 제시할 수 있다.

❙표 6-4❙ 우리나라 환율제도의 변천추이

구분	기간	내용
고 정 환 율 제 도	1945.10~1964. 5	정부가 환율을 일정범위 내로 고정
단일변동환율제도	1964. 5~1980. 2	외환시장에서 형성되는 외환증서율대로 환율이 변동하나 미달러화에 연동된 고정환율제도
복수통화바스켓제도	1980. 2~1990. 3	환율이 미달러화뿐만 아니라 주요 교역상대국 통화의 국제시세에 연동
시장평균환율제도	1990. 3~1997.12	전일 외환시장에서 거래된 환율을 가중평균하여 당일의 시장평균환율을 결정
자유변동환율제도	1997.12~현재	외환의 수요와 공급에 의해 환율이 결정

04 국제금융의 원리

국제금융의 메커니즘을 이해하기 위해서는 국제평가이론을 이해해야 한다. 외환시장에서 환율은 각국의 상대적인 물가상승률, 명목이자율, 선물환율 등의 상호작용에 의해 결정되며 국제간의 차익거래를 통해 균형에 도달한다. 경제변수들의 상호작용에 의한 환율의 결정과정을 도시하면 [그림 6-4]와 같다.

| 그림 6-4 | 환율결정이론

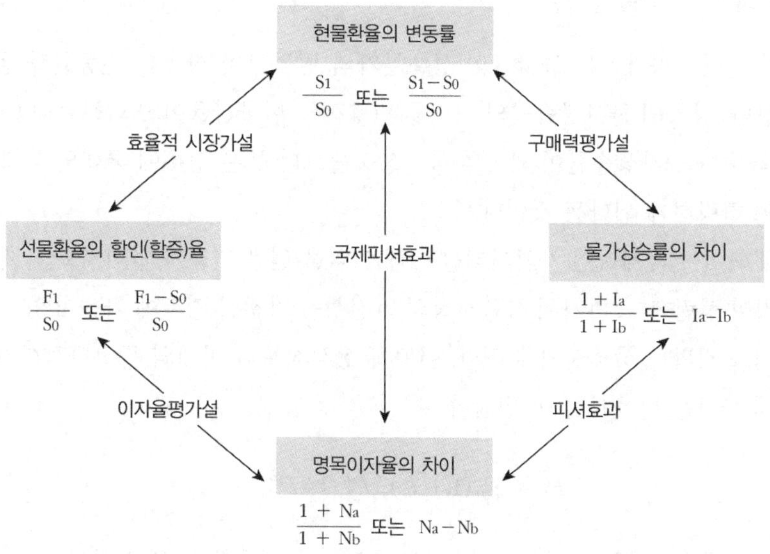

1. 구매력평가설

구매력평가설(purchasing power parity)은 양국간의 물가상승률 차이를 반영해서 현물환율이 결정된다는 이론으로 상품시장에서 일물일가의 법칙을 전제로 한다. 즉 구매력평가설은 기본적으로 화폐수량설을 개방경제에 연계시켜 국내물가와 해외물가의 변동이 균형환율에 어떻게 반영되는가를 설명하는 이론에 해당한다.

(1) 절대적 구매력평가설

절대적 구매력평가설은 국내물가수준과 외국물가수준간의 비율이 양국간의 균형환율에 반영되어야 한다는 이론으로 양국의 공통된 소비재의 가격비율을 균형환율이라고 가정한다. 절대적 구매력평가설은 다음과 같이 표시할 수 있다.

$$P_0^a = S_0 \times P_0^b \rightarrow S_0 = P_0^a / P_0^b \tag{6.1}$$

식(6.1)에서 S_0는 균형환율로서 국내통화로 표시한 외국통화의 가격, P_0^a는 국내의 물가수준, P_0^b는 외국의 물가수준, 0은 어떤 주어진 기준시점을 나타낸다.

(2) 상대적 구매력평가설

상대적 구매력평가설은 양국간의 상대물가의 변동률이 환율의 변동률과 동일하다는 이론을 말한다. 양국의 물가상승률의 차이를 반영해서 현물환율이 변화하는데 어떤 주어진 기간 동안 국내의 물가상승률이 외국의 물가상승률보다 높은 경우에 국내의 통화가치는 이를 반영하여 하락하게 된다는 것이다.

이렇게 되어야 국제적인 차익거래를 통해 이익을 얻을 기회가 없어지고 국제적인 일물일가의 법칙이 성립한다. 따라서 상품시장의 완전성을 가정할 경우에 환율이 양국의 물가상승률의 차이를 정확히 상쇄시키게 된다. 어떤 균형시점부터 미래의 특정시점까지 1기간 동안에 양국의 물가는 다음과 같이 변한다.

$$P_1^a = P_0^a(1 + I_a),\ P_1^b = P_0^b(1 + I_b) \tag{6.2}$$

절대적 구매력평가설을 이용하면 1기간 후의 현물환율은 다음과 같이 표시된다.

$$S_1 = \frac{P_1^a}{P_1^b} = \frac{P_0^a(1 + I_a)}{P_0^b(1 + I_b)} \tag{6.3}$$

식(6.1)과 식(6.3)에서 다음의 관계가 성립하는데 이를 구매력평가설이라고 한다.

$$\frac{S_1}{S_0} = \frac{1 + I_a}{1 + I_b} \tag{6.4}$$

식(6.4)의 양변에서 1을 차감하여 정리하면 다음과 같이 정리할 수 있다.

$$\frac{S_1 - S_0}{S_0} = \frac{I_a - I_b}{1 + I_b} \qquad (6.5)$$

식(6.5)에서 I_b가 작은 경우에 우변의 분모에 있는 I_b를 0으로 놓고 정리하면 다음과 같은 근사식을 얻을 수 있다.

$$\frac{S_1 - S_0}{S_0} = I_a - I_b \qquad (6.6)$$

따라서 어떤 균형시점부터 미래의 특정시점까지 일정기간 동안에 현물환율의 변화율이 양국의 물가상승률의 차이와 근사적으로 같다는 의미를 갖는다. 식(6.6)은 $(1+I_b)$가 1과 큰 차이가 없다고 가정하는 근사식이기 때문에 만일 외국의 물가상승률이 매우 높다면 이러한 논리는 성립하지 않을 것이다.

(3) 한계점

구매력평가설은 국가간의 무역이 자유롭게 이루어지고 상품시장에서 일물일가의 법칙을 가정하고 있으나 국가간 교역에는 수송비와 관세 등으로 인해 현실적으로 일물일가의 법칙이 성립하지 않는다. 그리고 균형환율의 결정요인으로 물가만 고려하고 외환의 수요와 공급에 영향을 미치는 다른 요인들은 고려하지 못한다.

구매력평가설은 각국의 물가수준을 그 나라의 통화공급에 비례해서 움직이는 통화수량설에 근거하여 상대가격의 변동을 화폐적 현상으로 설명하는데, 기술진보와 같은 구조적인 요인에 의해 상대가격이 변동하고 상품시장과 외환시장에서 가격조정의 메커니즘이 서로 다르기 때문에 동 이론이 현실적으로 성립하기 어렵다.

(4) 유용성

구매력평가설은 단기적인 환율의 움직임은 잘 나타내지 못하는 반면에 장기적인 환율의 변화추세는 잘 반영하여 환율예측의 수단으로 이용될 수 있다. 실증분석에 의하면 구매력평가환율이 단기적으로는 실제환율과 상당한 괴리를 보였으나 장기적으로 두 환율의 변동이 대체로 동일한 방향으로 움직이는 것으로 나타났다.

따라서 구매력평가설이 환율결정이론이 되기 위해서는 사전적으로 그리고 사후적으로 성립할 수 있어야 한다. 즉 환율을 조정한 물가나 물가수준이 구매력평가에 의한 환율에서 이탈하거나 이탈하려고 할 때 이러한 실제적인 또는 잠재적인 이탈을 신속하게 제거할 수 있는 차익거래의 메커니즘이 작동하고 있어야 한다.

2. 이자율평가설

이자율평가설(interest rate parity)은 국가간의 자본이동이 자유롭고 거래비용과 과세 문제가 존재하지 않는 완전자본시장의 가정하에서 양국간의 명목이자율의 차이와 환율의 균형관계를 설명한다. 즉 완전자본시장에서 양국간의 금리격차는 선물환율의 할인율 또는 할증률과 동일하다는 이론을 말한다.

구매력평가설이 경상수지의 관점에서 환율을 설명하는 이론이다. 반면에 이자율평가설은 자본수지의 관점에서 환율을 설명하는 이론으로 금융시장에서 일물일가의 법칙을 전제로 하고 금리평가설이라고도 한다. 완전자본시장의 가정하에서 동일한 금융상품은 국제적으로 동일한 가격(이자율)을 갖는다.

여기서 동일한 금융상품은 위험의 크기, 만기 그리고 유동성이 동질적임을 의미한다. 만약 동일한 금융상품에 대해 국가간에 가격이 서로 다르면 차익거래의 기회가 발생할 것이며, 그 결과 금융상품의 가격과 환율이 변화함으로써 궁극적으로 차익이 발생하지 않는 균형상태를 이루게 된다는 것이다.

따라서 동일한 상품에 대해 국가간에 가격이 서로 다르면 과소평가된 시장에서 매입하고 과대평가된 시장에서 매도함으로써 추가적인 자금부담이나 위험부담 없이 이익을 추구하는 차익거래가 발생한다. 차익거래를 통해 금융상품의 가격과 환율이 변화하여 균형상태에 도달하면 차익거래기회는 소멸한다.

이자율평가설은 어떤 투자자가 자국통화표시의 자산에 투자하는 경우와 외국통화표시의 자산에 투자하는 경우에 균형상태에서 두 투자안의 수익률은 같아야 한다. 어떤 시점에 N_a의 고정이자율로 자국통화표시의 금융상품에 투자한다면 만기일에 투자금액 한 단위의 가치는 $(1+N_a)$으로 표시할 수 있다.

현재 현물환시장에서 자국통화 한 단위를 환전하여 N_b의 고정이자율을 지급하는 외화표시 금융상품에 $(1/S_0)$의 외화를 투자하여 만기일에 $(1/S_0)(1+N_b)$의 원리금을 받는다. 그리고 투자의 종료시점을 만기로 하는 선물환(F_1) 매도계약을 체결한다. 만기가 되면 선물환 매도계약에 의해 외국통화표시의 투자원금과 이자를 지불하고 자국통화를 수취하는데 그 가치는 식(5.7)과 같이 나타낼 수 있다.

$$(1+N_a) = (1/S_0)(1+N_b)F_1 \rightarrow \frac{F_1}{S_0} = \frac{1+N_a}{1+N_b} \tag{6.7}$$

식(6.7)의 양변에서 1을 차감하면 다음과 같이 정리할 수 있다.

$$\frac{F_1 - S_0}{S_0} = \frac{N_a - N_b}{1 + N_b} \tag{6.8}$$

식(6.8)에서 N_b가 작은 경우에 우변의 분모에 있는 N_b을 0으로 놓고 정리하면 다음과 같은 근사식을 얻을 수 있다. 만일 외국의 이자율이 매우 높아 $(1+N_b)$가 1과 다른 경우에는 오차가 발생하여 식(6.9)의 근사식은 성립하지 않는다.

$$\frac{F_1 - S_0}{S_0} = N_a - N_b \tag{6.9}$$

식(6.9)의 좌변이 정(+)이면 선물환할증이라 하고, 부(−)이면 선물환할인이라고 한다. 이것은 선물환율이 현재의 현물환율로부터 변화하는 정도를 나타낸다. 요컨대 식(6.9)는 선물환기간 동안 선물환율의 할증율 또는 할인률이 양국의 명목이자율의 차이와 근사적으로 같다는 의미를 갖는다.

따라서 이자율평가설은 자본이동에 제약이 없다면 선물환율의 변동률이 양국의 명목이자율의 차이와 동일하게 된다. 왜냐하면 투자에 대한 의사결정을 할 때 투자자는 이자율의 차이뿐만 아니라 환율변동에서 오는 환위험도 고려하기 때문이다. 이자율평가설은 단기자금시장과 외환시장이 서로 상충관계에 있음를 나타낸다.

고금리 통화로 차입하여 저금리 통화에 투자하면 단기자금시장에서는 금리차만큼 손실이 발생하나, 외환시장에서는 선물환할증으로 그 손실만큼 보상을 받게 된다. 반대로 저금리 통화로 차입하여 고금리 통화에 투자하여 단기자금시장에서 높은 수익률을 얻게 되는 경우에는 외환시장에서 그만큼 선물환이 할인되어 상쇄된다.

따라서 해외투자시 예상수익률은 해외이자율과 환율의 예상상승률의 합으로 표시된다. 국내투자수익률이 해외투자수익률보다 높다면 한국으로 자본유입이 발생하고 미국에서의 투자수익률이 더 높다면 미국으로 자본유입이 이루어진다. 그러나 장기채권이나 직접투자에는 이자율평가가 잘 성립되지 않는 것으로 알려져 있다.

1 **다음 중 환율에 대한 설명으로 적절한 것은?**

① 원/달러 환율은 미국재화의 가격을 한국재화의 가격으로 나눈 것이다.

② 1달러당 원화의 교환비율이 상승하면 원화는 평가절상된다.

③ 원/달러 환율이 상승하면 미국에 수출하는 국내제품의 가격경쟁력이 떨어진다.

④ 명목환율의 상승률은 외국물가의 상승률에서 국내물가의 상승률을 뺀 값에 실질환율의 상승률을 더한 값과 같다.

⑤ 빅맥(Big Mac) 햄버거의 한국 판매가격이 3,000원이고 미국은 2달러이다. 실제환율이 1,000원/달러라면, 환율은 원화의 구매력을 과대평가하고 있다.

해설 ① 원/달러 환율은 한국재화의 가격을 미국재화의 가격으로 나눈 값이다.
② 1달러당 원화의 교환비율이 상승하면 1달러를 받기 위해 더 많은 원화를 지불해야 하므로 원화의 평가절하가 이루어진다.
③ 원/달러 환율이 상승하면 달러로 표시한 수출품의 가격이 더 저렴해지므로 미국에 수출하는 국내재화의 가격경쟁력은 높아진다.
④ 명목환율의 상승률은 국내물가상승률에서 해외물가상승률을 뺀 값으로 나타낼 수 있다.
⑤ 빅맥지수 = 3,000/2 = 1,500 실제 환율은 달러당 1,000원이므로, 원화의 구매력을 과대평가하고 있다.

2 **원화와 엔화가 달러화에 비해 모두 강세를 보이고 있다. 그런데 원화의 강세가 엔화에 비해 상대적으로 더 강하다고 할 때 나타나는 현상에 대한 설명으로 옳지 않은 것은?**

① 일본에 여행하는 우리나라 관광객의 부담이 줄어들었다.

② 미국이 한국과 일본에서 수입하는 제품의 가격이 상승하였다.

③ 일본산 부품을 사용하는 우리나라 기업의 생산비용은 증가하였다.

④ 미국에 수출하는 우리나라 제품의 가격경쟁력은 일본에 비해 떨어졌다.

⑤ 엔화표시 채무를 가지고 있는 우리나라 기업의 원리금 상환부담은 감소하였다.

해설 원화와 엔화를 비교하면 원화가 더 강세라 할 수 있다. 따라서 일본으로부터 수입품의 원화 가격은 더 저렴해진다. 이때 일본산 부품을 사용하는 우리나라 기업의 생산비용은 감소한다.

3 **2018년 미국의 물가상승률은 3%이고 한국의 물가하락률은 5%이며 대미명목환율이 7% 하락했다고 가정할 경우에 대미실질환율은 어떻게 변동하였는가?**

① 1% 상승 ② 1% 하락

③ 5% 상승 ④ 5% 하락

해설 한국의 물가가 5% 하락하면 한국에서 생산된 재화가격이 상대적으로 5% 하락한다.미국의 물가가 3% 상승하면 한국에서 생산된 재화의 가격이 상대적으로 3% 하락한다. 한편, 명목이자율이 7% 하락하면 한국에서 생산된 재화의 상대가격이 7% 상승하여 한국에서 생산된 재화의 상대가격이 1% 하락하고 실질환율은 1% 상승한다.

4 다음 중 이자평형정리의 의미에 대한 설명으로 옳지 않은 것은?

① 이자차익거래에 의해 국내금융자산에 대한 투자수익률과 해외금융자산에 기대수익률이 일치하게 된다.

② 다른 조건이 일정할 때 국내 명목이자율의 상승은 원화의 평가절상을 초래한다.

③ 다른 조건이 일정할 때 외국 명목이자율의 상승은 원화의 평가절하를 초래한다.

④ 이자차익거래는 미래의 예상환율에 의해 영향을 받지 않는다.

⑤ 예상환율과 양국의 명목이자율이 주어지면 이자평형정리로부터 균형환율을 도출할 수 있다.

해설 해외투자수익률은 해외이자율과 환율의 예상상승률의 합이므로 미래의 예상환율이 상승하면 해외투자의 예상수익률이 높아지므로 자본유출이 발생한다. 따라서 이자차익거래에서는 미래의 예상환율에 직접적인 영향을 받는다.

5 현재 한국의 대미환율이 $1=1,000원, 한국의 물가수준은 2,000 그리고 미국의 물가수준은 1이라고 가정하자. 구매력평가설이 정확하게 성립되는 한국의 명목환율과 이때의 실질환율은?

① 명목환율은 1,000, 실질환율은 1　② 명목환율은 1,000, 실질환율은 2

③ 명목환율은 2,000, 실질환율은 1　④ 명목환율은 2,000, 실질환율은 2

해설 구매력평가설이 성립하면 국제적으로도 일물일가의 법칙이 성립해야 한다. 일물일가의 법칙이 성립하면 국내의 재화가격과 원화로 나타낸 외국의 재화가격이 일치한다. 미국의 물가수준이 1이고 한국의 물가수준이 2,000이므로 명목환율은 2,000이 되어야 한다. 구매력평가설이 성립하면 실질환율은 1이 된다.

6 한국 국채의 명목이자율이 6%이고, 미국 국채의 명목이자율이 3%일 경우 A는 미국 국채에 투자하기로 결정하였다. 두 국채 모두 신용위험이 없다면 A는 환율이 어떻게 변화하리라 예상하고 있는가?

① 원화가 달러화에 비해 2% 이상 평가절상할 것으로 예상

② 원화가 달러화에 비해 3% 이상 평가절상할 것으로 예상

③ 원화가 달러화에 비해 4% 이상 평가절상할 것으로 예상

④ 원화가 달러화에 비해 2% 이상 평가절하할 것으로 예상

⑤ 원화가 달러화에 비해 3% 이상 평가절하할 것으로 예상

해설 해외투자수익률은 외국의 이자율과 원화환율의 예상상승률을 합한 값이다. 한국의 이자율이 6%이고, 미국의 이자율이 3%일 때 미국국채에 투자하기로 결정했다는 것은 투자자가 예상하는 원화의 평가절하율이 3%를 넘는다는 것을 의미한다.

7 **다음 중 자국통화로 표시한 환율에 대한 설명으로 옳지 않은 것은?**

① 통화론자에 의하면 자국의 소득증가는 화폐수요를 증가시켜 환율이 하락한다.

② 통화론자에 의하면 자국이자율 상승은 화폐수요를 감소시켜 환율이 상승한다.

③ 케인즈학파에 의하면 자국의 소득증가는 수입을 증가시켜 환율이 하락한다.

④ 케인즈학파에 의하면 자국이자율 상승은 자본유입을 증가시켜 환율이 하락한다.

⑤ 자국의 통화량 증가가 환율을 상승시킨다는 점에 대해서는 통화론자와 케인즈학파의 의견이 일치한다.

해설 자국의 국민소득이 증가하면 수입이 증가한다. 수입이 증가하면 외환의 수요가 증가하여 환율이 상승한다.

8 **미국의 1년 만기 채권의 연수익률이 5%이고, 현재 1달러당 환율이 1,200원이며, 만기일의 1달러당 예상환율이 1,250원이라고 가정하자. 다음 중 한국 채권에 투자하는 것이 유리한 것을 모두 고른 것은?**

사례	한국 채권 연수익률
가	10%
나	9.5%
다	9.0%
라	8.5%

① 가, 나, 다, 라 ② 가, 나, 다

③ 가, 나 ④ 가

해설 해외투자시 예상수익률은 해외이자율과 환율상승률의 합으로 나타낼 수 있다. 미국채권의 수익률이 5%이고, 환율상승률이 4%이므로 미국투자시의 수익률은 9%이다. 따라서 한국채권의 수익률이 9%를 초과하면 한국에 투자하는 것이 유리하다.

9 다음 중 선물환거래에 대한 설명으로 옳지 않은 것은?

① 외환거래에서 거래당사자가 미래의 일정시점 또는 일정기간 이내에 외환을 일정한 환율로 고정시켜 놓고 인수도하기로 약정하는 거래로 제3영업일부터 시작된다.

② 거래환율은 현재시점에서 결정되지만 자금결제는 미래의 일정시점에 이루어지기 때문에 계약일에서 결제일까지의 환율변동으로 인한 위험을 회피할 수 있다.

③ outright forward는 현물환거래와 선물환거래의 한 쌍으로 이루어지는 스왑거래에서의 선물환계약이다.

④ 기초자산에 대한 거래없이 시세차익을 목표로 실행되는 선물환거래를 투기거래라고 한다.

해설 outright forward는 선물환 매입 또는 매도 중 한쪽만을 계약하는 거래를 말한다.

10 다음 중 선물환시장에 대한 설명으로 옳지 않은 것은?

① 선물환가격이 현물환가격보다 높으면 선물환할증이라고 한다.

② 단순선물환거래(outright forward)는 하나의 선물환에 매입 또는 매도포지션을 취하는 것을 말한다.

③ 은행간시장에서 선물환율의 고시방법은 선물환율과 현물환율의 차이인 스왑률을 주로 사용한다.

④ 달러선물환매도자는 만기일에 매입자에게 달러를 수취하고 원화를 지급한다.

해설 달러선물환매도자는 만기일에 선물환매입자에게 달러를 인도하고 원화를 수취한다.

11 다음 중 현재 원화의 대달러 환율(원/달러)에 미치는 효과가 다른 것은?

① 국내 물가수준의 상승

② 미국인들의 소득감소

③ 미국 국채이자율의 상승

④ 국산 스마트폰에 대한 미국인들의 수요증가

⑤ 국내 항공사들의 미국산 항공기에 대한 수요증가

해설 국산 스마트폰에 대한 미국인들의 수요증가로 수출이 증가하면 외환공급이 증가하여

① 국내 물가수준이 상승하면 국내에서 생산된 재화가 상대적으로 비싸져 순수출이 감소하여 환율이 상승한다.

② 미국인들의 소득이 감소하면 우리 기업들의 대미수출이 감소하여 외환공급이 감소하여 환율이 상승한다.

③ 미국 국채이자율이 상승하면 자본유출로 인해 외환수요가 증가하여 환율이 상승한다.
④ 국산 스마트폰에 대한 미국인들의 수요증가로 수출이 증가하면 외환공급이 증가하여 환율이 하락한다.
⑤ 국내항공사의 미국산 항공기에 대한 수요가 증가하면 외환수요가 증가하여 환율이 상승한다.

12 실질이자율이 4%이고, 기대인플레이션율이 8%이며 명목이자소득에 25%의 세금이 부과될 경우에 피셔효과가 성립하면 세후 명목이자율과 세후 기대실질이자율은 각각 얼마인가?

① 8%, 9%
② 9%, 1%
③ 9%, 4%
④ 9%, 8%

해설 명목이자율은 실질이자율 4%와 기대인플레이션율 8%를 합한 12%이다. 12%의 명목이자소득에 25%의 세금이 부과되면 3%를 세금으로 납부해야 하므로 세후 명목이자율은 9%이다. 세후 명목이자율이 9%이고 기대인플레이션율이 8%이므로 세후 실질이자율은 1%가 된다.

13 다음 중 구매력평가설의 성립에 대한 설명으로 옳지 않은 것은?

① 자국의 통화량이 증가할 때 실질환율은 변화하지 않는다.
② 외국의 양적 완화정책으로 외국의 물가가 상승하면 자국의 순수출이 증가한다.
③ 양국 물가상승률의 차이가 명목환율의 변화율에 영향을 준다.
④ 양국간 무역전쟁에서 재정거래에 의한 수익을 얻을 수 없다.
⑤ 양국 물가수준의 상대적 비율이 명목환율에 영향을 준다.

해설 절대적 구매력평가설에 의하면 국제적으로 일물일가의 법칙이 성립하면 환율은 양국의 물가수준의 비율로 나타낼 수 있다. 상대적 구매력평가설에 의하면 환율의 변화율은 국내의 인플레이션율 차이와 같다.

14 구매력평가설에 의해 미국의 물가상승률이 한국의 물가상승률보다 높을 경우에 원화로 표시한 달러의 환율은 어떻게 되겠는가?

① 실질환율이 하락한다.
② 실질환율이 상승한다.
③ 명목환율이 상승한다.
④ 명목환율이 하락한다.

해설 절대적 구매력평가설이 성립하면 실질환율은 항상 1이 되어 미국의 물가상승률이 한국의 물가상승률보다 높더라도 실질환율은 변하지 않는다. 상대적 구매력평가설에 의하면 환율변동율은 양국의 인플레이션 차이와 동일하여 외국의 물가상승률이 국내의 물가상승률보다 높다면 명목이자율은 하락한다. 예컨대 미국의 물가상승률이 5%, 국내의 물가상승률이 3%라면 명목이자율은 2% 하락한다. 이는 미국의 물가상승률이 국내의 물가상승률보다 높다면 달러에 비해 원화의 구매력이 높아졌다는 의미이다.

15 한국과 미국의 내년도 예상 물가상승률이 각각 4%와 6%라고 가정하자. 현재 환율은 1,200원/달러이다. 만일 상대적 구매력평가설이 성립한다면 내년도 환율은 얼마로 약 얼마로 예측할 수 있는가?

① 1,176원/$ ② 1,224원/$
③ 1,320원/$ ④ 1,080원/$

해설 구매력평가설에 의하면 환율변화율은 양국의 물가상승률의 차이와 같다. 미국의 예상물가상승률이 6%, 한국의 예상물가상승률이 4%로 환율은 2% 하락이 예상된다. 따라서 현재 환율이 1달러에 1,200원이므로 원화가 2% 하락하면 내년 예상환율은 1,176원이 된다.

16 국내물가가 4% 상승하고 외국물가가 6% 상승하며 외국화폐 단위당 자국화폐의 교환비율인 명목환율이 10% 하락할 경우에 실질환율의 하락 정도는?

① 4% ② 6% ③ 8% ④ 10%

해설 실질환율을 증가율로 나타낸 후 문제에 수치를 대입하면 실질환율은 −8%가 된다.

17 한국의 시장금리와 미국의 시장금리가 각각 연 8%와 연 4%이고, 현물환율이 1달러당 1,200원일 때 이자율평가이론에 의하면 3개월 후 미래 현물환율은?

① 1,200원 ② 1,212원
③ 1,220원 ④ 1,224원

해설 이자율평가설은 국제적으로 자본시장 균형상태에서 환율의 예상변화율은 양국의 이자율 차이와 같다는 이론이다. 한국의 이자율이 연 8%이고 미국의 이자율이 연 4%이므로 3개월간 이자율 차이는 1%(=2%−1%)이다. 이자율평가설이 성립하면 3개월간의 이자율차이와 동일한 1%가 되어야 하므로 3개월 후에 예상현물환율은 1,212원이 될 것이다.

18 한국의 연간이자율이 8%이고 미국의 연간이자율이 6%이며 미화 1달러당 현물환율이 1,000원이라고 하자. 무위험 이자율평가설에 의하면 미 달러화의 3개월 만기 적정 선물환율은 얼마가 되어야 하는가?

① 1,003원 ② 1,004원
③ 1,005원 ④ 1,006원

해설 무위험(커버된) 이자율평가설에 의하면 양국간 이자율차이와 선물환 프리미엄(또는 디스카운트)가 동일해야 한다. 따라서 고금리 통화는 양국의 이자율의 차이만큼 선물환 디스카운트 상태에 놓인다. 한국과 미국의 이자율 차이가 연 2%이므로 3개월간 이자율 차이는 0.5%이다. 현재 환율이 1달러에 1,000원이고 원화가 0.5% 선물환 디스카운트 상태에 있어야 하기 때문에 적정한 선물환율은 1,005원이다.

19 다음과 같은 거래가 발생했을 때 경상수지는 얼마인가?

가. 국내 회사가 자동차를 900만 달러 수출하였다.
나. 국내 회사가 철광석을 1,000만 달러 수입하였다.
다. 국내 회사가 500만 달러를 투자하여 미국에 현지공장을 설립하였다.
라. 국내 해운사가 외국 수입상으로부터 100만 달러의 운임을 받았다.
마. 국내 회사가 뉴욕 금융시장에서 800만 달러의 외화채권을 발행하였다.
바. 국내 회사가 외채에 대한 이자로 300만 달러를 지급하였다.

① 100만 달러 적자 ② 300만 달러 적자
③ 300만 달러 흑자 ④ 500만 달러 적자

해설 가. 경상수지 900만 달러 개선, 나. 경상수지 1,000만 달러 악화, 다. 자본수지 500만 달러 악화, 라. 경상수지 100만 달러 개선, 마. 자본수지 800만 달러 개선, 바. 경상수지 300만 달러 악화로 기록된다. 따라서 경상수지는 300만 달러 적자이고, 자본수지는 300만 달러 흑자이다.

20 다음의 국제거래 중 우리나라의 경상수지 흑자를 증가시키는 것은?

① 외국인이 우리나라 기업의 주식을 매입하였다.
② 우리나라 학생의 유학은 증가하였다.
③ 미국기업이 우리나라에 자동차공장을 건설하였다.
④ 우리나라 기업이 중국기업으로부터 특허료를 지급받았다.
⑤ 우리나라 기업이 외국인에게 주식투자에 대한 배당금을 지급하였다.

해설 ①과 ③은 투자수지(자본수지) 개선, ②는 서비스수지(경상수지) 악화, ④는 서비스수지(경상수지) 개선, ⑤는 소득수지(경상수지) 악화의 요인이다.

정답 1. ⑤ 2. ③ 3. ① 4. ④ 5. ③ 6. ⑤ 7. ③ 8. ② 9. ③ 10. ④
11. ④ 12. ② 13. ② 14. ④ 15. ① 16. ③ 17. ② 18. ③ 19. ② 20. ④

C·h·a·p·t·e·r

07

선물시장

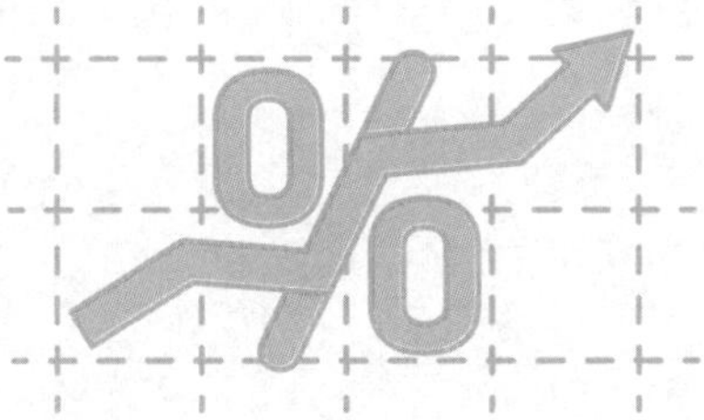

경제활동의 중심인 기업과 가계는 물론 금융시장의 투자자 등 모든 경제주체들은 자신의 경제활동에 필요한 생산요소나 보유한 자산의 가격이 변동함에 따라 손실이 발생할 위험에 노출된다. 그러나 자산의 가격변동에 따른 손실분을 보전받을 수 있는 파생상품을 이용하면 이러한 가격변동위험에 대비할 수 있다.

01 파생상품의 개요

1. 파생상품의 정의

파생상품은 영어로 Derivatives라고 한다. Derivatives는 파생하다의 의미를 가진 영어 동사 Derive에서 유래한 것으로 원래 어떤 것으로부터 유도된 파생물이라는 의미를 가지고 있다. 어원에서 유추할 수 있듯이, 금융시장에서 파생상품은 기초자산으로부터 그 가치가 파생되어 나온 상품을 말한다.

예컨대 기초자산이 삼성전자인 개별주식선물과 개별주식옵션은 삼성전자 주식가치의 변동(주가상승 또는 주가하락)에 따라 가치가 결정된다. 여기서 기초자산(Underlying Asset)은 파생상품의 거래대상을 나타내며 파생상품의 가치를 산정하는데 기초가 되는 금융상품이나 일반상품을 의미한다.

파생상품의 발달초기에는 농축산물이나 원자재 같은 실물자산들이 주된 기초자산이었으나, 현대에 와서는 수치화될 수 있는 모든 대상이 파생상품의 기초자산이 되고 있다. 따라서 전세계적으로 증권, 외국환은 물론 주가지수처럼 통계적으로 산출된 수치를 기초자산으로 하는 파생상품이 발달하였다.

2. 파생상품의 종류

(1) 선도(Forward)

선도는 가장 기본이 되는 파생상품으로 미래 특정시점에 계약시점에 약정한 가격으로 기초자산을 매매하기로 약속하는 계약을 말한다. 봄철에 농가와 유통업자가 가격을 정하여 가을에 수확 예정인 농산물을 수확철에 거래하기로 약속하는 밭떼기 거래가 선도거래의 대표적인 사례에 해당한다.

선도계약은 거래상대방의 결제불이행 위험(default risk)이 발생할 수 있고 일일이 거래상대방을 찾아서 거래조건을 협상해야 하는 불편함이 있다. 이러한 불편함을 없애기 위해 기초자산의 수량을 균일화하여 거래조건을 표준화하고 거래절차를 체계화하여 거래소에서 거래하는 것이 선물이다.

┃그림 7-1┃ 선도거래의 구조

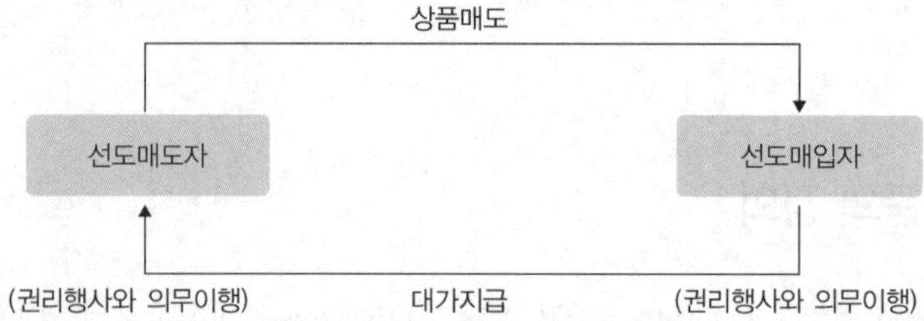

(2) 선물(Futures)

선물은 미래 특정시점에 계약시점에 약정한 가격으로 기초자산을 매매하기로 약속하는 계약을 말한다. 따라서 선도와 선물은 장외파생상품과 장내파생상품이라는 차이점 외에는 유사하다. 매수 또는 매도포지션을 취한 선물거래자는 만기일에 현물을 인수도하거나 가격변화에 따른 현금결제를 하게 된다.

선물은 거래조건이 표준화되어 있고, 청산소라는 결제기관이 있다. 그리고 거래소가 상대방의 결제불이행 위험에 대비하기 위해 증거금을 수령하고 매일 전일 종가와 당일 종가의 차이로 정산하여 증거금에 가감하며 체계적으로 위험을 관리하는 시스템을 갖추고 있어 계약이행이 보장된다는 장점이 있다.

┃그림 7-2┃ 선물거래의 구조

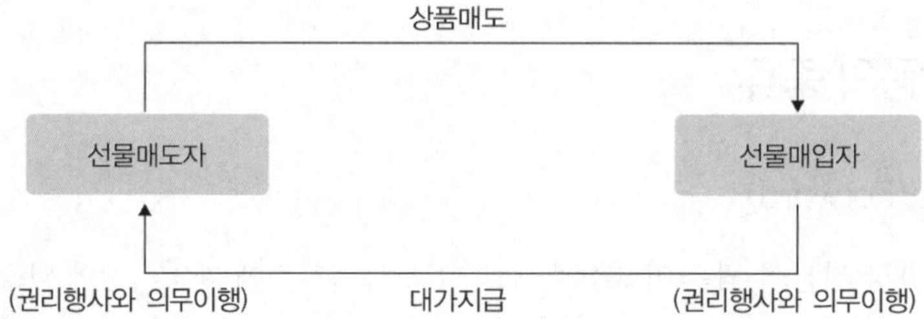

(3) 옵션(Option)

옵션은 미래의 특정시점(만기일)에 현재시점에서 약정한 가격(행사가격)으로 기초자산을 매입하거나 매도할 수 있는 권리가 부여된 계약을 말한다. 기초자산을 행사가격에 매입할 수 있는 권리가 부여된 계약을 콜옵션, 행사가격에 매도할 수 있는 권리가 부여된 계약을 풋옵션이라고 한다.

선도거래에서 매수자와 매도자는 모두 권리와 의무를 동시에 갖는 반면에 옵션거래에서 매수자는 권리만을 갖고 매도자는 의무만을 부담한다. 따라서 옵션매수자는 옵션이라는 권리를 매도자로부터 부여받는 대신 옵션매도자에게 일정한 대가(옵션가격 또는 옵션프리미엄)을 지급하게 된다.

▌그림 7-3▌ 옵션거래의 구조

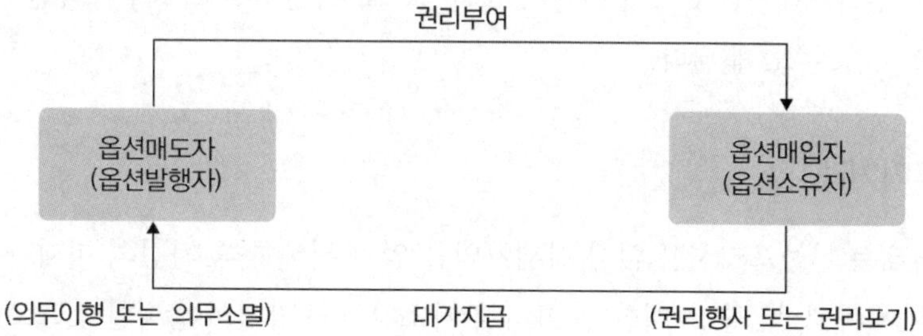

(4) 스왑(Swap)

스왑은 장래 일정기간 동안 실물이나 현금흐름을 교환하는 계약을 말한다. 앞에서 살펴본 선물과 옵션은 미래 발생할 거래가격을 고정하지만, 스왑은 미래 일정기간 동안 발생할 일련의 현금흐름을 고정한다. 스왑은 만기와 현금흐름의 교환시기가 각각인 일련의 선도계약의 합으로 볼 수 있다.

▌그림 7-4▌ 스왑거래의 구조

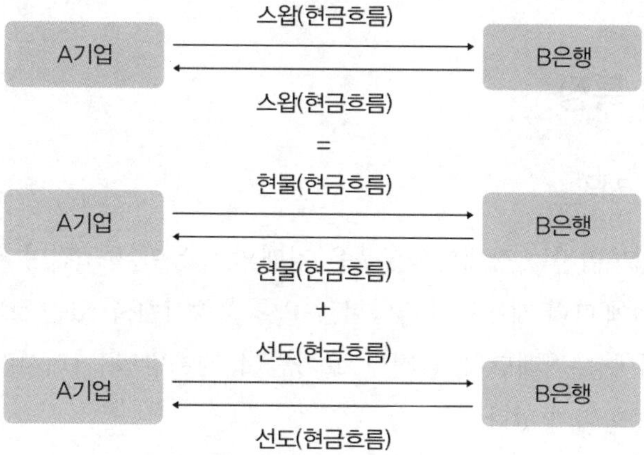

3. 파생상품의 목적

(1) 헤지거래

파생상품의 핵심적인 기능은 가격변동위험을 헤지하는 수단을 제공한다. 따라서 헤지거래자(hedger)는 주가, 금리, 환율, 상품가격이 변동함에 따라 발생하는 위험을 파생상품을 활용하여 투기거래자(speculator)에게 효과적으로 이전시킴으로써 가격변동위험을 회피하거나 축소시킬 수 있게 된다.

(2) 투기거래

투기거래는 현물포지션은 없이 시세차익을 얻기 위해 향후 자산의 미래가격에 대한 예측에 근거하여 파생상품을 거래한다. 따라서 기초자산의 가격이 상승할 것으로 예상되면 선물을 매수하거나 콜옵션을 매수하고, 기초자산의 가격이 하락할 것으로 예상되면 선물을 매도하거나 풋옵션을 매수한다.

(3) 차익거래

일시적인 시장불균형으로 인한 가격차이를 이용하여 이익을 얻으려는 차익거래는 현물과 선물의 가격차이를 이용하여 거래한다. 같은 상품이라도 시장간에 가격차이가 생기면 싼 시장에서 매입해 비싼 시장에서 팔 수 있는데 이를 차익거래라 한다. 차익거래에 의해 시장간 가격차이는 순간적으로 해소된다.

4. 파생상품의 특징

(1) 표준화된 계약

거래소에서 이루어지는 장내파생상품은 거래의 내용이나 조건이 표준화되어 있으므로 당사자간의 합의에 따라 개개인의 다양한 수요를 충족시킬 수 있는 장외파생상품과는 차이가 있다. 즉 거래대상, 거래단위, 결제월, 호가단위, 결제방법, 거래시간 등의 상품명세가 거래소에 의해 표준화되어 있다.

선도거래는 계약조건이 당사자의 합의에 의해 결정되지만, 선물거래는 표준화된 선물계약을 기준으로 거래가 이루어진다. 선물계약의 표준화는 선물시장의 참여자로 하여금 계약조건에 대한 충분한 이해가 가능하게 되고, 시장유동성을 제고하여 거래시마다 상대방을 찾는 번거로움을 줄일 수 있다.

(2) 청산소의 결제

청산기관은 매수자와 매도자의 중간에서 거래상대방의 역할을 맡아 계약이행을 책임지는 역할을 수행하고, 이 역할은 재무적 건전도가 충실한 청산회원들에 의해 수행된다. 회원자격은 신용위험에 대한 노출을 감소시키기 위해 신용도와 경영능력에 관한 적절한 기준을 충족하는 회원들에게만 부여된다.

청산기관은 투자자들이 채무를 변제하지 못하는 경우를 대비하여 청산회원들로부터 보증기금을 확보한다. 청산회원이 아닌 거래소회원들은 청산회원을 통해 파생상품계약을 청산해야 하며, 그 대가로 일정한 수수료를 지급한다. 따라서 투자자들은 파생상품 거래시 상대방의 신용상태를 파악할 필요가 없다.

(3) 결제의 안정화

파생상품거래는 현물거래에 비해서 계약시점과 결제시점의 시간적 간격이 길다. 계약일로부터 장시간이 경과한 후에 결제되는 파생상품거래의 특성상 매수자 또는 매도자 일방이 결제를 이행하지 않을 위험이 있다. 따라서 거래소는 결제불이행위험을 방지하기 위해 일일정산 및 증거금제도를 운영한다.

5. 국내파생상품시장

우리나라는 1996년 5월 3일 최초로 KOSPI 200을 기초자산으로 하는 주가지수선물거래가 시작되었고, 1997년 7월 7일 주가지수선물과 동일한 KOSPI 200을 거래대상으로 하는 주가지수옵션이 한국거래소에 상장되었다. 1999년 4월에 금융선물 및 상품선물을 통합관리할 수 있는 선물거래소가 개설되었다.

선물거래소가 개설될 당시 상장상품은 미국달러선물, 미국달러옵션, CD금리선물 등 금융선물 3종류와 상품선물 1종류였다. 그러나 한국거래소는 1999년 9월 29일 정부에 의해 발행된 국고채를 기초자산으로 하는 3년 국채선물, 2003년 8월 22일 5년 국채선물, 2008년 2월 25일 10년 국채선물이 상장되었다.

선물거래소가 개설된 이후 거래량이 꾸준히 증가하였다. 상장상품도 3년 국채선물옵션, CD금리선물, 통안증권금리선물, 미국달러선물, 미국달러옵션, 금선물로 다양화되었다. 선물시장은 2005년 1월 27일 선물거래소, 증권거래소, 코스닥시장을 통합하여 설립된 한국거래소 파생상품시장본부에서 운영한다.

통합 이후 한국거래소는 스타지수, 엔화, 유로화, 10년 국채, 개별주식, 돈육, 미니금을 기초자산으로 하는 선물이 상장되었고, 최근에 KOSPI 200 변동성지수선물, 다수의 KOSPI 200 산업부문지수선물, 미니 KOSPI 200지수선물과 옵션, 위안화, KOSPI 고배당50선물, KOSDAQ 150선물, ETF선물이 상장되었다.

한편 그동안 거래가 부진한 CD선물, 3년 국채선물옵션, 금선물은 상장폐지되었으며, 스타지수선물은 상장폐지된 후 KOSDAQ 150선물로 대체되었다. 미니금선물은 상품명세를 일부 수정하여 새롭게 상장된 금선물은 거래단위를 1/10로 낮추고 최종결제방식이 실물인수도방식에서 현금결제방식으로 변경되었다.

| 표 7-1 | 국내 파생상품 상장연혁

일 자	파생상품	비고
1996. 5. 3	KOSPI200선물 상장(KSE)	한국 최초 선물
1997. 7. 7	KOSPI200옵션 상장(KSE)	한국 최초 옵션
1999. 4.23	CD금리선물, 미국달러선물, 미국달러옵션, 금선물 상장(KOFEX)	KOFEX 개장
1999. 9.29	3년 국채선물 상장(KOFEX)	한국 최초 채권선물
2001. 1.30	KOSDAQ50선물 상장(KOFEX)	
2001.12.14	KOSDAQ50옵션 상장(KOFEX)	
2002. 1.28	개별주식옵션 상장(KSE) (삼성전자, SKT, 국민은행, POSCO, 한국전력, KT, 현대자동차 7종목)	한국 최초 개별주식옵션
2002. 5.10	국채선물옵션 상장(KOFEX)	한국 최초 선물옵션
2002.12. 5	통안증권 금리선물 상장(KOFEX)	
2003. 8.22	5년 국채선물 상장(KOFEX)	
2005. 1.27	한국증권선물거래소(KRX) 설립*	
2005. 9.26	개별주식옵션 추가상장(23개 종목 추가)	
2005.11. 7	스타지수선물 상장(KRX), KOSDAQ50옵션 상장 폐지	
2005.12. 8	KOSDAQ50선물 상장 폐지	
2006. 5.26	엔선물, 유로선물 상장(KRX)	
2007.12.26	CD 금리선물, 3년 국채선물옵션 상장 폐지	
2008. 2.25	10년 국채선물 상장(KRX)	

일　자	파생상품	비고
2008. 5. 6	개별주식선물(15개 종목) 상장(KRX)	
2008. 7.21	돈육선물 상장(KRX)	
2009. 2. 4	한국거래소(KRX)로 명칭 변경	
2010. 9.13	미니금선물 상장(KRX)	
2014.11.17	KOSPI200변동성지수선물, KOSPI200에너지/화학, KOSPI 200정보기술, KOSPI200금융, KOSPI200경기소비재 선물 상장	
2015. 7.20	미니 KOSPI200선물 및 옵션 상장	
2015.10. 5	위안화선물, KOSPI고배당50선물, KOSPI배당성장50선물 상장	
2015.11.23	KOSDAQ150선물 상장, 금선물 재상장 스타지수선물, 기존 금선물과 미니금선물 상장 폐지	
2016. 3.28	KOSPI200 섹터지수 3개(건설, 중공업, 헬스케어) 추가 상장	
2016. 6.27	유로스톡스50선물 상장	
2017. 6.26	ETF선물 상장	

02 선물거래의 개요

1. 선물거래의 정의

(1) 선물계약과 선물거래

선물계약(futures contract)은 거래당사자인 선물매도자와 선물매입자가 미래의 일정시점에 선물거래의 대상이 되는 기초자산을 현재시점에서 약정한 선물가격으로 매입하거나 매도하기로 체결한 계약을 말한다. 따라서 선물거래는 이러한 선물계약을 현재시점에서 매입하거나 매도하는 거래를 말한다.

1) 기초자산

기초자산(underlying asset)은 선물계약의 만기일에 매입하거나 매도할 선물거래의 대상이 되는 특정자산을 말한다. 선물거래는 농산물, 축산물, 귀금속, 에너지와 같은 실물상품을 기초자산으로 하는 상품선물과 주식, 주가지수, 금리, 통화와 같은 금융상품을 기초자산으로 하는 금융선물로 구분된다.

| 표 7-2 | 한국거래소 상품안내

구 분	상장선물
주식상품	주식선물, 코스피 200선물, 코스닥 150선물, 배당지수선물
금리상품	3년 국채선물, 5년 국채선물, 10년 국채선물
통화상품	미국달러선물, 유로선물, 엔선물, 위안선물
일반상품	금선물, 돈육선물

2) 최종거래일

최종거래일(maturity)은 기초자산을 매입하거나 매도하는 미래의 특정시점을 의미하며 만기일 또는 인도일이라고도 한다. 선물거래는 기초자산뿐만 아니라 최종거래일이 표준화되어 있다. 예컨대 코스피 200선물, 코스닥 150선물, 배당지수선물의 최종거래일은 각 결제월의 두 번째 목요일로 지정되어 있다.

표 7-3 선물거래의 최종거래일

구 분	최종거래일
주식상품	최종결제월의 두번째 목요일
금리상품	최종결제월의 세번째 화요일
통화상품	최종결제월의 세번째 월요일
일반상품	최종결제월의 세번째 수요일

3) 선물가격

선물가격(futures price)은 만기일에 기초자산을 매입하거나 매도할 때 적용되는 가격을 말한다. 선물가격은 만기일에 기초자산을 인수도할 때 그 대가로 지불하거나 수령하는 가격으로 선물계약 자체의 가치를 의미하는 것은 아니다. 따라서 선물가격은 옵션의 행사가격과 유사한 개념이라고 할 수 있다.

(2) 현물거래와 선물거래

1) 현물거래 : 계약시점 = 결제시점

현물거래(spot transaction)는 현재시점에서 기초자산의 가격을 지불하고 기초자산을 인수하거나 기초자산의 가격을 수령하고 기초자산을 인도하는 거래를 말한다. 따라서 매매계약의 체결과 거래대금의 결제 및 기초자산의 인수도가 현재시점에서 이루어지는 주식거래와 채권거래는 현물거래에 해당한다.

2) 선물거래 : 계약시점 ≠ 결제시점

선물거래(futures transaction)는 미래의 일정시점에 기초자산을 현재시점에 약정한 가격으로 결제하기로 거래당사자가 약정한 계약을 말한다. 따라서 선물거래는 현물거래와 달리 매매계약의 체결은 현재시점에서 이루어지고 거래대금의 결제와 기초자산의 인수도는 미래시점에 이루어지는 거래를 말한다.

그림 7-5 현물거래와 선물거래

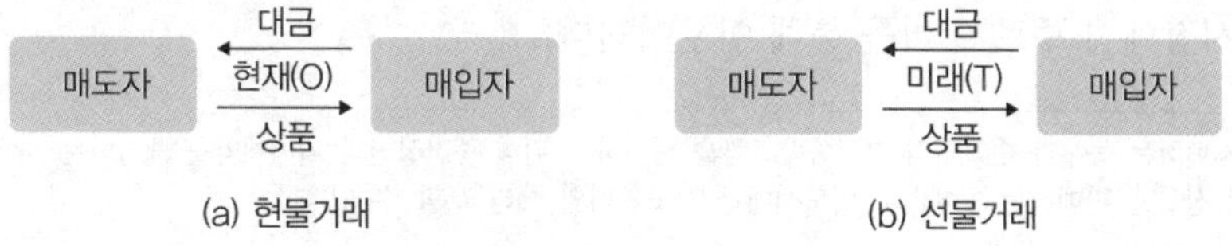

| 표 7-4 | 현물거래와 선물거래

구분	계약시점	실물인도	대금결제
현물거래	현재	현재	현재
외상거래	현재	현재	미래
선물거래	현재	미래	미래

(3) 선도거래와 선물거래

선도거래(forward transaction)는 미래의 일정시점에 특정상품을 현재시점에서 약정한 가격으로 인수도하기로 거래당사자가 일대일로 체결한 계약을 말한다. 그러나 선도거래는 기초자산의 가격이 자신에게 불리하게 변동하면 거래당사자가 계약을 이행하지 않을 계약불이행위험이 존재한다.[1)]

선물거래는 미래의 일정시점에 특정상품을 현재시점에서 약정한 가격으로 인수 또는 인도하기로 계약한다는 점에서 선도거래와 본질적으로 동일하다. 그러나 선물거래의 조건은 표준화되어 있으며 선물거래소, 청산소, 증거금, 일일정산제도 등이 있다는 점에서 선도거래와 차이점이 있다.

| 그림 7-6 | 선도거래와 계약불이행위험

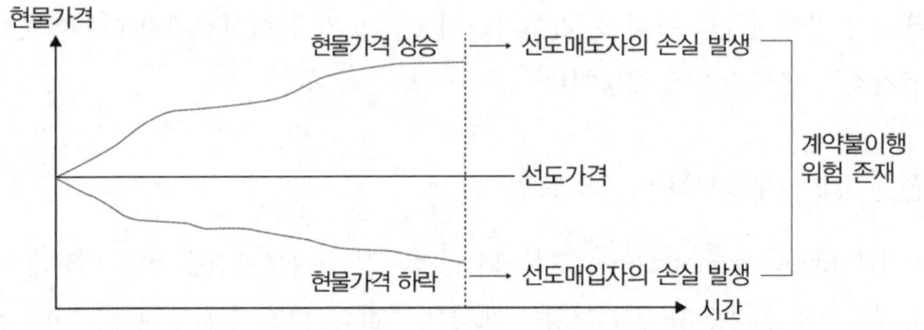

첫째, 선물거래는 거래대상, 거래단위, 만기일 등의 거래조건이 표준화되어 있고 선물거래소라는 조직화된 공식적인 시장에서 이루어진다. 반면에 선도거래는 거래당사자의 필요에 따라 계약이 직접 체결되기 때문에 거래조건이 표준화되어 있지 않고 특정한 장소가 없이 장외시장에서 주로 딜러를 통해 이루어진다.

1) 농산물을 재배하는 농부가 수확기의 가격하락위험을 헤지하기 위해 중간상인과 매매계약을 체결하는 시점에서 약정한 가격으로 농산물을 판매하는 밭떼기나 입도선매가 선도거래의 예라고 할 수 있다.

둘째, 선물거래는 거래당사자가 선물계약의 청산에 대해 책임을 지며 계약이행을 보증하는 청산소를 통해 일일정산되어 신용위험이 없으나 증거금을 청산소에 예치해야 한다. 반면에 선도거래는 신용위험을 거래당사자가 직접 부담해야 하고 만기일에만 결제가 이루어지므로 청산소에 증거금을 예치할 필요가 없다.

셋째, 선물거래는 대부분 만기일 이전에 반대매매를 통해 청산되고 청산소가 거래상대로서 계약이행을 보증하므로 거래상대방의 신용상태를 조사할 필요가 없다. 반면에 선도거래는 만기일에 실물인수도와 대금결제가 이루어지고 보증기관이 없어 딜러와 신용라인을 설정하여 상대방의 신용상태를 조사할 필요가 있다.

▌표 7-5▐ 선물거래와 선도거래의 비교

구 분	선물거래	선도거래
거래장소	선물거래소	장외시장
거래조건	표준화되어 있음	거래당사자간의 합의
거래방법	공개호가방식, 전산매매방식	거래당사자간의 계약
가격형성	거래일 매일 형성	계약시 1회 형성
시장성격	완전경쟁시장	불완전경쟁시장
거래참가	불특정 다수	한정된 실수요자
거래보증	청산소가 보증	상대방의 신용
증 거 금	증거금 예치 및 유지	딜러와 신용라인 설치
거래청산	대부분 만기전에 반대매매	대부분 만기일에 실물인수도
거래상대	거래소를 통한 간접거래	거래상대방과의 직접거래
거래시간	거래소 개장시간	제한이 없음
거래규제	공식적인 규제	자율적인 규제
가격제한	가격제한 있음	가격제한 없음

(4) 선물거래와 옵션거래

선물거래와 옵션거래는 미래의 일정시점에 대금수수와 특정상품을 인수도할 것을 계약하는 거래라는 측면에서 유사하지만 다음과 같은 차이점이 있다. 선물거래는 매입자와 매도자에게 권리와 의무가 동시에 주어진다. 그러나 옵션거래는 매입자와 매도자에게 권리와 의무가 분리되어 있다.

❙ 표 7-6 ❙ 선물거래와 옵션거래의 비교

구 분	선물거래	옵션거래
권리와 의무	양자 모두 권리와 의무가 있음	매입자 : 권리, 매도자 : 의무
증거금 납부	양자 모두 납부함	매도자만 납부함
매 매 형 태	방향성 매매	방향성+변동성 매매
손 익 구 조	대칭적	비대칭
손익분기점	매매가격	행사가격±프리미엄
위험의 범위	손익에 한계가 없음	매입자는 손익을 한정

2. 선물거래의 종류

선물거래는 거래대상이 되는 기초자산의 종류에 따라 크게 상품선물(commodity futures)과 금융선물(financial futures)로 구분된다.

(1) 상품선물

상품선물은 선물거래의 대상이 되는 기초자산이 농산물, 축산물, 귀금속, 비철금속, 에너지 등의 실물상품을 말한다. 미국에서는 1848년 4월에 시카고상품거래소(CBOT)가 개설된 이후에 1865년 10월부터 밀, 귀리, 대두, 옥수수, 대두박 등을 대상으로 하는 농산물에 대한 선물거래가 거래되었다.

1877년에 런던금속거래소(LME)가 개설된 이후 은, 동, 납, 아연 등을 대상으로 하는 금속선물이 거래되었다. 상품선물은 1970년대 이전까지는 세계 선물거래의 주류를 이루었으나 1970년대 이후에 금융선물이 도입되어 금융선물의 비중은 계속해서 확대되면서 상품선물의 비중은 점차 축소되었다.

우리나라는 국내 최초의 농축산물 관련 상품선물로 돼지가격의 변동위험을 회피하기 위한 돈육선물이 2008년 7월 21일 상장되었다. 또한 금을 기초자산으로 금가격의 변동위험을 회피하기 위한 선물거래가 가능하도록 만든 상품으로 기존의 미니금선물이 2015년 11월 23일에 새롭게 상장되었다.

(2) 금융선물

금융선물은 선물거래의 대상이 되는 기초자산이 통화, 금리, 채권, 주식, 주가지수 등의 금융상품을 말한다. 시카고상업거래소(CME)의 부속거래소로 1972년 설립된 국제통화시장(IMM)에 의해 통화선물이 도입되었고, 1975년 이후에 금리선물이 도입되었으며, 1982년 이후에 주가지수선물이 도입되었다.

한국거래소는 1996년 5월 4일 KOSPI 200을 기초자산으로 하는 KOSPI 200선물, 2015년 11월 23일 KOSDAQ 150을 기초자산으로 하는 KOSDAQ 150선물을 상장하였다. 2014년 11월과 2015년 10월 KOSPI 200 섹터지수선물과 배당지수선물을 상장하였고, 2016년 6월 유로스톡스 50선물이 상장되었다.

그리고 2001년 4월에 개별주식을 기초자산으로 하는 개별주식선물과 개별주식옵션이 상장되었다. 또한 금리변동을 관리하기 위해 정부가 발행한 국고채를 기초자산으로 하는 3년 국채선물이 1999년 9월 29일, 5년 국채선물이 2003년 8월 22일 그리고 10년 국채선물이 2008년 2월 25일에 상장되었다.

통화선물은 수출입 및 국제자본거래로 수취 또는 지급하는 외국통화를 대상으로 하는 선물거래를 말한다. 환율변동위험을 관리하는 파생금융상품으로 미국달러선물이 1999년 4월 23일 국내 통화선물로서는 최초로 상장되었다. 2006년 5월 26일 엔선물과 유로선물, 2015년 10월 5일 위안선물이 상장되었다.

그림 7-7 선물거래의 종류

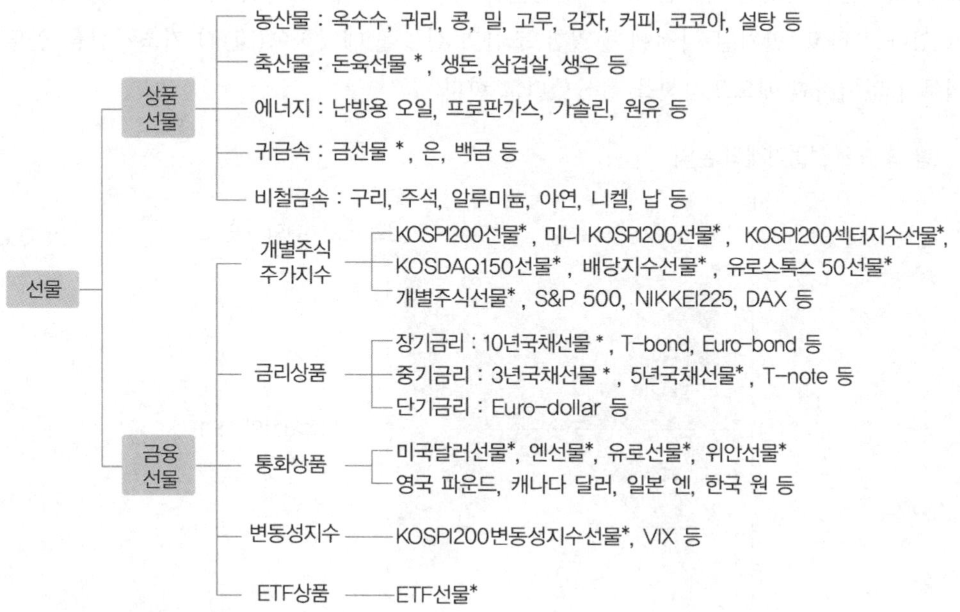

*한국거래소에 상장되어 있는 선물거래임

3. 선물거래의 손익

(1) 선물거래의 구분

선물거래는 크게 선물매입(long position)과 선물매도(short position)로 구분된다. 선물매입은 최종거래일에 현재시점에서 약정한 선물가격으로 기초자산을 매입하기로 약정한 것을 말하고, 선물매도는 최종거래일에 현재시점에서 약정한 선물가격으로 기초자산을 매도하기로 약정한 것을 말한다.

1) 선물매입(long position)

선물매입은 최종거래일에 선물가격을 지불하고 기초자산을 매입하기로 약속한 것으로 기초자산을 인수할 의무를 갖는다. 선물을 매입하여 보유하고 있으면 매입포지션을 취하고 있다고 하고, 만기일 이전에 동일한 조건의 선물을 매도하여(轉賣) 기초자산을 인수할 의무가 없어지면 매입포지션을 청산했다고 한다.

2) 선물매도(short position)

선물매도는 최종거래일에 선물가격을 지불받고 기초자산을 매도하기로 약속한 것으로 기초자산을 인도할 의무를 갖는다. 선물을 매도하여 보유하고 있으면 매도포지션을 취하고 있다고 하고, 만기일 이전에 동일한 조건의 선물을 매입하여(還買) 기초자산을 인도할 의무가 없어지면 매도포지션을 청산했다고 한다.

❙그림 7-8❙ 선물거래의 손익

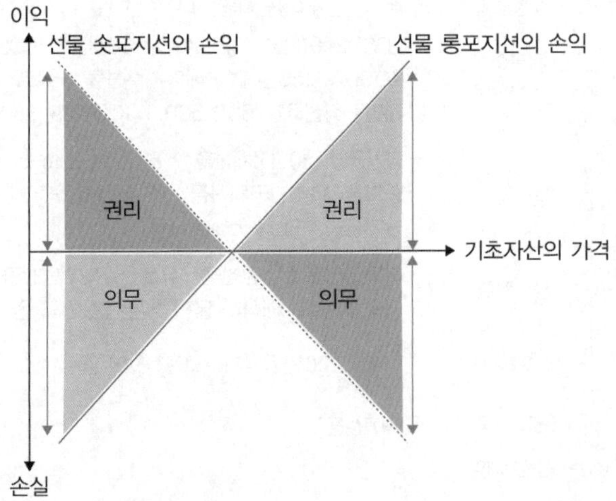

(2) 선물거래의 청산

선물거래의 청산은 현금결제와 실물결제가 있고 대부분 반대매매를 통해 포지션이 청산된다. 현금결제는 선물매입자(매도자)는 동일한 조건의 선물을 매도(매입)하여 선물가격의 차액만큼을 현금결제로 포지션을 청산하는 방식을 말하고, 실물결제는 최종거래일에 실물의 인수도로 포지션을 청산하는 방식을 말한다.

▌표 7-7 ▌ 선물거래의 결제방법

구 분	대상품목
현금결제	주식상품(주식선물, 코스피 200선물, 배당지수선물) 금리상품(3년 국채선물, 5년 국채선물, 10년 국채선물) 일반상품(금선물, 돈육선물)
실물결제	통화상품(미국달러선물, 유로선물, 엔선물, 위안선물)

(3) 선물거래의 손익

선물거래자는 최종거래일의 현물가격에 관계없이 선물가격으로 기초자산을 인수도해야 하는 의무가 있다. 따라서 선물거래의 손익은 청산일의 현물가격(S_T)이 체결일의 선물가격($F_{0,T}$)보다 상승하느냐 아니면 하락하느냐에 따라 달라지며, 이익과 손실의 크기는 동일하기 때문에 선물거래의 손익은 항상 0이 된다.

1) 선물매입자의 손익($=S_T - F_{0,T}$)

선물매입자는 선물가격에 기초자산을 매입해야 한다. 따라서 선물매입자는 매입포지션 청산일의 현물가격이 체결일의 선물가격보다 상승하면 이익을 얻게 되고, 체결일의 선물가격보다 하락하면 손실을 보게 된다.

2) 선물매도자의 손익($=F_{0,T} - S_T$)

선물매도자는 선물가격에 기초자산을 매도해야 한다. 따라서 선물매도자는 매도포지션 청산일의 현물가격이 체결일의 선물가격보다 하락하면 이익을 얻게 되고, 체결일의 선물가격보다 상승하면 손실을 보게 된다.

| 그림 7-9 | 선물거래의 손익

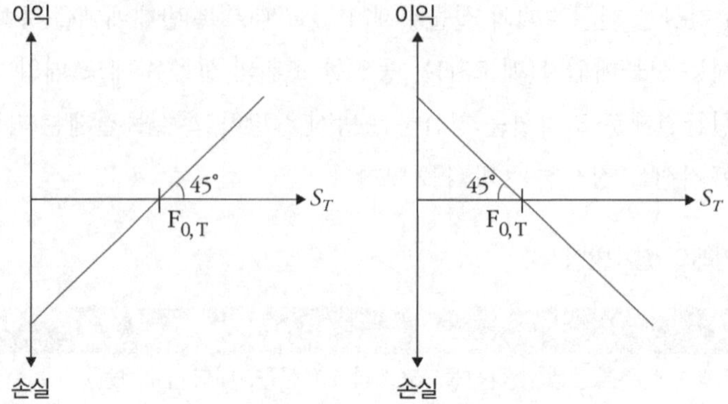

(a) 선물매입 (b) 선물매도

예제 7-1 선물거래의 손익

일반투자자 홍길동은 약세장(bear market)을 예상하여 2019년 8월 13일 한국거래소에서 KOSPI 200선물 5계약을 274포인트에 매도하였다. 9월 11일 최종거래일에 KOSPI 200선물의 가격이 다음과 같을 경우에 손익을 계산하시오.

1. 최종거래일에 KOSPI 200선물의 가격이 270포인트인 경우
2. 최종거래일에 KOSPI 200선물의 가격이 280포인트인 경우

풀이

1. 최종거래일에 주가지수선물가격이 하락하면 투자자 홍길동은 이익을 보게 된다.

   (274−270)×250,000원×5계약 = +5,000,000원

2. 최종거래일에 주가지수선물가격이 상승하면 투자자 홍길동은 손실을 보게 된다.

   (274−280)×250,000원×5계약 = −7,500,000원

4. 선물거래의 목적

선물거래는 투자자들이 선물계약을 이용하는 목적에 따라서 헤지거래, 투기거래, 차익거래 그리고 스프레드거래로 구분된다. 여기서 헤지거래와 차익거래는 투자자들이 현물시장과 선물시장을 동시에 이용한다. 그러나 투기거래와 스프레드거래는 선물시장만을 이용한다는 점에서 차이가 있다.

(1) 헤지거래

헤지거래(hedging)는 현물시장에서 현재 기초자산을 보유하여 미래에 매도할 예정이거나 현재 기초자산을 공매하여 미래에 매입할 예정인 기초자산의 불확실한 가격변화에 대해 선물시장에서 현물시장과 반대되는 포지션을 취함으로써 기초자산의 가격변동위험을 회피하거나 축소시키기 위한 거래를 말한다.

현물시장		선물시장
매입포지션	현재 자산보유, 미래 자산매도 예정 → 자산가격 하락시 손실발생	매도포지션
매도포지션	현재 자산공매, 미래 자산매입 예정 → 자산가격 상승시 손실발생	매입포지션

헤지거래자가 선물시장에서 현물시장과 반대되는 포지션을 취하면 현물포지션의 손실(이익)은 선물포지션의 이익(손실)으로 상쇄되어 기초자산의 가격변동위험을 회피하거나 축소시킬 수 있다. 이와 같이 기초자산의 가격변동위험을 회피하기 위해 선물거래를 이용하는 투자자를 헤지거래자(hedger)라고 한다.

1) 매입헤지

매입헤지(long hedge)는 현물시장에서 매도포지션을 취하고 있는 투자자가 기초자산의 가격상승위험을 헤지하기 위해 선물시장에서 해당현물에 대한 매입포지션을 취함으로써 현물자산의 가격상승위험을 회피하는 거래를 말한다.

| 표 7-8 | 매입헤지

구 분	계약시점	청산시점
현물시장	매도	매입
선물시장	매입	매도

2) 매도헤지

매도헤지(short hedge)는 현물시장에서 매입포지션을 취하고 있는 투자자가 기초자산의 가격하락위험을 헤지하기 위해 선물시장에서 해당현물에 대한 매도포지션을 취함으로써 현물자산의 가격하락위험을 회피하는 거래를 말한다.

▌표 7-9▐ 매도헤지

구 분	계약시점	청산시점
현물시장	매입	매도
선물시장	매도	매입

(2) 투기거래

투기거래(speculation)는 현물시장의 포지션에 관계없이 선물시장에서 특정상품에 대한 선물가격을 예측하고 이를 바탕으로 선물계약을 매입 또는 매도하여 시세변동에 따른 이익을 목적으로 하는 거래를 말한다. 따라서 가격상승이 예상되면 선물계약을 매입하고 가격하락이 예상되면 선물계약을 매도한다.

투기거래는 선물시장에서 가격변동위험을 감수하고 투기적인 이익을 도모하기 위해 실행하는 거래를 말한다. 그런데 선물거래는 현물거래에 비해서 손익이 확대되는 레버리지 효과를 갖기 때문에 투기거래자의 예측이 정확하면 많은 이익을 얻을 수 있는 반면에 예측이 빗나가면 많은 손실을 보게 된다.

(3) 차익거래

모든 자산이 시장에서 균형가격에 거래되고 있는 시장균형상태에서는 일물일가의 법칙(law of one price)이 성립하여 차익거래가 발생하지 않는다. 그러나 특정 자산이 시장에서 균형가격과 다른 가격으로 거래되는 시장불균형상태에서는 일물일가의 법칙이 성립하지 않아 차익거래가 발생한다.

차익거래(arbitrage)는 동일한 상품이 현물시장과 선물시장에서 상이한 가격으로 거래될 때 과소평가된 시장에서는 매입하고 과대평가된 시장에서는 매도함으로써 추가적인 자금이나 위험부담 없이 이익(free lunch)을 얻는 거래를 말하며, 시장이 일시적인 불균형상태에 있을 경우에 발생한다.

차익거래의 과정에서 과소평가된 시장에서는 수요가 증가하여 가격이 상승하고, 과대평가된 시장에서는 공급이 증가하여 가격이 하락한다. 따라서 일물일가의 법칙이 성립할 때까지 차익거래가 지속되며 차익거래를 통해서 시장이 균형상태에 도달하게 되면 차익거래의 기회는 소멸하게 된다.

(4) 스프레드거래

스프레드거래(spread)는 조건이 서로 다른 선물계약간의 가격차이를 이용하여 과소평가된 선물은 매입하고 과대평가된 선물은 매도함으로써 이익을 추구하는 거래를 말한다. 스프레드거래는 서로 다른 선물의 종류에 따라 만기간 스프레드, 상품간 스프레드, 시장간 스프레드로 구분된다.

1) 만기간 스프레드

만기간 스프레드(inter-delivery spread)는 동일한 기초자산을 대상으로 만기일이 서로 다른 선물을 동시에 매입하고 매도하는 거래를 말하며, 캘린더 스프레드(calendar spread) 또는 시간스프레드(time spread)라고도 한다. 만기간 스프레드는 강세스프레드와 약세스프레드로 구분된다.

① 강세스프레드

강세스프레드(bull spread)는 시장이 강세장(bull market)인 경우 근월물의 가격상승폭이 원월물의 가격상승폭보다 클 것으로 예상하고, 약세장(bear market)인 경우 근월물의 가격하락폭이 원월물의 가격하락폭보다 적을 것으로 예상할 때 근월물을 매입하고 원월물을 매도하는 전략을 말한다.

② 약세스프레드

약세스프레드(bear spread)는 시장이 강세장(bull market)인 경우 원월물의 가격상승폭이 근월물의 가격상승폭보다 클 것으로 예상하고, 약세장(bear market)인 경우 원월물의 가격하락폭이 근월물의 가격하락폭보다 적을 것으로 예상할 때 원월물을 매입하고 근월물을 매도하는 전략을 말한다.

2) 상품간 스프레드

상품간 스프레드(inter-commodity spread)는 동일한 시장에서 선물의 만기일은 같지만 기초자산이 서로 다른 선물을 동시에 매입하고 매도하는 거래를 말한다. 예컨대 동일한 거래소에서 거래되고 있는 6월물 금선물은 매입하고, 6월물 은선물은 매도한 경우가 상품간 스프레드에 해당한다.

3) 시장간 스프레드

시장간 스프레드(inter-market spread)는 동일한 기초자산이 서로 다른 시장(거래소)에서 거래되는 경우에 한쪽 시장에서는 선물을 매입하고 다른 시장에서는 선물을 매도하는 거래를 말한다. 예컨대 달러선물을 미국에서는 매입하고 한국에서는 매도하는 경우가 시장간 스프레드에 해당한다.

5. 선물거래의 기능

선물시장은 선물거래를 이용하여 기초자산의 가격변동위험을 회피할 수 있는 위험전가기능을 수행한다. 또한 미래의 현물가격에 대한 가격예시기능을 수행하고 한정된 자원의 효율적 배분을 가능하게 하며 투기거래자의 부동자금을 헤지거래자의 산업자금으로 자본형성기능을 촉진하여 경제활성화에 기여한다.

(1) 가격예시의 기능

선물시장에서 결정되는 선물가격은 선물시장에 참여한 수많은 거래자들의 해당 기초자산에 대한 수요와 공급 등 각종 정보를 바탕으로 결정되기 때문에 미래의 현물가격에 대한 예시기능을 수행한다. 따라서 만기가 서로 다른 선물가격들은 미래의 특정시점에서 형성될 기대현물가격을 예측하는 기능이 있다.

(2) 위험이전의 기능

헤지거래자는 기초자산의 가격변동위험을 투기거래자에게 이전할 수 있고, 투기거래자는 헤지거래자로부터 이전되는 가격변동위험을 부담하지만 투기적인 이익을 도모한다. 따라서 선물시장은 헤지거래자가 회피하는 위험이 투기거래자에게 전가되는 위험이전기능을 수행하여 현물시장의 유동성을 증대시킨다.

(3) 자원배분의 기능

선물가격은 현물시장의 수급에 관한 정보들을 집약하여 상품의 생산, 저장, 소비의 시간적 배분을 통해 자원배분의 효율성을 증대시킨다. 미래에 재고부족이 예상되는 상품은 선물가격이 높게 형성되어 생산을 촉진시키고, 현재 재고가 부족한 상품은 가격하락이 예상되는 미래시점으로 소비를 연기하도록 한다.

(4) 자본형성의 기능

선물시장은 투기거래자의 부동자금을 헤지거래자의 산업자금으로 이전시키는 자본형성의 기능을 간접적으로 수행한다. 특히 금융기관은 금융선물을 이용하여 주가, 환율, 금리변동위험을 효과적으로 관리할 수 있으며, 기업은 자본비용을 절감할 수 있기 때문에 투자가 촉진되어 국가전체의 부를 증진시킬 수 있다.

(5) 시장유동성의 증가

선물거래는 거래당사자들이 상대방의 계약불이행위험에 노출되어 있고 장외시장에서 거래가 이루어져 유동성이 부족한 선도거래의 문제점을 발전시킨 것이다. 선물거래는 기초자산, 거래단위, 최종거래일 등의 거래조건이 표준화되어 있고 조직화된 거래소에서 거래가 이루어지므로 유동성이 증가한다.

(6) 신금융상품의 개발

1980년대 중반 이후에 금융공학이 발전하면서 파생상품을 이용한 새로운 금융상품과 금융기법들이 개발되고 있다. 선물시장은 다양한 금융상품의 개발을 통해서 투자기회를 계속 확대시켜 왔으며 향후에는 금융공학의 발전으로 기초자산의 가격변동위험을 효과적으로 관리할 것으로 예상된다.

6. 선물시장의 구성

선물거래가 안정적으로 이루어지고 선물시장에 정보가 효율적으로 전달되기 위해서는 여러 가지의 조직과 규제가 필요하다. 일반적으로 선물시장은 국가마다 약간의 차이는 있으나 선물거래소, 청산소, 선물중개회사, 선물거래자로 구성되어 있다. [그림 7-10]에는 선물시장의 구조가 제시되어 있다.

┃그림 7-10┃ 선물시장의 구조

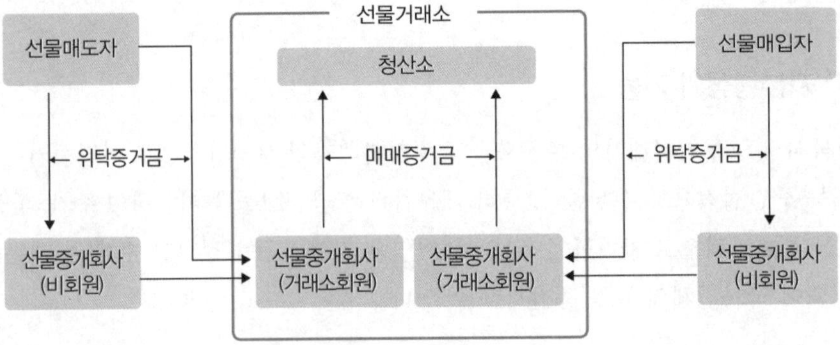

(1) 선물거래소

선물거래소(futures exchange)는 회원들에게 거래장소를 제공하고 표준화된 선물상품을 상장시키며 선물거래에 관련된 규칙을 제정하여 규제한다. 선물중개회사는 선물거래소에 회원으로 등록한 후 선물거래와 관련된 중개업무를 수행하며 선물거래자나 비회원인 선물중개회사는 회원을 통해 선물거래에 참가할 수 있다.

우리나라는 한국거래소(KRX)가 1996년 5월 3일 KOSPI 200선물을 도입하여 선물시대가 도래하였다. 1999년 4월 23일에 미국달러선물, 1999년 9월 29일에 국채선물, 2006년 5월 26일에 엔선물과 유로선물, 2008년에 돈육선물, 2015년 10월에 위안선물, 2015년 11월 23일에 금선물이 새롭게 상장되어 거래되고 있다.

(2) 청산소

청산소(clearing house)는 선물거래소에 이루어지는 선물계약의 청산에 대해 책임을 지고 일일정산과 증거금제도를 통해 계약이행을 보증하는 역할을 수행한다. 청산소가 없는 선도거래는 매입자와 매도자가 거래의 직접적인 당사자이기 때문에 계약의 이행여부가 거래당사자들의 신용에 의해 좌우된다.

그러나 선물거래의 경우에는 거래당사자간에 선물계약이 체결되면 청산소가 개입하여 거래상대방이 된다. 따라서 선물매입자에게는 대금을 수령하고 기초자산을 인도해야 하는 선물매도자의 의무를 부담하고, 선물매도자에게는 대금을 지불하고 기초자산을 매입해야 하는 선물매입자의 의무를 부담한다.

예컨대 갑은 매입포지션을, 을은 매도포지션을 취했다고 가정하자. 갑과 을간에 선물거래가 성립하면 청산소가 개입하여 갑에게는 매도포지션을 취하고, 을에게는 매입포지션을 취하여 두 거래자간에 계약관계를 분리시킨다. 그러나 청산소는 매입포지션과 매도포지션을 동시에 취하여 순포지션은 0이 된다.

| 그림 7-11 | 청산소의 역할

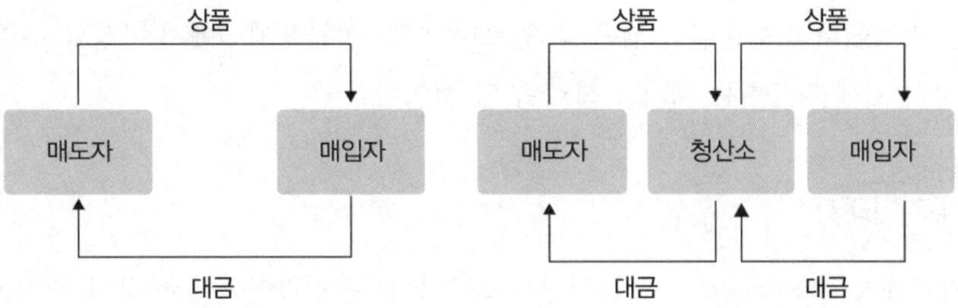

(a) 선도거래 (b) 선물거래

(3) 선물중개회사

선물중개회사(futures commission merchant)는 고객으로부터 주문을 위탁받아 선물거래를 대행하는 업무를 담당하고 고객의 미청산계약에 대한 기록을 유지하여 고객의 예탁금과 증거금을 관리하며 계좌개설부터 매매종결까지 선물중개 및 관리업무를 수행하면서 그 대가로 일정한 수수료를 받는 회사를 말한다.

선물중개회사는 거래소 회원과 거래소 회원이 아닌 경우로 구분되는데, 거래소 회원인 선물중개회사만 고객의 주문을 직접 처리할 수 있다. 따라서 비회원인 선물중개회사는 거래소 회원인 선물중개회사를 통해서 주문을 처리해야 한다. 이러한 회원제도의 운영은 결제제도에도 동일하게 작용되어 운용되고 있다.

(4) 선물거래자

선물시장의 참가자는 선물거래의 동기에 따라 헤지거래자, 투기거래자, 차익거래자, 스프레드거래자의 네 가지 유형으로 구분할 수 있다. 여기서 헤지거래자와 차익거래자는 현물시장과 선물시장을 동시에 이용하다. 그러나 투기거래자와 스프레드거래자는 선물시장만을 이용한다는 점에서 차이가 있다.

1) 헤지거래자

헤지거래자(hedger)는 현재 기초자산을 매입하여 보유하고 있거나 미래에 매도할 예정인 현물자산 또는 현재 기초자산을 공매하거나 미래에 매입할 예정인 현물자산의 불확실한 가격변화에 대해 선물시장에서 반대포지션을 취함으로써 현물시장에서의 가격변동위험을 회피하기 위해 선물거래를 이용하는 투자자를 말한다.

선물시장의 참가자 중에서 비중이 가장 높은 헤지거래자가 선물거래를 이용하는 목적은 현물자산의 가격변동으로 인한 손실을 극소화시키는데 있다. 헤지거래자는 헤지거래를 수행하는 과정에서 기회손실을 입을 수 있으나, 이는 현물포지션에서 발생할 수 있는 손실을 회피하기 위해 지불하는 대가로 보아야 할 것이다.

2) 투기거래자

투기거래자(speculator)는 현물시장의 포지션에 관계없이 선물시장의 포지션만을 이용하여 선물가격의 변동에 따른 위험을 감수하면서 미래의 선물가격변동에 대한 예상에 의해 시세차익을 얻을 목적으로 선물거래을 이용하는 투자자를 하며 헤지거래자가 전가한 위험을 부담하는 대가로 일정한 수익을 얻을 수 있다.

투기거래자가 선물거래를 이용하는 목적은 선물가격의 상승이 예상되면 선물거래를 매입하고, 선물가격의 하락이 예상되면 매도한 후 반대매매로 포지션을 청산함으로써 투기적인 이익을 도모하는데 있다. 따라서 투기거래자의 예상이 적중하면 많은 이익을 얻을 수 있고 예상이 빗나가면 많은 손실을 보게 된다.

투기거래자들은 보호되지 않은 포지션(uncovered position)을 보유하여 선물가격의 변동에 따른 위험을 감수하더라도 높은 투기적 이익을 얻고자 한다. 투기거래자는 선물시장에서 헤지거래자가 전가한 위험을 떠안을 뿐만 아니라 극단적인 가격변동을 예방하고 선물시장의 안정을 도모하는 중요한 기능을 수행한다.

3) 차익거래자

차익거래자(arbitrageur)는 동일한 상품이 현물시장과 선물시장에서 상이한 가격으로 거래될 경우에 선물가격과 현물가격 또는 서로 다른 선물계약간의 일시적인 불균형을 이용하여 추가적인 자금이나 위험을 부담하지 않으면서 이익을 얻을 목적으로 선물거래를 이용하는 투자자를 말한다.

선물거래는 파생상품으로 선물계약의 가격은 기초자산의 현재가격인 현물가격과 밀접한 관계가 있다. 이론적으로 선물가격은 현물가격과 보유비용의 합으로 결정된다. 따라서 선물가격과 현물가격간의 차이가 보유비용보다 크거나 작다면 균형관계가 이탈되어 차익거래의 기회가 발생한다.

요컨대 선물가격이 현물가격보다 과대평가되어 있는 경우에 과대평가된 선물을 매도하고 자금을 차입하여 과소평가된 현물을 매입하는 현물매입차익거래를 통해서 차익을 얻게 된다. 이러한 차익거래의 과정에서 선물가격은 하락하고 현물가격은 상승하여 균형상태에 도달하게 된다.

그리고 선물가격이 현물가격보다 과소평가되어 있는 경우에 과대평가된 현물을 공매하여 자금을 대출하고 과소평가된 선물을 매입하는 현물매도차익거래를 통해서 차익을 얻게 된다. 이러한 차익거래의 과정에서 현물가격은 하락하고 선물가격은 상승하여 균형상태에 도달하게 된다.

선물거래의 만기일에 인도일수렴현상(convergence)에 의해 선물가격과 현물가격이 일치하는 것은 차익거래의 결과물이라고 할 수 있다. 만약 선물거래의 만기일에 선물가격과 현물가격이 일치하지 않는다면 즉시 차익거래의 기회가 발생하고 선물가격과 현물가격은 일치하게 된다.

4) 스프레드거래자

스프레드거래자(spreader)는 만기일 또는 기초자산이 서로 다른 선물계약의 가격 차이에 해당하는 스프레드의 변동을 이용하여 과소평가된 선물은 매입하고 과대평가된 선물은 매도하여 이익을 얻는 투자자를 말한다. 스프레드거래에 따른 손익은 두 선물가격의 절대적 변화가 아니라 상대적 변화에 의해 결정된다.

❙ 표 7-10 ❙ 선물시장의 구성요소

구 분			주요 기능
선물거래소			거래장소 제공, 선물상품의 표준화, 거래관련 규칙 제정
청 산 소			증거금 징수, 청산업무, 일일정산, 결제업무
중개인	거래소 회원	결 제 회 원	선물거래자의 주문처리, 청산업무, 결제업무
		비결제회원	선물거래자의 주문처리
	거래소 비회원		선물거래자의 주문을 거래소회원에게 위탁
선물거래자			헤지거래, 투기거래, 차익거래, 스프레드거래

7. 선물시장의 운용

(1) 계약의 표준화

선물거래는 거래대상인 기초자산의 수량과 품질, 거래단위, 결제월, 상장결제월, 호가가격단위, 최소가격변동금액, 가격표시방법, 거래시간, 최종거래일, 최종결제일, 결제방법, 가격제한폭 등이 표준화되어 있어서 선물가격을 쉽게 비교할 수 있으며 표준화된 선물계약에 거래가 집중되기 때문에 유동성이 증가한다.

▍표 7-11 ▍ 국내에서 거래되는 선물계약의 명세

구 분	주가지수선물	3년 국채선물	미국달러선물	돈육선물
기 초 자 산	KOSPI 200지수	표면금리 연 5% 만기 3년 국채	미국달러	돈육대표가격
계 약 금 액	KOSPI 200지수 × 25만원(거래승수)	액면가액 1억원	US $10,000	1,000kg
상 장 결 제 월	3년 이내 7개 결제월	2개 결제월	총 20개 결제월	6개 결제월
가 격 표 시	KOSPI 200선물 수치	액면 100원당 원화	US $1당 원화	원/kg
최소가격변동폭	12,500원 (25만원×0.05)	10,000원 (1억원×0.01)	1,000원 (1만불×0.1원)	5,000원 (1,000kg×5원)
최 종 거 래 일	각 결제월의 두번째 목요일	최종결제월의 세번째 화요일	최종결제월의 세번째 월요일	최종결제월의 세번째 수요일
최 종 결 제 일	최종거래일의 다음 거래일	최종거래일의 다음 거래일	최종거래일의 3일째 거래일	최종거래일의 3일째 거래일
최 종 결 제 방 법	현금결제	현금결제	실물결제	현금결제

(2) 일일정산제도

선도거래와 달리 선물거래는 선물시장에서 매일 거래가 이루어지고 선물가격이 변하게 된다. 이와 같이 선물가격이 변화하면 청산소는 선물거래자의 미청산계약(open interest)을 매일 전일 종가와 당일 종가의 차이로 정산하여 손익을 선물거래자의 증거금에 가감하는 제도를 일일정산제도라고 한다.

일일정산이 없다면 선물가격의 불리한 변동이 지속되어 손실이 누적되면 거래당사자의 일방이 계약을 이행하지 않을 위험에 직면한다. 따라서 청산소는 선물계약의 이행을 보증하기 위해 선물거래자의 증거금이 손실을 보전할 수 있는 수준으로 유지되고 있는가를 확인하고자 일일정산제도를 운영한다.

(3) 증거금제도

1) 증거금의 의의

증거금(margin)은 일일정산을 원활하게 하고 선물가격이 불리하게 변동하더라도 선물거래의 결제를 성실히 이행하겠다는 선물계약의 이행을 보증하기 위한 보증금의 성격으로 선물거래자가 선물중개회사에 예치해야 하는 현금 또는 현금등가물을 말하며 미결제약정에 대한 손익을 정산하는 수단으로 사용된다.

증거금제도는 실제로 선물가격이 하락하는 경우에는 선물매입자의 계약위반가능성으로부터 선물매도자를 보호하고, 반대로 선물가격이 상승하는 경우에는 선물매도자의 계약위반가능성으로부터 선물매입자를 보호함으로써 거래상대방의 계약불이행위험을 제거하고 선물거래의 유동성을 확보할 수 있게 된다.

2) 증거금의 종류

증거금은 2단계로 구분된다. 선물거래자는 선물중개회사를 통해 결제회사에 증거금을 예치하고, 결제회사는 청산소에 증거금을 예치한다. 우리나라는 선물거래자가 선물중개회사에 예치하는 증거금을 위탁증거금이라고 하고, 선물중개회사가 청산소에 예치하는 증거금을 매매증거금이라고 한다.

① 위탁증거금

위탁증거금(customer margin)은 선물거래자가 선물중개회사(FCM)에 계좌를 개설한 후에 예치하는 증거금을 말한다. 위탁증거금은 크게 개시증거금, 유지증거금, 추가증거금 그리고 초과증거금으로 구분된다.

㉠ 개시증거금

개시증거금(initial margin)은 선물거래자가 선물계약을 매입하거나 매도할 경우 자신의 위탁계좌에 예치해야 하는 증거금을 말한다. 선물거래소는 기초자산의 가격수준, 가격변동성, 선물거래의 이용목적 등을 감안하여 개시증거금을 결정하는데, 대체로 계약금액의 5~15% 수준에서 결정된다.

㉡ 유지증거금

선물가격의 변동에 따라 일일정산과정에서 발생하는 모든 입출금은 선물거래자의 위탁계좌를 통해 이루어진다. 선물거래에서는 선물가격의 변동에 따라 발생하는 손익이 매일 일일정산되어 고객의 증거금에 반영되는데, 선물가격이 크게 변동하여 손실액이 증거금잔액을 초과하면 증거금은 그 기능을 상실한다.

유지증거금(maintenance margin)은 선물계약의 이행을 보증하기 위해 미청산계약(open interset)의 위탁계좌에서 반드시 유지해야 하는 최소한의 증거금을 말한다. 일반적으로 유지증거금은 개시증거금의 75~90% 수준에서 결정된다. 예컨대 KOSPI 200선물의 유지증거금은 개시증거금의 2/3인 10%이다.

㉢ 추가증거금

추가증거금(additional margin)은 선물가격의 불리한 변동으로 손실이 발생하여 증거금이 유지증거금 이하로 떨어지면, 선물중개회사가 익일 오전까지 증거금을 개시증거금 수준까지 예치하도록 요구할 경우에 선물거래자가 추가로 예치해야 하는 증거금을 말하며, 변동증거금(variation margin)이라고도 한다.

㉣ 초과증거금

초과증거금(excess margin)은 선물가격의 유리한 변동으로 이익이 발생하여 증거금잔고가 개시증거금 수준을 초과하면 선물거래자는 초과분을 언제든지 인출할 수 있는데, 이 인출가능한 금액을 말한다.

② 매매증거금

매매증거금(member's margin)은 선물거래소의 회원인 선물중개회사가 고객이나 비회원인 선물중개회사로부터 받은 위탁증거금의 일부를 선물거래의 결제이행을 위해 청산소에 납부해야 하는 증거금을 말한다.

예제 7-2 일일정산과 증거금제도

투자자 홍길동은 3월 11일 현재 상품선물시장에서 6월물 옥수수선물 10계약을 부셸당 5,000원에 매입하였다. 옥수수선물 1계약은 5,000부셸이며 개시증거금은 계약금의 10%이고, 유지증거금은 개시증거금의 80%라고 가정하자. 3월 11일 옥수수선물의 가격은 매입시점의 가격보다 상승하여 5,200원으로 마감되었다.

3월 12일에는 옥수수선물의 가격이 큰 폭으로 하락하여 4,950원이 되었고, 3월 13일에도 하락하여 4,800원이 되었다. 홍길동은 옥수수선물의 가격이 더 떨어질 것으로 예상하고 3월 14일 손해를 감수하고 부셸당 4,700원에 10계약을 매도하여 포지션을 청산했다고 가정하여 일일정산과 증거금계정의 변화를 설명하시오.

풀이

먼저 옥수수선물의 계약금액을 계산한 후에 개시증거금과 유지증거금을 산출한다.

계 약 금 액 : 5,000원×5,000부셸×10계약 = 250,000,000원

개시증거금 : 250,000,000원×0.10 = 25,000,000원

유지증거금 : 25,000,000원×0.80 = 20,000,000원

3월 11일에 선물가격이 매입가격보다 200원 상승하여 선물매입자인 홍길동은 10,000,000원의 이익을 얻게 되어 증거금잔고는 35,000,000원이 된다. 홍길동은 증거금계정에 있는 35,000,000원 중 개시증거금 25,000,000원을 제외한 10,000,000원을 인출할 수도 있다.

(5,200원−5,000원)×5000부셸×10계약 = 10,000,000원

3월 12일에 선물가격은 전일보다 250원 하락하여 선물매입자인 홍길동은 12,500,000원의 손실을 보게 되어 증거금잔고는 전일의 35,000,000원에서 당일 손실 12,500,000원을 차감한 22,500,000원이 된다. 이때 증거금잔고가 유지증거금을 초과하고 있어 추가로 증거금을 적립할 필요는 없다.

(4,950원−5,200원)×5000부셸×10계약 = −12,500,000원

3월 13일에 선물가격은 전일보다 150원 하락하여 홍길동은 7,500,000원의 손실을 보게 되어 증거금잔고는 전일의 22,500,000원에서 당일 손실 7,500,000원을 차감한 15,000,000원이 된다. 이때 증거금잔고가 유지증거금 아래로 하락하여 개시증거금과 증거금잔고의 차액인 10,000,000원을 추가로 입금해야 한다.

(4,800원−4,950원)×5000부셸×10계약 = −7,500,000원

3월 14일에 홍길동은 옥수수선물계약을 부셸당 4,700원에 매도하여 자신이 매입한 포지션을 청산하였다. 이 거래로 홍길동은 전일에 비해 5,000,000원의 손실을 보았다. 따라서 홍길동은 전일의 증거금수준 25,000,000원에서 당일 손실 5,000,000원을 차감한 잔액 20,000,000원을 인출하면 거래는 종결된다.

(4,700원−4,800원)×5000부셸×10계약 = −5,000,000원

개시증거금은 옥수수선물 계약시 납부할 금액이며, 증거금잔고가 유지증거금 이하로 내려가면 홍길동은 증거금잔고와 개시증거금의 차액만큼을 익일 정오까지 추가로 납부해야 매입포지션을 유지할 수 있다. 일별 선물가격의 변동에 따른 일일정산의 과정은 [표 7-12]와 같이 나타낼 수 있고, 증거금계정의 변화는 [그림 7-12]와 같이 제시할 수 있다.

표 7-12 일일정산의 과정

날짜	선물가격	선물손익	납부금액	증거금잔고
3월 11일	5,200원	10,000,000원	-	35,000,000원
3월 12일	4,950원	-12,500,000원	-	22,500,000원
3월 13일	4,800원	-7,500,000원	10,000,000원	25,000,000원
3월 14일	4,700원	-5,000,000원	-	20,000,000원

그림 7-12 증거금계정의 변화

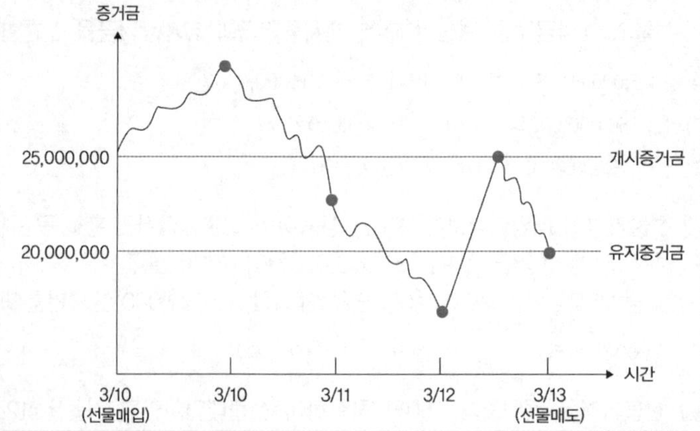

8. 선물가격의 결정

선물계약은 파생상품이므로 선물계약의 가격은 기초자산의 현물가격과 밀접한 관계를 갖는다. 선물가격과 현물가격간의 관계를 살펴봄으로써 선물가격을 결정할 수 있는데, 이러한 선물가격의 결정모형을 보유비용모형(cost of carry model) 또는 현물-선물 등가이론(spot futures parity theorm)이라고도 한다.

선물거래는 거래대상이 되는 기초자산이 현물시장에서 거래되고 있으므로 선물가격은 현물가격과 연관되어 움직인다. 일반적으로 현물가격이 상승하면 선물가격도 상승하고, 현물가격이 하락하면 선물가격도 하락한다. 이러한 현물가격과 선물가격간의 균형관계는 차익거래에 의해 형성되고 유지된다.

보유비용모형은 선물계약을 매입하는 것과 현물자산을 매입하여 만기일까지 보유하는 것은 동일한 효과를 갖기 때문에 차익거래의 기회가 없는 시장균형상태에서 이론선물가격($F_{0,T}$)은 현물가격(S_0)에 만기일까지 보유비용(CC)은 가산하고 보유수익(CR)은 차감한 값과 동일해야 한다는 모형을 말한다.

현재시점에서 선물계약을 매입하면 만기일에 $F_{0,T}$의 가격을 지불하고 기초자산을 매입하여 만기일에 $F_{0,T}$의 비용을 부담하는 반면에, 현재시점에서 현물자산을 매입하여 만기일까지 보유하면 현물가격과 현물보유에 따른 보유비용을 부담하여 선물가격과 현물가격간에 다음과 같은 등가관계가 성립해야 한다.

$$
\begin{aligned}
F_{0,T} &= S_0 + CC - CR \\
&= S[1+(r-d)\times T/360] \qquad (7.1)
\end{aligned}
$$

$F_{0,T}$: 만기일이 T인 선물계약의 현재가격
S_0 : 현재시점의 현물가격
CC : 현물보유에 따른 보유비용
CR : 현물보유에 다른 보유수익

만일 식(7.1)의 관계가 성립하지 않으면 선물시장과 현물시장간의 차익거래로 추가적인 투자금액과 위험부담 없이 이익을 얻을 수 있는 차익거래가 발생한다. 차익거래는 실제선물가격이 균형선물가격보다 과대평가 또는 과소평가되었는가에 따라 현물매입차익거래와 현물매도차익거래로 구분된다.

① F 〉 S+CC−CR : 현물매입차익거래(cash & carry arbitrage)

현물매입차익거래는 실제선물가격이 이론선물가격보다 높은 경우 선물의 시장가격이 과대평가되어 과대평가된 선물을 매도하고 과소평가된 현물을 자금을 차입하여 매입하는 차익거래를 말한다. 차익거래의 과정에서 선물가격은 하락하고 현물가격은 상승하여 균형관계가 다시 회복된다.

② F 〈 S+CC−CR : 현물매도차익거래(reverse cash & carry arbitrage)

현물매도차익거래는 실제선물가격이 이론선물가격보다 낮은 경우 선물의 시장가격이 과소평가되어 과대평가된 현물을 공매하여 자금을 대출하고 과소평가된 선물을 매입하는 차익거래를 말한다. 차익거래의 과정에서 현물가격은 하락하고 선물가격은 상승하여 균형관계가 다시 회복된다.

연습문제 TEST

1 다음 중 선물거래와 선도거래에 대한 설명으로 옳지 않은 것은?

① 선물거래에서는 거래상대방의 신용을 고려할 필요가 없지만, 선도거래에서는 상대방의 신용을 고려해야 한다.

② 선물거래에서는 가격제한폭이 적용되지만, 선도거래에서는 가격제한폭이 없다.

③ 선물거래의 참여자는 헤지거래자, 투기거래자, 차익거래자 등으로 다양한 반면 선도거래의 참여자는 실수요자 중심으로 이루어진다.

④ 선물거래는 선도거래에 비해 시장의 유동성이 높고 가격조작의 가능성이 적다.

⑤ 선도거래는 선물거래와 달리 거래당사자가 계약을 반드시 이행해야 할 의무가 없다.

해설 선도거래와 선물거래 모두 거래당사자가 계약을 반드시 이행해야 할 의무가 있다. 다만 선도거래는 직접거래이기 때문에 계약불이행의 위험이 많이 존재한다.

2 다음 중 선물거래에 대한 설명으로 적절하지 않은 것은?

① 선물거래는 계약이행을 보증하기 위해 일일정산제도와 증거금제도가 있다.

② 선물가격은 인도일에 다수의 매입자와 매도자가 시장경쟁을 통해 결정된다.

③ 선물거래는 옵션과 달리 만기일에 불리한 경우라도 반드시 계약을 이행해야 할 의무를 부담한다.

④ 선물거래는 옵션과 마찬가지로 반대매매를 통해 포지션을 청산할 수 있다.

⑤ 옵션매입자는 옵션가격을 지불하지만, 선물매입자는 증거금만 납부할 뿐 별도의 대가 수수는 없다.

해설 선물가격은 계약이 체결될 때 다수의 매입자와 매도자가 시장경쟁을 통한 공개호가방식으로 결정된다.

3 다음 중 선물거래에 대한 설명으로 옳은 것은?

① 선물거래의 대부분은 만기일에 실제 실물의 인수도로 포지션이 청산된다.

② 선물거래는 현물거래에 비해 매매방법이 간단하다.

③ 선물매도자는 기초자산가격이 선물가격보다 높으면 이익을 얻고, 선물매입자는 반대의 경우가 되면 이익을 얻는다.

④ 선물거래는 제로섬(zero-sum)게임에 해당한다.

⑤ 선물거래는 거래상대방에 대한 신용이 거래의 이행에 중요한 역할을 한다.

해설 ① 선물거래는 대부분의 경우 반대매매를 통해 포지션이 청산된다.
② 선물거래는 공식적인 시장에서 이루어지므로 현물거래에 비해 매매방법이 복잡하다.
③ 선물매도자는 기초자산가격이 선물가격보다 낮으면 이익을 얻고, 선물매입자는 반대가 된다.
⑤ 직접거래의 형태인 선도거래에서 거래상대방의 신용은 중요하다.

4 **다음 중 선물거래에 대한 설명으로 적절하지 않은 것은?**

① 정상시장에서 선물가격은 현물가격보다 높게 형성된다.
② 특정자산의 선물계약에서 원월물의 선물가격이 근월물의 선물가격보다 높다.
③ 상품선물은 콘탱고(contango)가 일반적이다.
④ 상품선물에서 일시적으로 공급이 수요를 초과하면 백워데이션이 발생한다.
⑤ 선물만기일에는 항상 베이시스가 0이 되며, 선물가격과 현물가격은 일치한다.

해설 수요가 공급을 초과할 경우에 백워데이션이 발생할 수 있다.

5 **다음 중 한국거래소에서 거래되는 선물계약의 설명으로 옳지 않은 것은?**

① 선물거래는 만기일에 결제위험이 없다.
② 선물거래는 일일정산을 통해 증거금이 관리된다.
③ 경쟁매매방식을 통해 선물거래가 이루어진다.
④ 상품이 표준화되어 있어 선도거래에 비해 헤지거래에 적합하다.

해설 장내 선물거래는 상품이 표준화되어 있는 반면에 장외 선도거래는 고객의 수요에 따라 상품의 조건을 맞출 수 있어 기초자산의 가격변동위험을 회피하려는 헤지거래를 위해서는 장외 선도거래가 더 적합하다.

6 **다음 중 장외파생상품에 해당하지 않은 것은?**

① 차액결제 선물환(NDF) ② 선도금리계약(FRA)
③ 선물환 ④ 통화선물

해설 ① NDF는 선물환계약의 일종으로, 만기에 계약원금의 교환없이 계약 선물환율과 현물환율(지정환율)간의 차이만을 계약시점에 약속한 지정통화로 결제하는 파생금융상품을 말한다.
② FRA는 미래의 일정시점으로부터 일정기일까지의 기산에 적용될 이자율을 계약시점에 고정시키는 계약을 말한다.
③ 선물환은 장래의 일정기일 또는 기간내에 일정금액, 일정종류의 외환을 일정 환율로써 수도할 것이 약정된 외환을 말하고, 이러한 약정을 선물환계약이라 한다.

7 다음 중 장외파생상품에 대한 설명으로 옳지 않은 것은?

① 장내파생상품에 비해 유동성이 적다.

② 계약불이행위험이 존재한다.

③ 장내파생상품에 비해 규제가 심하지 않다.

④ 만기일 이전에 반대매매를 통해 포지션을 청산하는 것이 자유롭다.

해설 장외파생상품의 하나인 선도거래는 거래당사자간의 직접거래로 계약의 불이행과 관련된 신용위험을 거래당사자가 부담해야 하고 대부분 만기일에 결제가 이루어진다.

8 다음 중 선물거래의 최종결제방법이 다른 상품은?

① 주식선물 ② 돈육선물

③ 통화선물 ④ 국채선물

해설 선물거래의 결제방법에는 청산시점과 계약시점의 선물가격의 차이만큼을 현금으로 정산하는 현금결제방식과 선물의 만기일에 현물을 인수도하는 실물인수도방식이 있다.

결제방법	대상품목
현금결제	• KOSPI 200선물, KOSDAQ 150선물, 주식선물, KOSPI200옵션, 주식옵션 • 금리선물, 돈육선물, 금선물, 미국달러옵션
실물인수도	• 통화선물(미국달러선물, 엔선물, 유로선물, 위안선물)

9 다음 중 실물인수도방식으로 최종결제되는 상품이 아닌 것은?

① 미달러옵션 ② 돈육선물

③ 유로화선물 ④ 위안선물

해설 한국거래소에 상장되어 있는 상품 가운데 실물인수도방식으로 결제되는 상품은 통화선물뿐이고 나머지 상품은 현금결제방식으로 포지션이 청산된다.

10 한국거래소가 선물계약의 이행을 보증하고 결제가 이루어지도록 마련하고 있는 제도적 장치와 관련이 없는 것은?

① 일일정산제도 ② 증거금제도

③ 청산소 ④ 가격제한폭제도

해설 가격제한폭제도, 상품의 표준화는 결제불이행을 방지하기 위한 제도적 장치와 관련이 없다.

11 다음 중 한국거래소에 상장되어 있는 상품끼리 묶여 있지 않은 것은?

① 3년 국채선물, 돈육선물, 금선물　② 코스피 200선물, 금선물, 엔옵션

③ 10년 국채선물, 유로선물, 엔선물　④ 미달러옵션, 위안선물, 금선물

해설　한국거래소에 상장되어 있는 상품은 다음과 같다.

구분	선물	옵션
주식상품	주식, 코스피 200지수, 코스닥 150지수	주식, 코스피200지수
금리상품	3년국채, 5년국채, 10년국채	
환율상품	미달러, 유로, 엔, 위안	미달러
일반상품	돈육, 금	

12 2019년 3월 18일 현재 KOSPI 200선물의 시가는 280.25포인트이다. 투자자 홍길동이 종가인 280포인트에 KOSPI 200선물 2계약을 매입할 경우 선물거래대금과 개시증거금은 얼마인가?

	선물거래대금	개시증거금
①	140,000,000원	21,000,000원
②	140,000,000원	14,000,000원
③	280,000,000원	28,000,000원
④	280,000,000원	42,000,000원

해설　거래대금을 계산할 때 KOSPI 200선물과 KOSPI 200옵션은 1포인트에 25만원을 곱한다. 따라서 선물거래대금은 $280 \times 250,000 \times 2 = 140,000,000$원이다. KOSPI 200선물에서 개시증거금은 선물거래대금의 15%, 유지증거금은 선물거래대금의 10%이다.

13 다음 중 선물거래의 경제적 기능에 대한 설명으로 옳지 않은 것은?

① 헤지거래자는 기초자산의 가격변동위험을 투기거래자에게 전가할 수 있다.

② 표준화된 선물거래는 현물시장의 안정성과 유동성을 제고한다.

③ 투기거래자의 거래과열로 자원배분의 왜곡이 발생한다.

④ 선물가격은 다양한 시장참가자들의 예측을 반영하여 결정되기 때문에 미래의 현물가격에 대한 예시기능을 수행한다.

해설　선물가격은 현물시장의 수급에 관한 각종 정보를 집약하고 있어 특정상품의 시간적 배분기능을 통해 자원배분의 효율성을 증대시킬 수 있다.

14 다음 중 헤지거래에 대한 설명으로 옳지 않은 것은?

① 헤지거래는 현물가격과 선물가격이 동일하게 움직일 때 효과가 크게 나타난다.
② 고정금리 채권자는 금리상승위험에 노출되어 있어 금리선물을 매도한다.
③ 수입업자는 환율이 상승하는 경우에 손실이 발생하여 통화선물을 매입한다.
④ 금 보유자가 가격하락에 대비하여 금선물을 매도하는 것은 매입헤지이다.

해설 매도헤지는 현물시장에서 매입포지션에 있는 투자자가 현물자산의 가격이 하락할 것으로 예상될 경우 선물시장에서 매도포지션을 취하여 가격하락위험을 회피하는 전략이다.

15 다음 중 선물가격과 현물가격간의 완전헤지가 되기 위한 조건은?

① 선물가격과 현물가격간에 완전한 정(+)의 상관관계가 존재해야 한다.
② 미래에 채권을 구입하고자 할 때 이자율의 하락이 예상되어야 한다.
③ 미래 현물시장에서 금리가 하락할 것을 예상하여 현물시장에서 채권의 매입포지션을 취했을 경우 선물을 매도하는 포지션을 취해야 한다.
④ 선물가격과 현물가격간에 완전한 부(−)의 상관관계가 존재해야 한다.
⑤ 채권가격의 상승시 현물시장에서 채권의 매도포지션을 취했을 경우 선물을 매입하는 포지션을 취해야 한다.

해설 완전헤지가 달성되려면 헤지대상이 되는 현물자산과 헤지수단으로 이용하는 선물계약의 기초자산이 동일하고, 계약일부터 청산일까지 베이시스가 일정하며, 현물가격과 선물가격간의 상관계수가 1인 경우에만 가능하다.

16 다음 중 차익거래에 대한 설명으로 옳지 않은 것은?

① 매도차익거래는 선물만기일에 주가지수를 상승시키는 요인으로 작용한다.
② 공매도에 대한 제약은 차익거래 불가능영역의 하한선에 영향을 미친다.
③ 실제선물가격이 이론선물가격보다 낮으면 매수차익거래의 기회가 발생한다.
④ 현물시장의 거래비용이 증가할수록 차익거래 불가능영역이 확대된다.

해설 실제선물가격이 이론선물가격보다 낮으면 과대평가된 현물을 공매하여 대금을 대출하고 과소평가된 선물을 매입하는 현물매도차익거래가 발생한다.

17 보유비용보형에 의한 KOSPI 200선물의 이론가격이 282포인트이고 실제선물가격이 280포인트라면 어떤 차익거래가 가능한가?

① 매입차익거래, 자금차입+현물매입+선물매도

② 매입차익거래, 현물매도+자금대출+선물매입

③ 매도차익거래, 자금차입+현물매도+선물매입

④ 매도차익거래, 현물매도+자금대출+선물매입

해설 선물의 시장가격이 이론가격보다 낮아 과소평가된 선물은 매입하고 과대평가된 현물은 공매하여 대금을 대출하는 매도차익거래가 가능하다.

18 보유비용보형에 의한 KOSPI 200선물의 이론가격이 278포인트이고 실제선물가격이 280포인트라면 어떤 차익거래가 가능한가?

① 매입차익거래, 자금차입+현물매입+선물매도

② 매입차익거래, 현물매도+자금대출+선물매입

③ 매도차익거래, 자금차입+현물매도+선물매입

④ 매도차익거래, 현물매도+자금대출+선물매입

해설 선물의 시장가격이 이론가격보다 높아 과소평가된 현물은 자금을 차입하여 매입하고 과대평가된 선물은 매도하는 매입차익거래가 가능하다.

19 일반투자자 홍길동이 향후 기초자산의 가격하락을 우려하여 매도헤지를 실행하는 경우에 이익을 보는 경우가 아닌 것은?

① 선물가격의 상승이 현물가격의 상승보다 큰 경우

② 선물가격은 불변이고 현물가격의 상승이 큰 경우

③ 선물가격의 하락이 현물가격의 하락보다 큰 경우

④ 베이시스가 축소되는 경우

해설 매도헤지는 현물을 매입하고 선물을 매도하는 거래를 말한다. 따라서 현물가격이 선물가격보다 많이 상승하여 베이시스가 축소되어야 이익이 발생한다.

20 다음 중 선물가격의 결정과 관련된 설명으로 옳지 않은 것은?

① 정상시장에서는 선물가격이 현물가격보다 높다.

② 역조시장에서는 현물가격이 선물가격보다 높다.

③ 정상시장을 백워데이션이라고 한다.

④ 선물가격은 현물가격에 보유비용은 가산하고 보유수익은 차감하여 계산한다.

해설 선물가격이 현물가격보다 높은 정상시장을 콘탱고(contango), 선물가격이 현물가격보다 낮은 역조시장을 백워데이션(backwardation)이라고 한다.

정답

1. ⑤	2. ②	3. ④	4. ④	5. ④	6. ④	7. ④	8. ③	9. ②	10. ④
11. ②	12. ②	13. ③	14. ④	15. ①	16. ③	17. ④	18. ①	19. ①	20. ③

C·h·a·p·t·e·r

08

옵션시장

옵션은 현물이나 선물과 달리 다양한 결합이 가능하여 독특한 투자전략을 구사할 수 있고 선도나 선물과 차이가 있다. 옵션은 소유자에게 어떤 행동을 할 수 있는 권리를 부여하나, 소유자가 그 권리를 반드시 행사할 필요는 없다. 반면에 선도나 선물에서 거래당사자들은 어떤 행동을 수행해야 할 의무를 갖는다.

01 옵션거래의 개요

1. 옵션거래의 정의

옵션(option)은 미래의 특정시점 또는 그 이전에 미리 정해진 가격으로 옵션거래의 대상인 특정자산을 매입하거나 매도할 수 있는 권리가 부여된 증권을 말한다. 여기서 미래의 특정시점은 옵션의 만기일을 말하고 미리 정해진 가격을 행사가격이라고 하며, 특정자산은 기초자산을 의미한다.

(1) 기초자산

기초자산(underlying asset)은 옵션거래의 대상이 되는 특정자산을 말한다. 옵션의 기초자산이 농산물, 축산물, 에너지, 귀금속, 비철금속과 같은 일반상품을 대상으로 하면 상품옵션이라고 하고, 기초자산이 개별주식, 주가지수, 통화, 금리와 같은 금융상품을 대상으로 하면 금융옵션이라고 한다.

(2) 최종거래일

옵션은 권리를 행사할 수 있는 최종거래일이 정해져 있다. 옵션매입자가 옵션에 부여되어 있는 권리를 행사할 수 있는 마지막 날을 최종거래일 또는 만기일(maturity)이라고 한다. 따라서 옵션매입자가 옵션의 최종거래일까지 권리를 행사하지 않으면 옵션매도자의 의무는 자동으로 소멸된다.

(3) 행사가격

옵션은 권리를 행사하여 기초자산을 매입하거나 매도할 수 있는 가격이 현재시점에 정해져 있다. 행사가격(exercise price)은 만기일 또는 그 이전에 권리를 행사할 때 적용되는 가격을 말한다. 그리고 행사가격은 기초자산의 시장가격을 기준으로 내가격옵션, 등가격옵션, 외가격옵션으로 설정한다.

(4) 옵션가격

옵션은 매입자에게 권리가 부여되고 매도자에게 의무가 수반된다. 즉 옵션은 매도자가 매입자에게 기초자산을 매입하거나 매도할 수 있는 권리를 부여한다. 따라서 옵션매입자가 선택권을 갖는 대가로 옵션매도자에게 지불하는 금액을 옵션가격 또는 옵션프리미엄(option premium)이라고 한다.

▌그림 8-1▐ 옵션거래의 구조

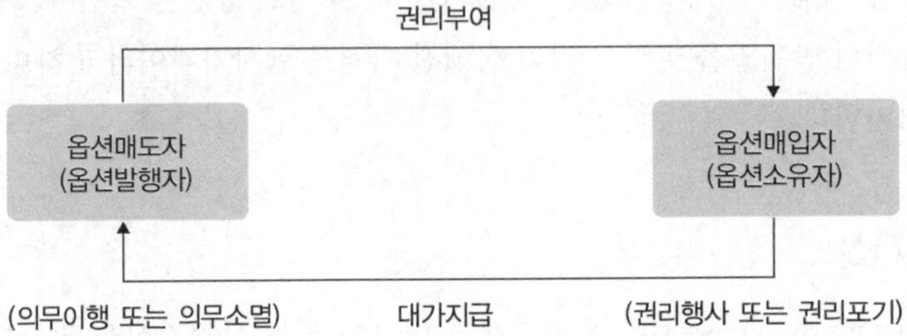

2. 옵션거래의 특징

(1) 옵션거래자

1) 옵션매도자(option seller)

옵션을 매도한 사람으로 옵션매입자로부터 옵션프리미엄을 지급받는 대신 매입자가 권리를 행사하면 의무를 이행해야 하며 옵션발행자(option writer)라고도 한다. 즉 콜옵션매입자가 권리를 행사하면 기초자산을 행사가격에 매도해야 하고 풋옵션매입자가 권리를 행사하면 기초자산을 행사가격에 매입해야 한다.

2) 옵션매입자(option buyer)

옵션을 매입한 사람으로 옵션매도자에게 옵션프리미엄을 지불하는 대신에 행사가격으로 기초자산을 매입하거나 매도할 수 있는 권리를 소유하여 옵션소유자(option holder)라고도 한다. 즉 기초자산의 가격과 행사가격을 비교하여 유리한 경우에는 권리를 행사하고 불리한 경우에는 권리의 행사를 포기할 수 있다.

(2) 옵션거래의 청산

옵션거래는 옵션매입자가 권리를 행사하고 옵션매도자가 의무를 이행하는 경우, 옵션매입자가 권리행사를 포기하는 경우 그리고 최종거래일 이전에 반대매매에 의해 옵션거래를 청산하는 경우에 권리와 의무관계가 소멸된다.[1)]

(3) 조건부청구권

옵션의 행사가격과 최종거래일은 사전에 정해져 있다. 옵션은 기초자산의 가격에 따라서 옵션의 가치가 결정되고 옵션매입자의 권리의 행사여부가 결정되는 조건부청구권(contingent claim)에 해당한다.

(4) 비대칭 손익구조

현물과 선물은 기초자산의 가격이 상승하거나 하락할 경우에 동일한 크기로 손익이 발생하여 대칭적인 손익구조를 갖는다. 그러나 옵션은 서로 다른 크기로 손익이 발생하여 비대칭적인 손익구조를 갖는다.

(5) 제로섬게임

옵션은 선물과 마찬가지로 거래당사자 중 어느 한쪽이 이익을 얻게 되면 다른 한쪽은 그만큼의 손실을 보게 된다. 따라서 옵션거래 당사자의 손익을 합산하면 항상 0이 되는 영합게임(zero sum game)이다.

(6) 가치소모성자산

옵션가격은 내재가치와 시간가치로 구성된다. 시간가치는 만기일까지 잔존기간이 길수록 크지만 만기일에 근접할수록 감소하다가 만기일에는 시간가치가 소멸하는 소모성자산(decaying asset)이라고 할 수 있다.

---

1) 선도, 선물, 스왑은 거래당사자 모두에게 권리와 의무를 부여하지만 옵션은 매입자에게 권리만 부여하고 의무는 부여하지 않는다는 점에서 차이가 있다.

(7) 기초자산 발행기업과 무관

옵션거래는 기초자산을 발행하는 기업과 관계없이 옵션투자자들 상호간에 이루어지는 거래이다. 따라서 기초자산을 발행한 기업의 기업가치나 기초자산의 가격에 직접적으로 영향을 미치지 않는다.

3. 옵션거래의 종류

(1) 권리의 내용

콜옵션(call option)은 옵션의 거래대상인 기초자산을 행사가격으로 매입할 수 있는 권리가 부여된 옵션을 말한다. 풋옵션(put option)은 옵션의 거래대상인 기초자산을 행사가격으로 매도할 수 있는 권리가 부여된 옵션을 말한다.

(2) 권리의 행사시기

유럽형옵션(European option)은 옵션의 만기일에만 권리를 행사할 수 있는 옵션을 말한다. 반면에 미국형옵션(American option)은 만기일은 물론이고 만기일 이전에 언제든지 권리를 행사할 수 있는 옵션을 말하며 권리의 행사기회가 유럽형옵션보다 많아 다른 조건이 동일하면 유럽형옵션의 가격보다 높게 형성된다.

(3) 기초자산의 종류

옵션거래의 대상이 되는 기초자산이 농산물, 축산물, 귀금속, 에너지와 같은 일반상품이면 상품옵션(commodity option)이라고 하고, 기초자산이 주식, 주가지수, 통화, 금리와 같은 금융상품이면 금융옵션(financial option)이라고 한다.

1) 개별주식옵션

개별주식옵션(stock option)은 한국거래소에 상장된 기업의 주식을 기초자산으로 하는 옵션을 말한다. 2002년 1월 7종목이 상장되었고, 2017년 6월 말 30종목이 거래되고 있다. 한국거래소는 2005년 9월 26일 실물인수도방식을 현금결제방식으로 전환하여 투자자들이 주가변동위험을 효과적으로 관리할 수 있도록 하였다.

❙표 8-1❙ 주식옵션의 상품내용

구 분	상품명세
기초자산	유가증권시장 28종목, 코스닥시장 2종목(2017년 6월말 기준)
계약금액	주식옵션가격×10(거래승수)
결제월	매월
상장결제월	3년 이내의 9개 결제월
가격표시	프리미엄(원화)
호가가격단위	옵션가격 / 호가단위 / 옵션가격 / 호가단위 1,000원 미만 / 10원 / 1,000원~2,000원 / 20원 2,000원~5,000원 / 50원 / 5,000원~10,000원 / 100원 10,000원 이상 / 200원 / /
거래시간	09:00~15:45(최종거래일 09:00~15:20)
최종거래일	각 결제월의 두번째 목요일(공휴일인 경우 순차적으로 앞당김)
최종결제일	최종거래일의 다음 거래일
권리행사	최종거래일에만 가능(유럽형 옵션)
결제방법	현금결제
가격제한폭	기초자산 기준가격 대비 각 단계에 해당하는 옵션이론가격으로 확대 ① ±10% ② ±20% ③ ±30%
단일가격경쟁거래	개장시(08:00~09:00) 및 최종거래일 이외의 거래종료시(15:35~15:45)
필요적 거래중단	현물가격 급변시 주식옵션거래 일시중단

2) 주가지수옵션

주가지수옵션(stock index option)은 주식시장의 전반적인 동향을 나타내는 주가지수를 구성하는 주식포트폴리오를 기초자산으로 하는 옵션을 말한다. 주가지수옵션은 권리가 행사되면 행사일의 최종지수와 행사가격의 차이를 현금으로 결제하며 1997년 7월부터 KOSPI 200지수옵션이 거래되고 있다.

| 표 8-2 | 주가지수옵션의 상품내용

구 분	상품명세
기 초 자 산	KOSPI200
거 래 단 위	KOSPI200옵션가격×25만원(거래승수)
결 제 월	매월
상 장 결 제 월	비분기월 4개 및 분기월 7개(3, 9월 각1개, 6월 2개, 12월 3개)
가 격 표 시	프리미엄(포인트)
호 가 가 격 단 위	• 프리미엄 10포인트 미만 : 0.01포인트 • 프리미엄 10포인트 이상 : 0.05포인트
최소가격변동금액	• 프리미엄 10포인트 미만 : 2,500원(25만원×0.01포인트) • 프리미엄 10포인트 이상 : 12,500원(25만원×0.05포인트)
거 래 시 간	09:00~15:45(최종거래일 09:00~15:20)
최 종 거 래 일	각 결제월의 두번째 목요일(공휴일인 경우 순차적으로 앞당김)
최 종 결 제 일	최종거래일의 다음 거래일
권 리 행 사	최종거래일에만 가능(유럽형)
결 제 방 법	현금결제

3) 통화옵션

통화옵션(currency option)은 외국통화를 기초자산으로 하는 옵션을 말하며 환위험을 관리하는 유용한 수단이다. 우리나라 한국거래소에 상장되어 거래되는 미국달러옵션은 기초자산이 미국달러화(US$)이고 권리행사의 유형은 최종거래일에만 가능한 유럽형옵션이며 결제방식은 현금결제로 이루어진다.

▌표 8-3▐ 미국달러옵션의 상품내용

구 분	상품명세
거 래 대 상	미국달러화(US$)
권 리 행 사	최종거래일에만 행사가능(유럽형옵션)
거 래 단 위	US $10,000
결 제 월 주 기	3, 6, 9, 12월 중 2개와 그 밖의 월 중 2개
상 장 결 제 월	6개월 이내의 4개 결제월
행사가격의 설정	등가격(ATM) 기준으로 10원 간격으로 상하 각 3개(총 7개)
가 격 표 시	프리미엄(원화로 소수점 둘째자리까지 표시)
호 가 가 격 단 위	0.10원
최소가격변동금액	1,000원(US $10,000×0.10)
가 격 제 한 폭	기준가격 대비 상하 ±4.5%
가 격 제 한 범 위	블랙－숄즈옵션모형으로 산출한 가격을 상한과 하한으로 설정
포 지 션 한 도	한국거래소가 필요하다고 판단되는 경우 설정가능
거 래 시 간	월~금요일(09:00~15:45), 최종거래일(9:00~15:30)
최 종 거 래 일	결제월의 세번째 월요일(공휴일인 경우 순차적으로 앞당김)
최 종 결 제 일	최종거래일의 다음 거래일
옵 션 대 금 수 수	거래일의 다음 영업일
최 종 결 제 방 법	현금결제
권리행사기준가격	매매기준율(시장평균환율) : 외국환중개회사가 최종거래일에 거래된 환율 및 거래량을 가중평균한 환율로서 당일 외환시장 종료 후 공표

4. 옵션거래의 기능

옵션을 이용하면 손실의 위험이 제한되는 반면에 이익을 얻을 수 있는 레버리지효과는 크게 나타난다. 따라서 주식이나 채권과는 다른 투자수단을 제공하기 때문에 위험헤지와 투기수단으로 이용될 수 있다. 그리고 가격변동위험을 한정시킬 수 있어 선물과 더불어 주식투자의 수단으로 활용되고 있다.

(1) 위험헤지의 기능

옵션은 기초자산의 가격변동위험을 회피하거나 축소시킬 수 있는 위험헤지의 수단으로 활용될 수 있다. 따라서 미래에 기초자산가격이 유리한 방향으로 변화하면 권리를 행사하여 이익을 실현하고, 기초자산의 기격이 불리한 방향으로 변화하면 권리의 행사를 포기하여 손실을 옵션가격으로 제한할 수 있다.

(2) 레버리지의 기능

옵션은 기초자산에 비해 상대적으로 적은 투자비용으로 높은 투자수익률을 올릴 수 있는 레버리지의 수단으로 활용될 수 있다. 따라서 옵션을 이용하면 상대적으로 저렴한 옵션가격을 지불하고 주식투자의 효과를 달성할 수 있기 때문에 현물투자에 비해 손익변동률이 확대되는 레버리지효과가 발생한다.

(3) 합성증권의 창출

옵션을 현물, 선물, 다른 옵션과 결합하여 투자하면 다양한 손익구조를 복제하거나 새로운 손익구조를 창출할 수 있다. 파생상품을 이용하여 기존의 금융상품을 요소별로 분해한 다음 분해된 요소들을 재결합하여 혁신적인 금융상품을 개발하는 분야를 금융공학(financial engineering)이라고 한다.

(4) 위험한정의 기능

옵션매입자는 기초자산의 가격이 불리하게 변동할 경우에는 권리의 행사를 포기할 수 있기 때문에 최대손실액을 옵션가격으로 한정시킬 수 있다.

02 옵션의 만기가치

1. 콜옵션의 만기가치

(1) 콜옵션매입자

콜옵션은 만기일에 행사가격을 지불하고 기초주식을 살 수 있는 권리이기 때문에 콜옵션매입자는 만기일의 주가가 행사가격보다 높은 경우에는 콜옵션을 행사하여 S_T-E만큼의 이익을 실현할 수 있다. 그러나 만기일의 주가가 행사가격보다 낮은 경우에는 콜옵션을 행사하지 않을 것이므로 콜옵션의 가치는 0이 된다.

$$C_T = Max[S_T-E,\ 0] \tag{8.1}$$

(2) 콜옵션매도자

콜옵션매도자는 만기일의 주가가 행사가격보다 높은 경우 콜옵션매입자가 권리를 행사하면 기초주식을 시장가격보다 낮은 행사가격에 매도해야 하므로 S_T-E만큼의 손실을 보게 된다. 그러나 만기일의 주가가 행사가격보다 낮은 경우에는 콜옵션매입자가 권리를 행사하지 않을 것이므로 콜옵션의 가치는 0이 된다.

$$C_T = Min[E-S_T,\ 0] \tag{8.2}$$

▌그림 8-2▐ 콜옵션의 만기가치

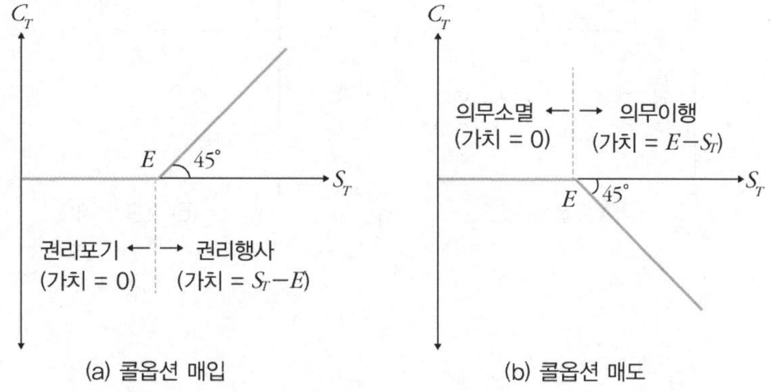

2. 풋옵션의 만기가치

(1) 풋옵션매입자

풋옵션은 만기일에 행사가격을 지불하고 기초주식을 팔 수 있는 권리이기 때문에 풋옵션매입자는 만기일의 주가가 행사가격보다 낮은 경우에는 풋옵션을 행사하여 $S_T - E$만큼의 이익을 실현할 수 있다. 그러나 만기일의 주가가 행사가격보다 높은 경우에는 풋옵션을 행사하지 않을 것이므로 풋옵션의 가치는 0이 된다.

$$P_T = Max[E - S_T, 0] \tag{8.3}$$

(2) 풋옵션매도자

풋옵션매도자는 만기일의 주가가 행사가격보다 낮은 경우 풋옵션매입자가 권리를 행사하면 기초주식을 시장가격보다 높은 행사가격에 매입해야 하므로 $S_T - E$만큼의 손실을 보게 된다. 그러나 만기일의 주가가 행사가격보다 높은 경우에는 풋옵션매입자가 권리를 행사하지 않을 것이므로 풋옵션의 가치는 0이 된다.

$$P_T = Min[S_T - E, 0] \tag{8.4}$$

▌그림 8-3▐ 풋옵션의 만기가치

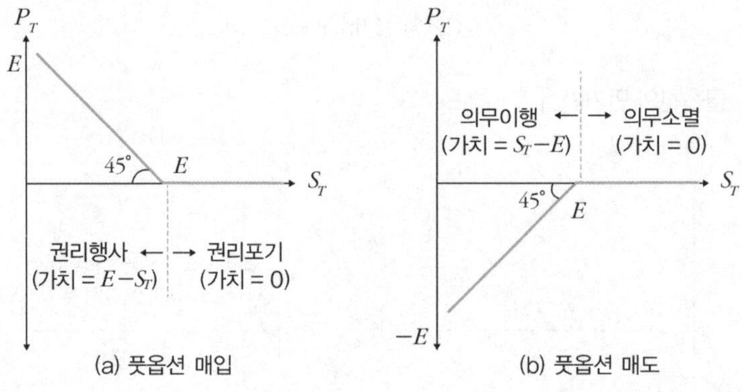

예제 8-1 옵션의 만기가치

서울기업 주식을 기초자산으로 하고 행사가격이 1,000원인 유럽형 콜옵션과 유럽형 풋옵션이 있다. 옵션만기일의 서울기업 주가가 각각 900원, 950원, 1,000원, 1,050원, 1,100원일 경우에 콜옵션매입자와 풋옵션매입자가 얻게 될 가치를 계산하고, 이를 이용하여 옵션만기일의 주가와 옵션가치의 관계를 도시하라.

풀이

만기일 주가(S_T)	900원	950원	1,000원	1,050원	1,100원
콜옵션 매입*1	0	0	0	50원	100원
풋옵션 매입*2	100원	50원	0	0	0

* 1 $S_T > 1{,}000$원이면 $S_T - 1{,}000$원, $S_T \leq 1{,}000$원이면 0

* 2 $S_T < 1{,}000$원이면 $1{,}000$원$- S_T$, $S_T \geq 1{,}000$원이면 0

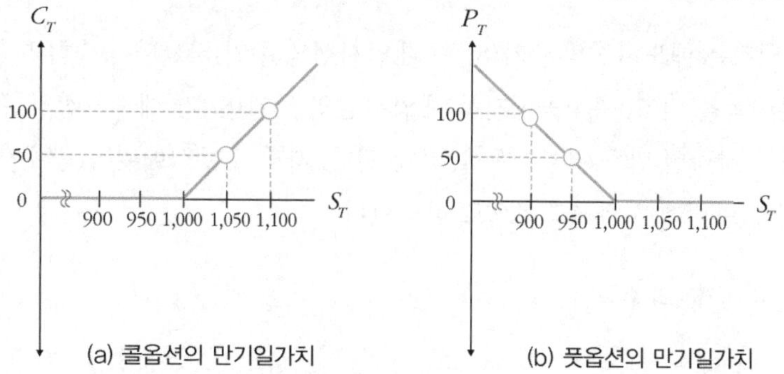

(a) 콜옵션의 만기일가치 (b) 풋옵션의 만기일가치

03 옵션의 투자전략

1. 순수포지션

순수포지션(naked position)은 하나의 주식이나 하나의 옵션만을 매입하거나 매도하는 전략을 말하며 기본포지션(uncovered position)이라고도 한다. 만기가치는 주식거래나 옵션의 권리행사에 따른 수익의 개념이며, 여기에 현재시점에서 주고받는 대가를 고려하면 만기손익이 된다.

(1) 주식의 매입과 공매

주식매입자는 매도시점의 주가(S_T)가 매입시점의 주가(S)보다 상승하면 주가가 상승한 것만큼 자본이득을 얻고, 주식공매자는 매입시점의 주가(S_T)가 매도시점의 주가(S)보다 하락하면 주가가 하락한 만큼 자본이득을 얻게 된다. 따라서 주식매입자(공매자)의 손익선은 주가와 정비례(반비례)하는 45° 선으로 나타난다.

▍그림 8-4▍ 주식거래의 손익

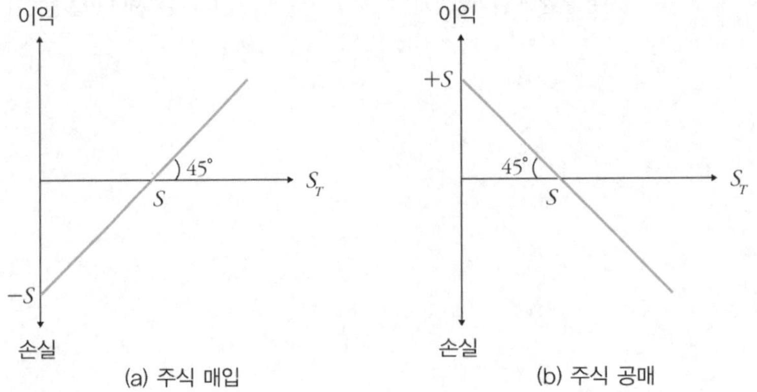

(2) 콜옵션의 매입과 매도

콜옵션매입은 옵션의 기초자산인 주식가격이 상승할 것으로 예상될 경우에, 콜옵션매도는 주식가격이 하락할 것으로 예상될 경우에 사용할 수 있는 투자전략이다. 따라서 콜옵션매입자는 만기일의 주식가격이 행사가격에 콜옵션가격을 가산한 가격 이상으로 상승해야 이익을 얻는다.

▎그림 8-5 ▎ 콜옵션의 손익

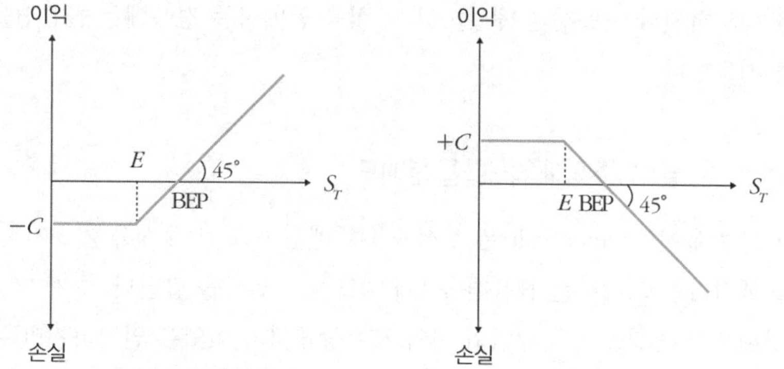

(a) 콜옵션 매입 (b) 콜옵션 매도

(3) 풋옵션의 매입과 매도

풋옵션매입은 옵션의 기초자산인 주식가격이 하락할 것으로 예상될 경우에, 풋옵션매도는 주식가격이 상승할 것으로 예상될 경우에 사용할 수 있는 투자전략이다. 따라서 풋옵션매입자는 만기일의 주식가격이 행사가격에서 풋옵션가격을 차감한 가격 이상으로 하락해야 이익을 얻는다.

▎그림 8-6 ▎ 풋옵션의 손익

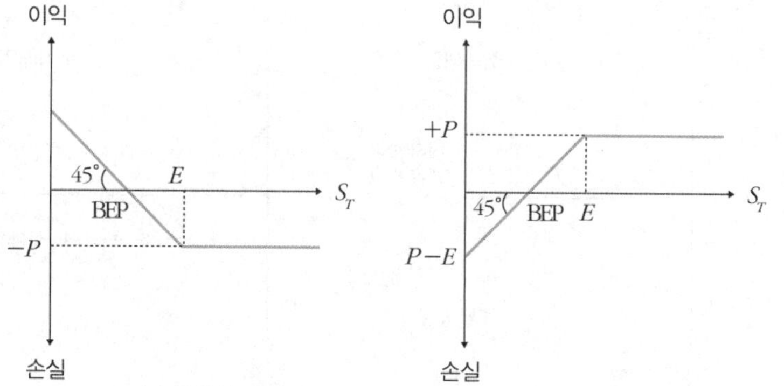

(a) 풋옵션 매입 (b) 풋옵션 매도

2. 헤지포지션

헤지포지션(hedge position)은 주식과 옵션을 결합하여 주식의 손실을 옵션으로 보전하거나 옵션의 손실을 주식으로 보전하는 전략을 말한다. 따라서 주식을 매입하는 경우에는 콜옵션을 매도하거나 풋옵션을 매입하고, 주식을 공매하는 경우에는 콜옵션을 매입하거나 풋옵션을 매도한다.

(1) 커버된 콜 : 주식매입+콜옵션매도

커버된 콜옵션(covered call)은 주식을 1주 매입하고 그 주식을 기초자산으로 하며 현재주가를 행사가격으로 하는 콜옵션을 1개 매도하는 전략을 말한다. 주가가 상승할 경우에는 콜옵션매도의 손실을 주식매입의 이익으로 상쇄시켜 이익은 일정하지만 주가가 하락할 경우에 손실을 줄일 수 있다.

(2) 방어적 풋 : 주식매입+풋옵션매입

방어적 풋옵션(protective put)은 주식을 1주 매입하고 그 주식을 기초자산으로 하며 현재주가를 행사가격으로 하는 풋옵션을 1개 매입하는 전략을 말한다. 주가가 상승할 경우에 이익은 시세에 편승하면서 주가가 하락할 경우에 손실은 일정한 하한선 이하로 내려가지 않게 하도록 제한할 수 있다.

▌그림 8-7 ▌ 헤지포지션

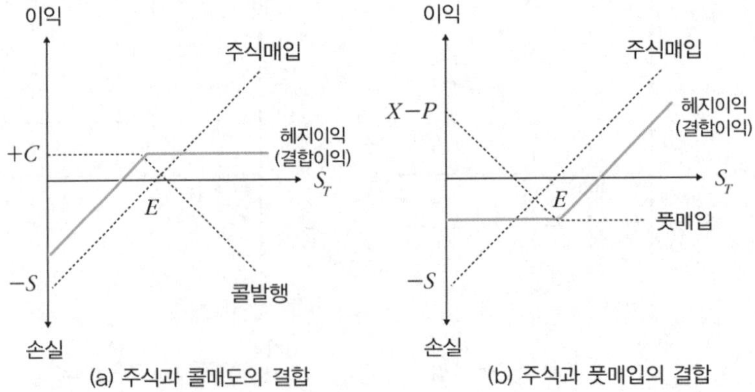

04 옵션의 가격결정

1. 옵션가격의 결정요인

옵션은 정해진 조건에 따라 기초자산을 매입하거나 매도할 수 있는 권리이기 때문에 옵션의 가격은 기초자산의 특성과 옵션의 조건에 따라 달라진다. 구체적으로는 기초자산의 현재가격(S), 행사가격(E), 옵션의 만기(T), 기초자산의 분산(σ^2), 무위험이자율(R_f), 기초자산의 배당(D) 등이 옵션가격에 영향을 미친다.

$$C \text{ 또는 } P = f(S,\ E,\ T,\ \sigma^2,\ R_f,\ D) \tag{8.5}$$

(1) 콜옵션가격

옵션가격에 영향을 미치는 다른 요인이 일정하다는 가정하에서 옵션가격의 결정요인이 S−E의 값을 커지게 하는 방향으로 영향을 미치면 콜옵션가격은 상승한다. 즉 기초자산의 현재가격, 만기까지 잔존기간, 기초자산의 가격분산, 무위험이자율과는 정(+)의 관계에 있고 행사가격과 기초자산의 배당과는 부(−)의 관계에 있다.

(2) 풋옵션가격

옵션가격에 영향을 미치는 다른 요인이 일정하다는 가정하에서 옵션가격의 결정요인이 E−S의 값을 커지게 하는 방향으로 영향을 미치면 풋옵션가격은 상승한다. 즉 행사가격, 만기까지 잔존기간, 기초자산의 가격분산, 기초자산의 배당과는 정(+)의 관계에 있고 기초자산의 현재가격, 무위험이자율과는 부(−)의 관계에 있다.

| 표 8-4 | 옵션가격의 결정요인

결정요인	콜옵션가격	풋옵션가격
기초자산의 현재가격↑	상승	하락
행사가격↑	하락	상승
만기까지 잔존기간↑	상승	상승
기초자산의 가격분산↑	상승	상승
무위험이자율↑	상승	하락
기초자산의 현금배당↑	하락	상승

2. 옵션가격의 구성요소

옵션은 약정에 따라 기초자산을 매입하거나 매도할 수 있는 권리를 말한다. 옵션가격은 옵션매입자가 계약이행의 선택권을 갖는 대가로 옵션매도자에게 지불하는 가격을 말하며 옵션프리미엄(option premium)이라고도 한다. 옵션의 최종거래일 이전에 옵션가격은 내재가치와 외재가치로 구성된다.

(1) 내재가치(intrinsic value)

옵션의 내재가치는 옵션매입자가 지금 당장 옵션의 권리를 행사했을 경우에 발생하는 가치를 말한다. 내재가치는 기초자산의 가격과 행사가격을 비교해서 결정되고 행사가치(exercise value) 또는 경제적 가치(economic value)라고도 한다. 따라서 옵션의 내재가치는 옵션이 가지고 있는 현재의 행사가치를 나타낸다.

콜옵션은 현재주가가 행사가격보다 높은 내가격상태에 있으면 옵션을 행사하여 S−E 만큼의 내재가치를 얻을 수 있다. 그러나 등가격상태나 외가격상태에 있으면 옵션을 행사하지 않을 것이므로 내재가치는 0이 된다. 따라서 콜옵션의 내재가치는 기초자산의 가격과 행사가격의 차이와 0 중에서 큰 값으로 측정한다.

$$\text{콜옵션의 내재가치} = \text{Max}[S-E,\ 0] \qquad (8.6)$$

풋옵션은 현재주가가 행사가격보다 낮은 내가격상태에 있으면 옵션을 행사하여 E−S 만큼의 내재가치를 얻을 수 있다. 그러나 등가격상태나 외가격상태에 있으면 옵션을 행사하지 않을 것이므로 내재가치는 0이 된다. 따라서 풋옵션의 내재가치는 행사가격과 기초자산의 가격의 차이와 0 중에서 큰 값으로 측정한다.

$$\text{풋옵션의 내재가치} = \text{Max}[E-S,\ 0] \qquad (8.7)$$

옵션은 기초자산의 현재가격과 행사가격을 비교하여 어느 위치에 있느냐에 따라 내가격옵션(ITM), 등가격옵션(ATM), 외가격옵션(OTM)으로 구분된다.

| 표 8-5 | 옵션의 상태

구분	콜옵션	풋옵션
내가격(ITM)	기초자산가격(S) > 행사가격(E)	기초자산가격(S) < 행사가격(E)
등가격(ATM)	기초자산가격(S) = 행사가격(E)	기초자산가격(S) = 행사가격(E)
외가격(OTM)	기초자산가격(S) < 행사가격(E)	기초자산가격(S) > 행사가격(E)

(2) 외재가치(extrinsic value)

옵션의 외재가치는 옵션의 최종거래일까지 잔존기간 동안 옵션이 유리한 방향으로 변동하여 옵션가치가 상승할 것이라고 예상하는 옵션매입자의 기대가 반영되어 있는 가치를 말하며 시간가치(time value)라고도 한다. 옵션의 시간가치는 옵션가격에서 내재가치를 차감하여 다음과 같이 구할 수 있다.

$$\text{시간가치} = \text{옵션가격} - \text{내재가치} \tag{8.8}$$

콜옵션(풋옵션)의 내재가치는 주가가 상승(하락)할수록 증가하고 옵션의 시간가치는 콜옵션과 풋옵션에 관계없이 잔존만기가 길수록 증가한다. 옵션의 시간가치는 콜옵션과 풋옵션에 관계없이 등가격옵션(ATM)에서 가장 크고 내가격옵션(ITM)에서는 감소하며 외가격옵션(OTM)에서는 내재가치는 없고 시간가치만 존재한다.

| 그림 8-8 | 옵션가격의 구성

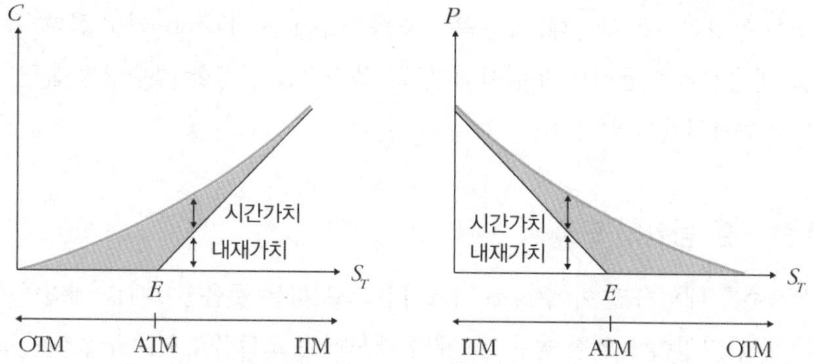

(a) 콜옵션 (b) 풋옵션

예제 8-2 옵션가격의 구성

현재 한국거래소 옵션시장에는 강남기업 주식을 기초자산으로 하고 행사가격이 42,000원이며 만기가 1년인 유럽형 콜옵션과 풋옵션이 거래되고 있다. 이산복리 무위험이자율이 5%라고 가정하여 다음 물음에 답하시오.

1. 강남기업 주식의 현재가격이 45,000원이고 콜옵션가격이 5,000원일 경우 콜옵션의 내재가치와 시간가치를 구하시오.
2. 강남기업 주식의 현재가격이 37,000원이고 풋옵션가격이 6,000원일 경우 풋옵션의 내재가치와 시간가치를 구하시오.

풀이

1. 콜옵션가격을 내재가치와 시간가치로 구분하면 다음과 같다.
   ① 내재가치 = Max[S－E, 0] = Max[45,000－42,000, 0] = 3,000원
   ② 시간가치 = 콜옵션가격－내재가치 = 5,000－3,000 = 2,000원
2. 풋옵션가격을 내재가치와 시간가치로 구분하면 다음과 같다.
   ① 내재가치 = Max[E－S, 0] = Max[42,000－37,000, 0] = 5,000원
   ② 시간가치 = 풋옵션가격－내재가치 = 6,000－5,000 = 1,000원

3. 풋－콜 등가

(1) 풋－콜 등가의 정의

시장균형상태에서 기초자산, 행사가격, 만기일이 모두 동일한 콜옵션가격과 풋옵션가격은 일정한 등가관계를 갖는데, 이를 풋－콜 등가(put－call parity)라고 한다. 즉 주식, 풋옵션 그리고 콜옵션을 이용하여 무위험헤지포트폴리오를 구성할 경우에 콜옵션가격과 풋옵션가격간의 등가관계를 말한다.

(2) 풋－콜 등가의 도출

주식 1주를 매입하고 이 주식을 기초자산으로 하는 풋옵션 1개를 매입하며 풋옵션과 행사가격 및 만기일이 동일한 콜옵션 1개를 매도하는 포트폴리오를 구성하면 옵션의 만기일에 포트폴리오가치는 만기일의 주가변동에 관계없이 행사가격 E로 항상 동일하게 유지되어 무위험헤지상태에 있게 된다.

표 8-6 무위험헤지포트폴리오의 구성

거래	현재가치	만기가치	
		$S_T > E$	$S_T < E$
주식매입	S	S_T	S_T
풋옵션매입	P	0	$E-S_T$
콜옵션매도	－C	$-(S_T-E)$	0
합계	S＋P－C	E	E

무위험헤지포트폴리오를 구성한 투자자는 만기일의 주가변동에 관계없이 아무런 위험을 부담하지 않아 이러한 포트폴리오의 수익률은 시장균형상태에서 무위험이자율과 같아야 한다. 즉 무위험헤지포트폴리오의 현재가치(PV)는 포트폴리오의 만기가치(FV)를 무위험이자율로 할인한 현재가치와 동일해야 한다.

$$S+P-C=\frac{E}{(1+R_f)^T}=PV(E) \leftarrow PV=\frac{FV_T}{(1+r)^T} \qquad (8.9)$$

그리고 무위험헤지포트폴리오 최종거래일의 현금흐름(FV)은 현재의 투자금액(PV)을 무위험이자율로 투자한 결과와 동일해야 한다.

$$(S+P-C)(1+R)^T=E \leftarrow PV(1+r)^T=FV_T \qquad (8.10)$$

| 그림 8-9 | 무위험헤지포트폴리오

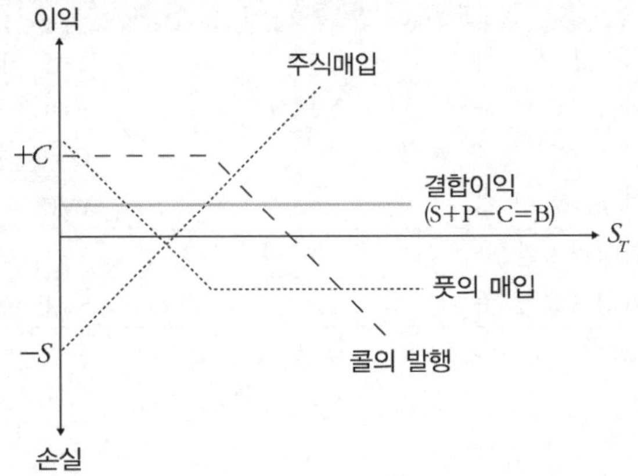

(3) 풋-콜 등가의 의미

시장균형상태에서 콜옵션가격과 풋옵션가격간의 균형관계를 나타내는 풋-콜 등가는 옵션가격을 결정하거나 옵션을 이용한 투자전략을 수립하는데 유용하게 사용되는 중요한 식이다. 풋-콜 등가에 의한 균형관계가 성립하지 않으면 차익거래가 발생하고 차익거래로 인해 풋-콜 등가가 성립하는 균형상태로 돌아간다.

첫째, 콜옵션가격과 풋옵션가격 중에서 어느 하나의 옵션가격을 알게 되면 모든 조건이 동일한 다른 옵션의 가격은 풋-콜 등가를 이용하여 쉽게 구할 수 있다. 예컨대 콜옵션가격을 알고 있다면 콜옵션과 모든 조건이 동일한 풋옵션가격은 다음과 같이 구할 수 있다.

$$S+P-C=PV(E) \rightarrow P=C-S+PV(E) \tag{8.11}$$

둘째, 무위험헤지포트폴리오의 수익은 액면가액이 E인 순수할인채를 매입한 것과 동일한 효과를 갖는다. 이러한 순수할인채의 현재가격을 B로 표시하면 다음과 같이 나타낼 수 있다.

$$PV(E)=S+P-C \rightarrow B=S+P-C \tag{8.12}$$

셋째, 주식, 콜옵션, 풋옵션, 순수할인채를 적절히 결합하면 다양한 형태의 합성포지션(synthetic position)을 창출할 수 있다. 따라서 풋－콜 등가를 통해서 등가격옵션(ATM)의 경우 콜옵션가격은 풋옵션가격보다 행사가격에 대한 화폐의 시간가치만큼 높다는 것을 알 수 있다.

| 표 8-7 | 합성포지션

합성포지션	풋－콜 등가(+는 매입, −는 매도)
합 성 주 식	S=C−P+PV(E)
합 성 풋	P=C−S+PV(E)
합 성 콜	C=S+P−PV(E)
합 성 할 인 채	PV(E)=S+P−C
합성커버된 콜	S−C=−P+PV(E)
합성보호적 풋	S+P=C+PV(E)

연습문제 TEST

1 다음 중 옵션에 대한 설명으로 옳지 않은 것은?

① 옵션은 조건부청구권으로 매입자의 의사에 따라 행사되지 않을 수도 있다.

② 옵션매도자는 옵션매입자가 권리를 행사하면 반드시 의무를 이행해야 한다.

③ 옵션은 불리한 가격변동으로 인한 위험에 대한 헤지수단이 된다.

④ 옵션은 기업가치에 중요한 영향을 미친다.

해설 옵션은 매도자와 매입자간의 거래이므로 기업가치와는 무관하다.

2 다음 중 옵션에 대한 설명으로 옳지 않은 것은?

① 옵션에는 만기일에만 행사할 수 있는 옵션도 있을 수 있으나 대부분의 경우에 옵션은 만기일 이전에 아무 때나 행사할 수도 있다.

② 기초자산이 주식인 콜옵션의 현재가격은 그 주식의 현재가격이 아닌 거래가격에 의해 변동된다.

③ 옵션은 조건부청구권을 나타내는 증권의 일종으로 투자자들에게 위험을 회피할 수 있는 수단을 제공한다.

④ 기초자산을 매입할 수 있는 권리가 콜옵션이고, 매도할 수 있는 권리가 풋옵션이다.

⑤ 콜옵션의 현재가격은 기초자산 수익률의 변동성이 클수록 증가한다.

해설

결정요인	콜옵션가격	풋옵션가격
기초자산의 현재가격↑	상승	하락
행사가격↑	하락	상승
만기까지 잔존기간↑	상승	상승
기초자산의 가격분산↑	상승	상승
무위험이자율↑	상승	하락
기초자산의 현금배당↑	하락	상승

3 완전자본시장에서 차익거래기회가 없다고 가정할 경우에 주식을 기초자산으로 하는 유럽형옵션에 관한 설명 중 가장 적절하지 않은 것은? 단, 문항에서 제시한 조건 이외에 다른 모든 조건은 일정하다.

① 주식가격이 상승하면 풋옵션의 가격은 하락한다.

② 행사가격이 클수록 콜옵션의 가격은 낮게 형성된다.

③ 잔존만기가 길수록 풋옵션의 가격은 높게 형성된다.

④ 무위험이자율이 상승하면 콜옵션의 가격은 상승한다.

⑤ 예상배당이 클수록 풋옵션의 가격은 높게 형성된다.

해설 만기가 유럽형 풋옵션의 가격에 미치는 영향은 명확하지 않다. 만기가 길수록 행사가격의 현재가치가 작아져서 풋옵션가격이 낮아지는 효과와 기초주식의 가격분산이 커져서 풋옵션 가격이 높아지는 효과도 있기 때문이다.

4 **다음 중 유럽형옵션의 가격변동에 대한 설명으로 옳지 않은 것은?**

① 기초증권의 가격이 상승하면 콜옵션의 가격은 상승한다.

② 기초증권의 가격이 상승하면 풋옵션의 가격은 하락한다.

③ 기초증권의 수익률의 분산이 증가하면 콜옵션의 가격은 상승한다.

④ 기초증권의 수익률의 분산이 증가하면 풋옵션의 가격은 하락한다.

⑤ 무위험이자율이 상승하면 콜옵션의 가격은 상승한다.

해설 기초자산의 수익률의 분산이 증가하면 콜옵션이나 풋옵션 모두 가격이 상승한다.

5 **다음 중 옵션의 시간가치에 대한 설명으로 옳은 것은?**

① 시간가치는 기초자산의 가격이 옵션매입자에게 유리한 방향으로 변동할 가능성 때문이다.

② 내재가치가 없는 외가격옵션은 시간가치도 없다.

③ 시간가치와 내재가치는 정비례한다.

④ 시간가치는 옵션의 만기와 무관하게 결정된다.

해설 ② 내재가치가 없는 외가격옵션도 시간가치는 없다.
③ 시간가치는 등가격옵션에서 가장 크다.
④ 시간가치는 옵션의 만기에 근접하면 감소한다.

6 **현재 기초자산의 가격은 205포인트이고 행사가격이 210포인트인 콜옵션을 프리미엄 6에 매도한 경우에 어떤 상태에 있는 옵션인가?**

① 외가격옵션(out of the money)

② 심외가격옵션(deep out of the money)

③ 내가격옵션(in of the money)

④ 등가격옵션(at the money)

해설 콜옵션매도자는 기초자산의 가격이 손익분기점(행사가격+콜옵션가격)보다 작을 경우에 이익이 발생한다.

구분	콜옵션	풋옵션
내가격(ITM)	기초자산가격(S) 〉 행사가격(E)	기초자산가격(S) 〈 행사가격(E)
등가격(ATM)	기초자산가격(S) = 행사가격(E)	기초자산가격(S) = 행사가격(E)
외가격(OTM)	기초자산가격(S) 〈 행사가격(E)	기초자산가격(S) 〉 행사가격(E)

7 공주기업 주식의 현재가격은 20,000원이고 행사가격은 15,000원이다. 옵션의 만기가 1개월 남은 공주기업의 콜옵션 프리미엄은 7,000원이라고 가정할 경우에 콜옵션의 시간가치는 얼마인가?

① 2,000원 ② 3,000원 ③ 4,000원 ④ 5,000원

해설 옵션가격 = 내재가치+시간가치 → 시간가치 = 옵션가격−내재가치
내재가치는 5,000원(=20,000−15,000)이므로 시간가치는 2,000원이다.

8 다음 중 옵션가격이 시간가치로만 구성되어 있는 경우로 옳은 것은?

가. 내가격옵션(ITM) 나. 등가격옵션(ATM) 다. 외가격옵션(OTM)

① 가, 나 ② 나, 다
③ 가, 다 ④ 가, 나, 다

해설 옵션가격은 내재가치와 시간가치로 구성된다. 내가격상태의 옵션은 내재가치와 시간가치로 구성되고, 등가격상태나 외가격상태의 옵션가격은 시간가치로만 구성된다.

9 다음 중 옵션의 시간가치와 내재가치에 대한 설명으로 옳은 것은?

① 시간가치는 기초자산의 가격이 옵션매입자에게 유리한 방향으로 변동할 가능성 때문에 발생한다.
② 내재가치는 옵션이 등가격(ATM)옵션이 될수록 커진다.
③ 시간가치는 옵션이 내가격(ITM)옵션이 될수록 커진다.
④ 시간가치는 옵션의 만기와는 무관하다.
⑤ 만기가 많이 남은 옵션일수록 옵션의 내재가치가 크다.

해설 ②와 ⑤는 시간가치에 대한 설명이며, ③은 시간가치에 대한 설명이다. 시간가치는 옵션의 만기가 길수록 커진다.

10 현재 한국거래소에서 10,000원에 거래되는 동국기업의 주식을 기초자산으로 하는 유럽형 콜옵션과 풋옵션을 거래하려고 한다. 옵션의 만기가 1개월 남았을 경우 다음 중 내재가치가 가장 큰 옵션은?

① 행사가격 8,000원인 풋옵션　② 행사가격 8,500원인 콜옵션
③ 행사가격 10,000원인 콜옵션　④ 행사가격 10,000원인 풋옵션

해설 콜옵션의 내재가치 = 기초자산의 가격 − 행사가격
풋옵션의 내재가치 = 행사가격 − 기초자산의 가격

11 투자자 홍길동은 행사가격이 25,000원인 콜옵션을 4,000원에 2개 매입하였고, 행사가격이 40,000원인 콜옵션을 2,500원에 1개 발행하였다. 옵션의 만기일에 기초주식가격이 50,000원, 옵션의 기초주식과 만기일은 동일하며 거래비용은 없다고 가정하여 이러한 투자전략의 만기가치와 투자자의 만기손익을 각각 구하면?

	투자전략의 만기가치	투자자의 만기손익
①	15,000원	13,500원
②	25,000원	23,500원
③	30,000원	27,000원
④	35,000원	30,000원
⑤	40,000원	34,500원

해설 행사가격 25,000원 콜옵션의 가치 : $C = Max\ [50{,}000-25{,}000, 0]$ = 25,000원
행사가격 40,000원 콜옵션의 가치 : $C = Max\ [50{,}000-40{,}000, 0]$ = 10,000원
투자자의 만기가치 = 25,000원×2개−10,000원×1개 = 40,000원
현재시점 투자금액 = 4,000원×2개−2,500원×1개 = 5,500원
투자자의 만기손익 = 40,000원−5,500원 = 34,500원

12 동국기업의 주식은 다음과 같은 확률분포를 가지고 있다. 동국기업의 주식에 대해 유럽형 콜옵션이 발행되었고, 옵션만기일은 3개월 후이며 행사가격은 5,000원이다. 옵션의 만기일에 콜옵션 기대값은 얼마인가?

주가	2,000원	4,000원	6,000원	8,000원	10,000원
확률	0.1	0.2	0.4	0.2	0.1

① 500원　② 1,000원　③ 1,500원　④ 2,000원　⑤ 3,000원

해설 E(C) = 1,000×0.4+3,000×0.2+5,000×0.1 = 1,500원

13 다음 중 콜옵션매입자는 기초자산가격이 어떤 범위에 있을 때 이익을 얻을 수 있는가?

① 기초자산의 가격〉행사가격
② 기초자산의 가격〈행사가격
③ 기초자산의 가격〉행사가격+콜옵션가격
④ 기초자산의 가격〈행사가격+콜옵션가격

해설 콜옵션매입자는 기초자산의 가격이 손익분기점(행사가격+콜옵션가격)보다 클 경우에 이익이 발생한다.

14 다음 중 풋옵션매입자는 기초자산가격이 어떤 범위에 있을 때 이익을 얻을 수 있는가?

① 기초자산의 가격〉행사가격
② 기초자산의 가격〈행사가격
③ 기초자산의 가격〉행사가격–풋옵션가격
④ 기초자산의 가격〈행사가격–풋옵션가격

해설 풋옵션매입자는 기초자산의 가격이 손익분기점(행사가격–풋옵션가격)보다 작을 경우에 이익이 발생한다.

15 다음 중 주가가 하락할 것으로 예상하여 주식을 공매한 투자자가 불리한 가격변동위험을 회피할 수 있는 방법은?

① 콜옵션을 매입한다.
② 콜옵션을 매도한다.
③ 풋옵션을 매입한다.
④ 풋옵션을 매도한다.

해설 주가가 하락할 것으로 예상하여 주식을 공매한 투자자는 예상과 달리 주가가 상승하면 손실을 입게 된다. 이때 주식공매와 함께 콜옵션을 매입하면 손실을 크게 줄일 수 있다.

16 콜옵션을 보유한 투자자 홍길동은 기초자산인 주식가격이 앞으로 상승할 것으로 예상하여 주식을 매입하고자 한다. 주식을 매입하지 않고 콜옵션과 결합하여 주식을 매입한 경우와 동일한 투자성과를 실현시킬 수 있는 방법은?

① 풋옵션매입
② 풋옵션매도
③ 콜옵션매도
④ 주식공매

해설 콜옵션을 매입하고 동일한 조건의 풋옵션을 매도할 경우에 주식을 매입한 경우와 동일한 손익을 얻을 수 있다. $S+P-C = PV(E) \rightarrow C-P = S-PV(E)$

17 풋옵션을 보유한 투자자 홍길동은 기초자산인 주식가격이 앞으로 하락할 것으로 예상하여 주식을 공매하고자 한다. 주식을 공매하지 않고 풋옵션과 결합하여 주식을 공매한 경우와 동일한 투자성과를 실현시킬 수 있는 방법은?

① 콜옵션매입　　② 콜옵션매도
③ 풋옵션매도　　④ 주식매입

해설　풋옵션을 매입하고 동일한 조건의 콜옵션을 매도할 경우에 주식을 공매한 경우와 동일한 손익을 얻을 수 있다. S+P–C = PV(E) → P–C = PV(E)–S

18　**다음 중 풋-콜 등가(put-call parity)로 옳은 것은?**

① 주식매입+풋옵션매입 = 콜옵션매입+채권매입
② 주식매입+풋옵션매도 = 콜옵션매도+채권매입
③ 주식매입+풋옵션매입 = 콜옵션매도+채권매입
④ 주식매입+풋옵션매도 = 콜옵션매입+채권매입

해설　S+P–C = PV(E) → S+P = C+PV(E)

19　**(주)가나다는 만기가 1년이고 행사가격이 10,000원인 유럽형 콜옵션과 풋옵션을 발행하였다. 가나다의 현재주가는 10,000원이고, 액면가액이 10,000원인 1년 만기 무위험채권의 가격은 9,000원이다. 현재 콜옵션의 가격이 2,000원이라고 가정할 경우에 풋옵션의 가격은 얼마인가?**

① 1,000원　　② 1,500원　　③ 2,000원　　④ 2,500원

해설　액면가액이 10,000원인 1년 만기 무위험채권의 가격은 9,000원이다. 풋–콜 등가를 이용하면 행사가격의 현재가치는 9,000원이 되고, 풋옵션가격은 1,000원이 된다.

$$P = -S + C + \frac{E}{(1+R_f)^T} = -10{,}000 + 2{,}000 + 9{,}000 = 1.000$$

20　**다음 중 행사가격이 동일한 풋-콜 등가에 대한 설명으로 옳은 것은?**

① 동일한 기초주식에 대해 발행된 동일한 만기의 등가격 풋옵션과 콜옵션의 가격은 항상 같다.
② 동일한 기초주식에 대해 발행된 동일한 만기의 풋옵션과 콜옵션간에는 일정한 관계가 유지되어야 한다.
③ 동일한 기초주식에 대해 발행된 동일한 만기의 등가격 풋옵션과 콜옵션의 가격은 평행으로 움직인다.
④ 만기가 서로 다른 풋옵션과 콜옵션의 경우에도 풋–콜 등가는 성립한다.

해설 시장균형상태에서 기초자산, 행사가격, 만기일이 모두 동일한 풋옵션가격과 콜옵션가격은 일정한 관계를 갖는데, 이를 풋-콜 등가(put-call parity)라고 한다.

정답 1. ④ 2. ② 3. ③ 4. ④ 5. ① 6. ③ 7. ① 8. ② 9. ① 10. ③
11. ⑤ 12. ③ 13. ③ 14. ④ 15. ① 16. ② 17. ② 18. ① 19. ① 20. ②

C·h·a·p·t·e·r

09

스왑시장

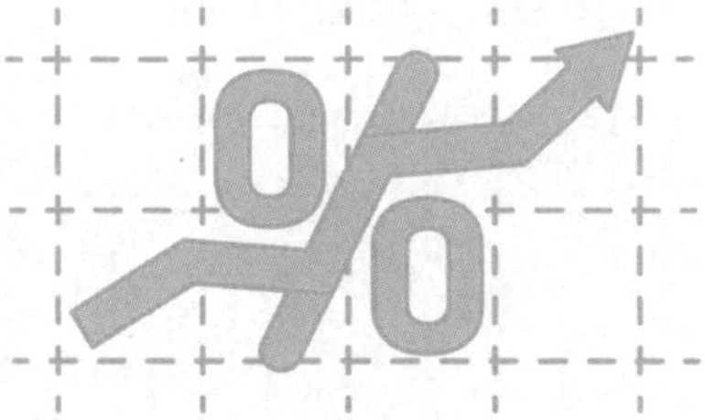

스왑은 거래당사자의 일방이 상대방에게 고정금리를 지급하는 대신에 변동금리를 수취하기로 약정한 계약을 말하며 계약내용이 거래당사자의 합의에 의해 결정되고 장외시장에서 거래된다는 점에서 선도거래와 유사하다. 스왑을 이용하면 금리변동이나 환율변동에 따른 위험을 효과적으로 관리할 수 있다.

01 스왑거래의 개요

1. 스왑거래의 등장

스왑거래의 기원은 1970년대 초 미국과 영국간에 성행한 평행대출과 국제상호직접대출에서 찾을 수 있다. 당시 대부분의 국가는 자금의 해외유출을 막기 위해 외환통제가 엄격했는데, 금융기관과 다국적기업은 외환통제를 회피하기 위한 수단으로 평행대출과 국제상호직접대출을 많이 이용하였다.

1980년대 들어 통화스왑을 포함한 스왑금융은 금리변동과 환율변동에 따른 위험을 효과적으로 관리하는 동시에 차입비용도 절감하는 금융기법으로 발전되어 왔다. 최근에는 다국적기업을 비롯한 개별기업이 스왑거래를 적극 활용하고 있으며, 세계은행 등 국제금융기구와 정부도 스왑금융시장에 참여하고 있다.

스왑거래는 외환시장에서 이종통화간 현물환거래와 선물환거래가 반대방향으로 동시에 이루어지는 거래로서 환위험을 회피하거나 통화간 일시적인 불균형을 해소하기 위한 수단으로 널리 이용되었다. 그러나 최근에는 금리스왑, 통화스왑 그리고 혼합스왑 등 거래목적에 따라 다양한 형태로 발전해 가고 있다.

스왑거래는 국제무역에서 비교우위의 원리를 금융거래에 응용한 것이다. 개별기업이나 금융기관들은 서로 다른 금융시장에서 자금을 조달하기 때문에 비교우위가 발생한다. 따라서 비교우위가 있는 시장에서 자금을 차입한 후 차입금리, 지급조건을 서로 교환하면 이익을 얻기 때문에 스왑거래가 이루어진다.

스왑거래는 이용이 편리하고 다양한 상품이 개발될 수 있다는 장점으로 외환금융거래상품 가운데 빠른 속도로 증가하고 있다. 또한 국제스왑딜러협회(ISDA)가 금리스왑과 통화스왑의 표준계약을 발행하면서 스왑시장의 유동성은 크게 증가하였다. 오늘날 스왑거래는 일반증권과 같은 형태로 발전해 가고 있다.

▌그림 9-1▐ 직접대출, 평행대출, 국제상호직접대출의 현금흐름

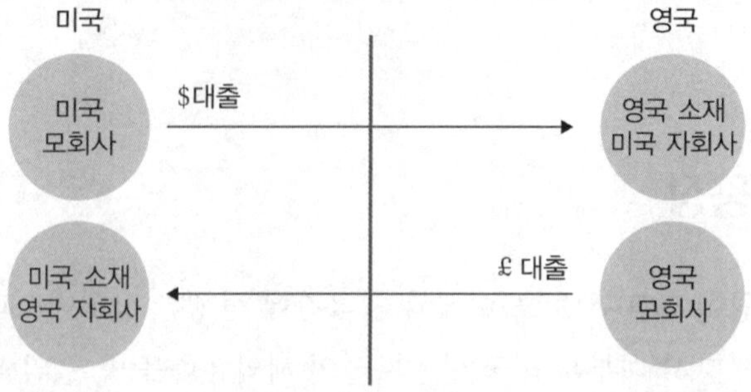

(a) 직접대출의 현금흐름

(b) 평행대출의 현금흐름

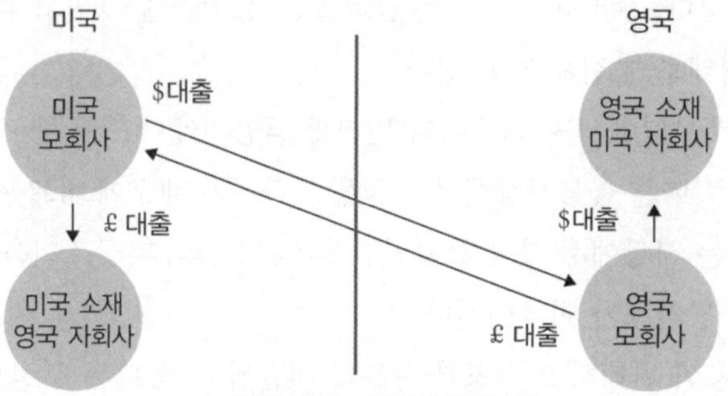

(c) 국제상호직접대출의 현금흐름

(a)는 미국 모회사가 영국소재 미국 자회사에 달러자금을 직접대출하거나 영국 모회사가 미국소재 영국 자회사에 파운드자금을 직접대출하는 경우의 현금흐름을 나타낸다. 미국과 영국의 모회사가 직접대출에서 외환통제를 받을 경우에 양국의 모회사는 평행대출을 통해 자국소재 상대국 자회사에 자국통화를 대출할 수 있다.

(b)는 미국 모회사가 미국소재 영국 자회사에 달러자금을 대출해 주는 대신에 영국 모회사는 영국소재 미국 자회사에 파운드자금을 대출해 주는 평행대출의 현금흐름을 나타내

며 국제간에 자금이동이 발생하지 않아 정부의 외환통제를 회피할 수 있는 반면에 대출과정에 금융기관이 개입하지 않아 신용위험이 발생할 수 있다.

(c)는 미국과 영국의 모회사가 달러자금과 파운드자금을 상호 직접대출한 후 이를 다시 양국의 자회사에 평행대출을 실시할 경우 현금흐름을 나타낸다. 국제상호직접대출은 양국의 모회사간에 채무를 상계할 수 있어 평행대출보다 신용위험을 감소시킬 수 있으나 국가간에 자금이동이 발생하여 정부의 외환통제를 피할 수 없다.

1971년 미국의 닉슨대통령이 금태환 중지를 선언한 이후에 브레튼우즈협정이 붕괴되고 고정환율제도가 변동환율제도로 전환되면서 외환통제는 점차 철폐되었다. 이에 따라 다국적기업들은 세계 각국의 자회사에 자금을 무제한으로 대출할 수 있었던 반면에 변동환율제도의 시행으로 환율변동위험이 크게 증가하였다.

한편 1970년대 두 차례의 오일쇼크에 의한 인플레이션과 세계경제의 불황으로 각국 금리변동이 확대되는 상황에서 직접대출시 발생하는 환위험과 평행대출시 발생하는 신용위험을 제거할 수 있는 통화스왑이 1976년에 영국에서 최초로 등장하였다. 또한 1981년에는 금리변동위험을 제거하기 위한 금리스왑이 개발되었다.

2. 스왑거래의 정의

스왑(swap)은 교환한다는 의미이다. 교환의 대상이 원유나 곡물과 같은 일반상품이면 상품스왑이라 하고, 통화나 채권과 같은 금융상품이면 금융스왑이라고 한다. 금융스왑은 미래의 정해진 기간 또는 기간 동안에 각자가 소유한 서로 다른 현금을 교환하기로 스왑거래의 당사자간에 약정을 체결한 계약을 의미한다.

스왑거래는 거래당사자가 미래현금흐름을 일정기간 교환하기로 약정한 계약으로 계약내용이 당사자의 합의에 의해 결정되고 장외시장에서 사적인 형태로 계약이 체결된다는 점에서 선도거래와 유사하다. 다만, 선도거래가 미래의 한 시점에서 현금흐름을 교환하지만 스왑거래는 여러 시점에서 현금흐름을 교환한다.

전통적 스왑거래는 외환시장에서 이종통화간의 현물환거래와 선물환거래가 서로 반대방향으로 동시에 이루어지는 이중거래를 말한다. 대부분 환포지션을 커버하여 환율변동에 따른 환위험을 회피하거나 외환시장에서 이종통화간에 일시적인 자금수지의 불균형을 해소하기 위한 수단으로 이용되어 왔다.

최근에 스왑금융은 시장간 스프레드의 차익거래를 통해 위험부담 없이 추가적인 이익실현을 가능하게 하고 차입비용의 절감과 이종통화간 자금수지의 불균형에 의한 유동성제약을 해소한다. 또한 새로운 시장에의 접근을 용이하게 하는 등 과거의 스왑거래에 비해서 다양한 이용가치를 제공하고 있다.

스왑거래가 성립되기 위해서는 스왑거래당사자들의 거래조건에 대한 합의가 이루어져야 한다. 그런데 스왑계약을 체결하면 스왑거래를 하지 않았을 경우에 얻을 수 있는 기회이익을 포기해야 하고 스왑거래 자체의 거래불이행에 따른 신용위험과 시장위험이 내포되어 있다는 점에 유의할 필요가 있다.

3. 스왑거래의 종류

국제금융시장의 통합화, 정보기술의 혁신 그리고 장부외거래의 신장을 배경으로 급속히 발전한 스왑거래는 거래대상과 교환되는 현금흐름에 따라서 이자지급조건을 교환하는 금리스왑, 서로 다른 통화의 원리금상환의무를 교환하는 통화스왑, 금리스왑과 통화스왑을 결합한 혼합스왑 그리고 외환스왑으로 구분된다.

(1) 금리스왑

금리스왑(interest rate swap)은 스왑거래당사자가 동일한 통화로 표시된 각자의 차입금에 대한 이자지급의무를 서로 교환하여 지급하기로 약정한 거래를 말한다. 스왑금융에서 가장 큰 비중을 차지하는 금리스왑은 차입금에 대한 금리변동위험의 헤지나 차입비용을 절감하기 위해 이루어진다.

금리스왑은 동일한 통화로 표시된 차입금을 부담할 경우 변동금리와 고정금리를 교환하는 형태로 거래가 발생하기 때문에 환위험이 발생하지 않는다. 특히 순수한 금리스왑은 통화스왑과 달리 스왑거래의 당사자가 실제로 원금상환의무를 교환하지 않고 성격이 다른 이자지급의무만 서로 교환한다.

(2) 통화스왑

통화스왑(currency swaps)은 스왑거래의 당사자가 상이한 통화로 차입한 자금의 원리금상환의무를 서로 교환하여 지급하기로 약정한 거래를 말한다. 즉 상이한 통화로 표시된 명목원금을 교환하고, 만기까지 명목원금에 기초하여 상이한 통화로 표시된 이자를 지급하며, 만기일에 약정한 환율로 명목원금을 다시 교환한다.

금리스왑은 동일한 통화간 변동금리와 고정금리를 교환하는 반면 통화스왑은 상이한 통화의 금리와 원금을 교환한다. 통화스왑이 금리조건을 교환한다는 점에서는 금리스왑과 같지만 거래시점과 종료시점에 원금의 실질적인 교환이 수반되고 서로 다른 통화간의 교환으로서 외환스왑의 성격을 가지고 있다는 점에서 다르다.

(3) 혼합스왑

혼합스왑(cocktail swap)은 금리스왑과 통화스왑을 혼합한 형태의 거래를 말하며 통상 은행이 스왑중개기관으로서의 기능을 수행하고 복합스왑 또는 통화금리스왑이라고도 한다. 이는 거래대상이 되는 자산의 표시통화가 서로 다르며, 금리기준도 서로 다른 경우를 말하며 원금은 물론 이자지급의무도 교환된다.

(4) 외환스왑

외환스왑(FX swap)은 스왑거래의 당사자가 현재환율로 서로 다른 통화를 교환하고 일정기간이 경과한 후 계약시점에 약정한 선물환율로 원금을 재교환하기로 하는 거래를 말한다. 즉 동일한 거래상대방과 현물환과 선물환, 만기가 상이한 선물환과 선물환, 현물환과 현물환을 서로 반대방향으로 동시에 매매한다.

4. 스왑거래의 기능

스왑거래는 장외파생상품으로 장내파생상품인 선물거래와 옵션거래에 비해 거래비용은 높고 유동성은 낮으나 융통성은 높고 신용위험에 대한 노출도 크다. 스왑거래는 차입비용의 절감, 이자수익의 증대, 가격위험의 헤지, 시장규제의 회피, 금융시장의 보완, 합성상품의 창출 등 다양한 목적으로 활용되고 있다.

(1) 차입비용의 절감

국제금융시장에서 차입자의 신용도, 개별시장의 특성, 지역간 금융환경의 차이로 인해 기업들은 서로 다른 차입조건을 갖는다. 이때 두 차입자가 상대적으로 비교우위가 있는 금융시장에서 자금을 조달한 후 현금흐름을 교환하면 차입비용을 절감할 수 있고, 금리위험과 환위험을 효과적으로 관리할 수 있다.

예컨대 한쪽은 고정금리 자금조달에 비교우위가 있으나 변동금리 자금조달을 원하고 다른 쪽은 변동금리 자금조달에 비교우위가 있으나 고정금리 자금조달을 원하는 경우 비교우위가 있는 자금조달방법으로 자금을 조달한 후 이자지급의무를 서로 교환하는 금리스왑을 체결하면 차입비용을 절감할 수 있다.

(2) 이자수익의 증대

금융시장에서 변동금리자산에 투자한 투자자는 미래에 금리가 하락할 것으로 예상되는 경우 변동금리자산을 고정금리자산으로 변경시키고, 고정금리자산에 투자한 투자자는 미래에 금리가 상승할 것으로 예상되는 경우 고정금리자산을 변동금리자산으로 변경시키면 이자수익을 증대시킬 수 있다.

차입자가 스왑거래를 이용하여 변동금리부채를 고정금리부채로 변경시키고, 고정금리부채를 변동금리부채로 변경시켜 차입조건을 개선하면 이자부담과 금리위험을 크게 줄일 수 있다. 그리고 개별기업과 금융기관들이 스왑거래를 이용하면 장래의 자금수지나 환위험을 쉽게 관리할 수 있게 된다.

(3) 가격위험의 헤지

스왑거래를 이용하면 금리와 환율의 변동에 따라 발생하는 가격변동위험을 헤지할 수 있다. 선물거래과 옵션거래는 단기헤지에 이용되는 반면 스왑거래는 장기간 헤지에도 사용할 수 있다. 또한 신용도가 높은 중개은행에 의해 스왑거래가 이루어지는 경우 거래상대방의 위험노출도 크게 줄어든다.

(4) 시장규제의 회피

장래에 발생할 자금의 유출입이 기간별·통화별로 일치하지 않거나 중장기 외화자금의 거래증가로 헤지가 어려운 경우 스왑거래는 정상적인 거래를 어렵게 하거나 불가능하게 하는 각국의 조세, 금융, 외환상의 규제를 회피하는 수단으로 이용되어 각종 규제가 있는 시장에서는 기대할 수 없었던 이익을 얻을 수 있다.

(5) 금융시장의 보완

스왑거래는 장기계약과 유동성이 낮은 통화에 대한 계약도 가능하기 때문에 선물시장과 옵션시장이 충족시키지 못하는 위험헤지에 대한 보완적 기능을 수행한다. 특히 금융시장에서 신인도가 낮아 자본시장에 접근이 어려운 경우에 신인도가 높은 차입자와 스왑거래를 체결하면 차입비용을 절감할 수 있다.

02 금리스왑의 개요

1. 금리스왑의 정의

금리스왑(interest rate swap)은 동일한 통화로 표시된 채무를 부담하고 있는 스왑거래의 당사자가 계약기간동안 일정한 간격으로 이자지급의무를 교환하여 부담하기로 약정한 계약을 말한다. 금리스왑은 이자지급의무만 교환하고 원금상환의무는 교환하지 않는다는 점에서 통화스왑과 차이가 있다. 1)

금리스왑은 고정금리로 자금차입을 원하지만 변동금리로 보다 유리하게 차입할 수 있는 차입자와 변동금리로 자금차입을 원하지만 고정금리로 보다 유리하게 차입할 수 있는 차입자가 일정금액에 대해 서로 다른 조건의 이자지급의무를 상호 교환하는 거래를 말하며 장부외거래의 성격을 가진다.

대부분의 금리스왑은 LIBOR, 프라임레이트 등에 연계된 변동금리채무와 고정금리채 발행에 따른 고정금리채무를 교환하는 거래가 주축을 이루고 있다. 금리스왑은 동일한 통화에 대해 이자만 교환되는 단일통화 금리스왑과 상이한 통화에 대해 원리금이 교환되는 이종통화 금리스왑으로 구분된다.

2. 금리스왑의 설계

현재 국제금융시장에서 신용도가 높은 A기업과 신용도가 낮은 B기업의 차입조건이 다음과 같다고 가정하자.

| 표 9-1 | 차입조건

기업	고정금리	변동금리
A	10.0%	LIBOR+0.4%
B	11.2%	LIBOR+1.0%
금리차이	1.2%	0.6%

1) 금리스왑에서 교환의 대상이 되는 원금은 동일한 통화이며 금액도 동일하기 때문에 원금상환의무는 교환하지 않는다.

고정금리시장과 변동금리시장에서 모두 절대우위에 있는 A기업은 고정금리 자금조달에 비교우위가 있으나 변동금리로 자금조달을 원하고, B기업은 변동금리 자금조달에 비교우위가 있으나 고정금리로 차입을 원한다고 가정하자.

A기업은 비교우위가 있는 고정금리로 차입하고 B기업은 변동금리로 차입한 다음 이자지급의무를 서로 교환하는 금리스왑을 체결하면 고정금리의 차이 1.2%와 변동금리의 차이 0.6%의 차이인 0.6%의 차입비용을 절감할 수 있다.

(1) 은행의 중개가 없는 경우

은행의 중개 없이 스왑계약을 체결하여 차입비용의 절감으로 인한 이득을 50%씩 분배할 경우 변동금리로 차입을 원하는 A기업은 원래의 변동금리 LIBOR+0.4%보다 0.3%가 낮은 LIBOR+0.1%에, 고정금리로 차입을 원하는 B기업은 원래의 고정금리 11.2%보다 0.3%가 낮은 10.9%에 자금조달효과가 있도록 스왑계약을 체결한다.

A기업은 외부대출자에게 연 10%를 지급한다. B기업으로부터 연 9.9%를 받는다. B기업에게 LIBOR를 지급한다는 세 가지 현금흐름을 모두 고려하면 A기업은 연 LIBOR+0.1%의 이자를 지급하게 되어 변동금리시장에서 직접 지급할 때보다 연 0.3% 낮은 이자율이다.

B기업은 외부대출자에게 LIBOR+1%를 지급한다. A기업으로부터 LIBOR를 받는다. A기업에게 연 9.9%를 지급한다는 세 가지 현금흐름을 모두 고려하면 B기업은 연 10.9%의 이자를 지급하는 것이 되어 고정금리시장에서 직접 지급할 때보다 연 0.3% 낮은 이자율이다.

스왑거래가 없었다면 A기업이 부담해야 하는 변동금리는 LIBOR+0.4%이고, B기업이 부담해야 하는 고정금리는 11.2%이다. 그러나 스왑거래를 이용하면 A기업은 LIBOR+0.1%의 변동금리로, B기업은 10.9%의 고정금리로 차입할 수 있어 두 기업 모두 0.3%의 차입비용을 절감할 수 있게 된다. 금리스왑거래를 통해서 A기업과 B기업이 얻게 되는 차입비용의 절감효과를 분석하면 다음과 같다.

구분	A기업	B기업
자사의 차입금에 대한 이자	10%	LIBOR+1.0%
상대방에게 지급하는 이자	LIBOR	9.9%
상대방으로부터 받는 이자	(9.9%)	(LIBOR)
실제로 부담하는 이자	LIBOR+0.1%	10.9%
스왑거래 이전의 이자	LIBOR+0.4%	11.2%
차입비용의 절감효과	0.3%	0.3%

| 그림 9-2 | 은행의 중개가 없는 금리스왑

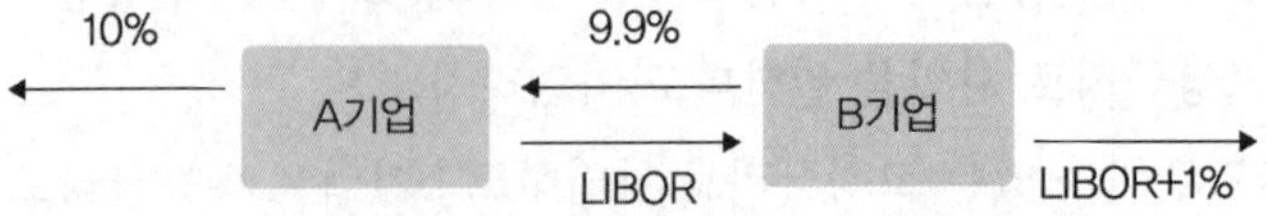

(2) 은행의 중개가 있는 경우

스왑중개인으로서 은행은 스왑거래 당사자의 요구조건을 충족시킬 수 있는 스왑계약을 설계해 주고 호가스프레드(bid－ask spread)의 형태로 스왑거래에 따른 차입비용 절감액의 일부를 수수료로 가져간다. 스왑딜러인 은행이 중개하는 스왑계약의 설계방법은 무수히 많은데 그 중 하나는 다음과 같다.

A기업은 10.00%의 고정금리로 자금을 조달한 후 은행과 6개월 LIBOR＋0.20%의 변동금리를 지급하고 10.00%의 고정금리를 수취하는 스왑계약을 체결하면 A기업이 부담하는 금리수준은 LIBOR＋0.20%가 되는데, 이는 변동금리시장을 이용할 경우에 부담하는 수준 LIBOR＋0.40%보다 0.20% 낮은 수준이다.

B기업은 LIBOR＋1.00%의 변동금리로 자금을 조달한 다음 은행과 고정금리 11.00%를 지급하는 대신 6개월 LIBOR＋1.00%의 변동금리를 수취하는 스왑계약을 체결하면 B기업이 부담하는 금리수준은 11.00%가 되는데, 이는 고정금리시장을 이용할 경우에 부담하는 수준 11.20%보다 0.20% 낮은 수준이다.

은행은 변동금리로 LIBOR＋0.20%를 받아 LIBOR＋1.00%를 지급하고, 고정금리로 11.00%를 받아 10.00%를 지급하여 그 차이에 해당하는 0.2%의 스프레드를 수익으로 얻는다. 따라서 고정금리차이 1.20%에서 변동금리차이 0.60%를 차감한 0.60%를 세 당사자가 모두 동일한 크기로 나누어 갖는다. 금리스왑거래를 통해서 A기업과 B기업이 얻게 되는 차입비용의 절감효과를 분석하면 다음과 같다.

구분	A기업	B기업
자사의 차입금에 대한 이자	10%	LIBOR＋1.0%
중개은행에 지급하는 이자	LIBOR＋0.2%	11%
중개은행으로부터 받는 이자	(10%)	(LIBOR＋1.0%)
실제로 부담하는 이자	LIBOR＋0.2%	11.0%
스왑거래 이전의 이자	LIBOR＋0.4%	11.2%
차입비용의 절감효과	0.2%	0.2%

┃그림 9-3┃ 은행의 중개가 있는 금리스왑

03 통화스왑의 개요

1. 통화스왑의 정의

통화스왑(currency swap)은 상이한 통화로 표시된 채무를 부담하는 거래당사자가 계약기간 동안 원금에 기초하여 상이한 통화로 표시된 이자를 지급하고 만기에는 계약시점에 약정한 환율에 의해 원금을 교환하는 계약을 말한다. 즉 통화스왑은 특정통화로 차입한 자금을 다른 통화차입으로 맞교환하는 거래에 해당한다.

금리스왑은 일반적으로 고정금리와 변동금리의 교환에 국한되는 거래인 반면에 통화스왑은 다양한 형태의 이자지급이 교환된다. 고정금리이자간의 교환과 변동금리이자간의 교환이 있고 고정금리이자와 변동금리이자간의 교환도 있다. 전자의 방식을 순수통화스왑이라고 하고, 후자의 방식을 금리통화스왑이라고 부른다.

통화스왑은 이자지급의무를 교환하고 금리교환이 스왑거래자의 상황에 따라 결정된다는 점에서는 금리스왑과 동일하다. 그러나 스왑거래의 개시시점과 종료시점에 원금의 실질적인 교환이 수반되고 서로 다른 통화간의 원금교환으로서 외환스왑의 성격을 갖는다는 점에서 금리스왑과 큰 차이가 있다.

2. 통화스왑의 설계

현재 국제금융시장에서 신용도가 높은 A기업과 신용도가 낮은 B기업의 달러화와 원화에 대한 차입조건이 다음과 같다고 가정하자.

| 표 9-2 | 차입조건

기업	달러화	원화
A	7.00%	10.60%
B	8.00%	11.00%
금리차이	1.00%	0.40%

A기업은 달러화시장에서 비교우위가 있으나 원화로 자금조달을 원하고 B기업은 원화시장에서 비교우위에 있으나 달러화로 자금조달을 원한다고 가정하자. A기업은 달러화로 차입하고 B기업은 원화로 자금을 차입한 후 A기업은 B기업에 9.80%의 원화 원리금을, B기업은 8.00%의 달러화 원리금을 지급하는 스왑계약을 체결하면 두 통화시장의 금리차이인 0.60%만큼의 이자비용을 절감할 수 있다.

(1) 은행의 중개가 없는 경우

은행의 중개없이 직접 스왑계약을 체결하여 차입비용의 절감으로 인한 이득을 50%씩 분배할 경우 원화로 차입을 원하는 A기업은 원래의 원화로 차입할 경우의 금리인 10.60%보다 낮은 0.30%가 낮은 10.30%, 달러화로 차입을 원하는 B기업은 원래의 달러화로 차입할 경우의 금리인 8.00%보다 0.30%가 낮은 7.70%에 자금을 조달하는 효과가 있도록 통화스왑계약을 체결하면 된다.

A기업은 비교우위에 있는 달러화로 자금을 차입한 후 원화로 자금을 차입할 경우에 부담하는 이자율 10.60%보다 차입비용의 절감액 0.30% 보다 낮은 10.30%를 B기업에 지급하고, B기업은 비교우위에 있는 원화로 자금을 차입한 후 A기업의 달러화 이자를 지급하면 원하는 스왑계약을 체결할 수 있다.

스왑거래가 없었다면 A기업이 부담하는 원화금리는 10.60%, B기업이 부담하는 달러화금리는 8.00%이다. 그러나 스왑거래를 이용하면 A기업은 10.3%의 원화금리, B기업은 7.7%의 달러화금리로 차입할 수 있어 두 기업 모두 0.30%의 차입비용을 절감할 수 있다. 따라서 통화스왑거래를 통해 A기업과 B기업이 얻게 되는 차입비용의 절감효과를 분석하면 다음과 같다.

구분	A기업	B기업
자사의 차입금에 대한 이자 상대방에 지급하는 이자 상대방으로부터 받는 이자	달러 7.0% 원 10.3% (달러 7.0%)	원 11.0% 달러 7.0% (원 10.3%)
실제로 부담하는 이자	원 10.3% –	달러 7.0% 원 0.7%
스왑거래 이전의 이자	10.3% 원 10.6%	7.7% 달러 8.0%
차입비용의 절감효과	0.3%	0.3%

| 그림 9-4 | 은행의 중개가 없는 통화스왑

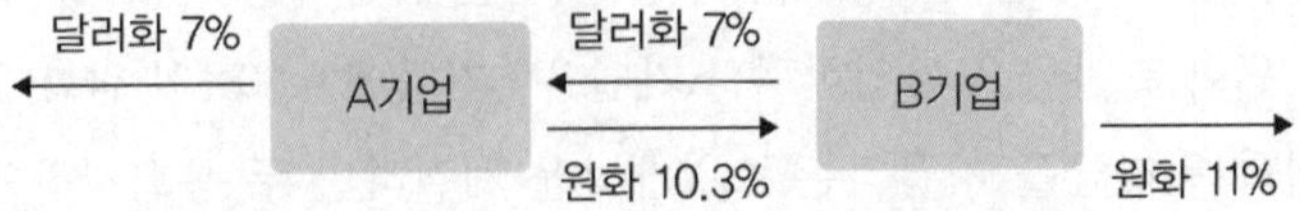

(2) 은행의 중개가 있는 경우

A기업과 B기업이 직접 거래하지 않고 은행을 통해 스왑계약을 체결하고 차입비용의 절감에 따른 이득을 공평하게 분배할 경우에 원하는 자금조달효과를 달성할 수 있도록 스왑계약을 설계하는 방법은 많다. 은행이 중개하는 스왑설계는 두 기업이 직접 거래하는 것보다 쉽게 해결할 수 있는데 그 중 하나는 다음과 같다.

A기업은 7.00%의 달러화이자를 지급해야 하므로 은행으로부터 7.00%의 달러화이자를 수취하는 계약을 체결한 다음 원래의 원화에서 부담해야 할 이자율 10.60%보다 0.20%가 낮은 10.40%를 은행에 지급하는 계약을 체결하면 10.40%의 원화금리로 차입할 수 있게 되어 0.20%만큼의 차입비용을 절감할 수 있다.

B기업은 11.00%의 원화이자를 지급해야 하므로 은행으로부터 11.00%의 원화이자를 수취하는 계약을 체결한 다음 원래의 달러화시장에서 부담해야 할 이자율 8.00%보다 0.20%가 낮은 7.80%를 은행에 지급하는 계약을 체결하면 7.80%의 원화금리로 차입할 수 있어 0.20%만큼의 차입비용을 절감할 수 있다.

은행은 원화시장에서 0.60%(=11.00−10.40)의 손실을 보지만 달러화시장에서 0.80%(=7.8−7.0)의 이익을 얻는다. 따라서 달러화의 금리차이 1.00%에서 원화의 금리차이 0.40%를 차감한 0.60%를 세 당사자가 똑같이 나누어 갖는다. 통화스왑을 통해 두 기업이 얻는 차입비용의 절감효과를 분석하면 다음과 같다.

구분	A기업	B기업
자사의 차입금에 대한 이자	달러 7.0%	원 11.0%
중개은행에 지급하는 이자	원 10.4%	달러 7.8%
중개은행으로부터 받는 이자	(달러 7.0%)	(원 11.0%)
실제로 부담하는 이자	원 10.4%	달러 7.8%
스왑거래 이전의 이자	원 10.6%	달러 8.0%
차입비용의 절감효과	0.2%	0.2%

통화스왑에서 외국통화로 지급하는 이자와 수령하는 이자가 같지 않으면 환위험에 노출된다. 스왑중개인이 미국(한국)의 은행이면 원화(달러화)차입금에 대한 이자지급액(수령액)이 환위험에 노출되는데, 환위험에 노출된 기업이나 은행은 환위험에 노출된 통화에 대한 선물계약을 이용하면 환위험을 회피할 수 있다.

[그림 9-5]에서 은행은 원화에 대해 0.6%의 이자를 지급하고, 달러화에 대해 0.8%의 이자를 수령한다. 따라서 스왑중개은행이 미국의 은행이면 원화차입금에 대한 이자지급액이 환위험에 노출되는 반면에 스왑중개은행이 한국의 은행이면 달러화차입금에 대한 0.8%의 이자수령액이 환위험에 노출된다.

▌그림 9-5 ▌ 은행의 중개가 있는 통화스왑

04 외환스왑의 개요

1. 외환스왑의 정의

외환스왑(FX swap)은 거래당사자가 현재의 환율에 따라 상이한 통화를 교환하고 일정기간 후 계약시점에 약정한 선물환율에 따라 원금을 재교환하기로 하는 거래를 말한다. 즉 동일한 거래상대방과 현물환과 선물환, 만기가 상이한 선물환과 선물환, 현물환과 현물환을 서로 반대방향으로 동시에 매매한다.

외환스왑은 외환매매의 당사자가 가까운 만기(near date)의 거래와 동시에 반대방향으로 동일한 금액의 먼 만기(far date)의 거래의 방향을 반대로 하여 체결된다. 따라서 전체포지션은 스퀘어가 되므로 환위험은 없으며 외환스왑기간 동안에 다른 통화의 자금을 창출하여 사용하는 자금거래의 일종이다.

외환스왑은 특정통화의 외환시장이 발달되어 있지 않아 그 시장에 접근이 쉽지 않은 경우 차입거래와 예치거래가 여의치 않을 때 차입이 용이한 통화를 먼저 차입하고 이를 담보로 특정통화를 차입하는 효과를 얻되 통화간 금리차이를 환율로 계산해서 정산하며 통화스왑과 달리 만기까지 이자교환이 이루어지지 않는다.

외환스왑은 상이한 통화의 차입과 예금으로 구성되어 있다고 해석할 수 있다. 즉 EUR 차입과 USD 예금을 합성하면 외환스왑(EUR buy & sell)이 된다. 그리고 외환스왑은 EUR 현물환 매입과 EUR 선물환 매도로 구성되어 있다고 해석할 수 있다. 따라서 외환스왑을 현물환거래와 결합하면 선물환거래가 복제될 수 있다.

EUR 매입 + EUR 선물환매도 = EUR Buy & Sell(FX Swap)
EUR Buy & Sell(FX Swap) + EUR 매도 = EUR 선물환매도

외환스왑거래의 가격은 일반선물환(outright forward)을 거래할 때 적용하는 선물환포인트(forward point)와 동일하며 스왑포인트(swap point)라고 부른다. 외환스왑거래에 적용하는 환율은 현물환 부분에 적용하는 환율을 기준으로 스왑포인트를 가산하여 선물환 부분의 환율을 결정한다.

현물환율 + 스왑레이트 = 선물환율

일반선물환거래에 적용하는 선물환포인트와 스왑거래에 적용하는 스왑포인트는 동일하기 때문에 거래되는 두 통화의 금리차이에 의해서 결정되는 가격결정원리도 동일하다. 외환스왑거래에서 일반선물환 호가를 사용하기보다는 일반선물환 호가에서 현물환 호가를 차감한 선물환포인트로 호가를 한다.

일반선물환 호가는 현물환율의 수준에 의해 영향을 받는 반면에 선물환포인트는 현물환율의 움직임과는 독립적이며 단지 이자율의 차이에 의해서 영향을 받는다. 따라서 외환시장의 참가자들은 선물환포인트로 호가를 하면 현물환율의 움직임과 관련된 위험과 금리차이와 관련된 위험을 분리할 수 있다.

2. 외환스왑의 동기

외환스왑은 환위험을 관리하는 측면에서 매우 유용하게 활용되고 있으며, 환위험관리에 사용되는 파생금융상품 중에서 활용도가 높은 상품이라고 할 수 있다. 수출입업체가 외환스왑을 활용할 경우에 외환의 수취시점과 지급시점간의 불일치문제를 해소할 수 있으며 외환거래의 결제일을 조정할 수 있다.

(1) 단기자금의 조달

외환스왑은 외화자금에 여유가 있으나 원화자금이 필요한 외국은행 국내지점과 원화자금은 풍부하나 외화자금이 부족한 국내은행간에 일시적인 자금조달수단, 현재의 스왑레이트와 국내외 금리차간의 차이를 이용한 재정거래 그리고 향후의 국내외 금리차 및 장단기 금리차의 변동을 예상한 투기거래에 이용된다.

(2) 환리스크의 회피

수출자금 유입과 수입자금 유출이 빈번히 발생할 경우 외환의 수취시점과 지급시점을 예상하여 결제시점의 차이 기간 동안 외환스왑을 체결하면 환위험을 회피할 수 있고, 예상 결제일보다 자금이 조기 또는 늦게 회수될 경우에 외환스왑을 통해 자금흐름의 시차문제를 해소하여 환위험을 헤지할 수 있다.

수출입기업은 외환스왑을 이용하여 외환의 수취시점과 결제시점간의 불일치에 따른 환위험을 관리하고 외환거래의 결제일을 조정할 수 있다. 예컨대 수출대금의 입금시점이 수입대금의 결제시점보다 빠를 때 현물환을 매도하고 선물환을 매입하면 외환의 수취시점과 결제시점의 불일치 문제를 해소할 수 있다.

(3) 외환거래의 결제일 조정

수출입기업은 외환스왑을 활용하여 외환거래의 결제일을 조정할 수 있다. 수출입기업이 환위험관리를 위해 선물환을 이용한 경우, 현물환의 결제일이 변경될 경우 헤지거래인 선물환의 만기일을 조정해야 하는 경우도 발생한다. 여기서는 선물환의 만기일을 연장하는 경우와 만기일을 앞당기는 경우에 대해 살펴본다.

3. 외환스왑의 장점

(1) 회계처리상의 장점

자금을 차입하면 재무상태표 대변에 부채로 계상되기 때문에 부채비율의 증가로 신용도 평가상에 불이익을 초래할 수 있다. 그러나 외환스왑은 부채로 기록되지 않는 부외거래(off balance sheet engagement)로 취급되기 때문에 신용도 평가에 영향을 미치지 않는다.

(2) 신용위험의 최소화

외환스왑에서는 만기가 짧은 일자(near date)와 만기가 긴 일자(far date)에 거래당사자간에 해당 통화의 실질적인 교환이 발생한다. 따라서 금융시장에서 투자원금을 회수할 때까지 상대방에 대한 신용위험이 있는 은행측의 입장에서 보면 외환스왑은 신용위험이 적은 편이며 환율변동위험만 부담하면 된다.

(3) 은행간금리의 적용

신용도가 상대적으로 낮은 기업은 금융시장을 이용하면 은행간금리에 스프레드를 가산한 불리한 금리를 적용받는다. 그러나 외환스왑을 이용하면 은행간거래에 적용하는 금리에 차입하거나 예치하는 효과를 얻을 수 있기 때문에 신용도가 낮은 기업도 유리할 수 있다.

(4) 풍부한 유동성

외환스왑이 갖는 여러 가지의 장점으로 인해 주요 통화에 대한 외환스왑의 유동성이 금융시장보다 훨씬 풍부하다.

4. 통화스왑과 비교

외환스왑(FX Swap)과 통화스왑(Currency Swap)은 기본적으로 현물환과 선물환으로 원금의 교환이 이루어진다는 점에서 동일하다. 그러나 외환스왑과 통화스왑은 모두 스왑이라는 용어를 사용하고 있어 혼동될 우려가 있기 때문에 유사점과 차이점을 비교하면 다음과 같다.

(1) 유사점

외환스왑과 통화스왑은 모두 스왑계약기간 동안 거래당사자들이 특정통화를 다른 통화로 바꾸어 사용한 후 만기일에 원래의 통화로 다시 바꾸는 거래를 말한다. 따라서 스왑거래의 성격이 동일하기 때문에 두 통화간의 금리차이를 정산하는 등 거래원리는 동일하다.

(2) 차이점

외환스왑은 단기자금조달 및 환위험 헤지수단으로 이용되고 두 통화간의 금리차이를 환율로 전환하여 만기가 긴 일자(far date)의 환율에 반영하여 만기가 짧은 일자(near date)의 환율과 만기가 긴 일자(far date)의 환율이 서로 다르며 만기가 주로 1년 내외이다.

1 **다음 중 스왑에 대한 설명으로 가장 옳지 않은 것은?**

① 스왑은 거래당사자간 미래현금흐름을 교환하는 계약으로 일련의 선도거래 또는 선물계약을 한번에 체결하는 것과 유사한 효과를 갖는다.

② 스왑은 표준화된 상품인 선물, 옵션과 같이 거래소에서 거래되지 않고 스왑딜러 및 브로커의 도움을 얻어 주로 장외에서 거래가 이루어진다.

③ 금리스왑은 미래 일정기간 동안 거래당사자간 명목원금에 대한 변동금리 이자와 고정금리 이자를 교환하며 원금교환은 이루어지지 않는다.

④ 통화스왑은 미래 일정기간 동안 거래당사자간 서로 다른 통화표시 채무 원금에 대한 이자금액을 교환하며 원금교환은 이루어지지 않는다.

⑤ 스왑은 거래당사자간 필요에 따라 다양하게 설계될 수 있는 장점이 있어 금리 또는 환위험관리를 위해 적절하게 사용될 수 있다.

해설 금리스왑은 이자만을 교환하는 반면에 통화스왑은 이자와 원금을 교환한다. 그리고 통화스왑은 고정금리와 고정금리, 변동금리와 변동금리, 고정금리와 변동금리 모두 가능한 형태로 스왑이 이루어진다.

2 **다음 중 스왑에 대한 설명으로 적절하지 않은 것은?**

① 스왑은 기업들이 부담하는 환율과 금리변동위험에 대처하기 위해 도입된 금융기법의 하나이다.

② 스왑은 선물이나 옵션과 마찬가지로 헤지의 대상기간이 비교적 짧다.

③ 스왑은 외환통제, 세금차별 등 각종 규제가 있는 자본시장에서 기대할 수 없는 이익을 얻을 수 있는 기회를 제공한다.

④ 스왑은 유동성이 낮은 통화에 대한 계약도 가능하므로 선물과 옵션으로 충족시키지 못하는 부분에 대한 보완적 상품이라고 할 수 있다.

⑤ 중복금리스왑에서는 스왑거래당사자 사이에 스왑중개은행이 개입하여 차입비용의 절감액 중 일부를 가져간다.

해설 선물거래와 옵션거래는 비교적 헤지기간이 짧은 단기헤지에 적합한 반면에 스왑거래는 보통 1년 이상의 장기헤지에 적합하다.

3 **기업 A와 B는 국제금융시장에서 다음과 같은 조건으로 자금을 차입할 수 있다. 은행이 기업 A와 B사이에서 스왑을 중개하고자 한다. 은행이 기업 A에게 변동금리를 지급하고 고정금리를 수취하는 스왑계약을 체결하며, 기업 B와는 그 반대의 스왑계약을 체결한다. 본 스왑으로 인한 은행의 총마진은 0.2%이며, 스왑이득은 두 기업에게 동일하다.**

만약 은행이 기업 A에게 LIBOR+1%를 지급한다면 기업 A는 은행에게 얼마의 고정금리를 지급해야 하는가?

기업	유로본드 시장	유로달러 시장
A	8%	LIBOR+1%
B	9%	LIBOR+3%

① 8.0%　② 7.8%
③ 7.6%　④ 7.4%

해설 고정금리 스프레드는 1%이고 변동금리 스프레드는 2%이므로 두 기업은 스왑거래를 통해 1%의 이자비용을 절감할 수 있다. 그러나 스왑을 중개하는 은행에서 0.2%의 마진이 발생하면 A기업과 B기업은 각각 0.4%의 이익이 있어야 한다.

4 기업 A와 B는 달러화시장에서 3년간 100만달러를 차입하려고 하는데 차입조건 은 아래와 같다. 기업 A와 B는 스왑계약을 체결하면서 차입비용의 절감으로 인한 이익을 50%씩 분배하기로 하였다. 스왑계약에 따른 고정금리를 11%로 할 경우에 변동금리는 얼마나 되겠는가?

기업	고정금리	변동금리
A	10%	LIBOR+2%
B	12%	LIBOR+3%

① LIBOR+1%　② LIBOR+1.5%
③ LIBOR+2%　④ LIBOR+2.5%

해설 고정금리가 11%이므로 B기업이 A기업으로부터 지급받는 변동금리를 x라고 하면 B기업이 부담하는 금리는 (LIBOR+3%)+11%−x이며 B기업이 스왑계약 후 부담하는 고정금리는 11.5%가 되어야 한다. (LIBOR+3%)+11%−x=11.5% ∴ x = LIBOR+2.5%

5 문제 4에서 변동금리를 LIBOR+2%로 한다면 고정금리는 얼마나 되겠는가?

① 9%　② 9.5%
③ 10%　④ 10.5%

해설 A기업이 B기업으로부터 지급받는 고정금리를 x라고 하면 A기업이 부담하는 금리는 10%+LIBOR+2%−x이며 A기업이 스왑계약 후 부담하는 변동금리는 LIBOR+1.5%가 되어야 한다. 10%+LIBOR+2%−x=LIBOR+1.5% ∴ x = 10.5%

6 A기업과 B기업은 향후 3년간 자본시장에서 일정금액을 차입하려고 하는데 차입조건은 다음과 같다. 스왑은행이 개입하여 연 20%의 이익을 가져가고 두 기업은 이익을 공평하게 분배하기로 스왑계약을 체결했을 경우에 옳지 않은 설명은?

기업	원화	달러화
A	7.0%	10%
B	9.0%	11%

① A기업은 원화시장에서 비교우위가 있고, B기업은 달러화시장에서 비교우위가 있다.
② A기업은 달러화로 차입하기를 원하고, B기업은 원화로 차입하기를 원한다.
③ 스왑계약을 체결하면 연 1%의 차입비용을 절감할 수 있다.
④ A기업은 달러화 이자율 9.6%, B기업은 원화 이자율 8.6%로 자금을 조달하는 효과가 있도록 스왑계약을 체결하면 된다.
⑤ 은행이 A기업으로부터 달러화금리 9.6%를 지급받고 B기업에게 달러화금리 11%를 지급하기로 한다면 A기업은 은행으로부터 원화금리 8%를 지급받고 B기업은 은행에게 원화금리 8.6%를 지급해야 한다.

7 A기업과 B기업의 고정금리시장과 변동금리시장에서의 차입조건은 각각 다음과 같다. 두 기업이 비교우위에 있는 금리로 자금을 차입한 후 이자를 교환하는 스왑계약을 체결할 경우에 기대할 수 있는 차입비용의 절감효과는 얼마인가?

기업	고정금리	변동금리
A	10.0%	LIBOR+0.8%
B	11.4%	LIBOR+1.4%

① 0.6% ② 0.8% ③ 1.0% ④ 1.2%

8 우리기업과 나라생명이 국제금융시장에서 자금을 차입할 수 있는 금리조건은 다음과 같다. 금리스왑을 이용할 수 있는 상황에서 두 기업의 조달금리부담을 확정적으로 최소화하는 차입방법은?

기업	고정금리	변동금리
우리기업	9.00%	LIBOR+0.50%
나라생명	8.25%	LIBOR+0.25%

① 우리기업 고정금리 차입, 나라생명 고정금리 차입
② 우리기업 변동금리 차입, 나라생명 변동금리 차입
③ 우리기업 고정금리 차입, 나라생명 변동금리 차입
④ 우리기업 변동금리 차입, 나라생명 고정금리 차입

해설 변동금리에서 비교우위에 있는 우리기업은 변동금리로 자금을 차입하고, 고정금리에서 비교우위에 있는 나라생명은 고정금리로 자금을 차입한 후에 이자지급을 교환하는 금리스왑계약을 체결하면 된다.

9 다음 중 통화스왑에 대한 설명으로 적절하지 않은 것은?

① 서로 다른 통화로 표시된 현금흐름을 갖는 양측이 미래의 정해진 만기까지 일정한 기간마다 서로의 현금흐름을 교환하기로 약정한 계약이다.
② 교환되는 금리의 형태는 합의에 의해 고정금리와 변동금리가 모두 가능하다.
③ 계약원금에 대한 이자를 합의에 의한 금리를 적용하여 해당 통화로 거래당사자간에 서로 지급한다.
④ 명목원금만 있을 뿐 실제로 원금의 교환은 발생하지 않는다.

해설 금리스왑은 동일한 통화로 표시되어 명목원금만 있을 뿐 실제로 원금의 교환이 발생하지 않는다. 그러나 통화스왑은 상이한 통화로 표시되어 원금의 교환이 필요하다.

10 변동금리 LIBOR+1%로 100만달러를 차입한 투자자가 LIBOR 금리스왑을 체결하면서 LIBOR를 수취하고 고정금리 6%를 지급하기로 하였다면, 이 투자자의 궁극적 금리 구조는?

① LIBOR+2% 차입　　② LIBOR 차입
③ 5% 변동금리 차입　　④ 7% 고정금리 차입

해설 LIBOR + 1% 지급하면서 LIBOR 수취 + 고정 6% 지급
$= -(\text{LIBOR}+1\%) + \text{LIBOR} - 6\% = -7\%$

11 다음 중 스왑과 채권을 결합하여 결과적으로 얻어지는 자금조달의 형태를 연결한 것으로 적절하지 않는 것은?

① 달러고정금리채+(달러고정금리수취*달러변동금리지급)금리스왑=달러변동금리채
② 달러고정금리채+(달러고정금리수취*엔화변동금리지급)통화스왑=엔화변동금리채
③ 엔화고정금리채+(달러고정금리수취*엔화고정금리지급)통화스왑=달러고정금리채
④ 엔화변동금리채+(엔화변동금리수취*달러변동금리지급)통화스왑=달러변동금리채

해설 한 종류의 채권발행은 금리스왑이나 통화스왑과 결합하면 다른 통화의 채권으로 전환된다. 원래 발행된 채권의 통화 및 금리의 지급형태와 동일한 형태의 포지션 수취와 다른 통화 및 금리의 포지션 지급의 스왑은 채권포지션과 스왑 중 수취포지션은 상쇄되고 스왑의 지급 포지션만 남게 된다.

12 기업 A와 기업 B가 각각 $1,000만불을 5년 동안 차입하고자 한다. 차입비용이 아래와 같을 경우에 해당되는 금리스왑에 대한 설명으로 가장 적절한 것은?

기업	고정금리	변동금리
A	6%	LIBOR+0.25%
B	7%	LIBOR+0.75%

① 스왑이 가능하며 스왑을 체결하는 경우 두 회사가 절감할 수 있는 자본조달비용은 0.5%이다.

② 스왑이 가능하며 기업 A는 변동금리로 차입한 후 고정금리로 스왑한다.

③ 스왑이 가능하며 기업 B는 고정금리로 차입한 후 변동금리로 스왑한다.

④ 기업 A가 기업 B에 비해 고정금리시장과 변동금리시장에서 모두 저렴한 비용으로 조달할 수 있으므로 스왑은 가능하지 않다.

해설 기업 A가 기업 B에 비해 신용등급이 높다. 기업 A는 고정금리시장, 기업 B는 변동금리시장에서 비교우위를 보인다. 따라서 기업 A는 고정금리로 차입하여 변동금리로 스왑하고 기업 B는 변동금리로 차입하여 고정금리로 스왑하면 두 회사 모두 자본조달비용을 두 시장에서의 금리차이(7% − 6%) − [(LIBOR + 0.75%) − (LIBOR + 0.25%)] = 0.5%가 된다.

13 현재 엔화의 낮은 금리에 이끌려서 사무라이 본드를 발행한 기업이 앞으로 엔화에 대한 달러가치의 하락과 엔을 포함하는 주요 통화의 전반적 금리상승을 기대하는 경우에 선택할 수 있는 통화스왑으로 적절한 것은?

① 엔화고정금리수취 + 달러고정금리지급

② 엔화고정금리수취 + 달러변동금리지급

③ 달러고정금리수취 + 엔화고정금리지급

④ 달러고정금리수취 + 엔화고정금리지급

해설 사무라이본드는 외국인이 일본에서 발행하는 엔화표시채권을 말한다. 채권발행을 통한 차입과 통화스왑을 결합하면 다른 통화표시의 차입으로 전환할 수 있다. 이러한 결정은 환율변동과 금리변동에 대한 전망에 따라 이루어진다. 달러가치의 하락과 주요통화의 전반적 금리상승이 기대되는 경우에 달러화 고정금리 차입으로 전환하는 것이 바람직하다. 엔화의 사무라이 본드를 발행한 경우에는 엔화고정금리를 수취하고 달러화고정금리를 지급하는 통화스왑과 결합하면 달러화고정금리 차입으로 전환할 수 있다.

*** 문제 14번부터 17번까지 다음의 상황을 읽고 답하시오.**

호주회사 B는 달러화 자금시장에서 변동금리로 달러화 자금을 차입할 수 있으나 달러화 자금시장에서 신용도가 낮아 높은 금리를 부담해야 한다. 그러나 호주 달러화 자금시장에서 유리한 조건으로 고정금리부 호주 달러화 자금을 차입할 수 있다. 반면에 미국회사 A는 유리한 조건으로 변동금리부 달러화 자금을 차입할 수 있으나 호주 달러화 자금을 차입할 경우에는 높은 금리를 부담해야 한다.

기업	호주 달러화	미국 달러화
미국회사 A	4.75%	LIBOR+0.50%
호주회사 B	4.50%	LIBOR+0.70%

14 이러한 상황에서 필요한 스왑계약의 종류는 무엇인가?

① 금리스왑(IRS) ② 통화스왑(CRS)

③ 베이시스스왑 ④ 부채자본스왑

해설 통화스왑은 상이한 통화로 표시된 자금을 필요로 하는 거래당사자가 계약기간 동안 원금에 기초하여 상이한 통화로 표시된 이자를 지급하고 만기일에 계약시점에 약정한 환율에 의해 원금을 교환하는 거래를 말한다. 통화스왑의 종류에는 금리교환의 유형을 기준으로 이종통화간 고정금리와 변동금리를 교환하는 크로스 커런시 쿠폰스왑, 이종통화간 변동금리와 변동금리의 이자지급을 교환하는 크로스 커런시 베이시스스왑, 이종통화간 고정금리와 고정금리의 이자지급을 교환하는 커런시스왑 등이 있다.

15 이러한 상황에서 호주회사 B는 스왑계약을 체결하기 위해서 우선 무엇을 해야 하는가?

① 변동금리부 미국 달러화 자금차입 ② 고정금리부 호주 달러화 자금차입

③ 고정금리부 미국 달러화 자금차입 ④ 변동금리부 호주 달러화 자금차입

16 이러한 상황에서 미국회사 A는 스왑계약을 체결하기 위해서 우선 무엇을 해야 하는가?

① 변동금리부 미국 달러화 자금차입　② 고정금리부 호주 달러화 자금차입
③ 고정금리부 미국 달러화 자금차입　④ 변동금리부 호주 달러화 자금차입

17 미국회사 A와 호주회사 B가 스왑계약을 체결하여 차입한 원금을 서로 교환하고 스왑계약기간에 이자지급 및 만기시의 원금상환도 계속 교환하기로 약속한다면 호주회사 B는 달러화 자금시장에서 직접 자금차입을 하는 경우보다 달러화 자금의 차입비용을 얼마나 절감할 수 있는가?

① 0.75%　② 0.50%
③ 0.25%　④ LIBOR

해설　직접 변동금리부 달러를 차입할 경우 LIBOR+0.75%이고 스왑을 통한 변동금리부 달러를 지급할 경우 LIBOR+0.50%이다. 따라서 (LIBOR+0.75%)−(LIBOR+0.50%)=0.25%

18 투자자 홍길동은 LIBOR와 7%를 교환하는 고정금리지급포지션의 금리스왑을 체결하였다. 홍길동의 포지션을 채권을 통해 나타낼 경우에 알맞은 것은?

① 고정채 발행, 변동채 매입　② 고정채 매입, 변동채 발행
③ 고정채 발행, 변동채 발행　④ 고정채 매입, 변동채 매입

해설　고정금리를 지급하고 변동금리를 수취하기 때문에 고정채를 발행하고 변동채를 매입한 경우와 동일하다.

19 기업 A와 기업B가 고정금리와 변동금리로 자금을 차입할 경우에 금리는 다음과 같다. 다음 중 가장 적절한 것은 어느 것인가?

기업	고정금리	변동금리
A	10%	LIBOR+0.3%
B	11%	LIBOR+1.0%

① A는 변동금리에서 비교우위를 갖는다.
② B는 고정금리에서 비교우위를 갖는다.
③ A는 고정금리로 차입하고, B는 변동금리로 차입하여 스왑계약을 체결하는 것이 바람직하다.
④ A와 B는 스왑계약을 체결함으로써 이득을 볼 여지가 없다.

해설 A는 고정금리에서, B는 변동금리에서 비교우위를 갖는다. 따라서 A는 고정금리, B는 변동금리로 자금을 차입한 후 스왑계약을 체결하면 고정금리의 차이 1%와 변동금리의 차이 0.7%에 해당하는 0.3%를 두 회사가 공유하면 0.15%를 절약할 수 있다.

20 대규모의 달러를 고정금리로 차입한 기업의 경우에 금리가 하락할 것으로 예상되면 어떤 포지션을 통해 헤지를 할 수 있는가?

① 고정금리 지급스왑
② 고정금리 수취스왑
③ 금리 플로어 매수
④ 금리 캡 매수

해설 고정금리 지급스왑을 체결하면 고정금리를 변동금리로 전환할 수 있다.

정답

1. ④ 2. ② 3. ③ 4. ④ 5. ④ 6. ⑤ 7. ② 8. ④ 9. ④ 10. ④
11. ③ 12. ① 13. ① 14. ② 15. ② 16. ① 17. ③ 18. ① 19. ③ 20. ①

C·h·a·p·t·e·r

10

파생결합증권

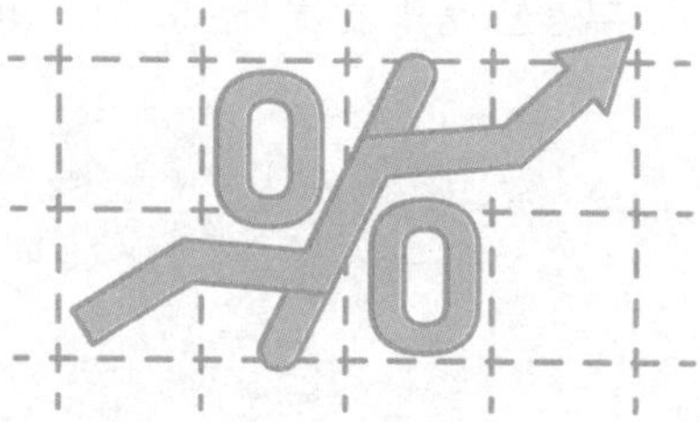

파생결합증권은 개별주식이나 주가지수와 같은 기초자산의 가격변동에 따라 수익이 결정되는데, 자산가치에 큰 변동이 없으면 약속수익률을 보장받고 미리 정한 손실구간에 들어가면 원금손실이 발생한다. 기초자산은 주식, 주가지수는 물론 금리, 환율, 금, 원유, 구리, 철강, 곡물, 부동산 등의 실물자산도 가능하다.

01 파생결합증권의 개요

1. 파생결합증권의 정의

자본시장법상 증권상에 표시되는 권리를 기준으로 채무증권은 지급청구권, 지분증권은 출자지분, 수익증권은 신탁수익권, 증권예탁증권은 예탁받은 증권에 관련된 권리, 파생결합증권은 파생상품적 요소가 가미된 권리, 투자계약증권은 공동사업투자에서 손익을 귀속받는 권리를 내용으로 한다.

파생결합증권은 파생상품을 증권화한 금융투자상품으로 그 형식은 증권에 해당하나 본질적인 성격은 파생상품과 동일하다. 법적 형식은 증권이므로 다른 증권처럼 투자자의 손실이 납입금, 즉 투자자금의 한도로 제한되나, 이 점을 제외하면 다른 모든 특징은 파생상품의 본질과 궤를 같이 한다.

자본시장법에 의하면 파생결합증권을 기초자산의 가격, 이자율, 지표, 단위 또는 이를 기초로 하는 지수 등의 변동과 연계하여 사전에 정해진 방법에 따라서 지급금액 또는 회수금액이 결정되는 권리가 표시된 것으로 정의한다. 이는 기초자산의 가격 움직임에 의해 현금흐름이 결정되는 증권이다.

자본시장법상 채무증권은 국채, 지방채, 특수채, 회사채, 기업어음 그 밖에 이와 유사한 것으로 지급청구권이 표시된 것을 말한다. 자본시장법상 채무증권과 파생결합증권은 [표 10-1]과 같이 구분할 수 있는데, 중요한 차이점은 파생상품적 요소에 의한 증권가치 평가 문제가 있는가로 볼 수 있다.

[표 10-1] 채무증권과 파생결합증권의 비교

구분	채무증권	파생결합증권
발행목적	기업의 자금조달	투자자의 투자목적
증권성격	소비대차	파생상품
상품구조	원칙적 만기상환 원본 이상의 상환의무	자유로운 중도상환 상환시점에 원본 손실 가능
유통구조	유통시장에서 시가로 매매	공정가액으로 매매 또는 상환
발행위험	위험회피거래 불필요	위험회피거래 필요함

2. 파생결합증권의 분류

파생결합증권은 ELS, ELW, DLS, DLF 등으로 분류한다. ELS(Equity Linked Securities)와 DLS(Derivative Linked Securities)는 파생결합증권, ELB(Equity Linked Bond)와 DLB (Derivative Linked Bond)는 파생결합사채가 자본시장법상 정확한 명칭이지만, 편의상 모두 파생결합증권으로 통칭하여 사용한다.

(1) 주가연계증권(ELS : Equity Linked Securities)

주가연계증권은 주식가격 또는 주가지수를 기초자산으로 하여 기초자산의 가격 등의 변동과 연계하여 사전에 정한 방법으로 투자수익이 결정되는 증권을 말한다. ELS는 증권회사가 장외파생상품을 취급할 수 있는 2003년 2월에 증권거래법 시행령 개정에 따라 유가증권으로 개정되면서 시장에 처음 등장하였다.

(2) 주식워런트증권(ELW : Equity Linked Warrant)

주식워런트증권은 주식가격 또는 주가지수의 기초자산을 사전에 정한 시점(만기)에 사전에 정한 가격(행사가격)에 매입(콜)하거나 매도(풋)할 수 있는 증권을 말한다. ELW는 거래소에서 요구하는 일정요건을 갖출 경우 거래소 시장에 상장하여 주식과 동일하게 매매가 가능하며 2005년 12월에 처음 도입되었다.

(3) 파생결합증권(DLS : Derivative Linked Securities)

ELS는 기초자산인 주가지수나 개별주식의 가격에 연동되어 투자수익이 결정된다. ELS와 비슷한 DLS는 기초자산이 주가지수 또는 주식가격에 한정되지 않고 이자율, 환율, 일반상품, 신용위험 등 가격, 이자율, 지표, 단위 또는 이를 기초로 하는 지수 등의 변동과 연계하여 투자수익이 결정되는 증권을 말한다.

(4) 파생결합펀드(DLF : Derivative Linked Fund)

파생결합펀드는 주가 및 주가지수는 물론 이자율 · 통화 · 실물자산 등을 기초자산으로 하는 파생결합증권(DLS)을 편입한 펀드를 말한다. 파생결합펀드는 기초자산이 일정기간에 정해진 구간을 벗어나지 않으면 약정 수익률을 지급하고, 정해진 구간을 벗어나게 되면 원금 손실을 보게 되는 특징을 가지고 있다.

▎그림 10-1 ▎ 파생결합증권의 분류

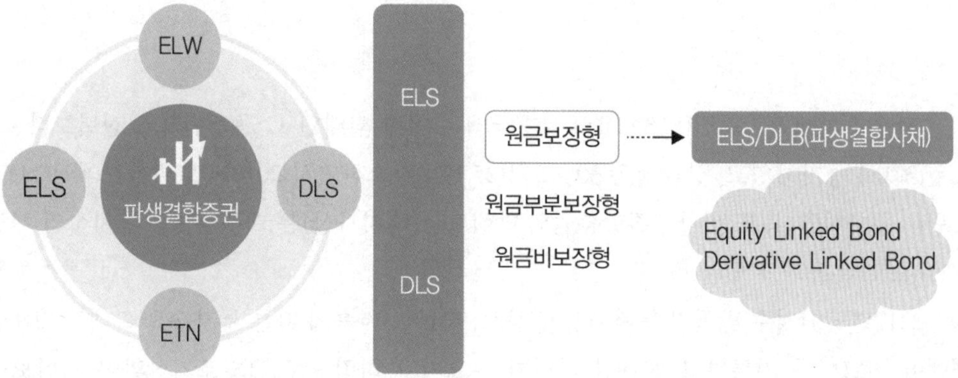

02 파생결합증권의 발행

2018년 파생결합증권(ELS · DLS) 발행금액은 역대 최대인 115.9조원으로 전년보다 4.3조원(3.9%) 증가하였고, 상환액은 30.9조원(25.1%) 감소하면서 2018년말 발행잔액이 111.8조원을 돌파하였다. 또한 파생결합증권의 발행자금(헤지자산)은 대부분 A등급 이상의 채권(72%)으로 운용되고 있다.[1]

2017년말 H지수 발행감축 자율규제 종료, 저금리 지속에 따른 투자수요 확대로 ELS 발행액이 최고치를 기록하고 2018년 하반기 주요지수 하락으로 ELS 조기상환이 전년보다 29.1% 감소하였다. 최근에 편입 기초자산 수가 많아지고 조기상환구조도 복잡해지고 있어 세심한 주의가 필요하다.

| 표 10-2 | 파생결합증권 발행 현황

(단위: 조원)

구분	2016년			2017년			2018년		
	발행	상환	잔액	발행	상환	잔액	발행	상환	잔액
ELS	49.3	45.5	69.2	81.1	95.1	55.2	86.7	67.4	72.9
DLS	29.2	27.8	32.1	30.5	27.8	34.8	29.2	24.6	38.9
전체	78.5	73.3	101.3	111.6	122.9	90.0	115.9	92.0	111.8

1. ELS 발행 · 상환 · 잔액 현황

(1) ELS 발행

2018년 ELS 발행액은 역대 최고인 86.7조원으로 전년 대비 5.6조원 증가했으며, 이는 주식시장의 부진, 2015년 발행된 ELS의 이익상환, 저금리 지속 등에 따른 투자수요 확대에 기인한다. 공모 발행비중이 2017년 78.6%에서 2018년 84.5%로 점차 확대되고, 원금보장형 발행비중도 소폭 증가하였다.

1) 금융감독원, 2018년 중 증권회사 파생결합증권 발행 · 운용 현황, 2019.4.12.

┃표 10-3┃ ELS 유형별 발행현황

(단위: 조원, %)

구분	2016년			2017년			2018년		
		공모	사모		공모	사모		공모	사모
발행액	49.2 (100.0)	33.4 (67.9)	15.8 (32.1)	81.1 (100.0)	63.8 (78.6)	17.3 (21.4)	86.7 (100.0)	73.3 (84.5)	13.4 (15.5)
원금보장형	14.5 (29.5)	11.9 (24.2)	2.6 (5.3)	16.0 (19.8)	14.5 (18.0)	1.5 (1.8)	18.6 (21.5)	17.9 (20.6)	0.7 (0.9)
원금비보장형	34.7 (70.5)	21.5 (43.7)	13.2 (26.8)	65.1 (80.2)	49.2 (60.7)	15.9 (19.6)	68.1 (78.5)	55.4 (63.9)	12.7 (14.6)

지수형 ELS 발행비중은 90.2%로 발행액의 대부분을 차지하였고, 조기상환조건을 낮춘 기초자산이 3개 이상인 상품의 발행비중이 큰 폭으로 증가하였다. 이는 조기상환조건을 낮출수록 조기상환가능성은 높아지나, 증권회사의 해지자산 운용이익이 감소하므로 이를 보전하기 위해 기초자산이 추가된다.

┃표 10-4┃ ELS 기초자산 개수별 현황

(단위: 조원, %)

연도	발행액	기초자산 개수			
		1개	2개	3개	4개
2017년	81.1(100.0)	16.6(20.5)	22.6(27.8)	35.5(43.8)	6.4(7.9)
2018년	86.7(100.0)	19.0(21.9)	5.9(6.8)	57.1(65.9)	4.7(5.4)

기초자산별 발행규모는 EuroStoxx50, H지수, S&P500, KOSPI200 순이며, H지수 기초 ELS 발행감축 자율규제 종료로 H지수 기초 ELS 발행비중이 크게 증가했으나 HSI지수 기초 ELS 발행비중은 크게 감소하였다. 또한 S&P500지수를 편입한 발행비중이 증가하면서 KOSPI200을 편입한 발행비중은 감소하였다.

┃표 10-5┃ 지수형 ELS 기초자산 발행현황

(단위: 조원, %)

연도	지수형 ELS계	지수형 기초자산					
		EuroStoxx50	HSCEI	S&P500	KOSPI200	Nikkei225	HSI
2017년	74.2(100.0)	53.0(71.4)	16.8(22.6)	27.4(37.0)	45.1(60.8)	19.7(26.5)	27.1(36.5)
2018년	78.2(100.0)	58.0(74.2)	49.9(63.8)	40.2(51.4)	35.1(44.9)	22.4(28.6)	1.9(2.4)

* 2개 이상의 기초자산을 편입한 ELS의 경우 각각의 기초자산에 포함(중복계산)

Knock-In 옵션이 포함된 ELS 상품비중은 35.8%로 전년보다 소폭 감소했으나 저Knock-In형 상품 발행비중이 전년보다 12.9% 감소하여 높아진 Knock-In 기준에 따른 투자자의 손실가능성은 커지고 있다. Knock-In 기준이 발행시점 대비 50% 이하인 상품은 낙인기준 하락으로 투자손실가능성은 낮아진다.

❙ 표 10-6 ❙ Knock-In · No Knock-In형 ELS 발행현황

(단위: 조원, %)

2017년 발행액	Knock-In형	No Knock-In형	2018년 발행액	Knock-In형	No Knock-In형
	저Knock-In형*			저Knock-In형*	
81.1(100)	30.5(37.5)	50.6(62.5)	86.7(100)	31.0(35.8)	55.7(64.2)
	25.2(82.9)			21.7(70.0)	

* Knock-In 배리어가 50%인 상품이 17.9조원으로 저Knock-In형 발행액의 82.5%를 차지

2018년에 발행된 ELS 발행 인수자 현황을 살펴보면 은행신탁 46.3조원(53.4%), 일반공모 21.9조원(25.3%), 자산운용 7.5조원(8.7%), 퇴직연금 6.7조원(8.3%) 순으로 나타났다. 또한 ELS 판매기관 중 은행신탁을 통한 개인투자자에 대한 판매경향이 2017년 50.3%에서 2018년 53.4%로 더욱 확대되었다.

❙ 표 10-7 ❙ ELS 발행 인수자 현황

(단위: 조원, %)

연도	총액	인수자				
		은행신탁	일반공모	자산운용	퇴직연금	기타*
2017년	81.1(100.0)	40.8(50.3)	18.3(22.6)	8.5(10.5)	6.7(8.3)	6.7(8.3)
2018년	86.7(100.0)	46.3(53.4)	21.9(25.3)	7.5(8.7)	7.1(8.2)	3.9(4.5)

* 기타 : 은행 및 증권사의 고유분, 증권신탁, 보험, 연기금, 일반기업, 기타 사모 등

(2) ELS 상환

2018년도 ELS 상환액은 67.4조원으로 전년 대비 27.7조원(29.1%) 감소하였는데, 이는 2018년 하반기 주요 지수의 하락에 따른 조기상환규모가 30.1조원 큰 폭으로 감소한데 기인한다.

▎표 10-8▎ ELS 상환 유형별 현황

(단위: 조원, %)

2016년			2017년			2018년		
합계	조기상환	만기상환	합계	조기상환	만기상환	합계	조기상환	만기상환
45.5 (100.0)	28.5 (62.8)	16.9 (37.2)	95.1 (100.0)	77.3 (81.3)	17.8 (18.3)	67.4 (100.0)	47.2 (70.0)	20.2 (30.0)

* 해당기간에 상환(중도해지 및 일부상환 제외)된 종목의 총 명목금액

(3) ELS 잔액

2018년말 현재 ELS 잔액은 72.조원으로 전년 대비 17.7조원 증가하였는데, 이는 역대 최대 ELS 발행규모 대비 상환액 감소에 기인한다. 지수형 ELS 기초자산별로 살펴보면 EuroStoxx50 46.5조원, H지수 40.5조원, KOSPI200 30.5조원 그리고 S&P500 30.2조원, Nikkei225 17.0조원 순으로 감소하였다.

▎표 10-9▎ 지수형 ELS 기초자산 발행잔액 현황

(단위: 조원, %)

연도	지수형 기초자산					
	EuroStoxx50	H지수	KOSPI200	S&P500	Nikkei225	HSI
2017년말	27.4	13.1	29.8	15.7	10.3	15.5
2018년말	46.5	40.5	30.5	30.2	17.0	3.1

* 2개 이상의 기초자산을 편입한 ELS의 경우 각각의 기초자산에 포함(중복계산)

2. DLS 발행 · 상환 · 잔액 현황

(1) DLS 발행

2018년 DLS 발행액은 29.2조원으로 전년보다 1.3조원 감소하였으나, 원금보장형 DLS 발행액은 전체 발행액 감소에도 불구하고 0.7조원 소폭 증가하였다. 기초자산별로 살펴보면 CD금리 등 금리 기초 DLS의 발행비중(43.8%)이 가장 높았으며 신용(26.0%), 원자재(2.8%) 순으로 나타났다.

▌표 10-10▌ DLS 유형별 발행현황

(단위: 조원, %)

구분	2016년			2017년			2018년		
		공모	사모		공모	사모		공모	사모
발행액	29.2 (100.0)	4.9 (16.9)	24.3 (83.1)	30.5 (100.0)	5.8 (18.9)	24.7 (81.1)	29.2 (100.0)	6.3 (21.6)	22.9 (78.4)
원금보장형	13.2 (45.0)	2.6 (8.9)	10.6 (36.1)	11.8 (38.7)	2.4 (7.8)	9.4 (30.9)	12.5 (42.8)	3.5 (12.0)	9.0 (30.8)
원금비보장형	16.0 (55.0)	2.3 (8.0)	13.7 (47.0)	18.7 (61.3)	3.4 (11.0)	15.3 (50.3)	16.7 (57.2)	2.8 (9.6)	13.9 (47.6)

(2) DLS 상환

2018년 DLS 상환액은 24.6조원으로 전년 대비 3.2조원(11.5%) 감소하였으며, 만기상환액(15.조원)이 여전히 조기상환액(9.5조원)을 상회한다. DLS 기초자산의 변동성은 낮은 편이고 대부분 사모로 발행되어 만기이전 상환조건을 충족시키는 경우가 적어 만기상환액이 조기상환액보다 크게 나타났다.

▌표 10-11▌ DLS 유형별 상환현황

(단위: 조원, %)

2016년			2017년			2018년		
합계	조기상환	만기상환	합계	조기상환	만기상환	합계	조기상환	만기상환
27.8 (100.0)	11.4 (41.0)	16.4 (59.0)	27.8 (100.0)	10.7 (38.5)	17.1 (61.5)	24.6 (100.0)	9.5 (38.6)	15.1 (61.4)

* 해당 기간에 상환(중도해지 및 일부상환 제외)된 종목의 총 명목금액

(3) DLS 잔액

2018년말 현재 DLS 발행잔액은 38.9조원으로 전년보다 4.1조원(11.8%) 증가하였으며, 이는 상환액이 전년보다 3.2조원(11.5%) 감소한데 기인한다. 원금보장형 DLS 발행이 늘어나서 잔액비중이 전년보다 6.2% 증가하였고, 공모발행 잔액비중도 5.4조원(13.9%)으로 전년대비 1.9% 증가하였다.

| 표 10-12 | DLS 유형별 잔액현황

(단위: 조원, %)

구분		2016년말			2017년말			2018년말		
			공모	사모		공모	사모		공모	사모
DLS 잔액		32.1 (100.0)	4.7 (14.7)	27.3 (85.3)	34.8 (100.0)	4.2 (12.0)	30.6 (88.0)	38.9 (100.0)	5.4 (13.9)	33.5 (86.1)
	원금보장형	14.9 (46.3)	1.8 (5.6)	13.0 (40.7)	18.0 (51.6)	2.2 (6.2)	15.8 (45.4)	22.5 (57.8)	2.9 (7.5)	19.6 (50.4)
	원금비보장형	17.2 (53.7)	2.9 (9.1)	14.3 (44.6)	16.8 (48.4)	2.0 (5.8)	14.8 (42.6)	16.4 (42.2)	2.5 (6.4)	13.8 (35.7)

03 파생결합증권의 종류

1. 주가연계증권(ELS)

(1) ELS의 정의

주가연계증권(ELS : Equity Linked Securities)은 개별주식이나 주가지수의 움직임에 연계하여 사전에 정해진 조건에 따라서 조기 및 만기 상환수익률이 결정되는 증권을 말한다. 파생상품의 성격을 가져 법적으로 파생결합증권에 해당하며, 장외파생상품 겸영인가를 취득한 증권회사만이 발행할 수 있다.

주가연계증권을 발행한 증권회사는 발행대금의 대부분을 채권, 예금 등 안전자산에 투자하는 한편 나머지를 주식, 주식관련 파생상품 등에 투자하여 약정수익 재원을 확보하기 위한 초과수익을 추구하게 된다. 증권회사는 펀드 등과 달리 주가연계증권 발행자금의 운용대상 및 운용방식에 법적 제약이 없다.

주가연계증권은 만기, 수익구조 등을 다양하게 설계할 수 있는 반면에 증권시장에 상장되지 않음에 따라 유동성이 낮고 발행증권사의 신용리스크에 노출되는 단점이 있다. 기초자산이 일정수준 이상이면 자동으로 조기상환되는 조건이 부여되고 환매수수료를 부담하는 조건으로 환매를 요구할 수도 있다.

주가연계증권은 주식, 파생상품의 비중이 낮은 원금보장형 상품과 투자비중이 높아 기대수익률은 높으나 원금손실 가능성이 있는 원금비보장형 상품으로 구분한다. 그리고 투자수익률이 연동되는 기초자산에 따라 지수형상품, 주식형상품, 혼합형상품으로 구분할 수 있으며 지수형상품이 대부분을 차지한다.

주가연계증권의 발행방식은 공모보다 사모비중과 원금비보장형 상품이 많고, 투자자는 개인 및 일반법인이 과반수 이상을 차지하는 가운데 자산운용회사, 퇴직연금신탁 등도 투자하고 있다. 수익률은 정기예금을 상회하며 위험부담은 제한적임에 따라 중위험, 중수익의 대체투자상품으로 각광을 받고 있다.

(2) ELS의 종류

개별주식 및 주가지수에 연동되어 수익이 발생하는 금융투자상품에는 주가연동예금

(ELD)과 주가연계펀드(ELF)가 존재한다. ELS는 발행주체에 따라 ELS, ELD, ELF로 구분하고, 원금보장여부에 따라 원금보장형과 원금비보장형으로 구분하며, 거래대상 및 발행형태에 따라 공모 ELS와 사모 ELS로 분류한다.

1) 발행주체에 따른 분류

ELS(Equity Linked Securities)는 장외파생상품 겸영업무 인가를 획득한 증권회사가 발행하는 사채와 같은 법적 성질을 갖는 증권의 일종이다. 따라서 ELS를 발행한 증권회사는 ELS를 발행한 후 운용과정에서의 이익 또는 손실여부에 관계없이 정해진 조건이 충족되면 정해진 수익을 투자자에게 지급해야 한다.

ELD(Equity Linked Deposit)는 은행이 상품을 설계하고 판매하는 주가연계상품이다. 수익이 개별주식의 가격 또는 주가지수에 연동한다는 점은 다른 주가연계상품과 동일하나 상품 자체가 예금이므로 원금보장형 상품만 가능하다. 수익에 대해 다른 상품은 배당소득세를 부과하나 ELD는 이자소득세를 부과한다.

ELF(Equity Linked Fund)는 운용회사가 모집하여 발행하는 수익증권으로 그 수익이 ELS와 마찬가지로 기초자산인 개별주식 또는 주가지수와 연동된다. 또한 ELF는 원금보장형 및 원금비보장형 상품이 모두 가능하나 운용실적에 따라 연동되는 펀드이므로 원금보장은 불가능하여 원금보존추구의 형태로 발행한다.

| 표 10-13 | ELD, ELS, ELF의 비교

구분	ELD	ELS	ELF
발 행 기 관	은행	금융투자회사	자산운용회사
투 자 형 태	정기예금	파생결합증권	집합투자증권
판 매 기 관	은행	금융투자회사	금융투자회사/은행
자 산 운 용	고유계정	고유계정	고유계정 분리
예 금 보 호	보장	해당없음	해당없음
원 금 보 장	보장	사전약정	보장없음
소 득 과 세	이자	배당	배당/이자
만기수익률	약정수익률	약정수익률	실적배당

2) 원금보장에 따른 분류

원금보장형 상품은 기초자산의 가격 움직임에 관계없이 투자자는 만기에 원금을 보장받을 수 있다. 상품설계에 따라 원금 이상 또는 원금의 일정부분을 보장하는 상품도 발행할 수 있다. 여기서 원금보장의 의미는 시장위험에 한정되어 발행사가 파산, 지급불능의 경우에는 원금손실이 발생할 수 있다.

원금비보장형 상품은 원금보장형 상품에 비해 고수익을 추구할 수 있고, 다양한 상품설계가 가능하다. 저금리 기조가 계속되면서 ELS는 중위험 중수익구조의 대표적인 상품으로 자리매김했다. 일반적으로 원금비보장형 상품과 보장형 상품의 발행비율은 7:3 정도로 원금비보장형 상품이 많이 발행되었다.

3) 발행형태에 따른 분류

공모ELS는 발행증권사가 증권신고서, 투자설명서 및 간이투자설명서 등을 금감원 공시사이트에 공시하고 미리 정한 모집기간에 불특정 다수에게 청약을 받아 발행한다. 공모ELS는 불특정다수의 일반투자자 및 일부 기관을 대상으로 발행하며, 사모ELS에 비해 공시관련 및 판매절차에서 까다로운 규제를 받는다.

사모ELS는 발행증권사와 투자자가 일대일 계약형식으로 발행하며 기관투자가, 자산운용사, 일반법인, 거액자산가 등을 대상으로 하여 비공개적으로 모집하는 형태이다. 사모ELS는 일대일 계약형식으로 발행되어 공모ELS에 비해 규제에서 비교적 자유로운 편이고, 발행금액이 공모ELS에 비해 큰 편에 속한다.

4) 기초자산에 따른 분류

ELS는 개별주식의 가격 또는 주가지수를 기초자산으로 한다. 한 개의 또는 두 개 이상의 개별주식의 가격을 기초자산으로 할 수 있고, 하나 또는 둘 이상의 주가지수를 기초자산으로 할 수도 있다. 그리고 개별주식의 가격과 주가지수를 조합한 혼합형 ELS도 발행될 수 있으나 지수형이 70% 이상을 차지하고 있다.

(3) ELS의 수익구조

국내에 도입된 주가연계증권의 수익구조는 투자자들의 수요에 따라 Knock-out형, Bull Spread형, Digital형, Reverse Convertible형 등으로 구분된다. 최근에 가장 많이 발행되고 있는 주가연계증권은 Reverse Convertible 형태의 Step-down ELS이다. 주가연계증권의 수익구조를 살펴보면 다음과 같다.

1) Knock-out ELS

녹아웃형은 2003년 초 주가연계증권(ELS)의 도입 초기부터 지금까지 꾸준히 발행되고 있는 상품이다. 기초자산의 가격 움직임에 따라 일정수준까지는 기초자산의 수익률에 비례하여 수익을 지급하지만, 일정수준(barrier)을 넘어서면 옵션의 가치는 소멸하고 만기에 rebate만큼의 수익을 지급하는 상품을 말한다.

녹아웃형은 투자기간 중 사전에 정해진 주가수준에 도달하면 확정된 수익으로 조기상환되며, 그 이외의 경우에는 만기일의 주가수준에 따라 수익이 결정되는 구조이다. 투자기간에 기초자산이 한번이라도 사전에 일정주가 초과 상승하는 경우 만기의 주가지수에 관계없이 최종수익률은 리베이트수익률로 확정된다.

그림 10-2 Knock-out ELS

● **상품개요**

기초자산	· Kospi200
만기	· 1년
행사가격	· 100%
원금보장수준	· 100% 원금보장
knock-out	· 130% / 리베이트 · 4%

● **상품특징**

- ▶ 만기 1년, 최고 연 18% 수익가능
- ▶ 이익참여율 60%
- ▶ 지수가 아무리 하락해도 원금 100%는 보장
- ▶ Knock-out시 리베이트 연 4%

● **수익률 그래프**

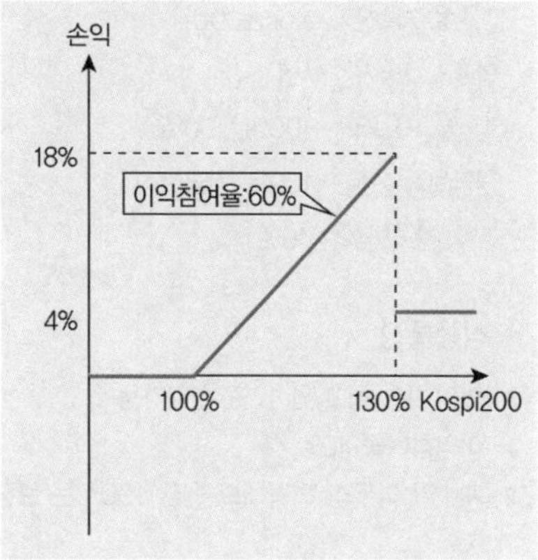

표 10-14 예상손익구조

구분	만기상환금액
① 만기평가가격 < 최초기준가격	원금
② 만기평가가격 > 최초기준가격이면서 만기까지 한 번이라도 최초기준가격의 130%를 초과하여 상승한 적이 없는 경우	원금 × $\left[1+\frac{(\text{만기평가가격}-\text{최초기준가격})}{\text{최초기준가격}}\times\text{이익참여율}\right]$
③ 만기까지 한 번이라도 최초기준가격의 130%를 초과하여 상승한 적이 있는 경우	원금 × 104%

2) Call Spread ELS

콜 스프레드형은 다른 조건은 동일하고 행사가격이 다른 콜옵션 두 개를 조합한 콜 스프레드전략을 ELS에 접목시킨 상품이다. 콜 스프레드형은 녹아웃형과 비슷한 형태이지만 손익구조가 만기까지 기초자산의 움직임과는 무관하고 오직 만기시점의 기초자산의 가격에만 연동된다는 점에서 차이가 있다.

행사가격이 낮은 콜옵션을 매수하고, 행사가격이 높은 콜옵션을 매도함으로써 기초자산이 일정수준까지 상승할 경우에는 그 수익을 함께 향유하고, 그 이상의 수준에서는 고정된 수익을 취한다. 따라서 만기일의 주가수준에 비례하여 손익을 계산하되 최대수익 및 손실이 일정한 수준으로 제한된다.

▌그림 10-3▐ Call Spread ELS

● **상품개요**

기 초 자 산	· Kospi200
만 기	· 1년
행 사 가 격	· 100%, 130%
원금보장수준	· 100% 원금보장
이 익 참 여 율	· 40%

● **상품특징**

▶ 만기 1년, 최고 연 12% 수익가능
▶ 이익참여율 40%
▶ 지수가 아무리 하락해도 원금 100%는 보장

● **수익률 그래프**

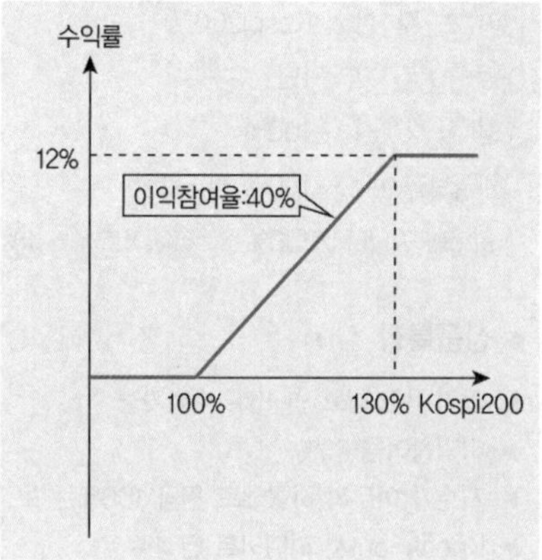

▌표 10-15▐ 예상손익구조

구분	만기상환금액
① 만기평가가격 < 행사가격1 (행사가격1 = 최초기준가격)	원금
② 행사가격1 < 만기평가가격 < 행사가격2 (행사가격2 = 최초기준가격 × 130%)	원금 × $\left[1+\frac{(\text{만기평가가격}-\text{최초기준가격})}{\text{최초기준가격}}\times\text{이익참여율}\right]$
③ 만기평가가격 > 행사가격2	원금 × 112%

3) Digital ELS

디지털형은 단순한 구조 중 하나이다. 만기까지의 기초자산의 움직임과 무관하게 만기 시점의 기초자산가격이 행사가격보다 높고 낮음에 따라 수익의 지급여부가 결정된다. 즉 만기일의 주가수준이 일정수준을 상회하는지 여부(상승률과는 무관)에 따라 사전에 정한 두 가지 수익 중 한 가지를 지급하는 구조를 말한다.

디지털옵션을 여러 개 조합하면 다양한 수익구조를 설계할 수 있다. 특히 다른 조건은 동일하나 수익만 약간 차이가 나는 디지털콜과 디지털풋을 결합하면 기초자산의 가격움직임과 무관하게 확정수익이 보장되고 추가적으로 α의 수익을 얻을 수 있는 상품이 가능하다. 현재 퇴직연금 편입형 상품으로 많이 발행된다.

▌그림 10-4▌ Digital ELS

● 상품개요

기초자산	· Kospi200
만기	· 1년
행사가격	· 100%
원금보장수준	· 100% 원금보장
수익	· 5%

● 상품특징

▶ 만기 1년, 연 5% 수익가능

▶ All or Nothing 구조

▶ 지수가 아무리 하락해도 원금 100%는 보장

● 수익률 그래프

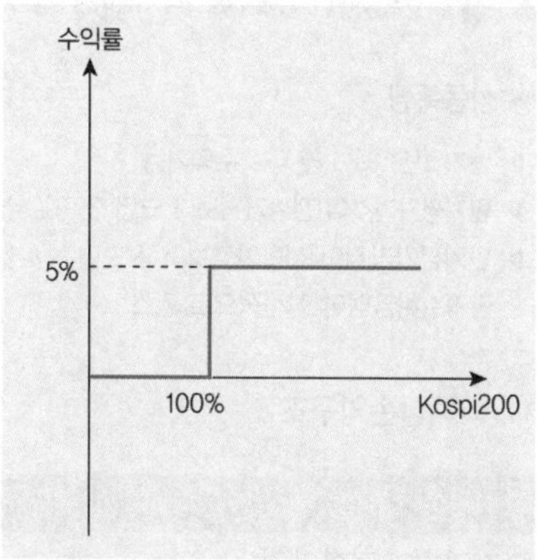

▌표 10-16▌ 예상손익구조

구분	만기상환금액
① 만기평가가격＞행사가격 (단 행사가격＝최초기준가격)	원금×105%
② 만기평가가격＜행사가격	원금

4) Reverse Convertible ELS

초기에는 원금보장형 상품이 주류를 이루었으나 증권사들은 투자자들의 위험선호도를 반영하여 2003년 4월경 원금비보장 상품을 출시하였다. 리버스 컨버터블형은 만기의 기초자산가격이 일정수준까지 하락하지 않으면 일정수준의 수익을 보장하고, 일정수준 이하이면 원금손실이 발생하는 구조를 말한다.

일명 RC형이라고도 불리는 리버스 컨버터블형은 투자자의 입장에서 풋옵션을 매도한 것과 비슷한 형태의 손익구조를 나타내어 원금보장형 상품에 비해 높은 수익을 제공하고, 만기에 기초자산의 가격이 일정수준까지 하락해도 수익을 얻을 수 있어 투자자에게 어필했으나 현재는 거의 발행되지 않고 있다.

❙그림 10-5❙ Reverse Convertible ELS

● 상품개요

기초자산	· Kospi200
만 기	· 1년
전환가격	· 85%
승 수	· 만기평가가격/전환가격
수 익	· 만기에 전환가격 이상이면 9% 수익

● 상품특징

▶ 만기 1년, 최고 연 9% 수익가능
▶ 만기평가가격이 전환가격보다 크면 연 9% 수익
▶ 만기평가가격이 전환가격보다 작으면 만기수취금액이 점진적으로 감소

● 수익률 그래프

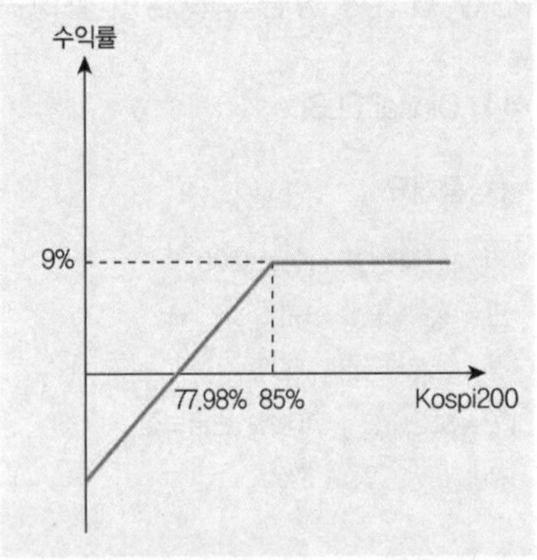

❙표 10-17❙ 예상손익구조

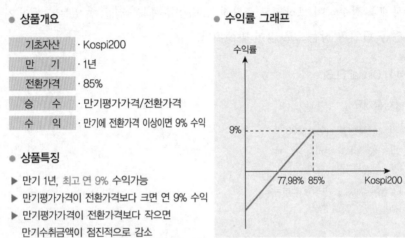

구분	만기상환금액
① 만기평가가격＞전환가격 (단 전환가격＝최초기준가격×85%)	원금×109%
② 만기평가가격＜전환가격	원금×109%×승수 (단 승수＝만기평가가격/전환가격)

(4) ELS의 관련용어

1) 녹아웃배리어, 낙인배리어

녹아웃배리어는 원금보장형에서 사용하며 상승수익률 지급구간은 최초기준가격의 100~130%라는 한계가격이다. 낙인배리어는 원금비보장형에서 사용하며 낙인은 원금손실 발생가능조건이다. 원금보장형(비보장형)의 녹아웃(낙인)은 터치하면 상승수익률 지급조건이 사라지는(원금손실 가능조건이 생겨나는) 형태로 사용된다.

2) 더미수익

더미수익은 수익조건을 달성하지 못해 ELS가 조기상환되지 않고 만기까지 보유했을 때 투자기간에 기초자산가격이 원금손실가능조건(낙인)을 터치한 적이 없으면 만기에 지급되는 보너스 수익을 말한다. 조기상환의 경우에는 약정한 금리를 주지만 만기상환의 경우에는 더미수익율에 정해진 수익률을 주는 것을 말한다.

3) 리베이트

리베이트(Rebate)는 원금보장형 녹아웃ELS에서 사전에 정한 녹아웃베리어를 초과하여 상승할 때 지급하는 고정수익률을 말한다. 녹아웃베리어가 120%, 리베이트가 3%, 기초자산이 KOSPI200인 원금보장형 녹아웃ELS에서 기초자산이 급등하여 120% 초과하여 상승하면 사전에 정한 리베이트 수익률 3%를 만기에 지급한다.

4) 참여율

참여율(Paticipation)은 원금보장형 녹아웃ELS에서 최초기준가격부터 녹아웃베리어가격까지의 구간에서 상승수익률을 계산할 때 사용된다. 최초기준가격이 100%, 녹아웃배리어가 120%, 참여율이 50%, 기초자산이 KOSPI 200일 경우에 기초자산이 10% 상승했다면 최종지급되는 상승률은 10%×50%(참여율) = 5%가 된다.

5) 조기상환

원금비보장형 ELS 대표상품은 대부분 모두 조기상환구조를 포함하고 있다. 만기는 주로 2~3년으로 중기투자에 가깝지만, 조기상환주기를 4개월 또는 6개월로 지정하는 경우가 많아 실제 만기가 2~3년보다 훨씬 짧아질 수 있다. 조기상환형 ELS에서 조기상환은 조건달성시 자동지급되는 자동조기상환조건을 말한다.

6) 중도상환

ELS는 조기상환이나 만기상환이 원칙이나 사전에 정한 상호조건 이외에 투자자의 요청으로 중도상환이 가능하다. 원금비보장형 ELS의 고객요청에 의한 중도상환은 펀드의 중도환매와 같은 의미이나 사전에 정한 조건인 자동조기상환과는 다르다. 중도상환금액은 ELS의 평가금액에서 중도상환수수료를 공제한 금액이다.

2. 주식워런트증권(ELW)

(1) ELW의 정의

주식워런트증권(Equity Linked Warrant)은 개별주식이나 주가지수에 연계된 워런트를 말한다. 여기서 워런트는 개별주식 및 주가지수 등의 기초자산을 미래의 특정시점(만기일)에 현재시점에 약정한 가격(행사가격)으로 매입(콜옵션)하거나 매도(풋옵션)할 수 있는 권리를 증권화한 파생결합증권을 말한다.

주식워런트증권은 상품특성이 주식옵션과 유사하나 법적구조, 시장구조, 발행주체, 발행조건에 차이가 있다. 증권사가 ELW에 대해 공모를 거쳐 거래소에 상장하면 주식처럼 거래가 이뤄지며, 만기에 최종보유자가 권리를 행사한다. 발행사는 다양한 상품을 설계할 수 있고 결제이행에 따른 위험을 부담한다.

❙ 표 10-18 ❙ 주식과 ELW의 비교

구분	주식	ELW
법 적 형 태	증권(지분증권)	증권(파생결합증권)
가 격 단 위	10주(단주거래 가능)	증권(단주거래 불능)
호 가 주 문	시장가/지정가호가 등	지정가호가만 허용
가격제한폭	상한가 및 하한가 적용	상한가 및 하한가 불허
신 용 거 래	가능(대용가능)	불가(현금거래)
권 리 행 사	해당사항 없음	만기에 자동권리행사
최종거래일	최종거래일 없음	최종거래일 있음
만 기 여 부	만기 없음	만기 있음

(2) ELW의 종류

1) 권리종류에 따른 분류

콜 ELW는 만기에 기초자산을 행사가격에 발행자로부터 인수하거나 그 차액(만기평가가격－행사가격)을 수령할 수 있는 권리가 부여된 ELW를 말하며, 풋 ELW는 만기에 기초자산을 행사가격에 발행자에게로 인도하거나 그 차액(행사가격－만기결제가격)을 수령할 수 있는 권리가 부여된 ELW를 말한다.

| 그림 10-6 | 콜ELW와 풋ELW의 손익구조

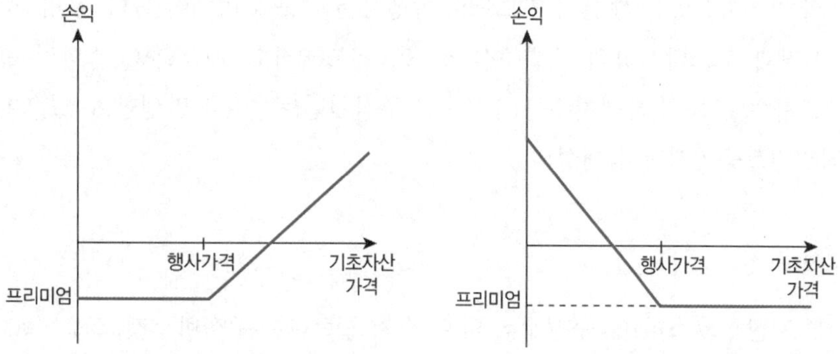

(a) 콜ELW 수익구조　　　(b) 풋ELW 수익구조

2) 기초자산에 따른 분류

ELW는 개별주식이나 주가지수를 기초자산으로 하여 발행할 수 있다. 그러나 상품의 안정성을 확보하고 가격조작 방지 등의 투자자 보호를 위해 ELW의 기초자산으로 사용할 수 있는 개별주식 및 주가지수는 거래소 규정 및 세칙에서 정한 바에 따라 한국거래소가 분기별로 선정하여 발표하고 있다.

| 표 10-19 | ELW의 기초자산

구분	개별주식	주가지수
국내	• KOSPI 200 구성종목 중 시가총액, 거래대금을 감안하여 분기별로 선정한 종목 • KOSTAR 구성종목 중 시가총액 5개 종목 또는 복수 종목의 바스켓	• KOSPI 200지수 • KOSTAR지수
해외		• 일본 니케이225지수 • 홍콩 항셍지수

3) 기본구조에 따른 분류

디지털옵션은 수익이 기초자산의 가격상승이나 하락에 비례하지 않고 일정수준에 도달하면 미리 정해진 고정수익을 지급하는 옵션을 말한다. 배리어옵션은 기초자산의 가격이 미리 정해진 배리어(barrier)에 도달하면 옵션의 효력이 없어지거나(knock－out) 새로 생성되는(knock－in) 형태를 갖는다.

(3) ELW의 거래

ELW의 기초자산에는 제한이 있으므로 발행사는 이를 고려해야 한다. 우리나라에서는 유가증권시장과 코스닥시장의 개별주식 및 KOSPI 200지수, KOSDAQ 스타지수, 일본의 NIKKEI 225지수, 홍콩의 항셍지수를 대상으로 주식워런트증권을 발행할 수 있으며 2005년 12월 주식워런트증권시장이 개설되었다.

1) 발행조건

① **기초자산** : 코스피100 구성주식 및 이를 기초로 하는 주식바스켓, 코스피200 주가지수, 해외지수 중 니케이지수, 홍콩의 항셍지수

② **결제방식** : 현금결제 및 만기시 행사가치가 있는 경우 자동권리행사(T+2일)

③ **권리행사** : 만기일에만 권리를 행사할 수 있는 유럽형

④ **평가가격**

㉠ 주　　식 : 최종거래일을 포함한 직전 5거래일의 기초자산 종가의 평균가격

㉡ 주가지수 : 최종거래일의 주가지수 종가

2) 상장요건

① **발행주체** : 증권 및 장외파생상품을 대상으로 하는 투자매매업자

② **기초자산** : 코스피100 구성주식, 주식바스켓, 코스피200주가지수, 니케이지수, 항셍지수

③ **발행총액** : 10억원 이상

④ **분산요건** : 모집 또는 매출에 의해 발행

⑤ **행사기간** : 상장신청일 현재 3월 이상 3년 이내

⑥ **유동성공급**

㉠ 발행인이 유동성공급자로 직접 유동성 공급계획을 제출해야 한다. 다만, 유동성공급자와 질권설정방법을 통해 유동성공급계약을 체결해야 한다.

㉡ 유동성공급자요건은 증권 및 장외파생상품에 대해 투자매매업 인가를 받은 거래소의 결제회원이며 영업용순자본이 총위험액의 3배 이상이어야 한다.

3) 매매거래

① **거래계좌** : 일반 위탁계좌 개설

② **거래방법**

㉠ 거래시간 : 09시~15시(호가접수는 08시~15시)

㉡ 매매수량 : 10증권

③ **호가형태** : 지정가호가(IOC 및 FOK 조건부여는 가능)

㉠ IOC(Immediate or Cancel) : 거래소에 호가가 제출된 즉시 체결가능수량은 체결하고 미체결잔량은 취소하는 조건

㉡ FOK(Fill or Kill) : 거래소에 호가가 제출된 즉시 체결시키고 잔량체결이 불가능한 경우에는 호가수량 잔량을 취소하는 조건

④ **대용증권** : 높은 가격변동성에 따른 담보가치 급락우려로 지정제외

⑤ **가격제한** : 높은 가격변동성을 고려하여 가격제한폭 적용배제

(4) ELW의 특징

1) ELW의 기능

① **다양한 투자수단의 제공** : 높은 레버리지를 수반하는 상품으로 새로운 투자수단을 제공하여 새로운 투자기회 및 투자전략의 수립을 가능하게 한다.

② **보유주식의 활용도 제고** : 증권회사는 보유주식을 담보로 주식워런트증권을 발행하여 보유주식의 활용도를 높이고 프리미엄 확보 등 수익원을 창출한다.

③ **증권시장의 효율성 증대** : 증권시장에 ELW시장, 주식시장, 옵션시장과 다양한 차익거래를 통한 균형가격의 성립을 촉진하여 증권시장의 효율성을 가져온다.

2) ELW의 특징

① **레버리지효과** : 주식워런트증권의 거래는 실물자산에 대한 투자보다 적은 투자금액으로 큰 수익을 얻을 수 있는 레버리지효과가 존재한다.

② **투자위험의 한정** : 투자자는 매입포지션만 보유하기 때문에 손실은 주식워런트증권 가격에 한정되는 반면 이익은 무한대로 확대될 수 있다.

③ **위험헤지의 기능** : ELW매수를 통해 보유자산의 가격이 반대방향으로 변화함에 따라 발생하는 위험을 회피하여 보유자산의 가치를 일정하게 유지할 수 있다.

④ **양방향 투자수단** : 기초자산이 상승하는 강세장에는 콜 ELW, 기초자산이 하락하는 약세장에는 풋 ELW에 투자하면 되기 때문에 활황장세, 침체장세 등 시장상황과 무관하게 투자기회를 제공한다.

⑤ **높은 유동성공급** : 한국거래소에 상장되며 발행자의 유동성공급으로 쉽게 거래가 가능하다.

3) ELW의 위험

① **상품의 복잡성** : 표준형은 단순히 사거나 팔 수 있는 권리만 있어 상품구조가 간단하나, 비표준형은 상품의 손익구조가 복잡하여 투자자의 투자판단에 어려움을 야기한다. 그리고 주식워런트증권은 시장상황과 기업실적에 따라 가격이 변동하는 주식보다 가치측정이 훨씬 어려워 가치측정을 위한 많은 노력이 필요하다.

② **높은 투자위험** : 레버리지효과가 커서 적은 금액으로 높은 수익이 가능하지만 주가변동폭보다 더 큰 폭으로 가치가 하락할 수 있는 위험을 내포하고 있다.

③ **배당수익 없음** : 주식에 투자하는 경우 배당금을 수령할 수 있으나 주식워런트증권의 경우 주가변동에 따른 시세차익뿐이다.

④ **회사와 무관성** : 주식워런트증권 보유자는 회사와 아무런 직접적인 관련이 없어 주주로서의 권리(의결권, 배당청구권)도 행사할 수 없다.

(5) ELW의 가격

ELW 매입자는 만기에 기초자산의 가격과 행사가격을 비교하여 내재가치가 있는 경우에는 이익을 얻을 수 있다. 반면에 만기에 기초자산의 가격이 불리하게 변동할 경우에는 권리행사를 포기할 수 있으며 ELW 매수금액만큼 손해를 보게 된다.

1) 가격구조

$$\text{주식워런트증권가격} = \text{내재(행사)가치} + \text{외재(시간)가치} \tag{11.1}$$

① **행사가치** : 권리를 행사하여 얻을 수 있는 이익으로 내재(본질)가치에 속한다.

㉠ 콜 워런트 행사가치 = (기초자산의 가격 − 권리행사의 가격)×전환비율

㉡ 풋 워런트 행사가치 = (권리행사의 가격 − 기초자산의 가격)×전환비율

② **시간가치** : 만기까지 잔존기간 동안 기초자산의 가격변동성에 따라 얻게 될 기대가치를 말하며 만기에 근접할수록 감소한다.

③ **행사여부** : 내재가치의 여부에 따라 내가격, 등가격, 외가격 ELW로 구분한다.

▌표 10-20 ▌ ELW의 상태

구분	콜 ELW	풋 ELW
내가격(ITM)	기초자산가격 > 권리행사가격	기초자산가격 < 권리행사가격
등가격(ATM)	기초자산가격 = 권리행사가격	기초자산가격 = 권리행사가격
외가격(OTM)	기초자산가격 < 권리행사가격	기초자산가격 > 권리행사가격

2) 결정요인

주식워런트증권의 가격은 투자자의 매수와 매도에 의해 결정된다. 만기에는 기초자산의 시장가격과 행사가격의 차이인 행사가치에 의해 가치가 결정되고, 만기 이전에는 기초자산의 가격, 권리행사의 가격, 기초자산의 가격변동성, 만기일까지 잔존기간, 시장이자율, 기초자산의 배당에 의해 영향을 받는다.

① 콜 ELW

ELW가격에 영향을 미치는 다른 요인이 일정하다는 가정하에서 ELW가격의 결정요인이 S−E의 값을 커지게 하는 방향으로 영향을 미치면 콜ELW가격은 상승한다. 즉 기초자산의 현재가격, 만기까지 잔존기간, 기초자산의 가격분산, 무위험이자율과는 정(+)의 관계에 있고 행사가격과 기초자산의 배당과는 부(−)의 관계에 있다.

② 풋 ELW

ELW가격에 영향을 미치는 다른 요인이 일정하다는 가정하에서 ELW가격의 결정요인이 E−S의 값을 커지게 하는 방향으로 영향을 미치면 풋ELW가격은 상승한다. 즉 행사가격, 만기까지 잔존기간, 기초자산의 가격분산, 기초자산의 배당과는 정(+)의 관계에 있고 기초자산의 현재가격, 무위험이자율과는 부(−)의 관계에 있다.

▌표 10-21▐ ELW의 가격결정요인

결정요인	콜 ELW	풋 ELW
기초자산의 현재가격↑	상승	하락
행사가격↑	하락	상승
만기까지 잔존기간↑	상승	상승
기초자산의 가격분산↑	상승	상승
무위험이자율↑	상승	하락
기초자산의 현금배당↑	하락	상승

(6) ELW의 관련용어

1) 가격변동성

기초자산의 가격변동성은 기초자산의 가격이 만기까지 얼마나 변동할 것인가를 계량화하여 수치화한 변수이다. 기초자산의 가격변동성이 커지면 기초자산가격이 크게 상승 또는 하락하여 주식워런트의 권리행사 가능성이 높아지기 때문에 콜 ELW와 풋 ELW의 가격은 모두 상승한다.

2) 전환비율

전환비율(conversion ratio)은 주식워런트 만기에 ELW 1주를 행사하여 얻을 수 있는 기초자산의 수를 의미한다. 예컨대 전환비율이 0.5인 ELW 1주로는 해당 기초자산의 1/2에 대해서만 권리를 행사할 수 있다. 따라서 ELW 2개가 있어야 권리행사시 기초자산 하나를 매입할 수 있다.

3) 패리티

패리티(parity)는 내재가치(행사가치)의 크기를 나타내는 측정지표를 말하며 기초자산의 가격과 행사가격의 비율로 계산한다. 패리티가 100%보다 크면 내재가치가 있고, 패리티가 100%보다 작으면 내재가치가 없다. 따라서 패리티가 100%보다 크면 내가격 ELW이고, 패리티가 100%보다 작으면 외가격 ELW를 의미한다.

$$\text{콜 ELW 패리티} = \text{기초자산의 가격}/\text{행사가격} \qquad (11.2)$$
$$\text{풋 ELW 패리티} = \text{행사가격}/\text{기초자산의 가격} \qquad (11.3)$$

4) 레버리지

주식워런트증권(ELW)의 두드러진 특징은 레버리지효과에 있다. ELW가 기초자산의가격에 비해 레버리지가 발생하는 이유는 주식워런트증권의 가격이 기초자산의 가격에 비해 상대적으로 낮기 때문이다. 따라서 지렛대를 사용하는 것처럼 기초자산의 가격이 조금만 움직여도 주식워런트증권의 가격은 크게 변화한다.

5) 기어링

기어링(gearing)은 기초자산을 대신하여 ELW를 매입할 때 갖는 포지션의 증폭효과를 말한다. 즉 기초자산에 직접투자하면 ELW에 투자하는 것보다 몇 배의 매수비용이 드는지를 나타낸다. 기어링이 10인 ELW라면 기초자산 매입시보다 ELW 매입시 10배의 포지션효과를 갖는다. 기어링이 높을수록 레버리지효과는 커진다.

$$\text{기어링} = (\text{기초자산가격}/\text{ELW가격}) \times \text{전환비율} \quad (11.4)$$

6) 유효기어링

유효기어링(effective gearing)은 기초자산의 변화율에 따른 ELW의 가격변화율을 말한다. 예컨대 유효기어링이 10인 주식워런트를 매입하면 기초자산이 1% 상승할 경우에 ELW 가격은 10% 상승하게 된다. 그리고 유효기어링은 기어링에 ELW의 기초자산가격 움직임에 대한 민감도인 델타를 곱하여 산출한다.

7) 손익분기점

콜(풋) ELW 투자자가 ELW에 투자한 금액을 회수하려면 잔존만기 동안 기초자산가격이 행사가격 이상(이하)으로 상승(하락)해야 한다. 손익분기점은 만기까지의 측정지표이므로 만기 이전의 매매나 두 ELW 비교에는 적합하지 않다. 행사가격과 함께 ELW에 투자한 금액을 고려한 ELW 투자자의 손익분기점은 다음과 같다.

$$\text{콜 ELW 손익분기점} = \text{행사가격} + \text{ELW 가격}/\text{전환비율} \quad (11.5)$$
$$\text{풋 ELW 손익분기점} = \text{행사가격} - \text{ELW 가격}/\text{전환비율} \quad (11.6)$$

8) 자본지지점

기초자산과 ELW의 수익률이 동일한 시점까지 도달하는데 필요한 기초자산의 연간 기대수익률, 즉 동일한 투자자금으로 기초자산과 ELW 중 어느 하나를 보유해도 만기일의 최종실현가치가 동일한 기초자산의 연간 기대상승률을 말한다. 자본지지점은 콜ELW의 가치측정에, 손익분기점은 풋ELW의 가치측정에 적합하다.

3. 상장지수펀드(ETF)

(1) ETF의 정의

상장지수펀드(ETF : Exchange Traded Fund)는 KOSPI 200과 같은 특정 시장지수의 수익률을 그대로 좇아가도록 설계한 지수연동형 인덱스펀드를 거래소에 상장시켜 투자자들이 주식처럼 편리하게 거래할 수 있도록 만든 상품을 말한다. 요컨대 ETF는 인덱스 펀드와 뮤추얼 펀드의 특성을 결합한 상품에 해당한다.

2002년에 도입된 ETF는 투자자들이 개별주식을 고르는데 수고하지 않아도 되는 펀드투자의 장점과 언제든지 시장에서 원하는 가격에 매매가능한 주식투자의 장점을 가지고 있으며 최근에는 시장지수를 추종하는 ETF 이외에도 배당주나 거치주 등 다양한 스타일을 추종하는 ETF들이 상장되어 인기를 얻고 있다.

(2) ETF의 특징

1) 지수연동의 상품

ETF는 주가지수의 움직임에 따라 가격이 결정되는 금융상품으로 주가지수가 변동하면 그 비율만큼 가격이 상승하거나 하락한다. 따라서 대상 주가지수가 해당 ETF의 가격과 거의 일치하며 일반 펀드보다 운용이 투명하다.

2) 주식투자의 일종

ETF는 이해하기가 쉬운 주식투자상품으로 통상적인 집합투자기구와 달리 증권계좌를 통해서 거래할 수 있다. 따라서 기존에 증권회사에 증권계좌를 가지고 있는 투자자들은 해당계좌를 이용하여 ETF에 투자할 수 있다.

3) 환금성 최대보장

ETF는 한국거래소에 상장되어 거래된다. 즉 주식시장이 개장되어 있는 동안 언제든지 거래소에서 거래되는 시장가격에 매매할 수 있어 주식과 동일하게 환금성이 보장되고 적은 금액으로 주식시장 전체에 투자할 수 있다.

4) 분산투자의 효과

KOSPI 200지수 ETF는 KOSPI 200지수를 구성하는 지수로 구성된 주식바스켓을 세분화한 증서를 말한다. 따라서 ETF 1좌를 매입해도 KOSPI 200 전체 종목에 투자하는 것과 같은 분산효과가 있어 투자위험을 크게 줄일 수 있다.

5) 기회비용이 작음

펀드는 환매에 대한 대응으로 펀드 내에 일정한 현금을 유지해야 한다. 그러나 ETF는 현물로 환매되어 펀드 내부에 현금을 보유할 필요성이 적어 현금보유로 인해 상실되는 기회비용이 적고 투자자가 부담하는 운용보수가 저렴하다.

6) 안정추구형 상품

투자자가 특정종목의 주식을 보유하면 큰 손실을 입을 수 있지만 ETF는 주식시장 전체 또는 특정산업의 업황에 따라서 투자수익률이 결정되고 개별기업 투자에 수반되는 투자위험과 가격변동성이 적으므로 안정추구형 투자상품이다.

(3) ETF의 구조

1) ETF의 발행시장

ETF의 발행시장은 ETF의 설정과 환매를 담당한다. ETF는 대량의 단위로 설정 또는 환매되어 법인투자자만 참여할 수 있다. ETF 설정을 원하면 지정참가회사로 지정된 투자매매 및 중개업자를 경유하여 ETF 설정에 필요한 주식바스켓을 납입하고 ETF를 인수한다. 집합투자업자는 ETF 설정 요청을 받아 발행한다.

┃그림 10-7┃ ETF시장의 구조

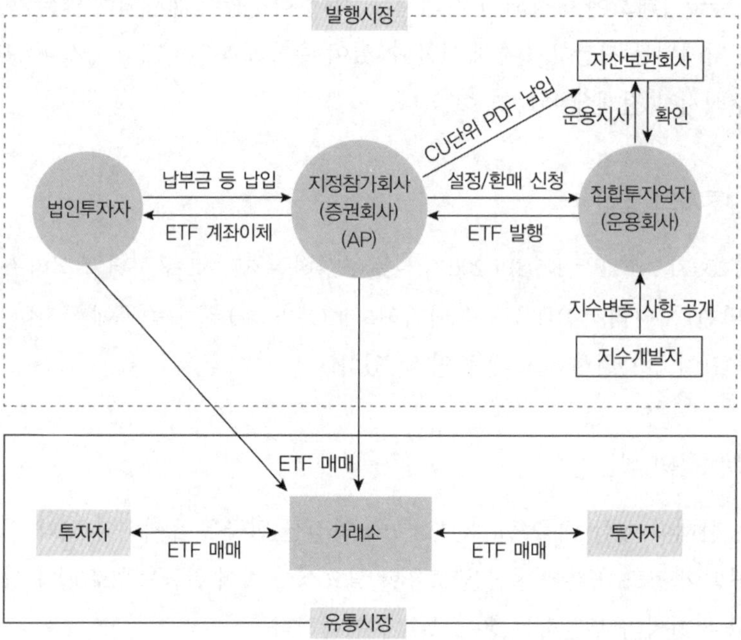

2) ETF의 유통시장

ETF의 유통시장은 ETF를 상장시킨 후 투자자간에 매매가 이루어지는 시장이다. 상장된 ETF는 유통시장에서 모든 투자자들이 거래할 수 있고 일반 주식거래에서 이루어지는 모든 매매방식이 허용된다. 다만, ETF는 시장조성을 위해 지정참가회사 중에서 반드시 유동성 공급자(LP)을 반드시 두어야 한다.

3) ETF의 시장참가자

① 법인투자자

법인투자자는 지정참가회사에 ETF의 설정과 환매를 신청하여 참여하고 유통시장의 매매거래에도 참여한다. 이러한 법인투자자는 ETF의 순자산가치인 NAV와 유통시장에서 형성된 ETF 시장가격의 차이인 괴리율이 크게 벌어지면, 차익거래를 지속적으로 수행하여 두 가격의 격차를 줄이는 역할을 수행한다.

② 개인투자자

일반적으로 개인투자자는 ETF의 설정과 환매의 신청이 허용되지 않기 때문에 발행시장에는 참여할 수 없고 유통시장의 거래에만 참여할 수 있다.

③ 지정참가회사

지정참가회사는 발행시장에서 집합투자업자와 법인투자자간에 ETF 설정과 환매의 신청업무를 통해 ETF가 유통시장에서 원활하게 거래되도록 하고, 그 가격이 좌당 순자산가치에 일치하도록 노력해야 한다. 지정참가회사 중 최소 1사는 집합투자업자와 유동성공급계약을 체결하여 유동성공급자의 역할을 수행해야 한다.

④ 지수산출기관

지수산출기관은 ETF의 추적대상지수를 산출하여 제공해야 한다. ETF가 추종하는 지수에는 KOSPI 200, KRX 100과 같이 해당 거래소에서 산출하여 발표하는 시장대표지수가 있고, 삼송그룹주, 성장주/가치주 등 해당 ETF의 목적과 특성에 알맞도록 특정지수 전문산출기관에서 산출하여 사용하는 특수한 지수가 있다.

⑤ 집합투자업자

ETF시장에서 가장 중요한 역할을 담당하는 집합투자업자는 ETF를 기획하고 판매하는 과정에서부터 ETF를 운용하는데, ETF의 자산구성내역의 결정 및 공지, ETF 편입종목 재구성 등 포트폴리오 운용, ETF 증권의 발행 및 소각, 설정단위의 결정, 추적오차율 관리, 배당금 및 분배금 지급규모 결정의 업무를 수행한다.

⑥ 신탁업자

일반적으로 수탁자인 신탁업자는 시중은행이 되는데, 투자신탁의 재산인 현금, 주식 등을 보관하고 관리하는 업무를 수행하는 자산보관회사를 말한다.

⑦ 사무관리회사

사무관리회사는 ETF의 사무처리를 위해 집합투자업자의 업무를 위탁받아 수행하는데, 현재는 한국예탁결제원에서 사무처리업무를 수행하고 있다.

⑧ 유동성공급자

유동성공급자는 특정 ETF의 거래가 활성화되지 않아 스프레드가 많이 확대된 경우에는 유동성공급호가를 반드시 제출하여 투자자들에게 거래편의를 제공한다.

4. 상장지수채권(ETN)

(1) ETN의 정의

상장지수채권(ETN : Exchange Traded Note)은 상장지수펀드(ETF)와 마찬가지로 거래소에 상장되어 쉽게 사고팔 수 있는 채권을 말한다. 증권회사가 자사의 신용에 기반하여 발행하며 수익률이 기초지수의 변동에 연동하여 수익 지급을 약속하는 것으로, ELS에 비해 구조가 단순하고 만기 이전 반대매매가 가능하다.

상장지수채권은 ETF와 수익구조 등 경제적 실질 측면에서 매우 유사한 상품으로 ETF 중에서도 합성 ETF가 가장 비슷한 상품이다. 합성 ETF 구조에서 발행사인 자산운용사만 제외하면 나머지 구조는 사실상 ETN의 구조라고 할 수 있다. 투자자 입장에서도 ETN은 ETF와 유사한 원금비보장형 간접투자상품에 해당한다.

(2) ETN의 특징

1) 상품접근성 용이

ETN은 발행절차가 간소하고 운용방식에 제약이 적어 다양한 기초자산에 투자할 수 있는 상품을 신속히 공급할 수 있다. 따라서 투자절차가 복잡하여 일반투자자들이 접근하기 어려웠던 투자대상과 투자전략에 활용할 수 있다.

2) 증권거래세 면제

국내 주식형 ETN은 증권거래세가 면제되고 매매차익에 과세하지 않는다. 또한 ETN을 발행한 회사가 자사 ETN의 유동성 공급을 직접 수행하는 경우 별도의 융동성공급계약에 소요되는 비용을 절감할 수 있다.

3) 지수연동형 상품

ETN은 기초자산의 지수 움직임을 반영하도록 설계된 상품으로 기초지수의 특성이 상품에 대부분 반영된다. ETN은 발행회사가 투자기간 동안에 기초자산의 수익을 지급할 것을 약속하기 때문에 추적오차가 없다.

4) 분산투자의 상품

ETN은 투자원칙 중 중요한 분산투자의 문제를 용이하게 해준다. 주식을 기초자산으로 하는 경우 5종목 이상으로 지수를 구성할 수 있어 배당이나 성장 등 특정 투자목적에 충실한 포트폴리오를 구성할 수 있다.

5) 환금성보장 상품

ETN은 한국거래소(KRX)에 상장되어 거래되기 때문에 주식시장이 열려 거래되는 동안에는 지표가치를 중심으로 주식시장의 수급상황에 따라서 형성되는 시장가격으로 투자자가 원하는 실시간에 매매할 수 있다.

6) 신용위험의 상품

ETN은 증권회사가 신용으로 발행하는 상품으로 무보증무담보 사채와 동일한 발행자 신용위험이 있는 상품이다. 따라서 투자자들은 투자할 ETN을 선택할 때 발행회사의 신용도와 재무안정성을 확인해야 한다.

(3) ETN의 구조

1) ETN의 발행시장

ETN은 신용등급과 재무안정성이 우수한 증권회사가 발행한다. 발행된 ETN은 발행한 증권회사가 직접 또는 발행된 ETN을 인수한 제3의 유동성공급자가 거래소시장을 통해 매수 또는 매도하여 거래가 시작된다. 물론 신규상장 후 시장수요에 따라서 추가발행이 가능하고 일정규모 이상의 중도상환도 가능하다.

ETN은 발행하기 전에 한국거래소의 상장예비심사를 받도록 되어 있어 주식과 동일하며, 최근 1년 이내에 ETN의 발행실적이 있으면 일괄신고서를 통해 ETN을 발행할 수 있도록

ETN의 발행절차가 간소화되어 있다. 따라서 일괄신고서를 통해 신속하게 투자자의 수요에 적합한 ETN 상품을 공급할 수 있다.

▎그림 10-8▐ ETN의 발행시장과 유통시장

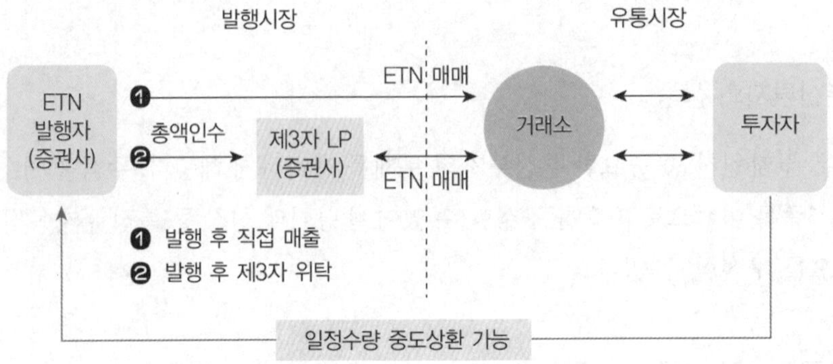

2) ETN의 유통시장

ETN의 유통시장은 ETN을 상장시킨 후 투자자간에 매매가 이루어지는 시장을 말한다. 상장된 ETN은 거래소의 유통시장에서 투자자들에 의해 매매된다. 유통시장은 모든 투자자가 참여할 수 있고, 주식시장에 적용되는 모든 매매방식이 ETN에도 허용된다. 다만, ETN은 시장조성을 위해 유동성공급자를 두어야 한다.

3) ETN의 시장참가자

① 발행회사

ETN시장에서 중추적인 역할을 수행하는 발행회사는 투자수요에 알맞는 ETN의 기획하고 발행하는 업무, 자산운용, 마케팅활동, 만기 또는 중도상환시 지수수익률을 투자자에게 지급하는 업무를 수행한다. 그리고 중요한 사항이 발생하면 신고·공시하여 투자자에게 고지하는 업무 등 일체를 담당한다.

② 유동성공급자

유동성공급자는 발행된 ETN을 최초로 투자자에게 매출하고 상장 이후 지속적으로 유동성공급호가를 제출한다. 매도호가와 매수호가의 차기가 커지면 매도와 매수 양방향으로 호가스프레드의 비율을 낮추는 호가를 일정수량 제출한다. 또한 ETN시장가격이 지표가치에서 벗어나는 가격괴리가 발생하지 않도록 한다.

③ 지수산출기관

ETN은 지수수익률을 지급하는 상품이므로 ETN투자는 기초지수의 움직임이 중요하다. 발행회사는 지수산출기관과 지수사용에 관한 계약을 체결하고 ETN을 상장한다. ETN의 상장기간에 지수를 산출하고 관리할 수 있는 전문성과 독립성을 갖춘 지수산출기관은 객관적인 자료와 기준을 마련하여 지수를 산출해야 한다.

④ 사무관리회사

사무관리회사는 ETN의 사무처리를 위해 발행회사로부터 일부 업무를 위탁받아 수행한다. 현재 한국예탁결제원이 매일 장종료 후 ETN의 지표가치를 계산하고 거래소와 코스콤을 통해 공시하는데, 이는 다음 날 실시간 지표가치의 기준이 된다. 매일 세금부과의 기준이 되는 과표기준가격의 계산업무도 수행하고 있다.

▎그림 10-9 ▎ ETN시장의 구조

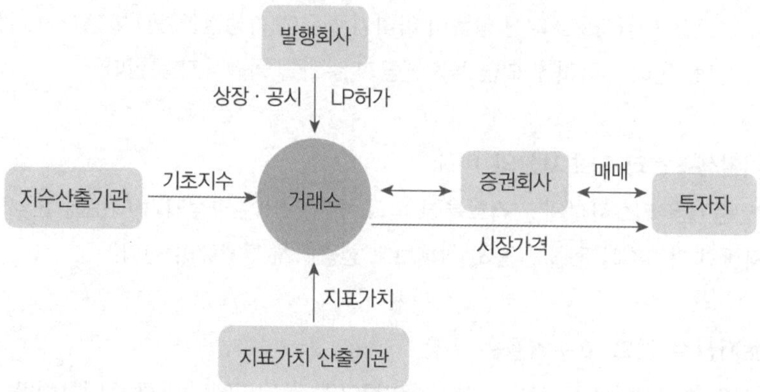

보론 파생결합증권 투자시 유의사항

저금리 시대에 예금이자만으로 생활비 충당이 힘들어 투자자들의 고민이 깊어지고 있다. 파생결합증권은 수익률이 높아 금융회사에서 많이 권유하는 파생상품이지만 원금손실위험도 높아 투자권유 유의상품으로 지정되어 있다. 따라서 투자자들은 다음과 같은 유의사항을 충분히 숙지한 후 파생결합증권에 투자해야 한다.

1. 원금손실이 발생할 수 있는 상품

파생결합증권은 상품을 판매하는 은행의 직원이 원금보장이 된다고 설명하더라도 언제든지 원금손실이 발생할 수 있으므로 적합성보고서를 반드시 확인해야 한다.

2. 예금자보호대상이 아니라는 사실

파생결합증권은 예금자보호대상 상품이 아니기 때문에 파생결합증권 발행자의 파산으로 채권자에게 지급할 돈이 부족하게 되면 투자원금과 수익을 돌려받지 못한다.

3. 손익발생조건과 기초자산의 이해

파생결합증권은 기초자산의 가격흐름에 따라 투자손익이 결정되기 때문에 손익의 발생조건, 기초자산의 가격추이 등을 꼼꼼히 살펴보고 신중하게 투자해야 한다.

4. 기초자산수 많고 고수익률은 위험

기초자산의 수가 많을수록 상품의 제시수익률이 높은 반면에 그만큼 수익발생 및 원금상환조건이 많아져 손실위험이 높아지는 점을 이해하고 투자해야 한다.

5. 손실발생시 손실의 규모가 확대

파생결합증권은 이익으로 상환될 확률이 높도록 설계되어 있으나, 손실이 발생할 경우에는 손실규모가 커지는 꼬리위험(Tail Risk)이 있는 상품에 해당한다.

6. 중도환매(상환)시 원금손실위험

파생결합증권에 투자한 투자자가 투자기간에 중도상환을 신청할 경우 해당시점에 산정되는 중도상환가격에 따라 원금손실이 발생할 수 있으니 유의해야 한다.

7. 조기상환은 조건충족시에 가능

조기상환은 미리 정해진 조건을 충족해야 가능하므로 조기상환을 기대하고 만기에 필요자금을 투자하기보다는 만기를 기준으로 여유자금을 가지고 투자해야 한다.

8. 기초자산의 가격회복기간 한정

파생결합증권은 만기가 정해진 상품으로 기초자산의 가격이 손실발생조건 수준으로 하락하고 기간내에 기초자산의 가격이 회복하지 못하면 손실이 발생할 수 있다.

9. ELF와 ELF는 예금상품이 아님

은행과 보험회사에서 판매하는 ELT(주가연계신탁)와 ELF(주가연계펀드)도 ELS에 투자하는 것과 동일한 위험을 갖고 있어 안전한 예금으로 알고 투자해서는 안 된다.

10. 여유자금으로 자기책임하에 투자

파생결합증권은 원금손실이 발생할 수 있는 위험성이 높은 상품에 해당하여 해당 상품에 대한 유의사항을 충분히 이해하고 본인 책임하에 신중하게 투자해야 한다.

연습문제 TEST

1 다음 중 파생결합증권에 대한 설명으로 적절하지 않은 것은?

① 다른 금융투자상품을 기초자산으로 하는 파생결합증권을 발행할 수 있다.

② 탄소배출권과 같은 환경적 위험도 기초자산으로 발행할 수 있다.

③ ELW, ELS/DLS, ELB/DLB 등이 대표적인 파생결합증권이다.

④ 기초자산의 변동과 연계하여 미리 정해진 방법에 따라 지급금액 또는 회수금액이 결정되는 권리가 표시된 증권이다.

해설 ELB/DLB는 원금이 보장되는 구조이며, 법적으로 파생결합증권이 아닌 파생결합사채에 해당한다.

2 다음 중 파생결합증권에 대한 설명으로 적절하지 않은 것은?

① 다른 금융투자상품을 기초자산으로 하는 파생결합증권을 발행할 수 있다.

② 파생결합증권의 기초자산은 투자자 보호를 위해 한정적으로 열거하고 있다.

③ 탄소배출권과 같은 환경적 위험도 기초자산에 편입할 수 있다.

④ 파생결합증권은 외생적 지표에 의해 수익이 결정되는 상품이다.

해설 파생결합증권의 기초자산은 포괄적으로 정의하고 있다.

3 다음 중 파생결합증권의 특례에 대한 설명으로 적절하지 않은 것은?

① 파생결합증권이 만기 전 또는 최종 환매청구일에 손실요건이 발생하면 지체없이 원금손실조건에 해당되었다는 사실을 알려야 한다.

② 고지방법은 일반투자자가 미리 정한 서신, 전화, 전자우편 등 전자통신의 방법으로 해야 한다.

③ 일반투자자만 고지대상이다.

④ 모든 파생결합증권에 대해 적용된다.

해설 파생결합증권의 특례는 공모로 발행되는 상품에 한정된다.

4 다음 중 주가연계증권(ELS)에 대한 설명으로 적절한 것은?

① 투자금액 중 5천만원까지 예금자보호대상이다.

② 일반기업이 자금조달 목적으로 주로 발행한다.

③ 투자자의 위험선호도에 따른 맞춤형 설계가 가능하다.

④ 일반기업은 자사주를 기초로 한 원금보전구조의 ELS만 공모로 발행할 수 있다.

해설 ① ELS는 예금자보호대상이 아니다. ② 금융투자회사가 투자자의 위험선호도에 따른 맞춤형 설계를 위해 발행한다. ④ 금융투자회사가 다양한 형태의 구조로 발행할 수 있다.

5 다음 중 주가연계증권(ELS)에 대한 설명으로 적절하지 않은 것은?

① ELS가 펀드에 직접 편입될 수 있다.

② ELS의 구조는 정형화되어 있지 않다.

③ 백투백거래는 거래상대방위험이 아주 높다.

④ ELS시장의 헤지거래가 주식시장에 영향을 미치는 액더독 가능성은 거의 없다.

해설 발행기관의 헤지거래가 현물시장에 영향을 미치는 사례가 증가하고 있다.

6 다음 중 ELS의 수익구조에서 만기까지 주가지수 상승률이 한번이라도 미리 정해놓은 수준에 도달하면 최종수익률이 결정되는 유형은?

① Knock–out형 ② Bull Spread형

③ Digital형 ④ Reverse Convertible형

해설 Knock–out형은 투자기간에 단 한번이라도 사전에 정한 가격수준에 도달하면 주가지수에 상관없이 최종수익률이 확정된다.

7 다음 중 풋옵션을 매도하여 프리미엄 수익을 획득할 수 있지만 원금손실의 가능성이 존재하는 ELS?

① Bull Spread형 ② Digital형

③ Reverse Convertible형 ④ Knock–out형

해설 Reverse Convertible형

8 주가상승국면에 대응하기 위해 중간평가시점에 기초자산인 주식의 가격상승폭에 따라 추가이익을 ELS구조는?

① 점프유형 구조 ② 스텝다운 구조

③ 스프레드 조기상환 구조 ④ 리버스 컨버터블 구조

해설 점프유형 구조라고 한다.

9 다음 중 ELS에 대한 설명으로 적절하지 않은 것은?

① 원금비보장형에서 낙인을 터치하면 원금손실가능성이 발생한다.

② 원금보장형에서 낙아웃을 터치하면 상승수익률 지급조건이 사라진다.

③ 참여율이 50%이면 기초자산이 10% 상승할 때 최종 지급되는 수익률은 5%이다.

④ 원금보장형에서 사전에 정한 낙아웃배리어를 초과하여 상승한 경우에 지급되는 고정수익률을 더미(dummy)수익이라고 한다.

해설 리베이트(rebate)에 대한 설명이다. 더미수익은 ELS가 조기상환되지 않고 만기까지 보유했을 때 투자기간에 낙인을 터치한 적이 없으면 만기에 지급하는 보너스수익을 말한다.

10 다음 중 ELS, ELD, ELF에 대한 설명으로 적절하지 않은 것은?

① ELD는 은행에서 발행하는 금융상품으로 예금자보호법의 대상에 속하지 않는다.

② ELF는 투신사에서 운용하는 수익증권으로 원금은 보장되지 않는다.

③ ELS는 증권사에서 발행하는 증권이다.

④ ELD는 은행에서 발행하며 원금이 보장되는 상품이다.

해설 ELD는 정기예금으로 예금자 보호대상이다.

11 다음 중 ELS, ELD, ELF에 대한 설명으로 적절하지 않은 것은?

① ELD는 은행에서 발행하며 원금이 보장되는 구조이다.

② ELS는 증권사에서 발행하는 증권으로 실적배당이다.

③ ELD는 은행에서 발행하는 정기예금으로 예금자보호법의 대상에 속한다.

④ ELF는 투신사에서 운용하는 수익증권으로 원금은 보장되지 않는다.

해설 ELS는 확정수익이 지급하고, ELF는 실적배당상품이다.

12 다음 중 주가연계상품에 대한 설명으로 적절하지 않은 것은?

① 주가지수연계증권(ELS)은 수익이 사전에 제시되는 점이 펀드상품과 다르다.

② 주가가 큰 폭으로 상승하면 ELD의 수익률은 약정된 최고이율을 초과할 수 있다.

③ ELF는 중도환매가 가능하나 일정기간 이내 환매시 환매수수료를 부담해야 한다.

④ 주가연계예금(ELD)은 원금보장이 된다.

해설 주가연계예금(ELD)의 수익률은 사전에 제시된 최고이율을 초과할 수 없다.

13 다음 중 ELF, ELD, ELS에 대한 비교로서 적절하지 않은 것은?

	구분	ELS	ELD	ELF
①	운용회사	투자매매업자	은행	집합투자업자
②	상품성격	유가증권	예금	펀드
③	만기수익	실적배당	확정수익	확정수익
④	상품종류	다양	원금보장형 상품	다양

해설 운용성과에 따른 실적배당은 ELF이며, ELD와 ELS는 사전에 제시한 확정수익을 지급받는다.

14 다음 중 조기상환형 스텝다운 ELS 녹인형에 대한 설명으로 옳지 않은 것은?

① 녹인형 ELS가 만기일 이전에 최초로 원금손실조건이 발생하는 경우 해당 사실을 투자자에게 통지해야 한다.

② 녹인형 ELS가 원금손실조건이 발생하면 손실이 확정되므로 이를 중도상환하여 재투자하는 것이 유리하다.

③ 녹인형 ELS는 일반적으로 같은 수익구조의 노녹인(No Knock-In) ElS보다 제시수익률이 더 높다.

④ 녹인형 ELS가 원금손실조건이 발생하지 않으면 해당 ELS는 조기 또는 만기에 수익이 상환된다.

해설 녹인형 ELS가 원금손실조건이 발생한다고 해서 손실이 확정되는 것은 아니며, 다시 기초자산이 재상승하여 조기상환 및 만기상환이 되는 경우도 있다.

15 안전성을 최우선으로 고려하는 투자자가 조기상환형 스텝다운 ELS 투자를 고민할 경우 적절하지 않은 투자전략은?

① 기초자산이 3개인 경우보다 기초자산이 1개인 조기상환형 ELS를 선택한다.

② 기초자산이 최근 일정기간 많이 하락하여 최초 기준가격이 낮아져 있는 ELS를 선택한다.

③ 조기상환조건이 최초기준가격의 95%로 시작하는 ELS보다 최초기준가격의 85%로 시작하는 ELS를 선택한다.

④ 원금손실 발생조건인 녹인조건이 높아서 상대적으로 제시수익률이 높은 ELS를 선택한다.

해설 녹인조건이 높은 ELS는 손실위험도 커지므로 안전성을 최우선으로 고려하는 투자자는 피해야 한다.

16 조기상환형 스텝다운 ELS의 투자권유시 판매프로세스로 옳지 않은 것은?

① 조기상환형 ELS 투자경험이 있으면 투자자의 성향파악단계를 생략할 수 있다.
② 공모 ELS의 투자권유시에는 투자설명서 및 간이투자설명서를 제공해야 한다.
③ 고객이 자신의 투자성향보다 위험도가 높은 조기상환형 스텝다운 ELS를 투자하는 것은 원천적으로 불가능하다.
④ 조기상환형 ELS의 명칭, 종류, 위험등급, 기초자산의 내용, 조기상환 및 만기상환조건, 최대손실액 및 제반 위험사항 등을 구체적으로 설명해야 한다.

해설 투자성향보다 더 위험도가 높은 ELS를 투자하려는 고객은 부적합 안내절차를 통해 투자자확인서 등의 서명을 거친 후에 가능하므로 절대 불가능한 것은 아니다.

17 다음 중 이자율, 환율, 원자재 등의 변동과 연계하여 사전에 정해진 수익조건에 따라 상환금액을 지급하는 증권은?

① ELS(주가연계증권) ② DLS(파생결합증권)
③ ELW(주식워런트증권) ④ ETN(상장지수채권)

해설 DLS는 주식(주가지수) 이외의 이자율, 환율 등의 변동과 연계된 파생결합증권이다.

18 다음 중 주식워런트증권(ELW)에 대한 설명으로 올바른 것은?

① ELW는 장내파생상품으로 분류된다.
② 일반투자자도 ELW를 발행할 수 있다.
③ ELW는 만기일에 거래소가 결제이행을 보증한다.
④ 현금결제방식의 ELW는 자동적으로 권리가 행사된다.

해설 ① ELW는 파생결합증권이다. ② 증권회사가 발행하고, 일반투자자는 ELW 매수만 가능하다. ③ ELW는 발행자가 결제이행을 보증한다.

19 다음 중 주식워런트증권(ELW)에 대한 설명으로 적절하지 않은 것은?

① 기초자산에 대한 직접투자보다 레버리지효과가 크다.
② ELW의 보유자는 의결권과 배당청구권을 행사할 수 없다.
③ 손실과 이익이 무한대로 확대될 수 있어 높은 투자위험을 지닌 상품이다.
④ 기초자산을 사전에 약정한 시기에 행사가격으로 사거나 팔 수 있는 권리를 가진 증권을 말한다.

해설 ELW는 손실은 제한되므로 한정된 투자위험을 지닌 상품이다.

20 다음 중 주식워런트증권(ELW)에 대한 설명으로 적절한 것은?

① ELW의 만기시점에 거래소가 결제이행을 한다.

② 현금결제방식의 ELW는 자동적으로 권리가 행사된다.

③ ELW는 장내파생상품으로 분류된다.

④ 일반투자자도 ELW를 발행할 수 있다.

해설 ① 계약이행 보증은 발행자의 신용으로 하고 ③ 파생결합증권으로 분류되며 ④ 통상의 일반투자자는 ELW를 발행할 수 없다.

21 다음 중 ELW와 관련된 용어의 설명으로 적절하지 않은 것은?

① 패리티가 100%보다 작으면 내재가치가 있는 내가격 ELW를 의미한다.

② 전환비율은 ELW 1주를 행사하여 받을 수 있는 기초자산의 수를 말한다.

③ 기어링은 기초자산에 직접 투자하면 ELW에 직접 투자하는 것보다 몇 배의 매입비용이 드는지를 나타내는 것으로 기어링이 높을수록 레버리지효과는 커진다.

④ 자본지지점은 동일한 투자원금으로 주식 또는 ELW 가운데 어느 것을 보유하더라도 만기일의 최종실현가치가 같게 되는 주식의 연간 기대상승률을 의미한다.

해설 패리티가 100%보다 크면 내재가치가 있는 내가격 ELW가 된다.

22 다음과 같은 조건을 가진 ELW의 기어링은 얼마인가?

기초자산의 가격 : 30,000원, 주식워런트증권가격 : 500원, 전환비율 : 0.9

① 48 ② 54

③ 60 ④ 66

해설 (기초자산의 가격/ELW가격)×전환비율 = (30,000/500)×0.8 = 48

23 기초자산의 변화율에 따른 ELW의 가격변화율을 의미하는 ELW의 투자지표는?

① 기어링 ② 자본지지점

③ 손익분기점 ④ 유효기어링

해설 지문은 유효기어링에 대한 설명이다.

24 다음 중 ELW의 투자지표에 대한 설명으로 적절하지 않은 것은?

① 전환비율은 만기에 ELW 1증권을 행사하여 얻을 수 있는 기초자산의 수이다.

② 동일한 조건을 가진 ELW를 비교할 때 프리미엄이 높은 ELW는 더 많은 값을 지불한다.

③ 기어링은 기초자산가격의 변화율에 따른 ELW의 가격변화율이다.

④ 패리티는 행사가격과 기초자산가격의 상대적 크기를 나타낸 것으로 1보다 크면 내가격이 된다.

해설 지문은 기어링이 아닌 유효기어링에 대한 설명이다.

25 다음 중 ELW의 투자지표에 대한 설명으로 적절하지 않은 것은?

① 감마는 기초자산가격이 1단위 변화할 때 델타가 변화하는 비율이다.

② 로우는 무위험이자율이 1% 변화할 때 ELW가격이 변화하는 비율이다.

③ 세타는 기초자산가격이 1단위 변화할 때 ELW가격이 변화하는 비율이다.

④ 베가는 기초자산가격의 변동성이 1% 변화할 때 ELW가격이 변화하는 비율이다.

해설 세타는 옵션만기일까지 시간이 경과함에 따른 옵션가격의 변화를 나타낸다.

26 다음 중 ELW의 자본지지점에 대한 설명으로 적절하지 않은 것은?

① 만기구조가 서로 다른 개별 ELW의 자본지지점을 통해 ELW간 비교가 가능하다.

② 자본지지점이 10%인 ELW A와 15%인 ELW A가 있다면 ELW B가 더 매력적이다.

③ 주식과 ELW 중 하나에만 투자할 경우 기대수익률이 자본지지점보다 높다면 ELW에 투자하는 것이 합리적이다.

④ 동일한 투자원금으로 기초자산 또는 ELW 중 어느 것을 보유하더라도 만기일의 최종실현가치가 동일한 가초자산의 연간 기대수익률을 의미한다.

해설 ELW A는 기초자산이 10% 상승하면 기초자산에 투자한 것과 동일한 수익률을 얻지만, ELW B는 15% 상승해야 기초자산에 투자한 것과 동일한 수익률을 얻게 되어 자본지지점이 낮은 ELW A가 더욱 매력적이다.

27 주식워런트증권을 거래할 때 투자자 보호의 내용으로 적절하지 않은 것은?

① 일반투자자가 최초로 주식워런트증권을 매매할 경우에는 유선상으로 신청받을 수 있다.

② 상장지수증권을 매매하고자 하는 경우에도 동일하다.

③ 일반투자자가 주식워런트증권을 매매하는 경우에는 주식워런트증권의 투자설명사항이 포함되고 협회가 인정하는 교육을 사전에 이수해야 한다.

④ 법인, 단체, 외국인의 경우에는 사전이수 교육요건이 제한된다.

해설 일반투자자가 최초로 주식워런트증권을 매매하는 경우에는 위탁매매거래계좌가 있더라도 별도의 서면 신청서를 작성해야 한다.

28 투자자가 만 65세 이상이고 파생상품에 투자한 경험이 1년 이상 3년 미만인 경우에 원금손실률이 몇 % 이내인 파생결합증권만 투자권유가 가능한가?

① 10%
② 20%
③ 30%
④ 40%

해설 손실율이 20% 이내인 파생결합증권만 투자권유가 가능하다.

29 공모발행 파생결합증권의 만기 이전에 최초로 원금손실조건이 발생하는 경우에 금융투자회사가 일반투자자에게 통지해야 하는 내용으로 적절하지 않은 것은?

① 조기상환조건 또는 조기상환시 예상수익률
② 중도상환 청구방법, 중도상환 청구기간, 중도상환 수수료
③ 원금손실조건이 발생했다는 사실
④ 원금손실률, 원금손실확정액

해설 손실이 발생한 것이지 손실금액이 확정된 것은 아니다.

30 다음 중 ETN의 특징에 대한 설명으로 적절하지 않은 것은?

① ETN은 신상품에 대한 접근성이 뛰어나다.
② ETN은 신용위험에서 자유롭다.
③ ETN은 공모펀드에 비해 발행이 신속하다.
④ ETN은 기초지수와 추적오차를 최소화할 수 있다.

해설 ETN이 상장되기는 하지만 발행회사의 신용위험이 없어지는 것은 아니다.

31 다음 중 ETN의 특징에 대한 설명으로 적절하지 않은 것은?

① 발행자의 신용위험이 있다.
② ETN은 신상품에 대한 접근성이 뛰어나다.
③ ETN은 기초지수와 추적오차가 매우 크다.
④ ETN은 공모펀드에 비해 발행이 신속하고 유연하다.

해설 ETN은 추적오차가 없는 것은 아니지만 발행사가 제시한 가격을 보장한다는 측면에서 공모펀드에 비해 추적오차에서 자유로운 장점이 있다.

32 다음 중 ETN의 기초지수가 될 수 있는 것은?

① KOSPI200지수 ② 섹터지수
③ 외국거래소 지수 ④ KRX100지수

해설 ETN은 ETF와 차별화하기 위해 KOSPI200지수, KRX100 등 시장대표 지수 및 섹터지수는 기초지수에서 제외하고 있다.

정답									
1. ③	2. ②	3. ④	4. ③	5. ④	6. ①	7. ③	8. ④	9. ④	10. ①
11. ②	12. ②	13. ③	14. ②	15. ④	16. ③	17. ②	18. ④	19. ③	20. ①
21. ①	22. ①	23. ④	24. ③	25. ③	26. ②	27. ①	28. ②	29. ④	30. ②
31. ③	32. ③								

C·h·a·p·t·e·r

11

집합투자기구

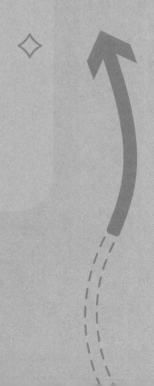

전문가가 투자자들의 자금을 모아 투자자를 대신하여 다양한 투자상품을 운용하는 집합투자기구는 저금리시대의 정착으로 예금이자율이 물가상승률을 따라가지 못한 상황에서 직접투자하는 것을 주저하는 투자자들의 니즈를 충족시키는 투자수단으로 부각되어 노후대비 자산형성의 수단으로 관심을 기울여야 한다.

01 집합투자기구의 개요

1. 집합투자의 정의

자본시장법에서 집합투자는 2인 이상의 불특정 다수의 투자자로부터 모은 금전 등을 집합하여 투자자로부터 일상적인 운용지시를 받지 아니하면서 재산적 가치가 있는 투자대상 자산을 취득, 처분 그 밖의 방법으로 운용하여 운용결과를 다시 투자자에게 배분하여 귀속시키는 것을 말한다.

그러나 부동산투자회사법, 선박투자회사법, 산업발전법, 여신전문금융업법 등과 같은 특별법에 따라 사모 방법으로 금전 등을 모아 운용배분하는 것으로 투자자 수가 49인 이하, 자산유동화법상의 자산유동화계획에 따라 금전 등을 모아 운용배분하는 경우는 집합투자의 정의에서 배제된다.

2. 간접투자상품의 정의

투자자들이 주식, 채권, 파생상품 등에 투자하는 방법에는 직접투자와 간접투자가 있다. 직접투자는 투자자들이 자신의 분석과 투자결정에 의해 투자대상자산에 자금을 투입하여 투자가 이루어지고, 간접투자는 투자자들이 전문가들이 운용하는 상품에 가입하여 간접적으로 투자하는 것을 말한다.

간접투자상품은 불특정 다수의 투자자로부터 자금을 모아 펀드를 형성하여 이를 다양한 증권이나 자산에 분산투자하여 최종적으로 달성한 손익을 투자자에게 투자비율에 따라 배분하는 실적배당상품이다. 따라서 투자자산의 운용결과에 따라 높은 수익을 얻을 수도 있고 원금손실이 발생할 수도 있다.

3. 집합투자기구의 정의

우리나라에서는 펀드라는 명칭을 2004년에 시행된 간접투자자산운용법에서 간접투자기구라는 용어로 사용했다가 투자자보호조항을 강화하고 규제를 완화하는 자본시장법을 제정하여 2009년에 시행하면서 집합투자기구로 변경하여 지칭하고 있다. 자본시장법에서 펀드를 집합투자기구로 정의하고 있다.

자본시장법에서 집합투자기구로 정의하는 펀드는 집합투자를 수행하는 기구를 말한다. 집합투자기구는 법적 형태에 따라 투자신탁, 투자회사, 투자유한회사, 투자합자회사, 투자유한책임회사, 투자합자조합, 투자익명조합 등으로 구분되며, 상호나 명칭에 집합투자기구의 종류를 표시하는 문지를 사용해야 한다.

투자자들이 집합투자기구가 발행한 집합투자증권을 매입하면 간접투자가 이루어진다. 따라서 펀드에 가입한다는 것은 집합투자기구가 발행하는 수익증권이나 출자증권을 매입하는 것을 말한다. 펀드에는 수익증권(계약형펀드), 뮤추얼펀드(회사형펀드), 변액보험, 랩어카운트, 신탁 등 간접투자상품이 포함된다.

02 집합투자기구의 유형

자본시장법상의 법적 형태에 따라 펀드는 크게 계약의 형태인 투자신탁과 회사의 형태인 투자회사로 구분한다. 국내펀드의 경우 대부분 계약형(신탁형)에 해당되고, 해외펀드의 경우 회사형에 해당된다. 계약형 펀드인 투자신탁은 수익증권, 회사형 펀드인 투자회사는 뮤추얼펀드(Mutual Fund)라고 부른다.

1. 투자신탁(계약형 펀드)

투자신탁은 계약형 집합투자기구로서 운용회사인 집합투자업자와 수탁회사인 신탁업자가 투자신탁계약을 체결하여 집합투자기구를 만들어 이를 금융위원회에 신고 및 등록하여 투자자에게 집합투자기구의 집합투자증권을 매도하고 그 자산을 투자대상자산에 투자하여 운용하는 대표적인 집합투자기구를 말한다.

투자신탁의 투자자는 판매회사를 통해 수익증권을 매수하고, 그 매수자금은 판매회사를 경유하여 신탁업자에 납입하고 납입된 자산을 집합투자업자가 신탁업자에 지시하여 투자대상자산에 투자한다. 투자자가 매수한 수익증권은 예탁결제원에 집중예탁을 하고 투자자는 판매회사로부터 수익증권통장을 받는다.

집합투자업자는 투자신탁의 수익권을 신탁원본 1원에 대해 1좌의 단위로 균등하게 분할하여 수익증권을 발행하고 수익자명부의 작성에 관한 업무를 예탁결제원에 위탁한다. 예탁결제원은 수익자명부를 작성 · 비치해야 한다. 수익자는 수익증권의 좌수에 따라 신탁자산의 원금이나 수익분배에 관한 권리를 갖는다.

(1) 집합투자업자

자본시장법에서 집합투자업자인 자산운용회사는 수탁회사로부터 자산의 취득 및 처분에 관한 결정을 위임받아 투자신탁재산의 운용 및 운용지시를 수행하는 역할을 담당한다. 자본시장법상 고객의 자산을 보유하기 위해 집합투자업자는 고객이 소유한 재산을 직접 수취하여 보관하지 못하게 되어 있다.

(2) 수탁회사

신탁업자인 수탁회사는 투자신탁재산을 보관·관리하고, 집합투자업자의 투자신탁재산 운용지시에 따른 자산의 취득, 처분의 이행, 수익증권의 환매대금, 이익금을 지급한다. 자산운용회사는 수탁회사의 운용지시를 통해 자산의 취득과 처분을 결정할 수 있다. 일반적으로 수탁회사는 은행이 된다.

(3) 판매회사

판매회사는 투자자가 실제로 집합투자기구에 투자할 수 있는 은행, 증권회사, 보험회사 등의 창구를 말한다. 판매회사는 자산운용회사와 위탁판매계약을 체결하여 자산운용회사의 집합투자증권을 투자자에게 판매하고 펀드에 투자한 투자자가 환매청구를 하면 자산운용회사에 전달하는 역할을 수행한다.

▎그림 11-1▎ 투자신탁의 구조

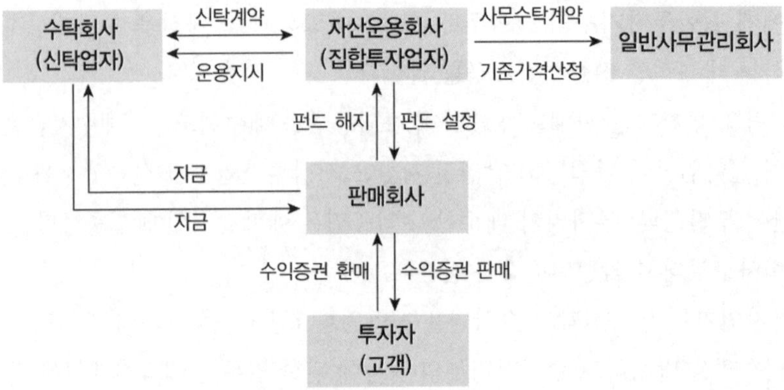

2. 투자회사(회사형 펀드)

투자회사는 집합투자업자 등이 발기인이 되어 주식회사(투자회사)를 설립한 후 투자회사의 주식을 투자자에게 판매하여 조성된 자금(자본금)을 주식 등에 운용하고 그 결과를 투자자에게 귀속시키는 행위이다. 투자회사는 주식회사제도를 집합적·간접적 투자에 맞게 변형한 제도라고 할 수 있다.

투자회사는 서류상 회사(Paper Company)의 성격을 가지게 되어 투자업무 이외의 모든 업무를 외부의 전문가에게 위탁해야 한다. 따라서 자산운용은 집합투자업자에, 자산보관은 신탁업자에, 주식의 판매 및 환매는 투자매매업자 · 투자중개업자에, 기타 업무는 일반사무관리회사에 위탁해야 한다.

(1) 자산운용회사

자산운용회사는 간접투자의 운용주체로서 투자신탁의 위탁자나 투자회사의 법인 이사가 되어 간접투자재산을 운용하는 회사를 말한다. 따라서 투자회사의 위탁을 받아 투자대상 자산을 운용(주식, 채권 등 유가증권에 투자)하는 업무를 수행하는 회사로 자본금 100억 원 이상의 자격요건을 갖추어야 한다.

(2) 투자회사

현재 투자회사는 상법상의 주식회사로 그 집합투자기구는 실제 사람이 근무하지 아니하는 무인회사(Paper Company)로 운영되어 직원을 고용하거나 상근임원을 둘 수 없다. 따라서 투자회사는 유가증권에 투자하는 것 이외의 업무는 할 수 없고 영업소를 둘 수 없다. 투자신탁의 펀드 자체를 의미한다.

(3) 자산보관회사

투자신탁의 계약형펀드는 수탁기관, 투자회사의 회사형펀드는 자산보관회사라는 용어를 사용하는데, 실제로 같은 역할을 수행한다. 자산보관회사는 투자회사의 위탁을 받아 투자회사의 자산(펀드)을 안전하게 보관하고 관리하는 회사를 말하며 자산운용회사의 펀드 운용 등에 대한 감사를 주된 업무로 한다.

(4) 판매회사

판매회사는 투자자가 집합투자기구에 투자할 수 있는 은행, 증권회사, 보험회사 등의 창구로서 자산운용회사와 위탁판매계약을 체결하여 자산운용회사의 펀드를 투자자에게 판매하고 환매하는 역할을 수행한다. 판매회사는 투자자보호를 위해 판매와 관련된 주요 법령 및 판매행위준칙을 준수할 의무가 있다.

(5) 사무관리회사

일반사무관리회사는 자산운용회사와 계약을 통해 투자대상자산의 운용 이외 운영에 관한 사항을 주된 업무로 한다. 투자회사는 이사회 및 주주총회를 보조하고 그 업무를 대행하는 사무관리회사가 반드시 필요한 반면에 투자신탁은 펀드의 기준가격 산정을 위탁하지 않으면 사무관리회사가 필요하지 않는다.

▌그림 11-2▐ 투자회사의 구조

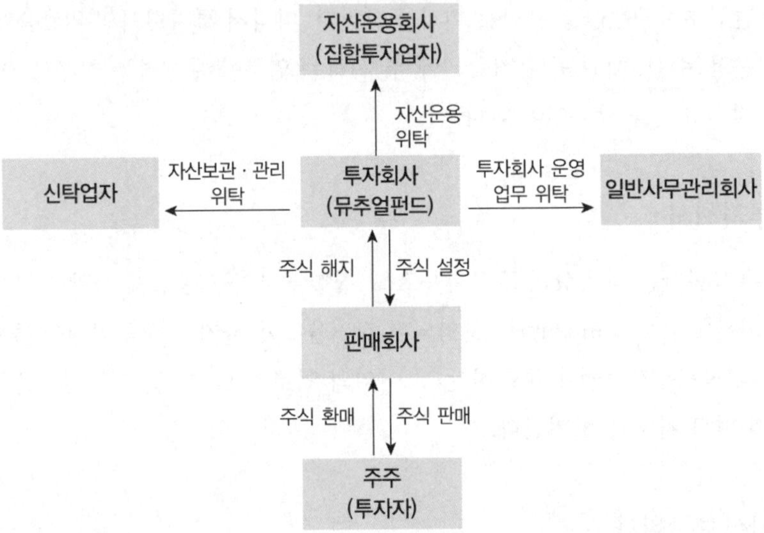

▌표 11-1▐ 투자신탁과 투자회사의 비교

구분	투자신탁	투자회사
설 립 형 태	신탁계약	회사형태
발 행 증 권	수익증권	주식
자 산 소 유 자	신탁업자	투자기구
법률행위주체	신탁업자	투자기구
투자자 지위	수익자	주주
수익금 지급	분배금	배당금

03 집합투자기구의 종류

자본시장법은 펀드의 주된 투자대상이 무엇인가에 따라서 집합투자기구를 증권집합투자기구, 부동산집합투자기구, 특별자산집합투자기구, 혼합자산집합투자기구, 단기금융집합투자기구의 5가지로 구분한다. 단기금융집합투자기구를 제외한 모든 종류의 집합투자기구는 파생상품에 투자할 수 있다.

1. 증권집합투자기구

증권집합투자기구는 집합투자재산의 50%를 초과하여 증권에 투자하는 집합투자기구를 말한다. 일반적으로 투자자들이 투자하는 대부분은 증권집합투자기구에 속한다. 현재 업계에서 설정되어 운영되는 증권집합투자구에는 주식형, 혼합형, 채권형, 파생주식형, 장외파생상품형 등 다양한 유형이 있다.

2. 부동산집합투자기구

부동산집합투자기구는 집합투자재산의 50%를 초과하여 부동산 또는 부동산에서 파생된 자산(부동산을 기초로 하는 파생상품, 부동산 개발과 관련된 법인에 대한 대출, 부동산의 개발, 관리, 개량, 임대 및 운영, 부동산 관련 권리의 취득, 부동산과 관련된 증권)에 투자하는 집합투자기구를 말한다.

3. 특별자산집합투자기구

특별자산집합투자기구는 집합투자재산의 50%를 초과하여 증권 및 부동산을 제외한 특별자산에 투자하는 집합투자기구를 말한다. 예컨대 유전, 광산, 선박, 대출채권, 지식재산권, 예술품은 증권 또는 부동산에 포함되지 않은 자산에 해당하여 동 자산에 투자하면 특별자산 집합투자기구로 분류한다.

4. 혼합자산집합투자기구

혼합자산집합투자기구는 집합투자재산을 운용할 때 증권·부동산·특별자산집합투자기구 관련 규정의 제한을 받지 않는 집합투자기구를 말한다. 예컨대 투자대상이 사전에 확정되지 아니하고 가치가 있는 모든 자산에 투자할 수 있는 집합투자기구는 혼합자산 집합투자기구로 분류할 수 있다.

혼합자산집합투자기구는 법령상 주된 투자대상이 특정되지 않고 최저 투자한도 등에 대한 별도의 제한이 없기 때문에 어떠한 투자대상에나 투자비율의 제한없이 투자할 수 있다는 장점이 있다. 그러나 혼합자산집합투자기구는 환매금지형으로 설정되어야 한다는 제한이 있음에 유의해야 한다.

5. 단기금융집합투자기구

단기금융집합투자기구(MMF)는 집합투자재산의 전부를 CP(기업어음), CD(양도성예금증서) 등 단기금융상품에 투자하는 집합투자기구를 말한다. 앞에서 열거한 집합투자기구는 보유 재산을 시가로 평가한다. 그러나 MMF는 보유 재산을 장부가로 평가하여 일정한 수익을 기대할 수 있다는 장점이 있다.

그러나 만일 채권가격의 급등락이 발생한 경우에도 계속해서 장부가격으로 평가하게 되면 채권의 장부가격과 시장가격의 차이가 발생하고, 이는 투자자의 리스크로 작용할 수 있다. 따라서 법규정은 머니마켓펀드에 대해서는 다른 유형의 집합투자기구보다 더 강화된 운용제한의 규정을 적용하고 있다.

앞으로 국채, 통안채 등 안전자산 비중이 30% 이하인 법인 머니마켓펀드는 시가로 평가한다. 지금까지 모든 머니마켓펀드의 기준가격은 장부가격으로 평가해 왔다. 시가괴리율이 ±0.5%를 넘으면 기준가격이 재설정되어 펀드편입자산에 부실이 발생하면 투자자들은 대규모로 환매를 요청할 가능성이 있었다.

▌표 11-2▐ 집합투자기구의 분류

종류			주요내용
증권집합투자기구			집합투자재산의 50% 이상을 증권(파생상품 포함)에 투자하면서 부동산과 특별자산에 투자하지 않는 집합투자기구
	주식형		규약상 주식에 집합투자재산의 60% 이상 투자하는 펀드 - 대체로 90% 이상 주식에 투자하는 경향을 나타냄
	채권형		규약상 주식에 집합투자재산의 60% 이상 투자하는 펀드 - 주식 또는 주식관련 파생상품에 투자불가
	혼합	주식 혼합형	주식형, 채권형 어디에도 속하지 아니하면서 규약상 허용되는 주식 최대 편입비율이 50% 이상인 펀드
		채권 혼합형	주식형, 채권형 어디에도 속하지 아니하면서 규약상 허용되는 주식 최대 편입비율이 50% 미만인 펀드
부동산집합투자기구			집합투자재산의 50% 이상을 부동산(관련 파생상품/대출/증권 포함)에 투자하는 집합투자기구
특별자산집합투자기구			집합투자재산의 50% 이상을 특별자산(증권과 부동산을 제외한 투자대상 자산)에 투자하는 집합투자기구
혼합자산집합투자기구			집합투자재산을 운용함에 있어서 증권, 부동산, 특별자산 관련 규정의 제한을 받지 않는 집합투자기구
단기금융집합투자기구			집합투자재산을 단기금융상품에 투자하는 펀드(단기채권, CP, CD)

04 집합투자기구의 분류

펀드는 모집방식에 따라 공모펀드와 사모펀드, 펀드규모의 증대여부에 따라 추가형펀드와 단위형펀드, 환매여부에 따라 개방형펀드와 폐쇄형펀드, 투자지역에 따라 국내펀드와 해외펀드로 구분한다. 자본시장법에서는 특수한 형태로 폐쇄형펀드, 종류형펀드, 전환형펀드, 모자형펀드, 상장지수펀드로 구분한다.

1. 일반적 형태의 집합투자기구

(1) 투자성향에 따른 분류

펀드는 투자자들의 자금을 모아 투자하는 집합투자방식으로 운영되어 투자자들의 특성을 잘 반영하지 못한다. 따라서 투자자 본인의 위험성향, 투자목적, 투자기간에 적합하지 않은 펀드에 투자할 경우 높은 위험이 존재할 수 있어 금융감독기관은 투자대상 자산을 기준으로 투자위험등급을 산정하고 있다.

표 11-3 투자성향에 따른 위험등급과 내용

구분	위험등급	내용
1등급 공격투자형 투자자	초고위험	주식에 펀드자산의 50% 이상 투자하는 주식형펀드 선물 및 옵션 등 파생상품에 투자하는 파생상품펀드 주식인덱스펀드, 중소형주식형펀드, 해외주식형펀드
2등급 적극투자형 투자자	고위험	주식에 펀드자산의 50% 이상 투자하는 주식혼합형펀드 주식형 및 채권형펀드에 투자하는 재간접펀드 투기등급채권에 투자하는 하이일드채권형펀드
3등급 위험중립형 투자자	중위험	주식에 펀드자산의 50% 미만을 투자, 주식관련파생상품에 펀드자산의 30% 이하를 투자하는 채권혼합형펀드 투자등급의 일반회사채에 투자하는 채권형펀드
4등급 안정추구형 투자자	저위험	신용등급이 우량한 국공채에 투자하는 채권형펀드 투자원금이 보장되는 구조화된 파생상품에 투자하는 펀드
5등급 안정형 투자자	초저위험	단기금융상품에 투자하는 펀드(MMF) 단기국공채, 통안채에 투자하는 펀드

(2) 모집방식에 따른 분류

펀드는 모집방식에 따라 공모펀드와 사모펀드로 분류한다. 공모펀드는 불특정 다수를 대상으로 투자자의 자격이나 투자금액에 제한이 없고 투자자를 모집하는 방법에 제한이 없다. 반면에 사모펀드는 기관투자가와 일정금액 이상을 투자하는 적격투자자 또는 49인 이하의 소수투자자로부터 자금을 모집한다.

(3) 규모증대에 따른 분류

펀드는 규모의 증대가능여부에 따라 추가형펀드와 단위형펀드로 구분한다. 추가형펀드는 이미 설정된 펀드에 추가로 설정이 가능하여 펀드의 규모가 증대될 수 있는 공모펀드를 말한다. 그러나 단위형펀드는 이미 설정된 펀드에 추가로 설정을 할 수가 없어서 펀드의 규모가 제한을 받는 사모펀드를 말한다.

(4) 환매여부에 따른 분류

펀드는 환매방식에 따라 개방형펀드와 폐쇄형펀드로 구분한다. 개방형펀드는 투자자가 요구하면 언제든지 만기와 무관하게 중도에 환매할 수 있다. 그러나 폐쇄형 펀드는 미리 약정한 만기가 종료될 때까지 환매가 불가능하기 때문에 환금성을 제고하기 위해 거래소에 상장하여 주식처럼 매매하도록 되어 있다.

(5) 투자대상에 따른 분류

펀드는 투자대상에 따라 크게 증권펀드, 파생상품펀드, 부동산펀드로 구분한다. 증권펀드는 자산의 60% 이상을 주식에 투자하는 주식형펀드, 자산의 60% 이상을 채권에 투자하는 채권형펀드, 주식과 채권에 각각 60% 미만으로 투자하여 주식의 수익성과 채권의 안정성을 동시에 추구하는 혼합형펀드로 구분한다.

파생상품펀드는 펀드재산의 10%를 초과하여 위험회피 이외의 목적으로 파생상품에 투자하는 펀드를 말한다. 부동산펀드는 펀드재산의 50%를 초과하여 부동산, 부동산의 개발 및 관리, 부동산의 임대 등에 투자하며 유가증권시장에 상장하는 공모펀드와 투자자를 한정적으로 모아 설정하는 사모펀드로 구분한다.

(6) 투자방식에 따른 분류

펀드는 투자방식에 따라 거치식 펀드와 적립식 펀드로 구분한다. 목돈을 굴리는 거치식 펀드는 목돈을 한꺼번에 납입하는 펀드이고, 목돈을 만드는 적립식 펀드는 일정기간마다 일정금액을 납입하는 펀드로서 반드시 매달 투자하지 않아도 되고 금액의 제한도 없으며 납입기간도 투자자가 임의로 정할 수 있다.

(7) 투자지역에 따른 분류

펀드는 투자지역에 따라 국내의 법률에 따라 국내에서 설정되어 국내자산에 투자하는 국내펀드와 국내에서 설정되어 해외자산에 투자하는 해외펀드로 구분한다. 그리고 해외펀드는 국내에서 설정되고 국내에서 판매되는 역내펀드와 외국의 법률에 따라 외국에서 설정되어 국내에서 판매되는 역외펀드로 구분한다.

국내펀드는 환매신청 후 환매대금을 수령할 때까지 3~4일, 해외펀드는 7~10일 소요된다. 해외펀드는 투자국가와 투자대상에 따라 환매기간에 차이가 있어 투자설명서를 꼼꼼히 확인해야 한다. 국내펀드는 환매신청 다음 날 환매금액이 확정되지만, 해외펀드는 환매신청 후 대부분 4영업일 후에 환매금액이 결정된다.

2. 특수한 형태의 집합투자기구

(1) 환매금지형펀드

환매금지형펀드는 투자자가 펀드에 투자한 후 집합투자증권의 환매청구에 투자자금을 회수하는 것이 불가능한 펀드를 말한다. 따라서 환매금지형펀드는 존속기간을 정한 펀드만 가능하며, 이때 펀드의 집합투자증권을 최초로 발행한 날부터 90일 이내에 그 집합투자증권을 증권시장에 상장해야 한다.

환매금지형펀드는 기존 투자자의 이익을 해칠 우려가 없다고 신탁업자로부터 확인을 받은 경우, 기존 투자자 전원의 동의를 받은 경우, 기존 투자자에게 집합투자증권의 보유비율에 따라 추가로 발행되는 집합투자증권의 매수기회를 우선 부여하는 경우에만 집합투자증권을 추가로 발행할 수 있다.

(2) 종류형펀드

종류형펀드는 운용되는 하나의 펀드 내에서 가입경로, 판매대상, 판매수수료나 보수의 구조, 환매방법 등에 따라 클래스를 차별화하여 기준가격이나 판매수수료를 각각 달리 산출하여 여러 종류의 집합투자증권의 형태로 발행하는 펀드를 말하며, 통상 멀티클래스펀드(Multi-Class Fund)라고 한다.

종류형펀드는 펀드가입기간에 따라 집합투자증권의 종류를 나누고 있는 펀드를 장기간 가입하면 판매보수의 부담을 줄일 수 있다. 그리고 보수 및 수수료 수준이 다른 소규모펀드를 한 펀드내에서 통합하여 운용할 수 있어 펀드의 대형화를 통해 운영의 효율화를 제고시킬 수 있다는 장점이 있다.

보통 A-Class라고 하는 선취형은 펀드를 매수할 때 자산의 일부를 수수료로 수취하는 형태를 말하고, C-Class라고 하는 후취형은 수수료를 가입기간에 따라 일할 계산하여 수취하는 형태를 말한다. 보통 장기간 투자할 경우에는 선취형이 유리하고, 투자기간이 짧을 경우에는 후취형이 유리하다.

| 그림 11-3 | 종류형펀드의 예시

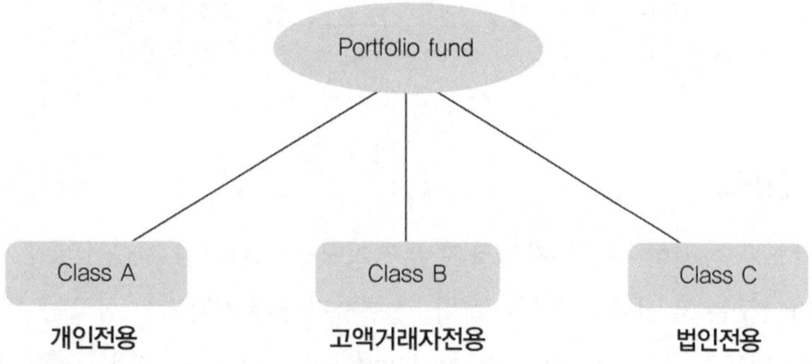

| 표 11-4 | 종류형펀드 수수료 적용 사례

구분	종류A(Class A)	종류C(Class C)	종류C2(Class C2)
가 입 자 격	제한없음		100억 이상 투자자
선취수수료	1%	-	-
운 용 보 수	연 0.7%		
판 매 보 수	연 0.7%	연 1.0%	연 0.7%

(3) 전환형펀드

전환형펀드는 투자자에게 현재 보유한 펀드를 다른 펀드로 전환할 수 있는 권리를 부여한 펀드를 말하며 한 우산 아래서 다양한 펀드를 고를 수 있다는 의미에서 엄브렐러펀드(Umbrella Fund)라고도 한다. 전환형펀드는 펀드를 교체매매할 때 발생하는 수수료를 감면해주어 펀드의 교체매매를 쉽게 도와준다.

시장상황에 따라 대응하려는 투자자는 국내 주식형펀드와 채권형펀드 또는 해외주식형펀드와 채권형펀드로 시장전망에 따라 펀드를 전환하면서 수수료 부담없이 포트폴리오 조정(rebalancing)을 진행할 수 있다. 최근에는 자산배분전략을 펀드에서 수행하는 경우가 많아 전환형 펀드의 출시가 줄어들고 있다.

| 그림 11-4 | 전환형펀드의 예시

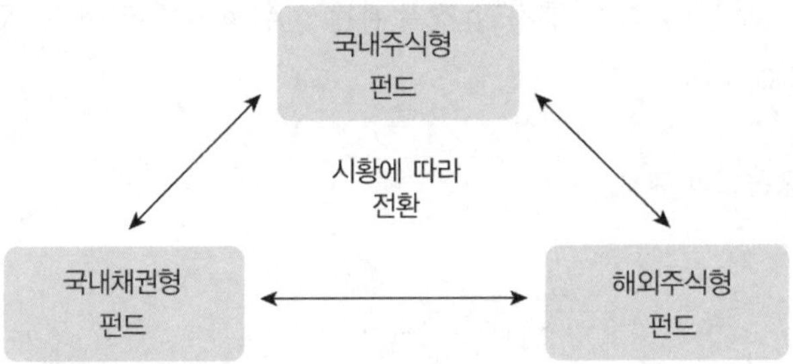

(4) 모자형펀드

모자형펀드는 동일한 집합투자업자의 투자기구를 모(母)와 자(子)의 구조로 나눈 후 운용되는 투자기구는 모 집합투자기구로 하고, 투자자에게 매각되는 펀드는 자 집합투자기구로 설정하는 펀드로 통상 Master－Feeder Fund라고도 한다. 즉 자펀드를 통해 투자자의 자금을 모아 모펀드에 투자하는 방식이다.

모자형펀드는 다음과 같은 요건을 모두 충족해야 한다. ① 자펀드는 모펀드 집합투자증권의 다른 집합투자증권을 취득하는 것은 허용되지 아니할 것, ② 자펀드 이외의 자가 모펀드의 집합투자증권을 취득하는 것이 허용되지 아니할 것, ③ 자펀드와 모펀드의 집합재산을 운용하는 집합투자업자가 동일할 것.

▌그림 11-5▐ 모자형펀드의 구조

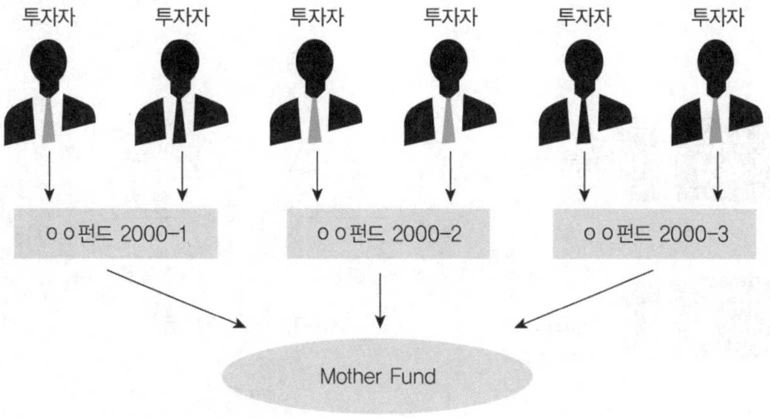

(5) 상장지수펀드

일반적으로 개방형펀드는 투자자가 언제든지 환매청구를 통해 투자자금을 회수할 수 있으므로 증권시장에 상장이 필요하지 않다. 그러나 상장지수펀드(ETF; Exchange Traded Funds)는 개방형펀드이나 그 집합투자증권이 증권시장에 상장되어 투자자는 보유한 증권을 매도하여 투자자금을 회수할 수 있다.

상장지수펀드는 일반주식과 같이 증권시장에서 거래되지만 회사의 주식이 아니라 특정 주가지수의 움직임에 연동하여 운용되는 인덱스펀드로 한국거래소에 상장되어 실시간으로 매매된다. 상장지수펀드는 추가형펀드이고, 상장형펀드이며 일반 투자기구와 달리 증권 실물로 투자기구의 설정 및 해지할 수 있다.

상장지수펀드는 환매가 허용되고 설정일 후 30일 이내 상장된다. 기존의 펀드는 고객의 환매신청이 있으면 보유중인 주식을 시장에 매도하여 환매요구에 필요한 자금을 확보해야 하므로 환매에 따른 시장충격을 해소하고 안정적인 수익을 원하는 투자자의 요구를 동시에 충족시키기 위한 방법으로 도입되었다.

상장지수펀드는 이미 발행된 ETF 증권이 증권시장을 통해 매매되는 유통시장(Secondary Market)과 ETF가 설정·해지되는 발행시장(Primary Market)이 동시에 존재한다. 발행시장에서는 지정참가회사(AP)를 통해 ETF의 설정과 해지가 발생하고 유통시장에서는 일반투자자와 지정참가회사가 ETF를 매매한다.

▌그림 11-6▐ 상장지수펀드의 투자과정

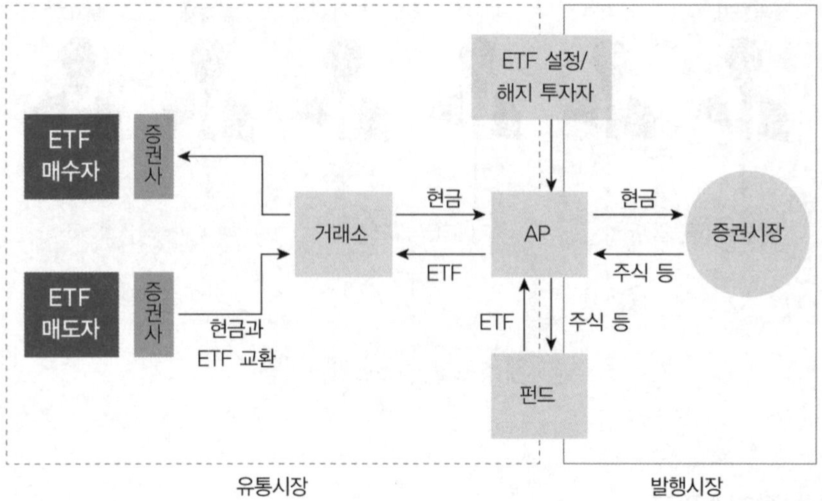

3. 사모집합투자기구

일반적으로 사모는 공모에 대응하는 개념으로 불특정 다수가 아닌 49명 이하의 특정인을 대상으로 증권의 취득을 권유하는 행위를 말한다. 사모집합투자기구는 투자권유 대상자의 수, 공시, 집합투자기구의 운용과 판매 등의 측면에서 공모집합투자기구에 적용되는 규정을 거의 적용받지 않는다.

(1) 전문투자형 사모집합투자기구

전문투자형 사모집합투자기구는 적격투자자만을 대상으로 발행하며 헤지펀드를 도입하기 위한 법적 근거가 된다. 헤지펀드는 공시규제와 같은 규제를 받지 않고, 소수의 개인자산가나 기관투자자로부터 사모방식으로 투자금을 받거나 차입하여 공매도나 파생상품 등 고위험자산에 투자하고 고수익을 추구한다.

적격투자자에는 국가 및 외국정부, 국내외 금융기관, 예금보험공사, 한국자산관리공사, 한국주택금융공사, 한국투자공사, 한국금융투자협회, 한국예탁결제원, 한국거래소, 금융감독원, 신용보증기금, 기술신용보증기금, 공제사업을 경영하는 법인, 지방자치단체, 금융위원회가 정하는 국제기구 등이 있다.

❙표 11-5❙ 헤지펀드와 뮤추얼펀드

구분	헤지펀드	뮤추얼펀드
공모여부	공모금지	공모허용
투자금액	3억원 이상	규제없음
성과보수	허용	금지
금전차입	펀드재산 400% 이내	금지
특정종목 투자한도	제한없음	펀드재산 10% 이내
파생상품 투자범위	펀드재산 400% 이내	펀드재산 400% 이내

(2) 경영참여형 사모집합투자기구

경영참여형 사모집합투자기구는 경영권 참여, 사업구조나 지배구조의 개선 등을 위해 지분증권에 투자·운용하는 투자합자회사로 지분증권을 사모로만 발행한다. 즉 기업인수펀드로 불특정 다수가 아닌 소수의 특정 투자자를 대상으로 지분증권에 투자하는 펀드라는 의미에서 PEF(private equity fund)라고 부른다.

자본시장법은 경영참여형 사모집합투자기구의 법적 형태를 투자합자회사로 제한하고 있다. 사원은 1인 이상의 무한책임사원과 1인 이상의 유한책임사원으로 구성하되, 총사원은 49인 이하여야 한다. 무한책임사원만이 업무집행사원이 될 수 있다. 유한책임사원은 업무집행권에 관심이 없는 재무적 투자자이다.

05 집합투자기구의 특징

펀드투자는 실적배당상품으로 투자원금이 보장되지 않으며, 투자할 펀드는 투자자가 결정하며, 그에 대한 책임은 투자자 자신에게 있다. 따라서 펀드에 투자하기 전 해당 펀드의 특징과 내용을 반드시 이해하고 확인해야 한다. 펀드투자시 장기투자자는 선취수수료 펀드에 가입하는 것이 유리하다.

1. 집합투자기구의 장점

(1) 투자대상의 다양화

펀드투자시 다양한 자산에 투자하여 높은 수익을 기대할 수 있다. 예컨대 채권형펀드에 투자하면 제한적인 위험을 부담하면서 은행예금보다 약간 높은 수익을 기대할 수 있고, 주식형펀드에 투자하면 여러 주식에 분산투자할 수 있어 위험은 낮추면서 주식시장 수익률보다 높은 수익을 얻을 수 있다.

(2) 전문가가 자산운용

펀드는 장기투자가 원칙이다. 투자자가 여유자금을 믿고 맡기면 전문가인 자산운용회사는 투자자가 원하는 적정성과를 달성하기 위해 최선을 다한다. 일시적인 시장변동으로 손실이 발생하더라도 인내하고 기다리며 장기간 투자하면 목표한 수익률을 달성할 가능성이 높은 상품이 집합투자기구이다.

(3) 분산투자효과 기대

펀드는 불특정 다수 투자자의 자금을 모아 전체로써 운용하므로 분산투자를 통한 위험분산효과를 추구할 수 있고 투자자는 소액으로 분산투자가 가능하다. 증권에 직접투자할 경우 개별종목에 대한 주가부담을 느낄 수 있지만, 소액으로도 자신의 유형과 유사한 종목에 투자하는 펀드에 가입할 수 있다.

(4) 자금관리에 효율적

주식이나 채권에 투자하려면 목돈이 필요하지만 펀드는 자금을 모아 운용하기 때문에 적은 돈으로 가입하여 다양한 투자대상에 분산투자할 수 있고 일시적인 목돈을 적립하는 형태로 투자가 용이하다. 또한 폐쇄형펀드를 제외하고 만기가 없으며 출금이 자유로워 다른 투자수단으로 대체가 쉬운 편이다.

(5) 투자자의 보호장치

자본시장법에서 집합투자업자는 자산운용보고서를 작성하여 집합투자재산을 보관 · 관리하는 신탁업자의 확인을 받아 3개월마다 1회 이상 집합투자증권을 판매한 투자매매업자 또는 투자중개업자를 통해 기준일부터 2개월 이내에 집합투자기구의 투자자들에게 직접 또는 전자우편의 방법으로 교부해야 한다.

2. 집합투자기구의 단점

(1) 투자자 본인의 책임

펀드는 전문적인 투자관리자에 의한 운용결과가 투자자에게 귀속되는 실적배당상품으로 투자원금을 보장하지 않고 예금자보호대상에서도 제외된다. 자본시장법은 실적배당원칙을 구현하기 위해 집합투자업자와 투자매매 · 중개업자가 투자자의 펀드투자에 따른 손실을 보전하거나 이익을 보장 · 보전하는 행위를 금지한다.

(2) 수수료와 보수 부담

투자자는 전문가를 고용하여 자산을 운용하거나 재산을 안전하게 보관하려면 운용보수, 수탁보수 등 일정한 수수료를 지불해야 한다. 또한 집합투자증권을 판매하는 행위에 대한 대가로 투자매매업자 또는 투자중개업자에게 판매수수료를 지급해야 한다. 그리고 회전율이 높은 펀드의 경우 상당한 거래비용을 수반한다.

(3) 복잡한 상품구조

부동산, 실물자산, 파생상품 등 다양한 형태의 펀드는 복잡한 구조로 인해 사전에 정확한 이해없이 투자할 경우 지나친 위험에 노출될 가능성이 존재한다. 또한 대량 환매로 비정상적인 운용위험 및 부실자산이 발생할 수 있으며, 공동위험이 특정 투자자에게만 집중되고 전가되는 문제가 발생할 수 있다.

(4) 펀드의 성과차이

펀드매니저의 능력에 따라 투자성과 차이가 날 수 있어 펀드 선택이 중요하다. 예컨대 저평가된 종목을 찾는 가치주 펀드, 미래의 성장가능성에 투자하는 성장주 펀드, 유망산업에 집중투자하는 섹터펀드, 연말에 배당소득을 원하는 배당주 펀드 등 펀드매니저의 운영철학이 있는 펀드를 선택하는 것이 좋다.

06 집합투자기구의 실제

1. 올바른 펀드투자

과거 대부분의 일반투자자들은 투자하고자 하는 펀드를 선정할 경우에 과거 3~6개월 정도의 최근 투자성과로 투자펀드를 결정하여 상당수 투자자들이 실망스러운 투자성적표를 받아들였다. 그러나 펀드를 선택하는 방법도 체계적인 절차를 통해 올바른 펀드를 선택하면 과거와 같은 실수를 반복하지 않을 수 있다.

(1) 수익보다는 위험을 보자

대부분의 국내투자자들이 펀드를 선택할 때 과거수익이 우수한 펀드만 선택하는 경향이 있는데, 과거수익은 투자결정에 절대적 판단기준이 아니며 오히려 과거수익의 변동성(위험)에 주목해야 한다. 왜냐하면 과거수익의 변동성은 미래에도 지속될 가능성이 높기 때문에 펀드투자를 결정할 때 반드시 참고해야 한다.

과거수익을 펀드의 선택기준으로 활용하려면 수익과 변동성을 함께 고려하여 판단하는 것이 바람직하다. 위험조정수익지표는 수익과 변동성을 동시에 고려한다. 따라서 펀드를 선택할 경우에 비교대상 펀드 중 위험조정수익지표 값이 큰 것이 우수한 펀드이고 위험조정수익지표를 종합적으로 활용하는 것이 좋다.

▌표 11-6▌ 주요 위험조정수익지표

구분	샤프비율 (Sharpe Ratio)	젠센의 알파 (Alpha)	정보비율 (Information Ratio)
측정대상	위험조정수익	초과수익	펀드매니저의 위험조정수익
벤치마크 대비	X	O	O
사용	유형간	동종유형	동종유형
위험지표	표준편차	베타(Beta)	트래킹에러(tracking error)

(2) 펀드스타일 꼭 확인하자

펀드투자자가 가입시점에 투자대상의 특성을 충분히 이해하고 있어야 성공투자의 가능성이 높아지고, 펀드스타일(Style box)을 알면 투자대상의 예상수익과 변동성을 예상할 수 있다. 세계적인 펀드평가사 모닝스타(Morning Star)가 개발한 스타일박스는 투자대상의 자료를 정확히 이해하는데 매우 유용한 자료이다.

주식형펀드는 주식스타일과 기업규모로 투자대상을 구분했고, 채권형펀드는 채권의 신용등급과 듀레이션으로 구분했다. 펀드스타일이 중요한 이유는 투자대상의 특성을 정확히 이해할 수 있고, 경기상황에 따라 다르게 작동하기 때문이다. 따라서 펀드를 선택할 때는 경기상황에 부합하는 펀드스타일을 선택해야 한다.

주식형펀드스타일은 주식스타일과 기업규모 행렬로 구성된다. 주식스타일은 성장주, 가치주, 혼합으로 기업규모는 대형주, 중형주, 소형주로 구분한다. 특정 펀드가 [표 11-7]과 같이 표시되어 있으면 해당 펀드는 소형 성장주에 주로 투자하는 펀드로 펀드변동성이 크고 기대수익률도 높을 것으로 예상할 수 있다.

| 표 11-7 | 주식형펀드 스타일박스

구분		스타일		
		가치주	혼합주	성장주
기업규모	대형주			
	중형주			
	소형주			

경기상황에 따라 투자에 적합한 펀드스타일이 달라진다. 경기상승기에 주식형펀드는 중소형 성장주 펀드가 적합하다. 채권형펀드는 시장위험이 감소하여 가산금리가 축소되기 때문에 듀레이션이 긴 하이일드 채권펀드가 적합하다. 그러나 경기하강기에는 경기변동에 영향을 덜 받는 대형 가치주 펀드가 적합하다.

채권형펀드는 경기하락에 따른 안전자산 선호현상에 수혜를 볼 수 있는 국채 위주의 장기채에 투자하는 것이 바람직하다. [표 11-8]의 경기상황별 펀드스타일 박스 선택법은 일반적인 투자지침에 해당한다. 가장 기초가 되는 부분으로 실제 투자에는 복잡한 사항을 고려하여 종합적으로 판단하는 것이 필요하다.

| 표 11-8 | 경기상황별 펀드스타일 박스 선택법

구분	경기상승기	경기하락기
주식형펀드	성장주 & 중소형주	가치주 & 대형주
채권형펀드	저등급 & 장기채권	고등급 & 장기채권

(3) 장기성과 좋은 펀드선택

대다수 일반투자자와 투자경험이 적은 금융기관 직원들이 펀드를 선택할 때 중요하게 보는 기준은 단기성과가 우수한 펀드이지만 1~2년의 단기성과로 펀드를 선택하면 투자에 실패할 수 있다. 펀드성과는 변동성과 같이 비교분석을 해야 하지만 [표 11-9]에 제시하는 기준으로 장기성과를 평가해 펀드를 선택할 수 있다.

| 표 11-9 | 장기성과 분석의 주요기준

평가기준 1	**장기성과가 우수한 펀드평가** • 가능한 장기성과로 판단(3년, 5년, 10년 성과) • 다양한 경기상황(Good time & Bad time)을 경험한 성과로 판단 • 평균적인 경기사이클이 5~7년 정도 되므로 펀드성과를 평가할 때 강세장(Bull)과 약세장(Bear) 모두를 경험한 성과로 판단 • 향후 지속가능한 성과인지 판단(위험조정수익도 병행 점검)
평가기준 2	**벤치마크와 동일유형 대비 우수한 펀드평가** • 우수한 펀드성과가 시장상승 영향인지 혹은 펀드매니저의 적극적 운용(Active Management) 영향인지 구분이 필요 • 상대평가의 첫번째 단계는 벤치마크(BM) 대비 상대성과로 확인 • 두번째 단계는 동일유형(Peer group) 펀드들과 비교해 우수펀드 선택
평가기준 3	**사분위수로 우수한 펀드 평가** • 가장 직관적으로 동종유형펀드 대비 성과를 비교할 수 있는 자료 • 대상펀드를 백분위로 평가하여 상위 25%(Q1), 상위 50%(Q2), 상위 75%(Q3)로 구분 • 단기간 성과의 사분위수(Quartile) 성과는 무시 • 기간별 사분위수(Quartile)가 모두 2분위수(Q2) 이내에 있는 펀드를 선택

(4) 펀드비용 낮은 펀드선택

펀드투자의 최종 투자수익은 펀드매니저가 만들어낸 운용수익에서 각종 비용을 차감하여 결정되므로 투자자가 펀드를 선택할 경우 비용은 중요한 고려사항이다. 따라서 펀드투자자들은 펀드의 투자수익을 극대화하기 위해 판매비용, 운용비용, 기타비용으로 구성된 다양한 형태의 펀드비용을 최소화해야 한다.

(5) 회전률이 높은 펀드회피

펀드의 회전율이 높으면 매매수수료 등 숨겨진 비용이 발생하여 펀드수익률에 부정적 영향을 미친다. 운용보수와 판매보수 같은 명시적 비용 외에 거래수수료나 환헤지비용 같은 숨은 비용이 존재한다. 따라서 펀드회전율이 높아지면 거래비용이 많이 발생하고, 거래비용이 커지면 총 투자수익 저하로 이어진다.

❙표 11-10❙ 펀드회전율에 따른 특징

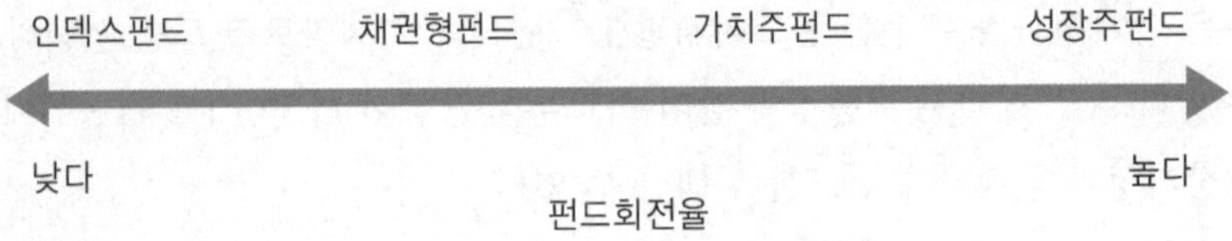

(6) 베테랑 매니저 선택하라

펀드는 투자자 본인이 직접 자산을 사고팔며 운용하는 것이 아니라 펀드매니저가 자산을 운용하고 운용한 실적대로 나누어 갖는 실적배당형 상품이다. 펀드매니저는 최소한의 자격요건인 자산운용전문인력 자격증을 갖고 있어야 한다. 최소 5년 이상의 주식시장의 참여경험자가 운용하는 펀드를 선택하는 것이 좋다.

금융투자협회 홈페이지 하단에 바로가기 메뉴 중 펀드정보 One-Click이 있다. 클릭하면 메인 화면에 펀드정보 메뉴가 있다. 펀드정보 카테고리에서 펀드매니저/애널리스트를 클릭하면 운용사별로 펀드매니저 현황이 공시되어 있다. 주식시장에서 운용경험이 있는 펀드매니저가 운용하는 펀드를 고르는 것이 좋다.

(7) 환헤징 여부를 체크하라

펀드투자에서 해외펀드는 선택이 아닌 필수사항이 되어 투자자 입장에서 국내펀드보다 더 많은 변수를 고려하고 점검해야 한다. 해외펀드 투자에서 가장 중요한 고려사항은 환헤징여부이다. 이는 환차손익이 투자손익 못지않게 총수익에 영향을 미치기 때문이다. [표 11-11]은 일반적인 해외펀드 수익구조이다.

| 표 11-11 | 해외펀드의 수익구조

구분		헤징	비헤징
수익의 구성요소	① 투자손익	○	○
	② 환차손익	×	○
총수익(Total Return)		투자손익	투자손익+환차손익

* 환헤징 펀드의 경우 환헤징 관련 비용이 발생할 수 있다.

(8) 벤치마크를 꼭 확인하라

펀드의 벤치마크는 펀드에 투자하기 전 펀드가 투자하는 시장의 특징, 즉 과거의 기대 수익과 변동성을 파악할 수 있는 영화의 예고편에 해당한다. 그리고 펀드에 투자한 후 펀드의 운용성과를 비교할 수 있도록 해주는 객관적 지표이기 때문에 펀드 투자결정에서 벤치마크는 중요한 결정변수로 작용한다.

펀드를 운용할 때 기준으로 삼는 벤치마크는 다양하다. 벤치마크는 매일매일의 시장 혹은 지수 움직임에 대한 기록이며 펀드성과를 비교할 수 있는 상대적 기준으로 시장의 평균적 흐름을 잘 나타내는 지수를 선택한다. [표 11-12]에는 국내 주요 펀드에서 활용하는 글로벌 주식지수가 제시되어 있다.

| 표 11-12 | 국내펀드에서 활용하는 글로벌 주식지수

주요 펀드 벤치마크	투자국가	투자종목수	수익률	변동성
MSCI World	선진국 23개국	1,600여 중대형주	5.77%	10.46%
S&P500	미국	500개 우량기업	8.92%	10.13%
MSCI ASIA ex Japan	아시아 선진국 2(일본제외) 신흥국 9개국	640여 중대형주	7.04%	15.54%
KOSPI	한국	890여 상장사	4.64%	9.51%
MSCI China	중국(본토, 홍콩 등)	150여 중대형주	7.04%	15.51%

* 수익률과 변동성은 최근 3년간 연평균 수치(2018년 6월 말 기준)

(9) 양극단의 펀드는 피하라

펀드를 선택할 때 펀드규모가 너무 크거나 작은 펀드는 운용성과에 부정적인 영향을 미칠 수 있어 양극단은 피하는 것이 좋다. 주식형펀드는 너무 크거나 작을 경우 펀드운용의 효율성이 떨어지고, 채권형펀드는 펀드규모가 너무 작으면 효율적 포트폴리오 구축이 어려워 펀드운용에 어려움이 발생한다.

펀드의 규모가 커지면 자본시장에서 증권을 매매할 때 시장에 참여하는 투자자들에게 노출되기 쉽고 공격대상이 되어 펀드의 입장에서는 수익을 극대화하는데 불리하다. 또한 펀드의 규모가 커지면 증권을 매매할 때 증권가격에 영향을 미칠 수 있으며 매입할 수 있는 종목이 줄어든다는 문제점이 있다.

▌표 11-13▐ 펀드규모별 운용상 문제점

	[적정 규모 이상 펀드의 문제점] • 운용전략 노출 가능성 높음 • 자산을 사고팔 때, 가격(시장)에 영향을 끼침 • 편입 종목수를 무한정 늘릴 수 없음
	[적정 규모 이하 펀드의 문제점] • 규모의 경제효과를 얻을 수 없음 • 포트폴리오 구성과 분산투자가 어려움 • 한 종목에 문제가 발생하면 전체 펀드에 큰 영향을 끼침

(10) 잘 분산된 펀드의 선택

대부분의 투자자들에게 중요한 것은 투자할 때 항상 수반되는 위험을 어떻게 관리할지 고민할 필요가 있는데, 분산투자는 이러한 위험을 어느 정도 완화시킬 수 있다. 특히 불확실성 혹은 변동성이 큰 자산에 투자할 때는 분산투자가 잘된 펀드를 선택해서 투자에 따르는 위험을 완화시키는 것이 중요하다.

펀드의 포트폴리오를 확인하려면 네이버 금융에서 펀드를 클릭한 후 펀드명으로 검색한다. 검색결과에서 화면을 내리면 포트폴리오라는 카테고리가 나오는데, 왼쪽에는 어떤 자산으로 구성되어 있는지 원 그래프 차트로 보여준다. 상위 10위 편입종목의 비중을 보면 펀드의 분산투자 정도를 파악할 수 있다.

2. 펀드투자의 실제

펀드가 원활하게 운용되기 위해서는 일정수준의 자금이 필요한데 금융감독원은 소규모 펀드를 50억 미만으로 정의하고 있다. 펀드의 규모가 너무 작거나 감소하는 추세에 있으면 펀드운용에 차질이 발생할 수 있으므로 펀드에 투자할 경우 펀드규모를 반드시 확인하고 다음과 같은 사항에 유의해야 한다.

첫째, 펀드는 수익률을 보장하는 상품이 아니므로 투자성과에 따라 손실이 발생할 수 있으며 어떤 경우에는 원금의 전액 손실이 발생할 수도 있다. 따라서 펀드투자는 투자자 자신의 투자성향과 재무상태를 감안하여 스스로 결정하고 그 결과에 대한 모든 책임은 투자자 본인이 부담하는 것이 원칙이다.

둘째, 펀드도 분산해서 투자하는 것이 좋다. 펀드는 원칙적으로 분산투자를 하고있지만 특정 산업이나 테마에 한정된 펀드도 많이 있고, 특정 지역에 집중된 해외펀드의 경우 국가리스크가 발생할 수 있기 때문이다. 따라서 펀드도 섹터, 테마, 지역, 운용회사 등을 분산해서 투자하는 것이 바람직하다.

셋째, 펀드에 따라 판매수수료와 보수체계가 다양하고 환매조건이 다르기 때문에 펀드에 가입할 때 부담하는 선취수수료 또는 돈을 출금할 때 납부하는 후취수수료, 판매보수와 운용보수, 펀드를 환매할 때 납부하는 환매수수료 등 계약조건을 면밀히 검토한 후에 자신에게 유리한 펀드를 선택해야 한다.

넷째, 펀드의 과거 수익률을 참조하되 맹신해서는 안 된다. 펀드를 선택할 때 최근에 수익률이 높은 펀드를 선택하는 경우가 많다. 그런데 과거의 투자성과가 앞으로 계속해서 이어진다는 보장이 없고 많은 실증분석의 결과도 과거 수익률과 미래 수익률은 별다른 상관관계가 없는 것으로 나타나고 있다.

다섯째, 펀드투자에도 하이리스크 하이리턴의 원칙이 적용되어 기대수익률이 높은 고수익펀드에 투자하면 손실가능성이 높아진다. 따라서 펀드에 가입한 후 지속적인 관리가 필요하다. 대부분의 펀드는 정기적으로 운용성과와 포트폴리오를 공개하는데, 펀드투자자는 이것을 꼼꼼히 확인할 필요가 있다.

| 표 11-14 | 국내 펀드평가회사

국내 펀드평가회사	인터넷 홈페이지
제로인	www.zeroin.co.kr
펀드다모아	fundamoa.kofia.or.kr
한국펀드평가	www.kfr.or.kr
모닝스타 코리아	www.morningstar.co.kr

KG제로인은 1999년 8월 국내 최초로 인터넷을 통해 펀드평가정보를 공시하여 일반투자자들의 펀드정보에 대한 접근도를 높여 펀드의 대중화에 기여하고 있다. 펀드닥터는 펀드, 변액/퇴직, 주식/ETF, 제로인지수, 리서치/투자정보, 펀드스쿨 등을 통해 펀드시장동향, 펀드평가자료, 펀드기초정보 등을 공시하고 있다.

2014년 리뉴얼된 펀드닥터에서는 펀드 중심에서 금융상품 전반의 정보를 제공하는 컨텐츠로 확대 재구성하였다. 투자자들이 펀드투자시 투자판단 및 의사결정에 필요한 지침을 제공하기 위해 펀드검색기능을 강화하였고 사용자 위주의 메뉴 배치로 컨텐츠의 편의성을 높여 보다 향상된 펀드닥터를 만날 수 있게 되었다.

| 그림 11-7 | 제로인의 펀드정보 솔루션

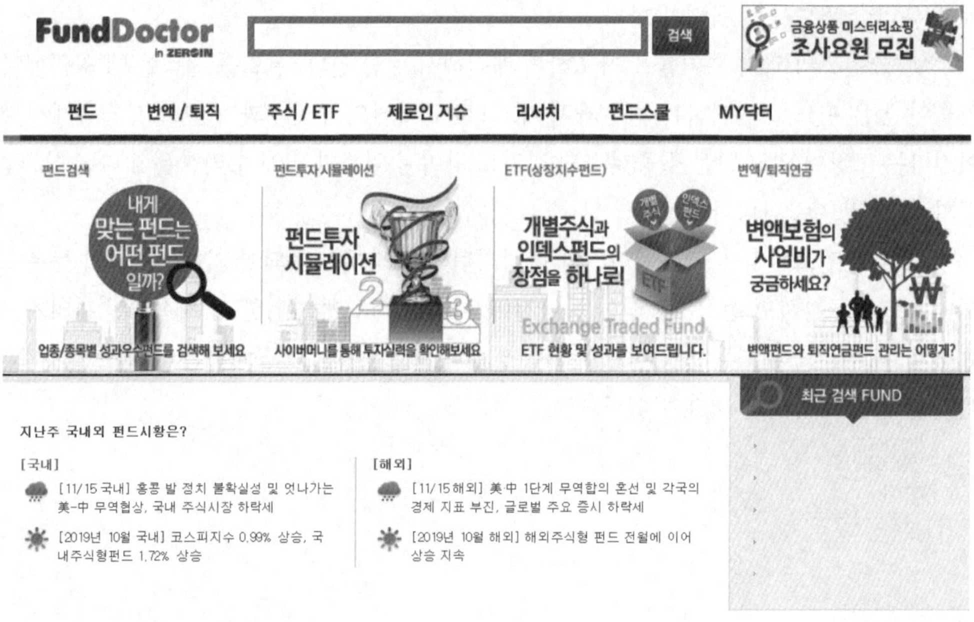

자료 : 제로인 홈페이지

3. 올바른 적립식투자

미국 캘리포니아주 남동부에 데스밸리(Death Valley)라는 곳이 있다. 1849년 캘리포니아로 이주하던 개척자들이 발견했으나 1870년 금광과 붕사광상을 발견할 때까지는 찾아오는 사람이 거의 없었다. 여름의 기온은 58.3℃까지 올라간 적이 있으며, 여행자와 동물이 가끔 쓰러져 데스밸리(죽음의 계곡)라는 이름이 붙었다.

투자자는 왜 안전하다고 믿었던 적립식 투자에서 손실을 보게 될까? 그리고 손실을 보고 있다면 적립을 중단하는 것이 좋을까 아니면 계속 적립을 하는 것이 좋을까? 여기서는 과거 우리나라 주식시장이 경험했던 네 차례 죽음의 계곡에서 적립식투자의 사례를 분석하여 올바른 적립식투자의 방법에 대해 살펴보고자 한다.

(1) 첫 번째 죽음의 계곡

1970년대 두 차례 오일쇼크 이후 각국 정부는 불황을 타개하고자 저금리정책을 사용하고, OPEC 국가들의 단합이 무너지고 경쟁체제가 수립되면서 유가가 하락하기 시작했다. 플라자합의 이후 엔화가 천정부지로 치솟으면서 국내제품의 가격경쟁력이 향상되면서 종합주가지수는 1989년 처음으로 1,000포인트를 돌파하였다.

1990년대 서울올림픽과 3저 호황에 쌓였던 버블이 걷히고 국제원유가격은 30달러를 넘고 민주화와 근로자들의 임금이 상승하면서 기업의 채산성에 부정적인 영향을 미쳤다. 종합주가지수는 1992년 8월 459포인트에 이르며 계곡의 심장부를 지나게 되었고 1994년 10월 다시 1,000포인트를 넘어서며 첫 번째 계곡이 완성되었다.

첫 번째 계곡에서 적립식 투자자들은 1992년 8월말 종합주가지수가 506.07에 이르렀을 때 −28.9%라는 손실을 보기도 했다. 하지만 주가가 반등하면서 1994년 10월에는 51.2%라는 놀라운 이익을 얻을 수 있었다. 이는 동일한 기간 동안 적금에 가입했을 경우 누적수익률 23.8%와 비교하면 상당히 우수한 실적을 나타냈다.

하지만 적립식 투자수익은 아무런 고통 없이 얻어지지 않는다. 투자자들은 전체 총 67개월의 투자기간 중에서 49개월 동안 손실을 보았으며, 이익을 보는 구간이 마지막 18개월인 것에서 볼 수 있듯이 적립식 투자의 달콤한 과실은 누구에게나 주어지는 것이 아니라 죽음의 계곡을 건너온 투자자에게만 주어지는 것이다.

❙그림 11-8❙ 첫 번째 계곡(1989년 4월~1994년 10월)

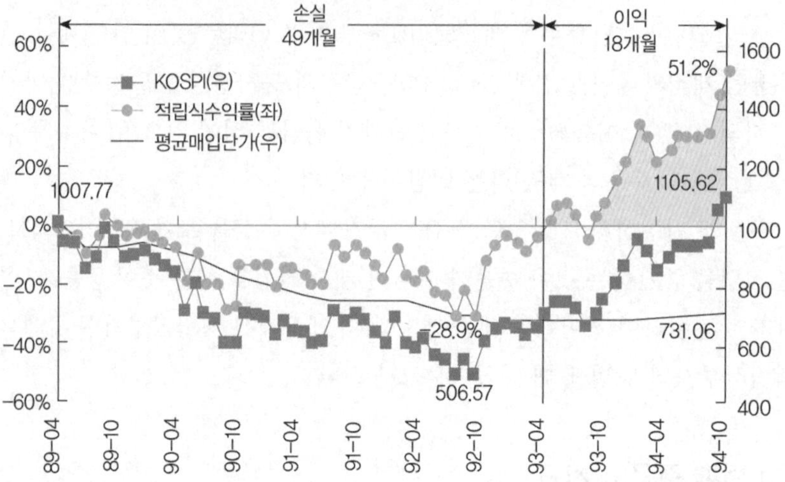

(2) 두 번째 죽음의 계곡

1996년 6월 900포인트를 상회한 종합주가지수는 1997년 IMF 외환위기를 거치면서 급락하더니 1998년 6월 16일 277.37포인트까지 하락했다. 1997년 아시아 금융위기는 우리 경제에 큰 충격을 안겨주었다. 정부는 IMF에 긴급 자금지원을 요청했으며 금융시장은 요동치면서 주가는 폭락했고 환율은 달러당 2,000원을 돌파했다.

그러나 끝나지 않는 위기는 없다는 말과 같이 경기와 주가가 살아나기 시작했다. 급격한 환율상승은 무역수지의 개선에 도움을 주었고, 뼈를 깎는 구조조정으로 기업들은 빠른 시간 안에 회복할 수 있게 되었다. 또한 1999년 Y2K로 촉발된 IT열풍은 우리나라 주식시장이 1,000포인트를 또다시 돌파하는 계기를 마련하였다.

두 번째 계곡에서 적립식 투자자들은 IMF 외환위기의 과정에서 1998년 7월 한때 최대 −45.9%라는 손실을 보기도 했지만, IT 열풍으로 주가가 상승한 1999년 7월에 77.3%라는 놀라운 성과를 보였다. 이는 1996년 당시 정기적금에 동일한 기간 적립한 적립했을 때 누적수익률 14.8%와 비교하면 5배에 가까운 실적을 나타냈다.

하지만 이러한 투자성과가 모든 투자자에게 돌아간 것은 아니다. 투자자들은 총 38개월 중에서 31개월 동안 손실을 보았고, 이익을 보는 구간이 마지막 7개월인 것에서 볼 수 있듯이 적립식 투자의 성과는 주가하락에도 불구하고 꾸준히 적립을 계속하여 평균매입단가를 낮춘 투자자만이 가질 수 있는 인내의 과실이었다.

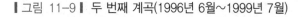

❙그림 11-9❙ 두 번째 계곡(1996년 6월~1999년 7월)

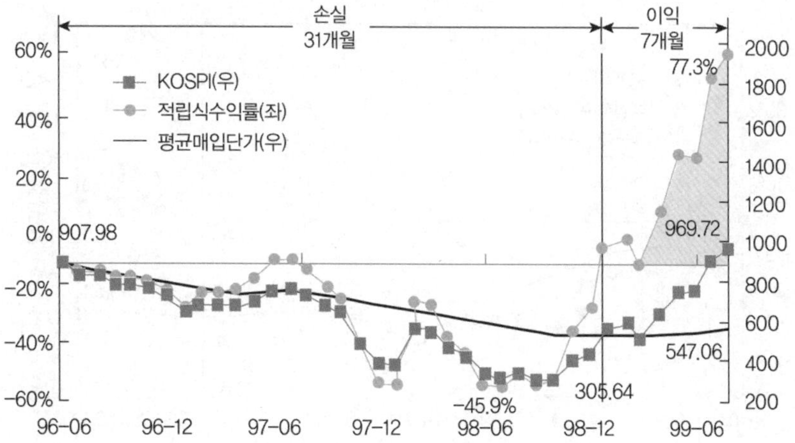

(3) 세 번째 죽음의 계곡

IT 열풍으로 1,000포인트를 넘어선 종합주가지수는 2000년 1월 이후 버블 붕괴와 미국 증시의 급락, 대우채 사태, 9.11테러 등의 영향으로 2001년 9월 400포인트까지 추락했다. 그러나 2000년 이후 미국은 경기침체를 타개하기 위해 기준금리를 2.0%까지 낮추었고 천문학적인 감세안을 통해 경기회복을 유도하였다.

우리나라 역시 IT거품이 꺼진 후 정부 주도의 경기부양책이 발표되었다. 9.11사태 이후 콜금리는 4.0%까지 낮아졌으며 건설경기의 촉진, 확대재정의 조기집행이 이루어지면서 내수소비 성장이 경기회복을 주도하였다. 이러한 정부의 강력한 내수진작 정책의 효과로 종합주가지수는 2002년 4월 900선을 회복하였다.

세 번째 계곡에서 적립식 투자자들은 한때 −20.9%의 손실을 기록하였다. 그러나 꾸준히 적립을 계속한 투자자는 44.6%의 놀라운 투자성과를 거둘 수 있었다. 이는 2000년 4월 당시 정기적금에 동일한 기간 동안 가입한 사람의 누적수익률 8.5%와 비교해 보면 5배가 넘는 뛰어난 실적을 나타냈다.

하지만 이러한 투자성과가 모든 투자자에게 돌아간 것은 아니다. 투자자들은 총 24개월 중에서 19개월 동안 손실을 보았고, 이익을 보는 구간이 마지막 5개월인 것에서 볼 수 있듯이 적립식 투자의 성과는 주가하락에도 불구하고 꾸준히 적립을 계속하여 평균매입단가를 낮춘 투자자만이 가질 수 있는 인내의 과실이었다.

| 그림 11-10 | 세 번째 계곡(2000년 4월~2002년 3월)

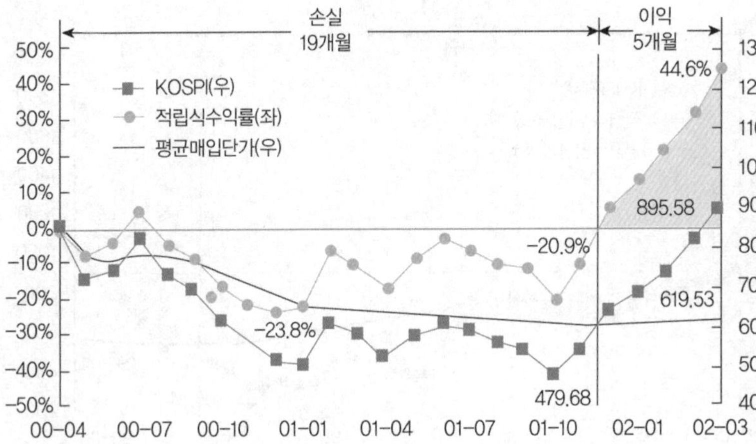

(4) 네 번째 죽음의 계곡(2002.04~2007.11)

9.11테러 이후 정부의 금리인하, 건설경기 부양, 신용카드 사용 장려정책으로 2002년 3월 900포인트를 상회한 종합주가지수는 신용카드 남발에 따른 부작용이 불거지고 SK글로벌의 분식회계 사건으로 2003년 3월 500포인트 초반까지 내려앉는 데 영향을 주기도 했다. 하지만 증시는 강한 상승세로 전환되었다.

국내증시는 2003년 하반기 저금리시대의 도래하여 저축에서 투자로 자금이 이동하고 적립식 투자문화가 확산되면서 주가상승에 힘을 실어주었다. 따라서 종합주가지수는 2005년 3월 네 번째 1,000포인트를 돌파하였고, 2007년 11월 1일 2,085포인트에 도달할 때까지 4년 8개월간 무려 1573포인트가 상승하였다.

그러나 이러한 투자성과가 모든 투자자에게 돌아간 것은 아니다. 적립식 투자자들은 총 67개월 중에서 한때 −21%가 넘는 손실을 기록했지만, 짧은 계곡을 잘 건넌 투자자는 119.9%라는 엄청난 성과를 거둘 수 있었다. 짧은 계곡 너머에 있는 높은 봉우리를 보지 못한 투자자들에게는 많은 아쉬움이 골짜기이다.

┃그림 11-11┃ 네 번째 계곡(2002년 4월~2007년 11월)

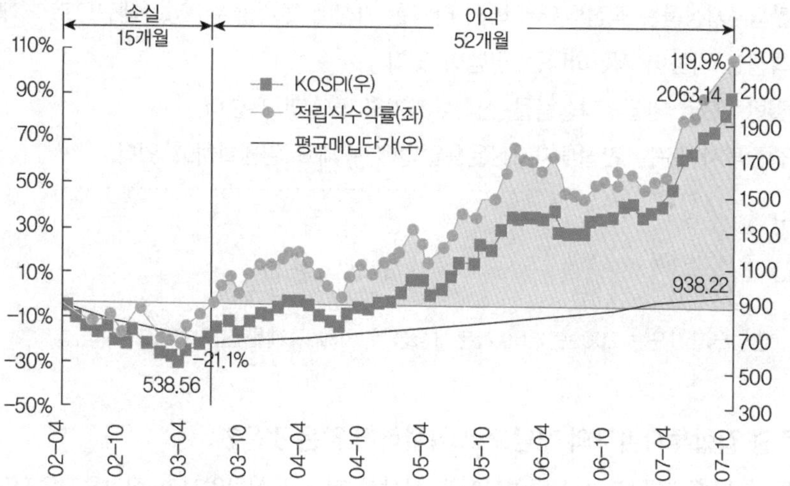

연습문제 TEST

1 다음 중 직접투자와 간접투자에 대한 적절한 설명으로 묶인 것은?

가. 간접투자상품은 직접투자에 비해 다양한 자산에 투자할 수 있고 대규모로 거래되는 특성상 비용이 저렴하다는 장점이 있다.
나. 일반적으로 간접투자상품을 집합투자기구(펀드)라고 한다.
다. 집합투자기구는 간접투자자산운용업법에 규제를 일원화하고 있다.

① 가, 나　　② 가, 다
③ 나, 다　　④ 가, 나, 다

해설　집합투자기구는 2009년부터 자본시장법에 의해 규제를 일원화하고 있다.

2 다음 중 집합투자기구의 개념으로 적절하지 않은 것은?

① 투자신탁은 위탁자가 신탁업자에게 신탁한 재산을 신탁업자가 집합투자업자의 지시에 따라 운용하는 신탁형태이다.
② 투자회사는 주식회사의 형태로 납입한 자본금을 이용하여 자금을 운용하고 그 성과를 주주에게 배분하는 형태이다.
③ 집합투자재산은 운용회사의 다른 자산과 엄격히 분리해야 판매회사에 별도로 보관된다.
④ 투자신탁의 집합투자증권은 수익권, 투자회사의 집합투자증권은 지분증권이다.

해설　집합투자재산은 펀드자산의 분리원칙에 따라 수탁은행에 별도로 보관된다.

3 다음 중 자본시장법상 집합투자기구의 법적인 분류로 적절하지 않은 것은?

① 투자회사　　② 투자신탁
③ 투자합자회사　　④ 투자합명회사

해설　자본시장법상 집합투자기구의 법적 분류는 계약형(투자신탁), 회사형(투자회사, 합자회사, 유한회사), 조합형, PEF 등으로 구분된다.

4 다음 중 집합투자기구의 법적 구조로 가장 거리가 먼 것은?

① 투자신탁형　　② 투자회사형
③ 투자조합형　　④ 투자자문형

해설　집합투자기구는 법적 구조에 따라 투자신탁형, 투자회사형, 투자조합형으로 분류된다.

5 **다음 중 자본시장법상 금융투자상품에 대한 설명으로 적절하지 않은 것은?**

① 금융상품은 원금손실가능성 여부에 따라 금융투자상품과 비금융투자상품으로 분류한다.

② 금융투자상품은 증권과 파생상품으로 분류한다.

③ 증권은 원본을 초과하여 손실가능성이 있는 상품을 말한다.

④ 파생상품은 장내파생상품과 장외파생상품으로 분류한다.

해설 파생상품은 원본을 초과하여 손실가능성이 있는 상품을 말한다.

6 **다음 중 투자신탁(수익증권)에 대한 설명으로 적절하지 않은 것은?**

① 불특정 다수의 고객으로부터 자금을 모아 조성된 펀드를 고객을 대신하여 투자운용하는 자를 집합투자업자(위탁자)라고 한다.

② 판매자의 지시에 따라 유가증권 매매에 따른 대금 및 증권결제 등의 업무를 담당하는 자를 신탁업자(수탁자)라고 한다.

③ 수익자는 수익증권의 소지인을 말하며 기명식의 경우 수익자로 기명된 경우를 말한다.

④ 신탁업자는 투자신탁재산 운용 및 운용지시에 대한 감시기능을 한다.

해설 수탁자(수탁회사)는 위탁자의 지시에 따라 유가증권 매매에 따른 대금 및 증권결제 등의 업무를 담당하는 자를 말한다.

7 **다음 중 집합투자기구의 이해관계자 중 신탁업자의 역할이 아닌 것은?**

① 투자신탁재산의 평가

② 투자신탁재산의 보관 및 관리

③ 투자신탁재산의 운용 및 운용지시

④ 투자신탁재산의 운용 및 운용지시에 대한 감시

해설 투자신탁재산의 평가는 집합투자업자의 역할에 해당한다.

8 **자본시장법에 의한 집합투자기구의 관계회사 중 집합투자재산을 보관 및 관리를 담당하는 회사는?**

① 신탁업자 ② 집합투자기구평가회사

③ 일반사무관리회사 ④ 채권평가회사

해설 집합투자재산을 보관 및 관리를 담당하는 회사는 신탁업자이다.

9 다음 중 투자회사와 투자신탁의 비교 설명으로 적절한 것은?

가. 투자회사 투자자는 주주가 되며, 계약형 수익증권 투자자는 수익자가 된다.
나. 투자회사는 상법상 주식회사로 설립되며 계약형 투자신탁은 위탁자, 수익자, 수탁자 간의 계약에 의해 이루어진다.
다. 투자회사는 주주총회, 계약형 투자신탁은 수익자총회가 최고의사결정기구이다.
라. 투자회사는 실체가 없는 서류상의 회사이다.

① 가, 나, 다 ② 가, 다, 라
③ 나, 다, 라 ④ 가, 나, 다, 라

해설 보기의 지문은 모두 맞는 설명에 해당한다.

10 다음 중 자본시장법에 의한 집합투자기구의 종류가 아닌 것은?

① 증권집합투자기구 ② 실물자산집합투자기구
③ 부동산집합투자기구 ④ 단기금융집합투자기구

해설 자본시장법에서는 증권집합투자기구, 부동산집합투자기구, 단기금융집합투자기구, 특별자산집합투자기구, 혼합자산집합투자기구의 5종류가 있다.

11 다음 중 자본시장법상 투자대상에 따른 법적 분류로 거리가 먼 것은?

① 증권집합투자기구 ② 파생상품집합투자기구
③ 특별자산집합투자기구 ④ 부동산집합투자기구

해설 자본시장법상 투자대상에 따라 증권집합투자기구, 부동산집합투자기구, 특별자산집합투자기구, 단기금융집합투자기구, 혼합자산집합투자기구의 5가지로 분류한다.

12 자본시장법에서 규정하는 특수한 형태의 집합투자기구가 아닌 것은?

① 혼합형 집합투자기구 ② 환매금지형 집합투자기구
③ 전환형 집합투자기구 ④ 상장지수 집합투자기구

해설 특수한 형태의 집합투자기구는 환매급지형, 종류형, 전환형, 모자형, 상장지수 집합투자기구 5가지가 있다.

13 자본시장법에서 규정한 파생상품집합투자기구의 투자대상이 아닌 것은?

① 부동산집합투자기구 ② 특별자산집합투자기구
③ 단기금융집합투자기구 ④ 혼합자산집합투자기구

해설 단기금융집합투자기구(MMF)는 파생상품집합투자기구의 투자대상이 아니다.

14 다음 중 집합투자기구에 대한 설명으로 적절하지 않은 것은?

① 증권집합투자기구는 부동산에 투자할 수 있다.
② 증권집합투자기구는 집합투자재산의 50% 이상을 초과하여 증권에 투자하는 펀드를 말한다.
③ 단기금융집합투자기구는 파생상품에 투자할 수 있다.
④ 부동산집합투자기구는 파생상품에 투자할 수 있다.

해설

구분	증권펀드	부동산펀드	특별자산펀드	MMF	혼합자산펀드
증권	○	○	○	○	○
파생상품	○	○	○	×	○
부동산	○	○	○	×	○
특별자산	○	○	○	×	○

15 집합투자기구 중 어떠한 자산에나 투자비율의 제한없이 투자가능한 펀드는?

① 증권집합투자기구 ② 부동산집합투자기구
③ 특별자산집합투자기구 ④ 혼합자산집합투자기구

해설 혼합자산집합투자기구는 투자대상에 대한 투자비율에 제한이 없다.

16 자본시장법의 혼합자산집합투자기구에 대한 설명으로 적절한 것은?

가. 환매가능형 및 환매금지형으로 설정된다.
나. 투자대상의 자산에 제한이 없다.
다. 최저투자비율에 대해서는 법령상 제한이 없다.
라. 최소투자기한 전에 인출해도 환매수수료가 부과되지 않는다.

① 가, 다 ② 나, 다
③ 가, 나, 다 ④ 가, 나, 라

해설 가. 혼합자산집합투자기구는 환매금지형으로 설정된다.
라. 최소투자기한 전에 인출하면 환매수수료가 부과된다.

17 다음 중 환매금지형 집합투자기구에 대한 설명으로 적절하지 않은 것은?

① 집합투자기구의 존속기간이 사전에 정해지지 않는다.

② 부동산펀드, 특별자산펀드, 혼합자산펀드는 환매금지형으로 설립해야 한다.

③ 집합투자증권을 최초로 발행한 날부터 90일 이내에 그 집합투자증권을 거래소시장에 상장시켜야 한다.

④ 펀드자산 총액의 20%를 초과하여 시장성이 없는 자산(부동산, 특별자산, 혼합자산 등)에 투자하는 펀드는 폐쇄형으로 설립해야 한다.

해설 환매금지형은 존속기간을 정한 집합투자기구에 대해서만 가능하다.

18 다음 중 환매금지형 집합투자기구에 대한 설명으로 적절하지 않은 것은?

① 존속기간이 정해진 경우에만 설정·설립이 가능하다.

② 투자자는 거래소에서 환매금지형 펀드를 매매할 수 있다.

③ 기존투자자의 이익을 해할 우려가 없다고 인정될 경우에 한해 집합투자증권을 추가로 발행할 수 있다.

④ 환금성보장을 위한 별도의 방법을 지정하지 아니한 경우 집합투자증권을 최초로 발행한 날로부터 60일 이내에 상장해야 한다.

해설 환매금지형 집합투자기구는 신탁계약 또는 정관에 투자자의 환금성 보장을 위한 별도의 방법을 지정하지 아니한 경우 집합투자업자, 투자회사는 집합투자증권을 최초로 발행한 날로부터 90일 이내에 상장해야 한다.

19 환매금지형 펀드로 반드시 설정되어야 하는 집합투자기구로 묶인 것은?

가. 증권집합투자기구
나. 부동산집합투자기구
다. 특별자산집합투자기구
라. 혼합자산집합투자기구

① 가, 나, 다
② 나, 다
③ 나, 다, 라
④ 나, 라

해설 부동산집합투자기구, 특별자산집합투자기구, 혼합자산집합투자기구는 환매금지형 펀드로 설정되어야 한다.

20 다음에서 설명하는 특수한 형태의 집합투자기구에 해당하는 것은?

> 같은 집합투자기구에서 판매보수의 차이로 인해 기준가격이 다르거나 판매수수료가 다른 여러 종류의 집합투자증권을 발행하는 집합투자기구

① 전환형 집합투자기구 ② 상장지수 집합투자기구
③ 종류형 집합투자기구 ④ 모자형 집합투자기구

해설 지문은 종류형 집합투자기구에 대한 설명이다.

21 다음 중 집합투자기구의 위험으로 적절하지 않은 것은?

① 시장위험은 회피할 수 없는 고유한 위험으로 체계적 위험이라고 한다.
② 자산운용사를 선택할 때는 성과뿐만 아니라 재무건전성과 신용등급도 고려한다.
③ 인덱스펀드는 펀드매니저가 교체될 경우 펀드의 운용스타일이 달라지는 경우가 많다.
④ 액티브펀드는 매니저가 종목과 비중을 결정할 수 있어 벤치마크와 상이한 포트폴리오를 구성하여 추적오차가 커질 수도 있다.

해설 인덱스펀드는 펀드매니저에 따른 운용스타일의 차이가 거의 없지만, 액티브펀드는 펀드매니저가 교체될 경우 펀드의 운용스타일이 달라지는 경우가 많다.

22 투자자가 시장상황에 따라 다른 펀드로 자유롭게 전환할 수 있는 펀드로서 하나의 약관 아래 여러 개의 하위펀드가 있는 투자신탁상품으로 시장상황의 변화에 따라 환매하지 않고 대응할 수 있는 적절한 투자신탁상품에 해당하는 것은?

① 뮤추얼펀드 ② 하이일드펀드
③ 후순위채펀드 ④ 엄브렐러펀드

해설 지문은 엄브렐러펀드에 대한 설명이다.

23 다음 중 집합투자기구에 대한 설명으로 적절하지 않은 것은?

① 모자형 집합투자기구에서 자펀드는 모펀드에만 투자할 수 있다.
② 모자형 집합투자기구에서 모펀드와 자펀드의 집합투자업자는 동일해야 한다.
③ 종류형 집합투자기구는 판매보수나 운용보수를 집합투자증권별로 차등화할 수 있다.
④ 환매금지형 펀드는 설정된 지 75일 이내에 증권시장에 상장해야 한다.

해설 종류형 집합투자기구는 판매보수, 운용보수, 환매수수료를 집합투자증권별로 차등화할 수 있다.

24 가입경로, 판매대상, 수수료나 보수구조, 환매방법 등에 따라 펀드가 양산되는 것을 방지하고 펀드를 효율적으로 관리하기 위해 도입된 집합투자기구는?

① 종류형 집합투자기구 ② 전환형 집합투자기구
③ 모자형 집합투자기구 ④ 폐쇄형 집합투자기구

해설 종류형 집합투자기구(multi-class fund)에 대한 설명이다.

25 다음 중 전환형 집합투자기구에 대한 설명으로 적절하지 않은 것은?

① 투자자에게 현재 보유한 펀드를 다른 펀드로 전환할 수 있는 권리를 부여한다.
② 한 우산 아래 다양한 펀드를 고를 수 있다는 뜻에서 엄브렐러펀드라고도 한다.
③ 일반적으로 펀드를 교체매매할 때 환매수수료나 선취수수료를 부과한다.
④ 시장상황에 따라 펀드를 전환하면서 포트폴리오 조정을 진행할 수 있다.

해설 전환형 집합투자기구는 펀드를 교체매매할 때 환매수수료나 선취수수료를 감면해줌으로써 펀드의 교체매매를 용이하도록 도와준다.

26 다음 중 모자형 집합투자기구에 대한 설명으로 적절하지 않은 것은?

① 자펀드는 서로 다른 운용사의 펀드를 다양하게 편입할 수 있다.
② 투자자는 자펀드를 매수하고 자펀드는 다시 모펀드를 매수한다.
③ 자펀드는 규제상 편입할 수 있는 모펀드가 사전에 결정되어 있다.
④ 다수의 자펀드 대신 하나의 모펀드를 운용하여 운영의 효율성을 제고한다.

해설 모자형 집합투자기구는 동일한 투자전략을 갖는 펀드들의 자산을 하나로 모아 모펀드로 통합하여 운영하는 펀드로 자펀드는 규제상 편입할 수 있는 모펀드가 사전에 결정되어 있으며 동일한 운용사의 펀드만을 편입할 수 있다.

27 다음 중 상장지수형 집합투자기구(ETF)의 특징으로 적절하지 않은 것은?

① 상장형 ② 액티브형
③ 추가형 ④ 개방형

해설 ETF는 특정 지수에 연동하여 움직이는 인덱스펀드로 패시브형이며 거래소에서 매매가 가능한 개방형이고 추가형 구조를 갖고 있다.

28 다음 중 전문투자형 사모펀드의 특징으로 적절하지 않은 것은?

① 투자광고를 허용한다.

② 운용사도 운용상품의 직접 판매가 가능하다.

③ 판매시 적합성 원칙, 적정성 원칙의 적용을 면제한다.

④ 모든 투자자가 투자금액의 제한없이 투자할 수 있다.

해설 전문투자자는 금액의 제한없이 모두 투자할 수 있으나, 개인투자자는 1억원 이상으로 투자금액의 제한이 있어 소액투자자는 투자할 수 없다.

29 다음 중 재간접펀드에 대한 설명으로 적절하지 않은 것은?

① 펀드를 편입하는 펀드를 의미한다.

② 비용이 이중으로 발생하는 단점이 있다.

③ 모자형펀드와 동일한 개념으로 미리 규정되어 있는 펀드만 편입할 수 있다.

④ 하위 펀드의 수나 비중의 제한이 없어 1개 펀드에 100% 투자하는 경우도 있다.

해설 모자형펀드는 자펀드가 규정된 모펀드만을 편입하는 반면에, 재간접펀드는 시장상황, 투자전략에 따라 한 개 또는 여러 펀드를 편입하는 전략을 통해 수익을 추구한다.

30 다음 중 가치주 펀드의 특징으로 적절하지 않은 것은?

① 변동성이 상대적으로 낮다.

② 평균 PER이나 평균 PBR이 높은 편이다.

③ 대체로 시가총액이 큰 대형주를 편입한다.

④ 저평가된 주식을 매입하여 적정가치에 도달하면 차익을 실현한다.

해설 평균 PER이나 평균 PBR이 가치주는 낮고 성장주는 높은 편이다.

31 다음 중 특정 주가지수를 추적하는 펀드로 거래소에 상장되어 마치 주식처럼 매매되는 상품에 해당하는 것은?

① ETF ② ELS

③ ELW ④ ELD

해설 ETF(상장지수펀드)는 거래소에 상장된 펀드로 주식처럼 거래되므로 기존 펀드의 환매가격 결정의 한계점을 보완한 펀드이다.

32 다음 중 펀드의 환매에 대한 설명으로 적절하지 않은 것으로 묶인 것은?

가. 환매청구는 원칙적으로 집합투자업자에게 한다.
나. 환매대금의 지급은 원칙적으로 환매청구일로부터 15일 이내에 해야 한다.
다. 펀드의 환매가격은 과거가격으로 환매하는 것을 원칙으로 한다.
라. 개인용 단기금융펀드(MMF)는 당일환매가 가능하다.

① 가, 나, 다　② 가, 다
③ 가, 라　④ 나, 다

해설 가. 환매청구는 원칙적으로 판매업자에게 한다.
다. 펀드의 환매가격은 미래가격으로 환매하는 것을 원칙으로 한다.

33 다음 중 펀드에 대한 설명으로 적절하지 않은 것은?

① 환매수수료는 판매회사의 손익으로 귀속된다.
② 환매대금의 지급은 원칙적으로 금전에 의한 지급이어야 한다.
③ 펀드의 환매연기가 있는 경우 6주 이내에 총회에서 환매대금 지급방법에 대한 결의가 있어야 한다.
④ 환매수수료는 일종의 벌칙성 부과금이므로 펀드자산에 유보하게 된다.

해설 환매수수료는 펀드별로 정해지며 일종의 위약금으로 징수하여 펀드에 재편입된다.

34 다음 중 펀드의 비용에 대한 설명으로 적절하지 않은 것은?

① 판매수수료는 펀드를 판매하는 행위에 대한 대가로 투자자가 직접 부담한다.
② 판매보수는 지속적으로 징구하는 비용으로 집합투자기구가 부담한다.
③ 판매수수료는 기준가격에 영향을 미친다.
④ 판매보수는 기존 순자산총액의 평균잔액에 일정률의 보수를 부과한다.

해설 판매보수는 지속적으로 집합투자기구에서 비용으로 처리하여 기준가격에 영향을 미친다. 그러나 판매수수료는 투자자가 일시적으로 부담하는 비용으로 기준가격에 영향을 미치지 않는다.

35 다음 중 펀드의 비용에 대한 설명으로 적절하지 않은 것은?

① 수수료는 1회성 비용이고 보수는 투자기간 동안 지속적으로 부담하는 비용이다.
② 선취수수료는 펀드를 구입할 때 지불하고, 후취수수료는 펀드를 환매할 때 지불한다.
③ 판매수수료는 투자자가 직접 부담하는데 납입 또는 환매금액의 1%를 초과할 수 없다.
④ 판매보수는 펀드에서 각출하며 순자산총액의 평균잔액에 1%를 초과할 수 없다.

해설 판매수수료는 납입 또는 환매금액의 2%를 초과할 수 없다.

36 다음 중 펀드의 환매에 대한 설명으로 적절하지 않은 것은?

① MMF는 제한적으로 당일 환매도 가능하다.
② 환매가격은 환매청구일 이전 최근 기준가격으로 정한다.
③ 환매청구일로부터 25일 이내에 환매대금을 지급해야 한다.
④ 환매수수료는 환매를 청구한 투자자가 부담하며 이는 펀드에 귀속시킨다.

해설 환매가격은 환매청구일 이후에 계산된 기준가격(미래가격)으로 해야 한다.

37 다음 중 펀드에 대한 설명으로 적절하지 않은 것은?

① 대체투자상품은 주식, 채권과 같은 전통형 투자상품과 달리 주식과 채권의 중간 정도의 수익률과 위험을 갖는 상품을 말한다.
② 자산배분형 펀드는 여러 가지 자산집단에 대해 투자비중을 유연하게 변동시킬 수 있는 펀드를 말한다.
③ 부동산펀드는 자금을 모아 부동산이나 개발사업 등에 투자하거나 대출하여 수익률을 배당하는 실적배당상품으로 거액의 투자자만 가입이 가능하다.
④ 재간접펀드는 펀드자산을 다른 펀드가 발행한 집합투자증권을 운용자산의 50% 이상 투자하는 펀드를 말한다.

해설 부동산펀드는 소액투자자도 가입할 수 있어 소액으로 부동산에 투자하는 효과를 갖는다.

38 다음 중 상장지수펀드(ETF)에 대한 설명으로 적절한 것은?

① 높은 환금성이 장점이나 수수료는 일반 주식형펀드에 비해 높은 편이다.
② 주식형펀드보다 운용사 또는 펀드매니저의 운용역량에 의존하는 경향이 강하다.
③ 일반 주식처럼 주식매매계좌를 통해 매매가 가능하다.
④ 특정 주식을 보유하는 것에 비해 위험을 분산하는 효과가 작다.

해설 ETF는 인덱스펀드로 장내에 상장되어 홈트레이딩으로 거래 가능하고 시장위험에 노출되어 있다. 수수료도 저렴한 편이고, 수익은 시장위험에 의존하며, 위험분산효과가 높다.

39 다음 중 상장지수펀드(ETF)의 특징으로 적절하지 않은 것은?

① 주식시장 인덱스를 추종하여 주식과 같이 유가증권시장에 상장되어 거래된다.

② 일반 인덱스펀드에 비해 운용사의 운용능력에 따라 상대적으로 수익률 변동성이 크다.

③ 액티브펀드보다 낮은 비용이 발생하나, 거래에 따른 거래세 및 수수료는 지불해야 한다.

④ 운용자는 환매 등에 신경쓰지 않고 인덱스와의 추적오차를 줄이기 위해 최선을 다할 수 있다.

해설 ETF는 철저한 소극적 투자전략으로 지수와의 수익률 괴리가 낮게 나타난다.

40 다음 중 인덱스펀드와 상장지수펀드에 대한 설명으로 적절하지 않은 것은?

① 인덱스펀드는 순자산가치에 의해 수익률이 하루 한 번 결정된다.

② 상장지수펀드는 주식처럼 거래소에 상장되어 거래된다.

③ 인덱스펀드는 벤치마크지수가 있으나 상장지수펀드는 벤치마크지수가 없다.

④ 상장지수펀드는 액티브펀드에 비해 낮은 비용이 발생하며 인덱스펀드도 액티브펀드보다는 낮은 비용이지만 대부분 상장지수펀드보다 높은 보수를 책정하고 있다.

해설 ETF는 벤치마크지수가 존재하여 추적오차를 줄이려고 소극적 투자전략을 수행한다.

정답

1. ①	2. ③	3. ④	4. ④	5. ③	6. ②	7. ①	8. ①	9. ④	10. ②
11. ②	12. ①	13. ③	14. ③	15. ④	16. ②	17. ①	18. ④	19. ③	20. ③
21. ③	22. ④	23. ③	24. ①	25. ③	26. ①	27. ②	28. ④	29. ③	30. ②
31. ①	32. ②	33. ①	34. ③	35. ③	36. ②	37. ③	38. ③	39. ②	40. ③

C·h·a·p·t·e·r

12

노후설계와 연금

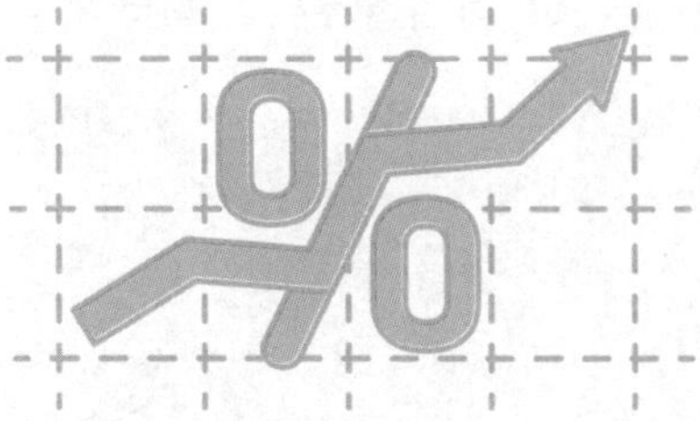

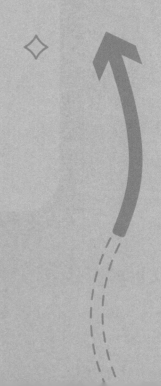

우리나라는 급속한 고령화에도 불구하고 개인의 노후준비는 미흡하며 가계저축률이 낮고 개인자산이 부동산 등 비금융자산으로 구성되어 노후에 필요한 생계자금을 축적하는데 한계가 있다. 또한 저금리 기조가 지속되는 상황에서 예금 · 적금 · 채권 등의 보수적인 자산운용으로는 충분한 노후소득의 확보가 곤란하다.

01 공적연금의 개요

노후준비의 기본은 연금에서 시작한다. 노후생활의 안정을 위해 적립하고 은퇴한 후에 자산으로 활용할 수 있는 연금은 공적연금과 사적연금으로 구분한다. 공적연금에는 국민연금, 직역연금(공무원연금, 군인연금, 사학연금), 기초연금이 있으며, 사적연금에는 퇴직연금, 개인연금, 주택연금, 농지연금 등이 있다.

우리나라의 노후보장은 3층 체계로 구성되어 있다. 1층은 기본적인 생활보장을 위해 소득이 있으면 누구나 의무적으로 가입해야 하는 공적연금이고, 2층은 안정적인 노후생활을 위해 노사합의에 의해 자율적으로 가입하는 퇴직연금이며, 3층은 은퇴 후 여유로운 생활을 위해 개인이 자발적으로 준비하는 개인연금이다.

그림 12-1 3층 연금체계

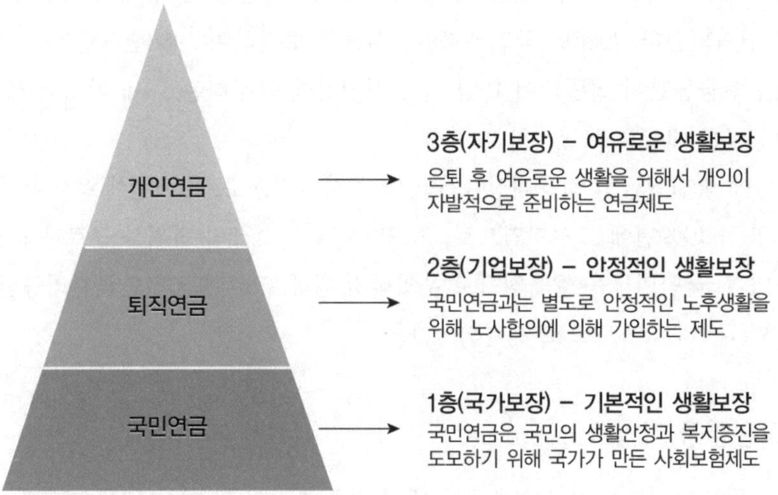
개인연금
퇴직연금
국민연금
3층(자기보장) – 여유로운 생활보장
은퇴 후 여유로운 생활을 위해서 개인이 자발적으로 준비하는 연금제도
2층(기업보장) – 안정적인 생활보장
국민연금과는 별도로 안정적인 노후생활을 위해 노사합의에 의해 가입하는 제도
1층(국가보장) – 기본적인 생활보장
국민연금은 국민의 생활안정과 복지증진을 도모하기 위해 국가가 만든 사회보험제도

1. 국민연금

(1) 국민연금의 개요

1988년에 도입된 국민연금은 장기소득보장을 위한 사회보험으로 가입대상자에 해당하면 누구나 가입해야 하는 강제적 성격을 갖는다. 따라서 공무원, 군인, 사립학교 교직원 등과 같은 특수직역에 종사하는 자를 제외한 모든 국민을 단일의 연금체계에 편입시켜 운영하는 강제적인 방법을 채택하고 있다.

국민연금은 초기부터 기금을 적립하는 형태로 운영하고 있지만 미래에 필요한 총지출을 기금적립금과 운용수익으로 완전히 충당할 수 없는 부분적립방식이다. 국민연금은 급여의 계산에서 본인의 소득뿐만 아니라 전체가입자의 소득 평균값을 반영하여 연금제도를 통해 계층간 소득재분배가 이루어진다.

(2) 국민연금의 도입

1973년 국민복지연금법을 제정 · 공포했으나 석유파동 등의 경제위기로 국민연금제도의 실행이 연기되었다. 1986년 국민복지연금제도를 보완하여 1988년 1월부터 시행되었다. 1987년 국민연금공단이 설립되어 10인 이상 사업장에 근무하는 18세 이상 60세 미만의 근로자와 고용자를 대상으로 실시하였다.

1992년에 국민연금의 적용대상을 5인 이상 사업장으로, 1995년에 농어촌지역으로 확대하였다. 또한 1999년에 도시지역으로, 2003년부터 사업장의 범위를 근로자 1인 사업장으로 확대하였다. 국민연금을 효율적으로 운영하기 위해 1987년 국민연금관리공단을 설립했다가 2007년 국민연금공단으로 변경되었다.

(3) 국민연금 가입자

국민연금의 가입자는 원칙적으로 국내에 거주하는 18세 이상 60세 미만의 국민 및 국내 거주 외국인이 가입대상이다. 그러나 공무원, 군인, 사립학교 교직원, 별정우체국 직원과 같은 특수직역종사자는 제외된다. 국민연금의 가입자는 사업장가입자, 지역가입자, 임의가입자, 임의계속가입자로 구분된다.

1) 사업장가입자

사업장가입자는 1인 이상의 사업장에 근무하는 18세 이상 60세 미만의 근로자와 사용자 또는 주한 외국기관으로 1인 이상의 대한민국 근로자를 고용하는 사업장에 근무하는 근로자와 사용자가 된다. 따라서 지역가입자가 사업장에 취업하면 자동적으로 사업장가입자가 되고, 지역가입자 자격은 상실된다.

2) 지역가입자

국내에 거주하는 18세 이상 60세 미만의 사업장가입자가 아닌 사람으로 공적연금에서 퇴직연금, 장애연금을 받는 수급권자, 국민기초생활보장법에 의한 수급자, 소득활동에 종사하지 않은 사업장가입자의 배우자, 보험료 납부 사실이 없고 소득활동에 종사하지 않은 27세 미만은 지역가입자가 될 수 없다.

3) 임의가입자

국내에 거주하는 18세 이상 60세 미만의 국민으로 국민연금 사업장가입자나 지역가입자의 적용대상에서 제외되는 사람도 60세 이전에 본인의 신청에 의해 가입신청을 하게 되면 임의가입자가 될 수 있다. 그러나 이들은 사업장가입자나 지역가입자처럼 의무가입이 아니기 때문에 언제든지 탈퇴가 가능하다.

4) 임의계속가입자

국민연금 가입자 또는 가입자였던 자가 만 60세에 도달하여 국민연금 가입자의 자격을 상실했으나 가입기간이 부족하여 연금을 받지 못하거나 가입기간을 연장하여 많은 연금을 받고자 하는 경우 만 65세에 도달할 때까지 신청에 의해 임의계속가입자로 가입하고 국민연금보험료를 계속 납부할 수 있다.

(4) 국민연금 보험료

연금보험료 = 가입자의 기준소득월액×연금보험료율

1) 기준소득월액

기준소득월액은 국민연금의 보험료 및 급여산정을 위해 국민연금 가입자가 신고한 소득월액을 말하며 최저 30만원(하한액)에서 최고 486만원(상한액)까지의 범위로 결정된다. 따라서 신고한 소득월액이 30만원보다 적으면 30만원을 기준소득월액으로 하고, 486만원보다 많으면 486만원을 기준소득월액으로 한다.

2) 연금보험료율

① 사업장가입자의 보험료율

직장가입자는 소득의 9%를 사업장의 사용자(고용주)와 본인(근로자)가 각각 4.5%씩 나눠서 부담한다.

② 지역가입자의 보험료율

지역가입자, 임의가입자, 임의계속가입자는 소득의 9%를 본인이 전액 부담한다.

(5) 국민연금의 급여

국민연금은 가입자가 노령, 장애, 사망으로 소득능력이 상실 또는 감퇴되었을 때 일정한 연금급여를 지급하여 국민의 생활안정과 복지증진에 기여하는 것을 목적으로 하는 사회보장제도를 말한다. 국민연금급여의 종류에는 노령연금(분할연금 포함), 장애연금, 유족연금, 반환일시금, 사망일시금이 있다.

▌표 12-1▐ 국민연금급여의 종류

<table>
<tr><th colspan="2">연금 지급</th><th colspan="2">일시금 지급</th></tr>
<tr><td>노령연금</td><td>노후소득보장을 위한 급여
(국민연금의 기초가 되는 급여)</td><td rowspan="2">반환일시금</td><td rowspan="2">연금을 받지 못하거나 가입할 수 없는 경우 청산적 성격으로 지급하는 급여</td></tr>
<tr><td>장애연금</td><td>장애로 소득감소에 대비한 급여</td></tr>
<tr><td>유족연금</td><td>가입자 사망으로 유족 생계보호</td><td>사망일시금</td><td>유족연금 및 반환일시금을 받지 못할 경우 장제비 성격으로 지급하는 경우</td></tr>
</table>

1) 노령연금

국민연금의 가장 기초가 되는 노령연금은 국민연금 가입자가 나이가 들어 소득활동에 종사하지 못할 경우에 생활안정과 복지증진을 위해 지급된다. 노령연금을 받으려면 국민연금 가입기간(연금보험료 납입기간)이 최소 10년 이상이 되어야 하며, 수급개시연령이 되면 매월 25일 평생 동안 연금을 수령한다.

① 노령연금

노령연금은 가입기간, 연령, 소득활동에 따라 노령연금, 조기노령연금이 있고, 이혼한 배우자에게 지급하는 분할연금이 있다. 노령연금은 국민연금에서 가입기간이 10년 이상이고 노령연금 수급개시연령(60~65세)에 도달하면 기본연금액과 부양가족연금액을 합산하여 평생 동안 수령하는 연금을 말한다.

② 조기노령연금

국민연금에서 가입기간이 10년 이상이고 조기노령연금 수급개시연령 55세 이상인 사람이 소득이 없을 경우에 신청해서 수령할 수 있는 연금을 말한다. 이때 가입기간과 처음 연금을 수령하는 연령에 따라 일정률(55세는 70%, 56세는 76%, 57세는 82%, 58세는 88%, 59세는 94%)를 평생 동안 지급받게 된다.

③ 분할연금

분할연금은 국민연금 가입자가 이혼했을 때 가입자의 배우자가 노령연금 수령액의 50%를 수령할 수 있는 제도이다. 분할연금의 수급자격은 국민연금 가입자와 5년 이상의 혼인관계를 지속했다가 이혼한 배우자로 노령연금 수급권자가 수령하는 연금액 중 혼인기간에 해당하는 연금액의 50%를 수령할 수 있다.

2) 장애연금

장애연금은 국민연금 가입자가 치료 후에도 장애가 남았을 때 장애상태(1~4급)에 지급하는 연금을 말한다. 장애연금은 장애를 입게 된 즉시 지급하는 것이 아니라 장애정도가 어느 정도 고정된 때(1년 6개월 경과 후)의 상태를 결정된 등급에 따라 1~3등급은 매월 연금으로, 4급은 일시금으로 지급된다.

3) 유족연금

국민연금 가입자 또는 가입자였던 분이 사망하거나 노령연금 수급권자 또는 장애등급 2급 이상의 장애연금 수급권자가 사망하여 수급요건을 충족하는 경우에 그에 의해 생계를 유지하던 유족에게 가입기간에 따라 기본연금액에 일정률(40~60%)를 곱한 금액과 부양가족연금액을 합한 금액을 연금으로 지급된다.

4) 반환일시금

국민연금 가입자 또는 가입자였던 자가 노령 · 장애 · 유족연금의 수급요건을 충족하지 못하면 가입 중에 납부한 연금보험료에 일정한 이자를 가산하여 본인 또는 그 유족에게 지급하는 급여를 말한다. 반환일시금을 일시에 수령할 사유가 발생한 날로부터 5년간 행사하지 않으면 소멸시효가 끝나 청구권이 소멸된다.

5) 사망일시금

국민연금 가입자 또는 가입자였던 자가 사망한 때에 국민연금법 제73조에 따른 유족이 없으면 그 배우자 · 자녀 · 부모 · 손자녀 · 조부모 · 형제자매 · 4촌 이내 방계혈족 순으로 사망일시금을 지급한다. 이때 순위가 동일한 사람이 2명 이상이면 똑같이 나누어 지급하고, 지급방법은 대통령령으로 정한다.

2. 특수직역연금

우리나라의 공적연금은 1960년 공무원과 군인을 적용대상으로 하는 공무원연금이 시초이다. 1963년 공무원연금에서 군인연금이 분리되었고, 1975년 사립학교교직원연금이 도입되었고, 1982년에 별정우체국직원연금이 도입되었다. 특수직역연금은 적용대상만 달리할 뿐 급여제도의 내용은 거의 비슷하다.

(1) 공무원연금

공무원연금은 공무원의 퇴직 또는 사망과 공무로 인한 부상, 질병, 장애 등에 대한 적절한 급여를 실시하여 공무원 및 그 유족의 생활안정과 복리향상에 기여함을 그 목적으로 하고 있다. 또한 공무원연금은 공무원에 대한 종합사회복지기능을 수행하여 재해보상, 부조, 퇴직수당, 후생사업 등을 제공한다.

공무원연금의 적용대상은 국가공무원법 및 지방공무원법에 의한 정규공무원과 기타 국가 또는 지방자치단체에 근무하는 정규공무원 외의 공무원(공중보건의사, 공익법무관, 사법연수원생 등)이다. 그러나 군인과 선거에 의해 취임하는 공무원(대통령, 국회의원 등)은 공무원연금의 적용대상에서 제외된다.

(2) 군인연금

군인연금은 1960년 공무원연금법에 군인에 대한 규정을 마련하여 운영되었다. 그러나 신체적 장애나 전사 등 발생비율이 높은 군인이라는 특수성을 반영하기 위해 1963년 군인연금법이 제정·공포됨으로써 중사 이상의 직업군인으로서 부상 또는 장기복무를 마친 제대자나 사망자 등에 한정하여 지급되고 있다.

군인연금은 공무원연금처럼 사회보험의 성격과 부양제도의 성격이 혼재되어 있고 재원조달과 연금급여구조가 공무원연금과 같은 체계를 지니고 있지만, 국가보상제도의 특성을 갖고 있다는 점에서 공무원연금과 다르다. 군인연금에는 퇴역연금, 퇴역일시금, 상이연금, 유족연금, 유족일시금의 다섯 가지가 있다.

(3) 사학연금

공무원연금법의 적용을 받던 국공립교원과 사립교원의 처우를 평준화하기 위해 1973년에 사립학교교원임금법이 제정되었다. 국공립학교의 교사를 제외한 사립의 초·중·고등학교 교사, 전문대학과 대학의 교수를 대상으로 1975년에 발족되었다. 1978년 학교기관의 사무직, 2016년 국립대병원 직원도 포함되었다.

사학연금은 사립학교 교직원의 퇴직, 사망, 직무상 질병, 부상, 폐질에 대해 적절한 급여를 실시하여 교직원 및 유족의 생활안정과 복리향상에 기여함을 목적으로 하고 있다. 사학연금은 재원조달방식이나 연금구조 등이 공무원연금과 동일하며, 사립학교교직원연금공단이 기금의 조성과 제도의 운영을 담당한다.

(4) 별정우체국연금

별정우체국은 자기의 부담으로 청사 등 기타 시설을 갖추고 국가로부터 위임받은 우편업무, 우체국예금·보험, 공과금 수납, 특산품 우편주문판매 등의 업무를 수행하며 과학기술정보통신부장관이 지정한다. 국가의 예산으로 통신수요를 충족하기가 어려운 실정을 감안하여 1961년부터 도서산간 벽지에서 시작되었다.

별정우체국연금은 별정우체국 직원의 퇴직 및 사망에 대해 적절한 급여제도를 확립하여 직원 및 그 가족의 경제적 생활안정과 복지증진에 기여하기 위해 도입된 공적 연금제도이다. 별정우체국연금관리단은 별정우체국에 근무하는 직원 및 가족의 복지증진을 위해 마련된 연금제도를 효율적으로 관리 운영하고 있다.

02 사적연금의 개요

1. 퇴직연금

(1) 퇴직연금의 개요

우리나라 퇴직급여제도는 근로자의 노후소득보장을 위해 1953년에 제정된 근로기준법에 의해 도입된 퇴직금제도가 시초이며 강제성이 없는 임의제도로 출발하였다. 퇴직금제도는 근속연수 1년당 30일분의 평균임금을 근로자가 퇴직시 일시에 지급했으나 회사의 사정으로 근로자가 퇴직금을 받을 수 없는 문제점이 있었다.

2004년 근로자퇴직급여보장법이 제정되면서 2005년 12월부터 퇴직연금제도가 본격적으로 시행되었다. 퇴직연금제도의 실시로 근로기준법에서 규정되던 퇴직금제도는 퇴직연금제도와 함께 근로자퇴직급여보장법에서 일괄적으로 규정하여 사용자는 근로자에게 퇴직급여를 지급하기 위해 하나 이상의 제도를 설정해야 한다.

퇴직연금은 근로자의 노후생활보장을 위해 회사가 근로자에게 지급해야 할 퇴직금을 회사 외부의 금융기관(퇴직연금사업자)에 맡기고 기업 또는 근로자의 지시에 따라 운용하다 근로자가 퇴직시 일시금 또는 연금으로 지급하는 제도이다. 따라서 회사가 파산하더라도 근로자는 금융회사로부터 퇴직급여를 받을 수 있다.

(2) 퇴직연금의 유형

근로자는 회사에 재직하는 동안에 확정급여형(DB), 확정기여형(DC), 개인형 퇴직연금(IRP) 중 자신이 선호하는 유형의 퇴직연금을 선택할 수 있으며, 퇴직 후에는 연금 또는 일시금 중 선택하여 수령할 수 있다. 2015년 이후부터는 일시금이 아닌 연금형태로 퇴직급여를 수령하면 30% 정도의 세제혜택을 받을 수 있다.

❙ 그림 12-2 ❙ 퇴직연금제도

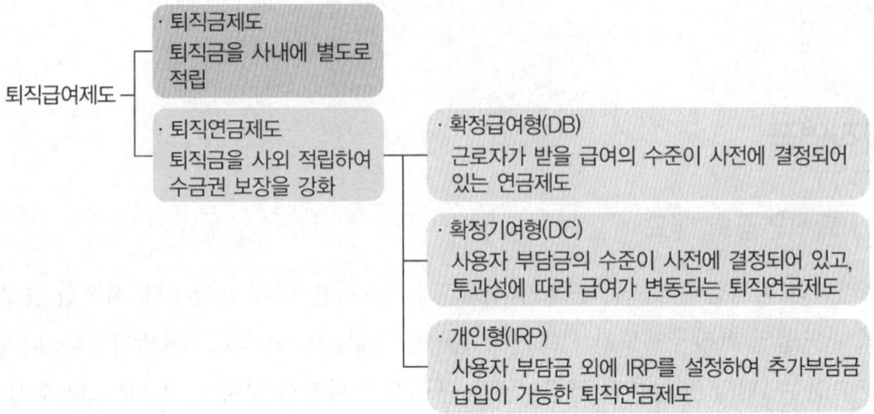

자료 : 근로복지공단 홈페이지

1) 확정급여형(DB : Defined Benefit)

확정급여형(DB)은 근로자가 퇴직할 때 수령할 퇴직급여(benefit)가 사전에 확정되어 1년 근속에 30일분 평균임금을 지급하는 퇴직금제도와 비슷하지만 사용자가 사외에 적립하여 근로자의 수급권이 강화된다. DB형은 사용자가 적립금을 운용하며 근로자는 운용결과에 관계없이 사전에 정해진 수준의 퇴직급여를 수령한다.

❙ 그림 12-3 ❙ 확정급여형(DB) 퇴직연금

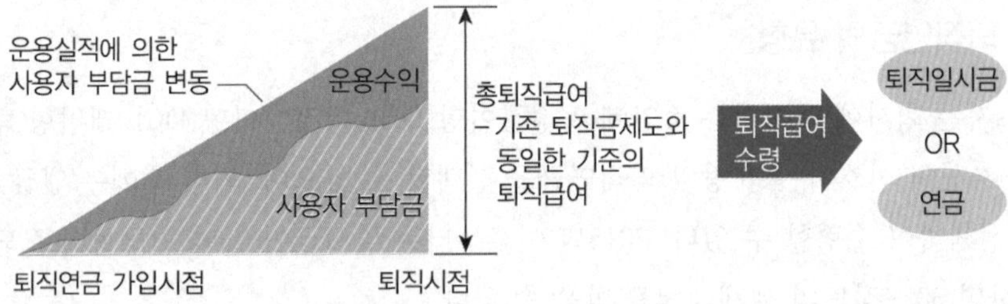

자료 : 근로복지공단 홈페이지

2) 확정기여형(DC : Defined Contribution)

확정기여형(DC)은 사용자가 납입할 부담금(contribution)이 사전에 확정되어 근로자의 개별계좌에 정기적으로 납입하면 근로자가 적립금을 운용하며 근로자 본인의 추가부담금 납입도 가능하다. 근로자는 사용자가 납입한 부담금과 운용손익을 퇴직급여로 수령하기 때문에 운용결과에 따라 퇴직급여의 수준이 달라진다.

| 그림 12-4 | 확정기여형(DC) 퇴직연금

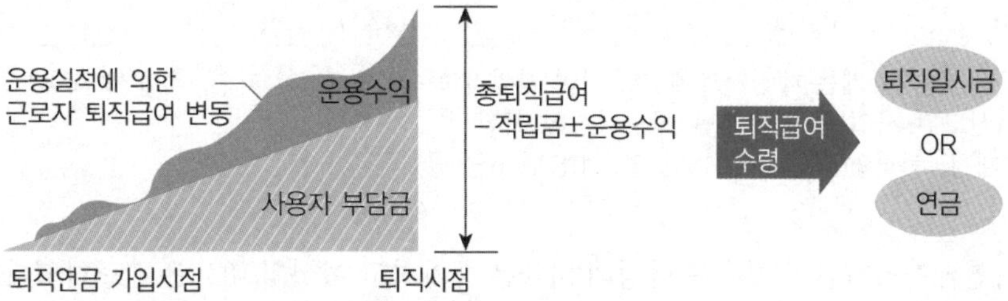

자료 : 근로복지공단 홈페이지

| 표 12-2 | 확정급여형과 확정기여형의 비교

구분	확정급여형(DB)	확정기여형(DC)
개 념	근로자가 수령할 퇴직급여 확정	기업이 부담할 부담금이 확정
퇴 직 급 여	퇴직전 3개월 평균월급×근속연수	사용자부담금+운용수익
기업부담금	적립금 운용결과에 따라 변동	연간 총급여의 1/12 이상
운 용 주 체	사용자	근로자
중 간 정 산	불가	
중 도 인 출	불가	가능

2017년 6월말 현재 퇴직연금에 가입한 전체근로자수는 약 5,834천명으로 전년 말 대비 약 0.4%(24,115명) 증가했으며, 전년 말 대비 구성비율은 확정기여형(DC)이 1.8% 증가한 반면 확정급여형(DB)은 1.9% 감소하였다. 그리고 2017년 상반기 퇴직연금 가입자의 규모는 전체 상용근로자의 약 43.4% 수준이다.

❙표 12-3❙ 퇴직연금 유형별 전체 가입 근로자 수

(단위: 명, %)

구분	전체 가입 근로자	DB	DC	IRP특례	병행
2015년 (구성비)	5,344,438 (100.0)	3,068,478 (57.4)	2,137,578 (40.0)	70,763 (1.3)	67,619 (1.3)
2016년 (구성비)	5,810,244 (100.0)	3,317,332 (57.1)	2,339,981 (40.3)	67,495 (1.2)	85,436 (1.5)
2017년 6월 (구성비)	5,834,359 (100.0)	3,217,492 (55.1)	2,457,215 (42.1)	67,698 (1.2)	91,954 (1.6)

주 : 실제 퇴직연금통계는 행정자료에 기반하여 사업자 등록, 사회보험 가입, 국세 납부 등으로 행정기관에 신고된 사업장·근로자만 작성대상에 포함됨
자료 : 통계청, 퇴직연금통계, 2016년 말, 2017년 6월 말

퇴직연금가입기간이 길수록 남성의 비율은 증가하고 여성의 비율은 감소하였다. 가입기간은 5~10년 미만(33.5%), 1~3년 미만(21.9%), 3~5년 미만(17.2%), 10~20년 미만(11.7%), 1년 미만(11.3%)의 순으로 나타났다. 연령대는 30대(31.0%), 40대(29.3%), 50대(20.0%), 20대(13.2%), 60세 이상(6.3%) 순으로 나타났다.

퇴직연금의 적립금 규모는 퇴직연금의 가입자 증가와 함께 매년 큰 폭으로 증가하여 2017년 6월 현재 약 151조원에 이르는 것으로 나타났다. 퇴직연금의 유형별로는 확정급여형(DB형)이 66.4%로 가장 많았으며 확정기여형(DC형) 및 IRP 순으로 나타났는데, 최근에 확정급여형의 비중은 다소 감소하는 것으로 나타났다.

| 그림 12-5 | 퇴직연금 적립금 현황

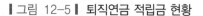

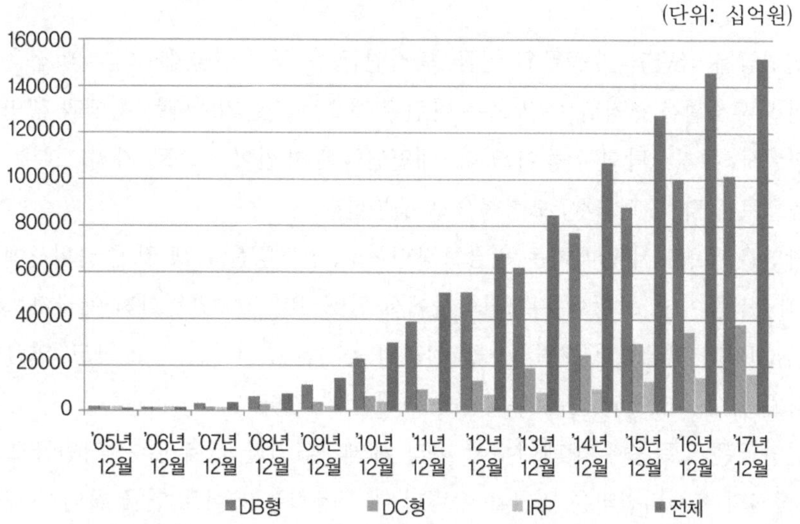

자료 : 통계청, 퇴직연금통계, 2016년 말, 2017년 6월 말

3) 개인형 퇴직연금(IRP : Individual Retirement Pension)

개인형 퇴직연금(IRP)은 근로자가 퇴직하면서 수령한 퇴직급여를 운용하거나 퇴직연금 DB형, DC형 외에 본인이 추가로 비용을 부담하여 운용하는 연금을 말한다. 누구나 추가 적립금에 대한 절세혜택을 공평하게 누릴 수 있도록 2017년 7월부터 공무원 및 자영업자 등 근로자는 누구나 가입할 수 있는 연금상품이다.

| 그림 12-6 | 개인형퇴직연금(IRP)

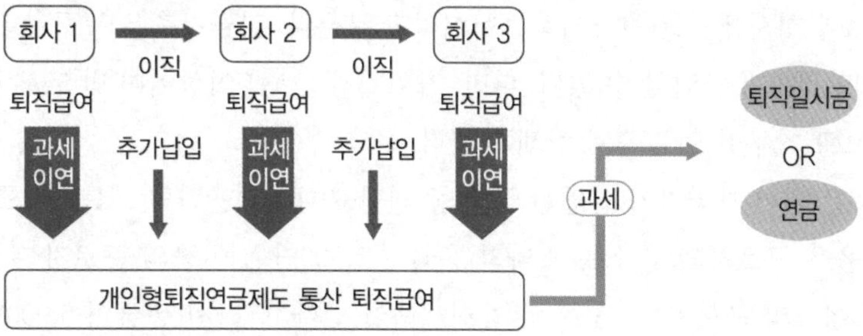

자료 : 근로복지공단 홈페이지

2. 개인연금

개인연금은 국민연금, 공무원 연금, 퇴직연금 등 공적 연금제도의 미비점을 보완하여 실질적인 노후생활을 보장할 수 있도록 마련된 것으로 취급기관에는 은행과 생명보험회사, 손해보험회사, 투자신탁회사 등이 있다. 개인연금은 개인이 스스로 가입 여부를 결정하는 금융상품으로 신탁형, 펀드형, 보험형으로 구분한다.

신탁형은 은행에서 판매하는 원금보장형이고, 펀드형은 은행 및 증권회사에서 판매하는 실적배당상품이며, 보험형은 보험회사에서 판매되며 5000만원까지 예금자보호가 가능하다. 연금신탁과 연금보험은 원금보장 성격이 높지만 수익률이 다소 낮고, 연금펀드는 원금손실의 위험성이 있지만 높은 수익률을 기대할 수 있다.

개인연금은 소득공제 혜택여부에 따라 세제적격연금과 세제비적격연금으로 구분한다. 세제적격과 세제비적격은 연금을 수령할 때 사용하는 용어로 연금 납입시 세액공제 여부에 따라 구분된다. 세제적격 상품은 보험료를 납입하는 동안 세액공제 혜택을 받게 되나 연금을 수령할 때에는 연금소득세(5.5%)를 내야 한다.

세제비적격 상품은 과세대상에서 제외되는 관계로 보험료 납입시 세액공제 혜택이 없다. 그러나 연금을 수령할 경우에 일정한 조건을 충족하면 연금소득세가 면제된다는 장점이 있다. 따라서 보험료 납부액에 소득공제혜택이 있는 연금저축은 세제적격연금이고, 소득공제혜택이 없는 연금보험은 세제비적격연금이다.

(1) 연금저축 : 세제적격

연금저축은 운용하는 금융회사에 따라 은행에서는 연금저축신탁, 증권회사에서는 연금저축펀드, 보험회사에서는 연금저축보험이라고 부른다. 연금저축은 누구나 가입할 수 있고 매년 1,800만원까지 납입할 수 있다. 다만, 가입기간이 5년 이상이며 만 55세 이상에 10년 이상의 기간으로 나누어 연금을 수령해야 한다.

연금저축은 매년 가입자가 납입한 금액 중 연간 최대 400만원의 소득공제를 받을 수 있다. 세액공제율은 근로자의 연소득에 따라 총급여 5,500만원 이하의 근로자는 16.5%, 총급여 5,500만원 이상의 근로자는 13.2%의 공제혜택이 있다. 따라서 총급여 5,000만원 근로자가 한해 800만원을 납입하면 132만원을 돌려받는다.

연금으로 수령하면 연금소득세를 납부하고, 일시금으로 수령하면 22%를 기타소득으로 원천징수하며 익년 종합소득에 합산되어 과세된다. 따라서 일시금으로 수령하면 매년 연금저축에 납입할 때 받았던 소득공제를 통한 환급세액보다 더 많은 세금을 내야 한다. 연금저축을 5년 이내에 중도해지하면 가산세를 부담한다.

▎표 12-4▎ 연금저축의 종류 및 특징

구분	연금저축신탁 (은행)		연금저축보험 (보험회사)		연금저축펀드 (자산운용회사)		
	채권형	안정형	생보사	손보사	채권형	혼합형	주식형
자산운용	채권	채권, 주식 10% 미만	제한 없음		채권 60% 이상	채권, 주식	주식 60% 이상
적용금리	실적배당		공시이율 (최저보증이율)		실적배당		
납입방식	자유납입 (매월 정액납입 가능)		정액납입		자유납입 (매월 정액납입 가능)		
연금수령	확정형		확정형		확정형 또는 종신형		
원금손실	없음		있음		없음		

▎그림 12-7▎ 연금저축 정보조회

자료 : 금융감독원 금융소비자정보포털 파인

(2) 연금보험 : 세제비적격

연금보험은 생활수준의 향상과 의료기술의 발달로 노령인구가 급격히 증가하여 빠르게 노령화사회로 변화함에 따라 노후소득보장을 위한 제도로 도입되었다. 다른 공적 연금제도의 미비점을 보완하여 실질적인 노후생활을 보장하는 것을 목적으로 한다. 가입자격은 만 20세 이상의 국내거주자, 저축기간은 10년 이상이다.

연금보험은 가입자가 경제활동기에 납입한 보험료를 적립하여 경제활동이 어려운 노년기에 일정한 연금액을 지급하는 보험상품으로 생명보험회사에서만 판매한다. 보험료를 납입하는 동안에 소득공제의 혜택이 없지만 5년 이상 보험료를 납부하고 10년 이상을 유지하면 이자소득세가 비과세되어 절세 측면에서 유리하다.

그러나 10년을 유지하지 못하고 중도해약하면 해약시점까지 발생한 보험차익에 이자소득세만 납부하면 세제상 불이익은 없다. 연금지급은 만 55세 이후부터 5년 이상의 기간에 걸쳐 확정연금 또는 종신연금의 형태로 지급된다. 연금보험은 보험료 적립방식에 따라서 일반연금, 변액연금, 자산연계형연금으로 구분한다.

1) 일반연금보험

일반연금보험은 계약자가 납입한 보험료 중 일부를 확정금리로 적립하는 금리확정형과 변동금리로 적립하는 금리연동형으로 구분되며 대부분의 상품은 금리연동형으로 운용된다. 금리연동형은 금리상승시에 예상보다 많은 연금액을 수령할 수 있으나 금리하락시에는 예상보다 작은 연금액을 수령하는 단점이 있다.

2) 변액연금보험

변액연금보험은 장기적인 물가상승에 따른 보험금의 실질가치 감소를 보전하기 위해 계약자가 납입한 보험료 중 일부를 주식, 채권 등에 투자하여 발생한 이익을 연금으로 지급한다. 투자성과가 좋으면 일반연금보다 높은 연금액을 기대할 수 있지만, 투자성과가 나쁘면 낮은 수준의 연금액을 수령해야 한다.

3) 자산연계형연금보험

자산연계형연금보험은 보험료의 일부를 주가지수 등 특정지표 또는 자산에 연계한 후 그 수익을 연금액에 반영하여 지급하는 상품으로 채권금리연계형, 주가지수연동형, 금리스와프연계형이 있다. 연계자산에서 발생한 추가수익을 기대할 수 있고, 변액연금보험보다 연금액을 안정적으로 지급받을 수 있다.

┃그림 12-8┃ 연금보험의 세제혜택

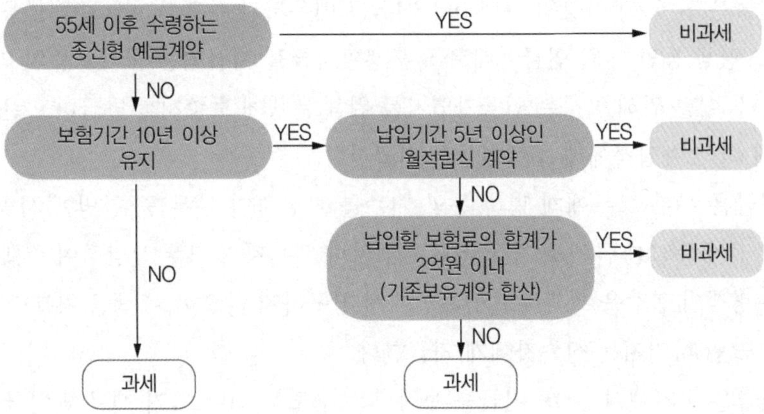

03 자산의 연금화

1. 주택연금

(1) 주택연금의 정의

주택연금은 만 55세 이상의 주택소유자나 그 배우자가 주택을 한국주택금융공사에 담보로 맡기고 평생 동안 매월 연금형태로 노후생활자금을 지급받는 국가보증의 역모기지론 금융상품이다. 이를 위해 공사는 연금가입자를 위해 은행에 보증서를 발급하고 은행은 공사의 보증서에 의해 가입자에게 주택연금을 지급한다.

주택연금은 부부 모두에게 평생 동안 거주를 보장하며 부부 중 한명이 사망하더라도 연금의 감액없이 동일한 금액을 지급한다. 가입자나 배우자가 모두 사망하여 주택을 처분한 결과 연금수령액이 집값을 초과해도 상속인에게 청구하지 않으며, 주택을 처분한 값이 연금수령액보다 크면 나머지는 상속자에게 지급한다.

주택연금은 국가에서 100% 지급을 보장하는 구조로 되어 있기 때문에 연금지급이 중단될 위험이 전혀 없다. 그리고 주택가격의 상승으로 부모님이 주택연금의 담보로 설정한 주택을 상속인이 다시 상속받고 싶은 경우에는 부모님이 지금까지 지급받은 연금총액을 모두 상환하고 주택의 상속권을 돌려받을 수도 있다.

❙그림 12-9❙ 주택연금의 상품구조

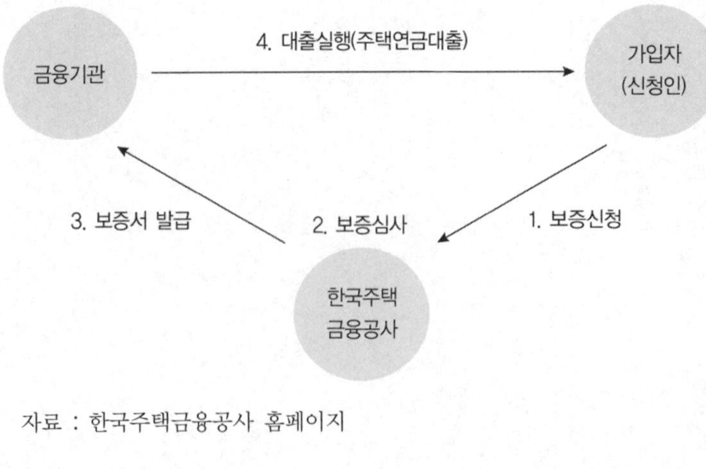

자료 : 한국주택금융공사 홈페이지

(2) 주택연금의 가입요건

① 부부 중 1명이 만 55세 이상이어야 한다.
② 부부기준 9억원 이하의 1주택소유자만 해당한다.
③ 다주택자라도 합산가격이 9억원 이하이면 가능하다.
④ 9억원을 초과하는 2주택자는 3년 이내 1주택 팔면 가능하다.

(3) 주택연금의 지급방식

주택연금의 지급방식에는 목돈없이 매월 동일한 금액을 평생 동안 지급받는 종신지급방식, 수시인출한도(연금지급한도 50% 이내)를 설정한 후 나머지를 매월 동일한 금액으로 평생 동안 수령하는 종신혼합방식 그리고 연령별 지급기간을 선택한 후 일정기간 동안만 연금을 지급받는 확정기간 혼합방식도 있다.

▌표 12-5▐ 일반주택 종신지급방식의 월지급금 예시

(단위 : 천원)

연령	주택가격								
	1억원	2억원	3억원	4억원	5억원	6억원	7억원	8억원	9억원
50세	107	214	321	428	535	642	749	856	963
55세	144	289	434	579	724	868	1,013	1,158	1,303
60세	198	397	595	794	993	1,191	1,390	1,588	1,787
65세	241	483	725	966	1,208	1,450	1,692	1,933	2,175
70세	298	597	895	1,194	1,492	1,791	2,090	2,388	2,687
75세	375	750	1,125	1,501	1,876	2,251	2,626	3,002	3,055
80세	482	964	1,446	1,928	2,410	2,892	3,374	3,384	3,384

▌그림 12-10▐ 주택연금의 지급방식별 선택비율 (2019년 6월말 기준)

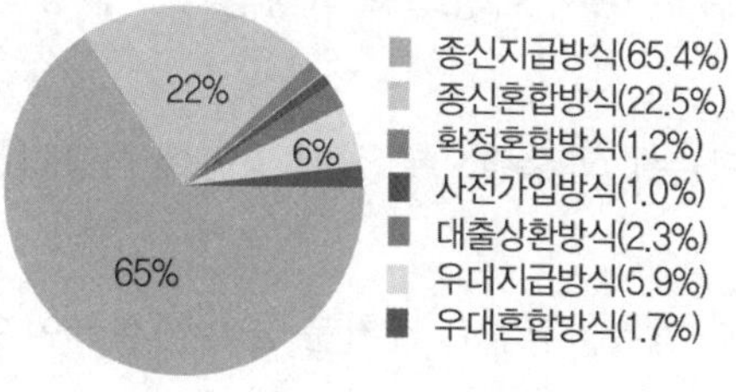

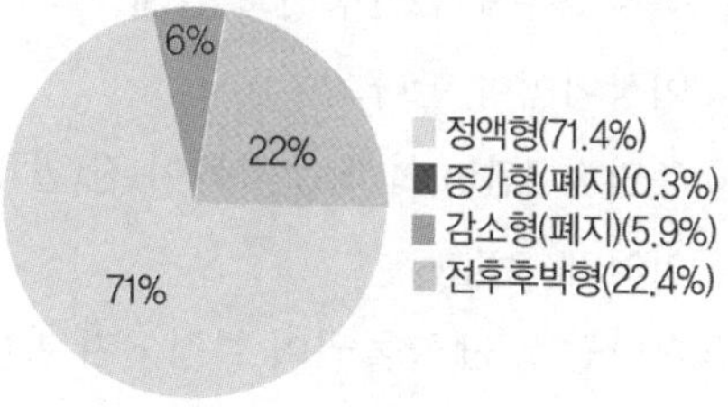

| 그림 12-11 | 주택연금의 연간 누적 가입자수

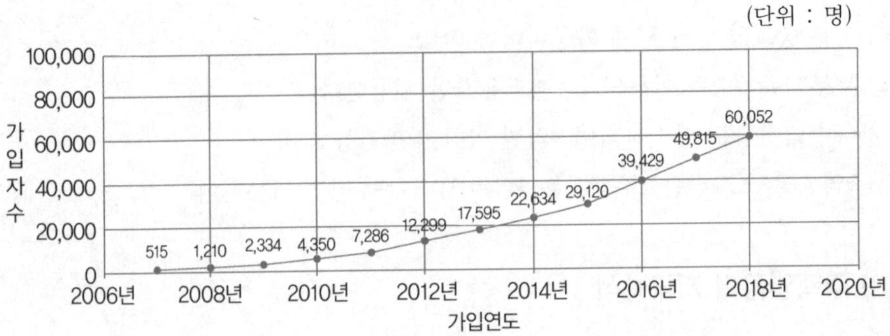

2. 농지연금

(1) 농지연금의 정의

농지연금은 만 65세 이상 고령농업인이 소유한 농지를 담보로 노후생활 안정자금을 매월 연금형식으로 지급받는 제도를 말한다. 즉 농지연금은 한미 FTA 등 농산물시장 개방확대에 따라 경쟁력이 낮은 고령농업인에 대한 복지대책으로 2011년 도입된 농지형 역모기지론으로 은퇴농업인의 생활안정장치로 자리매김해 왔다.

농지연금은 농지는 있으나 별도의 소득원이 없는 고령농업인이 소유농지를 담보로 사망할 때까지 매월 생활비를 연금으로 지급받고, 사망하면 농지를 처분하여 그동안 수령했던 연금과 이자를 상환하는 역모기지론 형태의 고령농업인 노후생활 안정지원제도를 말하며 한국농어촌공사가 농지관리기금을 재원으로 지원한다.

(2) 농지연금의 가입조건

① 농지소유자가 신청연도 말일 기준으로 만 65세 이상으로 신청인의 영농경력이 5년 이상이어야 한다.

② 총면적 3만m 이하로 지목이 전(밭), 답(논), 과수원으로 실제 영농에 이용하는 농지이어야 한다.

③ 저당권 등 제한물권이 설정되지 아니한 압류, 가압류, 가처분 등의 목적물이 아닌 농지이어야 한다.

④ 토지평가는 공시지가 및 감정평가액의 20%를 감액한 80%만 인정한다.

(3) 농지연금의 가입비용

① 농지연금에 적용되는 대출금리 : 2.5% 고정금리

② 보증료(위험부담비용) : 농지연금채권액×연 0.5%

③ 농지연금채무 : 월지급금의 총액+위험부담금+대출이자

(4) 농지연금의 지급방식

종신정액형은 가입자(배우자) 사망시까지 매월 동일한 금액을 지급하는 방식이고, 전후후박형은 가입초기 10년 동안은 정액형보다 더 많이, 11년째부터는 더 적게 받는 방식이다. 일시인출형은 총지급가능액의 30% 이내에서 수실로 인출할 수 있고, 기간정액형은 가입자가 선택한 일정기간 일정금액을 지급하는 방식이다.

표 12-6 주택연금과 농지연금의 비교

구분	주택연금	농지연금
가입연령	만 55세 이상 주택소유자	만 65세 이상 농지소유자
가입조건	9억원 이하의 1세대 1주택	3만m 이하의 영농경력 5년 이상
담보물건	주택	농지(전, 답, 과수원)
담보물평가	KB시세, 감정평가액	개별공시지가, 감정평가액
연금재원	금융기관자금	농지관리기금
연금지급방식	종신형, 기간형	종신형, 기간형
연금지급기관	금융기관	한국농어촌공사
세제혜택	재산세감면, 소득공제	재산세감면

연습문제 TEST

1 다음 중 3층 보장제도에 대한 설명으로 적절한 것은?

① 3층 보장제도 – 사회보장, 기업보장, 자기보장

② 개인연금 – 안정적인 생활보장

③ 퇴직연금 – 여유있는 생활보장

④ 공적연금 – 연금수령액이 기준소득월액에 비례하여 상승

해설 ② 퇴직연금 – 안정적인 생활보장
③ 개인연금 – 여유있는 생활보장
④ 공적연금 – 연금수령액이 물가상승률만큼 상승

2 다음 중 국민연금에 대한 설명으로 적절하지 않은 것은?

① 국민연금은 젊은 세대의 돈을 걷어 나이든 세대를 부양하는 세대간 소득재분배기능이 있다.

② 국민연금은 처음 지급할 때 과거 보험료 납부소득에 물가상승률을 적용해서 현재가치로 재평가하여 계산한다.

③ 국민연금은 사적보험제도가 아닌 사회보험제도이므로 가입의 강제성을 채택하고 있다.

④ 국민연금에 가입하여 60세가 된 자가 65세가 될 때까지 공단에 가입신청을 하면 임의계속가입자가 될 수 있다.

해설 국민연금은 처음 연금을 지급할 경우에 과거 보험료 납부소득에 연도별 재평가율을 적용하여 현재가치로 재평가하여 계산한다.

3 다음 중 국민연금의 연금급여에 대한 설명으로 적절한 것은?

① 국민연금의 기본연금액은 연금 종별 지급사유에 따른 연금액과 부양가족연금액을 기초로 산정된다.

② A값은 가입자의 평균소득월액을 의미한다.

③ 3자녀를 출산했을 경우 노령연금을 산정할 때 추가인정기간은 48개월이다.

④ 가입자가 실직하여 구직급여를 받는 기간은 가입기간에 가산할 수 있고, 가산기간은 1년을 한도로 한다.

해설 ① 국민연금의 연금액은 연금 종별 지급사유에 따른 기본연금액과 부양가족연금액을 기초로 산정된다.
② A값은 전체가입자의 평균소득월액의 평균액을 의미한다.
③ 3자녀를 출산했을 경우 노령연금을 산정할 때 추가인정기간은 30개월이다.

4 **다음 중 국민연금에 대한 설명으로 적절하지 않은 것은?**

① 1988년 10인 이상 사업자의 근로자 및 사업주를 대상으로 실시하였다.

② 국민연금은 사회보험의 원리를 도입하여 만든 사회보험의 일종이다.

③ 1995년 도시지역, 1999년 농어촌지역으로 확대 실시되어 전국민이 가입대상자에 포함되었다.

④ 국민연금은 공적연금으로 소득재분배 역할을 담당하고 있다.

해설 1995년 농어촌지역, 1999년 도시지역으로 확대 실시되어 전국민이 가입대상자에 포함되었다.

5 **다음 중 국민연금 가입자에 대한 설명으로 적절한 것은?**

① 사업장 가입자는 상시 근로자 5인 이상 사업장의 근로자와 사용자를 대상으로 한다.

② 국내외에 거주하는 국민으로 18세 이상 60세 미만인 자가 가입대상이다.

③ 18세 미만 근로자는 본인의 선택에 의해 사업장 가입자로 가입할 수 있다.

④ 사업장 가입자가 아닌 18세 이상 60세 미만인 자는 당연지역가입자가 된다.

해설 ① 사업장 가입자는 상시 근로자 1인 이상 사업장의 근로자와 사용자를 대상으로 한다.
② 원칙적으로 국외에 거주하는 국민은 가입대상이 아니다.
③ 18세 미만 근로자는 본인의 선택에 의해 사업장 가입자로 가입하지 아니할 수 있다.

6 **다음 중 국민연금 보험료에 대한 설명으로 적절하지 않은 것은?**

① 연금보험료는 가입자의 표준소득월액에 보험료를 곱하여 산정한다.

② 연금보험료는 월납이 원칙이다.

③ 연금보험료는 선납이 가능하다.

④ 보험료 납부예외 사유로 연금보험료를 내지 않은 기간은 가입기간에 산입하지 않는다.

해설 연금보험료는 가입자의 기준소득월액에 보험료를 곱하여 산정한다.

7 **다음 중 국민연금 급여 중 반환일시금 지급사유로 적절하지 않은 것은?**

① 가입기간이 20년 미만인 자가 60세가 된 때

② 가입자가 국적을 상실한 때

③ 가입자가 국외로 이주한 때

④ 가입자가 사망한 때

해설 가입기간이 10년 미만인 자가 60세가 된 때

8 다음 중 국민연금의 유족연금에 대한 설명으로 적절한 것은?

① 가입기간이 10년 이상이면 유족연금액은 기본연금액 60% + 부양가족연금액이다.

② 가입기간 1년 미만인 자가 질병부상으로 사망한 경우에 유족수급권이 발생하지 않는다.

③ 유족의 순위는 사망한 자에 의해 생계를 유지하는 가족으로 배우자, 자녀, 부모, 손자녀, 조부모, 형제자매 순이다.

④ 유족연금액은 사망한 사람이 지급받던 노령연금액을 초과할 수 없다.

해설 ① 가입기간이 20년 이상이면 유족연금액은 기본연금액 60% + 부양가족연금액이다.
② 가입기간 1년 미만인 자가 질병부상으로 사망한 경우에 유족연금을 받을 수 있다.
③ 유족의 순위는 사망한 자에 의해 생계를 유지하는 가족으로 배우자, 자녀, 부모, 손자녀, 조부모 순이다.

9 다음 중 국민연금 분할연금 수급요건에 대한 설명으로 적절하지 않은 것은?

① 혼인기간 5년 이상

② 이혼

③ 배우자였던 자의 노령연금 수급권 획득

④ 본인의 연금수급개시 연령 도달

해설 국민연금 가입기간 중 혼인기간 5년 이상

10 다음 중 국민연금의 연금수급에 대한 설명으로 적절한 것은?

① 연금은 지급사유가 발생한 날이 속하는 달부터 수급권이 소멸하는 날이 속하는 달까지 매월 25일에 지급된다.

② 연금수급권은 압류나 담보제공이 불가하며, 지급된 연금은 150만원까지는 압류되지 않는다.

③ 중복급여의 조정으로 선택하지 아니한 급여가 유족연금인 경우 반환일시금에 상당하는 금액을 추가하여 지급한다.

④ 노령연금의 가입기간이 10년 이상인 경우 기본연금액의 100%를 지급한다.

해설 ① 연금은 지급사유가 발생한 날이 속하는 달의 다음 달부터 수급권이 소멸하는 날이 속하는 달까지 매월 25일에 지급된다.
③ 중복급여의 조정으로 선택하지 아니한 급여가 유족연금인 경우 유족연금의 20%에 해당하는 금액을 추가하여 지급한다.
④ 노령연금의 가입기간이 20년 이상인 경우 기본연금액의 100%를 지급한다.

11 **다음 중 국민연금에서 지급하는 연금에 대한 설명으로 적절하지 않은 것은?**

① 노령연금 수급권자가 소득이 있는 업무에 종사하는 경우 일부금액을 감액하여 지급할 수 있으나 감액금액은 노령연금의 2분의 1을 초과할 수 없다.

② 노령연금 수급권자로서 연금지급의 연기를 희망하는 경우 연금 수급개시연령부터 5년 이내의 기간의 1회에 한하여 전부 또는 일부를 연기할 수 없다.

③ 조기노령연금은 국민연금 가입기간이 10년 미만 가입자가 긴박한 사유로 생활안정을 위해 필요하면 가입자 본인의 신청에 의해 지급받을 수 있다.

④ 장애연금은 보험료 납부연체로 납부한 기간이 납부해야 할 기간의 2/3에 미달하는 경우 연금을 지급하지 아니한다.

해설 조기연령연금은 가입기간이 10년 이상이고 연금수급개시연령 5년 기간 중에 가입자 본인의 신청에 의해 연금수급개시연령 도달 이전이라도 연금을 받을 수 있는 제도이다.

12 **다음 중 직역연금에 대한 설명으로 적절한 것은?**

① 직역연금은 공무원연금, 사학연금, 군인연금의 3가지로 구분된다.

② 직역연금의 재정방식은 세대간 부양체계를 기초로 설계되어 있다.

③ 사회보험의 일종인 공무원연금은 공무원을 대상으로 하는 포괄적 사회보장제도이다.

④ 공무원연금의 보험료 납입기간의 상한은 33년이다.

해설 ① 직역연금은 공무원연금, 사학연금, 군인연금, 별정우체국직원염의 4가지로 구분된다.
② 직역연금의 재정방식은 적립방식을 기초로 설계되어 있다.
④ 공무원연금의 보험료 납입기간의 상한은 36년이다.

13 **다음 중 공적연금 연계제도에 대한 설명으로 적절한 것은?**

① 연계방식 : 최종 재직기관에서 작성

② 반납금 납부 : 수령한 일시금을 현재 재직 중인 기관에 반납, 분할 납부 가능

③ 연금액 산정 : 출산, 군복무 크레딧 기간은 연계 노령연금 산정시 포함

④ 동일기간 중복 : 연금간 이동으로 동일기간이 중복되는 경우 종전 가입기간은 연계대상에서 제외

해설 ① 연계방식 : 각 연금법에서 산정
② 반납금 납부 : 수령한 일시금을 종전 재직한 기관에 반납, 분할 납부 가능
③ 연금액 산정 : 출산, 군복무 크레딧 기간은 연계 노령연금 산정시 제외

14 다음 중 공적연금 연계제도에 대한 설명으로 적절한 것은?

① 수령한 퇴직일시금은 현재 재직하고 있는 기관에 반납해야 한다.

② 직역연금에서 국민연금으로 이동하였고 급여를 미수령한 경우 퇴직일로부터 3년 이내에 연계신청해야 한다.

③ 연계신청인은 반납금과 이자를 한꺼번에 납부해야 한다.

④ 연계대상기간은 각 연금법에 따른 가입기간 및 재직기간을 말한다.

해설 ① 수령한 퇴직일시금은 종전의 재직한 기관에 반납해야 한다.
② 직역연금에서 국민연금으로 이동하였고 급여를 미수령한 경우 퇴직일로부터 5년 이내에 연계신청해야 한다.
③ 연계신청인은 반납금과 이자를 월단위로 분할하여 납부할 수 있다.

15 다음 중 공적연금 연계제도에 대한 설명으로 적절하지 않은 것은?

① 각 공적연금의 기본 틀은 변경하지 않는다.

② 국민연금과 직역연금의 가입기간을 합산한다.

③ 급여는 연결통산방식을 채택하고 있다.

④ 연금간의 재정이전을 통해 연금을 지급한다.

해설 각 연금간의 재정이전 없이 각각의 연금제도에서 가입기간과 재직기간에 비례하여 연금을 지급한다.

16 다음 중 공무원연금 중 분할연금의 수령요건으로 적절하지 않은 것은?

① 재직기간 중 혼인기간이 3년 이상일 것

② 공무원연금 수급자와 이혼했을 것

③ 이혼한 배우자의 퇴직연금수급권이 발생할 것

④ 분할연금청구권자가 연금수급개시연령에 도달했을 것

해설 재직기간 중 혼인기간이 5년 이상일 것

17 다음 중 공무원연금에 대한 설명으로 적절하지 않은 것은?

① 10년 미만 재직하고 퇴직한 경우에 퇴직연금일시금을 지급한다.

② 1년 이상 재직하고 퇴직하거나 사망한 경우에 퇴직수당을 지급한다.

③ 유족연금은 임용연도와 관계없이 퇴직연금이나 장해연금의 60%에 상당하는 금액을 지급한다.

④ 퇴직연금 수급권자가 선출직 공무원에 취임하는 경우 연금의 지급을 중지한다.

해설 10년 미만 재직하고 퇴직한 경우에 퇴직일시금을 지급한다.

18 다음 중 군인연금에 대한 설명으로 적절하지 않은 것은?

① 2006년부터 연금보험료 중 가입자가 부담하는 기여금은 기준소득월액에 대해 8%를 납부한다.

② 퇴직연금을 받기 위해서는 19년 6개월 이상 복무하고 퇴직해야 한다.

③ 연금보험료 납입은 최장 33년까지 가능하다.

④ 상이연금을 받을 권리가 있는 사람에게는 퇴직일시금을 지급하지 아니한다.

해설 연금보험료 중 가입자가 부담하는 기여금은 기군소득월액에 7%를 납부한다.

19 다음 중 사학연금의 가입대상으로 적절하지 않는 자는?

① 국립대학병원 임상교수요원

② 사립학교 교원

③ 국립치과대학병원의 직원

④ 조건부로 임명된 직원

해설 임시로 고용된 사람, 조건부로 임명된 사람, 보수를 받지 않은 사람은 제외된다.

20 다음 중 사학연금에 대한 설명으로 적절하지 않은 것은?

① 매년 7월 1일에 교직원의 기준소득월액을 결정한다.

② 급여에 소요되는 비용은 개인부담금, 법인부담금, 국가부담금으로 구성된다.

③ 조건부로 임용된 사람은 임의적용대상으로 구분된다.

④ 장기급여는 5년간 행사하지 아니하면 시효로 인해 소멸된다.

해설 조건부로 임용된 사람은 임의적용대상으로 분류한다.

21 다음 중 퇴직연금에 대한 설명으로 적절한 것은?

① 사용자 입장에서는 퇴직급여를 근무기간에 지급되지 않은 임금을 후불하는 성격으로 본다.

② 퇴직급여의 종류는 확정급여형, 확정기여형, 하이브리드형이 있다.

③ 퇴직금제도는 대부분 선진국에서 시행되고 있다.

④ 퇴직급여는 근로자들이 사업장에서 퇴직하면서 지급받는 급여를 말한다.

해설 ① 근로자 입장에서 퇴직급여를 근무기간에 지급되지 않은 임금을 후불하는 성격으로 본다.
② 퇴직급여의 종류는 퇴직일시금과 퇴직연금이 있다.
③ 퇴직금제도는 우리나라, 대만, 오스트리아 등 일부 국가에서 시행되고 있다.

22 다음 중 퇴직금제도와 비교하여 퇴직연금의 장점으로 적절하지 않은 것은?

① 퇴직급여 수급권 보장이 강화되어 있다.
② 안정적인 연금소득을 확보할 수 있다.
③ 효율적인 자산운용을 할 수 있다.
④ 퇴직소득세 70%를 절세할 수 있다.

해설 퇴직소득세 30%를 절세할 수 있다.

23 다음 중 확정급여형 퇴직연금에 대한 설명으로 적절한 것은?

① 사용자 부담금이 사전에 결정된 연금이다.
② 1980년대 미국에서 탄생한 제도로 DC형 특성을 가미한 연금급여제도이다.
③ 근로자도 사용자 부담금과 별도로 추가 기여를 할 수 있다.
④ 사용자부담금은 적립금 운용결과에 따라 변동될 수 있다.

해설 ① 사용자 부담금이 사전에 결정된 연금은 확정기여형이다.
② 1980년대 미국에서 탄생하여 DC형 특성을 가미한 연금급여제도는 하이브리드형이다.
③ 확정기여형은 근로자도 사용자 부담금과 별도로 추가 기여할 수 있다.

24 다음 중 확정급여형 퇴직연금에 대한 설명으로 적절하지 않은 것은?

① 사용자는 매년 1회 이상 퇴직급여 지급을 위한 부담금을 납부해야 한다.
② 퇴직연금의 적립금이 기준책임준비금의 150%를 초과하면 초과적립금은 근로자의 신청에 의해 근로자에게 분배할 수 있다.
③ 퇴직연금 사업자는 매 사업연도 종료 6개월 이내에 퇴직연금 적립금이 최소적립금을 상회하고 있는지 여부를 확인하여 그 결과를 사용자에게 알려야 한다.
④ 사용자는 적립금 부족액을 3년 이내에 환수해야 한다.

해설 퇴직연금의 적립금이 기준책임준비금의 150%를 초과하면 초과적립금은 사용자의 신청에 의해 근로자에게 반환할 수 있다.

25 다음 중 확정급여형 퇴직연금에 대한 설명으로 적절한 것은?

① 근로자가 선택한 퇴직연금 계좌에 납입하게 된다.

② 국가에서 보조금을 납부하는 방식을 채택하고 있다.

③ 일정한 한도 내에서 세액공제를 받을 수 있다.

④ 일반적으로 확정기여형 퇴직연금보다 상대적으로 안정적이다.

해설 ① 확정기여형은 근로자가 선택한 퇴직연금 계좌에 납입하게 된다.
② 독일 등 일부 국가의 확정기여형에서 보조금을 납부하는 방식을 채택하고 있다.
③ 확정기여형은 일정한 한도 내에서 세액공제를 받을 수 있다.

26 다음 중 확정기여형 퇴직연금에 대한 설명으로 적절한 것은?

① 기업은 근로자의 퇴직급여를 일정수준 보충해야 하는 부담이 따른다.

② 1980년대 미국에서 탄생한 제도로 Cash Balance형이라고도 한다.

③ 과세방식은 EET 방식을 채택하고 잇다.

④ 우수한 인력을 확보하고 유지하는 강력한 동기부여를 하는 장점이 있다.

해설 본문의 지문은 모두 하이브리드형 퇴직연금에 대한 내용이다.

27 다음 중 개인연금 활용방안에 대한 설명으로 적절하지 않은 것은?

① 가능한 일찍 가입하고 장기저축을 한다.

② 은퇴기간 중 재테크 수단으로 활용하는 것이 바람직하다.

③ 장수위험에 대비하도록 한다.

④ 연금개시시점은 재무적 여건을 고려하여 선택한다.

해설 연금소득 확보를 위한 개인연금을 재테크 수단으로 인식하는 것은 바람직하지 못하다.

28 다음 중 개인형 퇴직연금에 대한 설명으로 적절하지 않은 것은?

① 개인형 퇴직연금은 퇴직일시금을 수령한 자가 은퇴 후 연금소득을 확보하기 위해 퇴직연금사업자에게 설정한 계정이다.

② IRP의 계약내용이나 운용방법은 DB형 퇴직연금과 동일하다.

③ 퇴직급여의 수준은 적립금 운용결과에 따라 달라질 수 있다.

④ 가입자 자신이 운용방법을 선택하고 투자상품을 선정하여 운용한다.

해설 IRP의 계약내용이나 운용방법은 DC형 퇴직연금과 동일하다.

29 다음 중 세제적격 연금저축계좌에 대한 설명으로 적절하지 않은 것은?

① 나이 제한 없이 거주자는 모두 가입할 수 있다.

② 부부인 경우 개인별로 계좌를 개설할 수 있다.

③ 둘 이상의 금융기관에 가입할 수 있다.

④ 납입단계에서 소득공제 혜택이 부여되고 운용단계의 소득세가 이연된다.

해설 납입단계에서 세액공제 혜택이 부여되고 운용단계의 소득세가 이연된다.

30 다음 중 세제비적격 연금보험의 특성으로 적절하지 않은 것은?

① 연간 납입한도가 없으므로 연금저축의 납입한도를 초과하는 추가적인 저축수단으로 활용할 수 있다.

② 기본보험료에 추가하여 납입이 가능하고 납입일시중지제도, 보험료 납입종료제도, 보험계약대출납입제도 등이 부가되어 유연하게 보험료를 납입할 수 있다.

③ 대부분의 연금보험은 적립금 중 일정비율까지 중도인출을 허용하고 긴급한 생활자금 등이 필요할 때 계약을 해지하지 아니하고 인출할 수 있다.

④ 공시이율형 연금보험은 공시이율을 적용하여 운용하는 상품으로 가입자가 정한 기간 단위로 안전자산과 위험자산의 투자비중을 자동으로 조정하는 자동배분옵션을 선택할 수 있다.

해설 변액연금보험은 가입자가 정한 기간 단위로 안전자산과 위험자산의 투자비중을 자동으로 조정하는 자동배분옵션을 선택할 수 있다.

31 다음 중 연금저축계좌에 대한 설명으로 적절하지 않은 것은?

① 가입대상 : 거주자(나이 제한없음)

② 연간 납입한도 : 연간 700만원

③ 연금 수령요건 : 5년 이상 가입 55세 이후 연금수령한도 내 연금 수령

④ 연간 400만원 한도 내 12% 또는 15% 세액공제

해설 납입한도 연간 1800만원

32 다음 중 연금저축계좌에 대한 설명으로 적절하지 않은 것은?

① 세제(운용단계) : 과세이연

② 연금 수령요건 : 10년 이상 가입 55세 이후 연금 수령

③ 연간 납입한도 : 연간 1,800만원

④ 도입 : 2013년 2월

해설 연금 수령요건 : 5년 이상 가입 55세 이후 연금 수령

33 다음 중 주택연금의 가입요건으로 맞는 것으로만 짝지어진 것은?

가. 단독소유주택의 경우 소유자가 60세 이상인 경우에 신청이 가능하며, 배우자는 60세 이상이지만 소유자가 60세 미만이면 신청할 수 없다.
나. 부부기준 1주택이 원칙이다.
다. 주택가격이 9억원 이하인 주택이 대상이다.
라. 노인복지주택은 주택연금 가입대상이 아니다.

① 가, 나, 다　　② 나, 다
③ 나, 다, 라　　④ 가, 다

해설 ① 주택소유주 또는 배우자 중 60세 이상이 있으면 신청할 수 있다.
④ 지방자치단체에 신고된 노인복지주택도 종신지급방식의 주택연금가입대상 주택이다.

34 다음 중 주택연금에 대한 설명으로 적절하지 않은 것은?

① 2007년부터 한국주택금융공사에서 주택연금을 판매하고 있다.
② 가입신청자는 가입가능 연령, 주택보유수, 대상주택, 거주요건에 대한 조건 중 하나 이상을 충족해야 한다.
③ 은행의 손실로 연금을 지급받지 못할 경우 정부가 이를 보전해준다.
④ 연금지급의 유형은 정액형, 전후후박형이 있다.

해설 가입신청자는 가입가능 연령, 주택보유수, 대상주택, 거주요건에 대한 조건을 모두 충족해야 한다.

35 주택연금 지급방식과 지급유형에 대한 설명으로 옳지 않은 것은?

① 종신방식 – 종신지급방식 – 정액형
② 종신방식 – 종신지급방식 – 전후후박형
③ 확정기간방식 – 확정기간 혼합방식 – 정액형
④ 우대방식 – 우대지급방식 – 전후후박형

해설 종신방식은 전후후박형과 정액형 중 선택이 가능하고, 우대방식은 정액형만 선택이 가능하다.

36 다음 중 주택연금 이용시 주의사항에 대한 설명으로 적절하지 않은 것은?

① 부부가 모두 사망하는 경우 연금지급이 정지된다.

② 기존 보증계약을 유지하면서 일반주택과 노인복지주택간의 담보주택 변경이 있는 경우 담보변경 절차가 종료될 때까지 연금지급이 정지된다.

③ 부부 모두 1년 이상 미거주하는 경우 연금지급이 정지된다.

④ 주택연금 이용자가 사망한 후 배우자가 6개월 이내에 적법한 절차를 마치지 않은 경우 연금지급은 정지된다.

해설 기존 보증계약을 유지하면서 일반주택과 노인복지주택간의 담보주택 변경은 불가능하다.

37 다음 중 주택연금의 장점에 대한 설명으로 잘못된 것은?

① 보유주택에 평생 거주하면서 평생 연금지급이 보장된다.

② 부부 모두 사망할 때까지 주택연금이 지급되며, 사망 후 주택처분금액이 연금지급총액보다 작을 경우에도 부족분을 청구하지 않는다.

③ 시중금리보다 낮은 금리가 적용된다.

④ 주택연금을 가입한 대상주택은 재산세가 50% 감면된다.

해설 25% 감면된다.

38 다음 중 농지연금의 개념 및 특징에 대한 설명으로 틀린 것은?

① 농지연금은 농업소득 외에 별도의 소득이 없는 만 65세 이상 고령농업인이 소유한 농지를 담보로 연금을 수령하는 노후생활안정자금을 지원하는 연금제도이다.

② 농지연금을 수령하면서 담보농지를 자경할 수 있지만, 임대 등의 수익사업을 하는 경우에는 농지연금지급이 중지된다.

③ 법률상 혼인관계에 있는 배우자가 있는 경우에는 배우자만 생존시에도 배우자 모두 종신까지 보장받을 수 있다.

④ 담보농지 처분시 연금채무액은 농지처분가액 이내로 한정되어 처분잔여액은 상속인에게 돌려주고 부족액은 상속인에게 청구하지 않는다.

해설 농지연금을 수령하면서 자경 또는 임대할 수 있다.

39 농지연금 활용을 통한 은퇴설계에 대한 설명으로 적절한 것은?

① 연금으로 대표되는 금융자산만으로 은퇴생활비를 확보하는 부담을 덜 수 있고 기본생활비는 농업을 통해 해결할 수 있다.

② 농지은행에 위탁(부동산)을 하게 되면 위탁농지가 개인명의로 계속되어 대규모 기업형 농업에 저해된다.

③ 농지연금과 주택연금과 같이 담보제공한 부동산가격이 하락하더라도 연금액을 종신토록 받을 수 있으나 부채는 상속된다.

④ 우리나라 농업인은 자녀양육 등의 지출로 은퇴자산이 대부분 농지만 남아있어 농지연금 활성화 저해요인이다.

해설 ② 농지은행에 위탁(부동산)을 하게 되면 위탁농지가 대규모화되면서 농지은행이 대규모 기업형 농업이 시행될 것으로 전망된다.
③ 농지연금과 주택연금과 같이 담보제공한 부동산가격이 하락하더라도 연금액을 종신토록 받을 수 있고 부채도 상속되지 않는다.
④ 이러한 현실을 감안시 농지연금은 향후 더욱 활성화될 것으로 예상된다.

40 다음 중 즉시연금에 대한 설명으로 적절하지 않은 것은?

① 즉시연금은 목돈을 맡긴 뒤 가입자가 정한 기간 또는 사망할 때까지 매월 일정한 금액을 연금으로 받을 수 있는 상품이다.

② 손해보험사에서는 불가능하고 생명보험사에만 상품설계가 가능하다. 최저가입연령과 최저가입액이 설정되어 있다.

③ 1인당 1억원까지 이자소득세가 비과세되기 때문에 금융소득종합과세 절세용으로 인기가 많다.

④ 상속연금형 즉시연금은 연금개시시점에 쌓인 준비금으로 일정기간 원리금을 함께 나누어 지급하는 형태를 말한다.

해설 확정연금형 즉시연금에 대한 설명이다.

정답

1. ①	2. ②	3. ④	4. ③	5. ④	6. ①	7. ①	8. ④	9. ①	10. ②
11. ③	12. ③	13. ④	14. ④	15. ④	16. ①	17. ①	18. ①	19. ④	20. ③
21. ④	22. ④	23. ④	24. ②	25. ④	26. ③	27. ②	28. ②	29. ④	30. ④
31. ④	32. ②	33. ②	34. ②	35. ④	36. ②	37. ④	38. ②	39. ①	40. ④

Chapter

13

위험관리와 보험

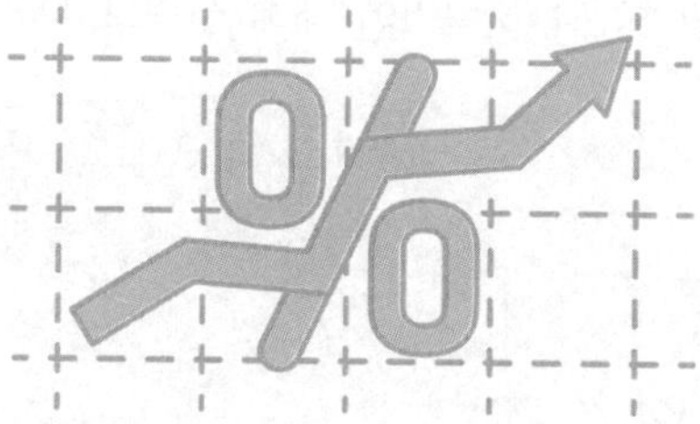

위험에 대한 대비는 최우선의 재무설계목표에 해당한다. 보험은 누구에게나 공통적으로 발생할 수 있는 위험에 대비할 수 있는 대표적인 위험관리의 방법으로 위험에 직면했을 때 보험금으로 보상하여 주는 경제제도이다. 위험관리의 대안으로 보험은 무엇이며 보험을 어떻게 활용해야 하는가에 대해 살펴보고자 한다.

01 위험의 관리

1. 위험의 정의

위험은 소망스럽지 않은 어떤 상황이나 사건의 결과에 대한 불확실성을 말한다. 따라서 위험은 기대하거나 바라는 바람직한 결과와 반대되는 결과가 발생할 가능성이 있을 경우에 발생한다. 그러나 보험설계에서 위험관리의 대상이 되는 위험은 손해발생의 가능성이다. 이때 손해는 자산가치의 하락을 의미한다.

위험은 사회전체적으로 재화와 용역의 손실을 발생시킬 뿐만 아니라 위험과 관련된 불확실성은 사람들에게 심리적 불안과 좌절을 초래할 수 있게 된다. 따라서 대부분의 사람들은 불행 없이 현재의 행복한 삶을 유지하고 싶어 하기 때문에 이러한 위험을 회피하거나 위험의 영향을 축소시키기 위해서 노력한다.

2. 위험의 종류

위험을 기대하거나 원하는 바람직한 결과와 반대되는 결과가 발생할 수 있는 가능성이라고 정의할 때 반대되는 결과가 재무적 손상일 수 있으며, 그렇지 않을 수도 있다. 재무적 위험은 재무적 손실을 초래하는 위험을 말하고, 비재무적 위험은 재무적 손실이 발생하지 않는 위험을 말한다.

예컨대 교통사고가 발생하여 장기간 병원에 입원하면 병원비와 소득감소라는 재무적 손실이 발생하여 교통사고는 재무적 위험을 가지고 있다. 반면에 교통사고로 인해 환자 및 가족의 고통과 상심 등은 비재무적 손실이 되어 교통사고는 재무적 위험과 비재무적 위험을 동시에 가지고 있다.

그리고 투기적 위험은 주식투자 및 부동산투자처럼 이익과 손실의 기회가 모두 존재한다. 반면에 순수위험은 화재나 자동차사고처럼 이익은 존재하지 않으면서 손실만이 가능하고 그 손실은 사고의 결과를 의미한다. 전통적으로 순수위험을 관리하는 대표적인 위험관리 방법이 보험상품이다.

3. 위험의 관리

재무설계에서 위험관리는 개인이나 가족이 직면하고 있는 순수위험을 인식하고 평가하여 이러한 위험에 대처할 적절한 방법을 찾는 과정을 말한다. 이러한 의미에서 위험관리는 보험설계보다 더 광범위한 개념으로 이해될 수 있으며 보험 이외의 다른 위험관리의 방법까지도 고려하게 된다.

(1) 일반적인 위험관리방법

위험관리방법에는 위험통제와 위험재무가 있다. 위험통제(risk control)는 위험이나 손실발생 빈도를 줄이거나 강도를 줄이고 위험재무(risk financing)는 위험에 따라 발생할 손실에 대비하기 위한 자금을 마련하는 것이다. 위험통제에는 위험회피와 손실통제가 있고, 위험재무에는 위험이전과 위험보유가 있다.

1) 위험통제

① 위험회피

위험회피는 위험을 초래할 수 있는 어떤 활동이나 상황 자체를 제거함으로써 위험의 소지를 원천적으로 봉쇄하는 것을 말한다. 예컨대 자동차사고로 인한 위험을 제거하기 위해 자동차를 매각하거나 운전하지 않는 방법이다. 이는 잠재적으로 강력한 위험관리의 방법으로 소극적이고 보수적이라는 비판이 있다.

② 손실통제

손실통제는 손실방지와 손실축소로 구분한다. 손실방지는 손실이 발생하지 않도록 하거나 손실발생 빈도를 줄이는 것으로 산불예방을 위해 입산금지를 하는 경우가 여기에 해당한다. 그러나 손실축소는 손실의 심각성을 줄이는 것으로 화재위험에 대비하기 위해 소화기를 비치하는 경우가 여기에 해당한다.

2) 위험재무

① 위험이전

위험이전은 위험을 일방이 타방으로 이전시키는 것을 말한다. 위험이전의 대표적인 형태가 보험인데 개인의 어떤 경제적 손실에 대한 위험을 보험계약을 통해 보험회사로 이전할 수 있다. 보험을 통해 위험을 이전할 경우에 개인은 보험회사에서 그 경제적 손실에 해당하는 보험금을 보상받게 된다.

② 위험보유

위험보유는 개인이 직면한 특정위험에 대한 손실에 대비하기 위해 자금을 축적하여 손실이 발생할 경우 축적된 자금으로 손실을 복구하는 것을 말한다. 자금축적의 방법에는 운영경비를 통한 충당, 기금 또는 적립금의 축적, 위험을 보험회사에 이전하지 않고 보유하는 자가보험의 방법이 있다.

(2) 손실유형별 위험관리방법

위험을 관리할 경우에 어떤 위험을 보유하고 어떤 위험을 이전시키는 것이 최선의 방법인가에 대한 적절한 판단이 필요하다. 이에 대한 판단은 손실의 규모와 발생빈도라는 두 가지 변수가 사용된다. 손실규모와 발생빈도라는 두 가지 변수에 의한 위험관리방법을 살펴보면 [그림 13-1]과 같다.

▌그림 13-1 ▌ 손실유형별 위험관리방법

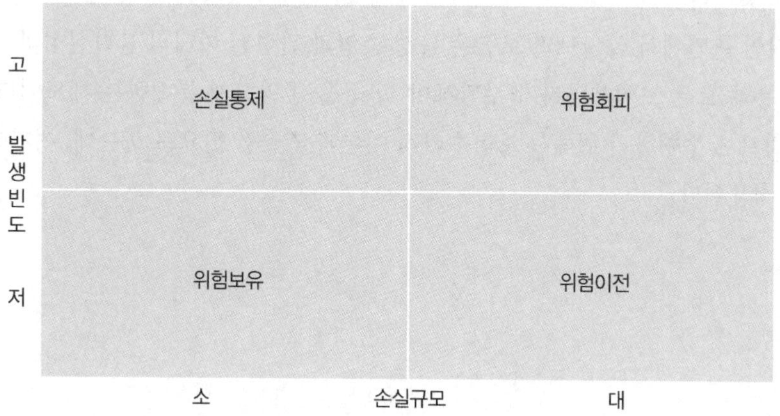

02 보험의 개요

1. 보험의 정의

보험(insurance)은 위험관리의 방법 중 위험을 타인에게 이전하는 위험이전(risk transfer)의 한 방법이다. 즉 보험은 동질적 위험으로부터 위협을 받는 다수의 경제주체가 일정한 대가(보험료)를 지불하고, 그 위험을 제3자(보험회사)에게 전가하여 피해를 복구시켜 주는 경제제도를 말한다.

경제적인 관점에서 살펴보면 보험은 개별적 위험을 이전과 결합을 통해 재무적 손실에 대한 위험을 감소시키기 위한 경제적 제도로 정의할 수 있다. 예컨대 자동차보험에 가입하는 행위는 자동차사고가 날 경우 발생하는 커다란 경제적 손실을 보험회사에 이전함으로써 위험을 전가한다.

사회적인 관점에서 살펴보면 보험은 사회구성원 중 일부에게 발생한 손실을 단체 전체에게 분담하도록 분산시키는 것을 의미하는데, 이를 위해 다수로부터 기금을 형성하게 된다. 예컨대 만인은 1인을 위해, 1인은 만인을 위해라는 문구는 보험의 이러한 특성을 가장 잘 표현하고 있다.

법률적인 관점에서 살펴보면 보험은 보험회사와 보험계약자간에 체결된 재무적 손실을 보전하는 것을 목적으로 하는 법적 계약이다. 즉 보험계약자는 미래의 불확실한 손실을 보험료 형태의 비용으로 보험회사에게 지불하여 위험을 이전시키며, 이 거래를 구체화시킨 것이 보험계약이다.

수리적인 측면에서 살펴보면 보험은 특정 손인과 관련된 미래의 불확실성과 손실에 대한 예측을 통해 모든 보험계약자가 부담해야 할 몫을 공평하게 분배하는 제도이다. 이러한 기능을 올바르게 수행하기 위해서 보험수리적 이론과 기술을 필요로 하는데, 여기에는 확률과 통계가 적용된다.

2. 보험의 특성

(1) 위험의 이전

위험의 이전은 보험의 기본적인 특성이다. 보험계약자는 보험료를 대가로 자신의 위험을 재무적으로 우위에 있어 손실에 대한 지급이 가능한 보험자에게 이전함으로써 경제적 불안감을 해소한다. 일반적으로 보험자에게 이전되는 위험은 이익의 발생가능성은 없고 손실만 있는 순수위험을 의미한다.

(2) 우연한 사고

보험은 불의의 손실을 전제로 하며 우연한 사고에 대해 지급한다. 여기서 우연하다는 것은 사고의 원인 또는 결과의 발생을 피보험자로서 예측하거나 인식하지 못하는 의외의 상황을 말한다. 따라서 생명보험계약에서는 원칙적으로 고의에 의한 비우연적인 손해, 즉 자살의 경우에는 보상하지 않는다.

(3) 손실의 결합

보험은 동일한 위험에 직면한 다수의 사람이 결합하여 사고를 당한 사람의 피해를 부담하는 것으로 같은 위험에 있는 사람이 많을수록 개개인의 부담은 줄어들고 각 개인에게 발생하는 부담은 평균손실로 대체된다. 보험자는 손실의 결합으로 대수의 법칙을 적용하여 전체 손실을 정확히 예측할 수 있다.

(4) 손실의 보상

보험은 피보험자의 재무적 손실에 대한 손실보상의 특징이 있다. 여기서 손실의 보상은 피보험자를 사고발생 이전의 재무적 상태로 되돌려놓은 것을 말한다. 예컨대 자동차보험은 자동차 사고 때문에 발생한 재무적 손실을 보상해준다. 그러나 보험은 재무적 손실 이외의 비재무적 손실은 보상하지 않는다.

3. 보험의 원리

보험은 대수의 법칙을 근간으로 하며 보험가입자로부터 받은 보험료 총액과 보험사고가 발생하여 보험회사가 지급하는 보험금 및 경비의 총액이 같다고 하는 수지상등의 원칙에 의해 보험료가 계산된다. 보험료를 납입하는 가입자의 입장에서 수지상등의 원칙은 급부반대급부의 원칙으로 이해될 수 있다.

(1) 대수의 법칙

대수의 법칙은 우연한 사고가 발생할 확률은 표본의 크기가 크면 클수록 표본으로부터 얻어진 측정치가 모집단의 기대되는 결과에 수렴하는 것을 말하며 보험료 산정의 수리적 기초가 된다. 예컨대 동전을 던져서 앞면이 나올 확률은 동전을 던지는 횟수가 많을수록 1/2에 가까워진다는 것을 의미한다.

(2) 수지상등의 원칙

수지상등의 원칙은 보험가입자가 납입하는 보험료 총액과 보험회사가 지급하는 보험금 및 경비의 총액이 동일하도록 보험료를 결정하는 원칙을 말한다. 왜냐하면 보험회사의 보험료가 너무 비쌀 경우에는 보험시장이 형성되지 않을 것이고, 보험료가 너무 쌀 경우에는 보험제도가 존립할 수 없기 때문이다.

(3) 급부반대급부의 원칙

전체적인 입장에서 수지상등의 원칙이 개개인의 입장에서 각자가 내는 보험료는 보험사고 발생시 보험회사가 개인에게 지급하는 보험금의 기대치와 같아야 한다는 것이 급부반대급부 균등의 원칙이다. 예컨대 생명보험은 연령에 따라 보험료가 달라지고, 손해보험은 위험의 등급에 따라 보험료가 달라진다.

03 보험계약의 개요

1. 보험계약의 정의

보험약관은 보험회사가 다수의 보험계약자와 계약을 체결하고자 일정한 형식에 의해 마련한 계약의 내용이다. 보험약관은 보험계약의 성립, 보험계약의 효력, 보험계약의 해약·해지·무효, 보험료 납입, 보험금의 지급사유, 보험금 청구와 지급, 보험계약자의 의무사항에 관한 조항들로 구성되어 있다.

(1) 보험계약의 성립

상법에 따르면 "보험계약은 당사자 일방이 약정한 보험료를 지급하고 상대방이 재산 또는 생명이나 신체에 관해 불확정한 사고가 발생할 경우에 일정한 보험금액 기타의 급여를 지급할 것을 약정한 것"이라고 정의하고 있다. 보험계약은 보험계약자의 청약과 보험회사의 승낙으로 이루어진다.

청약은 보험계약자가 보험자에게 보험계약을 요구하는 일방적 의사표시를 말하고, 승낙은 보험계약자의 청약내용을 검토한 후 보험자가 청약을 받아들이는 의사표시를 말한다. 보험계약자는 청약을 한 날 또는 제1회 보험료를 납입한 날로부터 15일 이내에 보험계약의 청약을 철회할 수 있다.

보험자는 건강진단을 받지 않은 무진단계약은 청약일, 건강진단을 받은 진단계약은 진단일로부터 30일 이내 승낙 또는 거절 의사를 표시해야 한다. 보험자가 인수를 거절하거나 보험계약자가 청약을 철회하면 보험자는 계약자가 납부한 보험료를 반환하고, 보험자가 청약을 승낙하면 보험증권을 교부한다.

▌그림 13-2▐ 보험계약의 성립

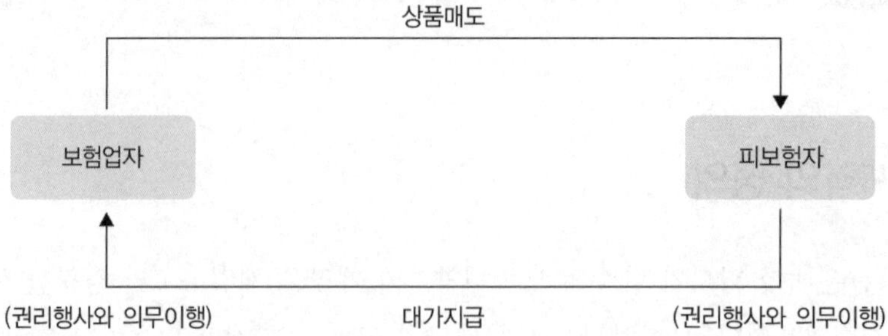

(2) 보험계약의 효력

보험회사가 보험계약의 청약을 승낙하면 약관이 정한 바에 따라 계약사항에 대한 보장을 한다. 보험계약자로부터 제1회 보험료를 받은 날이 보장개시일이며 보장개시일을 보험계약일로 본다. 계약자가 보험료를 납입기일 안에 내지 못할 경우에도 어느 정도의 유예기간을 주며 그 기간에는 보험의 효력이 지속된다.

(3) 보험계약의 실효

실효는 보험계약자가 보험료를 납입하지 않아 보험의 효력이 상실되는 것이고, 해약은 보험계약자가 계약의 효력을 소멸시키는 것이며, 해지는 보험계약자가 청약서에 알린 내용이 허위일 경우에 보험자가 계약의 효력을 소멸시키는 것이다. 생명보험에서 피보험자의 서면동의를 받지 않은 보험계약은 무효이다.

(4) 보험청약의 철회

보험청약의 청구철회는 주변사람의 가입이나 지인의 권유에 의해 충동적으로 보험에 가입했거나 보험설계사 등의 불완전판매로 보험가입자의 의사와는 다르게 계약이 체결되는 여러 가지 사유로 인하여 보험계약자가 보험계약을 철회하고자 하는 경우에 보험계약자가 보험청약을 철회할 수 있는 제도를 말한다.

보험계약자는 청약을 한 날부터 15일 이내(전화 · 우편 · 컴퓨터 등의 통신매체로 가입한 보험계약은 30일 이내)에 청약의 철회가 가능하며 해당보험사의 지점에 직접 방문하거나 우편 등의 방법으로 신청할 수 있다. 보험회사가 청약철회의 신청을 접수한 경우에는 지체 없이 이미 납입한 보험료를 반환해야 한다.

2. 보험계약의 요소

(1) 보험계약관계자

보험계약의 직접적인 당사자는 보험계약자와 보험회사이다. 그러나 보험계약자와 보험금청구권 행사자가 다를 수 있으며, 보험회사가 직접 보험계약자의 접근에서부터 계약체결까지를 모두 실행하는 경우는 거의 없고 보험설계사, 보험대리점, 보험중개사 등을 활용하여 보험계약을 체결하고 있다.

1) 보험계약자

보험계약자는 보험계약의 한쪽 당사자로서 자기의 이름으로 보험계약을 청약하고 체결하는 사람을 말한다. 따라서 보험계약이 성립하면 보험계약자는 보험료를 납입할 의무를 부담하는 동시에 고지의무, 보험계약의 임의해지권, 보험계약의 취소권, 보험증권의 교부청구권 등의 권리를 갖게 된다.

2) 피보험자

피보험자는 보험의 대상으로 보험위험을 보유하고 있는 사람이나 물건을 말한다. 따라서 피보험자는 피보험이익의 주체를 말하며 인보험과 손해보험에 따라 의미가 다르다. 생명보험에서는 생명이나 신체에 관해 보험에 붙여진 대상을 말하고, 손해보험에서는 손해보상청구권자, 즉 수익자를 말한다.

3) 보험수익자

보험수익자는 인보험에만 있는 보험계약의 요소로 보험사고가 발생하여 보험금 지급사유가 발생했을 때 보험회사에 보험금을 청구할 수 있는 사람을 말한다. 인보험에서 보험계약자와 보험수익자가 동일하면 자기를 위한 인보험계약이 되고, 양자가 다른 경우에는 타인을 위한 인보험계약이 된다.

4) 보험자

보험자는 보험계약자로부터 보험료를 수령하고 보험계약을 인수하는 보험회사를 말한다. 보험회사는 보험사업의 공공성, 사회성 등의 특성에 따라 자격이 엄격히 제한된다.

보험회사는 300억원 이상의 자본금을 가진 주식회사, 상호회사 또는 외국보험회사로 금융위원회의 허가를 받아야 한다.

❙그림 13-3❙ 생명보험의 계약관계자

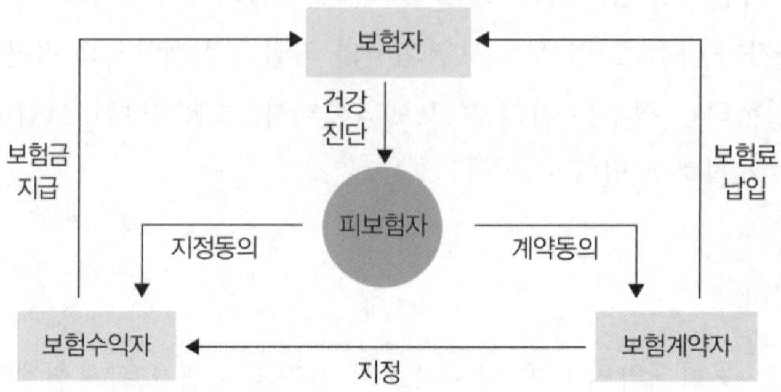

3. 보험계약의 권리와 의무

(1) 보험계약자의 권리와 의무

1) 보험계약자의 권리

보험계약자는 보험사고가 발생하기 전에 언제든지 계약의 전부 또는 일부를 해지할 수 있고, 계약을 해지할 경우 다른 약정이 없으면 미경과보험료에 대한 반환을 청구할 수 있다. 그리고 보험수익자 지정변경권을 가져 보험사고가 발생하기 전에는 언제든지 지정한 보험수익자를 변경할 수 있다.

보험계약자는 보험사고가 발생할 경우에 재무적 손상을 보상받을 수 있는 보험금을 보험회사에 청구할 수 있는 보험금청구권을 갖는데, 이는 의무라는 측면도 강하다. 따라서 보험수익자 또는 피보험자가 보험사고의 사실을 보험회사에 통지함으로써 보험회사의 보험금 지급의무가 발생하게 된다.

2) 보험계약자의 의무

첫째, 보험계약자는 보험자에게 보험료를 납부할 의무가 있다. 보험자의 책임은 당사자간에 다른 약정이 없으면 최초의 보험료를 수령한 때부터 시작된다. 보험계약 체결 후 지체없이 보험료를 납입해야 한다. 계약체결 후 2개월 이상 지급하지 않으면 다른 약정이 없는 한 그 계약은 해제된 것으로 본다.

둘째, 보험계약자는 보험계약을 체결할 때 피보험자의 현재 건강상태, 과거병력, 직업 등 계약의 내용에 관한 중요한 사실을 보험회사에 알리고 중요한 사항에 관해 부실하게 알려서는 안 될 의무를 진다. 보험계약자가 고지의무를 위반했을 경우에 보험자는 일정한 요건하에 보험계약을 해지할 수 있다.

셋째, 보험계약 체결 후 체결 전과 달라진 내용을 보험자에게 통지해야 한다. 통지의무는 약관에서 계약 후 알릴 의무라고 하는데 보험계약을 체결할 때 위험의 정도가 보험기간에 현저하게 변경되거나 증가했을 경우에 보험자에게 계약내용을 수정하는 기회를 제공하기 위해 상법에서 인정하고 있다.

넷째, 보험계약자는 보험자의 동의 없이 보험기간에 자신의 고의 또는 중대한 과실로 보험사고발생의 위험을 현저하게 변경하거나 증가시키지 않아야 하는 위험유지의무가 있다. 손해보험의 경우에는 보험사고가 발생한 경우에 손해의 방지와 경감을 위해 노력해야 한다는 손해방지경감의무가 있다.

(2) 보험자의 권리와 의무

1) 보험자의 권리

첫째, 보험회사는 보험계약을 해지할 수 있는 권리인 해지권이 있다. 이는 보험계약자의 보험료 미지급, 보험계약자나 피보험자의 고지의무와 통지의무의 위반, 보험계약자나 피보험자 또는 보험수익자의 고의 또는 중대한 과실로 인한 위험의 증가와 같은 사유가 발생할 경우에 행사할 수 있다.

둘째, 보험회사는 계약 전 알릴 의무사항에 대한 고지수령권이 있다. 이는 보험계약 체결시 보험회사는 보험계약자에게 과거의 병력 등 중요한 사항을 고지받을 권한을 말한다. 피보험자가 보험설계사에게 과거 병력 등을 구두로 고지한 경우에 계약 전 알릴 의무를 이행한 것으로 보기는 어렵다.

그러나 약관에서 보험금 지급사유가 발생하지 않고 2년(진단계약의 질병은 1년)이 경과하면 보험회사는 보험계약을 해지할 수 없도록 규정하고 있어 보험회사는 계약 전 알릴 의무 위반으로 계약을 해지할 수 없어 보험수익자에게 사망보험금을 지급해야 하지만 입원급여금은 지급할 책임이 없다.

2) 보험자의 의무

첫째, 약관교부 및 설명의무가 있다. 보험회사는 보험계약을 체결할 때 보험계약자에게 보험약관을 교부하고 약관의 중요한 사항을 설명할 의무를 말한다. 이는 보험계약자가 보험계약조항인 보험약관의 내용을 정확히 알고 보험계약을 체결할 수 있도록 하기 위해서 약관교부 및 설명의무가 있다.

둘째, 보험금의 지급의무가 있다. 보험회사는 보험사고가 발생하면 보험계약의 효과로서 피보험자 또는 보험수익자에게 최초의 보험료를 지급받은 때부터 보험기간이 종료될 때까지 보험금을 지급할 의무가 있다. 그러나 보험계약자의 고의나 중과실에 의한 보험사고는 보험금 지급의무가 없다.

셋째, 보험회사는 보험증권을 작성해서 교부할 의무와 보험계약이 무효이거나 해지된 경우 수령한 보험료를 보험계약자에게 반환할 보험료 반환의무 등이 있다.

04 생명보험의 개요

1. 생명보험의 개요

(1) 생명보험의 정의

생명보험은 사람의 생존 또는 사망에 대해 약정한 급여의 제공을 약속하는 것으로서 조기사망, 상해 또는 질병, 노령화 등의 우연한 사고로 인한 경제적 손실을 보장한다. 생명보험은 우연한 사고에 대비하는 보장기능뿐만 아니라 생애주기 전체에 걸친 저축기능도 동시에 갖추고 있다.

생명보험은 상부상조의 정신과 공평한 위험부담의 원칙하에 사람의 생사를 보험사고로 하고 보험사고가 발생할 경우에 보험계약시 약정한 금액을 지급하는 정액보상이라는 점에서 보험사고가 발생할 경우에 실제로 발생한 손해를 보상하는 것을 목적으로 하는 손해보험과 차이가 있다.

표 13-1 보험의 비교

구분	생명보험	손해보험	제3보험
보험대상	사람의 사망·생존	재산상의 손해	신체의 질병·상해·간병
보상방법	정액보상	실손보상	정액보상, 실손보상
보험기간	장기	단기	장기
보험종목	생명보험, 연금보험	화재보험, 해상보험, 자동차보험, 재보험, 보증보험, 기술보험, 권리보험, 도난보험	질병보험, 상해보험, 간병보험

(2) 생명보험의 원리

생명보험의 원리는 상부상조의 정신과 공평한 위험부담의 원칙이다. 상부상조의 정신은 많은 사람들이 언제 발생할지 모르는 각종 사고에 대비하여 서로 적은 금액을 예치하여 공동준비재산을 마련하고 구성원 가운데 예상치 못한 불행을 당한 사람에게 미리 정해진 금액을 지급하는 제도를 말한다.

생명보험은 보험사고 발생에 대비한 공평한 위험부담을 위해 대수의 법칙을 기초로 작성한 생명표와 사망률에 따라 합리적인 보험료를 산출한다. 생명표는 대수의 법칙을 기초로 사람의 연령별 생사잔존상태(생존자수, 사망자수, 생존율, 사망률, 평균여명)를 나타낸 표로 경험생명보험표라고도 한다.

(3) 생명보험의 보험료

1) 보험료의 계산

생명보험회사는 예정위험률, 예정이율, 예정사업비율을 기초로 보험료를 계산한다. 예정위험률은 개인이 사망하거나 질병에 걸리는 등의 일정한 보험사고가 발생할 확률을 대수의 법칙에 의해 예측한 것이고, 예정사망률은 개인이 일정시점에 사망할 확률을 예측하여 보험료 계산에 적용하는 사망률을 말한다.

생명보험회사는 계약자가 납입한 보험료를 적립하여 운용할 수 있으며 운용에 따라 기대되는 수익을 미리 예상하여 일정한 비율로 보험료를 할인해주는데, 이러한 할인율을 예정이율이라고 한다. 예정사업비율은 보험계약을 유지하고 관리하는데 여러 가지 비용이 발생하는데 이러한 경비의 구성비율을 말한다.

표 13-2 예정기초율과 보험료의 관계

구분	보험료
예 정 위 험 률	예정사망율이 낮아지면 사망보험의 보험료는 낮아지고, 생존보험의 보험료는 높아진다.
예 정 이 율	예정이율이 낮아지면 보험료는 높아진다.
예정사업비율	예정사업비율이 낮아지면 보험료는 낮아진다.

2) 보험료의 구성

보험료는 순보험료와 부가보험료로 구성된다. 순보험료는 미래 보험금 지급의 재원이 되는 보험료를 말하며 사망보험금과 장해급여금의 재원이 되는 위험보험료와 만기보험금과 중도급부금의 재원이 되는 저축보험료로 구성되고, 예정위험률과 예정이율의 두 가지 요소에 의해 계산된다.

부가보험료는 생명보험회사가 보험계약을 체결하고 유지하며 관리하는데 발생하는 운영경비(새로운 계약의 체결에 필요한 예정신계약비, 회사 및 계약유지에 필요한 예정유지비, 보험료 수금에 필요한 예정수금비)로 사용하는 보험료를 의미하며 이는 예정사업비율에 근거하여 계산된다.

| 그림 13-4 | 생명보험료의 구성

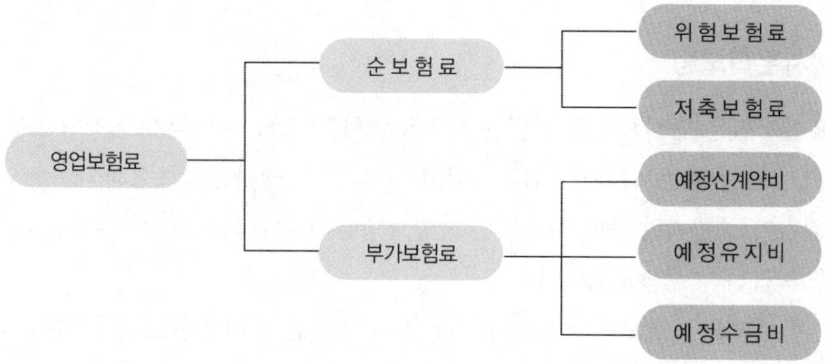

2. 생명보험의 종류

(1) 사망보험

사망보험은 피보험자가 보험기간 중 사망할 경우에 보험금이 지급되는 전형적인 보장성보험을 말한다. 이는 보험기간에 따라 일정기간의 사망만을 보험사고로 보험금이 지급되는 정기보험과 피보험자의 사망시기에 관계없이 종신에 걸쳐 사망을 보험사고로 보험금이 지불되는 종신보험으로 구분된다.

정기보험은 약정한 보험계약 기간 중에 피보험자가 사망할 경우에 한하여 보험금이 지급되는 보험으로 특정기간에만 보험의 보호가 필요한 경우에 이용된다. 종신보험은 보험기간이 피보험자의 일생 동안에 걸쳐 있는 보험상품으로 보험수익자가 보험금을 수령한다는 점에서 정기보험과는 구별된다.

(2) 생존보험

생존보험은 피보험자가 만기까지 살아있을 경우에만 보험금이 지급되는 계약을 말한다. 즉 생존보험은 사망보험과 달리 일정시점에서 피보험자의 생존을 조건으로 보험금을 지급하며 피보험자가 보험기간 중 사망하면 보험금이 지급되지 않고 납입한 보험료도 환급되지 않는 것이 원칙이다.

우리나라에서 판매되는 생존보험은 보험기간 중 사망시에도 사망급여금을 지급받기 위한 각종 사망보장을 부가하여 판매한다. 생존보험은 보장성 기능보다 저축성 기능이 강하고 주요상품에는 자녀의 학자금 및 양육자금 마련을 위한 교육보험과 노후생활자금 마련을 위한 연금보험이 있다.

(3) 생사혼합보험

생사혼합보험은 만기보험금이 없는 사망보험의 단점과 피보험자가 사망했을 때 보험금이 지급되지 않는 생존보험의 단점을 보완한 보험이다. 생사혼합보험의 대표적인 양로보험은 피보험자가 보험기간 중에 사망하면 사망보험금이 지급되고, 피보험자가 생존하면 만기환급금을 지급하는 생명보험이다.

생사혼합보험은 사망보험의 보장성 기능과 생존보험의 저축성 기능을 모두 갖추어 다른 보험에 비해 보험료가 높다. 일반적으로 주계약 이외에 각종 질병이나 상해에 대한 치료비를 지급하도록 하는 특약을 부가한다. 생사혼합보험은 가족의 생활보장과 교육자금이나 노후자금의 준비 등에 이용된다.

▎그림 13-5▎ 생명보험상품의 분류

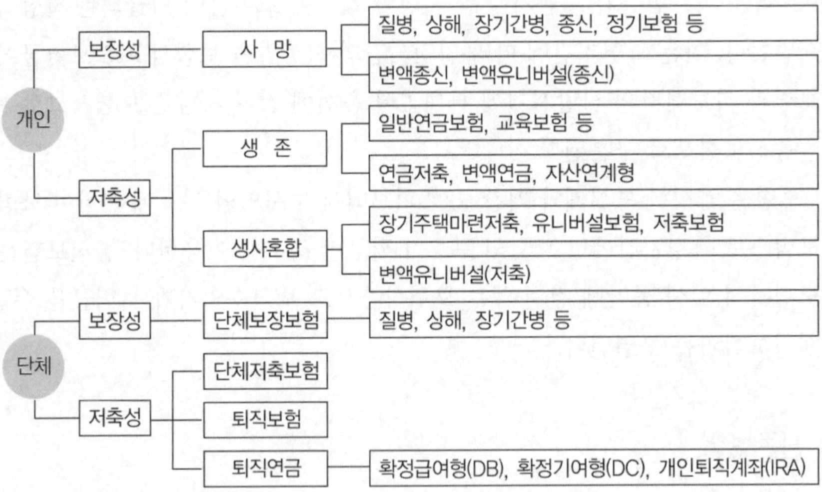

05 손해보험의 개요

1. 손해보험의 개요

(1) 손해보험의 정의

손해보험은 보험회사가 우연한 보험사고로 발생하는 보험가입자의 재산상의 손해를 보상할 것을 목적으로 하는 보험을 말한다. 손해보험은 크게 우발적 사건에 따른 재산상의 손실을 보상하는 재산보험과 피보험자가 제3자에게 법적으로 부담하는 재산상의 배상책임을 보상하는 책임으로 구분된다.

(2) 손해보험의 특징

1) 실손보상의 원칙

손해보험은 손해의 보상을 목적으로 하고, 손해의 보상은 약정한 보험금액의 한도에서 손해액에 따라 산정한 보험금을 지급한다. 손해보험은 보험사고가 발생하면 일정한 보상금액이 정해져 있는 인보험과 다르다. 실손보상의 원칙은 실제손해액을 보상하는 손해보험계약의 원칙을 말하며 손해보험에만 적용된다.

2) 피보험이익 발생

보험사고가 발생하면 피보험자에게 재산상의 손실이 발생하여 보험사고가 발생하지 않는 동안에 피보험자는 경제적 이익을 지닌다고 할 수 있다. 피보험이익은 피보험자가 보험의 목적에 대해 가지고 있는 경제적 이해관계를 말하며, 손해보험계약의 중요한 요소이고 상법에는 보험계약의 목적이라고 되어 있다.

3) 보험가액과 보험금액

보험가액은 손해보험에서 피보험이익의 가치로 보험사고가 발생할 때 피보험자가 입게 되는 손해의 최고견적액을 의미하며 보험자가 보상하게 되는 보험금의 최고한도가 된다. 그러나 보험가액과 보험금액은 반드시 일치하지 않는다. 보험가액이 변화하고 보험사고의 발생시기가 불확실하기 때문에 달라질 수 있다.

보험금액이 보험가액을 초과하는 경우를 초과보험, 보험금액이 보험가액에 미달하는 경우를 일부보험, 보험금액이 보험가액과 동일한 경우를 전부보험이라고 한다. 따라서 초과보험은 손해보험의 경우에만 발생하고 보험가액이 존재하지 않는 정액보험이나 책임보험의 경우에는 원칙적으로 성립될 여지가 없다.

4) 보험대위

보험사고로 손해가 발생하면 보험계약자나 피보험자에게 가치있는 잔존물이 있거나 이들이 제3자에게 손해배상청구권이 있음에도 보험금을 지급하면 피보험자 등이 이득을 볼 수가 있다. 보험대위는 보험자가 피보험자에게 보험금을 지급했을 경우 피보험자가 소유하는 어떤 권리가 보험자에게 이전되는 것을 말한다.

5) 손해방지의무

손해방지의무는 손해보험에서 보험의 목적에 보험사고가 발생했을 경우에 보험계약자 또는 피보험자는 재산상 손해의 방지와 경감을 위해 노력하지 않으면 안 되는 것을 말한다. 따라서 손해방지의무는 보험계약의 근본이 되는 최대선의의 원칙과 나아가 사회적인 공익보호의 요청에 의거하여 인정된다.

(3) 생명보험과 손해보험의 차이

보험은 보상하는 목적물과 방식에 따라 생명보험과 손해보험으로 구분된다. 생명보험은 사람의 생존과 사망을 보험의 목적으로 하며 정액방식으로 보상하고, 손해보험은 재산상의 손해를 보험의 목적으로 하며 실손방식으로 보상한다. 제3보험은 상해, 질병, 간병과 관련된 상품으로 생·손보사에서 모두 판매 가능하다.

그러나 제3보험의 등장과 다양한 특약으로 생·손보상품이 비슷해지고 있다. 의료기술의 발달과 평균수명의 증가로 보험의 니즈가 변하면서 보장상태에 대한 점검이 필요하다. 보험회사는 인슈어테크 기반의 보장분석시스템을 통해 보험컨설팅을 제공하여 스타트업에서 제공중인 보장서비스를 통해 자가진단이 가능하다.

❙ 표 13-3 ❙ 생명보험과 손해보험의 차이

구분	생명보험	손해보험
보험대상	사람의 생존과 사망	재산상의 손해
보상방식	정액보상	실손보상
설계방식	자금설계 중심	보장설계 중심
기본계약	일반사망	상해사망
상속증여	가능	불능

생명보험은 생명보험사에서 취급하고 손해보험은 손해보험사에서 취급하며 제3보험은 양사 모두 판매할 수 있다. 생명보험사에서 취급하는 상품은 보장성보험과 저축성보험으로 분류한다. 보장성보험은 사망, 질병, 각종 재해 등 위험보장에 중점을 둔 상품으로 적은 보험료 납입으로 큰 보장을 받을 수 있다. 저축성보험은 위험보장보다는 목돈마련을 위한 저축기능을 강화한 연금보험이 대표적이다.

손해보험사에서 취급하는 상품은 일반보험, 자동차보험, 장기보험으로 구분한다. 보험기간이 1년 이하의 일반보험은 소멸성으로 일상생활과 관련이 높은 화재보험, 여행자보험, 해상보험, 운송보험 등 기업성 보험을 포괄한다. 자동차보험은 차주가 반드시 가입해야 하는 의무보험이며, 보험기간이 3년 이상인 장기보험은 상해 · 질병 관련 의료비 보장이나 배상책임으로 인한 손해 등을 보상한다.

❙ 표 13-4 ❙ 생명보험과 손해보험의 상품

구분	생명보험	제3보험(공통판매)	손해보험
보장성	• 일반종신보험 • 변액종신보험 • 정기보험	(손해보험의 장기보험 영역) • 건강: 실손의료보험, 암보험, 자녀보험 등 • 간병: 치매보험 등 • 기타: 치아보험 등	• 일반보험: 화재, 해상, 특종 • 자동차보험 • 장기보험: 운전자보험, 재물보험, 상조보험, 단체보험 등
저축성	• (세제적격/비적격) 연금보험 • 변액연금보험	• 저축성보험 • 퇴직연금보험	• (세제적격)연금보험

2. 손해보험의 종류

상법은 사고발생의 대상이 사람의 생명, 신체이면 생명보험, 사고발생의 대상이 재산이면 손해보험이라 한다. 보험업법은 보험제도를 생명보험, 손해보험, 제3보험으로 구분한다. 따라서 손해보험은 재산보험을 의미하지만 실질적으로 생명보험 중 생명 침해를 제외한 신체에 관한 보험도 포함하고 있다.

(1) 화재보험

화재보험은 해상보험과 함께 가장 오래된 역사를 지니고 있는 보험으로서 화재의 발생으로 인한 보험의 목적에 발생한 손해를 보상하는 재산보험을 말한다. 따라서 화재보험은 보험회사가 화재로 인한 손해를 보상할 것을 약정하고 보험계약자가 보험료를 지급할 것을 약정함으로써 성립하는 손해보험이다.

화재보험은 보험계약의 체결당시 거래당사자간에 보험가액을 협정하지 않은 미평가보험이고 일정기간을 기준으로 보험기간을 결정하는 기간보험으로 보험기간은 통상 1년이다. 화재보험은 일반물건, 공장물건, 창고물건을 담보대상으로 하는 화재보험과 주택물건만을 대상으로 하는 주택화재보험이 있다.

(2) 운송보험

운송보험은 국내에서 철도나 차량을 이용하여 제조공장에서 물류공장까지 모든 화물을 육상으로 운송하는 도중에 발생할 수 있는 사고에 대비하여 화물의 소유주인 화주가 보험의 목적인 화물에 대해 가입하는 보험이다. 즉 운송보험은 화물운송 중 발생하는 위험을 담보하는 구간보험이며 기평가보험이다.

(3) 해상보험

해상보험은 선박의 운항 및 선박에 의한 화물운송에 동반하는 위험에 대비하여 선박 및 화물의 손해를 보상하는 것을 목적으로 하는 손해보험을 말한다. 항해에 관한 위험을 담보하고 육상 또는 내수로 운송중의 위험도 보상하는 해상보험은 보험의 목적에 따라 적하보험, 선박보험, 운임보험으로 구분된다.

1) 적하보험

해상보험은 보험의 목적물에 따라 선박의 해상보험과 적하의 해상보험으로 구분하는데, 후자를 적하보험, 화물의 해상보험, 화물보험이라고도 한다. 따라서 적하보험은 화물을 운송하던 중에 화물이 멸실·훼손되었거나 화물을 보존하기 위하여 경비를 지출하여 화주가 손해를 입었을 때 보상하는 보험이다.

2) 선박보험

선박보험은 보험의 목적물인 선박을 관리하거나 운항하던 중 선박이 멸실 또는 훼손되었거나 선박을 보존하기 위하여 지출된 경비가 있는 경우에 이러한 손해를 보험조건에 따라 보상하는 보험을 말한다. 선박보험의 대표적 위험에는 침몰·좌초·교사·화재·충돌·전쟁·스트라이크 등이 있다.

3) 운임보험

운임보험은 선하증권과 운송계약서에 명시된 대로 화물을 화주에게 인도하지 못하면 운송인 등이 운임을 청구할 수 없게 되어 운송인 등이 입은 손해를 보상하는 보험이다. 따라서 선박이 해양사고로 항해를 중단·포기하는 경우에 그 사고가 발생하지 않았더라면 취득하였을 운임의 손실을 보상한다.

(4) 책임보험

책임보험은 피보험자가 보험기간 중의 사고로 제3자에게 손해배상책임을 지면 보험자가 이로 인한 손해를 보상할 것을 목적으로 하는 손해보험이다. 즉 피보험자가 보험사고로 입은 재산상의 직접손해를 보상하지 않고, 제3자에 대한 손해배상책임을 짐으로써 입은 간접손해를 보상할 것을 목적으로 한다.

배상책임보험은 근본적으로 사고에 따른 손실을 자동으로 보상하는 보험이 아니고, 피보험자의 법정대리인으로서 배상책임을 방어하고 배상책임이 확정되었을 때 배상금액을 지불한다. 따라서 피보험자의 과실책임 또는 계약책임 등이 입증되지 않으면 보험자는 피해자의 손실을 보상할 책임이 없게 된다.

(5) 자동차보험

자동차보험은 자동차를 소유, 사용, 관리하는 과정에서 발생한 손해를 보상하는 보험으로 자동차 사고로 사람이 죽거나 다친 경우 보상하는 대인배상Ⅰ, 대인배상Ⅱ, 재물을 파손하는 경우 보상하는 대물배상, 자기신체사고, 무보험자동차에 의한 상해, 자기차량손해의 6가지 담보종목과 특별약관으로 구성되어 있다.

담보대상은 보험계약자가 가입한 담보내용에 따라 보상하며, 보상대상에 따라 자동차 사고로 인한 타인의 피해를 보상하는 담보(배상책임담보 – 대인배상Ⅰ, 대인배상Ⅱ 및 대물배상)와 자동차 사고로 인한 피보험자의 피해를 보상하는 담보(자기신체사고, 무보험차에 의한 상해 및 자기차량손해)로 구분할 수 있다.

(6) 장기보험

장기손해보험은 보험기간이 3년 이상이며 기본계약의 성격에 따라서 장기화재, 장기종합, 장기상해, 장기질병, 장기비용, 장기간병, 장기기타보험으로 대별된다. 일반손해보험은 통상 1년으로 매년 보험계약을 갱신해야 한다. 장기손해보험은 3년 이상 15년으로 매년 갱신해야 하는 불편을 해소한다.

① 장기화재 : 화재로 인한 재물에 발생한 손해를 보장
② 장기종합 : 재물손해, 신체손해, 배상책임손해 보장 중 두가지 이상의 손해를 보장
③ 장기상해 : 신체의 상해로 발생한 손해를 보장
④ 장기질병 : 질병에 걸리거나 질병으로 발생한 입원, 수술 등의 손해를 보장
⑤ 장기비용 : 비용 발생으로 인한 금전적 손해를 보장
⑥ 장기간병 : 활동불능, 인식불명 등 타인의 간병을 필요로 하는 상태로 인한 손해를 보장
⑦ 장기기타 : 상해, 질병, 간병 보장 중 두 가지 이상의 손해를 보장

연습문제 TEST

1 **다음 중 위험의 정의에 대한 설명으로 적절하지 않은 것은?**

① 손실의 가능성이 있을 때 위험하다고 한다.

② 위험은 기대손실의 의미를 갖는다.

③ 손실이 예상되는 환경이 불확실할 때 위험하다고 표현한다.

④ 위험은 기대손실에 따른 불확실성을 의미한다.

해설 위험은 불확실성 또는 기대손실에 따른 변동성을 의미한다.

2 **다음 중 위험의 유사개념에 대한 설명으로 적절하지 않은 것은?**

① 손인은 손해의 직접적인 원인이 되는 사고 그 자체를 지칭한다.

② 손인은 가치상실의 개념과 직접 관계가 없고 우연한 사건만을 가리킨다.

③ 위태는 손인에서 손실을 발생시키거나 손실 정도를 증가시키는 행위를 말한다.

④ 위태는 위험과 직접연관이 있고 손실을 발생시키는 확률과 밀접한 관계가 있다.

해설 위태는 위험과 직접적인 연관이 없다.

3 **다음 중 부보가능한 위험으로 맞는 것으로만 모두 묶인 것은?**

① 경영위험 중 순수위험, 특정위험, 동태적 위험, 순수위험

② 개인위험, 경영위험 중 가격위험, 특정위험, 동태적 위험

③ 재무적 위험, 기본위험, 순수위험, 객관적 위험, 특정위험

④ 개인위험, 경영위험 중 순수위험, 재무적 위험, 정태적 위험, 특정위험

해설 부보가능한 위험에는 개인위험, 경영위험 중 순수위험, 재무적 위험, 정태적 위험, 특정위험, 객관적 위험, 순수위험이 있다.

4 **다음 중 위험의 측정 및 평가에 대한 설명으로 적절하지 않은 것은?**

① 위험의 측정은 잠재적 손실에 대한 객관적 특성을 파악하는 것이다.

② 주관적 위험은 손실발생확률에 대한 개인의 주관적인 추정치, 객관적 위험은 실제손실과 기대손실 차이의 크기로 측정한다.

③ 위험측정에서 보다 의미있는 것은 상대적 개념의 객관적 위험이다.

④ 보험회사는 보유기준의 하나로 최대가능손실이 위험관리 측면에서 중요하다.

해설 ④ 최대가능손실이 아니라 최대추정손실이다.

5 **다음 중 위험관리방법에 대한 설명으로 적절한 것은?**

① 위험관리방법은 위험통제, 위험재무, 위험축소로 분류하며 이들은 상호배타적이라 동시에 사용할 수 없다.

② 가장 소극적인 통제수단으로 위험회피가 있고 빈도를 통제하는 손실경감과 심도를 통제하는 사고예방이 있다.

③ 건물의 내화구조를 선택하거나 안전교육, 정기점검, 위험한 상품의 생산을 감소시키는 것은 심도통제에 속한다.

④ 위험을 줄일 수 있는 내부적 축소방법에는 잠재수요 연구, 미래의 상품가격 및 이자율 예측 등이 있다.

해설 ① 상호배타적이지 않고 동시에 사용가능하다. ② 빈도를 통제하는 사고예방과 심도를 통제하는 손실경감이 있다. ③ 빈도통제의 사고예방에 속한다.

6 **다음 중 손실유형별 위험관리방법에 대한 내용으로 적절한 것은?**

구분		발생빈도	
		높다	낮다
손실규모	심각하다	(가)	(나)
	미미하다	(다)	(라)

	(가)	(나)	(다)	(라)
①	위험회피	위험이전	위험축소	위험보유
②	위험이전	위험회피	위험축소	위험보유
③	위험축소	위험회피	위험보유	위험이전
④	위험보유	위험회피	위험이전	위험축소

해설 위험의 관리방법에는 위험통제와 위험재무가 있다. 위험통제는 위험의 발생빈도를 줄이거나 위험의 심각성 정도를 줄이는 방법이고 위험재무는 손실에 대비하는 자금을 준비하는 방법이며 위험이전의 대표적인 것이 보험이다.

7 **다음 중 위험관리방법에 대한 설명으로 적절하게 연결된 것은?**

가. 위험관리비용이 발생하는 장점이 있으나 대형손실에 대처할 수 없다.

나. 항상 가능하지 않으며 꼭 최선의 방법이라고 할 수 없다.

다. 손실예방효과의 장점이 있으나 관리비용이 발생한다.

라. 비용이 부담되는 단점이 있으나 안정성 제고가 큰 장점이 있다.

① 가 : 위험보유 ② 나 : 위험이전

③ 다 : 위험통제 ④ 라 : 위험축소

해설 나 : 위험통제(위험회피), 다 : 위험축소, 라 : 위험이전

8 다음 중 보험의 정의에 대한 설명으로 적절한 것은?

보험의 목적은 재무적 손실에 대한 불확실성인 재무적 위험을 감소시키는 것이다. 이를 위해 위험의 전가 및 결합방식을 이용한다.

① 경제적 관점의 정의 ② 사회적 관점의 정의

③ 법률적 관점의 정의 ④ 수리적 관점의 정의

해설 보험의 경제적 관점의 정의에 대한 설명이다.

9 다음 중 보험의 특성인 우연한 사고에 대한 설명으로 적절한 것은?

① 보험은 우연한 사고에 대해 지급을 하는데 우연한 사고는 원인과 결과가 모두 우연한 경우를 말한다.

② 위험이전은 손실의 결합을 통해 개개인에게 개별화된 위험을 단체화하여 이루어진다.

③ 손실의 결합은 단체 전체에서 발생된 손실을 일부의 사람에게 분산시키는 것을 말한다.

④ 위험에 노출된 많은 사람을 단체화시켜 수지상등의 법칙을 통해 장래의 손실에 대한 예측이 가능하게 된다.

해설 ① 원인과 결과 중 어느 하나에 해당되더라도 우연성이 있는 것으로 본다. ③ 일부의 사람에게 발생된 손실을 단체 전체로 분산시키는 것을 말한다. ④ 대수의 법칙

10 다음 중 보험제도의 주요원칙에서 보험경영의 원칙으로 모두 묶인 것은?

가. 대수의 법칙 나. 피보험이익의 원칙

다. 실손보상의 원칙 라. 수지상등의 원칙

마. 대위의 원칙 바. 급부반대급부의 원칙

① 가, 나, 다 ② 다, 라, 마

③ 라, 마, 바 ④ 가, 라, 바

해설 나, 다, 마 : 보험계약의 법칙

11 홍길동(35세)은 동생 홍길서(30세)와 함께 보험에 가입하기 위해 보험설계사를 만나 상담을 하게 되었다. 보험설계사는 형이 동생보다 더 많은 보험료를 내야 한다고 설명했다. 이와 관련된 보험의 기본원칙은?

① 급부반대급부 균등의 원칙 ② 이득금지의 원칙
③ 수지상등의 법칙 ④ 대수의 원칙

해설 연령별로 보험료가 다르다는 것은 급부반대급부 균등의 원칙을 말한다.

12 다음 중 보험회사에서 취급하는 부보가능한 위험의 요건에 대한 설명으로 적절한 것은?

① 충분히 많은 동일한 위험이 있어야 한다.
② 손실은 확실하고 필연적이어야 한다.
③ 손실은 불확실하고 측정할 필요는 없다.
④ 다수의 손실이 동시에 발생하지 않아야 한다.

해설 ① 동질적 위험 ② 우연하고 우발적이어야 한다. ③ 확실하고 측정가능해야 한다.

13 다음에 설명하는 보험의 기본원리는 무엇인가?

> 선원은 선원이 가지고 있는 위험에 걸맞는 보험료를 납부하고, 목사는 목사라는 직업이 지닌 위험에 걸맞는 보험료를 부담한다. 이와 같이 개별 보험계약별로 위험 수준의 차이에 따라 보험요율을 차별화할 수 있도록 뒷받침하는 원칙이다.

① 대수의 법칙 ② 수지상등의 법칙
③ 급부반대급부 균등의 원칙 ④ 피보험이익의 원칙

해설 급부반대급부 균등의 원칙에 대한 설명이다.

14 다음 중 도박과 보험에 대한 설명으로 적절하지 않은 것은?

① 보험과 도박은 모두 손실을 분담한다는 특징이 있다.
② 도박은 사행계약의 특징이 있고 보험은 사행계약의 특징이 없다.
③ 보험과 도박은 모두 확률원리와 대수의 법칙을 근간으로 운영된다.
④ 보험은 순수위험을 취급하고, 도박은 새로운 투기위험을 조장한다.

해설 보험과 도박은 모두 사행계약의 특징이 있다.

15 **다음 중 보험과 헤징에 대한 설명으로 적절하지 않은 것은?**

① 계약에 의해 위험이 이전되고 새로운 위험이 만들어지지 않는다는 특징이 있다.

② 보험은 부보가능한 위험을 이전하고, 헤징은 보험가입이 가능하지 않은 위험을 다룬다.

③ 보험은 대수의 법칙을 따르지만 헤징은 대수의 법칙에 근거하지 않는다.

④ 보험과 헤징은 위험을 이전하고 위험감소의 역할을 수행한다는 점에서 같다.

해설 헤징은 위험이전만 하고 위험감소의 역할은 수행하지 않는다.

16 **다음 중 보험회사 운영의 주요업무에 해당하지 않은 것은?**

① 보험상품에 대한 가격책정 ② 보험계약 청약에 대한 계약심사

③ 보험금 발생시 보험금지급과 손해사정 ④ 보험상품에 대한 공시제도

해설 보험상품에 대한 공시제도는 보험회사 운영의 주요업무에 해당하지 않는다.

17 **다음 중 보험료 가격요인에 대한 설명으로 적절한 것은?**

① 보험료에 영향을 미치는 요인으로 위험률, 투자수익률, 유지율 등을 고려한다.

② 위험률은 현재시점의 사망률 수준으로 합리적으로 설정되어야 한다.

③ 예정이율은 생명보험의 특성으로 시중금리 수준보다 높게 설정한다.

④ 위험률은 할인율과 함께 보험금원가를 결정하는 중요한 요소 중 하나이다.

해설 ① 위험률, 이자율, 사업비율, 해지율, 기타 회사정책적 고려사항 등이다.
② 현재의 사망률수준은 물론 미래의 변화수준인 추세율, 언더라이팅 등을 고려해야 한다.③ 예정이율은 생명보험의 특성으로 시중금리 수준보다 낮게 설정한다.

18 **다음 중 방카슈랑스에 대한 설명으로 적절하지 않은 것은?**

① 보험상품을 판매할 수 있는 금융기관에는 은행, 증권회사, 상호저축은행 등이 있다.

② 보험은 인터넷 홈페이지를 이용하여 불특정다수를 대상으로 보험상품을 안내 또는 설명하여 모집할 수 있다.

③ 점포내에서 전화를 이용하여 격지에 있는 사람에게 보험상품을 판매할 수 있다.

④ 보험모집담당자는 대출 등 불공정모집의 우려가 있는 업무를 취급할 수 없다.

해설 전화판매는 금지하고 있다.

19 보험계약에서 보험회사의 급여임무는 보험회사가 보험료를 수령했음에도 불구하고 보험사고가 발생하는 경우에만 발생한다. 이와 관련된 보험계약의 특성으로 적절한 것은?

① 유상계약 ② 쌍무계약
③ 부합계약 ④ 사행계약

해설 당사자의 구체적인 급부가 우연한 사실에 좌우되기 때문에 보험계약은 사행계약의 성격을 갖고 있다.

20 보험계약은 다수를 상대로 대량으로 체결되고 보험의 기술적 특성으로 정형성이 요구되어 보험계약자는 보험회사가 작성한 약관을 승인하든지 거절할 수 있을 뿐이다. 이와 관련된 보험계약의 특성으로 적절한 것은?

① 유상계약 ② 쌍무계약
③ 부합계약 ④ 사행계약

해설 부합계약은 계약의 형식은 취하고 있으나, 내용은 미리 당사자의 일방이 결정하고 상대방은 이에 따를 수밖에 없는 계약으로 부종계약(附從契約)이라고도 한다.

21 다음 중 보험계약의 법률적 특성에 대한 설명으로 적절한 것은?

① 보험계약은 보험계약자가 보험자에게 보험금청구권을 가지고 보험자는 보험계약자에게 보험료 지급청구권을 갖는 편무계약이다.
② 보험계약은 보험계약자가 청약서에 자필서명을 하고 보험회사가 이를 승낙하면 계약이 성립된다.
③ 보험계약은 상행위성이 인정되고 보험자는 상인이 된다.
④ 보험계약자는 보험회사가 작성한 약관을 개별적으로 승인하든가 거절할 수 있을 뿐이다.

해설 ① 쌍무계약이다. ② 보험계약은 보험계약자가 청약을 하고 보험자가 승낙하면 성립된다. ④ 약관을 전체적으로 승인하든가 거절할 수 있을 뿐이다.

22 다음 중 예금자보호제도에 대한 설명으로 적절한 것은?

① 예금자보호제도를 통해 보상하는 금액은 1인당 원금 최고 5천만원(세후)으로 한정된다.
② 적용대상에는 개인보험계약, 변액보험, 개인형퇴직연금, 원금이 보전되는 금전신탁 등이 있다.
③ 확정기여형이나 개인형퇴직연금의 적립금은 기존 예금자보호상품과 합해 1인당 최고 5천만원까지 보호된다.

④ 법인이 계약자, 보증보험 및 재보험, 변액보험 주계약은 적용대상이 아니다.

해설 ① 원금과 소정의 이자 합하여 1인당 최고 5천만원(세전) ② 변액보험 최저보장 보험금, 변액보험 특약 ③ 별도로 보호된다.

23 다음 중 피보험이익의 요건에 대한 설명으로 적절하지 않은 것은?

① 피보험이익은 금전으로 산정할 수 있는 경제적인 이익이어야 한다.

② 형벌, 행정벌에 의해 상실된 이익, 도박, 탈세, 절도 등을 통해 얻은 이익을 피보험이익으로 한 경우 당사자가 악의이면 계약은 무효가 된다.

③ 피보험이익은 선량한 풍속 기타 사회질서에 반하지 않는 적법한 것이어야 한다.

④ 피보험이익은 이미 확정되거나 보험사고 발생시까지 확정될 수 있어야 한다.

해설 당사자의 선의나 악의를 불문하고 계약이 무효가 된다.

24 홍길동은 자신의 공장을 화재보험 1억원에 가입하였다. 화재 당시 보험가액은 2억원이었고, 공장에 화재로 발생한 직접손해액이 6천만원이라면 보험회사로부터 수령할 수 있는 보험금은?

① 6천만원 ② 5천만원

③ 4천만원 ④ 3천만원

해설 일부보험 : 비례보상 6천만원×1억원/2억원

25 다음 중 단체보험의 가입대상 단체로 적절하지 않은 것은?

① 조기축구회(회원 30명)

② 20명을 고용하고 있는 동일한 회사

③ 대한변호사회(회원 500명)

④ 대표자가 보험료를 일괄 납입할 수 있는 단체

해설 조기축구회는 동업자 단체가 아니라 동호인 단체로서 위험의 동질성이 확보되지 않아 단체보험 가입이 불가능하다.

26 다음 중 종신보험에 대한 설명으로 가장 적절하지 않은 것은?

① 종신보험은 정기보험과 달리 보험기간이 피보험자가 생존하는 기간에 사망보장을 제공하는 상품이다.

② 사망시 사망보험금을 지급하고 책임준비금제도를 통해 저축기능도 수행한다.

③ 적립금은 계약기간 만기가 가까워질수록 감소하다 만기시점이 되면 보험회사의 보험금 지급책임이 종료되기 때문에 소멸된다.

④ 평준보험료 방식으로 적립된 계약자적립금은 계약자 몫이므로 중도해지시 해지환급금으로, 보험계약대출시 대출금으로 활용할 수 있다.

해설 평준보험료 방식 정기보험에 대한 설명이다.

27 다음 중 투자형 생명보험에 대한 설명으로 적절한 것은?

① 변액 유니버설보험은 유니버설의 투자측면과 변액보험의 유연성을 결합하여 개발된 상품이다.

② 유니버설보험은 전통형 생명보험의 보장기능과 저축기능에 뮤추얼펀드 투자형태의 잠재적 성장을 결합하여 설계되었다.

③ 투자형 생명보험은 전통형 생명보험에 비해 보험료와 보험금의 변경이 자유롭거나 보험금이 실제 투자수익률을 반영하여 가감되는 구조이다.

④ 유니버설보험은 인플레이션의 진전에 따른 생명보험급부의 실질 가치저하에 대처하기 위해 개발된 상품이다.

해설 ① 유니버설보험의 유연성과 변액보험의 투자측면을 결합하여 개발된 상품이다. ② 변액보험 ④ 변액보험

28 다음 중 자동차보험에 대한 설명으로 적절한 것은?

① 개인용자동차보험은 개인이 소유한 자가용 승용차와 승합차가 대상이 된다.

② 음주운전이나 무면허운전으로 사고시 자기부담금은 1사고당 대인 Ⅰ, Ⅱ 300만원, 대물 100만원이다.

③ 무보험자동차상해는 피보험자가 무보험차에 의해 상해를 입은 경우 2억원 한도로 보상받으나 뺑소니는 보상하지 않는다.

④ 특별요율은 에어백 장착차량 보험료 할인처럼 자동차구조나 운행실태가 동종 차종과 다른 경우에 적용하는 요율이다.

해설 ① 법정정원 10인승 이하의 개인이 소유한 자가용 승용차 ② 무면허운전시 의무한도 초과금(대인배상 2, 대물 2천만원 초과분)은 보상하지 않는다. ③ 뺑소니를 포함한다.

29 홍길동은 부동산 5억원, 은행예금 1억원, 사망보험금 5천만원, 주택담보대출 1억원을 보유한 상태에서 사망했을 경우에 금융재산상속공제액은 얼마인가?

① 1,000만원 ② 2,000만원
③ 3,000만원 ④ 5,000만원

해설 순금융재산 : 은행예금 1억원 + 사망보험금 5천만원 − 담보대출 1억원 = 5천만원
순금융재산가액이 5천만원이므로 상속공제액은 2천만원이다.

30 상속세 및 증여세와 보험금의 관계에 대한 설명으로 옳지 않은 것은?

① 계약자(父)와 피보험자(父)가 같은 경우에 피보험자가 사망하면 보험금은 상속재산으로 본다.
② 계약자(母)와 피보험자(父)가 다르고 계약자(母)와 수익자(子)가 다를 경우 피보험자가 사망하면 보험금을 수익자에게 증여한 것으로 보아 증여세가 부과된다.
③ 계약자(母)와 피보험자(父)가 다르고 계약자와 수익자(母)가 같을 경우 피보험자가 사망하면 보험금은 상속세나 증여세의 과세대상이 되지 않는다.
④ 계약자(父)와 피보험자(父)가 같고 계약자와 수익자가 다를 경우 피보험자가 사망하면 보험금을 수익자에게 증여한 것으로 보아 증여세가 과세된다.

해설 사망보험금에 대해서는 상속세가 과세된다.

정답

1. ④	2. ④	3. ④	4. ④	5. ④	6. ①	7. ①	8. ①	9. ②	10. ④
11. ①	12. ④	13. ③	14. ②	15. ④	16. ④	17. ④	18. ③	19. ④	20. ③
21. ③	22. ④	23. ②	24. ④	25. ①	26. ③	27. ③	28. ④	29. ②	30. ④

C·h·a·p·t·e·r

14

부채관리와 신용

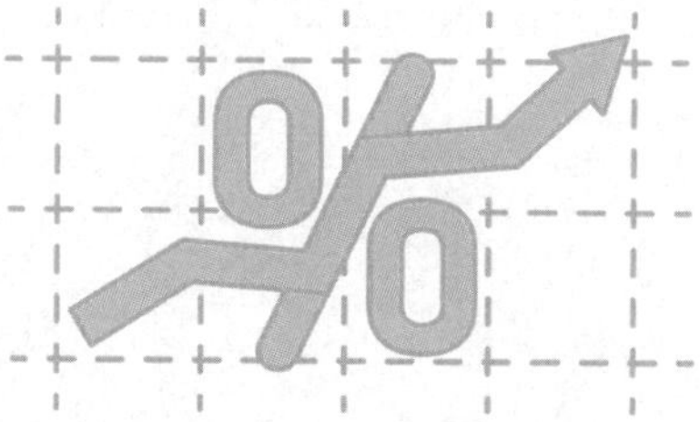

개인이 금융기관에서 대출을 받을 때 신용등급은 대출여부, 금리, 한도를 결정하는 척도이다. 신용등급이 낮으면 대출받기 어렵고 대출을 받더라도 원하는 금액을 다 받지 못하거나 고금리 이자를 물어야 한다. 신용등급은 자신의 경쟁력이므로 신용등급을 올리기 위해 노력하고 신용등급을 올바로 알고 활용해야 한다.

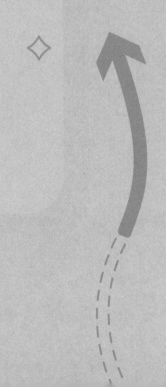

01 신용평가의 개요

1. 신용정보의 정의

신용정보의 이용 및 보호에 관한 법률에 따르면 신용정보는 상거래에서 상대방에 대한 식별·신용도·신용거래능력의 판단을 위한 정보로 대통령령이 정하는 정보를 말한다. 여기서 대통령령이 정하는 정보는 다음 각호에 해당하는 정보로 다른 법령의 규정에 의해 공시 또는 공개되거나 다른 법령에 위반됨이 없이 출판물·방송 등의 공공매체 등을 통하여 공시 또는 공개된 정보 등은 제외한다.

① 개인의 성명·주소·주민등록번호(외국인은 외국인등록번호 또는 여권번호)·성별·국적·직업, 기업 및 법인의 상호·사업자등록번호·본점 및 영업소의 소재지·설립연월일·목적·임원에 관한 특정 신용정보주체를 식별할 수 있는 정보

② 대출·보증·담보제공·가계당좌예금 또는 당좌예금·신용카드·할부금융·시설대여 등의 금융거래 등 상거래와 관련하여 신용정보주체의 거래내용을 판단할 수 있는 정보로서 총리령이 정하는 정보

③ 금융거래 등 상거래와 관련하여 발생한 연체·부도·대지급·허위 기타 부정한 방법에 의한 신용질서 문란행위 등 신용정보주체(신용정보주체가 회사이면 다음 각목의 자를 포함)의 신용도를 판단할 수 있는 정보로서 총리령이 정하는 정보

가. 국세기본법 제39조제2항의 규정에 의한 과점주주로서 최다출자자인 자

나. 국세기본법 제39조제2항의 규정에 의한 과점주주인 동시에 당해 회사의 이사 또는 감사로서 당해 회사의 채무에 연대보증을 한 자

다. 당해 회사의 총발행주식수 30/100 이상을 소유한 최다출자자

라. 당해 회사의 무한책임사원

④ 금융거래 등 상거래에서 신용도 판단에 필요한 개인의 재산·채무·총소득액, 납세실적등과 기업 및 법인의 연혁·주식 또는 지분보유현황 등 회사의 개황, 판매내역·수주실적·경영상의 주요계약등 사업내용, 재무제표 등 재무에 관한 사항, 「주식회사의 외부감사에 관한 법률」의 규정에 의한 감사인의 감사의견 및 납세실적 등 신용정보주체의 신용거래능력을 판단할 수 있는 정보

⑤ 금융거래 등 상거래에서 신용정보주체의 식별 · 신용도 · 신용거래능력을 판단할 수 있는 법원의 심판 · 결정정보, 조세 또는 공공요금의 체납정보, 주민등록 및 법인등록에 관한 정보 및 기타 공공기관이 보유하는 정보

2. 신용평가의 개념

신용평가(CS : Credit Scoring)는 개인의 신용상태에 영향을 미치는 채무상환능력 및 의지, 제반 개인적 · 사회적 · 경제적 사실 등을 조사하여 이를 분석한 결과를 바탕으로 금융기관의 의사결정에 활용할 수 있도록 개인의 신용도에 관한 종합적인 신용평점을 산출하여 신용등급을 부과하는 일련의 과정을 의미한다.

신용평가모형은 개인의 채무상환능력을 계량화하여 금융회사의 여신심사에 도움을 주기 위한 도구로 신용조회회사와 각 금융회사에서 모형을 생성하고 있다. CB사에서 개발되는 신용평가모형은 금융회사에서 범용적으로 사용할 수 있는 모형이며 개인의 신용도를 등급 또는 평점으로 산출하여 금융회사에 제공한다.

신용조회회사는 금융회사, 공공기관, 기업 등에서 신용정보를 수집하여 신용평가모형을 개발 · 운영하고 등급이나 평점의 형태로 개인의 신용도를 판단할 수 있는 정보를 금융회사에 제공하는 회사로 국내에서는 신용정보의 이용 및 보호에 관한 법률에 의해 신용조회업 영위를 위한 금융위원회의 인가가 필요하다.

금융회사의 신용평가모형은 정책과 고객특성에 맞게 평가할 수 있도록 개발되고 신용평점시스템과 행동평점시스템의 두 가지로 운영된다. 신용평점시스템은 신청당시 신청자의 속성정보, 거래정보, 금융정보 등을 종합하여 미래의 신용상태를 예측(평점화)하는 시스템으로 여신 신청이나 카드발행 신청에 사용된다.

행동평점시스템은 계약이 체결된 고객의 속성정보, 신용거래내역, 금융정보 등을 종합하여 기존 고객의 신용도 변화를 점검하여 고객의 부실가능성을 예측, 조기경보, 연체관리, 여신사고를 예방하는 시스템을 말한다. 신용평가는 1997년 IMF 이후 신용위험에 대한 관심이 높아지면서 개인신용에 관심을 갖게 되었다.

| 표 14-1 | 국내 개인 신용조회회사

국내 신용조회회사	신용조회사이트
나이스평가정보(NICE)	나이스 지키미
코리아크레딧뷰(KCB)	KCB 올크렛딧
서울신용평가정보(SCI)	사이렌24

금융기관들은 자체적으로 평가시스템을 구축하고, 신용조회회사들은 금융권과 비금융권이 수집한 정보를 모으기 시작했다. 1990년대 중반부터 금융회사의 개인에 대한 대출관행이 담보 위주에서 무담보 신용기반 대출로 변화하고 대출자에 대한 신용평가의 필요성이 높아지면서 신용평가모형의 도입이 본격화되었다.

2003년 카드사태 전후로 신용정보원을 통해 금융권 정보공유 인프라를 구축하고 신용정보회사의 개인신용평가 정교화를 통해 신용평가체계가 안착되었다. 국내의 개인신용조회기관은 나이스평가정보, 코리아크레딧뷰, 서울신용평가정보이며, 금융거래 정보를 활용하여 신용평가점수를 산정하고 누구나 조회 가능하다.

국내 신용조회기관별 신용평점에 반영되는 주요 평가요소에 상환이력정보, 현재부채수준, 신용거래기준, 신용형태정보가 있으며 반영비중은 기관별로 약간 차이가 있다. 나이스평가정보는 상환이력정보가 큰 비중을 차지하였으며, 코리아크레딧뷰로는 신용형태정보, 상환이력정보, 현재부채수준의 순으로 나타났다. 서울신용평가정보는 상환이력정보, 현재부채수준, 신용형태정보의 순으로 나타났다.

| 표 14-2 | 신용조회회사별 평가점수 반영요소

평가요소	반영비중		
	NICE	KCB	SCI
상환이력정보	40%	28%	35%
현재부채수준	23%	28%	30%
신용거래기준	11%	14%	13%
신용형태정보	26%	32%	22%

02 신용등급의 개요

신용등급은 개인이 금융기관으로부터 대출을 받을 경우 대출여부, 금리, 한도를 결정하는 중요한 척도이다. 신용등급이 낮으면 대출받기 어렵고, 대출을 받더라도 원하는 금액을 다 받지 못하거나 고금리 이자를 물어야 한다. 신용등급은 자신의 경쟁력이므로 신용등급을 올리기 위해 노력해야 한다.

1. 신용등급의 결정

신용등급 자주 들어봐서 익숙한 단어이지만 실제 내 신용이 몇 등급인지 알고 있는 사람은 많지 않다. 또한 내 신용등급을 확인하기 위해 어떻게 해야 하는지 대부분 알지 못한다. 그러나 모든 금융거래의 기본이 신용등급인 만큼 이를 제대로 알고 잘 관리하는 것은 아무리 강조해도 지나치지 않다.

신용등급은 개인의 각종 신용정보를 종합한 신용도를 숫자로 나타낸 것이다. 고객이 대출신청을 하면 금융회사는 신청서에 기재된 소득정보, 직업정보, 거주형태 등의 신상정보를 바탕으로 고객에게 대출이나 카드발급 등 금융거래시 대출여부와 한도, 적용금리 등을 결정할 때 참고자료로 활용된다.

신용등급은 신용정보회사(CB)가 금융소비자의 신용도를 평가하기 위해 매기는 등급을 말하며, 신용도가 가장 높은 1등급에서 신용도가 가장 낮은 10등급으로 구분된다. 은행을 비롯한 금융기관은 신용정보회사가 매긴 신용등급과 금융기관 자체의 신용평가를 종합적으로 고려하여 대출심사를 진행한다.

신용등급은 금융위원회에서 허가받은 신용조회회사들이 신용평가사이트를 통해 등급을 산정하는데, 이들은 대출건수 및 금액, 연체금액, 연체기간, 제2금융권 대출실적, 신용카드 사용실적 등 금융회사가 갖고 있는 고객의 정보를 분석해 개인별 신용평점을 산출하고 이를 토대로 신용등급을 부여한다.

▎표 14-3▎ 신용등급의 구분과 의미

등급	구분	의미
1~2등급	최우량등급	오랜 신용경력과 다양하고 우량한 신용거래 실적을 보유하고 있어 부실화 가능성이 매우 낮음
3~4등급	우량등급	활발한 신용거래 실적은 없으나 꾸준하게 우량한 거래를 지속하면 상위등급 진입이 가능함
5~6등급	일반등급	비교적 고금리 금융권과 거래가 있는 고객으로 단기연체경험이 있으며 부실화 가능성은 보통
7~8등급	주의등급	비교적 고금리 금융권과 거래가 많은 고객으로 단기연체경험이 많아 부실화 가능성이 높음
9~10등급	위험등급	현재 연체 중이거나 매우 심각한 연체의 경험을 보유하고 있어 부실화 가능성이 매우 높음

2019년부터 개인신용평가의 결과에 관한 신용등급(1~10등급)이 신용점수(1~1000점)로 단계적으로 전환되어 보다 세분화된 평가결과에 따라 대출한도나 금리산정 등이 합리적으로 이루어지게 된다. 또한 연체 및 연체이력정보의 활용기준이 개선되어 오래전에 연체가 있었거나 최근에 일시적인 어려움을 겪고 있는 금융취약계층에 대한 개인신용평가상 과도한 불이익이 완화될 수 있게 된다.

그리고 제2금융권 대출을 받았다는 이유로 은행권 대출을 이용하는 경우에 비해 신용점수가 큰 폭으로 하락하는 불합리가 해소되어 제2금융권 이용자 62만명 이상의 신용점수가 상승한다. 또한 금융소비자에게 금융회사에 대한 프로파일링 대응권이 보장되고 신용점수에 중요한 영향을 미치는 사항에 대한 금융회사의 설명 · 통지의무가 강화되어 소비자의 합리적인 신용관리가 가능하게 된다.

금융회사는 신용등급 외에 거래기여도, 직장, 소득 등 정성평가를 참고하여 대출여부를 결정한다. 신용평가사가 평가하는 신용등급은 금융회사가 판매하는 상품 및 서비스의 우대금리, 수수료, 우수고객 선정 등에 영향을 미친다. 즉 고객이 여신금융을 거래할 경우에 대출금의 이자율 및 한도가 달라질 수 있고, 신용등급이 낮아지게 되면 기한연장이나 증액이 불가능한 경우가 발생할 수 있다.

❙ 표 14-4 ❙ 은행별 신용등급 기준 가계신용대출금리

은행		신용등급별 금리					평균금리
		1~2등급	3~4등급	5~6등급	7~8등급	9~10등급	
시중은행	우리은행	3.27%	4.27%	5.77%	8.29%	10.82%	3.79%
	KB국민은행	3.42%	4.55%	6.34%	9.98%	10.50%	3.95%
	NH농협은행	3.53%	4.23%	5.70%	7.27%	8.56%	3.95%
	신한은행	4.46%	4.41%	5.06%	6.46%	9.42%	4.56%
	KEB하나은행	3.65%	5.03%	7.99%	9.70%	–	4.91%
저축은행	JT	16.3%	16.20%	18.06%	9.61%	–	17.86%
	웰컴	14.2%	17.80%	20.32%	21.39%	18.55%	20.13%
	SBI	18.4%	19.69%	21.30%	22.86%	–	21.14%
	OK	16.0%	19.53%	21.15%	23.37%	23.89%	21.68%
	한국투자	13.9%	19.94%	22.02%	23.50%	–	21.84%

출처 : 은행연합회, 저축은행중앙(2018년 8월 1일 기준)

❙ 그림 14-1 ❙ 개인신용등급 인구비중 및 신용구간

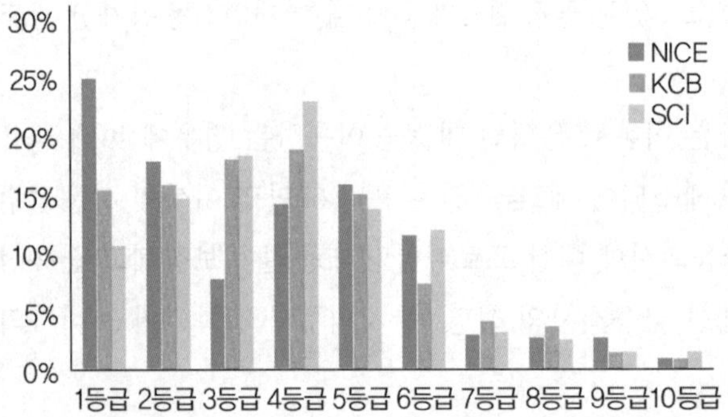

등급	NICE	KCB
1등급	900–1000	942–1000
2등급	870–899	891–941
3등급	840–869	832–890
4등급	805–839	768–831
5등급	750–804	698–767
6등급	665–749	630–697
7등급	600–664	530–629
8등급	515–599	454–529
9등급	445–514	335–453
10등급	0–444	0–334

자료 : NICE평가정보, KCB, SCI평가정보, 연구자 재구성(2018년 말)

신용등급을 잘 관리하기 위해서는 먼저 자신의 신용등급이 어느 정도인지를 아는 것이 순서이다. 각 신용조회회사들이 운영하는 인터넷 사이트에 접속하면 본인의 신용등급을 확인할 수 있다. 신용등급은 1년에 3번 무료로 확인할 수 있고, 3회를 초과하는 경우에도 CB사에 일정비용을 지불하면 조회할 수 있다.

▌그림 14-2▌ 전국민이 함께하는 정보보호 생활

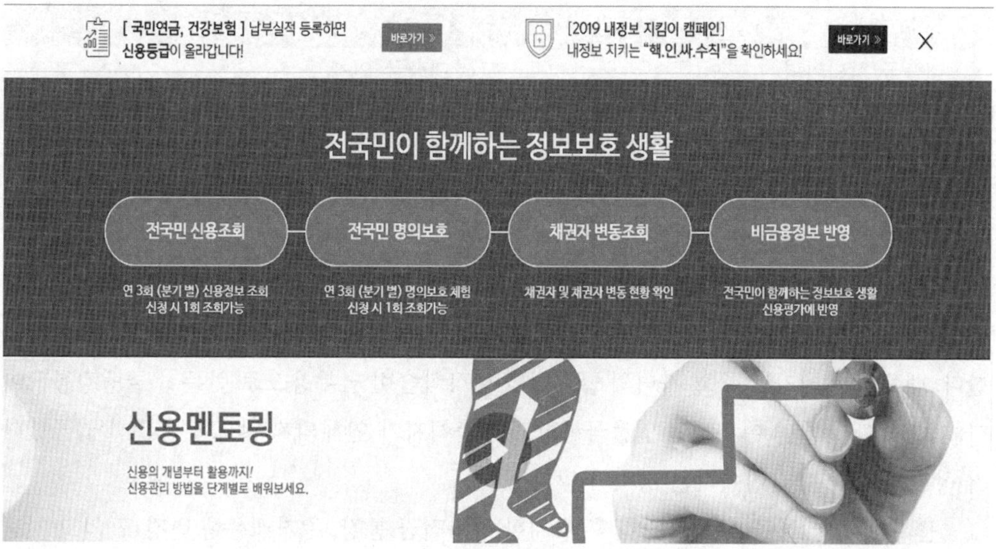

자료 : 나이스 지키미 홈페이지

신용등급을 높이려면 신용조회회사들이 가산점을 주는 항목을 눈여겨볼 필요가 있다. 통신비, 국민연금, 건강보험, 도시가스, 전기요금 등을 6개월 이상 성실히 납부하게 되면 5~17점을 더 받으며 기간이 길수록 가점은 커진다. 납부했다고 저절로 가점이 반영되지는 않는다. 신용평가회사 홈페이지에서 비금융정보 반영을 신청하거나 실적을 우편이나 팩스 등으로 직접 제출해야 된다.

신용조회회사는 고객의 부채상환능력과 의지를 신용평가시 가장 중요한 요소로 생각한다. 신용카드나 체크카드를 꾸준히 사용하더라도 가점이 오른다. 월 30만원을 6개월 이상 또는 6~12개월 동안 지속적으로 사용하면 4~40점을 받는다. 서민금융대출이나 한국장학재단 학자금대출을 연체 없이 1년 이상 상환해도 5~45점이 주어진다. 체크카드와 대출상환은 자동으로 가점에 반영된다.

금융회사는 신용등급을 활용하여 우량고객에게 우대금리를 제공한다. 금융거래실적이 전무한 대학생이나 사회초년생은 통신요금과 학자금대출을 성실히 납부하고, 서민금융을 이용한 고객과 사업에 실패한 사업자는 통신비와 대출이자의 성실납부, 체크카드의 꾸준한 사용실적으로 신용평점을 올릴 수 있다. 개인신용평가시 반영요소를 정확히 알아야 신용등급을 관리하고 활용할 수 있다.

▌표 14-5▌ 신용평가시 반영요소

긍정적 반영요소	부정적 반영요소
① 대출금 상환이력 ② 신용카드 사용금액 및 기간 ③ 연체상환 및 연체상환 후 경과기간 ④ 통신비·공공요금 성실납부 실적	① 대출금 연체 ② 신규대출 및 대출건수 증가 ③ 제2금융권 대출 ④ 과도한 현금서비스 이용

금융감독원에 따르면 1년 이상 입출금거래가 없거나 만기 후 방치된 예 · 적금이 작년 말 기준 1억1천899만 계좌, 17조원에 이르며 잔액 50만원 이하의 소액계좌가 97.4%를 차지한다. 대표적 사례가 초중고 자녀의 급식비와 현장학습비 납부용으로 만든 스쿨뱅킹통장이다. 대출상환이 끝난 이자납입 입출금통장도 대출이자가 연체되지 않도록 충분히 입금했다가 상환이 끝나면 잊어버리는 경우가 많다.

군복무시 만든 급여통장, 전학 후 방치한 장학적금 통장, 주거래은행 변경 후 잊고 지낸 예 · 적금통장도 적지 않다. 휴면계좌에 돈이 있으면 잔액이 없더라도 휴면계좌를 방치해서는 안 된다. 자신도 모르는 대포통장으로 악용될 위험이 있어 반드시 해지하는 것이 좋다. 금융소비자 포털 파인의 잠자는 내 돈 찾기 코너에서 잠든 예금, 보험금, 주식과 배당금, 카드 포인트 등을 한번에 조회할 수 있다.

▌그림 14-3▌ 잠자는 내 돈 빠짐없이 가장 빨리 찾기

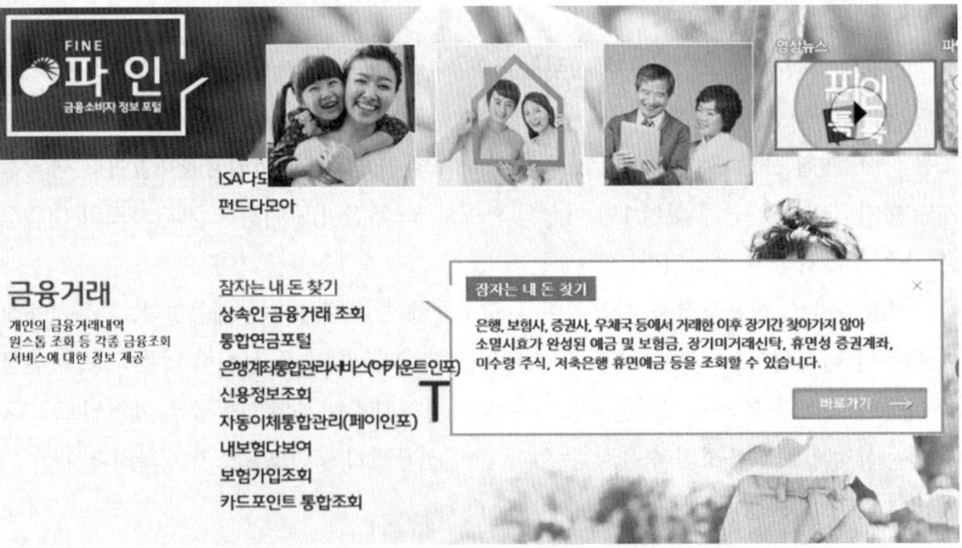

자료 : 금융감독원 금융소비자 정보포털 파인

2. 신용카드의 활용

신용카드를 신규로 발급받으면 약관 및 상품안내장을 통해 신용카드 이용과 관련한 제반사항을 숙지하고 신용평가시 불이익을 받지 않도록 신용카드 이용대금 결제일을 준수해야 한다. 현금서비스는 가능하면 사용을 자제하고 현금으로 상환해야 하는 선지급포인트의 활용은 신중히 고려해야 한다.

(1) 필요한 카드만 발급받아 사용

잘 사용하지 않으면서 여러 장의 카드를 소지하고 있으면 분실과 도난에 따른 부정사용 위험이 발생할 수 있기 때문에 꼭 필요한 카드만 발급받아 사용하는 것이 카드를 잘 활용하는 첫걸음이다. 그리고 신용카드를 선택할 경우에는 자신의 소비성향과 할인혜택 등을 고려할 필요가 있다.

(2) 회원약관 및 상품안내장 숙지

신용카드를 신규로 발급받은 경우에는 회원약관이나 상품안내장을 통해 신용카드 이용과 관련한 제반사항을 숙지해야 한다. 그리고 신용카드를 사용하는 중에는 카드회사가 보내는 이용대금명세서, SMS, 이메일 등을 통해 부가서비스의 변경내역, 이용조건 등을 천천히 살펴보는 것이 필요하다.

(3) 카드의 이용대금 결제일 준수

카드이용금액 연체시 결제금액 이외에 연체이자를 부담하고 신용도 하락으로 한도감액, 금리인상, 카드사용금지의 불이익을 받을 수 있다. 다른 카드사에서 발행한 카드라도 연체되면 카드사간 연체정보를 공유하여 신용평가시 불이익을 받을 수 있어 카드연체가 발생하지 않도록 유의해야 한다.

(4) 하나의 카드를 집중하여 사용

카드결제금액의 일정비율을 적립해주는 포인트를 활용하려면 하나의 카드를 집중적으로 사용해야 한다. 여러 장의 카드를 사용하면 포인트 분산으로 소액의 포인트를 활용하지 못하고 소멸되는 경우가 많다. 카드포인트의 손실을 줄이려면 금융소비자포털싸이트 파인에 들어가 체크할 필요가 있다.

(5) 할부 이용기간별 수수료 확인

할부이용시 기간 구간별로 동일한 금리가 적용되어 할부로 결제시 개월 수를 잘 선택하면 수수료를 절약할 수 있다. 따라서 할부 이용 전에 카드사별 할부 이용기간별 수수료 체계를 확인할 필요가 있다. 카드사별로 제공하는 무이자 할부가맹점도 사전에 파악하여 무이자 할부를 적극 활용하면 좋다.

(6) 안전한 거래는 신용카드 결제

신용카드 이용대금을 할부로 결제할 경우 구입물품의 하자여부와 관계없이 할부계약서를 교부받은 날 또는 계약서를 받지 않은 경우에는 상품이나 서비스를 제공받은 날로부터 7일 이내에 계약을 철회할 수 있다. 다만, 회원의 책임있는 사유로 상품이 멸실 또는 훼손된 경우 등은 대상에서 제외된다.

신용카드 이용대금을 할부로 결제하면 구매한 물품에 하자가 있을 경우 할부기간 중에는 결제 취소와 환불을 요청할 수 있다. 다만, 할부거래에 관한 법률상 철회권항변권은 적용요건(할부거래금액 20만원 이상, 할부기간 3개월 이상인 거래)에 해당되어야 카드사에 대금지급 거절 등을 요청할 수 있다.

(7) 합리적 소비는 가족카드 이용

본인의 신용으로 배우자, 부모, 자녀 등 가족들이 발급받는 가족카드는 단일계좌로 청구서 발송과 결제가 통합되어 가족의 합리적 소비계획이 가능하며, 가족카드 사용금액이 본인 사용금액과 합산되어 청구된다. 가족카드 사용으로 발생된 포인트도 합산할 수 있고 회원간의 상호 양도도 가능하다.

(8) 현금서비스는 가급적 선결제

현금서비스나 카드론 이용금액을 결제일 이전에 미리 결제하는 경우 결제시점까지의 이자만 부담하게 되므로 자금의 여력이 있는 경우 선결제하는 것이 고금리의 이자부담을 줄일 수 있다. 조기상환할 경우에 카드사 콜센터에 전화하여 중도상환을 요청하거나 인터넷, 모바일앱으로 신청할 수 있다.

(9) 세이브포인트 활용은 신중히

선지급포인트(세이브포인트)는 할인혜택이 아니라 현금으로 갚아야 할 부채이며 매월 의무적으로 상환할 금액이 정해져 있다. 상환부담이 분산되나 카드이용실적이 부족하면 미리 할인받은 금액을 현금으로 상환해야 하고 현금으로 상환시 할부수수료를 부담하며 연체시 고금리의 연체이자를 내야 한다.

(10) 리볼링결제는 단기간만 이용

리볼링결제는 이용자의 자금사정에 따라 매월 납입비율을 달리하여 상환할 수 있어 연체없이 신용관리를 할 수 있다. 그러나 리볼링도 일종의 대출이며 장기간 이용시 신용도에 부정적인 영향을 미칠 수 있고 최소결제비율을 선택하면 상환부담이 계속해서 늘어나므로 이용에 신중을 기할 필요가 있다.

3. 신용등급의 상향

(1) 신용점수의 진위

1) 신용조회기록이 신용등급에 영향을 준다?

과거에는 신용조회기록이 신용등급에 영향을 미쳤으나 2011년 10월부터 신용조회사실이 신용평가에 불이익을 주지 않는다. 다만, 신용조회사실은 무등급자에 대한 신용등급 부여시 활용될 수 있고, 단기간에 다수의 신용조회를 하면 대출사기 방지 목적으로 당국의 모니터링 대상이 될 수도 있다.

2) 소득이나 재산이 많을수록 신용점수가 높다?

신용점수는 개인의 소득이나 재산규모가 아닌 금융소비자가 대출과 신용카드 등 금융거래에서 적시에 잘 상환했는지 금융거래의 이력과 형태를 바탕으로 산출된다. 따라서 금융소비자의 재산이 많고 소득이 아무리 높더라도 금융거래의 이력이 전혀 없거나 건전하지 않다면 신용점수는 낮게 나올 수도 있다.

3) 신용카드를 많이 가질수록 신용점수가 떨어진다?

보유한 신용카드의 개수는 신용점수와 관련이 없다. 단기간에 여러 장의 신용카드를 발급받으면 급전이 필요한 사람으로 여겨 신용평가에 불리하게 작용할 수 있다. 따라서 좋은 신용등급을 받기 위해서는 자신의 상환능력에 알맞게 신용카드를 사용하여 건전한 신용거래의 이력을 만드는 것이 중요하다.

4) 연체금을 모두 갚으면 바로 신용점수가 회복된다?

연체정보는 등록사유, 연체금액, 연체기간에 따라 최대 5년까지 보존된다. 금융거래시 연체경험자는 향후에도 연체가능성이 높아 연체금액을 모두 상환하더라도 신용점수가 바로 상향 조정되지 않을 수 있다. 연체금을 상환한 후에 추가연체 없이 성실한 금융생활을 한다면 신용등급이 서서히 회복된다.

5) 대출내역이 없으면 신용점수가 높다?

금융기관의 대출과 같은 금융거래가 아예 없다고 해서 높은 신용점수를 받을 수 있는 것은 아니다. 요컨대 카드사용, 대출 등의 금융거래가 전혀 없는 대학생 또는 신용도를 판단할 수 있는 금융거래의 정보가 부족한 사회초년생은 대출내역이 없더라도 통상 중간등급인 4~6등급을 받게 된다.

6) 대부업체를 이용하면 신용등급이 떨어진다?

은행, 저축은행, 대부업체 등 연체가 발생한 금융회사에 관계없이 연체금액과 연체기간에 따라 신용등급이 다를 수 있고, 대부업 이용시 신용평가사별로 상이하다. 예컨대 나이스평가정보는 대부업 이용만으로 신용등급이 하락하는 반면에 코리아크레딧리뷰는 대부업 거래를 신용평가에 반영하지 않는다.

7) 휴대폰 요금을 연체하면 신용등급이 떨어진다?

신용조회회사에서 휴대전화 요금 연체정보는 신용평가에 반영하지 않아 휴대폰 통신요금을 연체하더라도 신용점수가 하락하지 않는다. 그러나 휴대폰 단말기 할부대금 10만원 이상을 납부하지 않고 90일 이상 연체하는 경우에는 서울보증보험으로부터 대지급정보가 등록되어 신용평가에 불이익을 받을 수 있다.

8) 공과금을 연체하면 신용점수가 떨어진다?

국가나 공공단체가 부과하는 공과금의 연체는 신용점수에 영향을 미치지 않는다. 그러나 제5영업일 이상 국세, 지방세, 관세 등 세금을 연체할 경우 신용평가에 활용된다. 올크레딧, 나이스지키미 사이트에서 비금융정보 등록을 확인하여 최근 6개월 이상 공과금을 납부한 내역이 있으면 신용등급을 올릴 수 있다.

9) 신용점수를 조회하면 등급이 떨어진다?

과거에는 3회 이상 신용등급을 조회하면 신용등급에 부정적인 영향을 미쳤으나 2011년 10월부터 신용평가에 신용조회기록을 활용하지 않는다. 자신의 신용등급이 궁금하면 신용조회회사 사이트에 접속하여 4개월에 한번씩 무료로 확인할 수 있다. 1년에 3회 초과시 일정비용을 지불하고 신용등급을 조회할 수 있다.

(2) 신용등급의 상향

은행에서 자금을 빌릴 때 개인신용등급이 중요한 잣대가 된다. 개인신용등급이 하락하여 사회적·경제적 불이익을 받는 경우가 점차 많아지고 있다. 따라서 평상시에 미리미리 신용을 효율적으로 관리하는 습관을 갖는 것이 중요하다. 아래의 사항은 신용을 관리하고 신용등급을 올리는 방법에 해당한다.

첫째, 주거래 은행을 만들어 거래실적을 많이 올리면 대출받을 때 금리와 한도에서 유리하다. 왜냐하면 개인의 신용을 평가할 경우 해당 은행과의 거래실적이 중요하게 반영되기 때문이다. 따라서 신용카드 대금결제, 급여이체, 공과금 이체 등 금융거래를 한군데 금융회사로 집중하는 것이 바람직하다.

둘째, 마이너스 통장에서 단기간에 현금서비스를 여러 번 인출하면 신용점수가 떨어진다. 마이너스 통장한도가 줄어들수록 신용조회회사로 하여금 고객이 절박한 상황에 있는 것으로 오인하게 만들어 연체가능성이 높다는 통계 때문이다. 따라서 신용카드의 현금서비스는 반드시 필요한 경우에만 이용한다.

셋째, 신용카드는 자신에게 맞는 것을 골라 한 장만 사용하고 불필요한 카드는 반드시 해지한다. 꼭 필요한 카드 한두 장만 거래하여 실적을 높이고 대금을 잘 변제하여 해당 카드사로부터 우량고객으로 평가받으면 유리한 조건으로 대출받거나 카드한도가 상향되고 신용등급이 올라가는 이점이 존재한다.

넷째, 자동이체를 최대한 이용한다. 각종 공과금, 대출금, 통신요금은 자동이체를 이용해야 부주의에 의한 연체를 방지할 수 있다. 주거래은행은 자동이체 고객을 선호하므로 신용평점도 올릴 수 있다. 만일 통장 잔액이 없을 경우 연체될 수 있기 때문에 통장의 잔액을 자주 확인하는 것을 잊지 말아야 한다.

다섯째, 건강보험료, 통신요금, 신용카드는 단 하루도 연체해서는 안 된다. 일정금액 이상의 연체정보는 금융기관이 서로 공유하기 때문에 연체시 불이익을 받을 수 있다. 그리고 연체기간이 짧더라도 연체기록이 쌓여 신용등급이 낮아질 수 있기 때문에 연체를 하지 않는 것이 무엇보다 중요하다.

여섯째, 개인연락처나 주소지가 변경되면 금융회사에 바로 통보하거나 홈페이지에서 수정한다. 이사하여 청구서가 전 주소지로 통보되어 청구서를 받지 못하면 연체로 채무불이행정보가 등록될 수 있다. 따라서 매일 사용하는 이메일 등으로 변경하여 이러한 불이익을 받지 않도록 유의해야 한다.

일곱째, 합리적인 금융소비자는 자신의 주어진 소득의 범위 내에서 지출하고 계획적인 소비생활을 한다. 그러나 금융채무불이행자의 특징을 살펴보면 자신의 주어진 소득보다 더 많은 소비지출을 하고 있다. 절약하는 것이 기본이요, 현명하고 계획적인 소비생활만이 빚으로부터 멀어지는 길이다.

03 부채관리의 개요

1. 대출금리의 구분

소득의 발생과 지출의 불일치 혹은 투자자금이 필요할 경우에는 대출을 받아서 활용할 수 있다. 대출에는 신용대출, 담보대출 등이 있는데 금융회사에 따라서 적용금리나 상환방법이 다양하여 여러 회사의 대출상품을 꼼꼼히 비교하여 유리한 대출을 선택한다. 일반적으로 금리는 고정금리와 변동금리로 구분한다.

고정금리는 대출신청시 적용금리가 결정되어 대출기간에 동일하게 적용되므로 시중금리가 아무리 큰 폭으로 변하더라도 이자율이 변하지 않는다. 따라서 금리가 상승하더라도 대출계약이 이루어진 시점의 금리가 적용되어 추가적인 이자부담이 없는 반면에 반대로 금리가 하락하더라도 이자부담이 줄어들지 않는다.

변동금리는 적용되는 이자율이 대출기간에 계속 변하는 것을 말한다. 대출 후 금리가 큰 폭으로 상승하면 고정금리는 변동금리보다 유리하지만 대출초기금리가 변동금리보다 1% 이상 높다. 그리고 변동금리는 대출초기금리가 고정금리보다 1%이상 낮지만 대출 후 금리가 큰 폭으로 상승하면 고정금리보다 불리하다.

변동금리는 시장상황에 따라 금리가 조정되어 안정적인 생활설계에 어려움이 있다. 일정기간에 고정금리를 적용하고 잔여기간에 변동금리를 적용하는 혼합형금리도 있다. 따라서 고정금리와 변동금리 중 어느 방식으로 대출받을 것인지를 결정하는 데 있어서 가장 중요한 요인은 향후 금리 예측이라고 할 수 있다.

2. 부채의 상환방식

주택자금을 융자받고 원금과 이자를 상환하는 방법은 매우 다양하다. 소비자금융을 이용한 차입금을 변제하는 상환방식은 만기일시상환과 분할상환으로 구분되고, 분할상환은 원리금분할상환과 원금분할상환으로 구분된다. 그리고 일정기간은 이자만 납입하다가 분할상환으로 전환하는 거치 후 분할상환방식도 있다.

(1) 만기일시상환

만기일시상환은 대출기간은 이자만 납입하다 대출기간이 완료되는 만기에 대출원금을 모두 상환하는 방식으로 전세보증금대출에 많이 적용된다. 만기일까지 돈을 잘 활용할 수 있는 장점이 있지만 일시에 거액을 상환해야 하는 부담이 있다. 따라서 만기일시상환은 비교적 소액의 신용대출에 적용되는 경우가 많다.

(2) 원리금균등분할상환

원리금균등분할상환은 대출원금과 대출기간에 발생할 이자를 모두 합산한 금액을 대출기간 동안 매월 일정금액을 동일하게 상환하는 방법을 말한다. 일반적으로 원리금균등분할상환은 매월 상환액이 동일하여 자금수급계획을 수립하기가 용이하고 주택자금대출이나 일반가계대출 등 많은 대출상품에 적용된다.

(3) 원금균등분할상환

원금균등분할상환은 대출원금을 대출기간에 동일하게 나누어 상환하는 방식으로 매월 납입하는 이자는 원금상환 후 남아있는 대출잔액에 대출금리가 반영되어 계산된다. 즉 매월 상환하는 원금은 동일하나 이자는 달라지고 대출기간이 경과하면 감소한다. 원금균등분할상환은 신용카드대출에 많이 적용된다.

(4) 거치 후 분할상환

주택을 구입하면서 자금을 대출받을 때 가장 많이 활용하는 방식이 거치식 상환이다. 요컨대 일정기간 동안은 이자만 납입하다가 거치기간이 끝나면 원금과 이자를 나누어서 갚는 방식을 말한다. 돈을 활용할 수 있는 기간이 상대적으로 길게 주어지고 원금을 갚는 방식을 다양하게 선택할 수 있는 장점이 있다.

(5) 상환방식의 비교

대출금 상환방식에 따라서 부담하는 이자의 총액이 달라지지만 이자비용이 가장 적은 방식은 원금균등분할상환방식이다, 대출원금 1,000만원, 연 이자율 5%인 경우원금과 이자의 월상환액은 다음과 같다. 상환방법별 이자는 금융감독원 홈페이지의 금융거래계산기를 참고하면 예상이자를 간단하게 계산할 수 있다.

▎표 14-6 ▎ 상환방식에 따른 월상환액 및 총이자액

기간	만기일시상환			원리금균등분할상환			원금균등분할상환		
	원금	이자	월상환액	원금	이자	월상환액	원금	이자	월상환액
1	0	41,667	41,667	814,408	41,667	856,075	833,333	41,667	875,000
2	0	41,667	41,667	817,802	38,273	856,075	833,333	38,194	871,528
3	0	41,667	41,667	821,209	34,866	856,075	833,333	34,722	868,056
4	0	41,667	41,667	824,631	31,444	856,075	833,333	31,250	864,583
5	0	41,667	41,667	828,067	28,008	856,075	833,333	27,778	861,111
6	0	41,667	41,667	831,517	24,558	856,075	833,333	24,306	857,639
7	0	41,667	41,667	834,982	21,093	856,075	833,333	20,833	854,167
8	0	41,667	41,667	838,461	17,614	856,075	833,333	17,361	850,694
9	0	41,667	41,667	841,954	14,121	856,075	833,333	13,889	847,222
10	0	41,667	41,667	845,462	10,612	856,075	833,333	10,417	843,750
11	0	41,667	41,667	848,985	7,090	856,075	833,333	6,944	840,278
12	10,000,000	41,667	10,041,667	852,523	3,552	856,075	833,333	3,427	836,806
계	10,000,000	500,000	10,500,000	10,000,000	272,898	10,272,898	10,000,000	270,833	10,270,833

3. 대출한도의 결정

일반적으로 대출한도는 상환능력을 포함한 신용도, 담보대출은 담보물의 가치와 금융기관의 심사기준에 따라 달라진다. 신용대출은 소득의 지속성과 직장의 안정성 등과 함께 개인신용평가시스템에 의한다. 주택담보대출은 담보인정비율(LTV), 총부채상환비율(DTI), 총부채원리금상환비율(DSR)을 적용한다.

(1) 담보인정비율

주택담보대출의 가능한도는 주택가격 대비 주택담보인정비율(LTV, Loan To Value ratio)에 따라 달라진다. 예컨대 주택담보인정비율이 60%라고 가정하면 5억원짜리 주택은 3억원까지 대출이 가능하다. 단 주택임대차보호법에 따라 보장되는 선순위채권, 임차보증금, 최우선 변제 소액임차보증금은 대출한도에서 제외된다.

주택에 대한 투기가 성행할 우려가 높은 지역에 정부가 주택의 가격안정을 위해 필요한 경우 투기과열지구로 지정하여 투기억제를 관리한다. 예컨대 투기과열지구의 경우 LTV가 40%라고 가정하면 아파트가격이 8억원일 때 담보 40%가 인정되면 3.2억원까지 대출금이 나오기 때문에 본인의 자금은 4.8억원이 필요하게 된다.

LTV = (주택담보대출금액＋선순위채권＋임차보증금 및
최우선변제 소액임차보증금) ÷ 담보가치

(2) 총부채상환비율

총부채상환비율(DTI, Debt To Income ratio)은 금융부채 원리금 상환액이 연간 총소득에서 차지하는 비율로 주택담보대출 한도에 영향을 미친다. 따라서 총부채상환비율이 낮을수록 부채상환능력이 높다고 평가된다. 자신의 소득에 맞지 않은 무리한 대출을 막기 위한 제도로 모기론과 같은 장기주택담보비율에 적용된다.

예컨대 DTI가 투기과열지구는 40%, 청약과열지구는 50%라고 가정하면 주택담보대출을 상환하는 연간 원리금과 기타부채를 상환하는 연간 이자의 합이 각각 연간 총소득의 40%와 50%를 넘지 않아야 한다. 즉 담보대출로 인한 부채상환액이 연 소득의 일정비율을 넘지 못하도록 규제하여 대출원금의 크기를 조정하게 된다.

DTI = (해당 주택담보대출 원리금상환액＋기타부채의 이자상환액) ÷ 연소득

(3) 총부채원리금상환비율

총부채원리금상환비율(DSR, Debt Service Ratio)은 부동산담보대출을 심사할 때 차주의 주택담보대출 원리금 이외에 모든 금융권에서의 신용대출 원리금을 포함한 총대출상환액이 연간 소득액에서 차지하는 비중으로 대출상환능력을 심사하기 위하여 금융위원회가 2016년 마련한 상환부담을 계산하는 대출심사지표를 말한다.

DSR = (해당 주택담보대출 원리금상환액 + 기타부채의 원리금상환액) ÷ 연소득

총부채상환비율(DTI)은 소득 대비 주택담보대출 원리금에 신용대출 등 다른 대출의 이자를 가산한 금융부채로 대출한도를 계산하나, 총부채원리금상환비율(DSR)은 대출의 원리금은 물론 신용대출, 자동차 할부, 학자금 대출, 카드론 등 모든 대출의 원금과 이자를 가산한 원금상환액으로 대출상환능력을 심사하여 더 엄격하다.

4. 가계부채의 현황

우리나라 가계부채(신용기준)는 2013년부터 2018년까지 지속적으로 515조원이 증가하여 명목 GDP 대비 가계부채 비율은 2004년 56.4%에서 2018년 86.1%(1,534조원)에 도달하였다. 그러나 정부의 9.13 주택시장 안정화 대책, DSR · DTI 규제 이후에 가계부채 증가세는 둔화되는 모습을 보이고 있다.

가계부채 비율의 증가는 실질민간소비 증가율과 단기적으로 정(+)의 관계를, 장기적으로 부(−)의 관계를 갖는 것으로 나타난다. 따라서 가계부채비율의 증가와 소비 및 경제성장의 관계를 고려하여 현재 정부는 가계부채의 급격한 증가를 방지하기 위해 가계부채 증가율 수준을 관리하고 있다.

이러한 결과는 가계부채의 증가가 단기적으로 유동성 제약완화를 통해 소비를 증대시킬 수 있다. 그러나 우리나라 자료를 이용한 실증분석 결과 명목GDP대비 가계부채수준이 높을 경우 원리금상환부담의 가중으로 작용하여 장기적으로 경제성장과 소비에 부정적인 영향을 미친다는 선행연구와 유사하다.

가계부채는 가계대출과 판매신용으로 나뉘며 2018년 기준으로 각각 가계부채의 94.1%와 5.9%를 차지하고, 2002~2018년 기간의 가계대출(8.1%) 증가율이 판매신용(4.0%)보다 높게 나타났다. 가계대출은 한국은행에 보고되는 모든 금융기관이 보유한 가계부채 통계로 금융기관에서 가계부채로 분류한 것만을 포괄한다.

┃그림 14-4┃ 우리나라 가계부채 추이

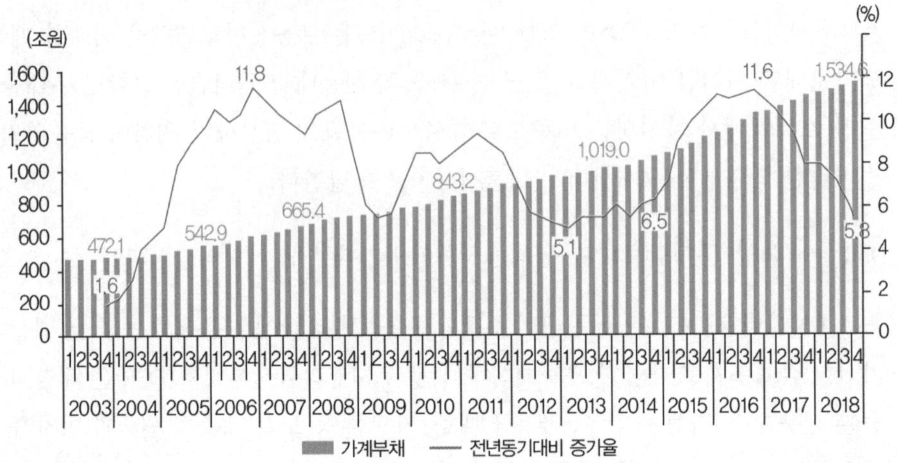

자료 : 한국은행

가계대출은 예금은행, 비은행예금취급기관(새마을금고, 신용협동조합 등), 기타 금융기관(보험회사, 여신전문기관 등) 대출로 구분하며, 예금은행, 기타금융기관, 비은행예금취급기관의 순으로 비중이 높다. 2017년까지 예금은행의 대출비중은 감소하였고 비은행예금취급기관, 기타 금융기관의 대출비중은 증가하였다.

┃그림 14-5┃ 금융기관별 가계대출 증감액 및 비중

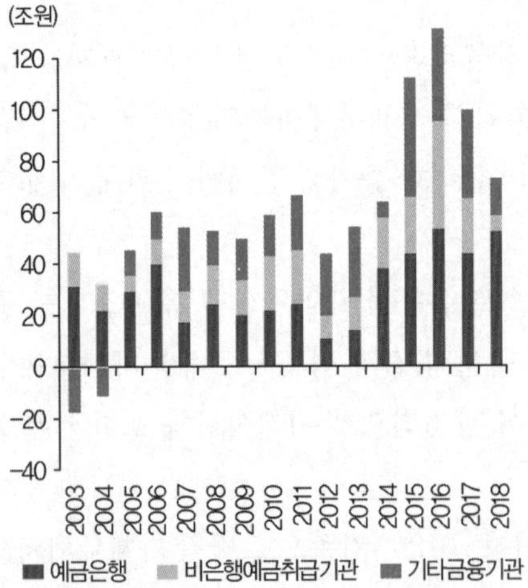

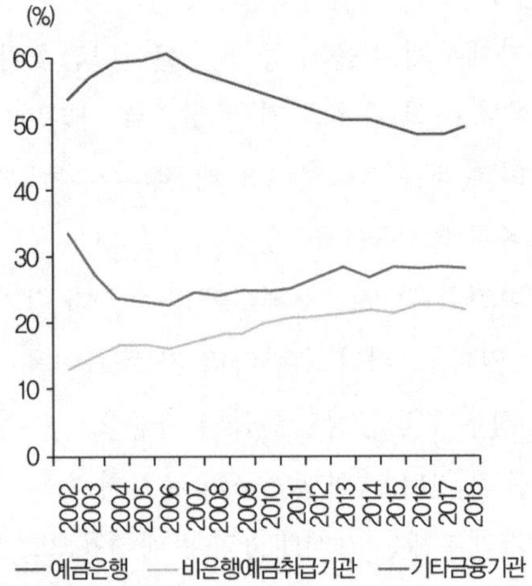

자료 : 한국은행

04 채무조정제도

채무조정제도는 채무감면이나 상환일정의 조정 등을 통해 과다채무자의 조속한 경제활동 복귀를 지원하는 제도로서 성격에 따라 재건형에 해당하는 채무조정제도와 청산형에 해당하는 개인파산제도, 운영주체에 따라 신용회복위원회 등에서 운영하는 사적 구제제도와 법원에서 운영하는 공적 구제제도로 구분한다.

1. 사적 구제제도

(1) 신용회복위원회의 신용회복제도

신용회복지원제도는 개인 및 개인사업자 중 협약 등에서 규정하는 일정요건을 갖춘 과중채무자의 금융채무를 대상으로 신용회복위원회가 한꺼번에 상환기간의 연장, 분할상환, 이자율 조정, 변제기 유예, 채무감면 등의 채무조정수단을 통해 개인연체자가 손쉽게 경제적으로 재기할 수 있도록 지원하는 업무를 말한다.

1) 개인워크아웃

신용카드대금이나 대출원리금이 90일 이상 연체되면 채무감면, 상환기간 연장을 통해 금융채무불이행정보 해제와 안정적 채무상환을 지원하는 제도로서 연체기간이 90일 이상 지난 금융채무불이행자, 총채무액 15억원 이하인 자가 지원할 수 있다. 지원내용은 연체이자와 이자를 전액 감면하고, 원금은 채무성격에 따라 최대 50%(사회소외계층 최대 70%) 감면하며, 최장 10년 이내에서 분할상환할 수 있다.

2) 프리워크아웃

신용카드대금이나 대출원리금의 상환부담이 과중하면 이자율 인하, 상환기간 연장을 통해 금융채무불이행자로 전락하지 않도록 사전에 지원하는 제도로서 연체기간이 90일 이내인 단기 연체채무자, 총채무액 15억원(담보채무 10억원, 무담보채무 5억원) 이하인 자가 지원할 수 있다. 지원내용은 약정이자율 50%까지 이자율 이하, 무담보채무는 최장 10년, 담보채무는 최장 20년 이내에서 분할상환할 수 있다.

(2) 국민행복기금의 채권집중프로그램

국민행복기금은 과도한 가계부채로 어려움을 겪고 있는 금융소외자 지원기구로서 금융기관 및 대부업체로부터 연체채권을 매입하여 채무조정을 실시한다. 그러나 채무조정계획을 성실히 이행하지 않거나 은닉재산을 발견한 경우에는 채무조정 및 채무감면 혜택이 무효가 된다. 그리고 채무자의 신청을 받아서 협약가입 금융기관으로부터 연체채권을 매입하는 개별신청은 2013년 10월말에 종료되었다.

프로그램의 지원대상은 국민행복기금이 협약가입한 금융기관에서 매입한 연체채권의 채무자로서 연체기간이 6개월 이상이고, 채권규모가 50만원 이상 1억원 이하인 신용대출채권(보증채무 가능)이다. 지원내용은 신청자의 상환능력이 부족하면 채무자의 연령, 연체기간, 소득 등을 고려하여 30~50%(특수채무자는 60~70%) 채무감면, 최장 10년 이내에서 분할상환하도록 상환기간을 조정할 수 있다.

(3) 금융기관의 신용회복지원프로그램

일반은행들은 최근에 가계의 신용대출과 담보대출을 대상으로 채무조정을 실시하는 자체프리워크아웃 프로그램을 도입하여 운영하고 있다. 지원대상은 은행이 90일 미만인 연체자나 연체할 우려가 있는 과다채무자를 대상으로 상환기간을 연장하고 연체이자를 면제하는 등의 채무조정을 수행하고 있다.

2. 공적 구제제도

개인회생절차는 개인회생채권자에게 파산적 청산에 근소한 배당을 감내하는 것이 아니라 보다 큰 변제를 기대할 수 있기 때문에 그 편익이 인정될 수 있다. 그러나 개인파산절차는 파산채권자에게 파산적 청산을 통한 배당 이외에는 아무런 편익을 제공하지 못한다는 점에서 개인회생절차와 차이가 있다.

(1) 개인회생제도

개인회생제도는 재정적 어려움으로 파탄에 직면하고 있으나 미래에 계속적으로 반복하여 수입을 얻을 가능성이 있는 개인채무자에 대해 법원이 채권자 등 이해관계인의 법률관계를 강제로 조정하여 채무자의 효율적 회생과 채권자의 이익을 도모하기 위해 마련된 절차를 말하며 2004년 9월 23일부터 시행되었다.

사채를 포함한 총채무액이 15억원 이하인 채무자가 신청할 수 있고 법원은 채무자가 가용소득으로 일정기간(5년 이내) 정기적으로 채무를 변제하는 내용의 변제계획을 작성토록 하고 심사를 통해 승인여부를 결정한다. 따라서 법원이 강제로 채무를 조정하고 채무자가 3~5년간 채무를 변제하면 잔여채무는 면제된다.

(2) 개인파산제도

봉급생활자, 주부, 학생 등 비영업자가 소비활동의 일환으로 물품을 구입하거나 자금을 차용한 결과로 개인채무자가 자신이 보유한 총재산으로 모든 채무를 변제할 수 없는 지급불능상태에 빠진 경우에 그 채무를 정리하기 위해서 채무자가 스스로 파산신청을 하는 경우에 이를 관행상 개인파산이라고 한다.

개인파산제도는 모든 채권자가 평등하게 채권을 변제받도록 보장하고 동시에 채무자는 면책절차를 통해 잔여채무에 대한 변제책임을 면제받아 경제적으로 갱생할 수 있는 기회를 부여한다. 채권자도 신청할 수 있고 금융기관 대출, 신용카드 사용, 사채 등 채권채무관계의 원인을 불문하고 금액 제한도 없다.

표 14-7 국내 개인채무자 구제제도

<table>
<tr><th rowspan="2">구분</th><th colspan="2">사적 구제제도</th><th colspan="2">공적 구제제도</th></tr>
<tr><th>개인워크아웃</th><th>프리워크아웃</th><th>개인회생제도</th><th>개인파산제도</th></tr>
<tr><td>운영주체</td><td colspan="2">신용회복위원회</td><td colspan="2">법원</td></tr>
<tr><td>시행시기</td><td>2002. 10. 1</td><td>2009. 4. 13</td><td>2004. 9. 23</td><td>1962. 1. 20</td></tr>
<tr><td>대상채권</td><td colspan="2">협약가입 금융기관 보유채권</td><td colspan="2">제한 없음(사채 포함)</td></tr>
<tr><td>채무범위</td><td colspan="2">담보채무 10억원, 무담보채무 5억원</td><td>담보채무 5억원,
무담보채무 10억원</td><td>제한 없음</td></tr>
<tr><td>신청대상</td><td>연체 30일 초과
90일 미만인 자</td><td>연체 3개월 이상인 자</td><td>봉급생활자,
영업소득자</td><td>파산원인 해당자</td></tr>
<tr><td>채무조정</td><td>무담보채권 최장
10년, 담보채권 20년,
신청일기준
연체이자감면</td><td>변제기간 10년 이내,
이자채권 전액 감면,
원금 최대 50% 감면</td><td>변제기간 5년 이내,
변제금액이
청산가치보다 클 것</td><td>청산 後 면책</td></tr>
<tr><td>담보대출</td><td colspan="2">주택구입 담보대출 지원</td><td colspan="2">별제권</td></tr>
<tr><td>법적효력</td><td colspan="2">사전조정에 의해 변제완료시 면책</td><td>변제완료시 면책</td><td>청산 후 면책</td></tr>
<tr><td>연체정보
해제여부</td><td>미등록</td><td>지원확정시 해제</td><td>변제계획인가시
해제</td><td>면책결정시 해제</td></tr>
<tr><td>장점</td><td colspan="2">절차가 간편 · 신속하고 비용이 저렴</td><td colspan="2">채무범위가 넓어 신청대상 요건이 완화</td></tr>
<tr><td>단점</td><td colspan="2">채무범위가 좁아 신청대상 요건이 강화</td><td colspan="2">개인파산의 경우 파산선고의 불이익 존재</td></tr>
</table>

자료 : 박철호(2009), 부실개인채무자의 구제방법에 대한 소고, 경상대학교 법학연구소.

1 **다음 중 신용의 개념을 설명한 것으로 적절하지 않은 것은?**

① 신용은 미래에 대가를 지불할 것을 약속하고 현재시점에서 상품이나 현금 또는 서비스를 제공받기로 하는 일종의 계약행위를 말한다.

② 신용은 신뢰를 바탕으로 하는 계약행위로 가계의 경우 신용을 이용하여 미래의 소득을 현재에 가져다 사용하게 된다.

③ 신용을 이용하는 입장에서 신용이라는 용어가 사용되지만 신용을 제공하는 측에서는 채권이 된다.

④ 자금을 빌려주는 측에서는 계약의 조건에 따라 자금, 상품, 서비스를 제공하는 역할을 수행할 수 있다는 신뢰가 필요하다.

해설 신용을 제공한 측의 입장에서는 신용이라는 용어가 사용되지만, 신용을 이용하는 입장에서는 신용을 통해 미리 제공받은 채무가 된다.

2 **다음 중 소비자신용의 장점을 설명한 내용으로 적절하지 않은 것은?**

① 신용을 이용하여 미래의 구매력을 증가시킬 수 있다.

② 신용은 인플레이션에 대비할 수 있도록 도와주는 역할을 할 수 있다.

③ 소비자신용은 가계재무관리에 융통성을 제공할 수 있다.

④ 올바른 신용사용은 신용등급을 높이는 결과를 가져올 수도 있다.

해설 신용을 이용하여 현재의 구매력을 증가시킬 수 있고 미래의 구매력에 영향을 준다.

3 **다음 중 소비자신용의 단점을 설명한 내용으로 적절하지 않은 것은?**

① 신용의 사용으로 현재 구매력을 넘어서는 상품을 구입할 수 없다.

② 신용을 사용하면 이자 또는 수수료라는 비용을 수반한다.

③ 신용을 사용하면 과소비나 충동구매의 가능성을 높인다.

④ 무분별한 신용사용은 개인과 가계의 재정을 파산에 이르게 할 수 있다.

해설 신용의 사용으로 현재 자신의 구매력을 넘어서는 상품의 구입을 가능하게 하여 과소비로 이어질 수 있고 미래의 구매력을 감소시킨다.

4 **신용정보주체의 거래내용을 판단할 수 있는 대출, 보증, 담보제공, 가계당좌거래, 신용카드 등 상거래 관련한 거래의 종류, 기간, 금액과 한도에 관한 사항이 포함되는 정보는?**

① 개인식별정보 ② 신용도판단정보

③ 신용거래정보 ④ 신용능력정보

해설 중앙신용정보집중기관인 한국신용정보원에서 집중관리의 활용대상이 되는 신용거래정보가 있다.

5 다른 신용정보와 결합되어 이용되며 단독으로 활용되지 않는 신용정보는?

① 신용거래정보 ② 개인식별정보

③ 신용도판단정보 ④ 신용거래정보

해설 개인식별정보는 신용거래정보, 신용능력정보, 신용판단정보, 공공정보 등과 결합되어 이용되며 신용사용자 개인을 식별하는 것 자체로는 이용되지 않는다.

6 개인의 금융거래 중 신용거래정보로만 모두 묶인 것은?

가. 대출정보 및 채무보증 현황 나. 신용카드 현금서비스 현황
다. 신용카드 발급 및 해지 사실 라. 지급보증대지급금 발생 사실

① 가, 나, 다 ② 가, 다, 라

③ 나, 다, 라 ④ 가, 나, 다, 라

해설 신용정보는 개인식별정보, 신용거래정보, 신용도판단정보, 신용능력정보, 공공정보로 구분된다. 지급보증대지급금 발생사실은 연체정보로 신용도판단정보에 해당한다.

7 한국신용정보원에 연체정보로 등록되는 사유로만 모두 묶인 것은?

가. 대출원금과 이자 등을 3개월 이상 연체한 경우
나. 분할상환방식의 개인주택자금 대출금을 6개월 이상 연체한 경우
다. 5만원 이상의 카드론대금, 신용카드대금을 3개월 이상 연체한 경우
라. 5만원 이상의 신용카드대금 또는 할부금융대금을 3개월 이상 연체한 경우

① 가, 나, 다 ② 가, 다, 라

③ 가, 나, 라 ④ 가, 나, 다, 라

해설 분할상환방식의 개인주택자금 대출금을 9개월 이상 연체한 경우가 등록대상이다.

8 한국신용정보원에 연체정보로 등록되지 않는 사유로 옳지 않은 것은?

① 등록된 연체정보가 8년이 경과되어 전산에서 삭제된 경우

② 채권금융기관이 해당 채무를 전문채권추심회사나 제3금융기관에 매각한 경우

③ 1건의 연체금액이 1백만원 이하인 경우

④ 예·적금 담보대출을 연체한 경우

해설 1건의 연체금액이 50만원 이하인 경우 등록대상이 아니다.

9 다음 중 한국신용정보원에 등록된 연체정보의 해제와 기록보관기간에 대한 설명으로 적절하지 않은 것은?

① 금융채무 연체는 90일 이내에 상환하거나 등록된 연체금액이 1,000만원 이하인 경우 연체금액을 상환하면 등록이 해제됨과 동시에 기록도 삭제된다.

② 등록일로부터 90일이 넘은 후 상환하는 경우 등록은 해제되지만 최장 1년까지 기록이 보존된다.

③ 신용회복지원협약에 따라 신용회복지원이 확정된 경우나 법원으로부터 면책결정이 난 경우에 연체정보는 해제된다.

④ 금융질서문란정보는 해당 금융기관이 해제요청을 한 때에 해제가 되지만 3년간은 기록이 보존되어 신용사항에 영향을 미친다.

해설 금융질서문란정보는 해당 금융기관이 해제 요청을 한 때에 해제가 되지만 5년간은 기록이 보존되어 신용사용에 영향을 미치게 된다.

10 다음 중 금융질서문란정보 등록사유에 해당하지 않은 것은?

① 식별정보 대여
② 접근매체 양도 양수
③ 외국환 허위 보고
④ 법원판결에 의한 채무불이행자

해설 법원판결에 의한 채무불이행자는 공공정보의 대상이다.

11 다음 중 신용평점과 신용등급에 대한 설명으로 적절하지 않은 것은?

① 신용평점은 신용정보회사가 신용정보를 평가기준에 의해 체계적이고 종합적으로 평가하여 점수화한 것을 말한다.

② 신용평점 산출기관은 상환이력정보, 현재 부채수준, 신용거래기간, 신용거래형태 등이다.

③ 신용평점은 향후 1년 이내에 90일 이상 장기연체 등 신용위험 발생가능성으로 점수가 높을수록 신용위험 발생가능성은 높아진다.

④ 신용평가시스템(CSS)은 개인의 신용정보를 수집하여 신용도를 예측하고 대출심사 등에 활용하는 제도를 말한다.

해설 신용평점은 향후 1년 이내에 90일 이상 장기연체 등 신용위험 발생가능성으로 점수가 낮을수록 신용위험 발생가능성은 낮아진다.

12 다음 중 개인회생제도에 대한 설명으로 적절하지 않은 것은?

① 개인회생제도에서 담당하는 채무의 범위는 무담보대출의 경우 5억원 이하다.

② 개인회생제도에서 담당하는 채무의 범위는 담보대출의 경우 10억원 이하다.

③ 개인회생제도는 개인만 신청할 수 있고 주식회사나 사단법인 등 법인은 이용할 수 없다.

④ 개인회생제도에서 면책대상 채권에는 금융기관 채무로 제한한다.

해설 개인회생제도에서 면책대상 채권에는 사금융까지 포함하며 개인채무도 포함된다.

13 다음 중 개인회생제도에 대한 설명으로 적절하지 않은 것은?

① 신용회복위원회의 지원제도를 이용하면 이중 수혜가 되므로 신청할 수 없다.

② 일정한 수입이 있는 것으로 판단되어야 한다.

③ 최장 5년 동안 성실하게 상환하면 별도의 면책신청을 통해 면책결정을 받을 수 있다.

④ 채무의 발생원인에 대한 제한은 없다.

해설 신용회복위원회의 지원제도를 이용하고 파산절차나 회생절차가 진행중인 채무자도 신청이 가능하다.

14 다음 중 개인파산제도에 대한 설명으로 적절하지 않은 것은?

① 개인 파산신청을 할 수 있는 채무의 범위는 15억원이다.

② 개인파산제도는 지급불능상태가 되었을 때 법원에서 일정조건을 갖춘 경우 채무를 면제해주는 제도다.

③ 일반적인 파산절차는 채무자 또는 채권자의 신청에 의해서 개시된다.

④ 낭비나 도박 등 재산을 현저히 감소시키는 행위에 의한 채무라면 면책은 허가되지 않는다.

해설 개인파산신청을 할 수 있는 채무범위에 특별한 제한은 없다.

15 다음 중 개인파산제도에 대한 설명으로 적절하지 않은 것은?

① 파산절차는 채무자나 채권자 모두 가능하다.

② 개인파산신청의 주목적은 면책을 받은 것이다.

③ 개인파산신청이 가능한 채무의 범위는 15억원(담보부 10억원, 무담보부 5억원) 이내이다.

④ 파산절차에서 처분할 재산이 없는 경우에는 동시파산폐지결정을 한다.

해설 개인파산신청을 할 수 있는 채무의 범위는 특별한 제한이 없다.

16 다음 중 사전채무조정인 프리워크아웃의 지원내용으로 적절하지 않은 것은?

① 무담보채무는 최장 10년까지 상환기간을 연장할 수 있다.

② 채무자의 변제가능성과 신용 등을 고려하여 매 6개월 단위로 최장 2년 범위내에서 채무의 상환을 유예할 수 있다.

③ 약정이자율의 50%까지 조정이 가능하나 약정이자율이 5% 미만인 경우 해당 약정이자율을 조정이자율로 한다.

④ 채무감면시 원금과 이자는 실직과 휴업, 폐업일 경우 감면이 가능하다.

해설 채무감면시 원금과 이자는 감면이 없으며 신청 전에 발생한 연체이자만 감면된다.

17 다음 중 사전채무조정인 프리워크아웃에 대한 설명으로 옳지 않은 것은?

① 프리워크아웃제도의 지원이 확정된 채무의 경우 보증인에게도 동일하게 효력이 미친다.

② 사업자금 용도로 차입한 부동산담보대출은 10억원 이하를 대상으로 한다.

③ 지원을 확정받게 되면 상환기간의 연장과 이자율 조정 등을 받을 수 있다.

④ 채무의 감면은 연체이자에 한정하여 가능하고 원금이나 이자에 대해서는 감면하지 않는다.

해설 사업자금 용도로 차입한 부동산 담보대출은 채무조정대상 채무가 아니다.

18 재무설계를 의뢰하는 고객정보가 다음과 같은 경우에 금융채무 불이행자로 전락하는 것을 방지하여 정상적인 경제활동이 가능하도록 지원하는 제도는?

가. 1곳 이상 금융기관에 채무불이행 기간이 30일 초과 90일 미만인 채무자

나. 신청전 6개월 이내에 신규 발생채무가 총채무액의 30% 이내 채무자

다. 보유재산 가액이 10억원 이하인 채무자

라. 나머지 조건은 모두 갖추었다고 가정한다.

① 프리워크아웃 ② 개인워크아웃
③ 개인회생제도 ④ 개인파산제도

해설 프리워크아웃은 사전채무조정이다.

19 **다음 중 개인워크아웃의 채무감면 내용으로 적절하지 않은 것은?**

① 상환기간은 무담보채권 최장 8년, 담보채권 20년까지 연장이 가능하다.
② 무담보채권의 경우 지원대상자, 채무자의 소득 등으로 고려하여 최장 10년까지 연장이 가능하고, 잔존상환기간이 20년을 초과하는 담보채권의 경우에는 잔존상환기간까지 가능하다.
③ 무담보채권의 이자율은 상법에서 상행위로 인한 채무에 적용하는 법정이율인 5% 이내에서 조정가능하다.
④ 개인워크아웃에 의한 조정 등의 효력이 보증인에게도 동일하게 효력이 미친다.

해설 무담보채권의 이자율은 상법에서 상행위로 인한 채무에 적용하는 법정이율인 6% 이내에서 조정가능하다.

20 **다음 중 개인워크아웃 신청대상에 대한 설명으로 적절하지 않은 것은?**

① 총채무액(담보부 10억, 무담보부 5억) 이하의 채무자
② 최저생계비 이상의 수입이 있는 자
③ 채권금융회사에 대한 채무 중 어느 하나라도 약정한 기일내에 변제하지 않고 경과된 기간이 3개월 이상인 채무자
④ 어음, 수표 부도거래처로서 부도사유를 해소하지 못한 자

해설 어음, 수표 부도거래처로서 부도사유를 해소하지 못한 자는 신청 제외 대상이다.

21 **다음 중 개인워크아웃에 대한 설명으로 적절하지 않은 것은?**

① 채무자가 신용회복조건을 이행하는 과정에서 재산의 도피, 책임재산의 감소 등의 사실이 발견된 경우 조정의 효력이 상실된다.
② 담보채권의 경우에는 담보설정액을 초과하는 연체이자에 한해 감면이 가능하다.
③ 변제계획 불이행으로 절차가 중단된 경우 효력이 상실된 날로부터 3개월이 경과한 채무자는 1회에 한해 신용회복지원 재신청이 가능하다.
④ 지원이 확정된 채무의 경우 주채무자는 물론 해당 채무에 대한 보증인에게도 동일하게 효력이 미친다.

해설 변제계획 불이행으로 절차가 중단된 경우 효력이 상실된 날로부터 6개월이 경과한 채무자는 1회에 한하여 신용회복지원 재신청이 가능하다.

22 다음 중 채무자 구제제도에 대한 설명으로 가장 적절하지 않은 것은?

① 사전채무조정인 프리워크아웃 대상채무자는 연체기간이 90일 미만인 자이며 무담보는 5억원, 담보채무는 10억원 이내여야 한다.

② 프리워크아웃과 개인워크아웃은 신용회복위원회가 운영주체이나 개인회생과 개인파산은 법원이 운영주체이다.

③ 개인파산의 경우에 설명의 의무, 거주이전 및 통신제한, 구임 및 감수 등의 불이익이 있지만 동시파산폐지의 결정이 있는 경우에 이러한 제한을 받지 않는다.

④ 신용회복지원제도와 개인회생의 경우에 대상 채권자는 채무자의 보증인에 대해 채권추심이 불가능하지만 개인파산의 경우에는 채권추심이 가능하다.

해설 개인회생과 개인파산은 채권추심이 가능하다.

23 다음 중 파산선고에 따른 불이익(면책을 받지 못한 경우 포함)으로 적절하지 않은 것은?

① 변호사인 홍길동은 변호사 자격면허가 취소되었다.

② 전문의인 홍길동은 의사로서 자격을 계속 유지하고 있다.

③ 재산과 부담하고 있는 채무 등에 대해 설명할 의무를 이행하지 않아도 된다.

④ 주거제한, 통신제한, 구인, 감수 등 신분상의 제한을 받게 된다.

해설 재산과 부담하고 있는 채무 등에 대해 설명할 의무가 주어진다.

24 다음 중 파산선고에 따른 불이익(면책을 받지 못한 경우 포함)으로 적절하지 않은 것은?

① 파산자가 되면 본적지 신원증명서에 파산자로 등재된다.

② 파산사실이 통보되는 것은 아니지만 실제 파산자의 명의로는 각종 금융거래를 할 수 없다.

③ 동시파산폐지결정이 내려지더라도 거주이전 및 통신의 제한 같은 불이익은 남게 된다.

④ 파산선고시 소유하고 있던 재산의 관리 및 처분권을 상실하게 된다.

해설 동시파산폐지결정이 내려지면 공법 및 사법상 자격제한의 불이익만 남는다.

25 **다음 중 부채관리에 대한 설명으로 적절한 것은?**

① 만기일시상환방식에는 대출기간 동안 발생할 총이자를 대출원금에서 미리 제외하는 방식도 있다.

② 거치 후 분할상환은 부채에 대한 부담을 장기화할 수 있어 가계의 재정상환에 따라 적절한 선택이 필요하다.

③ 이자비용이 가장 적은 방식은 원리금균등분할상환방식이다.

④ 초기상환에 따른 금액 부담이 있는 경우 원금분할상환방식보다는 원리금균등분할상환방식을 선택하는 것도 고려해 볼 수 있다.

해설 이자비용이 가장 적은 방식은 원금균등분할상환방식이다.

26 **다음 중 부동산관련 대출의 설명이 적절하지 않은 것은?**

① 주택신축자금대출은 주택을 건축하거나 소요된 자금을 보전하고자 하는 경우의 대출상품이다.

② 주택중도자금대출은 주택을 분양받고 계약금이나 중도금, 잔금 납부를 위해 대출이 필요한 경우 사용가능한 상품이다.

③ 주택전세자금대출은 부동산중개업소를 통해 임차보증금의 5% 이상을 계약금으로 지불하고 임차보증금의 70~80%를 대출하는 상품이다.

④ 주택구입자금대출은 매매금액의 100%와 담보평가 및 소득금액에 따른 대출가능금액 중 큰 금액을 기준으로 한다.

해설 주택구입자금대출은 매매금액의 100%와 담보평가 및 소득금액에 따른 대출가능금액 중 적은 금액을 기준으로 한다.

27 **다음 중 보금자리론에 대한 설명으로 적절하지 않은 것은?**

① 대출기간은 별도의 거치기간 없이 10년, 15년, 20년, 30년이며 상환은 매월 원리금균등분할상환이나 원금균등분할상환을 선택할 수 있다.

② 구입용도에 한해 일시적으로 2주택보유자의 경우에도 신청이 가능하나 기존주택은 대출실행일로부터 3년 이내에 처분해야 한다.

③ 부부합산 연소득(미혼인 경우 대출신청인 본인 소득)이 7천만원인 경우 신청이 가능하다.

④ 일정한 조건을 갖춘 경우에 소득공제도 가능하다.

해설 구입용도에 한해 일시적으로 2주택보유자의 경우에도 신청이 가능하나 기존주택은 대출실행일로부터 2년 이내에 처분해야 한다.

28 **다음 중 보금자리론에 대한 설명으로 적절하지 않은 것은?**

① 대출신청일 현재 만 19세 이상이며 무주택 또는 1주택 소유자이어야 한다.

② 한국주택금융공사가 최장 30년 동안 대출금을 변동금리로 나누어 갚도록 설계한 장기주택담보대출로 대표적인 정책 모기지 상품이다.

③ 만 40세 미만인 경우에 체증식 분할상환도 선택이 가능하다.

④ 신청대상이 되는 대출주택은 6억원 이하인 공부상 주택이고 주택담보가치의 최대 70% 한도로 최소 100만원에서 최대 3억원 범위내에서 대출이 가능하다.

해설 한국주택금융공사가 최장 30년 동안 대출금을 고정금리로 나누어 갚도록 설계한 장기주택담보대출로 대표적인 정책 모기지 상품이다.

29 **다음 중 담보인정비율(LTV)에 대한 설명으로 적절하지 않은 것은?**

① 담보인정비율(LTV)은 주택담보대출시 주택의 가치 중 최대 대출가능한도를 의미한다.

② MCG는 주택담보대출시 소액임차보증금을 공제하지 않고 LTV 상한까지 대출을 받을 수 있도록 하는 주택금융신용보증기금의 모기지 신용보증을 말한다.

③ LTV 한도는 DTI 및 대출구조, 소득추정에 의한 소득산정, 대출목적과 지역 등에 따라 조정하기 때문에 달라질 수 있다.

④ 구입하고자 하는 주택이 3억원이고 LTV가 70%라면 9천만원까지 대출을 받을 수 있다.

해설 2.1억원까지 대출이 가능하나 선순위채권이나 임대차 관련내용을 고려해야 한다.

30 **다음 중 부동산 관련된 설명으로 가장 적절하지 않은 것은?**

① 총부채상환비율(신DTI)이 60%라면 모든 주택담보대출을 상환하는 연간 원리금과 기타부채를 상환하는 연간 이자액의 합계가 연 총소득의 60%를 넘지 않아야 한다.

② 스트레스 DTI는 고정금리로 주택담보대출을 이용할 경우 향후 소득을 감안하여 계산한다.

③ 담보인정비율(LTV)는 주택담보대출시 담보물의 가치와 대출가능한 금액과의 배율을 나타내며 주택담보대출의 한도결정에 사용한다.

④ 총부채원리금상환비율(DSR)은 대출자의 소득 대비 모든 부채에 대한 원리금상환액의 부담정도를 나타낸다.

해설 스트레스 DTI는 변동금리로 주택담보대출을 이용할 경우에 향후 금리상승가능성을 감안하여 계산한다.

정답									
1. ③	2. ①	3. ①	4. ③	5. ②	6. ①	7. ②	8. ③	9. ④	10. ④
11. ③	12. ④	13. ①	14. ①	15. ③	16. ④	17. ②	18. ①	19. ③	20. ④
21. ①	22. ④	23. ③	24. ③	25. ③	26. ④	27. ②	28. ②	29. ④	30. ②

C·h·a·p·t·e·r

15

노후재산의 관리

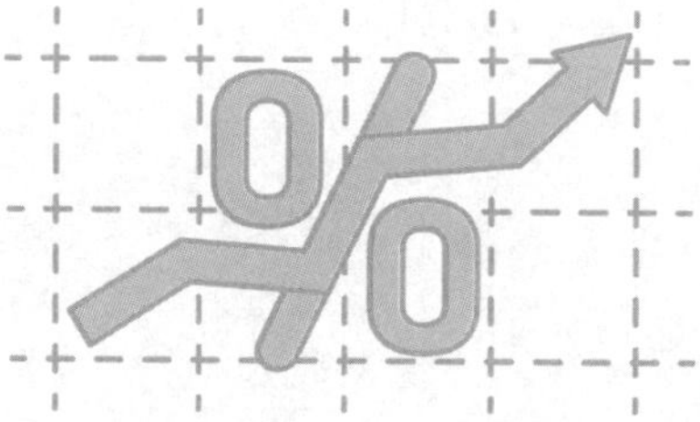

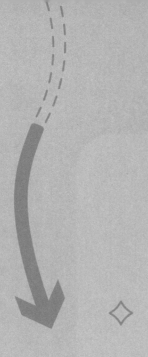

상속설계는 사망을 전제로 생전에 어느 정도의 비율로 재산을 이용할 것인가와 사망 이후 상속인이나 이해관계자들에게 적절히 자산을 배분할 수 있도록 하는 역할을 수행한다. 그리고 자신의 재산을 사회에 환원할 수 있는 방안도 고려하면서 자신의 삶을 반추하는 인생설계의 역할도 담당하게 된다.

01 상속세의 개요

상속세와 증여세는 재산을 무상으로 취득하는 경우에 과세되는 세금으로 상호 유기적이고 보완적인 관계에 있다. 일반적으로 증여는 상속세를 절세하는 방안으로 실행되는 경우가 많다. 상속세는 피상속인의 사망에 의해 무상으로 이전되는 상속재산에 대해 부과하는 국세로서 보통세이고, 직접세이다.

1. 부의 무상이전에 과세

(1) 부의 무상이전의 유형

부의 무상이전은 증여, 유증, 사인증여, 상속 등 크게 네 가지 형태를 취하는데 구체적인 내용을 살펴보면 다음과 같다. 증여는 한쪽 당사자(증여자)가 자기의 재산을 대가없이 무상으로 상대방(수증자)에게 수여한다는 의사를 표시하고 상대방이 이를 승낙함으로써 성립하는 낙성계약, 편무계약을 말한다.

유증은 유언에 의해 유산의 일부나 전부를 무상으로 타인(수유자)에게 주는 행위를 말한다. 사인증여는 증여자의 생전에 증여계약을 맺었으나 그 효력은 증여자의 사망으로 발생하는 증여를 말한다. 상속은 사망하거나 실종신고를 받은 피상속인의 법률상 지위를 상속인들이 포괄적으로 승계하는 것을 말한다.

세법은 부의 무상이전 중 유증, 사인증여, 상속은 자연인의 사망으로 효력이 발생하여 상속세를 과세하고, 증여는 자연인의 생존기간에 부의 무상이전이 이루어지므로 증여세를 과세한다. 세법은 부의 무상이전에 부과되는 상속세와 증여세의 세목을 하나의 법률인 상속세 및 증여세법에서 규정하고 있다.

(2) 부의 무상이전에 과세

상속세와 증여세는 부의 무상이전에 대해 과세하는 조세이지만, 부의 무상취득자에 따라 상속세와 증여세 외에 법인세나 소득세가 부과될 수도 있다. 비영리법인, 자연인(사업과 무관)인 경우에 상속세를 과세하고, 자연인의 사망으로 효력이 발생하면 상속세를 과세하고 그 외의 경우에는 증여세를 과세한다.

▌표 15-1▐ 부의 무상이전에 대한 과세방법

무상취득자		과세되는 조세	비고
법 인	영 리 법 인	법인세	법인의 익금을 구성하므로 법인세 과세
	비영리법인	상속세 또는 증여세	비영리법인의 자산수증이익은 상증세 과세
자연인	사업과 관련	소득세	사업과 관련된 자산수증이익은 소득세 과세
	사업과 무관	상속세 또는 증여세	사업과 무관한 자산수증이익은 상증세 과세

(3) 상속세 및 증여세의 과세방법

상속세 및 증여세의 과세방법은 유산취득세방식과 유산세방식으로 구분할 수 있다. 유산취득세방식은 각 수증자별로 취득한 각자의 증여재산을 과세단위로 하여 산출세액을 계산하는 방법을 말한다. 증여세는 수증자가 증여받은 재산가액에 대해 수증자에게 증여세를 부과하므로 유산취득세 방식을 취하고 있다.

유산세방식은 무상으로 이전되는 피상속인의 전체재산에 누진세율을 적용하여 산출세액을 계산한 후 상속인의 지분에 따라 상속인이 부담할 세액을 안분하는 방법을 말한다. 상속세는 상속재산을 각 상속인의 상속분에 따라 분할하지 않고 피상속인의 유산총액에 누진세율을 적용하여 유산세방식을 취하고 있다.

2. 민법상의 상속제도

상속재산의 상속순서에서 1순위는 유언상속, 2순위는 법정상속이다. 즉 피상속인은 유언에 의해 상속인·상속분을 지정할 수 있고 이러한 유언상속이 없으면 민법의 규정에 따라 상속인·상속분을 결정한다. 유언상속은 피상속인의 유언에 따라 상속인·상속분이 결정되므로 민법상의 법정상속제도에 대해 살펴보자.

(1) 법정상속의 순위

민법에 의하면 4촌 이내의 방계혈족도 법정상속인이 될 수 있으며 그 우선순위는 직계비속, 직계존속, 형제자매, 4촌 이내의 방계혈족이다. 피상속인의 배우자는 직계비속 및 직계존속의 상속인이 있으면 동순위로 상속인이 되며, 직계비속 및 직계존속이 없으면 단독상속인이 된다. 민법상의 상속순위는 다음과 같다.

| 표 15-2 | 법정상속의 우선순위

순위	피상속인과 관계	상속인 해당여부
1	직계비속, 배우자	항상 상속인이 된다.
2	직계존속, 배우자	직계비속이 없는 경우 상속인이 된다.
3	형제자매	1, 2순위가 없는 경우 상속인이 된다.
4	4촌 이내 방계혈족	1, 2, 3순위가 없는 경우 상속인이 된다.

그리고 선순위 상속인이 있으면 후순위 상속인은 상속인이 될 수 없으며, 동순위의 상속인 여러 명인 경우에는 공동상속인이 된다. 상속인이 될 직계비속이나 형제자매가 상속개시전에 사망하거나 결격자가 된 경우 그 직계비속과 배우자가 결격자가 된 자의 순위에 갈음하여 대습상속인이 된다.

상속인의 존부가 분명하지 않고 상속인을 주장하는 자가 없으면 가정법원이 피상속인과 생계를 같이 하고 있었던 자, 피상속인의 요양간호를 한 자, 기타 피상속인과 특별한 연고가 있었던 자에게 상속재산의 전부나 일부를 분여할 수 있는데, 이를 특별연고자에 대한 상속재산의 분여라고 한다.

피상속인은 유언에 의해 공동상속인의 상속분을 지정할 수 있고, 유언상속이 없으면 공동상속인이 협의하여 분할하거나 민법에 규정된 법정상속분에 따라 상속재산을 분할한다. 상속분은 직계비속 또는 직계존속과 공동으로 상속하는 경우에 직계비속 또는 직계존속의 상속분에 5할을 가산한다.

| 표 15-3 | 법정상속분의 예시

구분	상속인	상속지분	비율
자녀 및 배우자가 있는 경우	장남과 배우자만 있는 경우	장남 1	2/5
		배우자 1.5	3/5
	장남, 장녀, 배우자만 있는 경우	장남 1	2/7
		장녀 1	2/7
		배우자 1.5	3/7
	장남, 장녀, 차남, 차녀, 배우자가 있는 경우	장남 1	2/11
		장녀 1	2/11
		차남 1	2/11
		차녀 1	2/11
		배우자 1.5	3/11
자녀는 없고 배우자와 아버지, 어머니만 있는 경우	부모와 배우자만 있는 경우	부 1	2/7
		모 1	2/7
		배우자 1.5	3/7

(2) 상속지분의 결정

법정상속에 있어서 상속인이 여러 명인 공동상속의 경우에 민법은 상속인들이 협의하여 상속재산을 분할할 수 있도록 허용하고 있다. 그러나 이러한 상속인들의 협의가 없는 경우에는 법정상속비율을 균등하게 배분하되, 배우자에게는 직계비속이나 직계존속 상속분의 5할을 가산하도록 하고 있다.

(3) 한정승인

한정승인은 상속인의 상속으로 취득할 피상속인의 재산의 한도에서 피상속인의 채무와 유증을 변제할 것을 조건으로 상속을 승인하는 것을 말한다. 따라서 상속받은 재산의 한도에서 상속받은 채무를 변제하고, 상속재산이 상속채무를 초과하면 더 이상 피상속인의 채무는 상속되지 않으므로 변제할 필요가 없다.

한정승인은 단순승인에 대응하는 개념으로 단순승인은 모든 피상속인의 권리와 의무가 상속되어 상속받은 재산을 초과하는 재산에 대해서도 피상속인은 변제를 해야 한다는 데 차이가 있다. 원칙적으로 한정승인을 하기 위해서는 3개월 이내에 상속재산의 목록을 작성하여 법원에 한정승인의 신고를 하여야 한다.

(4) 상속포기

상속포기는 상속인이 상속재산의 승계를 거부하는 의사표시로 상속재산이 채무초과인 경우에 상속을 강제한다는 것은 상속인에게 손해의 부담을 강요하는 결과가 되어 가혹할 뿐만 아니라 자기책임의 원칙에도 어긋나므로 상속을 포기할 수 있다. 상속의 포기는 상속이 개시된 때에 소급하여 그 효력이 발생한다.

상속포기는 상속권이 있고 상속순위에 해당한 자에 한한다. 상속인이 상속을 포기하면 이해관계인 또는 검사에 의해 가정법원에 대한 기간연장의 청구가 없는 한 상속개시된 것을 안 날로부터 3개월 이내에 가정법원에 포기의 신고를 해야 한다. 상속의 포기는 상속이 개시된 때에 소급하여 그 효력이 발생한다.

따라서 상속포기자는 상속개시시점부터 상속인이 아닌 것으로 확정된다. 포기한 상속재산의 귀속에 관하여 민법은 '상속인이 수인인 경우에 어느 상속인이 상속을 포기한 경우에는 그 상속분은 다른 상속인의 상속분의 비율로 그 상속인에게 귀속된다'라고만 규정하고 있어서 해석상의 여러 가지 문제점이 있다.

(5) 유류분제도

유언에 의해 재산을 상속하는 경우 피상속인의 의사가 지나치게 감정에 치우치면 여러 사람의 공동상속인 중 한 사람에게 재산을 상속하거나 타인에게 모든 재산을 유증함으로써 사회적으로 바람직하지 못한 상황이 발생할 수 있다. 따라서 민법은 각 상속인이 최소한도로 받을 수 있는 상속분을 유류분이라고 한다.

피상속인의 배우자와 직계비속은 법정상속분의 1/2을, 피상속인의 직계존속 및 형제자매는 법정상속분의 1/3을 받을 수 있다. 다만, 유류분이 존재한다는 사실을 입증해야 이 비율에 의한 재산을 받을 수 있고, 상속개시 이후 10년의 장기소멸시효와 증여 또는 유증을 안 날로부터 1년 안에 권리를 행사해야 한다.

3. 상속세의 과세대상

상속세의 과세대상은 상속개시일 또는 실종선고일 현재의 피상속인의 상속재산에 대해 부과한다. 이때 상속재산에는 피상속인이 유언으로 증여한 유증재산, 피상속인의 사망으로 효력이 발생하는 사인증여재산 그리고 특별연고자에 대한 상속재산의 분여를 포함하며 그 구체적인 범위를 살펴보면 다음과 같다.

표 15-4 상속세의 과세대상범위

구분	상속세 과세대상재산의 범위
① 거주자가 사망한 경우	거주자의 모든 상속재산(무제한납세의무)
② 비거주자가 사망한 경우	국내에 있는 비거주자의 모든 상속재산(제한납세의무)

* 거주자란 국내에 주소를 두거나 183일 이상 거소를 둔 사람을 말하며, 비거주자란 거주자가 아닌 사람을 말한다.

4. 상속세의 납세의무

상속인 또는 수유자는 각자가 받았거나 받을 재산을 한도로 연대하여 상속세를 납부할 의무가 있다. 수유자 또는 민법상 특별연고자가 영리법인이면 법인세를 과세하므로 상속세를 면제하고, 영리법인의 주주 또는 출자자 중 상속인과 직계비속이 있는 경우 다음 산식에 따른 지분상당액을 납부할 의무가 있다.

$$\left(\text{영리법인에게 면제된 상속세} - \text{영리법인이 받았거나 받을 상속재산} \times 10\%\right) \times \text{상속인 또는 그 직계비속의 주식 또는 출자지분의 비율}$$

5. 상속세의 납세관할

상속세는 피상속인의 주소지 또는 거소지)를 관할하는 세무서장(국세청장이 중요하다고 인정하면 관할지방국세청장)이 과세한다. 상속개시지가 국외이면 상속재산의 소재지를 관할하는 세무서장, 상속재산이 둘 이상의 세무서장 관할구역에 있으면 주된 재산의 소재지를 관할하는 세무서장이 과세한다.

6. 상속세의 계산구조

상속세의 계산구조는 직접적인 절세방안은 아니지만 어떤 것이 상속재산에 포함되는지, 비과세 및 공제사항에는 어떤 것이 있는지 등의 상속세를 계산하는 방법을 익혀서 잘 활용하면 절세의 방법을 미리 찾아볼 수 있다. 현행 상속세 및 증여세법상 상속세의 과세표준과 세액은 다음과 같이 계산된다.

| 표 15-5 | 상속세의 계산구조

총상속재산가액	상속재산가액＋의제상속재산가액＋추정상속재산가액
＋증여재산가액	피상속인이 상속개시일 전 일정기간에 증여한 재산내역
－비과세재산가액	국가 등에 유증한 재산, 국가 및 시·도 지정문화재 등
－과세가액불산입액	공익법인에 출연한 재산 등
－과세가액공제액*	공과금·장례비용·채무
상속세과세가액	
－상속공제	인적공제 : 기초공제＋기타 인적공제＋배우자상속공제, 일괄공제 물적공제 : 가업(영농)상속공제＋금융재산상속공제＋재해손실공제＋동거주택상속공제
－감정평가수수료공제	
상속세과세표준	
×세　율	10%~50%의 초과누진세율
산출세액	
＋세대생략가산액	세대를 건너뛴 상속에 대한 할증세액
산출세액 계	
－문화재 등 징수유예세액	문화재자료·박물관자료에 대한 징수유예
－세액공제	증여세액공제, 외국납부세액공제, 단기재산상속세액공제, 신고세액공제
＋가 산 세	신고불성실(무신고·과신고)가산세, 납부불성실가산세
신고납부세액	
－연부연납신청금액	5년(2년거치 5년, 3년거치 12년)간 분할납부할세액
－물납신청금액	부동산, 유가증권 등 상속재산으로 납부할세액
차감납부세액	과세표준신고기한에 납부할세액(분납가능)

* 과세가액공제액은 총상속재산가액에서 비과세재산가액 및 과세가액불산입액을 차감한 금액을 한도로 공제하되 초과하는 경우 그 초과액은 없는 것으로 본다.

Ⅰ표 15-6Ⅰ 상속세의 실전구조

구분		계산	상속금액	비고
① 총상속재산 (+)	부동산	(+)	1,000,000,000	주택/토지/건물(상속액은 시세금액)
	금융재산❶	(+)	500,000,000	현금/금융권 예치금
	간주상속재산	(+)	50,000,000	퇴직금/보험금/신탁재산
	추정상속재산	(+)	100,000,000	상속개시일 전 재산처분액/예금인출액/채무부담액 중 1년에 2억(2년에 5억)초과금액으로 용도 불분명한 금액
	사전증여재산	(+)	300,000,000	상속개시일 전 상속인(10년이내)에게 증여한 재산액과 비상속인(5년이내)에게 증여한 재산가액
	소계		1,950,000,000	
② 공제대상재산 (−)	비과세	(−)		국가지자체에 유증재산/금양임야/묘토인 농지/문화재
	과세가액불산입액	(−)		공익법인 출연재산, 공익신탁재산
	장례비	(−)	15,000,000	최대 1,500만원 한도
	공과금	(−)		
	채무	(−)	500,000,000	피상속인의 대출금, 전세보증금등
	소계		515,000,000	
③ 상속과세가액＝①－②			1,435,000,000	※산출방식＝총상속재산－공제대상재산
④ 상속공제	일괄공제	(−)	500,000,000	5억원(상속인이 배우자만 있는 경우 일괄공제 불가)
	배우자공제	(−)	500,000,000	5억원(배우자가 실제 상속받은 금액이 없거나 5억원 미만시)
	금융재산공제	(−)	100,000,000	금융재산 ❶×20% (2억원한도)
	기업상속공제	(−)		가업상속재산의 100% (요건 갖춘 중소기업에만 적용)
	소계		1,100,000,000	
⑤ 과세표준＝③－④			335,000,000	※산출방식＝상속과세가액-상속공제
⑥ 적용세율			20%	※상속 세율표 참고
⑦ 산출세액			57,000,000	※산출방식＝과세표준×적용세율
⑧ 세액공제액	자신신고 납부공제액(3%)		1,710,000	상속개시일이 속하는 달의 말일부터 6개월이내 납부 세액공제: 3% (19년 이후)
	증여세공제		5,000,000	배우자(2억): 6억한도 증여세 없음 자녀(1명): 1억＝(1억－5천만)×10%=500만원
⑨ 총납부세액＝⑦－⑧			50,290,000	※산출방식＝산출세액－세액공제액

7. 상속세의 신고납부

상속세 산출세액은 상속세 과세가액에서 인적공제와 물적공제를 차감한 과세표준에 10~50%의 초과누진세율을 적용하여 산출하되 세대를 건너뛴 상속에 대해서는 할증세액을 가산한다. 그리고 이 금액에 문화재 등 징수유예세액과 세액공제액을 차감하고 가산세를 가산하여 신고납부세액을 결정한다.

표 15-7 산출세액의 계산

상속세과세표준	
×세　　율	10%~50%의 초과누진세율
산출세액	
+세대생략가산액	세대를 건너뛴 상속에 대한 할증세액
산출세액 계	
−문화재 등 징수유예세액	문화재자료·박물관자료에 대한 징수유예
−세액공제	증여세액공제, 외국납부세액공제, 단기재상속세액공제, 신고세액공제
−가 산 세	신고불성실가산세, 납부불성실가산세
신고납부세액	

(1) 상속세의 과표신고

상속세 납부의무가 있는 상속인 또는 수유자는 상속개시일이 속하는 달의 말일부터 6개월 이내에 상속세의 과세가액 및 과세표준을 납세지 관할세무서장에게 신고해야 한다. 신고서에는 상속세과세표준의 계산에 필요한 상속재산의 종류 · 수량 · 평가가액 · 재산분할 · 각종 공제 등의 입증서류를 첨부하여 제출해야 한다.

(2) 상속세의 자진납부

상속세를 신고하는 상속인 또는 수유자는 상속개시일이 속하는 달의 말일부터 6개월 이내에 상속세 과세표준을 납세지 관할세무서장에게 신고하고, 납세지관할세무서 · 한국은행 또는 우체국에 납부해야 한다. 위 기간내에 과세표준신고서를 제출하지 않으면 산출세액의 20%에 상당하는 금액을 가산해서 납부해야 한다.

상속세의 과세표준신고시 납부할 세액이 1천만원을 초과하는 경우에 분할하여 납부할 수 있다. 따라서 1천만원 초과 2천만원 이하이면 1천만원 초과하는 세액을, 2천만원을 초과하면 다음의 금액을 납부기한 경과 후 2개월 이내에 분납할 수 있다. 그러나 연부연납을 허가받은 경우에는 연부연납규정에 따른다.

구분	분납할 수 있는 금액
① 납부할 세액이 2,000만원 이하	1,000만원을 초과하는 금액
② 납부할 세액이 2,000만원 초과	그 세액의 50% 이하의 금액

(3) 상속세의 연부연납

연부연납은 분할납부와 다르게 상속세액을 수년에 걸쳐 분할하여 납부하는 것을 말한다. 그 대신 그 기간 동안 이자 성격의 가산금을 추가적으로 내야 한다. 상속세액이 많을 경우에 이를 일시납부하는데 어려움이 있기 때문에 현행 상속세 및 증여세법은 상속세의 연부연납을 허용하고 있다.

1) 연부연납의 조건

납세지관할세무서장은 상속세 납부세액이 2천만원을 초과하면 납세의무자의 신청을 받아 연부연납을 허가할 수 있다. 이때 납세의무자는 담보를 제공하되 국세기본법 금전, 국채증권 등 유가증권, 납세보증보험증권, 은행 등 납세보증서를 남세담보로 제공하여 연부연납허가를 신청하면 신청일에 허가받은 것으로 본다.

2) 연부연납의 기간

연부연납기간은 가업상속재산의 경우에는 연부연납 허가 후 2년이 되는 날부터 5년, 가업상속재산이 아닌 경우에는 연부연납허가일부터 5년의 범위에서 해당 납세의무자가 신청한 기간으로 한다. 다만, 각 회분의 분납세액이 1천만원을 초과하도록 연부연납기간을 정해야 한다.

3) 연부연납가산금

연부연납의 허가를 받은 자는 다음과 같이 계산한 이자상당액인 연부연납가산금을 각 회분의 분납세액에 가산하여 납부해야 한다.

구분	연부연납가산금
① 1회분 분납세액을 납부할 때	연부연납총세액×일수×이자율
② 2회분 이후 분납세액을 납부할 때	(연부연납총세액－기납부세액)×일수×이자율

4) 연부연납의 취소

납세지 관할세무서장은 연부연납을 허가받은 납세의무자가 연부연납세액을 지정된 납부기한까지 납부하지 아니한 경우, 담보변경, 담보보전에 필요한 세무서장의 명령에 응하지 아니한 경우, 국세징수법상 납기전 징수사유에 해당되어 연부연납기간까지 연부연납에 관계되는 세액의 전액을 징수할 수 없다고 인정되는 경우, 기업상속의 사후관리로서 상속세 추정사유에 해당하는 경우에는 연부연납허가를 취소 또는 변경하고 연부연납에 관계되는 세액의 전액 또는 일부를 징수할 수 있다.

(4) 물납

조세는 금납이 원칙이지만 물납은 금전 이외의 부동산이나 유가증권으로 조세를 납부하는 것을 말한다. 상속재산 중 부동산 등 금전 이외의 재산이 많은 경우에는 금전납부에 어려움이 있기 때문에 현행 상속세 및 증여세법은 상속세의 물납을 허용하고 있다. 물납하려면 신청과 승인의 절차가 이행되어야 한다.

1) 물납의 요건

상속세에서는 상속받은 재산 중 부동산과 유가증권의 가액이 전체 재산가액의 1/2을 초과하고 납부세액이 2,000만원을 초과하면 납세지 관할세무서장의 허가를 받아 상속을 받은 부동산이나 유가증권으로 물납할 수 있다. 물납대상이 되는 유가증권에는 비상장법인의 주식 또는 출자지분(비상장주식)은 제외한다.

2) 물납의 한도

물납을 청구할 수 있는 납부세액은 해당 상속재산인 부동산 및 유가증권의 가액에 대한 상속세 납부세액을 초과할 수 없는 것이 원칙이다. 물납에 충당할 수 있는 재산은 국내에 소재하는 부동산과 국채 · 공채 · 주권 · 내국법인이 발행한 채권 등의 유가증권으로 한다.

3) 물납의 충당순위

물납에 충당하는 재산은 납세지 관할세무서장이 인정하는 정당한 사유가 없는 한 국채 및 공채, 한국거래소에 상장된 유가증권, 국내에 소재하는 부동산, 비상장주식, 상속개시일 현재 상속인이 거주하는 주택 및 부수토지의 순서에 의해 신청하고 허가해야 한다.

4) 물납의 수납가액

물납에 충당할 부동산 및 유가증권의 수납가액은 원칙적으로 상속재산의 가액으로 한다. 그러나 물납재산의 평가액이 증감되는 경우에는 그 증감분만큼 물납의 수납가액도 변경된다.

5) 연부연납세액의 물납

연부연납허가를 받은 자가 연부연납기간 중에 첫 회분 분납세액에 한정하되 연부연납 가산금을 제외한 세액을 물납할 경우 분납세액의 납부기한 30일 전까지 납세지관할세무서장에게 신청할 수 있다. 물납신청을 받은 세무서장은 신청을 받은 날부터 14일 이내에 신청인에게 허가여부를 서면으로 통지해야 한다.

6) 물납재산의 변경

납세지 관할세무서장은 물납신청을 받은 재산이 지상권 · 지역권 · 전세권 · 저당권 등 재산권이 설정되어 관리처분상 부적당하면 물납허가를 하지 않거나 관리처분이 가능한 다른 재산으로 변경을 명할 수 있고, 물납허가 후 물납재산의 수납일까지 기간 중 관리처분이 부적당하면 다른 재산으로 변경을 명할 수 있다.

8. 납세의무자별 상속세의 분배

상속인 또는 수유자는 상속세에 대해 상속재산 중 각자가 받았거나 받을 재산의 비율에 따라 상속세를 납부할 의무가 있는데, 이때 상속인 또는 수유자별 상속세의 부담비율은 다음과 같이 계산한다.

$$\text{상속재산에 가산한 상속인·수유자별 사전 증여재산 과세표준} + \left(\left(\text{상속세 과세표준} - \text{사전 증여재산 과세표준}\right) \times \frac{\left(\text{상속인·수유자별 과세가액상당액} - \text{가산한 상속인·수유자별 증여재산가액}\right)}{\left(\text{상속세 과세가액} - \text{사전증여 재산가액}\right)}\right)$$

* 상속인별 상속세과세표준상당액

$$= (\text{상속세과세표준} - \text{증여재산가액의 과세표준}) \times \frac{\text{상속인별 상속시과세가액} - \text{상속인별 증여재산가액}}{\text{상속세과세가액} - \text{증여재산가액}}$$

$$+ \text{상속인별 증여재산가액의 과세표준}$$

① 상속세의 납세의무자인 상속인 또는 수유자는 각자의 상속세부담비율에 따라 상속세를 분배한다. 그런데 상속재산가액에 가산한 증여재산가액의 수증자가 상속인 또는 수유자이면 해당 증여재산가액에 대한 증여세액공제는 각자가 납부할 상속세액에서 공제한다. 따라서 상속인 또는 수유자별 상속세는 다음과 같이 분배한다.

상속인 또는 수유자별 상속세

$$= \left(\text{신고납부세액} + \text{상속인 또는 수유자의 증여세액공제}\right) \times \text{상속세의 부담비율} - \text{해당 상속인 또는 수유자의 증여세액공제}$$

② 신고납부세액에 상속인 또는 수유자의 증여세액공제를 가산한 금액을 기준으로 상속세를 분배하되 상속인 또는 수유자별로 증여세액공제를 차감하여 각자가 납부할 상속세액을 계산해야 한다. 상속세를 상속인 또는 수유자가 납부하지 않으면 상속인 등은 각자가 받았거나 받을 재산을 한도로 연대하여 납부할 의무를 진다.

9. 상속세의 결정과 경정

(1) 상속세의 결정

상속세는 상속개시일이 속하는 달의 말일부터 6개월 이내에 과세표준과 과세가액을 납세지관할세무서장에게 신고해야 한다. 납세지관할세무서장(국세청장이 중요하다고 인정하면 관할지방국세청장)은 과세표준 신고기한으로부터 6개월 이내에 상속세의 과세표준과 세액을 결정하여 상속인 또는 수유자에게 통지해야 한다.

(2) 경정 등의 특례

상속세 과세표준 및 산출세액을 신고한 자 또는 상속세 과세표준 및 산출세액의 결정을 받은 자로서 다음 중 어느 하나의 사유가 발생한 경우에는 사유발생일부터 6개월 이내에 결정 또는 경정을 청구할 수 있다.

① 상속재산에 대한 피상속인 또는 상속인과 그 외의 제3자와의 분쟁으로 상속회복청구소송 또는 유류분반환청구소송의 확정판결의 사유로 상속개시일 현재 상속인간에 상속재산가액이 변동된 경우
② 상속개시 후 1년이 되는 날까지 다음의 어느 하나에 해당하는 경우
  ⓐ 상속재산이 수용·경매·공매된 경우로 보상가액·경매가액·공매가액이 상속세 과세가액보다 하락한 경우
  ⓑ 최대주주 주식 등에 해당하는 주식을 할증평가했으나 일괄 매각하여 최대주주 주식 등에 해당하지 않는 경우

(3) 고액상속인에 대한 사후관리

세무서장 등은 결정된 상속세 재산가액이 30억원 이상으로 상속개시일부터 5년 이내에 상속인이 보유한 부동산주식 등 주요 재산가액이 상속개시당시보다 현저히 증가하면 그 결정한 과세표준과 세액에 오류나 탈루 여부를 조사해야 한다. 다만, 상속인이 그 증가한 재산에 관한 자금출처를 입증하면 그러하지 아니한다.

10. 상속세의 절세방안

(1) 안심상속 원스톱 서비스의 활용

불의의 사고로 피상속인이 갑자기 사망하거나 별거중에 사망한 경우 상속인이 피상속인의 재산을 정확히 알 수 없다. 더구나 상속인들은 상속개시일이 속하는 달의 말일부터 6개월 이내에 상속세를 신고·납부해야 하는데 상속재산의 행방을 몰라 상속세를 적기에 납부하지 못하는 사태가 발생할 수 있다.

특히 화재사고가 발생하여 예금통장 등이 타버린 경우에는 행정안전부가 제공하는 안심상속 원스톱 서비스를 활용하면 상속인이 피상속인의 금융재산, 대출금, 부동산, 자동차, 세금 등의 확인을 개별기관을 일일이 방문하지 않고 한 번의 통합신청으로 문자·온라인·우편 등으로 결과를 확인할 수 있다.

(2) 부동산 처분과 예금인출의 소명

피상속인의 사망일 전에 1 이내 2억원 이상, 2년 이내 5억원 이상의 부동산을 처분하거나 예금을 인출한 경우에는 처분(인출)가액의 사용처를 밝혀야 한다. 피상속인의 재산만 상속세가 과세되지 않고 피상속인이 사망일 전에 처분한 재산 중 사용처를 밝히지 못하는 부분은 상속재산에 포함될 수도 있다.

예컨대 부친이 사망일 6개월 전에 3억원짜리 아파트 1채를 처분하고, 은행에서 1억원을 인출한 경우 인출한 1억원은 사망일 전 1년 이내 2억원 미만에 해당하여 사용처 소명대상이 아니지만, 부동산 처분금액 3억원은 1년 이내 2억원 이상에 해당하여 사용처 소명대상에 해당하여 추정상속재산에 해당된다.

(3) 피상속인 부채의 사용처 증빙

피상속인이 금융회사 등에 부담한 채무의 합계액이 상속개시일 전 1년 이내 2억원 이상, 2년 이내 5억원 이상인 경우로서 그 용도가 객관적으로 명백하지 아니한 경우에는 사용처 미소명금액에서 부채의 20% 상당액과 2억원 중 적은 금액을 차감한 금액을 상속인이 상속받은 것으로 보아 상속세를 과세한다.

피상속인의 채무가 상속개시일 전 1년 이내에 2억원 이상 또는 2년 이내에 5억원 이상인 경우에 그 사용처에 대한 객관적인 입증서류를 갖추어 놓아야 한다. 따라서 상속인이 피상속인이 생전에 차입한 부채의 증빙서류를 갖추기 어려우므로 피상속인이 생전에 금전을 차입할 때 증빙서류를 갖추어 놓아야 한다.

(4) 공제가능한 채무의 입증방법

상속세를 계산할 때 상속으로 취득한 재산의 가액에서 상속개시 당시 피상속인이 부담해야 할 공과금 이외의 모든 채무를 공제해 주고 있다. 그러나 채무는 상속세 계산시 가장 중요한 공제항목이므로 납세자와 세무당국간 분쟁이 발생할 소지가 많아 공제가능한 채무의 입증방법을 엄격하게 규정하고 있다.

상속개시 당시 피상속인이 부담해야 할 미지급이자, 보증채무, 연대채무, 임대보증금 등의 채무가 있는 경우 금액에 관계없이 모두 공제 가능하며 피상속인이 부담할 사유 등에 대한 입증책임은 납세의무자에게 있다. 따라서 공제가능한 채무가 있는 경우에는 증빙서류를 철저히 챙겨 빠짐없이 공제받자.

(5) 병원비는 피상속인의 재산납부

피상속인이 큰 병에 걸렸거나 장기간 입원한 경우에는 병원비도 상당히 많은 금액이 된다. 이러한 경우에 피상속인 명의의 예금잔액이 있더라도 자녀들의 통장에서 돈을 인출하여 병원비를 납부하는 경향이 있는데, 이는 상속세 측면에서는 전혀 도움이 안 되고 오히려 안 내도 될 세금을 내는 결과가 된다.

피상속인의 재산으로 병원비를 납부하면 그만큼 상속재산이 감소하여 감소한 분에 대한 세금만큼 적게 낼 수 있지만, 자녀들의 재산으로 병원비를 납부하면 상속재산은 변동이 없기 때문에 그만큼 세금을 더내는 결과가 된다. 또한 피상속인이 돌아가실 때까지 체불한 병원비는 채무로 공제받을 수 있다.

(6) 증여재산공제 한도내에서 증여

남편소유의 재산을 사전에 부인이나 자녀에게 증여하면 상속재산이 감소하므로 당연히 상속세도 줄어든다. 그러나 증여를 하면 증여세가 과세되고, 일정기간 이내의 증여재산은 상속세를 계산할 때 상속재산에 포함시키기 때문에 증여의 효과가 없으므로 이를 충분히 검토한 후 증여 여부를 결정해야 한다.

거주자인 수증자가 증여를 받은 때 2014년 1월 이후 증여분부터 배우자에게 6억원, 자녀에게 5천만원(미성년자는 2천만원) 범위 내에서 증여하면 증여세를 내지 않고 상속세를 줄일 수 있다. 다만, 사망일 전 10년 이내에 피상속인이 상속인에게 증여한 재산은 상속세 계산시 합산하므로 증여 효과가 없다.

(7) 임대차계약 체결시 전세가 유리

임대중의 부동산을 상속받으면 상속인은 임대계약이 만료되면 보증금을 반환해야 하므로 상속세 및 증여세법에서는 이를 피상속인의 부채로 보아 상속세를 계산할 때 공제해 준다. 따라서 임대차계약 체결시 월세 비중을 줄이고 보증금을 많이 받는다면 공제가능한 채무가 많아져 상속세 부담을 줄일 수 있다.

예컨대 시가 10억원 상당의 건물을 임대하면서 보증금 4억원에 월세 2백만원을 받았다면 상속이 개시되었을 때 4억원을 공제받을 수 있으나, 보증금 1억원에 월세 7백만원을 받았다면 1억원만 공제받을 수 있다. 그리고 2년 이내의 임대보증금을 채무로 신고할 경우에는 사용처에 대한 입증을 확보해야 한다.

(8) 배우자상속공제 최대한 활용

피상속인의 배우자가 있는 경우에는 배우자에게 재산의 일정부분을 상속하면 상속을 하지 않는 경우보다 상속세를 절약할 수 있다. 배우자상속공제를 받기 위해서는 배우자 상속재산 분할기한(신고기한으로부터 6월)까지 상속재산을 배우자 명의로 분할(등기등록을 요한 경우 그 절차를 마쳐야 함)해야 한다.

예컨대 아버지의 상속재산이 35억원이고 상속인으로 어머니와 자녀 2명이 있다고 가정할 경우에 먼저 어머니에게는 재산을 한푼도 상속하지 않는다고 가정하자. 35억원에서 일괄공제 5억원과 배우자공제 5억원을 차감하면 상속세 과세표준이 25억원이 되며, 이에 대한 상속세는 8억 4천만원을 납부해야 한다.

그러나 법정상속지분은 모친이 3/7, 자녀가 2/7이므로 모친이 15억원, 자녀가 10억원씩 상속받은 경우 35억원에서 일괄공제 5억원과 배우자공제 15억원을 차감하면 상속세 과세표준은 15억원이 되며, 이에 대한 상속세는 4.4억원이 된다. 따라서 모친에게 법정지분대로 상속을 하면 4억원의 상속세가 절감된다.

(9) 상속세 장기 세금계획의 수립

상속세 세금계획은 피상속인이 수립하여 대비하는 것이 바람직하다. 현재의 상황에서 상속세 과세대상이 되는 재산이 어떤 형태로 어느 정도의 규모로 구성되어 있는지를 파악하고, 현행의 법 테두리 안에서 상속세 부담을 최소화할 수 있는 여러 가지 방안을 검토해서 절세효과가 큰 방안을 선택해야 한다.

상속세는 과세미달자가 대부분이지만 과세되면 고액 납세자가 많이 발생하므로 납세자금대책을 사전에 준비하지 않으면 상속재산을 처분하거나 공매를 당하는 상황이 발생할 수 있다. 예컨대 자녀명의로 보장성보험을 가입하거나 사전증여, 연부연납 또는 물납여부 등 납세자금대책이 검토되어야 한다.

(10) 상속세 신고서 관련서류 보관

상속세는 신고를 하면 납세자가 신고한 내용과 세무서에서 수집한 부동산취득·양도자료, 금융재산 조회자료, 보험금 및 퇴직금 지급자료 등을 대조하여 누락시킨 재산은 없는지, 신고할 때 공제받은 부채 등은 정당한지를 조사하여 상속세를 결정하므로 증빙서류는 상속세 결정시까지 잘 보관해야 한다.

상속세를 결정할 때 채무로 공제받은 금액 중에서 상속인이 스스로의 힘으로 변제할 수 없다고 인정되거나 세무서에서 사후관리하고 있다가 채무를 변제하면 자금출처를 조사하여 증여받은 사실이 확인되는 경우에는 당초 신고한 채무가 가공부채로 확인되는 경우 상속세 또는 증여세를 부과하고 있다.

02 증여세의 개요

증여세는 타인의 증여로 재산을 무상으로 취득하는 경우에 그 재산을 취득하는 수증자에게 부과하는 조세를 말한다. 그러나 유증 또는 사인증여에 의해 재산을 무상으로 취득하는 경우에는 상속세가, 영리법인이 수증인자인 경우에는 법인세가, 개인이 사업과 관련하여 수증받은 경우에는 소득세가 과세된다.

1. 증여의 개념

상속세 및 증여세법에서 증여는 행위 또는 거래의 명칭·형식·목적 등에 불구하고 경제적 가치를 계산할 수 있는 유형·무형의 재산을 타인에게 직접 또는 간접적인 방법에 의해 무상으로 이전(현저히 저렴한 대가로 이전하는 경우를 포함)하는 것 또는 타인의 기여에 의해 재산의 가치가 증가하는 것을 말한다.

그리고 제3자를 통한 간접적인 방법이나 2 이상의 행위 또는 거래를 거치는 방법으로 상속세 또는 증여세를 부당하게 감소시킨 것으로 인정되는 경우에는 그 행위 또는 거래의 명칭·형식에 관계없이 그 경제적 실질여부에 따라 당사자가 직접 거래하거나 연속된 하나의 거래로 보아 상속세나 증여세를 부과한다.

2. 증여세의 과세대상

(1) 일반 증여재산

증여세는 상속세와 달리 취득과세형을 채택하여 수증자가 증여받은 재산에 대해 부과한다. 이때 과세대상자산의 범위는 증여재산을 무상으로 이전받은 경우, 재산 또는 이익을 현저히 낮은 대가를 주고 이전받거나 현저히 높은 대가를 받고 이전한 경우, 재산 취득 후 재산가치가 증가한 경우 등에 증여세가 과세된다.

(2) 상속재산 협의

상속개시 후 상속재산에 대해 등기·등록·명의개서 등으로 각 상속인의 상속분이 확정되어 그 상속재산에 대해 공동상속인이 협의하여 분할한 결과 특정 상속인이 당초 상속분을 초과하여 취득하게 되는 재산은 그 분할에 의하여 상속분이 감소한 상속인으로부터 증여받은 것으로 간주한다.

3. 증여세의 납세의무

증여세는 재산을 무상으로 증여받은 수증자가 납세의무를 부담한다. 그러나 수증자에게 소득세 및 법인세가 부과되는 경우에는 이중과세를 방지하기 위해 증여세를 과세하지 않는다. 그리고 소득세 및 법인세가 다른 법률에 따라 비과세 또는 감면되는 경우에도 증여세를 부과하지 않는다.

구분	과세대상자산의 범위
① 수증자가 거주자 또는 비영리내국법인	국내외 모든 증여재산(무제한납세의무)
② 수증자가 비거주자 또는 비영리외국법인	국내에 소재 증여재산(제한납세의무)

증여세는 수증자가 납세의무를 부담하지만 주소나 거소가 분명하지 않거나 증여세를 납부할 능력이 없다고 인정되어 체납처분을 해도 조세채권을 확보하기 곤란한 경우, 수증자가 비거주자인 경우, 명의신탁재산의 증여의제인 경우에는 증여자도 수증자가 납부할 증여세에 대해 연대납부할 의무가 있다.

4. 증여세의 과세관할

증여세는 수증자의 주소지나 거소지를 관할하는 세무서장이 과세한다. 다만, 수증자가 비거주자, 수증자의 주소나 거소가 분명하지 않은 경우 증여자의 주소지를 관할하는 세무서장이 과세한다. 수증자와 증여자 모두 비거주자이거나 주소나 거소가 분명하지 않으면 증여재산의 소재지를 관할하는 세무서장이 과세한다.

5. 증여세의 계산구조

증여세는 자산을 무상으로 이전받는 점에서 상속세와 유사하여 계산구조도 상속세와 비슷하다. 증여세에 적용되는 세율도 상속세의 경우와 같다. 상속세와 마찬가지로 증여세를 줄이기 위해서는 증여세의 계산구조를 잘 알아야 한다. 현행 상속세 및 증여세법상 증여세의 과세표준과 산출세액은 다음과 같이 계산된다.

▎표 15-8 ▎ 증여세의 계산구조

증여재산가액	
+합산대상증여재산가액	합산기간에 동일인으로부터 증여받은 재산가액
−비과세재산가액	국가 등으로부터 증여받은 재산가액 등
−과세가액불산입재산가액	공익법인출연재산, 장애인수증재산 등
−부담부증여시 채무인수액	증여재산의 담보채무(임대보증금 포함)로서 수증자가 인수한 금액
증여세과세가액	
−증여공제	증여재산공제, 재해손실공제
−감정평가수수료공제	
증여세과세표준	명의신탁재산의 증여의제, 합산배제증여재산 및 이외의 경우로 구분하여 계산
×세 율	10%~50%의 초과누진세율
증여세산출세액	세대생략증여시 30% 가산
−징수유예세액	박물관자료 등에 대한 징수유예
−세액공제	기납부세액공제, 외국납부세액공제, 신고세액공제
+가 산 세	신고불성실가산세, 납부불성실가산세
신고납부세액	
−연부연납신청금액	5년간 분할납부할세액
−물납신청금액	부동산·유가증권 등 증여재산으로 납부할세액
차감납부세액	

6. 증여세의 신고납부

(1) 증여세의 과표신고

수증자는 증여받은 날이 속하는 달의 말일부터 3개월 이내에 증여세 과세가액 및 과세표준을 납세지관할세무서장에게 신고해야 한다. 다만, 주식의 상장 등에 따른 이익의 증여와 합병에 따른 상장 등 이익의 증여가 적용되는 경우 증여세과세표준 정산신고기한은 정산기준일이 속하는 달의 말일부터 3개월이 되는 날로 한다.

특수관계법인과의 거래를 통한 이익의 증여의제에 따른 증여세 과세표준 신고기한은 수혜법인의 법인세 과세표준 신고기한이 속하는 달의 말일부터 3개월이 되는 날로 한다. 증여세의 과세표준신고시 과세표준의 계산에 필요한 증여재산의 종류·수량·평가가액 및 각종 공제 등을 입증할 수 있는 서류 등을 제출해야 한다.

(2) 증여세의 자진납부

증여세를 신고하는 자는 신고기한 내에 다음과 같이 계산한 금액을 납세지관할세무서·한국은행·우체국에 납부해야 한다. 증여세도 분납, 연부연납, 물납이 허용된다. 상속세는 가업상속재산에 2년이 되는 날부터 5년, 3년이 되는 날부터 12년의 연부연납기간이 적용되나 증여세는 예외없이 5년의 연부연납기간이 적용된다.

7. 증여세의 결정과 경정

(1) 증여세의 결정

증여세는 재산을 증여받은 날이 속한 달의 말일부터 3개월 이내에 신고해야 한다. 그리고 납세지 관할세무서장(국세청장이 특히 중요하다고 인정하는 경우에는 관할지방국세청장)은 과세표준 신고기한으로부터 3개월 이내에 증여세의 과세표준과 산출세액을 결정하여 수증자에게 통지해야 한다.

(2) 경정 등의 특례

부동산 무상사용에 따른 이익에 대한 증여세를 결정 또는 경정받은 자가 부동산무상사용기간 중 부동산소유자로부터 부동산을 상속 또는 증여받거나 부동산소유자가 토지를 양도하거나 사망한 경우, 부동산을 무상으로 사용하지 않은 경우에는 그 사유발생일로부터 3개월 이내에 결정 또는 경정을 청구할 수 있다.

❙ 표 15-9 ❙ 상속세와 증여세의 비교

<table>
<tr><th>구분</th><th colspan="2">증여세</th><th>상속세</th></tr>
<tr><td>시기(성격)</td><td colspan="2">생전(무상계약)</td><td>사망(재산상 법률관계의 승계)</td></tr>
<tr><td>납세의무자
(과세방식)</td><td colspan="2">수증자(유산취득세방식: 증여재산을 받은 각자가 자신이 받은 만큼에 대한 세금을 각각 납부)</td><td>상속인(유산세방식: 상속한 전체재산을 기준으로 세금을 부과. 전체가 과세표준이 되므로 일반적으로 불리함)</td></tr>
<tr><td>재 산 평 가</td><td colspan="2">시가원칙, 보충적 평가</td><td>시가원칙, 보충적 평가</td></tr>
<tr><td>계 산 구 조</td><td colspan="2">과세표준(증여재산가액 − 증여재산공제)×세율 − 누진공제 = 납부증여세</td><td>과세표준(상속재산가액 − 상속재산공제)×세율 − 누진공제 = 납부상속세</td></tr>
<tr><td>세액공제액</td><td colspan="2">• 배우자: 최대 6억원
• 성인 자녀: 5,000만원
• 미성년 자녀: 2,000만원</td><td>• 일괄공제: 5억원
• 인적공제: 5억~최대 30억원(배우자, 자녀, 연로자, 장애인)
• 금융재산공제: 최대 2억원</td></tr>
<tr><td rowspan="7">상속·증여세율
및 누진공제액</td><td colspan="3">증여세와 상속세는 과세 표준/세율이 동일하다</td></tr>
<tr><td>과세표준</td><td>세율</td><td>누진공제금액</td></tr>
<tr><td>1억원 이하</td><td>10%</td><td>−</td></tr>
<tr><td>5억원 이하</td><td>20%</td><td>1,000만원</td></tr>
<tr><td>10억원 이하</td><td>30%</td><td>6,000만원</td></tr>
<tr><td>30억원 이하</td><td>40%</td><td>1억 6,000만원</td></tr>
<tr><td>30억원 초과</td><td>50%</td><td>4억 6,000만원</td></tr>
<tr><td>신 고 기 한</td><td colspan="2">증여일이 속하는 달의 말일부터 3개월 이내</td><td>상속개시일이 속하는 달의 말일부터 6개월 이내</td></tr>
</table>

8. 증여세의 절세방안

(1) 비거주자 자녀의 증여세 대납

국내에 거주하는 부모가 국외에 거주하는 비거주자 자녀에게 재산을 증여하는 경우에 재산을 증여받은 자녀는 거주자와 마찬가지로 증여세 납부의무가 있다. 그리고 조세채권의 확보를 용이하게 하기 위해 수증자가 비거주자인 경우에 증여자에게 신고의무와 연대납세 의무를 부여하고 있다.

국내의 부모가 비거주자인 자녀에게 재산을 증여하고 비거주자인 자녀를 대신하여 증여세를 납부해도 증여세 문제가 발생하지 않는다. 국내의 부모가 국외에 있는 재산을 비거주자 자녀에게 증여할 경우에 증여세 납부의무가 부모에게 있기 때문에 자녀에게는 증여세 문제가 발생하지 않는다.

(2) 사전에 증여시 상속세를 절약

상속세를 절약하기 위해 지금 아들(25세)에게 1.2억원짜리 부동산을 증여하면 자녀공제 5,000만원을 공제한 7,000만원에 증여세가 과세되며 이에 대한 세율이 10%이므로 증여세는 700만원이 된다. 증여세를 3개월 내에 자진신고하고 납부하면 3%를 공제받아 납부해야 할 증여세는 679만원이 된다.

그러나 증여하지 않고 20년 후에 아버지가 사망했다고 가정할 경우 상속재산이 50억원이고 위 부동산가격이 5억원이라면 상속세는 50%의 세율이 적용되어 위 재산에 대한 상속세는 2.5억원이 되어 세금부담이 약 40배 정도 늘어난다. 따라서 사전에 증여하면 장래의 상속세를 크게 절약할 수 있다.

(3) 증여시 신고납부 후 증빙보관

차인으로부터 증여를 받으면 반드시 증여세를 신고하되 과세미달로 신고하는 것보다는 납부세액이 나오도록 하여 증여재산공제액보다 약간 많은 금액을 증여하여 언제, 누구로부터 얼마만큼을 증여받아 증여세를 얼마나 내었는지를 알 수 있도록 신고서 및 영수증을 근거로 남겨놓는 것이 좋다.

증여세를 신고 · 납부하고 증빙을 갖추었더라도 2004년부터는 자력으로 해당 행위를 할 수 없다고 인정되는 자가 재산을 취득한 후 5년 이내에 개발사업의 시행, 사업의 인가 · 허가로 재산가치가 상승하게 되면 타인의 기여에 의해 재산이 증가한 사유에 해당되어 증여세를 추가로 납부해야 한다.

(4) 공시지가 고시되기 전에 증여

시가를 산정하기 어려우면 토지는 개별공시지가, 주택은 개별(공동)주택가격, 주택 이외의 건물은 기준시가로 부동산을 평가한다. 증여일 현재 당기의 기준가격이 고시되어 있으면 당기의 기준가격을 적용하지만, 당기의 기준가격이 고시되어 있지 않으면 이미 고시되어 있는 전기의 기준가격을 적용한다.

동일한 재산을 증여해도 기준가격이 고시되기 전에 증여하느냐 고시된 후에 증여하느냐에 따라 세금이 달라진다. 따라서 기준가격이 전기보다 높게 결정될 것으로 예상되면 기준가격이 고시되기 전에, 전기보다 낮게 고시될 것으로 예상되면 기준가격이 고시된 후에 증여하면 증여세를 절약할 수 있다.

(5) 상속재산의 분할은 등기 전에

상속인이 여러 명 있으면 상속재산을 공유하는데 공동상속인들이 협의분할을 한 후 최초로 상속등기를 하는 경우 특정상속인이 법정상속분을 초과하여 상속재산을 취득하여도 이는 공동상속인으로부터 증여받은 것으로 보지 않고 피상속인으로부터 상속받은 것으로 보아 증여세를 과세하지 않는다.

그러나 법정상속지분대로 상속등기를 하여 각 상속인의 상속지분이 확정된 후에 협의분할을 하여 특정상속인이 법정상속분을 초과하여 상속재산을 취득하는 경우에 그 초과된 부분에 상당하는 재산가액은 공동상속인 중 지분이 감소된 상속인으로부터 증여받은 것으로 간주하여 증여세를 과세한다.

(6) 증여재산회수는 3개월 이내에

증여를 받은 후 당사자간의 합의에 의해 증여받은 재산(금전은 제외)을 증여세 신고기한 이내에 반환하는 경우 처음부터 증여가 없었던 것으로 본다. 따라서 당초 증여한 것이나 반환받은 것 모두 증여세를 과세하지 않지만 재산을 반환하기 전에 세무관서에서 증여세를 결정하면 증여세를 내야 한다.

수증자가 증여받은 재산(금전은 제외)을 증여세 신고기한이 지난 후 3개월 이내에 증여자에게 반환하거나 다시 증여하면 당초 증여에는 과세하고 반환하거나 재증여하는 것은 과세하지 않는다. 그러나 증여가 있은 날의 말일부터 6개월이 경과한 후에 반환하거나 재증여하면 모두 증여세를 과세한다.

(7) 배우자에게 6억원까지 증여를

부부간에 재산을 증여하면 증여세를 계산할 때 10년간 6억원까지 증여세를 과세하지 않는다. 예컨대 홍길동이 부인 명의로 6억원짜리 아파트를 구입했다고 가정할 경우에 부인이 소득이 없더라도 이는 증여재산공제액 6억원 이하에 해당하여 부인 명의로 아파트를 구입한데 대해 증여세를 과세하지 않는다.

부인 명의로 재산을 취득하면 남편이 빚 보증을 섰다가 잘못되고, 남편이 사업을 하다 부도가 발생하여 세금을 체납하여 재산이 공매되더라도 재산을 지킬 수 있다. 다만, 고의로 세금을 면탈할 목적으로 재산을 부인 명의로 돌려놓은 경우에는 세무서에서 사해행위취소 소송을 제기하여 체납 세금을 징수한다.

(8) 고액재산 취득 자금출처 대비

자금출처조사는 어떤 사람이 재산을 취득하거나 부채를 상환했을 때 그 사람의 직업, 나이 그동안의 소득세 납부실적 · 재산상태로 보아 자력으로 재산을 취득하거나 부채를 상환했다고 보기 어려운 경우 세무서에서 자금출처를 제시하도록 하여 출처를 제시하지 못하면 증여세를 과세하는 것을 말한다.

재산취득 자금출처 안내문을 받으면 해명자료를 최대한 구비하여 제출해야 한다. 더욱이 개인간의 금전거래의 경우에는 사적인 차용증, 계약서, 영수증 등만 가지고는 거래의 사실을 인정받기 어렵기 때문에 이를 뒷받침할 수 있는 예금통장 사본, 무통장입금증 등의 금융거래 자료를 준비하는 것이 좋다.

(9) 부채를 상환시 자금출처 대비

상속세 결정시 공제받은 채무나 재산취득자금에 대한 출처를 조사할 때 자금의 원천으로 소명한 부채는 상속세 과세나 자금출처 조사시 세무서가 인정해 주었다고 끝난 것이 아니다. 세무서는 증여세를 결정하거나 재산취득자금의 출처를 확인하는 과정에서 인정한 부채를 국세청 컴퓨터에 입력하여 관련한다.

국세청은 매년 정기적으로 금융회사 등 채권자에게 채무변제 여부를 조회하여 부채의 상환한 사실이 확인되면 부채의 상환자금을 소명하라는 안내문을 발송하는데 소명을 못하거나 타인이 갚은 사실이 확인되면 증여세를 과세한다. 따라서 부채를 상환하면 자금출처 조사에 대비하여 입증서류를 챙겨두자.

(10) 자녀의 증여세 대납시 과세

자녀에게 부동산이나 주식 등을 증여하는 경우에 증여세는 수증자인 자녀가 납부해야 된다. 그런데 자녀가 소득이 없으면 세금을 납부할 능력이 없어 부모가 자녀를 대신하여 납부한 증여세는 또다시 증여한 것으로 간주하여 당초 증여한 재산가액에 대신 납부한 증여세를 합산하여 추가로 과세한다.

자녀에게 증여를 한 후 증여세 신고를 하고 세금까지 납부하여 증여세 문제가 깨끗이 종결되었다고 잊고 있다가 나중에 세무서로부터 증여세를 더 내야 한다는 고지서를 받는 경우가 있다. 따라서 자녀가 소득이 없는 경우에는 증여세 상당액만큼의 현금을 더하여 증여하면 증여세 문제를 해결할 수 있다.

(11) 세대를 건너뛰면 할증과세

세대를 건너뛰어 재산을 이전함으로써 상속세나 증여세를 회피하는 행위를 방지하기 위해 증여자의 자녀가 아닌 직계비속에게 재산을 증여하는 경우에 세법에서는 증여세액에 세액의 30%(수증인이 미성년자로 증여재산가액이 20억원 초과시 40%)에 상당하는 금액을 가산하여 증여세를 납부해야 한다.

그러나 증여자의 최근친인 직계비속이 사망하여 그 사망자의 최근친인 직계비속이 증여를 받는 경우에는 증여세를 할증하여 과세하지 않는다. 즉 아버지가 사망한 상태에서 외할아버지가 외손자에게 증여하는 경우에도 할증과세를 않고 직계존비속간의 여부를 판정할 때는 부계와 모계를 포함한다.

연습문제 TEST

1 현행 우리나라의 상속제도의 특징에 해당하지 않은 것은?

① 유언상속이 우선하며, 법정상속은 2차적 보충적으로 적용된다.

② 포괄승계 및 당연승계원칙에 따라 강제상속된다.

③ 법정상속에 있어서 균등공동상속제도가 원칙이다.

④ 상속인간의 형평성을 위해 특별수익과 기여분제도가 인정된다.

해설 강제상속제도가 아닌 임의상속제도이다.

2 다음 중 유언상속제도와 법정상속제도에 대한 설명으로 적절한 것은?

	구분	유언상속	법정상속
①	대습상속	불인정	인정됨
②	상속인	일정범위 친족만 해당	친족, 친족 이외 제3자
③	승계방법	포괄승계만 허용	포괄승계, 특정승계
④	유류분	유류분 적용받지 않음	유류분 반환대상 가능

해설 ②, ③, ④는 모두 바뀐 설명이다.

3 다음 중 법정상속과 달리 유언상속에서만 인정되는 내용은?

가. 친족 이외 제3자(법안 포함)도 상속을 받을 수 있다.

나. 대습상속이 인정된다.

다. 포괄승계는 물론 특정승계도 가능하다.

라. 유류분 반환대상이 되지 못한다.

① 가, 나, 다, 라 ② 가, 다, 라

③ 가, 다 ④ 나, 라

해설 유언상속에서는 대습이 인정되지 않고, 유류분 반환대상이 된다.

4 다음 중 상속개시의 시기에 대한 설명으로 적절하지 않은 것은?

① 자연사망, 인정사망, 실종선고는 모두 사망으로 인정되어 상속개시는 사망뿐이다.

② 민사상 부재자의 생사가 5년 이상 불분명하면 실종선고일에 사망한 것으로 간주한다.

③ 사망한 때에 상속이 개시되며, 사망선고일을 기준으로 하는 것이 아니다.

④ 2인 이상이 동일한 재난으로 사망한 경우 동시에 사망한 것으로 추정한다.

해설 실종선고로 인한 상속개시의 시기는 실종기간 만료시인 5년이 경과한 때이다.

5 홍길동은 배우자와 아들인 홍명진이 있다. 홍길동의 부모님은 모두 살아계신데 홍길동과 아들 홍명진은 동일한 비행기 사고로 사망하였다. 홍길동의 재산은 14억원이고, 아들 홍명진의 재산은 7억원일 때 홍길동의 배우자가 수령할 수 있는 상속재산은 얼마인가?

① 6억원 ② 7억원
③ 9억원 ④ 13억원

해설
- 홍길동의 재산상속 : 14억원×3/7(부모님과 공동상속) = 6억원
- 홍명진의 재산상속 : 7억원(홍길동의 배우자 단독상속)

6 다음 중 상속인의 결정방법에 대한 설명으로 적절하지 않은 것은?

① 유언에 의해 상속재산을 취득할 수 있는 자를 유증자라고 한다.
② 상속은 순수한 재산상속이므로 권리능력이 있는 자는 모두 상속능력이 있다.
③ 임신 중의 태아는 권리능력이 없지만 상속인이 될 수 있다.
④ 혈족과 인척 등 친족이라 해도 모두 법정상속인이 되는 것은 아니다.

해설 유언에 의해 상속재산을 취득할 수 있는 자를 수증자라고 한다.

7 다음 중 상속순위에 대한 설명으로 적절한 것은?

① 직계비속은 자녀와 손자녀 모두 포함되며, 직계비속에 해당하면 모두 1순위 상속인이 된다.
② 양자는 일반양자와 친양자로 구분되며, 일반양자와 친양자 모두 친생부모와 상속관계는 유지된다.
③ 아버지와 어머니 중 한명이라도 동일하면 직계비속과 직계존속이 없이 형제간 상속이 일어날 경우 형제간의 상속관계는 유지된다.
④ 아버지가 재혼하여 새어머니와 함께 법률상 혼인관계가 형성되면 새어머니와 자식간에는 상속관계가 형성된다.

해설 ① 직계비속이 다수인 경우 가장 가까운 촌수가 1순위 상속인이 된다.
② 일반양자는 친생부모와 상속관계가 있지만, 친양자는 친생부모와 상속관계가 단절된다.
④ 새어머니는 계모이며 계모자간에는 상속이 되지 않는다.

8 다음 중 상속관련 친족관계에 대한 설명으로 적절하지 않은 것은?

① 혼인은 결혼의 의사의 합치, 혼인 연령(18세 이상), 근친혼과 중혼이 아닐 것과 혼인신고라는 형식요건을 모두 충족해야 성립한다.

② 사실혼 상태에서는 친족관계가 성립하지 않으며 사실혼 배우자는 임차인으로서의 권리 등 모든 상속권이 발생하지 않는다.

③ 사실혼 배우자가 상속인관계존재확인청구를 통해 확정판결이 있으면 단독으로 혼인신고를 할 수 있다.

④ 이혼 후 자녀에 대한 면접교섭이나 양육비 부담은 자녀를 직접 양육하지 아니더라도 친권자로서 권리와 의무를 가진다.

해설 사실혼 상태에서도 임차인으로서의 권리는 상속을 받을 수 있다.

9 다음 중 대습상속에 대한 설명으로 적절하지 않은 것은?

① 상속인이 될 자가 직계비속 또는 형제자매이어야 한다.

② 상속인이 될 자가 피상속인보다 먼저 사망하거나 상속결격자인 경우이어야 한다.

③ 동시사망으로 추정되는 경우에도 대습상속이 이루어지게 된다.

④ 상속인이 될 자가 직계존속인 경우에도 대습상속이 발생할 수 있다.

해설 직계존속인 경우에는 대습상속이 일어나지 않고 본위상속이 된다.

10 배우자 B와 장남 C가 먼저 사망한 A는 유족으로 차남 D, 장남의 처 E, 장남의 자식인 손자 F를 두고 사망하였다. A의 상속재산이 20억원이면 장남의 처 E와 장남의 자식인 손자 F가 받을 상속분은 얼마인가?

① 6억, 4억 ② 6억, 10억 ③ 10억, 6억 ④ 10억, 10억

해설 장남은 선 사망한 경우로 장남의 처와 자식인 E와 F는 장남의 몫을 대습상속 받게 된다. 따라서 장남의 상속분인 10억(=20억×1/2)을 대습상속 받게 되어 E의 상속분은 10억×3/5=6억, E의 상속분은 10억×2/5=4억이다.

11 다음 중 상속 결격사유에 해당하지 않은 것은?

① 고의로 직계존속, 피상속인 그 배우자 또는 상속의 선순위나 동순위에 있는 자를 살해하거나 살해하려 한 자

② 고의로 직계존속, 피상속인, 그 배우자에게 상해를 가하여 사망에 이르게 하거나 상해를 입히려 한 자

③ 사기나 강박으로 피상속인의 상속에 관한 유언 또는 유언의 철회를 방해하는 자
④ 피상속인의 상속에 관한 유언서를 위조, 변조, 파기 또는 은닉한 자

해설 고의로 직계존속, 피상속인과 그 배우자에게 상해를 가하여 사망에 이르게 한 자는 상속결격자가 되지만, 상해를 입히려는 정도만으로는 상속결격자가 아니다.

12 다음 중 상속결격자로만 모두 짝지워진 것은?

가. 고의로 직계존속을 살해하려 했으나 미수에 그친 자
나. 중대한 과실로 차량운행 중 직계존속을 치어 사망에 이르게 한 자
다. 남편의 사망으로 인해 복중 태아의 미래를 걱정하여 낙태를 한 배우자
라. 피상속인의 유언서를 은닉한 자

① 가, 나, 다, 라
② 나, 다, 라
③ 가, 다, 라
④ 나, 라

해설 피상속인에 대한 부덕행위자가 상속결격자가 되며, 이는 고의범을 대상으로 한다. 그러나 중과실로 인한 사고의 경우에는 상속결격사유가 되지 않는다.

13 상속재산의 승계와 재산관계에 대한 설명으로 적절하지 않은 것은?

① 상속재산은 적극재산과 소극재산 모두 포괄승계되는 것이 원칙이다.
② 피상속인이 사망하기 전에 상속인이 상속받지 않겠다는 의사표시를 해도 당연상속을 받는다.
③ 상속인이 다수인 경우 상속재산은 분할 전까지는 공유로 하고 있다.
④ 상속개시 후 협의분할 전까지 상속재산에서 발생한 과실은 상속재산의 범위에 포함한다.

해설 상속재산은 상속개시시점의 재산을 의미하며 개시 후의 과실부분은 공동상속인의 공유물로서 상속재산이 아니다.

14 상속인의 존재가 분명하지 않은 경우에 대한 설명으로 적절하지 않은 것은?

① 상속재산관리인의 선임을 통해 상속채권자의 유증받은 자 등에 대한 재산처분 및 관리를 하게 된다.
② 상속인의 존재가 분명한 때에는 상속재산관리인이 재산관리업무를 지체없이 종료해야 한다.

③ 법원은 최종적으로 상속의 수색공고를 통해 상속인을 찾았으나 상속인이 존재하지 않을 경우 특별연고자의 분여청구를 받는다.

④ 특별연고자는 법정상속인이 아닌 자이며, 특별연고자의 분여청구절차가 완료되면 나머지 재산은 국가에 귀속된다.

해설 상속인의 존재가 분명하면 지체없이 상속재산관리인이 해임되는 것이 아니며, 상속인이 상속을 승인한 때 재산관리업무가 종료된다.

15 피상속인의 사망을 담보로 한 사망보험금에 대한 설명으로 적절한 것은?

① 계약자, 피보험자, 수익자를 피상속인으로 지정한 경우에 사망보험금은 상속재산의 범위에 포함된다.

② 보험금 수익자가 지정되어 있지 않으면 상속재산의 범위에 포함되지만, 수익자를 법정상속인으로 정하면 상속재산에 포함되지 않는다.

③ 보험금 수익자가 상속을 포기하는 경우에 보험금은 상속재산으로 환원되어 반납되어야 한다.

④ 일반적으로 보험금은 상속재산이 아니라 상속인의 고유재산에 해당되어 특별수익에 해당되는 것이 아니다.

해설 ② 수익자를 지정하지 않은 경우에 당연히 피보험자의 상속인이 수익자가 되므로 상속재산이 아니라 수익자의 고유권리이다.
③ 상속을 포기하더라도 상속인의 고유재산이므로 반환할 필요가 없다.
④ 보험금은 상속재산이 아니라 특별수익에 해당된다.

16 다음 중 한정승인에 대한 설명으로 적절하지 않은 것은?

① 상속인이 다수인 경우 각 상속인별로 한정승인 여부를 결정하는 것이며, 모두가 한정승인을 할 필요는 없다.

② 한정승인을 하는 경우에 상속인에서 제외되는 것이 아니며, 피상속인의 채무와 유증을 변제하고 남은 재산이 있으면 그 재산을 상속받을 수 있다.

③ 한정승인의 의사표시는 상속인이 상속개시일로부터 3개월 이내에 법원에 한정승인을 신고하면 된다.

④ 단순승인 후 중대한 과실없이 상속채무가 상속재산을 초과하는 사실을 모른 경우에는 그 사실을 안 날로부터 3월 내에 한정승인을 할 수 있다.

해설 단순승인, 한정승인, 상속포기의 의사표시는 상속개시가 있음을 안 날로부터 3개월 이내이며, 상속개시일로부터가 아님에 유의해야 한다.

17 다음 중 상속포기의 효과에 대한 설명으로 적절하지 않은 것은?

① 상속개시 전의 상속포기는 효력이 발생하지 않지만, 상속개시 후의 상속포기는 상속포기로서 효력이 발생한다.

② 상속을 포기한 경우에는 상속포기자의 상속분은 다른 공동상속인에게 귀속되는 것이 아니라 상속포기자의 직계비속 또는 배우자가 대습상속을 받게 된다.

③ 상속포기자가 상속을 포기했어도 그 포기로 상속인이 된 자가 상속재산을 관리할 수 있을 때까지 상속재산을 자기의 고유재산과 동일한 주의로 관리해야 한다.

④ 상속포기의 의사표시에는 재산목록을 첨부하거나 특정할 필요가 없고 공고나 최고절차도 없다.

해설 상속포기의 효과로 포기자의 상속분은 다른 공동상속인에게 귀속되며 대습상속되지 않는다.

18 다음 중 반환의무가 있는 특별수익자의 범위에 포함되는 자는?

① 한정승인을 한 상속인 ② 공동상속인의 직계비속

③ 공동상속인의 배우자 ④ 상속포기자

해설 특별수익을 반환해야 할 자는 공동상속인에 해당하는 자이므로 상속인이 아닌 공동상속인의 직계비속, 상속포기자 등은 반환의무자가 있는 특별수익자가 아니다.

19 다음 중 기여분제도에 대한 설명으로 적절하지 않은 것은?

① 기여분제도는 공동상속인간의 형평성을 조절하기 위한 제도이므로 공동상속인 이외의 자는 기여분을 주장할 수 없다.

② 상당기간 동거·간호의 방법으로 피상속인을 특별히 봉양한 기여가 있을 경우에 기여분이 인정될 수 있다.

③ 기여분의 결정은 상속인간의 협의가 되지 않을 경우 상속재산분할심판진행이 종료된 후 가정법원에 청구할 수 있다.

④ 기여분은 상속이 개시된 때의 피상속인의 재산가액에서 유증금액을 공제한 금액을 한도로 하여 기여분보다 유증이 우선한다.

해설 기여분 청구는 상속재산분할심판 중에 별도로 가능하고 동시에도 가능하다.

20 다음 중 법정 단순승인 사유에 해당되지 않은 것은?

① 상속인 중 1인이 다른 공동재산상속인과 협의하여 상속재산을 분할한 때

② 상속인이 한정승인 또는 상속포기 가능한 기간에 한정승인 또는 포기를 하지 아니한 때

③ 상속인이 고려기간에 단순승인의 의사표시를 한 때

④ 상속인이 한정승인 또는 포기를 한 후에 상속재산을 은닉한 때

해설 상속인이 고려기간에 단순승인의 의사표시를 한 것은 법정단순승인이 아니다.

21 다음 중 공동상속인간의 형평성을 고려한 상속제도가 아닌 것은?

① 특별수익제도 ② 기여분제도

③ 유류분제도 ④ 담보책임제도

해설 유류분제도는 상속인들의 최소한의 생활보장을 위한 제도이다.

22 다음 중 유언제도에 대한 설명으로 적절하지 않은 것은?

① 유언은 요식행위로 법정 유언방식인 자필증서, 녹음, 공정증서, 비밀증서, 구수증서 등 5가지 뿐이다.

② 17세 이상의 미성년자, 피한정후견인 등 제한능력자도 법정대리인 없이 단독으로 유언을 할 수 있다.

③ 유언은 유언자가 사망한 때 효력이 생기는 것이 원칙이며, 정지조건부 유언의 경우에는 조건이 성취된 때 효력이 발생한다.

④ 유언에 의한 포괄증여에 해당하는 포괄유증은 상속과 동일한 효력이 발생하여 대습상속과 유류분제도도 적용된다.

해설 포괄유증은 상속과 동일하지만, 대습상속과 유류분제도는 적용되지 않는다.

23 다음 중 유증에 대한 설명으로 적절하지 않은 것은?

① 태아를 수증자로 하는 경우에 이미 출생한 것으로 보아 유증을 받을 수 있으며 법인도 유증을 받을 능력이 있다.

② 상속결격자는 유증을 받을 수 없으며, 상속결격자에 대한 유증이 있어도 그 유언의 효력은 인정되지 않는다.

③ 특정유증을 포기하는 시기나 방식에 아무런 제한이 없으며, 유언자의 사망 후에 언제든지 포기할 수 있다.

④ 상속개시 후 수증자가 수증여부에 대해 승인이나 포기하지 아니하고 사망한 경우 수증자에게 유증한 재산은 다른 공동상속인에게 귀속된다.

해설 상속개시 전 수증자가 사망한 경우에 다른 상속인에게 귀속되지만, 상속개시 후 수증자가 사망하면 수증자의 상속인이 유증을 상속받아 승인 또는 포기를 할 수 있다.

24 다음 중 자필증서에 의한 유언 중 유언자가 하지 않아도 무방한 사항은?

① 전문의 작성
② 날인
③ 작성연월일과 기재
④ 주소의 작성

해설 전문, 연월일, 성명, 주소 등은 반드시 스스로 해야 하지만, 날인은 스스로 하지 않아도 무방하다.

25 다음 중 증여세에 대한 설명으로 적절하지 않은 것은?

① 수증자가 거주자인 경우에 국내외 모든 증여에 대해 과세한다.
② 수증자와 증여자는 연대하여 납부할 의무를 부담한다.
③ 증여세법상 증여는 완전포괄주의 개념으로 민법보다 포괄적으로 규정하고 있다.
④ 증여세 과세표준은 증여일로부터 3개월 이내에 신고납부해야 한다.

해설 증여세 신고기한은 증여일이 속하는 달의 말일부터 3개월이다.

26 다음 증여자별로 증여를 받았을 경우에 증여재산공제액이 적절하게 연결한 것은?

	배우자	직계존속	직계비속
①	6억원	5,000만원(수증자가 미성년자이면 2,000만원)	5,000만원
②	5억원	5,000만원(수증자가 미성년자이면 2,000만원)	5,000만원
③	6억원	3,000만원(수증자가 미성년자이면 1,500만원)	3,000만원
④	5억원	3,000만원(수증자가 미성년자이면 1,500만원)	3,000만원

해설 증여재산공제액에 대한 이해

27 다음 중 상속세 및 증여세법상 합산배제증여재산에 해당하지 않은 것은?

① 주식 또는 출자지분의 상장 등에 따른 이익의 증여
② 명의신탁재산의 증여의제규정에 의한 이익의 증여
③ 전환사채 등에 의해 주식의 전환 등에 따른 이익의 증여
④ 타인의 기여에 의한 재산가치 증가에 따른 기타 이익의 증여

해설 명의신탁재산의 증여의제는 합산배제증여재산에 해당되지 않는다.

28 **다음 중 부담부증여에 대한 설명으로 적절하지 않은 것은?**

① 수증자가 증여를 받은 동시에 일정한 채무를 부담하는 방식의 증여를 말한다.

② 수증자가 부담하기로 한 채무액은 증여재산가액에서 차감하여 증여세를 계산한다.

③ 수증자가 부담하기로 한 채무액은 증여자의 양도소득에 해당한다.

④ 직계존비속간 부담부증여시에는 채무액을 인수한 것으로 추정한다.

해설 직계존비속간의 부담부증여시 채무액은 인수하지 않은 것으로 추정한다.

29 **다음 중 상속재산 및 증여재산에 대한 평가방법의 연결이 옳지 않은 것은?**

① 토지의 보충적 평가 : 개별공시지가

② 상장주식의 시가 : 평가일 전후 2개월간의 종가평균액

③ 골프회원권의 보충적 평가 : 불입액 + 프리미엄

④ 예금, 적금의 보충적 평가 : 총매입액 + 미수이자 − 원천징수상당액

해설 골프회원권의 보충적 평가액은 지방세법상 시가표준액이 고시된 경우에는 그 시가표준액으로 평가한다.

30 **다음 중 상속재산 및 증여재산의 평가원칙인 시가의 의미에 대한 설명으로 적절하지 않은 것은?**

① 상속개시일 전후 6개월, 증여일 전후 3개월 이내에 매매, 감정평가, 경매 등의 가격이 있는 경우에 이를 시가로 본다.

② 매매가액과 사례가액이 동시에 존재하는 경우에는 매매가액과 사례가액의 평균액을 시가로 본다.

③ 해당 상속재산 및 증여재산과 유사한 재산의 사례가 있는 경우에도 이를 비교하여 시가로 평가할 수 있다.

④ 시가로 보는 가액이 두 개 이상일 때에는 평가기준일에 가까운 날에 해당하는 시가를 시가로 평가한다.

해설 매매가액과 매매사례가액이 동시에 존재할 경우에 매매사례가액은 적용하지 않는다.

정답

1. ②	2. ①	3. ③	4. ②	5. ④	6. ①	7. ③	8. ②	9. ④	10. ①
11. ②	12. ③	13. ④	14. ④	15. ①	16. ③	17. ②	18. ①	19. ③	20. ③
21. ③	22. ④	23. ④	24. ②	25. ④	26. ①	27. ②	28. ④	29. ③	30. ④

부록

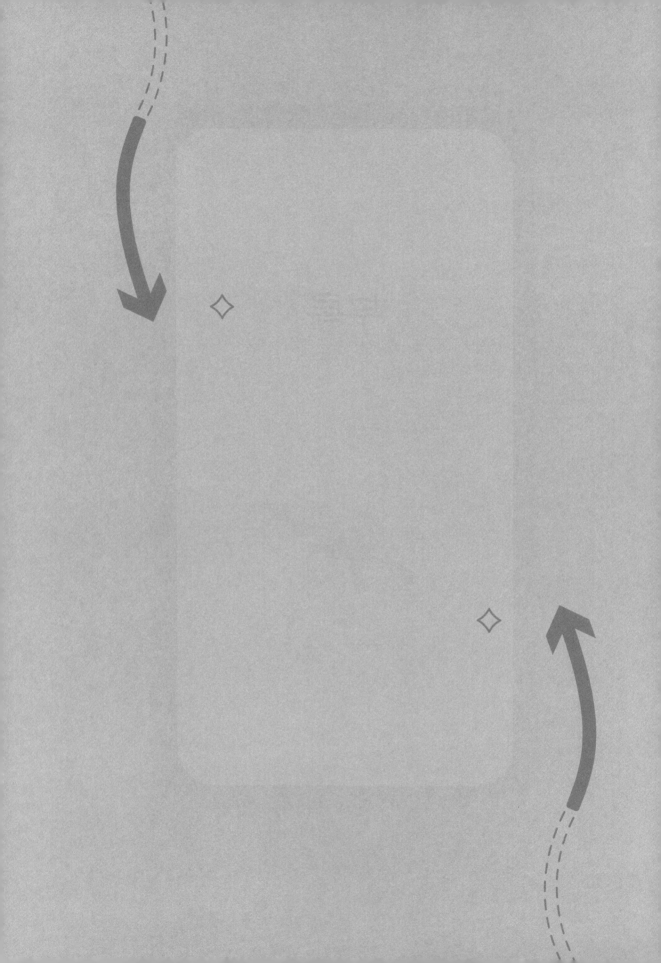

부록 1 복리이자요소 $[FVIF_{n,\ r\%} = (1+r)^n]$

(연초에 1원을 연리 r%로 복리투자할 때 n년 후의 미래가치)

n/r	1.0	2.0	3.0	4.0	5.0
1	1.01000	1.02000	1.03000	1.04000	1.05000
2	1.02010	1.04040	1.06090	1.08160	1.10250
3	1.03030	1.06121	1.09273	1.12486	1.15762
4	1.04060	1.08243	1.12551	1.16986	1.21551
5	1.05101	1.10408	1.15927	1.21665	1.27628
6	1.06152	1.12616	1.19405	1.26532	1.34010
7	1.07214	1.14869	1.22987	1.31593	1.40710
8	1.08286	1.17166	1.26677	1.36857	1.47746
9	1.09369	1.19509	1.30477	1.42331	1.55133
10	1.10462	1.21899	1.34392	1.48024	1.62889
11	1.11567	1.24337	1.38423	1.53945	1.71034
12	1.12682	1.26824	1.42576	1.60103	1.79586
13	1.13809	1.29361	1.46853	1.66507	1.88565
14	1.14947	1.31948	1.51259	1.73168	1.97993
15	1.16097	1.34587	1.55797	1.80094	2.07893
16	1.17258	1.37279	1.60471	1.87298	2.18287
17	1.18430	1.40024	1.65285	1.94790	2.29202
18	1.19615	1.42825	1.70243	2.02582	2.40662
19	1.20811	1.45681	1.75351	2.10685	2.52695
20	1.22019	1.48595	1.80611	2.19112	2.65330

n/r	6.0	7.0	8.0	9.0	10.0
1	1.06000	1.07000	1.08000	1.09000	1.10000
2	1.12360	1.14490	1.16640	1.18810	1.21000
3	1.19102	1.22504	1.25971	1.29503	1.33100
4	1.26248	1.31080	1.36049	1.41158	1.46410
5	1.33823	1.40255	1.46933	1.53862	1.61051
6	1.41852	1.50073	1.58687	1.67710	1.77156
7	1.50363	1.60578	1.71382	1.82804	1.94872
8	1.59385	1.71819	1.85093	1.99256	2.14359
9	1.68948	1.83846	1.99900	2.17189	2.35795
10	1.79085	1.96715	2.15892	2.36736	2.59374
11	1.89830	2.10485	2.33164	2.58043	2.85312
12	2.01220	2.25219	2.51817	2.81266	3.13843
13	2.13293	2.40984	2.71962	3.06580	3.45227
14	2.26090	2.57853	2.93719	3.34173	3.79750
15	2.39656	2.75903	3.17217	3.64248	4.17725
16	2.54035	2.95216	3.42594	3.97030	4.59497
17	2.69277	3.15881	3.70002	4.32763	5.05447
18	2.85434	3.37993	3.99602	4.71712	5.55992
19	3.02560	3.61653	4.31570	5.14166	6.11591
20	3.20713	3.86968	4.66096	5.60441	6.72750

부록 2 연금의 복리이자요소 $\left[FVIFA_{n,\ r\%} = \frac{(1+r)^n - 1}{r}\right]$

(매 연말에 1원씩을 연리 r%로 복리투자할 때 n년 후의 미래가치)

n/r	1.0	2.0	3.0	4.0	5.0
1	1.00000	1.00000	1.00000	1.00000	1.00000
2	2.01000	2.02000	2.03000	2.04000	2.05000
3	3.03010	3.06040	3.09090	3.12160	3.15250
4	4.06040	4.12161	4.18363	4.24646	4.31012
5	5.10100	5.20404	5.30914	5.41632	5.52563
6	6.15201	6.30812	6.46841	6.63298	6.80191
7	7.21353	7.43428	7.66246	7.89829	8.14201
8	8.28567	8.58297	8.89234	9.21423	9.54911
9	9.36853	9.75463	10.15911	10.58279	11.02656
10	10.46221	10.94972	11.46388	12.00611	12.57789
11	11.56683	12.16871	12.80779	13.48635	14.20679
12	12.68250	13.41209	14.19203	15.02580	15.91713
13	13.80933	14.68033	15.61779	16.62684	17.71298
14	14.94742	15.97394	17.08632	18.29191	19.59863
15	16.09689	17.29342	18.59891	20.02359	21.57856
16	17.25786	18.63928	20.15688	21.82453	23.65749
17	18.43044	20.01207	21.76158	23.69751	25.84036
18	19.61474	21.41231	23.41443	25.64541	28.13238
19	20.81089	22.84056	25.11686	27.67123	30.53900
20	22.01900	24.29737	26.87037	29.77807	33.06595

n/r	6.0	7.0	8.0	9.0	10.0
1	1.00000	1.00000	1.00000	1.00000	1.00000
2	2.06000	2.07000	2.08000	2.09000	2.10000
3	3.18360	3.21490	3.24640	3.27810	3.31000
4	4.37462	4.43994	4.50611	4.57313	4.64100
5	5.63709	5.75074	5.86660	5.98471	6.10510
6	6.97532	7.15329	7.33593	7.52333	7.71561
7	8.39384	8.65402	8.92280	9.20043	9.48717
8	9.89747	10.25980	10.63668	11.02847	11.43589
9	11.49132	11.97799	12.48756	13.02104	13.57948
10	13.18079	13.81645	14.48656	15.19293	15.93742
11	14.97164	15.78360	16.64549	17.56029	18.53117
12	16.86994	17.88845	18.97713	20.14072	21.38428
13	18.88214	20.14064	21.49530	22.95338	24.52271
14	21.01506	22.55049	24.21492	26.01919	27.97498
15	23.27597	25.12902	27.15211	29.36091	31.77248
16	25.67252	27.88805	30.32428	33.00339	35.94973
17	28.21287	30.84021	33.75022	36.97370	40.54470
18	30.90565	33.99903	37.45024	41.30133	45.59917
19	33.75998	37.37896	41.44662	46.01845	51.15908
20	36.78558	40.99549	45.76196	51.16011	57.27499

부록 3 현가이자요소 $\left[PVIF_{n,\ r\%} = \frac{1}{(1+r)^n}\right]$

(n년 후의 1원을 연리 r%로 복리할인할 때의 현재가치)

n/r	1.0	2.0	3.0	4.0	5.0
1	0.99010	0.98039	0.97087	0.96154	0.95238
2	0.98030	0.96117	0.94260	0.92456	0.90703
3	0.97059	0.94232	0.91514	0.88900	0.86384
4	0.96098	0.92385	0.88849	0.85480	0.82270
5	0.95147	0.90573	0.86261	0.82193	0.78353
6	0.94205	0.88797	0.83748	0.79031	0.74622
7	0.93272	0.87056	0.81309	0.75992	0.71068
8	0.92348	0.85349	0.78941	0.73069	0.67684
9	0.91434	0.83676	0.76642	0.70259	0.64461
10	0.90529	0.82035	0.74409	0.67556	0.61391
11	0.89632	0.80426	0.72242	0.64958	0.58468
12	0.88745	0.78849	0.70138	0.62460	0.55684
13	0.87866	0.77303	0.68095	0.60057	0.53032
14	0.86996	0.75788	0.66112	0.57748	0.50507
15	0.86135	0.74301	0.64186	0.55526	0.48102
16	0.85282	0.72845	0.62317	0.53391	0.45811
17	0.84438	0.71416	0.60502	0.51337	0.43630
18	0.83602	0.70016	0.58739	0.49363	0.41552
19	0.82774	0.68643	0.57029	0.47464	0.39573
20	0.81954	0.67297	0.55368	0.45639	0.37689

n/r	6.0	7.0	8.0	9.0	10.0
1	0.94340	0.93458	0.92593	0.91743	0.90909
2	0.89000	0.87344	0.85734	0.84168	0.82645
3	0.83962	0.81630	0.79383	0.77218	0.75131
4	0.79209	0.76290	0.73503	0.70843	0.68301
5	0.74726	0.71299	0.68058	0.64993	0.62092
6	0.70496	0.66634	0.63017	0.59627	0.56447
7	0.66506	0.62275	0.58349	0.54703	0.51316
8	0.62741	0.58201	0.54027	0.50187	0.46651
9	0.59190	0.54393	0.50025	0.46043	0.42410
10	0.55839	0.50835	0.46319	0.42241	0.38554
11	0.52679	0.47509	0.42888	0.38753	0.35049
12	0.49697	0.44401	0.39711	0.35553	0.31863
13	0.46884	0.41496	0.36770	0.32618	0.28966
14	0.44230	0.38482	0.34046	0.29925	0.26333
15	0.41727	0.36245	0.31524	0.27454	0.23939
16	0.39365	0.33873	0.29189	0.25187	0.21763
17	0.37136	0.31657	0.27027	0.23107	0.19784
18	0.35034	0.29586	0.25025	0.21199	0.17986
19	0.33051	0.27651	0.23171	0.19449	0.16351
20	0.31180	0.25842	0.21455	0.17843	0.14864

부록 4 연금의 현가이자요소 $\left[PVIFAF_{n,\ r\%} = \frac{1}{r} - \frac{1}{r(1+r)^n}\right]$

(n년 동안에서 매 연말에 실현되는 1억원을 연리 r%로 복리할인할 때의 현재가치)

n/r	1.0	2.0	3.0	4.0	5.0
1	0.99010	0.98039	0.97087	0.96154	0.95238
2	1.97039	1.94156	1.91347	1.88609	1.86941
3	2.94098	2.88388	2.82861	2.77509	2.72325
4	3.90197	3.80773	3.71710	3.62990	3.54595
5	4.85343	4.71346	4.57971	4.45182	4.32948
6	5.79548	5.60143	5.41719	5.24214	5.07569
7	6.72819	6.47199	6.23028	6.00206	5.78637
8	7.65168	7.32548	7.01969	6.73275	6.46321
9	8.56602	8.16224	7.78611	7.43533	7.10782
10	9.47130	8.98259	8.53020	8.11090	7.72174
11	10.36763	9.78685	9.25262	8.76048	8.30642
12	11.25503	10.57534	9.95400	9.38507	8.86325
13	12.13374	11.34837	10.63495	9.98565	9.39357
14	13.00370	12.10625	11.29607	10.56312	9.89864
15	13.86505	12.84926	11.93793	11.11839	10.37966
16	14.71787	13.57771	12.56110	11.65230	10.83777
17	15.56225	14.29187	13.16612	12.16567	11.27407
18	16.39827	14.99203	13.75351	12.65930	11.68959
19	17.22601	15.67846	14.32380	13.13394	12.08532
20	18.04555	16.35143	14.87747	13.59033	12.46221

n/r	6.0	7.0	8.0	9.0	10.0
1	0.94340	0.93453	0.92593	0.91743	0.90909
2	1.83339	1.80802	1.78326	1.75911	1.73554
3	2.67301	2.62432	2.57710	2.53129	2.48685
4	3.46511	3.38721	3.31213	3.32972	3.16987
5	4.21236	4.10020	3.99271	3.88965	3.79079
6	4.91732	4.76654	4.62288	4.48592	4.35526
7	5.58238	5.38929	5.20637	5.03295	4.86842
8	6.20979	5.97130	5.74664	5.53482	5.33493
9	6.80169	6.51523	6.24689	5.99525	5.75902
10	7.36009	7.02358	6.71008	6.41766	6.14457
11	7.88687	7.49867	7.13896	6.80519	6.49506
12	8.38384	7.94269	7.53608	7.16073	6.81369
13	8.85268	8.35765	7.90378	7.48690	7.10336
14	9.29498	8.74547	8.24424	7.78615	7.36669
15	9.71225	9.10971	8.55948	8.06069	7.60608
16	10.10590	9.44665	8.85137	8.31256	7.82371
17	10.47726	9.76322	9.12164	8.54363	8.02155
18	10.82760	10.05909	9.37189	8.75563	8.20141
19	11.15812	10.33560	9.60360	8.95011	8.36492
20	11.46992	10.59401	9.81815	9.12855	8.51356

참고문헌

국세청, 2019 세금절약 가이드 Ⅱ : 양도소득세, 상속세 · 증여세, 2019.
김동희 · 류재광, 보험 및 은퇴설계, 한국금융연수원, 2018.
김선제, 개인신용등급의 모든 것, Meconomy, 방송문화미디어텍, 2017.
김은혜, 987연금전략, 매경Economy, 2019.
김재태 · 문형철, 부동산금융 : 이론과 실무, 부연사, 2018.
김판기, 객관식 다이어트 경제학 미시편, 미래경영아카데미, 2011.
김판기, 객관식 다이어트 경제학 거시편, 미래경영아카데미, 2011.
김창기, 보험학원론, 문우사, 2015.
노상채 · 김창범, 화폐금융론, 박영사, 2019.
마경환 · 이관순, 펀드투자 핵심 노하우, 이레미디어, 2019.
박광수 · 양재영 · 주소현, 개인재무설계, 경문사, 2011.
박도준, 경제학연습, 도서출판 웅지, 2007.
박도준, 경제학원론, 도서출판 웅지, 2010.
박수호, "문제없다 은행 직원 말 믿었다 원금 날릴 판 : DLS 손실 대란에 금융권 전전긍긍", 매경이코노미, 제2022호, 2019.08.21.
박영일, 신용관리사, (주)시대고시기획, 2019.
송상엽, 세법개론, 도서출판 웅지, 2019.
송상엽, 경제학강의, 도서출판 웅지, 2014.
송지영 · 구자삼, 개인재무설계의 이해, 삼영사, 2017.
송지영, 현대한국자본시장론, 청목출판사, 2014.
오현정, 비금융정보 활용까지 확대된 개인신용평가, KB금융지주경영연구소, 2019.
윤석헌, 대학생을 위한 실용금융, 금융감독원, 2018.
윤석헌, 탄탄한 노후를 위한 금융생활설계, 금융감독원, 2018.
윤병철, 투자설계, 한국FPSB, 2018.
윤병철, 상속설계, 한국FPSB, 2018.
윤병철, 은퇴설계, 한국FPSB, 2018.
윤병철, 부동산설계, 한국FPSB, 2018.
윤병철, 재무설계 개론, 한국FPSB, 2018.
윤병철, 위험관리와 보험설계, 한국FPSB, 2018.
윤 택, 거시금융경제학, 박영사, 2019.

이경식, 생명보험과 손해보험의 차이와 보장분석 활용법, KB금융지주경영연구, 2019.
이기춘 · 박명희 · 윤정혜 · 손상희 · 성영애, 소비자재무설계, 학현사, 2009.
이재남, AFPK 모듈 1 핵심문제집, 이패스코리아, 2018.
이재남, AFPK 모듈 2 핵심문제집, 이패스코리아, 2018.
이재남, 금융상품분석사(AFIE) 핵심문제집, 이패스코리아, 2017.
이재하 · 한덕희, 새내기를 위한 금융, 박영사, 2018.
이중헌, 상속세 절세방안, 관세사, 한국관세사학회, 2017.
이하일, 파생상품의 이해, 박영사, 2019.
이하일, 재무관리, 삼영사, 2015.
이하일, 증권투자론, 삼영사, 2014.
이하일, 외환파생상품, 한경사, 2011.
이한재 · 김영빈, 자본시장론, 신영사, 2017.
이환희, 외환론 : 이론과 실제, 경문사, 2019.
이희숙, 신용관리와 소비생활, 교문사, 2018.
임재연, 자본시장법, 박영사, 2019.
임재환, AFPK 모듈 1 핵심문제집, 와우패스, 2018.
임재환, AFPK 모듈 2 핵심문제집, 와우패스, 2018.
정병열, 경제학 기출문제, 2013.
정병열, 경제학연습 미시편, 2018.
정병열, 경제학연습 거시편, 2018.
정정현 · 곽철효 · 김병곤 · 박춘광, 현대자본시장론, 학현사, 2018.
지영근 · 최한진 · 문성제 · 정재은, ELS－ELW 거래실무서, 박영사, 2013.
최남진, 금융과 경제 : 내 생애 최초의 금융실무서, 박영사, 2018.
한국거래소, 한국의 채권시장(2019), 지식과 감성, 2019.
한국거래소, 채권유통시장해설, 2010.
한정림 · 송창길, 다층노후소득보장모형 구축 : 국민연금과 퇴직연금 재정추계방법론의 연계성에 관한 연구, 국민연금공단, 2019.
한국예탁결제원, 증권예탁결제제도, 박영사, 2018.
한국FP협회, 은퇴설계전문가 : 은퇴설계의 New Paradigm 1, 2018.
한국FP협회, 은퇴설계전문가 : 은퇴설계의 New Paradigm 2, 2018.
한국FP협회, 은퇴설계전문가 : 은퇴설계의 New Paradigm 3, 2018.
홍효식, 최신사례를 통한 상속 · 증여세법의 이해, 박영사, 2019.

저자 약력

■ 저자

동국대학교 경상대학 회계학과 졸업(경영학사)
동국대학교 대학원 경영학과 졸업(경영학석사)
동국대학교 대학원 경영학과 졸업(경영학박사)
대신증권주식회사 명동지점 근무
증권투자상담사, 선물거래상담사, 기업가치평가사, M&A전문가, 외환관리사, 자산관리사, 재무설계사, 투자자산운용사, 금융투자분석사, 은퇴설계전문가
강남대학교, 강원대학교, 건양대학교, 공주대학교, 동국대학교, 동신대학교, 덕성여자대학교, 서강대학교, 숭실사이버대학교, 용인대학교, 유한대학교, 중부대학교, 한밭대학교, 한국생산성본부 강사
건양사이버대학교 자산관리학과 교수 역임

■ 저서

파생상품의 이해(박영사, 2019)
재무관리(삼영사, 2015)
증권투자론(삼영사, 2014)
파생상품론(유비온, 2013)
금융학개론(유비온, 2012)
외환파생상품(한경사, 2011)
금융경제의 이해(도서출판 청람, 2010)
재무관리연습(도서출판 청람, 2009)
파생금융상품의 이해(한경사, 2007)
파생금융상품(한경사, 2005)

■ 논문

개인채무자 구제제도의 이용현황과 개선방안에 관한 연구
KOSPI 200선물을 이용한 동적헤징전략에 관한 실증적 연구
금융공학을 이용한 포트폴리오보험전략의 유용성에 관한 실증적 연구
금융기관의 효율적 위험관리시스템 구축방안에 관한 연구
듀레이션을 이용한 채권포트폴리오의 면역전략에 관한 실증적 연구
효용에 근거한 포트폴리오보험전략에 관한 실증적 연구
재정가격결정이론에 관한 실증적 연구

알기쉬운 실용금융

초판발행 2020년 1월 3일
중판발행 2020년 4월 17일

지은이 이하일
펴낸이 안종만 · 안상준

편 집 황정원
기획/마케팅 정연환
표지디자인 박현정
제 작 우인도 · 고철민

펴낸곳 (주) 박영사
서울특별시 종로구 새문안로3길 36, 1601
등록 1959. 3. 11. 제300-1959-1호(倫)
전 화 02)733-6771
f a x 02)736-4818
e-mail pys@pybook.co.kr
homepage www.pybook.co.kr
ISBN 979-11-303-0887-6 93320

정 가 35,000원